Geschichte der römischen Literatur

Manfred Fuhrmann

Geschichte der römischen Literatur

Philipp Reclam jun. Stuttgart

Als
Speculum Romanae magnificentiae

für Hella und Konrad Adam,

zur Vergegenwärtigung »jener früheren Zeit,
wo das Altertum mit Ernst und Scheu betrachtet wurde«.

Inhalt

Vorwort

Diese Geschichte der römischen Literatur bekundet schon durch ihren mäßigen Umfang, was sie bezweckt und was nicht: Sie ist kein auf Vollständigkeit erpichter Tatsachenspeicher, kein Forschungsinstrument, kein Nachschlagewerk fürs Detail.

Sie hat einführenden Charakter. Sie möchte Lernenden, Lehrenden und Liebhabern das Ganze ihres Gegenstandes nahebringen. Auf Übersichtlichkeit und Lesbarkeit wurde großer Wert gelegt.

Man hat in jüngster Zeit mit gutem Grund auch auf dem Felde der Literaturgeschichte nach neuen Lösungen gesucht: Man erhob die Gattungen zum leitenden Einteilungsprinzip; man beschrieb die beiden antiken Literaturen in vergleichender Zusammenschau.

Demgegenüber ist die vorliegende Darstellung konventionell: Sie beschränkt sich auf die ›nationale‹ Literatur der Römer und gliedert ihren Gegenstand zuallererst nach den Epochen. Das Prinzip ›Epoche‹ aber sucht sie ernst zu nehmen: Sie möchte sich nicht damit begnügen, den Faden der Chronologie für die bloße Aneinanderreihung von Monographien über die einzelnen Autoren zu verwenden. Es geht ihr stets auch um das je bedingende Allgemeine, um die jeweils Einfluß nehmenden politischen, sozialen und kulturellen Voraussetzungen sowie um die für die einzelnen Werke maßgeblichen Gattungskonventionen.

Seit einiger Zeit ist auch in der Philologie die Spätantike als Epoche eigenen Rechts anerkannt. Dies hat Folgen für die Abgrenzung der Antike und somit für die einer Geschichte der römischen Literatur: Das vorliegende Werk endet mit dem Erlöschen der Produktion vor der großen Reichskrise des 3. Jahrhunderts. Es berücksichtigt auch die Anfänge der christlichen Literatur nicht mehr. Diese kündigen die neue Epoche an, ja gehören bereits zu ihr; es wäre wenig sinnvoll, sie losgelöst von den weiteren Entwicklungen darzustellen.

Die Überlieferungs- und Wirkungsgeschichte kommt nur summarisch und durch mehr oder minder willkürlich ausgewählte Beispiele zur Geltung. Wer hierzu gründlichere Belehrung sucht, sei auf die ausführlicheren Literaturgeschichten verwiesen.

Wenn dieses Buch als spannungsreiches Ensemble und farbensattes Panorama erfahren würde, worin der vom 20. Jahrhundert zerzauste Europäer immer wieder so etwas wie sein Alter ego zu erkennen vermag, dann wäre den Absichten, die den Verfasser bei der Niederschrift geleitet haben, in besonderer Weise Genüge getan.

I. Allgemeines

1. Die Begriffe ›römisch‹ und ›Literatur‹

a) Lateinische Sprache und römische Literatur

Die Literatur, die den Gegenstand dieses Buches ausmacht, pflegt anders zu heißen als die Sprache, in der sie verfaßt ist: Die Sprache wird stets die ›lateinische‹
genannt; für die Literatur hingegen hat sich die Bezeichnung ›römisch‹ eingebürgert.

Der Terminus ›lateinische Sprache‹ geht auf die Römer selbst zurück, die ihr
Idiom *lingua Latina*, *sermo Latinus* oder schlicht *Latinum* genannt haben; *lingua
Romana* und dergleichen[1] sind späte Bildungen, die sich nicht durchzusetzen vermochten. Die Bezeichnung *lingua Latina* verweist auf die Herkunft, die ursprüngliche Stammeszugehörigkeit der Römer. Die Stadt Rom war eine Siedlung
von Angehörigen des Stammes der Latiner, wie Tusculum, Tibur, Aricia und andere Ortschaften. Mit *lingua Latina* war also wohl von Hause aus eine wirkliche
Stammessprache gemeint, die allerlei mundartliche Unterschiede aufwies. Roms
Vorherrschaft in Latium hat sodann den Dialekt der Römer im ganzen Stammes-
gebiet durchgesetzt, und die Bezeichnung eines Teils wurde zur Bezeichnung des
Ganzen. Mit der römischen Macht und der römischen Kultur hat sich dann dieses Lateinische zunächst über ganz Italien und schließlich über die gesamte westliche Reichshälfte verbreitet.

Der Begriff ›römische Literatur‹ ist minder fest; zumal in Italien und Frankreich wird oft für denselben Gegenstand auch die Bezeichnung ›lateinische Literatur‹ verwendet. Diese Schwankung ist ebenfalls durch die Quellen bedingt:
Schon die Römer haben sich bald der einen (*litterae Romanae*, *auctores Romani*),
bald der anderen Ausdrucksweise (*litterae Latinae*, *auctores Latini*) bedient. Für
die lateinische Literatur der Antike verdient die Bezeichnung ›römische Literatur‹

---

1 Siehe z. B. Plinius, *Naturalis historia* 31,8; Ovid, *Epistulae ex Ponto* 1,2,67; Gellius, *Noctes Atticae*
1,18,1 (*lingua Romana*). Quintilian, *Institutio oratoria* 1,5,58; 2,14,1 u. ö. (*sermo Romanus*).

den Vorzug, ganz wie es richtiger gewesen wäre, auch die Sprache ›römisch‹ zu nennen. Denn beides verdankt dem römischen Staatsgedanken und Herrschaftswillen Existenz und Geltung; der Begriff ›römische Literatur‹ macht ausdrücklich die politische Institution namhaft, die sie ermöglicht hat.

Hieraus folgt, daß man nur den Teil der lateinischen Literatur als ›römisch‹ bezeichnen sollte, der sich auf Rom bezog und durch Rom geprägt war, die Literatur des halben Jahrtausends von etwa 250 v. Chr. bis etwa 250 n. Chr. Statt dessen belieben nicht wenige Literaturgeschichten den Begriff auf spätere Zeiten zu erstrecken, obwohl die lateinische Literatur vom 4. Jahrhundert an hauptsächlich von anderen Kräften, insbesondere von der christlichen Religion getragen wurde: Es gibt Darstellungen, die bis Boethius oder Kaiser Justinian (5./6. Jahrhundert), ja bis zur Merowingerzeit oder zur Hofschule Karls des Großen reichen und gleichwohl das Ganze als ›römisch‹ bezeichnen.[2]

b) ›Literatur‹: Die durch Handschriften überlieferten Texte

Alle philologischen Fächer bezeichnen ihr Objekt als Literatur, und sie pflegen darunter alles zu verstehen, was in Buchform an die Öffentlichkeit gelangt ist. Die Praxis indes zeigt Unterschiede: Die neueren Philologien ziehen zwar seit einigen Jahrzehnten mehr und mehr auch die Subliteratur, d. h. die Trivial- und Gebrauchsliteratur in Betracht; hauptsächlich aber befassen sie sich nach wie vor – und zu Recht – mit Werken, die der sogenannten schönen Literatur angehören, mit Texten also, die nicht für eine bestimmte Situation oder für einen bestimmten praktischen Zweck verfaßt sind und sich durch ihre künstlerische Form auszeichnen. In diesem Punkte hat es die Philologie, die sich der römischen Literatur widmet (und dasselbe gilt für die Schwesterdisziplin Gräzistik), seit jeher anders gehalten: Sie legt auch ihrer Praxis einen weiteren Literaturbegriff zugrunde und nimmt sich aller lateinischen Werke aus der Antike an, die durch Handschriften überliefert sind.

Dies ist durch die Quantität des vorhandenen Materials bedingt. Man darf annehmen, daß nicht einmal ein Hundertstel der römischen Literatur – der lateinischen Werke also, die in dem halben Jahrtausend von etwa 250 v. Chr. bis

---

2 So z. B. E. Norden, *Die römische Literatur*, Leipzig ⁶1961 (bis Boethius); M. Schanz / C. Hosius / G. Krüger, *Geschichte der römischen Literatur*, 4 Teile in 5 Bänden, München ¹⁻⁴1914–35 (bis 600 n. Chr.); E. Bickel, *Lehrbuch der Geschichte der römischen Literatur*, Heidelberg ²1961 (bis zum frühen Mittelalter); A. Kappelmacher / M. Schuster, *Die Literatur der Römer bis zur Karolingerzeit*, Potsdam 1934 (bis zu Karl dem Großen).

250 n. Chr. entstanden sind – erhalten blieb. Quintilian, der klassizistisch gesinnte Rhetoriklehrer des ausgehenden 1. Jahrhunderts n. Chr., konnte die römische Literatur schon nahezu in ihrer Gesamtheit überblicken. Er stellte in seinem
großen Handbuch *Institutio oratoria* (»Die Ausbildung des Redners«) einen Katalog der angesehensten römischen Autoren zusammen[3] – selbst von diesen 55 Auserwählten, den literarischen Größen ersten Ranges, hat nur wenig mehr als ein
Drittel das überlieferungsgeschichtliche Nadelöhr des 7. Jahrhunderts passieren
dürfen. Die römische Literatur ist also klein und überschaubar; schon aus spät-
antiker Zeit (250–750 n. Chr.) ist mindestens das zwanzigfache Quantum an Literaturwerken erhalten.

Der weitere Literaturbegriff, den die lateinische Philologie ihrem antiken Material gegenüber praktiziert, beruht außerdem auf dessen besonderer Beschaffenheit. Das Produzieren von Literaturwerken war in der Antike – bei den Griechen
ebenso wie bei den Römern – allgemein ein feierlicherer Akt als schon während
der Spätantike und erst recht in den darauf folgenden Zeiten. Wenn man alles zur
Literatur zählt, was in irgendeiner Weise künstlerisch geformt ist, dann gehören
wichtige Bereiche der aus der Antike überkommenen Buchproduktion dazu,
während die entsprechenden Bereiche der späteren Epochen davon ausgeschlossen sind. Man suchte vor allem auf drei Gebieten, in denen hernach meist nur
noch die Sache, der Inhalt Bedeutung hatte, anspruchsvollen künstlerischen
Maßstäben zu genügen: bei der öffentlichen Rede, der Philosophie und der Geschichtsschreibung. Selbst Fachwissen verbreitende Schriften führten ihren Stoff
nicht selten in Versen oder in gehobener Prosa vor. Und was übrig bleibt, ein geringer Rest ungeformter Erzeugnisse meist fachwissenschaftlichen Inhalts, ist für
das Verständnis sowohl anderer Werke als auch der allgemeinen kulturellen Verhältnisse schlichtweg unentbehrlich.

Wenn somit alle römischen Werke als Literatur und als Gegenstand der Literaturgeschichtsschreibung gelten, die durch spätantike oder mittelalterliche Handschriften überliefert sind, dann ist hiermit zugleich gesagt, daß ein nicht unerheb-
licher Teil der überkommenen Schriftdenkmäler ausgeschlossen bleibt: einmal die
Texte, die in Stein oder Erz gemeißelt sind, die Inschriften; zum anderen die auf
dem papierähnlichen Beschreibstoff der Antike angebrachten Aufzeichnungen,
wie sie zumal der trockene Sand Ägyptens bewahrt hat, die Papyri. Beide Gruppen von Materialien enthalten meist nichts als öffentliche oder private Verlautbarungen, die jeglicher künstlerischer Formung ermangeln und lediglich einem einmaligen praktischen Zweck gedient haben. Sie gehören daher zum Ressort der

---

3 10,1,85–131.

Alten Geschichte, nicht der lateinischen Philologie; hiervon machen allein die
verhältnismäßig wenig zahlreichen Texte eine Ausnahme, die nicht bloße Urkunden oder Mitteilungen sind, z. B. versifizierte Grabinschriften oder Papyri, die
Reste von Literaturwerken enthalten.

2. Die lateinische Sprache

a) Die ursprüngliche Sprachenkarte Italiens

In der *Theogonie*, einem epischen Gedicht über die Entstehung der Götter, das
der Grieche Hesiod zu Beginn des 7. Jahrhunderts v. Chr. verfaßt hat, wird gegen
Ende[4] ein gewisser Latinos erwähnt, der als einer der drei Söhne des Odysseus
und der Kirke im Innern heiliger Inseln die Herrschaft über die Tyrsener errungen habe. In dieser noch mythologisch verbrämten, auf vagen geographischen
Vorstellungen beruhenden Nachricht vermutet man – wohl mit Recht – das älteste Zeugnis von der Existenz der Latiner und der Tyrsener, d. h. der nördlich von
Latium beheimateten Etrusker. Die Latiner bewohnten damals ein nahezu qua-
dratisches Gebiet von 30 × 30 Kilometer Größe, das sich südlich des Tibers von
der Küste des tyrrhenischen Meeres aus in nordöstlicher Richtung landeinwärts
erstreckte.

In jener Zeit und noch drei bis vier Jahrhunderte danach bot die Sprachenkarte
Italiens ein überaus buntscheckiges Bild dar. Dieser Zustand war zwar durch
Wanderungen bewirkt worden, die sich großenteils in mehreren Schüben während der zweiten Hälfte des 2. Jahrtausends v. Chr. vollzogen haben mögen; er
kann jedoch insofern für ursprünglich gelten, als er den Ausgangspunkt des in historischer Zeit Erkennbaren bildete: einer Entwicklung, die mit der Latinisierung
ganz Italiens endete.

Die moderne Wissenschaft hat die Vielfalt der Idiome, die ursprünglich in Italien gesprochen wurden, aus den noch vorhandenen, stets Varianten des griechischen Alphabets zeigenden Inschriften rekonstruiert. Hiernach lassen sich auf der
italischen Halbinsel außer dem Lateinischen um das Jahr 500 v. Chr. die folgenden Sprachen unterscheiden:

---

4 Vers 1013.

1. Das Faliskische, die Sprache von Falerii (etwa 60 km nördlich von Rom). Dieses Idiom, von dem noch etwa einhundert Vasen- und Grabinschriften zeugen, stand dem Lateinischen so nahe, daß man es noch als eine Dialekt-Variante davon bezeichnen kann. Bekannt ist die Aufschrift eines Bechers:[5]

   foied vino (pi)pafo, cra carefo
   = *hodie vinum bibam, cras carebo.*
   »Heute will ich Wein trinken, morgen werde ich keinen mehr haben.«

2. Die oskisch-umbrische Gruppe, die Sprachen der Samniten oder Osker in der westlichen Hälfte Süditaliens sowie der Umbrer, die in Mittelitalien, östlich des Tiber, lebten. Sie bildete neben dem Latino-Faliskischen den zweiten Zweig der in prägnantem Sinne italischen Sprachen.[6] Wichtige Zeugnisse sind für das Oskische der Cippus (›Spitzsäule‹) Abellanus (aus Abella, bei Nola), mit einem Vertragstext, und für das Umbrische die Tafeln von Iguvium (Gubbio), Bronzeplatten mit Sakraltexten.[7]

3. Das Venetische, die Sprache der einstigen Bewohner Nordostitaliens (um Patavium/Padua). Dieses durch etwa 170 kurze Grab- und Weihinschriften bezeugte Idiom scheint eher eine besondere indoeuropäische Sprache gewesen zu sein als ein Zweig des Italischen.

4. Das Messapische, das ursprüngliche Idiom des östlichen Süditaliens. Die nicht geringen Überreste lassen einige Verwandtschaft mit dem Illyrischen am Ostufer der Adria erkennen.

5. Das Griechische, die griechischen Dialekte (Ionisch und Dorisch), die in den von Griechen gegründeten Kolonien Süditaliens und Siziliens gesprochen wurden. Von dort erhielten die Italiker die Schrift, und von dort drangen dank der überlegenen griechischen Zivilisation zahlreiche Wörter ins Lateinische ein.

6. Das Etruskische, das vor allem im westlichen Mittelitalien, in dem von Arno und Tiber umschlossenen Raum, verbreitet war. Die Etrusker hatten vom 8. bis zum 5. Jahrhundert v. Chr. in Italien eine hegemoniale Stellung inne; sie übten damals auch auf das unmittelbar benachbarte Rom einen starken politischen und kulturellen Einfluß aus. Das Etruskische ist durch etwa zehntausend kurze Grabinschriften und einige wenige längere Texte, darunter die

---

5 *Corpus Inscriptionum Etruscarum*, hrsg. von C. Pauli [u. a.], 2 Bde., Leipzig 1893–1936, Bd. 2, Nr. 8179/80.

6 Im Unterschied zu anderen indoeuropäischen Sprachen, die es zwar auch in Italien gab, die jedoch hauptsächlich anderswo beheimatet waren.

7 Siehe z. B. G. Bottiglioni, *Manuale dei dialetti Italici*, Bologna 1954, S. 227 ff. (Cippus Abellanus) und S. 259 ff. (Iguvinische Tafeln).

berühmte Agramer (Zagreber) Mumienbinde, belegt. Es ist, obwohl man die Bedeutung von etwa hundert Wörtern und einigen Endungen hat erschließen können, nach wie vor das große Rätsel unter den vorlateinischen Sprachen Italiens. Man weiß mit Sicherheit, daß es nicht zu den indoeuropäischen Sprachen zählt; verwandtschaftliche Beziehungen zu anderen Idiomen haben sich, die vorgriechische Sprache auf Lemnos ausgenommen, noch nicht feststellen lassen.

7. Das Keltische, das Idiom gallischer Stämme, das deshalb an letzter Stelle genannt wird, weil es erst nach 500 v. Chr. in Italien, und zwar in die Poebene, eindrang; das Übergreifen der keltischen Landnahme auf Mittelitalien scheiterte am Widerstand Roms: Die Kelten zogen sich nach vergeblicher Belagerung des Kapitols zurück (387/386 v. Chr.). Bislang sind in Italien nur zwei keltische Inschriften zum Vorschein gekommen; deutlichere Spuren haben keltische Lehnwörter im Lateinischen hinterlassen (*ambactus* ›Dienstmann‹, die Wurzel des französischen Wortes Ambassade; *betulla* ›Birke‹; *carrus* ›vierrädriger Wagen‹; *lancea* ›Lanze‹ u. a.).

b) Die Ausbreitung des Lateinischen

Das Griechische war schon vor dem Auftreten der ältesten Sprachdenkmäler (spätestens um 700 v. Chr.) über einen großen Raum verbreitet, und die Griechen konnten sich trotz der verschiedenen Mundarten seit eh und je miteinander verständigen – auch bevor sich in hellenistischer Zeit das Attische, das Griechisch der Athener, als allgemeine Verkehrssprache durchzusetzen begann. Mit dem Lateinischen hingegen hatte es eine völlig andere Bewandtnis. Die Römer konnten mit ihren latinischen Nachbarn und beide wiederum mit den Bewohnern von Falerii reden, doch das übrige Italien – alles, was außerhalb der beiden latinofaliskischen Inseln lag – war für sie gänzlich unverständliches Ausland, unabhängig davon, ob dort verwandte oder fremde, d. h. nichtitalische Idiome gesprochen wurden. Die Verwandtschaft zwischen dem Latino-Faliskischen und dem Oskisch-Umbrischen hatte für die Träger dieser Sprachen keinerlei praktische Bedeutung; sie läßt sich nur mit dem Instrumentarium der modernen vergleichenden Sprachwissenschaft deutlich machen. So ist denn zum Jahre 296 v. Chr. glaubwürdig überliefert, daß der römische Feldherr Volumnius Späher zum feindlichen Heer gesandt habe, die des Oskischen kundig waren.[8] Diese Nachricht be-

---

8 Livius 10,20,8, im Bericht über den 3. Samniter-Krieg (298–290 v. Chr.).

stätigt, was schon der Vergleich eines oskischen oder umbrischen Textes mit dem Lateinischen lehrt: Der Römer bedurfte eines Dolmetschers nicht nur, wenn er sich mit Griechen, Etruskern oder Kelten, sondern auch, wenn er sich mit seinen ›italischen‹ Nachbarn, mit den Umbrern oder Samniten, verständigen wollte.

Das Lateinische, am Anfang der Entwicklung eine der kleinsten Sprachgemeinschaften Italiens, hat somit im Laufe eines halben Jahrtausends lauter Fremdsprachen verdrängt: Spätestens in der frühen Kaiserzeit wurde in Italien – von den griechischen Städten im Süden abgesehen – nur noch Lateinisch gesprochen. Dieses Faktum erklärt wohl auch ein Merkmal, durch das sich das Lateinische vom Griechischen, vom Deutschen und von vielen anderen Sprachen unterscheidet: das Fehlen mundartlicher Differenzen. Das Idiom der Römer war und blieb, nachdem es sich in Latium durchgesetzt hatte, eine streng normierte Einheitssprache und verbreitete sich als solche mit der Staatsidee, dem Recht und der Verwaltung Roms über ganz Italien.

Äußere Einflüsse wirkten hierbei lediglich auf den Wortschatz ein: Das Lateinische nahm mancherlei Lehngut auf, nicht nur aus dem Griechischen, sondern auch aus dem Oskisch-Umbrischen, dem Etruskischen und dem Keltischen.[9] Das Laut- und Formensystem hingegen scheint von dem Expansionsprozeß nicht berührt worden zu sein; der Abstand, der das Lateinische schon von der oskisch-umbrischen Gruppe trennte, war offenbar größer, als daß er wechselseitige Einflüsse und ein mischendes Ausgleichen erlaubt hätte.

Das Lateinische löste also allerorten Fremdsprachen ab, wobei sich der Übergang abrupt und ohne Zwischenstufen vollzog. Der Prozeß ging zunächst ziemlich langsam vonstatten. Das neue Idiom breitete sich anfänglich nur punktuell, durch die Gründung römischer Kolonien an strategisch wichtigen Plätzen, über die italische Halbinsel aus. Die alteingesessenen Bewohner aber pflegten sich noch geraume Zeit ihrer angestammten Sprache zu bedienen: Die Quellen, die die ursprüngliche Buntheit der Sprachenkarte Italiens bezeugen, beginnen erst in dieser Phase, vom 5. oder 4. Jahrhundert v. Chr. an, zu fließen. Die Expansion hat sich jedoch, zumal während des 1. vorchristlichen Jahrhunderts, nicht zuletzt infolge der revolutionären Umwälzungen, erheblich beschleunigt; sie erstreckte sich, nachdem alle Italiker – zuletzt, unter Caesar, auch die Bewohner der nördlich des Po gelegenen Gebiete – das römische Bürgerrecht erhalten hatten, über das ganze Gebiet von den Alpen bis zur Straße von Messina. Um Christi Geburt oder wenig später

---

9 Die Zahl der griechischen Lehn- und Fremdwörter (*machina*, *poena*, *schola* u. a.) entspricht der Bedeutung des Kultureinflusses. Aus dem Oskisch-Umbrischen stammen Wörter mit *f* im Inlaut (*rufus* ›rötlich‹; *bufo* ›Kröte‹), und das Etruskische hat vermutlich den *lanista* ›Fechtmeister‹ und den *histrio* ›Schauspieler‹ beigesteuert. Beispiele für keltische Wörter wurden bereits genannt.

hörte man auf, die einheimischen Idiome für Inschriften zu verwenden. Ob sich
Kaiser Claudius für seine Geschichte der Etrusker[10] noch auf eigene Sprachkennt-
nisse stützen konnte, ist unbekannt. Gegen Ende des 1. Jahrhunderts existierten
lediglich in Süditalien sowie auf Sizilien einige griechische Sprachinseln, die sich
zum Teil über den Untergang des römischen Reiches hinweg behauptet haben.

Die lateinische Sprache hat an den Grenzen Italiens nicht haltgemacht: Sie eroberte in den ersten nachchristlichen Jahrhunderten, während der langen Friedenszeit von der julisch-claudischen Dynastie bis zu den Soldatenkaisern, weite
Teile des römischen Reiches. Der hellenisierte Osten mit seinen alten Schriftkulturen widerstand dieser Entwicklung; dort vermochte sich das Lateinische nur
mit Mühe als Amtssprache durchzusetzen, während das Griechische als übernatio-
nales Verständigungsmittel diente und sich zudem sowohl in Ägypten als auch
im vorderen Orient die einheimischen Volkssprachen behaupteten.

Die Iberische Halbinsel aber war schon im 1. Jahrhundert n. Chr. so gründlich
romanisiert, daß sie damals die meisten und bedeutendsten lateinischen Schriftsteller, darunter Seneca und Lukan, hervorbrachte;[11] im Jahrhundert darauf gehörten auch Nordafrika und Gallien gänzlich zur lateinisch sprechenden Sphäre.
Nicht mit gleicher Intensität scheint sich das Lateinische der entlegeneren Gebiete, Britanniens und des Donauraums, bemächtigt zu haben. Es drang immerhin bis zur Küste des Schwarzen Meeres vor, so daß sich in Mösien und Dakien,
den Provinzen am Unterlauf der Donau, aus der Sprache der römischen Einwan-
derer das heutige Rumänisch entwickeln konnte.

Die Romanisierung dieser Gebiete war das Werk der römischen Soldaten,
Händler und Siedler. Sie hatte am Heer, an der Verwaltung und an den allerorts
entstehenden Schulen einen festen Rückhalt. Sie blieb stets am Sprachgebrauch
der Hauptstadt orientiert, so daß sich bis zum Untergang der westlichen Reichshälfte Dialektunterschiede von nennenswerter Bedeutung nicht herausbildeten.
Das Lateinische faßte überall zunächst in den städtischen Zentren Fuß; von dort
aus machte es sich nur mühsam – zum Teil überhaupt nicht – die ländlichen Di-
strikte zu eigen.

Gegen Ende des 2. Jahrhunderts erlahmte Roms zivilisatorische Kraft, und einige Dezennien später stürzten innere Wirren das gesamte Reich in eine schwere
Krise. Die Expansionsbewegung des Lateinischen kam daher zum Stillstand, und
schon im Jahrhundert darauf begann ein neuer Prozeß: Das vom Volke gespro-
chene Idiom, das sogenannte Vulgärlatein, verwandelte und verzweigte sich all-

---

10 Sueton, *Claudius* 42.
11 Siehe S. 272 ff.

mählich in die heutigen romanischen Sprachen, wenn es nicht, wie in Britannien, in Teilen des Donauraums und später, als die Araber kamen, auch in Nordafrika, gänzlich vor den Eroberern weichen mußte.

Die lateinische Sprache – dieses Fazit läßt sich aus ihrer äußeren Entwicklung wohl ziehen – hat ihre historische Rolle nicht als Sprache eines ›Volkes‹ gespielt. Sie ging von einer einzelnen Gemeinde oder dem knapp 1000 Quadratkilometer großen Areal eines einzelnen Stammes aus und setzte sich von dort in allen nicht hellenisierten Teilen des römischen Reiches als alleiniges oder nahezu alleiniges Verständigungsmittel durch. Entsprechendes gilt für die römische Literatur: Auch sie erwuchs nicht aus einem fertigen, im vorhinein gegebenen Raum. Die lateinische Sprache war keine ›Nationalsprache‹ im ethnisch-biotischen Sinne des 19. Jahrhunderts, und die römische Literatur keine ›Nationalliteratur‹; beides war vielmehr das Erzeugnis einer von einer einzelnen Gemeinde erfolgreich durchgesetzten Staatsidee.

c) Die innere Entwicklung des Lateinischen

Die innere Entwicklung der lateinischen Sprache gliedert sich in zwei Phasen: in die vorliterarische Zeit, für die nur Inschriften, im Original oder durch Zitate übermittelt, zu Gebote stehen (6.–3. Jahrhundert v. Chr.), und in die literarische Zeit (von der Mitte des 3. Jahrhunderts v. Chr. an). Während der ersten Phase läßt sie sich nur umrißhaft, während der zweiten hingegen sehr genau überblicken. Sie verlief innerhalb dieses ganzen Zeitraums mit unterschiedlicher Geschwindigkeit, verlangsamte sich erheblich, nachdem die Produktion von Literaturwerken eingesetzt hatte, und kam im ersten Drittel des 1. Jahrhunderts v. Chr., mit der Frühklassik, gänzlich zum Stillstand. Die lateinische Sprache ist sich, von stilistischen Veränderungen abgesehen, in ihrer eigentlich expansiven Phase, während sie sich über ganz Italien und die westliche Hälfte des Reiches ausbreitete, in der Zeit von Cicero bis Apuleius, im wesentlichen gleichgeblieben.

Zu den ältesten epigraphischen Zeugnissen des Lateinischen zählt die Fibula Praenestina, eine Goldfibel aus einem Grab in Praeneste (östlich von Rom; um 600 v. Chr.).[12] Ihr Text lautet:[13]

---

12 Vor einiger Zeit zu Unrecht als Fälschung verdächtigt; s. F. Wieacker, *Die Manios-Inschrift von Präneste*, Nachrichten der Akademie der Wissenschaften Göttingen, Phil.-hist. Kl. 1984,9; H. Lehmann, »Wolfgang Helbig (1839–1915)«, in: *Mitteilungen des Deutschen Archäologischen Instituts*, Röm. Abt. 96 (1989) S. 7–86.

13 *Inscriptiones Latinae liberae rei publicae*, ed. A. Degrassi, 2 Bde., Florenz 1957–63, Bd. 1, Nr. 1.

Manios med fhefhaked Numasioi
= *Manius me fecit Numerio.*

»Manius verfertigte mich für Numerius.«

Etwas jünger sind wohl zwei aus Rom selbst stammende, im Gegensatz zur Fibel jedoch weithin unverständliche Zeugnisse, die sogenannte Duenos-Inschrift auf einer Vase sowie die Reste eines Textes auf einem Cippus vom Forum Romanum.[14] Sehr altertümlich wirken auch noch die Überbleibsel getreulich bewahrter Kulttexte, insbesondere das Arvallied.[15] Erst mit den Zitaten aus dem Zwölftafelgesetz (Mitte des 5. Jahrhunderts v. Chr.)[16] beginnt das Lateinische seiner klassischen Form ähnlich zu werden; allerdings muß man damit rechnen, daß diese Texte im Laufe der Überlieferung eine modernere Fassung erhielten.

Die vorliterarische Phase des Lateinischen läßt vor allem lautliche Veränderungen erkennen. Die auffälligste Erscheinung dieser Art war eine begrenzte Zeit der Anfangsbetonung, die zur Folge hatte, daß die Vokale der Binnensilben geschwächt oder ausgestoßen wurden – so vor allem bei Komposita von Verben (*facio – perficio; capio – incipio* usw.). Als die Manios-Fibel entstand, hatte dieser Prozeß noch nicht eingesetzt; das Prädikat hätte sonst *fhefheked* heißen müssen (daß die Reduplikation später durch den Ablaut *feci* ersetzt wurde, ist ein hier nicht bedeutsames Sonderphänomen). Als dann einige Jahrhunderte danach die literarische Phase begann, war die Vokalschwächung eine vollendete Tatsache. Hieran änderte auch der Umstand nichts, daß die Betonung nunmehr von der Beschaffenheit der vorletzten Silbe abhing:[17] War sie lang, dann trug sie den Ton (*perfēci*); war sie hingegen kurz, dann gab sie den Ton an die drittletzte Silbe ab (*fácĭlis; diffícĭlis*).

Außerdem wurde in vorliterarischer Zeit das intervokalische *s* durch *r* ersetzt, eine in verschiedenen Sprachen begegnende Erscheinung, für die sich der Terminus Rhotazismus eingebürgert hat. Die Manios-Inschrift zeigt mit *Numasioi* (statt *Numerio*) noch den vorherigen Zustand; zufällig ist überliefert, daß sich L. Papirius Crassus, Diktator im Jahre 340 v. Chr., als erster in seinem Geschlecht der neuen Aussprache anbequemt und seinen Namen nicht mehr Papisius geschrieben habe.[18] Ferner hat das vorliterarische Latein begonnen, unbequeme Konsonanten zu assimilieren oder zu beseitigen: Das *med* der Manios-Inschrift lautete in klassischer Zeit *me*.

Schließlich setzte der Abbau der Diphthonge ein: aus *ei* wurde *i*, aus *oi* wurde

14   Ebd., Nr. 2 und 3.
15   Siehe S. 31.
16   Siehe S. 35.
17   Daher der gewöhnliche Name dieser Regel: Pänultimagesetz.
18   Cicero, *Ad familiares* 9,21,2.

u oder *o*. Auf der Manios-Fibel erscheint für das spätere *-o* noch die ursprüngliche, mit dem Griechischen übereinstimmende Dativ-Endung *-oi*. Seit der Zeit des älteren Cato kannte das Lateinische nur noch die drei Diphthonge *ae*, *oe* und *au*. Die Volkssprache pflegte seit jeher *au* zu *o* zu vereinfachen (*caules* → *coles* ›Kohl‹), und *ae/oe* (gesprochen ›ai/oi‹) wurden in nachtaciteischer Zeit zu Monophthongen (›ä/ö‹).

Die vorliterarische Zeit hat im Bereich des Formenbestandes das Tempus-System des Verbs zum Abschluß gebracht. Die drei Verbalstämme des Indoeuropäischen, die im Griechischen erhalten blieben, wurden durch Beseitigung des Aorists auf den Präsens- und den Perfektstamm reduziert; diese aber erhielten den Status zweier paralleler Systeme (Präsens, Imperfekt und Futur I entsprechen den Tempora Perfekt, Plusquamperfekt und Futur II). An die Stelle des Aspektcharakters – wonach, wie im Griechischen, das Präsens den Verlauf, der Aorist die Handlung im ganzen und das Perfekt den erreichten Zustand andeutete – trat das Bedürfnis, die zeitlichen Relationen mehrerer Handlungen genau zu bezeichnen, trat also die sogenannte Consecutio temporum.

In literarischer Zeit wurden das Lautbild und die Flexionsformen ziemlich bald zu ihrer endgültigen Regularität gebracht. Wortschatz und Syntax hingegen blieben zunächst noch in einigem Fluß, bis mit Beginn der Klassik auch hier ein völliger Stillstand eintrat. Das überkommene Vokabular wurde damals zum Teil als veraltet, als bäurisch oder grob empfunden; man mied, was verpönt war, und erreichte auf diese Weise, daß die höchste Vollendung der Prosa mit dem kärglichsten Wortschatz einherging. Adverbien wie *examussim* ›nach der Richtschnur‹ oder *volup* ›mit Vergnügen‹ verschwanden, desgleichen Substantive wie *suppetiae* ›Hilfe‹ oder *tricae* ›Possen‹; man mied *cascus* ›alt‹ und verwendete nur noch *sine*, nicht mehr *absque*, ›ohne‹. Andererseits rief die Übernahme der griechischen Wissenschaften, zumal der Philosophie, einen bisher unbekannten Bedarf an Fachausdrücken hervor; da man Fremdwörter zu meiden suchte, bildete man zahlreiche lateinische Neologismen.

Im Bereich der Syntax wurde nach Kräften vereinheitlicht, so daß die Grammatik nunmehr das Aussehen eines strengen Regelgefüges erhielt. Man entschied sich, wo mehrere Möglichkeiten bestanden hatten, für eine einzige; so durfte z. B. *utor* nur noch mit dem Ablativ, nicht mehr, wie zuvor, auch mit dem Akkusativ verbunden werden, und für das Prädikat abhängiger Fragen setzte sich der Konjunktiv als obligatorisch durch. Doch wichtiger als derlei Detail war die Tatsache, daß man – nicht ohne das Vorbild der entwickelten griechischen Literatur – allmählich lernte, anstelle der bislang vorherrschenden Parataxe komplizierte Satzgefüge zu bilden.

d) Die wichtigsten Eigentümlichkeiten des Lateinischen

Als ein sehr auffälliges Merkmal des Lateinischen gilt seine Kürze, die Fähigkeit, durch wenige Worte vieles auszudrücken; der Unterschied etwa im Verhältnis zum Deutschen springt bei jeder zweisprachigen Ausgabe eines römischen Literaturwerks in die Augen. Diese Eigenschaft ist zuallererst durch das sehr folgerichtig ausgebildete Flexionssystem bedingt: Die syntaktischen Beziehungen innerhalb des Satzes werden hauptsächlich durch Abwandlungen der Nomina und Verba angezeigt. Das Lateinische ist somit in hervorragendem Maße eine synthetische Sprache; es benötigt nur ein geringes Quantum an Formwörtern, dem wichtigsten Hilfsmittel überwiegend analytischer Sprachen. Beim Verbum muß lediglich der Perfektstamm des Passivs durch ein Hilfsverb, durch *esse* ›sein‹, umschrieben werden; außerdem pflegt das Lateinische auf Personalpronomina mit Subjektfunktion zu verzichten; ›ich sage‹ heißt *dico*, ›du sagst‹ *dicis* usw. Die Präpositionen dienen nie der bloßen Bezeichnung eines Kasus; erst bei den Kirchenvätern bahnt sich die Entwicklung an, die zum Ersatz des Genitivs und Dativs durch *de* und *ad* (französisch *de* und *à*) geführt hat. Die auch sonst ziemlich sparsame Verwendung von Präpositionen erklärt sich großenteils aus der Existenz des Ablativs, eines Kasus, der in seiner Komplexität ein Charakteristikum des Lateinischen ist. Schließlich machen der sogenannte Ablativus absolutus und überhaupt die Partizipial- und Infinitiv-Konstruktionen manche Konjunktion unnötig.

Bei einem derart ökonomischen Gebrauch von Formwörtern bleibt oft unausgedrückt oder unbestimmt, was andere Sprachen auszudrücken oder zu bestimmen pflegen; diese Tendenz ist neben dem Flexionssystem das zweite Hauptmerkmal des Lateinischen. Schon der reine, präpositionslose Ablativ ist nicht selten mehrdeutig. Weiterhin lassen die Partizipialkonstruktionen offen, ob sie in einem attributiven oder modalen (temporalen, kausalen usw.) Verhältnis zum Satzganzen stehen; ferner geht das Lateinische erheblich sparsamer mit dem Possessivpronomen um als das Griechische oder die modernen europäischen Sprachen. Schließlich fehlt eine ganze Wortart: der Artikel, der bestimmte ebenso wie der unbestimmte. Demnach vermag das Lateinische nicht zu unterscheiden, ob jeweils die ganze Gattung oder ein bestimmtes oder ein unbestimmtes Individuum gemeint ist: *homo* bedeutet bald ›der Mensch‹ (als Gattung oder als ein bestimmtes Individuum), bald ›ein Mensch‹ (als ein unbestimmtes Individuum). Das Fehlen eines individualisierenden Artikels konnte allerdings durch ein Demonstrativpronomen wettgemacht werden; das Äquivalent für *hic homo* lautet daher nicht unbedingt ›dieser Mensch‹, sondern oft schlicht ›der Mensch‹. Im Bereich des Verbs verschmolz nicht nur der Aorist mit dem Perfekt, sondern auch der Optativ mit dem Konjunktiv und das Medium mit dem Passiv; aus dem Konjunktiv aber wurde ein Generalmodus der Subjektivität, der es in seiner Vieldeutigkeit mit dem Ablativ des Nomens aufnehmen kann – er verflüchtigte sich schließlich zu einem bloßen Signal für Hypotaxe, z. B. beim Cum historicum. Implizit Kodiertes, d. h. Unausgedrücktes, ist auch in dem spärlichen Vokabular enthalten: die Wortarmut des Lateinischen hat zur Folge, daß die jeweiligen Bedeutungsnuancen in ungewöhnlichem Maße aus dem Kontext erschlossen werden müssen.

3. Rom in vorliterarischer Zeit

a) Frühe Kultureinflüsse

Die römische Literatur hat ein exaktes Geburtsdatum: Sie begann – so weiß es die allerdings nicht ganz einhellige Überlieferung – im Jahr 240 v. Chr., also unmittelbar nach dem Ende des Ersten Punischen Krieges, mit der Aufführung je einer griechischen Tragödie und Komödie in lateinischer Übersetzung; sie begann, allgemeiner formuliert, als man die großen Gattungen der griechischen Dichtung, das Epos und das Drama, nachzuahmen wagte. Dieses Ereignis machte Epoche, und das enge Verhältnis zur griechischen Literatur war seither ein wichtiges Kennzeichen der römischen.

Die ersten griechischen Theaterstücke fielen nicht auf einen gänzlich unvorbereiteten Boden; ihr Erscheinen in Rom leitete nur eine neue Phase in einem umfassenden Prozeß ein: dem der Übernahme der gesamten griechischen Kultur, zunächst der materiellen und dann auch der geistigen. Anderseits bewirkte die neue Errungenschaft einen Bruch, einen unvermittelten Abschied von allem Bisherigem, von jener ›volkstümlichen‹ Sprachverwendung, die – in Ermangelung eines charakteristischeren Ausdrucks – als ›vorliterarisch‹ bezeichnet zu werden pflegt.

Von diesen schlichten Erzeugnissen sind nur überaus dürftige und disparate Reste erhalten geblieben; das Aufkommen der eigentlichen Literatur gab das meiste dem Vergessen anheim. Inschriften und Zitate bei Schriftstellern haben einiges wenige im Wortlaut bewahrt; von Weiterem weiß man durch mehr oder minder vertrauenswürdige Berichte, die über die historisch-antiquarische, grammatische oder sonstige Literatur verstreut sind. Die Überbleibsel aus Roms vorliterarischer Zeit sind meist anonym, und nur an politisch Bedeutsames knüpfte sich hier und da ein Name. Die archaischen Texte geben Einblick in eine unkomplizierte, um nicht zu sagen primitive Sphäre: Sie dienten eng umschriebenen Zwecken und hatten bestimmte Aufgaben im Leben der Gemeinschaft oder des Einzelnen. Es ist begreiflich, daß diese Produkte von den aus Griechenland übernommenen Formen und Gattungen abgesondert blieben und sich – von wenigen Ansätzen abgesehen – nicht zu etwas Neuem mit ihnen verbanden. Die vorliterarischen Reste sind, wie man treffend bemerkt hat, eher für die Frühgeschichte der Sprache, der Religion oder des Rechts von Gewicht als für die Anfänge der Literatur.[19]

Ältere Darstellungen der römischen Literatur haben sich bei der Behandlung des vorliterarischen Materials des öfteren von Deutungskategorien der Romantik leiten lassen: Sie schlossen aus den vorhandenen Denkmälern und Zeugnissen, sei es römischer oder sonstwie italischer Herkunft, auf ein bestimmtes Volkstum, auf eine ur- oder gemeinitalische Wesensart. Das hierbei von ihnen angewandte Denkschema entstammt der historischen Sprachwissenschaft, der Indogermanistik: Man führte analoge Erscheinungen bei verschiedenen Stämmen und Völkern auf entwicklungsgeschichtliche Zusammenhänge und gemeinsames Erbe zurück. Dieses Verfahren ist bei Sprachen, d. h. bei Wörtern und Flexionsformen von charakteristischer Lautgestalt, legitim. Doch so verbreitete Gegebenheiten wie parallele Satzglieder, Alliterationen oder rhythmische Prosa deuten nicht unbedingt auf Herkunft aus derselben Wurzel; man muß damit rechnen, daß sie verschiedenen Orts in wechselseitiger Unabhängigkeit aufgekommen sind, als Realisationen von Möglichkeiten archetypischen Charakters.

Auf festeren Boden als bei Hypothesen über Italisches oder gar Indogermanisches begibt man sich, wenn man die vielfältigen handgreiflichen Kultureinflüsse in Betracht zieht, denen Rom ausgesetzt war, seit es existierte. Diese Musterung erbringt zwar wenig Konkretes für die einzelnen Arten vorliterarischer Reste; sie ist indes geeignet, eine angemessene Vorstellung von Roms assimilatorischer Kraft im ganzen zu vermitteln.

Im 8. Jahrhundert v. Chr., um dieselbe Zeit, da Rom gegründet worden sein soll, begannen sich überall auf Sizilien und in Unteritalien Griechen anzusiedeln, und bald darauf breitete sich die Kultur der Etrusker über Mittelitalien aus. Die Römer nahmen an den zivilisatorischen Errungenschaften beider Nachbarvölker Anteil, wobei Griechisches sowohl direkt, d. h. unmittelbar von den Griechen, als auch auf dem Umweg über die Etrusker zu ihnen gelangte. Sie waren ungemein

---

19 Siehe Norden (Anm. 2), S. 4 f.

tüchtig darin, sich Fremdes anzueignen: »Hiervon ahmten sie das meiste nach«,
schreibt der Historiker Diodor[20] von ihnen im Hinblick auf die Einrichtungen
der Etrusker – der Satz gilt erst recht für ihr Verhältnis zur griechischen Kultur.

Vielleicht waren sie und überhaupt die binnenländischen Italiker zu der Zeit,
da der griechische Einfluß sich bemerkbar zu machen anfing, so rückständig, daß
sie noch in einer magischen (vormythischen) Vorstellungswelt lebten. Sie hätten
dann die mythische Stufe übersprungen und sich sofort zum rationalen Denken
ihrer griechischen Partner aufgeschwungen. Diese Annahme würde manchen
Zug der römischen Religion erklären, insbesondere die Tatsache, daß die Römer
keine eigenen Mythen besaßen.

Das Material, an dem sich ablesen läßt, was das frühe Rom seinen Nachbarn
verdankt, ist buntscheckig und lückenhaft wie die Zeugnisse für die vorlateinischen Sprachen Italiens; man sucht aus sprachlichen Gegebenheiten wie Lehnwörtern oder Eigennamen, aus Bodenfunden sowie Angaben antiker Autoren ein
einigermaßen zusammenhängendes Bild herzustellen.

Was die Römer von den Griechen übernahmen, läßt sich den Rubriken Handel, Recht und Religion zuweisen. An erster Stelle verdient das Alphabet, die in
letzter Instanz auf die Phönizier zurückgehende Buchstabenschrift, genannt zu
werden. Ob die Römer in dieser Hinsicht die Schüler etruskischer Mittler waren
oder sich direkt an die unteritalischen Griechen, insbesondere an die Bewohner
von Kyme (Cumae, westlich von Neapel), hielten, ist unsicher; für Import aus
Etrurien spricht der Umstand, daß der Buchstabe C, das Zeichen für Gamma,
den Lautwert K erhielt, so daß für den stimmhaften Guttural ein neues Zeichen,
G, eingeführt werden mußte.

Neben der Schrift gelangten die für die Entwicklung von Handel und Wandel
schier unentbehrlichen Errungenschaften, das Geld sowie die Maße und Gewichte aus Großgriechenland, d. h. aus Unteritalien und Sizilien, nach Rom;
hierfür bürgen Fremdwörter wie *talentum* (die größte griechische Gewichtsein-
heit, etwa 26 kg) oder *hemina* (ein kleines Maß für Flüssigkeiten). Daß die Römer zugleich mit dem Geld auch griechische Waren kennenlernten, leuchtet un-
schwer ein; wie Funde aus Gräbern beweisen, besaßen sie schon im 7. Jahrhundert v. Chr. Produkte des unteritalischen Töpferhandwerks.

Auch auf ihrem in späterer Zeit ureigensten Gebiet, dem des Rechts, haben die
Römer zunächst von den Griechen gelernt. Um die Mitte des 5. Jahrhunderts
v. Chr. entstand die *Lex XII tabularum* (»Zwölftafelgesetz«), eine Kodifikation des
damals geltenden Gewohnheitsrechts. Bei der Abfassung haben gewiß die Ge-

---

20 5,40,1.

setze der Städte Unteritaliens einigen Einfluß ausgeübt; in der Überlieferung schlug sich die Kunde hiervon in der Legende nieder, eine Kommission sei nach Athen entsandt worden, die berühmten Gesetze Solons abzuschreiben und sich auch sonst mit griechischem Recht vertraut zu machen.[21]

Die Römer verehrten, ebenso wie die Griechen, um ihres irdischen Heils willen eine Vielzahl von Göttern, deren jedem ein bestimmter Wirkungsbereich zugewiesen war. Zugleich aber wies ihre Religion Eigentümlichkeiten auf, die nie gänzlich nivelliert wurden. Der römische Gottesbegriff war abstrakter als der griechische: Er identifizierte das göttliche Wesen mit seiner Macht, seinem Walten, seinem Wirken (*numen*). Der unbefangene Anthropomorphismus hingegen, sinnfällig in der Institution des Kultbildes, stammte von den Griechen, wobei die Etrusker wieder einmal als Zwischeninstanz gewirkt zu haben scheinen. Auch sonst gestattete die Übereinstimmung im Grundsätzlichen religiösen Import und religiöse Angleichung. So drangen, wie alte Kultstätten sowie die römischen Namensformen zeigen, schon in sehr früher Zeit sowohl Herakles (lateinisch Hercules, aus: Hercles) als auch die Dioskuren Kastor und Polydeukes (lateinisch Pollux) nach Rom vor. Ein nicht geringes Maß an Assimilation der beiden Religionen vollzog sich im Wege der sogenannten Interpretatio Romana: die seit jeher vorhandenen römischen Götter wurden mit ähnlichen griechischen gleichgesetzt: Jupiter mit Zeus, Juno mit Hera, Venus mit Aphrodite usw.

Die Etrusker waren in Roms Frühzeit der politisch erfolgreichste Stamm Italiens; sie geboten während des 6. und 5. Jahrhunderts nahezu uneingeschränkt über Ober- und Mittelitalien. Auch Rom gehörte zu ihrem Machtbereich, wie aus mancherlei Namen ersichtlich ist, etwa aus dem der Tarquinier, des legendären Königsgeschlechts (nach der etruskischen Stadt Tarquinii), und vielleicht auch aus dem von Rom selbst. Was in dieser Zeit von den Etruskern – als deren eigene Errungenschaften – zu den Römern gelangte, entstammte im wesentlichen den Bereichen der Machtsymbolik und der Mantik (oder der Religion überhaupt, einschließlich des Totenkults). Die römischen Magistrate wurden von Amtsbütteln, den *lictores*, begleitet, und diese trugen als Zeichen ihrer Strafgewalt die berühmten Rutenbündel, die *fasces*, mit einem Richtbeil darin: Die Überlieferung versichert glaubwürdig, daß das ganze Machtgepränge einschließlich des Purpurmantels und der *sella curulis*, des Amtssessels, auf die Etrusker zurückgehe.

Gens ante omnes alias eo magis dedita religionibus, quod excelleret arte colendi eas – das Volk der Etrusker, schreibt Livius,[22] habe sich desto mehr religiösen Bräu-

---

21 Livius 3,31,8; Dionysios von Halikarnassos, *Antiquitates Romanae* 10,51 ff.
22 5,1,6.

chen hingegeben, als es sich in der Kunst auszeichnete, sie zu vollziehen. Die von
Götterfurcht und Zukunftsangst bedrängten Etrusker haben in der Tat Praktiken
oder Techniken entwickelt, den Willen derer zu erkunden, von denen sie sich abhängig glaubten, und die Römer, wiewohl ihren Göttern gegenüber weit rationa-
ler eingestellt, übernahmen diese Techniken als *disciplina Etrusca*, als »etruskische
Lehre«. Sie bestand in methodisch, nach festen Regeln betriebener Divination:
Die Beschaffenheit der Eingeweide von geschlachteten Tieren sowie die Him-
melsgegend von Blitzen und schließlich ungewöhnliche Naturereignisse wie
Mißgeburten dienten der Erschließung von Götterzorn und geforderten Sühne-
mitteln. Die Priester, die sich auf die Extispicin (›Eingeweideschau‹) und die Ful-
gural(›Blitz‹)-Lehre verstanden, hießen *haruspices* (›Darmbeschauer‹?); sie waren
nicht Teil eines römischen Kollegiums, sondern wurden von Fall zu Fall aus Etrurien herbeigerufen. Sie konnten für ihre Gutachten auf eine alte, reiche Literatur
in ihrer Sprache zurückgreifen; einiges davon wurde im 1. Jahrhundert v. Chr. ins
Lateinische übersetzt.

Im Jahre 364 v. Chr. habe man, berichtet Livius,[23] während einer furchtbaren
Pest den Zorn der Götter durch »szenische Spiele« zu beschwichtigen gesucht; es
seien *ludiones* (›Spieler‹) aus Etrurien herbeigerufen worden, die nach einheimi-
scher Sitte Tänze aufführten. Livius sucht aus dieser einmaligen Sühneaktion, die
vielleicht von *haruspices* empfohlen worden war, die Entstehung des römischen
Dramas abzuleiten – schwerlich zu Recht, trotz des etruskischen Ursprungs der
Worte *histrio* (›Schauspieler‹) und *persona* (›Maske, Rolle‹). Sicherer verbürgt ist
die Tatsache, daß eine andere römische Einrichtung auf die Riten der Etrusker
zurückging: Die Gladiatorenkämpfe, die in der späten Republik zu einer beliebten Gattung öffentlicher Spiele avancierten, waren von Hause aus Bestandteil
etruskischer Leichenfeiern, vielleicht als Ersatz für ehemalige Menschenopfer,
und zu Leichenfeiern wurden sie auch in Rom zunächst veranstaltet. Doch zu irgendeiner Funktion im Götterkult haben sie es dort nie gebracht.

b) Überreste aus Magie, Brauchtum und Recht

Ehe die griechischen Gattungen übernommen wurden, vor dem Geburtsjahr
240 v. Chr., kannte Rom keine scharfe Trennung von Poesie und Prosa, und
so ist ein großer Teil der Überbleibsel in einer mehr oder minder deutlich
rhythmisierten, doch niemals nach strengen metrischen Regeln gebauten Prosa

23 7,2.

verfaßt. Die Römer haben, was in dieser Weise gebunden war, CARMEN genannt; der Ausdruck, in klassischer Zeit soviel wie ›Lied, Gedicht‹, bezeichnete
ursprünglich jede Art von Formeln und Sprüchen, wenn sie nur im Wortlaut
festgelegt und irgendwie stilisiert waren. Es leuchtet ein, daß sich die Römer bei
der Formgebung zum wenigsten von ästhetischen Gesichtspunkten haben leiten
lassen; die Gebete, Zaubersprüche oder Rechtsformulare sollten magische Wirkungen ausüben, und zudem prägten sich die als *carmen* fixierten Texte leichter
dem Gedächtnis ein. Immerhin kannte man – über die irgendwie geartete
Rhythmisierung hinaus – ein verhältnismäßig straff gegliedertes Gebilde, den
sogenannten Saturnier-Vers (VERSUS SATURNIUS). Die Bezeichnung geht auf die
Antike zurück; sie soll darauf hinweisen, daß das Schema dem mythischen, von
Saturn beherrschten Goldenen Zeitalter entstamme.[24] Der Vers, in der magisch-
religiösen und volkstümlichen Poesie der anonymen Anfänge viel verwendet, hat
auch in der hohen Literatur, bei Livius Andronicus und Naevius, noch Dienste
getan, bis Ennius ihn durch den griechischen Hexameter ersetzte –[25] hernach hat
er nichts als Schaudern hervorgerufen. Er war ziemlich frei gebaut. Er bestand
aus zwei, durch eine scharf hervortretende Diärese getrennten Gliedern; die
Zahl der in einem jeden Glied möglichen Hebungen (2 bis 3, vielleicht auch 4)
war offenbar nicht fixiert. Der Anfang eines alten Gebets soll wie folgt gelautet
haben:[26]

Adésto, Tiberíne, cum tuís úndis.

»Komm herbei, Tiber, mitsamt deinen Wogen.«
Die *Odyssee*-Übersetzung des Livius Andronicus begann mit diesem Vers:[27]

Virúm mihi, Caména insecé versútum.

»Nenne mir, Muse, den Mann, den vielgewandten.«

Dem Inhalt nach lassen sich die Überreste der Frühzeit drei Bereichen zuordnen: der Magie und dem Götterkult; dem volkstümlichen Brauchtum; dem Recht
und der Staatsverwaltung.

Wer mit höchsten Instanzen verhandelt, bemüht sich um eine gehobene Sprache; die magisch-religiösen Überbleibsel pflegen daher, sei es durch Rhythmen,
sei es durch Klangeffekte, stilisiert zu sein. Anderthalb Saturnier ergibt offenbar
der folgende Zauberspruch gegen Gicht:[28]

---

24 Siehe z. B. Varro, *De lingua Latina* 7,36; Caesius Bassus, *De metris*, in: *Grammatici Latini*,
    7 Bde. und 1 Suppl.-Bd., hrsg. von H. Keil, Leipzig 1855–80, Bd. 6, S. 265; Marius Victorinus,
    Ars grammatica, ebd., S. 138.
25 Siehe hierzu S. 70.
26 Servius, *Kommentar zur Aeneis* 8,72.
27 Morel Frg. 1.
28 Varro, *Res rusticae* 1,2,27.

Térra, pestém tenéto, salús, hic manéto in meís pédibus.
»Erde, halte die Krankheit, Heil, bleibe hier in meinen Füßen.«
Der ältere Cato hat in seiner Schrift über die Landwirtschaft ein langes Gebet für die Entsühnung eines Grundstücks bewahrt.[29] Das kostbare Dokument besteht aus ungleich langen, jedoch deutlich abgrenzbaren Kola mit Wiederholungen, Doppelausdrücken und Alliterationen.

Inschriftlich blieb ein hochaltertümliches Lied der *fratres arvales* (der ›Flurbrüder‹, eines römischen Priesterkollegiums) erhalten. Es wendet sich an die Laren und – wie der von Cato zitierte Text – an Mars, der noch in seiner ursprünglichen Funktion als Vegetationsgott angerufen wird:[30]

Enos, Lases, iuvate,

neve lue rue Marmar sin sin currere in pleores [. . .].

»Uns, Laren, helft,

nicht Seuche und Sturz, Mars Mars, laß laß dringen in noch mehr [. . .].«
Das Lied strotzt von Wort- und Klangwiederholungen, und überdies wurde, wie die Inschrift, ein Protokoll des Jahres 218 n. Chr., zeigt, jedes Kolon dreimal vorgetragen. Die Kultgesänge einer anderen Priesterschaft (der Salier, d. h. der ›Springer‹), von denen nur verstümmelte Fetzen erhalten blieben,[31] waren offenbar von ähnlicher Beschaffenheit; sie wurden, wie Quintilian bezeugt, zu seiner Zeit kaum noch verstanden.[32]

Dem Bereich des Volkstümlichen hat mancherlei Lyrisches angehört, das in Roms Frühzeit existiert haben soll: Arbeits- und Erntelieder, ferner die *nenia*, die zur Flöte gesungene Totenklage, schließlich Heldengesänge, die beim Mahle vorgetragen wurden.[33] Erhalten ist von alledem keine noch so geringe Textprobe, und so erübrigt es sich, über die Zuverlässigkeit der Quellen zu räsonieren, die hiervon Nachricht geben.

Als Relikte altrömischen Brauchtums lassen sich weiterhin allerlei Schelt- und Spottverse namhaft machen; hiervon haben deutlichere Spuren die Zeiten überdauert. Die Römer waren offenbar seit jeher stark darin, jemanden in der Öffentlichkeit herabzusetzen; eine Bestimmung des Zwölftafelgesetzes nahm daher nicht Anstand, das ›Niedersingen‹ (*occentare*) mit der Todesstrafe zu

---

29 Cato, *De agri cultura* 141.
30 *Altlateinische Inschriften*, hrsg. von E. Diehl, Bonn ²1911, Nr. 118; *Inscriptiones Latinae* (Anm. 13), Bd. 1, Nr. 4.
31 Morel Frg. 1.
32 *Institutio oratoria* 1,6,40.
33 Arbeits- und Erntelieder: Varro, *Menippeae*, Frg. 363, in: Petronius, *Saturae*, hrsg. von F. Büche-ler, Berlin ⁶1922, S. 222; *nenia*: Festus, *De verborum significatu*, hrsg. von W. F. Lindsay, Leipzig 1913, S. 154 ff., u. a.; Heldengesänge: Cicero, *Tusculanae disputationes* 4,3, u. a.

bedrohen.[34] Die Schmäh- und Schimpfkanonaden der Komödie, Catulls oder Ciceros scheinen eine verbreitete Praxis zu spiegeln, doch von dem populären Substrat, das sicherlich einmal vorhanden war, ist nichts auf die Nachwelt gekommen.

Daß man gern spottete und sich dabei witzige Pointen nicht entgehen ließ, dokumentiert z. B. der zufällig erhaltene Vers:[35]

Postquam Crassus carbo factus, Carbo crassus factus est.

»Als Crassus zu Asche geworden war, wurde Carbo fett.«
Gaius Papirius Carbo Arvina und der berühmte Redner Lucius Licinius Crassus waren politische Gegner. Der Vers mokiert sich darüber, daß Carbo nach dem Tode des Crassus Karriere machte; der Witz beruht auf dem Doppelsinn von Carbo und Crassus, die beide sowohl Bestandteil eines Namens als auch Appellativa sind.

Sehr beliebt waren offenbar Spottlieder auf triumphierende Feldherren, gesungen von den mit ihnen aufs Kapitol ziehenden Soldaten. Livius erwähnt dergleichen mehrfach, erstmals zum Jahre 437 v. Chr.;[36] im Wortlaut bewahrt sind allerdings nur *ioci militares* (›Soldatenspäße‹), die Caesar galten:[37]

Urbani, servate uxores, moechum calvum adducimus.

»Leute, sperrt eure Frauen ein, wir bringen den Glatzkopfbuhlen.«
Vielleicht eignete diesen gewiß oft derben Scherzen ein magischer, apotropäischer Zweck: ihr herabsetzender Inhalt sollte den bösen Geistern demonstrieren, daß es sich nicht lohne, dem Angegriffenen Schaden zuzufügen. Das hierbei übliche Versmaß bestand aus acht Trochäen, deren letztem die Senkung fehlte; es wurde auch Versus quadratus genannt.

Auf Hochzeiten und zu Erntefesten hat man sich in Alt-Rom mit Wechselgesängen voller Scherz und Spott bedacht. Man kannte auch den Ursprung dieses Brauchs: Er war aus der – im übrigen unbedeutenden – faliskischen Stadt Fescennia importiert worden, so daß die ihm gemäß produzierten oder richtiger improvisierten Lieder allgemein FESCENNINI VERSUS hießen. Nach Livius gingen aus ihnen die Anfänge der römischen Bühnenkunst hervor;[38] Horaz hingegen berichtet, die *opprobria rustica*, die »ländlich derben Neckereien«, seien zu rohen Ausfällen entartet, so daß sie verboten wurden.[39] In späterer Zeit brachte man das

34 Tafel 8,1b. Oder war nicht öffentliches Schmähen, sondern Schadenszauber gemeint?
35 Keil 6 (Anm. 24), S. 461.
36 4,20,2; 4,53,11–13; 5,49,7 u. ö.
37 Sueton, *Caesar* 51; vgl. ebd. 49 und 80.
38 7,2,4 ff.
39 *Epistulae* 2,1,145 ff.

Genre nur noch mit Hochzeitsfeierlichkeiten in Verbindung; Annianus[40] (2. Jahrhundert n. Chr.) und Claudian gaben einschlägigen Gedichten den Titel *Fescennina*. Doch wie jene Verse ursprünglich beschaffen waren, davon konnten sich möglicherweise schon Horaz und Livius keinen unmittelbaren Eindruck mehr verschaffen; jedenfalls ist von ihnen keine einzige Textprobe an die Nachwelt gelangt.

Deutlichere Konturen zeigt ein anderer Import aus der Umgebung: eine einfache dramatische Gattung, die sogenannte Fabula Atellana.[41] Der Name verweist auf die Oskerstadt Atella und somit ins griechische oder griechisch imprägnierte Süditalien, das sich seit dem 5. Jahrhundert v. Chr. durch eine von Athen unabhängige Lustspieltradition auszeichnete. In Syrakus hatte es Epicharmos mit seinen Mythentravestien und burlesken Alltagsszenen zu großem Ruhm gebracht, und von den im unteritalisch-sizilischen Raum beliebten Phlyakenpossen, benannt wohl nach einem Beinamen des Dionysos, zeugen zahlreiche Vasen mit Darstellungen aus deren Handlung.

Die Atellana wiederum beruhte offenbar auf festen Typen, dem Alten (Pappus), dem Buckligen (Dossenus), dem Freßsack (Maccus) usw.; ein vorgegebener Handlungsrahmen, die *trica*, wurde durch improvisierte Dialoge ausgefüllt. Italien hat im 16. Jahrhundert mit der Commedia dell'arte einen ähnlichen Typ volkstümlicher Stegreifkomödien hervorgebracht. In spätrepublikanischer Zeit nahmen sich Stückeschreiber von Profession des Genres an: Lucius Pomponius aus Bononia sowie ein Novius schrieben massenhaft Atellanen.[42] Erhalten sind von alledem etwa 300 Zitate, meist einzelne Verse, sowie über hundert Titel,[43] die Einblick in ein überaus buntes Repertoire von Stoffen geben (bäuerliche Welt, Handwerker, fremde Nationalitäten, Festtage u. a.).

Eine weitere Manifestation römischen Brauchtums steht schon den staatlichen Verlautbarungen nahe: die Laudatio funebris, die Leichenrede. Sie war Teil des Bestattungszeremoniells, das die römische Aristokratie für ihre Angehörigen bereithielt: Im Trauerzuge, der *pompa*, trugen Schauspieler Porträtmasken der Vorfahren, und der Tote war auf dem Forum aufgebahrt, während ein Mitglied der Familie die Rede hielt. Das Gepränge diente der Selbstdarstellung der herrschenden Schicht und hatte somit politisch-propagandistischen Charakter. Die Laudatio rühmte die Taten und Fähigkeiten des oder – vom 1. Jahrhundert v. Chr. an –

40 Siehe S. 347.
41 Siehe z. B. B. Diomedes, *Ars grammatica*, Keil 1 (Anm. 24), S. 489 f.; Varro, *De lingua Latina* 7,29.
42 Siehe S. 137 f.
43 Ribbeck, CRF, Vers 223–276.

der Verstorbenen; der kunstlose Text wurde nicht selten aufgezeichnet und später als Geschichtsquelle benutzt.

Die annalistische Tradition hat diesen Brauch den Anfängen der Republik zugewiesen: Nach Livius hielt bereits im Jahre 480 v. Chr. ein Konsul feierliche Leichenreden: auf den gefallenen Bruder und den gefallenen Kollegen.[44] Das früheste authentische Beispiel entstammt indes erst dem Jahre 221 v. Chr.[45] Im Wortlaut haben nur Bruchstücke aus inschriftlich festgehaltenen Reden der frühen Kaiserzeit überdauert: aus der sogenannten *Laudatio Turiae*[46] und anderen Elogen auf Frauen.

Die Römer waren Formalisten und blieben es auch, als sich keinerlei magische Vorstellungen mehr mit der Einhaltung eines bestimmten Rituals oder Wortlauts verbanden. So unterlagen die Rechtshandlungen des Staates festen Regeln, die peinlich genau eingehalten werden mußten, so daß jeder noch so geringe Fehler die Notwendigkeit einer Wiederholung nach sich zog. Auf die vielerlei Formulare, deren sich die römischen Behörden bei ihrem Verkehr mit den Göttern oder mit auswärtigen Völkern – bei Gelübden, Weihungen oder Vertragsabschlüssen – zu bedienen pflegten und von denen die annalistische Tradition ein gut Teil in einem mehr oder minder authentischen Wortlaut bewahrt hat, kann hier nur hingewiesen werden: Sie sind herkömmlicherweise und mit gutem Grund Gegenstand der Religions- oder Rechtsgeschichte. Der übliche Terminus für sie war *carmen* ›Spruch, Formel‹:[47] Nicht nur die skrupulös festgelegten Gebete, sondern auch die Formulare für völkerrechtliche Verträge pflegten so zu heißen,[48] und Livius charakterisiert einmal ein altertümliches, angeblich auf die Königszeit zurückgehendes Gesetz gegen Hochverrat als *lex horrendi carminis*, »von schaudererregendem Wortlaut«.[49]

Dieselbe strenge Bindung an bestimmte Formen und Formeln hat auch das archaische, von den Priestern überwachte Privatrecht der Römer beherrscht. Alle Rechtsakte, Geschäftsabschlüsse wie Prozesse, mußten nach genau fixierten Regeln vonstatten gehen, und wie im öffentlich-rechtlichen Bereich, so hatte auch hier jeder Verstoß die völlige Nichtigkeit der Handlung zur Folge. Für die Durchsetzung zivilrechtlicher Ansprüche standen den Parteien sogenannte *legis actiones* zu Gebote, d. h. auf ein Gesetz sich gründende Prozeßformulare. Die Be-

---

44 2,47,11.
45 Bei Plinius, *Naturalis historia* 7,139.
46 Um 5 v. Chr.; s. *Eloge funèbre d'une matrone romaine*, hrsg. von M. Durry, Paris 1950.
47 Siehe S. 30.
48 Siehe z. B. Seneca, *Consolatio ad Marciam* 13,1; Livius 1,24,6.
49 Livius 1,26,6.

nutzung dieser Texte war zwingend vorgeschrieben; die Parteien mußten sie vor
Gericht aufsagen, um ihr jeweiliges Streitziel (ihren Anspruch oder dessen Be-
streitung) zu benennen.

Roms Gesetze sind, ebenso wie seine Rechtspraxis und Verwaltung, eine Domäne der Geschichtswissenschaft. Immerhin verdient der älteste Text des römischen Staates, von dem einige Reste bewahrt geblieben sind, das ZWÖLFTAFELGE-
SETZ, um seiner Sprachgestalt willen eine kurze Erwähnung. Es blieb der einzige
Versuch der Römer, alle Rechtsregeln der Zeit in einer einzigen Aufzeichnung
zusammenzufassen; es enthielt prozeß-, zivil- und strafrechtliche Vorschriften.
Die Schwerpunkte Familien-, Erb- und Nachbarrecht lassen die Bedürfnisse eines vornehmlich bäuerlichen Gemeinwesens erkennen. Das Vorhandene – durchweg Zitate bei Autoren, keinerlei inschriftliche Überlieferung – mag mitunter im
Ausdruck modernisiert und durch Zusätze erweitert sein; im ganzen jedoch spiegeln Form und Inhalt hochaltertümliche Verhältnisse. Die Merkmale des archaischen *carmen* – die Rhythmisierung, die Parallelismen, die Wort- und Klangwiederholungen – gehen den Zwölftafeln ab; statt dessen herrschen kunstlose
Schlichtheit, Kürze und Wucht. Der Anfang mit Vorschriften über die Ladung
lautete wie folgt:[50]

> *Si in ius vocat, ito.*
> *Ni it, antestamino.*
> *Igitur em capito.*
> »Wenn er vor Gericht ruft, soll [der andere] gehen.
> Wenn [dieser] nicht geht, sollen [dritte] zu Zeugen angerufen werden.
> Also soll er ihn ergreifen.«

Das auffälligste Merkmal dieses lapidaren Textes ist das Fehlen der Subjekte, vor
allem der Parteien, die somit aus dem Zusammenhang erschlossen werden müssen. Was hier zum Ausdruck gebracht werden sollte, ließe sich etwa so wiedergeben: »Wenn ein Gläubiger jemanden vor Gericht zitiert, den er verklagen will,
dann muß dieser Folge leisten. Wenn er sich weigert, muß der Gläubiger Zeugen
zuziehen; dann darf er ihn gewaltsam vor Gericht schaffen.«

Dieselben Priester, die Pontifices, die in ältester Zeit das Zivilrecht beaufsich-
tigten und auslegten, waren auch die Urheber einer einfachen Staatschronik. Ihnen oblag nämlich als höchster sakraler Instanz die Festlegung des Kalenders mit
seinen Werk- und Feiertagen. Sie führten Listen und unterrichteten die Öffentlichkeit in Abständen – vielleicht jeweils zu Beginn eines Monats – über den
Rechtscharakter der einzelnen Tage. Außerdem machten sie es sich zur Gewohn-

---

50   Tabula 1,1.

heit, in ihre Kalendarien mancherlei Begebenheiten einzutragen, die in kultischer
Hinsicht von Bedeutung schienen, wie Sonnen- und Mondfinsternisse, Seuchen
oder Teuerungen. Diese Aufzeichnungen aber wurden – man weiß nicht, seit
wann – aufbewahrt, und gegen Ende des 2. Jahrhunderts v. Chr. – wahrscheinlich
in der Zeit, da Publius Mucius Scaevola (Konsul 133 v. Chr.) oberster Pontifex
war – erschienen sie als Schrift, im Umfang von 80 antiken Büchern. Das Werk
erhielt den Titel *Annales maximi*, »Haupt-Jahrbücher«; die römische Geschichtsschreibung dankt ihm das Ordnungsprinzip und den Namen ihrer wichtigsten
Gattung, der ANNALES mit ihren von Jahr zu Jahr fortschreitenden Berichten.
Erhalten ist von der großen Unternehmung nichts; das Material ging in die Darstellungen der römischen Historiker, der Annalisten, ein. Die hier skizzierte, in
manchem Detail ungewisse Entwicklung läßt an einen ähnlichen Vorgang im frühen Mittelalter denken: Damals gingen aus den in den Klöstern geführten Oster-
tafeln die ebenfalls Annales betitelten Jahrbücher hervor, die wiederum den seit
Ranke so genannten Reichsannalen des fränkischen Hofes als Quelle dienten.

Mit der pontifikalen Sphäre ist eine publizistische Initiative verknüpft, die von
der Überlieferung einem namentlich genannten Urheber zugewiesen wird. Ein
Gnaeus Flavius, Sekretär des berühmten Appius Claudius Caecus, soll sich Über-
griffe in bislang den Priestern vorbehaltene Kompetenzen erlaubt haben (um 300
v. Chr.): Er veröffentlichte, heißt es,[51] die zuvor nicht allgemein zugängliche Ka-
lendertafel und brachte ein Buch heraus, das die *legis actiones*, die für den mündlichen Prozeßgang vorgeschriebenen Formeln, enthielt.

Daß er hiermit einen dreisten Vertrauensbruch beging, mag spätere, politisch
bedingte Ausschmückung sein. An der Sache selbst aber läßt sich schwerlich
zweifeln: Flavius wird, wohl auf Weisung des Appius Claudius, eine modernere
Form der Kundgabe des Kalenders – für ein ganzes Jahr – eingeführt haben, und
überdies erleichterte er das Prozessieren durch seine Zusammenstellung der Prozeßformulare, das nach ihm so benannte IUS FLAVIANUM. Die beiden Maßnahmen haben der pontifikalen Rechtspflege zunächst kaum Abbruch getan; wohl
aber trugen sie dazu bei, daß sich das Zivilrecht allmählich von der Aufsicht der
Priester löste – eine Entwicklung, die sich im 3. und 2. Jahrhundert v. Chr. vollzogen hat.

Appius Claudius Caecus, der Schöpfer der Via Appia, ist auch selbst als Autor
in die Geschichte eingegangen, allerdings wohl nicht in jedem Falle zu Recht.
Die Rede, die er während des Krieges gegen Pyrrhus von Epirus (280–275
v. Chr.) gehalten hat, um einen voreiligen Friedensschluß zu verhindern, wurde

---

51 Livius 9,46; Digesten 1,2,2,7 u. a.

berühmt. Der Text, von ihm selbst oder einem Späteren veröffentlicht, war zur Zeit Ciceros noch vorhanden;[52] mit ihm beginnt die Geschichte der literarisch fixierten Beredsamkeit der Römer.[53] Nicht über jeden Zweifel erhaben ist die Echtheit einer Sammlung von Sprüchen (*Sententiae*), die ihm zugeschrieben wurde;[54] auch der berühmte Cato gab einem Erzeugnis dieser Art seinen Namen.[55] Noch weniger Glauben verdient die Nachricht, Appius Claudius habe ein Werk *De usurpationibus* (»Über Ersitzungsrecht«) verfaßt;[56] er wäre mit einer juristischen Monographie seiner Zeit um mehr als ein Jahrhundert vorausgeeilt.

4. Die Entfaltung der römischen Literatur nach dem Muster der griechischen

a) Ausmaß und Grenzen der Übernahme

Mit dem Jahre 240 v. Chr. begann eine neue Phase im Verhältnis Roms zu Griechenland: Rom, das sich bislang damit begnügt hatte, die materiellen griechischen Errungenschaften sowie Elemente der griechischen Religion zu übernehmen, begann sich nunmehr auch der literarischen Kultur des Nachbarvolkes zu bemächtigen: zunächst der Dichtung und bald darauf auch der Philosophie und der Wissenschaften. Volkstümliche theatralische Darbietungen waren ein erster Schritt: Während der Römischen Spiele (*ludi Romani*) des genannten Jahres, einer alten zu Ehren Jupiters gefeierten Festperiode, wurde das bisherige, vornehmlich aus Wagenrennen bestehende Programm um die Aufführung einer griechischen Tragödie und einer griechischen Komödie bereichert, und seither gab es in Rom regelmäßig auch *ludi scaenici*, Theaterstücke.

Die lateinische Bearbeitung der beiden Dramen (ihr Titel ist unbekannt) stammte von einem Dichter griechischer Herkunft, namens LIVIUS ANDRONICUS. Derselbe Livius hat außer diesen und etlichen weiteren Stücken auch eine Über-

---

52   Cicero, *Cato* 16 und *Brutus* 61.
53   Es blieb indes einstweilen bei diesem einen Vorreiter; die kontinuierliche Tradition des Veröffentlichens von Reden setzte erst mit dem älteren Cato ein; s. S. 102 f.
54   Festus, hrsg. von Lindsay (Anm. 33), S. 418.
55   Siehe S. 104 f.
56   Digesten 1,2,2,36.

setzung der Homerischen *Odyssee* verfertigt.[57] Hiermit waren – durch das Werk
eines Mannes – die beiden Hauptgattungen der klassischen griechischen Dichtung, das Drama und das Epos, in Rom eingeführt. Der Anfang wies die Richtung, und zwar in zweifachem Sinne. Einmal blieben Drama und Epos während
der ganzen vorklassischen Periode, bis etwa zum Beginn des 1. vorchristlichen
Jahrhunderts, Roms bevorzugte poetische Gattungen. Außerdem aber gab das
Schaffen des Livius für die römische Literatur im ganzen – in allen ihren Äußerungen und für alle Zeit – das Muster ab: Roms Schriftsteller blieben trotz zu-
nehmenden Bemühens um Selbständigkeit stets irgendwie auf ihre griechischen
Vorbilder bezogen.

Die römische Literatur war die Folge eines geradlinigen, durch einheimische
Traditionen wenig beeinflußten Rezeptionsprozesses – in viel stärkerem Maße als
etwa die europäischen Literaturen, die ja nicht nur aus antiken und christlichen,
sondern auch aus je eigenen Quellen hervorgingen. Roms Unselbständigkeit bekundet sich am deutlichsten im Bereich der Form. Quintilian vermerkt mit Stolz,
die Satire sei eine Schöpfung der Römer;[58] diese Feststellung setzt zutreffend voraus, daß alle übrigen Gattungen griechischer Import waren. Nicht anders verhielt
es sich mit den Versmaßen wie auch mit den Stilmitteln der künstlerisch geformten Prosa: auch hier haben sich die Römer damit begnügt, das metrische und rhetorische Repertoire der Griechen zu übernehmen. Die römische Literatur erman-
gelte außerdem weithin eines originalen stofflichen Fundaments. Ihr standen
keine eigenen Mythen zu Gebote; sie war überhaupt im fiktiven Bereich – in der
Komödie, der Tierfabel, dem Roman – in hohem Maße auf griechische Vorlagen
angewiesen.

Gleichwohl wäre es verfehlt, die römische Literatur als Abklatsch ihrer älteren
Schwester zu betrachten. Daß das Spätere auf Früheres Bezug nimmt, gilt auch
innerhalb jeder einzelnen Literatur und gilt erst recht für das Verhältnis aller europäischen Literaturen zu den beiden antiken. Vor allem aber enthält die römische Literatur eine Fülle von Originalem, aus dem griechischen Muster nicht
Ableitbarem – einmal, weil die Römer als das Staats- und Rechtsvolk schlechthin viel Eigenes mitbrachten und entwickelten, zum anderen, weil ihre Literatur
eine andere, spätere, kompliziertere Wirklichkeit spiegelte als die griechische.
Diese Substanz ist gleichsam der Einschlag im Zettel des von den Griechen
Übernommenen. Sie hat bewirkt, daß sich etliche Zweige der Literatur – die
Jurisprudenz, die öffentliche Rede, die Geschichtsschreibung und das historische

---

57   Siehe S. 73.
58   *Institutio oratoria* 10,1,93.

Epos – als Verbindung von griechischer Form und römischem Inhalt präsentieren; sie hat zudem auch die meisten anderen Gattungen – die philosophische und die Fachschriftstellerei, die Lyrik, die Elegie – mehr oder minder stark durchdrungen und gefärbt.

b) Die institutionellen Voraussetzungen der Übernahme (Schule, Theater)

Livius Andronicus und seine Nachfolger handelten nicht allein aus künstlerischem Impuls, oder, anders ausgedrückt, die Übernahme der griechischen Literatur vollzog sich keineswegs auf Grund der bloßen Initiative einzelner. Die Wegbereiter vermochten nur zu wirken, weil ihnen hierfür ein institutioneller Rahmen zur Verfügung gestellt wurde, und zwar von Angehörigen der maßgeblichen Schicht, von modern gesinnten, für die Errungenschaften der überlegenen griechischen Kultur aufgeschlossenen Aristokraten. Aus ihrem Kreise rekrutierten sich die Ädilen, d. h. die Beamten, die für die Ausrichtung der Fest- und Spielperioden verantwortlich waren, und unter ihnen befanden sich Väter, die Wert darauf legten, daß ihre Söhne die griechische höhere Bildung erhielten. So waren die Anfänge der römischen Literatur auf mehrfache Weise durch Griechisches bedingt: durch die Formen und Stoffe sowie durch die institutionellen Voraussetzungen für deren Pflege, durch die Schule und das Theater.

Seit etwa dem 4. Jahrhundert v. Chr. kannte die griechische Welt drei Stufen schulischer Unterweisung. Die unterste Stufe wurde, obwohl es keine allgemeine Schulpflicht gab, ziemlich jedem Bürger einer griechischen Gemeinde zuteil; sie vermittelte den Kindern außer Turn- und Musikunterricht vor allem die Fertigkeiten des Lesens, Schreibens und Rechnens. Dann folgten für Knaben aus gehobenem Milieu mehrjährige Lehrgänge beim ›Grammatiker‹, d. h. bei einem Philologen. Dort ließ man sich die intensive Lektüre eines ausgewählten Kreises von Literaturwerken angelegen sein; die Erläuterungen brachten neben grammatischen und stilistischen Grundbegriffen auch die für das Verständnis erforderlichen historischen, mythologischen und sonstigen Realien zur Sprache. An den Grammatikunterricht schlossen sich für eine Elite junger Männer mehrjährige Kurse in Rhetorik an; Ziel war die Fähigkeit zum Abfassen zweckentsprechender öffentlicher Reden.

Dieses System, seine Gegenstände, Methoden und Zwecke, wurde von den Römern getreulich kopiert. Die Elementarschule, die Domäne des *ludi magister* (›Schulmeister‹), kam wohl schon im 5. oder 4. Jahrhundert v. Chr. auf. Grammatikunterricht hat sich in Rom erst während des 3. Jahrhunderts etabliert, zunächst in der Weise, daß griechische Sklaven in griechischer Sprache lehrten – lateinische Literatur, die man hätte zugrunde legen können, war ja noch nicht vorhanden. Die dritte Stufe, die Rhetorik, gelangte abermals ein Jahrhundert später nach Rom, vorerst wieder als eine rein griechische Einrichtung.

Sowohl beim Grammatik- als auch beim Rhetorikunterricht folgte bald eine lateinische Version des griechischen Vorbilds nach, und hinfort pflegten sich die jungen Römer der oberen Schichten das Pensum der zwei Stufen in beiden Sprachen anzueignen – zur Vorbereitung auf die politischen und administrativen Aufgaben, die ihrer in der lateinisch oder in der griechisch sprechenden Hälfte des Reiches harrten. Auf dem Wege zu diesem Ziel, das in ciceronischer Zeit erreicht wurde, war die *Odyssee*-Übersetzung des Livius ein wichtiger Schritt: Sie verschaffte den Römern nicht nur ein Literaturwerk, das eine hinlängliche Textgrundlage für Grammatikunterricht in lateinischer Sprache abgab; sie brachte zudem die römische Dichtung überhaupt in Gang, indem sie Jüngere ermutigte, Epen zu verfassen, die nicht erst übersetzt werden mußten und nicht allein für die Schuljugend bestimmt waren.

Die institutionellen Voraussetzungen für theatralische Darbietungen und damit für die Produktion von Dramen, die Festzeiten mit ihren Veranstaltungen (*ludi*), waren – neben Opfern, Prozessionen und sonstigen Zeremonien – Teil des staatlichen Götterkults. Prinzipiell hat man es also im alten Rom umgekehrt gehalten wie weithin im neuzeitlichen Europa: Das Schulwesen war gänzlich in privater Hand; Schauspiele hingegen wurden von Staats wegen aufgeführt. Die Festperioden, stets zu Ehren einer bestimmten Gottheit veranstaltet, pflegten sich um den Stiftungstag des dieser Gottheit geweihten Haupttempels zu ranken. Der römische Feiertagskalender war – im Unterschied zum christlichen – erheblichem Wandel unterworfen: Die Zahl der Spieltage wurde bald vergrößert, mitunter auch wieder beschnitten, und zumal in Notzeiten wurden neue Feste gelobt und eingerichtet.

Die wichtigsten Festzeiten waren:

1. die *ludi Romani*, wohl die ältesten alljährlich gefeierten (im September, zu Ehren Jupiters);

2. die *ludi plebei*, die Spiele der Plebs, der römischen Sondergemeinde (Mitte November, ebenfalls zu Ehren Jupiters);

3. die *ludi Florales*, ein üppiges Frühlingsfest (Ende April / Anfang Mai, zu Ehren der Fruchtbarkeitsgöttin Flora, 240 oder 238 v. Chr. zum ersten Male gefeiert);

4. die *ludi Apollinares* (am 13. Juli, zu Ehren Apolls, seit 212 v. Chr.);

5. die *ludi Megalenses* (am 10. April, zu Ehren der kleinasiatischen Göttin Kybele, der Magna Mater = Μεγάλη Μήτηρ, seit 204 v. Chr.);

6. *die ludi Ceriales* (Mitte April, zu Ehren der Ceres).

Zum Programm dieser Festtage und -perioden gehörten, ehe die Schauspiele hinzukamen, vor allem zwei Gattungen von Veranstaltungen: die Wagen- und Pferderennen, die Gladiatorenkämpfe und Tierhetzen. Die Lokalität der sportlichen Darbietungen war der Circus; die Kämpfe und Schauspiele fanden zunächst auf Plätzen mit Holzgerüsten und seit spätrepublikanischer Zeit in festen, aus Steinen oder Ziegeln errichteten Gebäuden statt: die Kämpfe in Amphitheatern, die Schauspiele in Anlagen mit Zuschauerraum im Halbrund, mit Bühne und Bühnenwand. Die Wagenrennen waren auch den Griechen seit jeher vertraut, und die szenischen Darbietungen waren ganz und gar griechischer Import. Die Gladiatorengefechte hingegen, ausgeführt vor allem von Verbrechern und Sklaven, stammten aus Etrurien, und die Tierhetzen, veranstaltet seit dem 2. Jahrhundert v. Chr. und unter anderem als Form der öffentlichen Hinrichtung verwendet, scheinen eine römische Erfindung gewesen zu sein.

An allen sechs genannten Festen fanden seit dem Zeitalter der Punischen Kriege auch *ludi scaenici*, Aufführungen von Tragödien und Komödien, statt. Das Theater blieb stets an diesen Rahmen gebunden, und meist dienten Übersetzungen oder Bearbeitungen griechischer Originale dazu, ihn zu füllen. Für den weitaus größten, den nicht lesenden Teil der römischen Bevölkerung waren die Schauspiele die einzige Form, in der sie mit Literatur Bekanntschaft machte. Die Komödie erfreute sich gewiß größerer Beliebtheit als die Tragödie, doch schon während ihrer Blüte, in der ersten Hälfte des 2. Jahrhunderts v. Chr., hatte sie gelegentlich einen schweren Stand, wenn gleichzeitig stattfindende Boxkämpfe ihr das Publikum entzogen. Das Drama war denn auch die erste Gattung der römischen *ludi*, die wieder verfiel und schließlich nahezu verschwand; es wurde in augusteischer Zeit von pantomimischen Darbietungen abgelöst.

c) Römer und Griechen: Widerstände und ihre Überwindung

Die Hellenisierung Roms blieb bei der Schule und dem Theater, bei der Lektüre für die Jugend der gehobenen Schichten und bei volkstümlichen Vergnügungen nicht stehen. Sie ergriff bald auch die Wurzeln der römischen *mores*, einer bäuerlichen Sittenordnung, die sich bislang unbefragt von Generation zu Generation fortgeerbt hatte. Die Mächte, die diesen Gärungsprozeß hervorriefen, waren die Rhetorik und vor allem die Philosophie. Der Prozeß ging nicht ohne den Widerstand konservativer Kräfte vonstatten, die in der neuen kritischen Geisteshaltung eine Gefahr für die überkommenen Wertvorstellungen erblickten.

Im Jahre 161 v. Chr. soll es zu einer umfassenden amtlichen Maßnahme gegen die griechischen Intellektuellen gekommen sein: Die Rhetoren und Philosophen, die sich in Rom niedergelassen hatten, wurden samt und sonders aus der Stadt gewiesen.[59] Sechs Jahre später ereignete sich ein weit spektakulärerer Vorfall. Eine Gesandtschaft der Athener erschien in Rom;[60] sie bestand aus den Häuptern dreier Philosophenschulen, der platonischen Akademie, des aristotelischen Peripatos und der Stoa. Diese Männer waren nicht nur darauf bedacht, ihre diplomatische Mission zu erfüllen (es ging um die Herabsetzung einer Buße, die sich Athen wegen eines Grenzübergriffs zugezogen hatte); sie benutzten die Zeit des Aufenthalts auch, zur Freude der Jugend öffentliche Vorträge zu halten.

Zumal die Reden des Akademikers KARNEADES erregten Aufsehen. Sie handelten von der Gerechtigkeit: Karneades pries sie zunächst als das sittliche Fundament des menschlichen Zusammenlebens; am Tage darauf jedoch legte er dar, daß es nicht angehe, sie zur Richtschnur der Politik zu machen, und er berief sich dabei auf die Römer, deren Reich durch nichts als Raub und Plünderung des ganzen Erdkreises zustande gekommen sei. Diese Dialektik mißfiel dem Zensorier CATO, einem der maßgeblichen Männer in der römischen Staatsführung, und er setzte durch, daß die athenischen Gesandten so bald wie möglich in Ehren heimgeschickt wurden.

Cato war überhaupt ein erbitterter Gegner des griechischen Kultureinflusses – dabei bezeugen seine Schriften, daß er selbst – als typische Erscheinung einer Übergangszeit – mehr von diesem Einfluß in sich aufgenommen hatte, als er wahrhaben wollte.[61] Mit ihm ist denn auch der römische Widerstand im wesentlichen erloschen. Der JÜNGERE SCIPIO, der Eroberer Karthagos, hatte den Historiker POLYBIOS und den Philosophen PANAITIOS zu Freunden, und sein Haus war ein Mittelpunkt griechischer Geistigkeit.[62] Mit dem Wirken des Panaitios, eines Stoikers, faßte die Philosophie endgültig in den Kreisen der römischen Aristokratie Fuß. Dieser Erfolg blieb allerdings zunächst noch ohne Konsequenzen für die römische Literatur: Lukrez und Cicero hatten keine namhaften Vorgänger, als sie sich anschickten, die lateinische Sprache für philosophische Gegenstände gefügig zu machen.

---

59   Sueton, *De rhetoribus* 1. Zwölf Jahre zuvor hatte man bereits einige Epikureer verjagt; s. S. 132.
60   Zum folgenden vgl. Cicero, *De re publica*, Buch 3; Gellius, *Noctes Atticae* 6,14,8–10; Plutarch, *Cato* 22.
61   Siehe S. 100 f.
62   Siehe S. 105 ff.

Die Griechen gaben, die Römer nahmen: Die Einseitigkeit des zivilisatorischen Gefälles spiegelt sich deutlich in der Haltung der Beteiligten. Während die römische Oberschicht das Griechische seit den Punischen Kriegen nicht weniger gut zu beherrschen pflegte als die eigene Sprache, war das Lateinische für die Griechen auch in der Kaiserzeit noch ein schwer erlernbares, nahezu barbarisches Idiom. Und während die Römer intensiv über griechisches Wesen, griechische Kunst, griechische Wissenschaft und griechische Philosophie nachdachten und sich mit ihren eigenen Leistungen immer wieder am griechischen Vorbilde maßen, nahmen die Griechen Römisches außerhalb des historisch-politischen Bereiches (wo sie nicht umhin konnten, Rom zu respektieren) kaum zur Kenntnis und pflegten die römische Literatur auch dann noch zu ignorieren, als diese mit ebenbürtigen Leistungen aufzuwarten vermochte.

Die Römer haben das Volk, dem sie ihre Kultur verdankten, nicht nur bewundert. Ihre Kritik an den *Graeculi*, den ›Griechlein‹, äußerte sich bereits in dem Worte *(per)graecari* ›griecheln‹, das so viel bedeutete wie ›ein liederliches Leben führen‹.[63] Sie hielten ihre östlichen Nachbarn für moralisch unterlegen; sie warfen ihnen vor, daß sie sich mit unnützen Dingen die Zeit vertrieben, daß sie kröchen und schmeichelten und sich würdelos benähmen.

Diese Kritik an allem, was mit ihrer eigenen *gravitas* und *dignitas*, ihrer ernsten, gemessenen Wesensart nicht vereinbar schien, war indes vordergründig; sie erwuchs aus den politischen und persönlichen Erfahrungen einer Gegenwart, in der Griechenland in der Tat ein anderes Gesicht zeigte als einst in seiner großen Zeit. Sie vertrug sich daher mit einer Einschätzung, der sich, so richtig sie war, die Noblesse nicht absprechen läßt: Die Römer pflegten, wenn sie hinlänglich gebildet waren, die wissenschaftliche, literarische und künstlerische Überlegenheit der Griechen schlankweg zuzugeben. *Graecia capta ferum victorem cepit et artis / intulit agresti Latio* – »Griechenland wurde erobert; es eroberte seinerseits den rohen Sieger und brachte die Künste und Wissenschaften ins bäurische Latium«: So lautet eine lapidare Formel, auf die Horaz das Verhältnis der beiden Völker brachte,[64] und ein bekanntes Vergilisches Seitenstück wies den Griechen ebenfalls die Künste und Wissenschaften, den Römern hingegen die Macht und die Wahrung des Friedens zu.[65]

---

63 Plautus, *Mostellaria* 20–24; Festus, hrsg. von Lindsay (Anm. 33), S. 235.
64 *Epistulae* 2,1,156 f.
65 Vergil, *Aeneis* 6,847–853; vgl. S. 210.

d) Die Phasen der Aneignung der griechischen Literatur

Roms literarische Abhängigkeit vom griechischen Vorbild war ein für allemal eine fundamentale Gegebenheit. Diese Abhängigkeit blieb sich indes nicht gleich; sie wandelte sich und zeigte von Epoche zu Epoche ein verändertes Gesicht – in dem Maße, daß die jeweiligen Unterschiede zu den bestimmenden Merkmalen der einzelnen Epochen gehören.

Die erste Epoche, die archaische Periode oder Vorklassik (bis um 100 v. Chr.), war gleichsam eine Zeit des Lernens. Ein gut Teil der Dichtung bestand aus Übersetzungen und Bearbeitungen, und auch sonst bekundet die Literatur ein hohes Maß an Unselbständigkeit. Die Übersetzungen suchten gerade das zu vermitteln, was damals in der griechischen Welt gängig und verbreitet war; sie hielten sich also an die jüngste Schicht der Muster-Literatur. Diese Feststellung wird durch die lateinische *Odyssee*-Version des LIVIUS ANDRONICUS nicht eingeschränkt, sondern bestätigt. Livius gab das alte Epos nicht um seiner selbst willen wieder; er knüpfte vielmehr an die Funktion an, die dieses Werk zu seiner Zeit bei den Griechen erfüllte, kurz, er stellte ein Pendant des gängigsten griechischen Schulbuches her. Ähnliches gilt für die Bühnendichter von Livius bis Accius, mochte ihnen eine klassische Tragödie oder eine hellenistische Komödie als Vorbild dienen: Sie brachten das Repertoire des zeitgenössischen griechischen Theaters, vermittelten also ebenfalls das literarische Spektrum ihres Jahrhunderts.

Die zweite Phase, die Klassik (bis zum Tode des Augustus) war die Zeit der schöpferischen Anverwandlung; die Autoren dieser Epoche suchten fast immer aus einer gewissen Distanz mit den griechischen Vorbildern zu wetteifern, und Übersetzungen galten im allgemeinen nicht mehr wie vordem als literarische Leistungen. Außerdem fand jetzt eine Art Krebsgang der römischen Literatur statt: Die klassischen Autoren griffen stufenweise auf immer ältere Schichten der griechischen Überlieferung zurück. CATULL hielt sich an Kallimachos, den Dichter des Frühhellenismus; LUKREZ erkor sich bereits den Vorsokratiker Empedokles zum formalen Muster. CICEROS Eloquenz suchte an die attischen Redner des 4. Jahrhunderts v. Chr., seine philosophische Schriftstellerei u. a. an Platon anzuknüpfen. VERGIL fand von dem hellenistischen Bukoliker Theokrit über Hesiod zu Homer; HORAZ endlich war bestrebt, der römischen Literatur ein Gegenstück zur frühgriechischen Jambik und Lyrik zu verschaffen.

Die römische Literatur hatte im 1. Jahrhundert v. Chr. alle Weiten und Tiefen des griechischen Vorbildes durchmessen. Es war daher nur folgerichtig, daß die Autoren der Nachklassik, der dritten und letzten Phase der römischen Literatur, wenn sie auch durchaus nicht aufhörten, griechische Werke zu benutzen und auf sie anzuspielen, gleichwohl ihrem Verhältnis zu den benutzten Werken keine programmatische Bedeutung mehr zuerkannten – mit dem stolzen Sich-Messen an einem griechischen Muster, einer stereotypen Denkfigur der Klassik, war es schlagartig vorbei.[66] Die römische Literatur entwickelte sich jetzt im wesentlichen auf ihren eigenen Grundlagen weiter, und hierbei vollzog sie, indem sie, je näher sie dem Ende kam, an desto ältere Schichten der einheimischen Tradition anknüpfte, abermals eine Art Krebsgang.

5. Die Epochen der römischen Literatur

a) Zur Periodisierung der römischen Literatur im allgemeinen

Die Epoche oder Periode ist neben der Gattung die wichtigste zusammenfassende Kategorie der Literaturgeschichtsschreibung. Sie kann allerdings ihre ordnende und deutende Kraft nur dann geltend machen, wenn sie nicht als äußerliches Etikett einen mehr oder minder willkürlich gewählten Zeitabschnitt heraushebt: Jahrhunderte oder Regierungsdaten eines Herrschers oder einer Dynastie sind meist nichts als schematische Einschnitte. Eine Epoche darf dem jeweiligen Material nicht aufgepfropft, sie muß vielmehr – und zwar sowohl hinsichtlich ihrer Grenzen als auch hinsichtlich ihrer Charakteristika – durch Induktion daraus abgeleitet werden. Man sucht nach Gemeinsamkeiten innerhalb der Literatur einer Zeit und der für sie maßgeblichen Faktoren: Man fragt nach vorherrschenden Gattungen und Stoffen, nach leitenden Ideen und auffälligen Tendenzen, nach verbreiteten stilistischen Normen usw. Aus alledem ergibt sich eine Periode als ein System bestimmter Verhältnisse und Merkmale, dessen Entwicklung beschrieben und von den andersartigen Systemen der benachbarten Epochen abgegrenzt werden kann.

Die Literaturgeschichte hat als verhältnismäßig junge Disziplin kaum eigene Kategorien zur Bezeichnung der von ihr unterschiedenen Epochen hervorgebracht – im Bereich der römischen Literatur könnten am ehesten die Ausdrücke ›Goldene‹ und ›Silberne Latinität‹ (für die Zeit des Augustus und das 1. Jahrhun-

---

66 Eine Ausnahme: Phaedrus, bes. 2 Epilog. Vgl. S. 290.

dert n. Chr.) dafür gelten. Das meiste ist aus der Nomenklatur anderer Wissen-schaften entlehnt, zumal aus der Kunstgeschichte und der allgemeinen Ge-schichte. Auf die Kunstgeschichte gehen Begriffe wie ›Archaik‹, ›Klassik‹ oder ›Klassizismus‹ zurück; der allgemeinen Geschichte entstammen Bezeichnungen wie ›römische Republik‹ oder ›Kaiserzeit‹. Gegen Anleihen bei der verwandten Kunstgeschichte lassen sich kaum ernstliche Bedenken vorbringen. Die Begriffe hingegen, die der politischen Geschichte entnommen sind, scheinen behaupten zu wollen, daß die nach ihnen benannte Literatur maßgeblich von den gleichzei-tigen politisch-gesellschaftlichen Verhältnissen geprägt sei. Eine derartige Ab-hängigkeit liegt mitunter vor; oft aber ist der Bezug zur politischen Geschichte ein unwesentlicher Aspekt – der entsprechende Terminus (etwa: ›frühe Kaiser-zeit‹) unterscheidet sich dann kaum noch vom Rubrizieren nach Jahrhunderten oder Herrscherdaten.

Die Epochenschwellen der römischen Literatur stimmen nur in einem Falle deutlich mit denen der politisch-gesellschaftlichen Entwicklung überein: bei ihrem Ende um die Mitte des 3. Jahrhunderts n. Chr., beim Übergang von der Nachklassik zur Spätantike. Damals erlosch die römische, die am Staate Rom orientierte Produktion, und ein halbes Jahrhundert lang – von 238 bis 284 n. Chr. – erhoben nur einige christliche Autoren ihre Stimme. Zugleich ging der von Au-gustus begründete, verhältnismäßig freiheitliche Staat, der Prinzipat, unter, und etwas Neues trat an seine Stelle, der Dominat, d. h. ein absolutistisches, streng bürokratisch organisiertes Zwangsregiment. Eigentümlicherweise kommt dieser handgreifliche Zusammenhang in den Darstellungen der römischen Literatur fast nie zum Vorschein.[67] Die übrigen Epochenschwellen der römischen Literatur, die Zäsuren, die sich innerhalb ihrer Entwicklung feststellen lassen, sind offenbar weniger durch die allgemeinen Verhältnisse als durch innerliterarische Abläufe bedingt. Nach diesem Kriterium empfiehlt es sich, drei Hauptepochen zu unter-scheiden:

1. die archaische Zeit oder Vorklassik (von der Mitte des 3. Jahrhunderts v. Chr. bis zum Ende des 2. Jahrhunderts v. Chr., von Livius Andronicus bis zum Sati-riker Lucilius);
2. die Klassik (von den neunziger Jahren des 1. Jahrhunderts v. Chr. bis zum Tode des Augustus, von Catull, Lukrez und Cicero bis Livius und Ovid);
3. die Nachklassik (von Tiberius bis zum Zusammenbruch des Prinzipats in der Mitte des 3. Jahrhunderts n. Chr., von Seneca bis zum Erlöschen der literari-schen Produktion).

---

67 Siehe die in Anm. 2 genannten Literaturgeschichten.

Die Periodisierungen in den modernen Darstellungen der römischen Literatur
stimmen mit dieser Dreiteilung im allgemeinen nur hinsichtlich des Übergangs
von der Klassik zur Nachklassik überein. Eine besonders auffällige Fehleinschät-
zung der tatsächlichen Gegebenheiten ist durch die Gepflogenheit bedingt, Kategorien des politischen Wandels mechanisch auf die Literaturgeschichte anzuwen-
den.[68] Die schwere Krise, die der römische Staat während des 1. Jahrhunderts
v. Chr. durchmachte, der Untergang der Republik, die Schaffung der Monarchie,
verführte zu der Annahme, daß eine derart tiefe Zäsur im politisch-gesellschaftlichen Gefüge auch für die Literatur von großer Bedeutung sein müsse, und so ge-
wöhnte man sich daran, die Hinterlassenschaft der ausgehenden Republik, des
ciceronischen Zeitalters, von der des beginnenden Prinzipats, des augusteischen
Zeitalters, zu trennen. Hieraus ergibt sich die sonderbare Konsequenz, daß, da
die augusteischen Dichter, wie Vergil, Horaz oder Ovid, offensichtlich als ›Klassiker‹ gelten müssen, die großen Prosaiker der vorausgehenden Zeit, Cicero, Caesar
oder Sallust, nur den Rang von ›Vorklassikern‹ beanspruchen dürfen.[69] Die Annahme, daß der politischen Zäsur zwischen Cicero und Augustus eine literarhi-
storische Zäsur gleicher Tiefe entspreche, ist also unrichtig. In literarhistorischer
Hinsicht gehören, da bei allen Unterschieden die Gemeinsamkeiten deutlich
überwiegen, die Zeit Ciceros und die des Augustus zusammen; es handelt sich bei
ihnen um zwei eng miteinander verzahnte Phasen derselben Epoche, der römischen Klassik.

b) Die Vorklassik

Die Vorklassik versuchte sich noch nicht an Werken, die aus freier Initiative hervorgingen, an Werken als Ausdruck individuellen Erlebens oder individueller
Überzeugungen. Eines ihrer auffälligsten Merkmale war vielmehr ihre Abhängigkeit und Gebundenheit. Ihre Erzeugnisse beruhten einerseits auf dem zeitgenössischen Kanon der griechischen Literatur, andererseits auf den gegebenen politischen und kulturellen Verhältnissen Roms. Die Schule forderte allerdings nach
Livius Andronicus nicht mehr zu literarischen Unternehmungen auf; sie hatte

---

68 Siehe z. B. Schanz/Hosius (Anm. 2), Bd. 1: *Die römische Literatur in der Zeit der Republik*;
    L. Bieler, *Geschichte der römischen Literatur*, Berlin 1961, Bd. 1: *Die Literatur der Republik*; Bd.
    2: *Die Literatur der Kaiserzeit*.
69 K. Büchner, *Römische Literaturgeschichte*, Stuttgart ⁴1968, S. 173 ff., weist Autoren wie Cicero
    und Sallust der »Vorklassik« zu; Kappelmacher/Schuster (Anm. 2), S. 260 ff., rechnen Vergil,
    Horaz und die Elegiker zur augusteischen Klassik, Ovid und Livius hingegen zur »Kaiserzeit«.

sich seither mit der Rolle eines Hintergrundphänomens zu begnügen. Um so
stärker machte sich die Bühne als Stimulus bemerkbar; sie war – in quantitativer
wie in qualitativer Hinsicht – die wichtigste institutionelle Voraussetzung der vorklassischen Literatur. Die beginnende Redekunst ging ebenfalls aus festen Gegebenheiten hervor; sie hielt sich an die Volksversammlung und den Senat als die
althergebrachten Instanzen öffentlicher Wirksamkeit.

Einigen subjektiven Spielraum wußte sich die Literatur der Vorklassik immerhin im Bereich der politischen Propaganda und der politisch-gesellschaftlichen
Kritik zu verschaffen: Die Historiographie, das historische Epos und die Satire
jener Zeit sind am deutlichsten von den Impulsen und dem schöpferischen Enga-
gement einzelner geprägt.

Außer den institutionellen Voraussetzungen engten ständische Konventionen
das literarische Hervorbringen ein: Die Prosa war Sache der führenden Schicht;
die Dichtung blieb im wesentlichen kleinen Leuten überlassen, die sich teils adli-
ger Protektion erfreuten, teils in unabhängiger Stellung die szenischen Spiele mit
Stücken versorgten.

Diese Bindungen machen begreiflich, daß sich die Vorklassik mit einem beschränkten Repertoire von Gattungen begnügte. Im Bereich der Dichtung hatte
das Drama eine dominierende Stellung inne; außerdem entstanden einige Epen,
jedoch noch kein repräsentatives Lehrgedicht. Eine Schöpfung besonderer Art
war die Satire des LUCILIUS; Lyrik wiederum blieb noch aus. Im Bereich der
Prosa konzentrierte man sich auf die Geschichtsschreibung; außerdem trat die öffentliche Rede in ihre literarische Phase ein: Man begann sie schriftlich auszuar-
beiten und zu verbreiten. Die Philosophie fand noch keinerlei Pflege; die fachwissenschaftliche Schriftstellerei kam über erste Versuche nicht hinaus.

Die Gattungen, Versmaße und Stilmittel sowie die fiktiven Stoffe waren griechischer Herkunft: Von dieser Folie hebt sich der wichtigste eigene Beitrag der
Vorklassiker, die Formung der lateinischen Sprache, desto schärfer ab. Die Pio-
niere des 3. und 2. Jahrhunderts v. Chr. fanden geradezu eine Tabula rasa vor; das
Latein jener Zeit, zumal sein lautlicher Zustand, war noch nicht zu einem festen
Regelsystem geronnen, und man kannte fast nur das praktisch gehandhabte, an
die jeweilige Situation gebundene Wort. Die Vorklassiker haben diese Ausgangslage in zweifacher Hinsicht geändert: Sie brachten die Fluktuation der Sprache
zum Stillstand, und sie prägten für die von ihnen gepflegten Gattungen und damit für die Literatur überhaupt einen Fundus von Konventionen, an den die Klassiker anknüpfen konnten. Es bedurfte eines zähen, über Generationen sich erstreckenden Bemühens, dieses Ergebnis – eine klare Syntax, einen verbindlichen
Prosastil, einen nuancierten poetischen Wortschatz – zu erzielen; manches Expe-

riment mußte als allzu gewagt abgebrochen und eine naive Vorliebe für Buntes
und Grelles gezähmt werden.

Die Literatur der Vorklassik wirkte, da die Entwicklung der Sprache in lautlicher, lexikalischer und syntaktischer Hinsicht zunächst noch im Fluß war, auf
die Nachgeborenen von der Zeit des Augustus an ›archaisch‹, altertümlich und
veraltet, und so sind die Werke ihrer Autoren in den folgenden Jahrhunderten
immer seltener geworden und schließlich größtenteils untergegangen. Was blieb,
ist ein Trümmerhaufen von Zitaten in erhaltenen Schriften Späterer; hieraus lassen sich gerade noch dürftige Umrisse vom Wollen und Können der Vorklassiker
gewinnen.

Nur eine Gattung, die Komödie, hat das Schicksal der übrigen Literatur nicht
geteilt: PLAUTUS und TERENZ, ihre berühmtesten Repräsentanten, blieben mit einer stattlichen Anzahl von Stücken erhalten – vielleicht deshalb, weil es mit der
Komödie schon vor Beginn der Klassik wieder bergab gegangen war, so daß das
Œuvre der beiden um so mehr hervorstach. Daß außerdem noch ein einziges
Prosawerk der Vorklassik, Catos Schrift über die Landwirtschaft, erhalten blieb,
mag nichts als ein Spiel des Zufalls sein.

Aus dem Gesagten resultiert, daß es der vorklassischen Literatur der Römer,
die Komödie ausgenommen, nicht vergönnt war, ein Phänomen von europäischer
Bedeutung zu werden: Sie konnte, da sie verschwunden war, ehe das Mittelalter
begann, keine weitere Wirkung mehr ausüben.

c) Die Klassik

Das letzte Viertel des 2. Jahrhunderts v. Chr. war eine Zeit des Übergangs. Die
Produktion hatte abgenommen; das Drama und zum Teil auch die Geschichtsschreibung befanden sich in den Händen von Epigonen. Andererseits zeigten sich
in einzelnen Bereichen neue Ansätze, etwa in der rechtswissenschaftlichen
Schriftstellerei und in der Satire. Doch erst nach dem Jahre 90 v. Chr. begann eine
neue Epoche feste Konturen anzunehmen. Daß die Literatur jetzt offensichtlich
ein anderes Gepräge erhalten hatte, läßt sich zuallererst an einem äußeren Kennzeichen ablesen: Von nun an sind – nach einem Vakuum von über sechzig Jahren,
nach den Komödien des Terenz (166–160 v. Chr.) und Catos Schrift *De agricultura* (spätestens 150 v. Chr.) – aus jedem Jahrzehnt Werke überliefert; damals
setzte also eine Reihe erhaltener literarischer Erzeugnisse ein, die bis zum Regiment der Adoptivkaiser nicht abgerissen ist.

Die Autoren der Klassik waren allesamt Kinder des Revolutionszeitalters

(133–31 v. Chr.). Kein anderes Jahrhundert der römischen Geschichte hat in so verschwenderischer Fülle literarische Talente hervorgebracht: als hätte die Natur versucht, die Verluste der Bürgerkriege zu kompensieren. Ein herausragendes Merkmal aller dieser Talente ist – wie im Bereich der Politik, des Ringens um Macht – die stark ausgeprägte Individualität. Die Literatur blieb zwar wie zuvor – und sei es in der Negation, in der Kontrafaktur – auf den Staat und die Gesellschaft bezogen. Aber sie war nicht mehr auf gegebene Institutionen oder äußere Anlässe angewiesen. Sie konnte aus der spontanen Entscheidung des Einzelnen hervorgehen; sie trug in einem vorher überaus seltenen Ausmaß den Stempel des persönlichen Engagements, der persönlichen Überzeugung.

Die römischen Klassiker zeigten stark differierende Haltungen zur Politik ihrer Zeit, sie stritten oder wichen aus; ihnen war indes bei allen Gegensätzen gemeinsam, daß sie irgendwelche Bindungen eingingen – an eine politische Richtung oder einen Revolutionsführer, an eine philosophische Lehre oder eine geliebte Frau – und daß ihre Werke von eben den Bindungen zu künden pflegten, aus denen sie lebten und durch die sie Erfüllung zu finden glaubten. Der Klassik eignet daher, so deutlich sie ihre zerklüftete Umwelt spiegelt, eine ungebrochene, ja kraftstrotzende Positivität; sie hat programmatische, doktrinäre Züge, worin auch Schroffes und Radikales nicht fehlen.

Die ständischen Schranken, die während der Vorklassik das literarische Schaffen beherrscht hatten, büßten nunmehr erheblich an Verbindlichkeit ein. Man mußte nicht mehr der führenden Schicht angehören, wenn man ein historisches Werk verfassen wollte, und die Dichtung erfreute sich jetzt als Bildungsgut eines so hohen Ansehens, daß sie auch von Aristokraten gepflegt wurde. Wer sich literarisch betätigte, ohne ein Vermögen sein eigen zu nennen, war zwar nach wie vor auf Protektion angewiesen; immerhin lockerte sich das Pflichtverhältnis, und der Schützling stand seinem Schutzherrn meist freier gegenüber als in früherer Zeit.

Die griechischen Muster dienten jetzt als Orientierungsmarken selbständigen Hervorbringens. Es wurde zur Regel, daß man die Formen von den Inhalten löste: Man übersetzte und bearbeitete nicht mehr, sondern transponierte die griechischen Gattungen souverän in die einheimische römische Welt. Das Repertoire der Gattungen zeigte nunmehr eine schier schrankenlose Mannigfaltigkeit. Das Drama, das bislang eine führende Stellung innegehabt hatte, verlor allerdings an Bedeutung. Die Produktion von Tragödien nahm nach dem Tode des ACCIUS (um 85 v. Chr.) erheblich ab, und die Komödie degenerierte zu anspruchslosem, derbem Amüsement. Die Epik jedoch stand in hohem Ansehen; man verfaßte historische und mythologische Epen (VERGILS *Aeneis* ist beides zugleich), ferner Lehrgedichte und vor allem Kurzepen, sogenannte Epyllia. Man wandte überhaupt den kleinen poetischen Gattungen eine intensive Pflege zu: Die Klassik war die Zeit der Lyrik und der Elegie. Außerdem nahm sich Vergil der Idylle (des bukolischen Gedichts) und Horaz des Jambus, der Satire und der Versepistel an.

Die Geschichtsschreibung blühte in mancherlei Formen: Man wagte sich an annalistische Gesamtdarstellungen, schrieb Monographien über exemplarische Ereignisse[70] und veröffentlichte Kriegsjournale.[71] Die Beredsamkeit erreichte mit Cicero ihren Höhepunkt, und derselbe Cicero begründete durch seine fruchtbare literarische Tätigkeit die philosophische Prosa in lateinischer Sprache. Schließlich gedieh jetzt auch die Fachschriftstellerei, und Rom verfügte nach einigen Jahrzehnten über eine ebenso umfangreiche wie weitverzweigte wissenschaftliche Literatur (Jurisprudenz, Antiquitäten, Grammatik, Rhetorik, Landwirtschaft, Architektur u. a.).

Die Werke der Klassik bekunden in der Regel ein bestimmtes Verhältnis von Stoff und Form sowie von Fiktion und Wirklichkeit. Dieses Verhältnis – man kann es ›ausgewogen‹ nennen – ist keine absolute Größe; es resultiert aus dem Vergleich mit den anderen Epochen. Die Vorklassik war imstande, die Form zu vernachlässigen oder gewaltsam mit ihr zu experimentieren; die Nachklassik wiederum neigte weithin zur Hypertrophie der Form, zur Manier. Die klassische Epoche hingegen suchte die Form streng an den Stoff zu binden und rein als Funktion des Stoffes zu verwenden; sie mied die Extreme, d. h. sowohl den die Form sprengenden Stoff als auch die den Stoff überwuchernde Form.

Ähnliches gilt für die Beziehung von Fiktion und Wirklichkeit. Die archaische Zeit hatte weder krasse Realismen noch realitätsferne Erfindungen gescheut; die Nachklassik huldigte in hohem Maße dem kühnen Bild, dem Schwulst, der ans Absurde grenzenden Phantastik. Die Klassik jedoch war auch hier meist auf Dämpfung und Ausgleich bedacht: Ihr Streben nach Dezenz hemmte die Wiedergabe greller, abstoßender Wirklichkeit, und ihr Streben nach Wahrscheinlichkeit schloß das provozierend Wirklichkeitsfremde aus.

Die Klassik vollendete die Literatursprache und die Adaptation der griechischen Metren. Gerade hierauf konzentrierte sich die ästhetische Theorie der Epoche: Man verwarf die saloppe Behandlung von Stil und Vers, wie man sie in den älteren Werken feststellen zu können glaubte, und wandte seinerseits viel Mühe auf, den selbstgesetzten strengen Maßstäben der Glätte und Eleganz zu genügen.

Ein besonderer, von der zeitgenössischen Theorie jedoch nicht registrierter

70 So Sallust, nach dem Vorgang von Coelius Antipater.
71 So die Autoren des Corpus Caesarianum.

Ruhmestitel der Klassik war die Komposition. Die Autoren der älteren Zeit hatten, sofern sie überhaupt wagten, einen Stoff aus Eigenem zu gestalten, nur unförmige Gebilde hervorgebracht: Werke wie die *Annales* des ENNIUS oder die *Origines* CATOS ermangelten offenbar eines im voraus entworfenen Planes, eines die Teile zur Einheit bindenden Konzepts; die Makrostruktur zumal umfänglicher Schriften scheint den Vorklassikern noch nicht zum Problem geworden zu sein. Hier hat die Klassik sofort gründlich Wandel geschaffen. Schon das Lehrgedicht des Lukrez zeigt trotz einiger wie immer bedingter Störungen eine klare Architektur, und seither wandte jeder Dichter und Prosaschriftsteller dem Aufbau besondere Sorgfalt zu, und mitunter avancierte die Abfolge der Teile zu einem raffiniert benutzten Mittel künstlerischer Aussage.

Die klassische Periode der römischen Literatur läßt deutlich zwei sich überschneidende Phasen erkennen, die ciceronische und die augusteische Zeit; der Übergang fand in den Jahren um 40 v. Chr. statt. Die beiden Phasen heben sich durch markante Unterschiede voneinander ab. In ciceronischer Zeit hatte die Prosa den Vorrang inne; unter Augustus hingegen überwog die Dichtung. Vor allem rief der Kontrast der äußeren Verhältnisse – der Bürgerkriege einerseits, der *Pax Augusta* andererseits – gegenläufige Tendenzen hervor. Die Zeit Ciceros war gleichsam zentrifugal: Das Elend der Revolution veranlaßte manches Talent, dem bis dahin einzig legitimen Ziel alles römischen Trachtens, dem Wirken in der politischen Sphäre, zu entsagen und Erfüllung abseits vom Staate, in einem Freundeskreis oder in der Philosophie, zu suchen. Die augusteische Wende machte zwar diesen Prozeß der Verselbständigung nicht gänzlich rückgängig: Das Private blieb, wie vor allem die Elegiker beweisen, ein ernstzunehmender Gegenstand dichterischen Gestaltens. Gleichwohl gelang es Augustus, die führenden Geister der Zeit, insbesondere Vergil und Horaz, an die von ihm begründete Staatsordnung zu binden, und eine neue Einstellung zu Rom wurde das große Thema der klassischen Literatur.

Doch wichtiger als derlei Unterschiede sind die Merkmale, in die die beiden Phasen des Zeitalters sich teilen. So hatten die Wirren der sich auflösenden Republik die Vorstellung eines tiefen moralischen Verfalls erzeugt; die augusteischen Schriftsteller übernahmen sie, wobei sie die eigene Zeit je später desto mehr als Überwindung des Niedergangs, als Regenerationsprozeß deuteten.

Stärker noch war die jüngere Phase der älteren auf rein literarischem Gebiet verpflichtet: durch den erwähnten Maßstab der Formstrenge. Hier hatte zu Beginn des 1. Jahrhunderts v. Chr. ein Kreis von Poeten, die Neoteriker – etwa: ›die Modernen‹ –, den entscheidenden Impuls gegeben: Er verpflanzte ein hellenistisches, zumal von KALLIMACHOS verkündetes Programm nach Rom. Dieses Programm verlangte die ›Feile‹, d. h. hartnäckiges Ringen um die vollendete Form, woraus sich wiederum ergab, daß man die kleinen Gattungen, das lyrische Gedicht, das Epigramm, das Epyllion, bevorzugte. Die Augusteer distanzierten sich von den Manierismen der Neoteriker, ohne deren Maximen im Kern anzutasten; Vergil hat versucht, auch in seinen großen Werken nach ihnen zu verfahren. Auch die Prosa bekundet die Zusammengehörigkeit der beiden Klassik-Phasen: Die Stilmittel des Historikers Livius setzen das Œuvre Ciceros voraus.

d) Die Nachklassik

Als Augustus starb (14 n. Chr.), hatte nicht nur der römische Staat, sondern auch die römische Literatur das Gepräge erhalten, das in den darauffolgenden Jahrhunderten gültig blieb: Sosehr man sich vom Ausgangspunkt entfernte, so unverkennbar blieb man den Fundamenten verpflichtet, die das ciceronisch-augusteische Zeitalter gelegt hatte. Im literarischen Bereich läßt sich der Beginn der neuen Epoche, der Nachklassik, zuallererst an einem negativen Faktum ablesen: daran, daß die Rezeption der griechischen Vorbilder im wesentlichen abgeschlossen war. Man besaß eine reiche eigene Literatur; man hielt sich an die Sprache, die Verstechnik und die Gattungen, die man dort vorfand, und bezog sich, auch wo man änderte und neuerte, auf die einheimischen Vorgänger. Jegliche Art literarischer Betätigung erfreute sich wie schon zuvor hohen Ansehens und wurde sowohl von den Kaisern als auch von Angehörigen der Senatsaristokratie nach Kräften gefördert; es gab nach wie vor keine Konvention, die es den Mitgliedern irgendeines Standes vorgeschrieben hätte, sich schriftstellerischer Tätigkeit zu enthalten.

Im Bereich der Gattungen fanden einzelne Veränderungen statt, jedoch kein einschneidender Wandel. Mit erhöhtem Eifer wurde das Epos – das mythologische ebenso wie das historische, weniger das Lehrgedicht – gepflegt; die starke Abhängigkeit von Vergil führte manchmal zu epigonenhaften Leistungen. Das Theater hatte für die Literatur kaum noch Gewicht; Senecas Tragödien – die einzigen römischen Repräsentanten der Gattung, die auf die Nachwelt gekommen sind – wurden wohl nur vor der kaiserlichen Hofgesellschaft aufgeführt. Die kleinen poetischen Formen – die Satire, das Epigramm, die Bukolik u. a. – erfreuten sich kaum geringerer Beliebtheit als zuvor. Phaedrus fügte dem Vorhandenen die versifizierte Tierfabel hinzu; andererseits erlosch mit Ovid die Elegie, und die lyrischen Maße wurden von den bedeutenderen Autoren nur wenig verwendet.

Die Geschichtsschreibung behielt ihre Anziehungskraft; die monarchische Verfassung des Staates bedingte, daß nunmehr die Kaiserbiographie mit dem annalistischen Werk konkurrierte. Die philosophische Schriftstellerei fand in Seneca ihren prominentesten Vertreter. Die Fachwissenschaften standen unverändert in hoher Blüte; die Jurisprudenz, das überragende Phänomen auf diesem Gebiete, trat jetzt in ihr klassisches Zeitalter ein. Da ein vereinzelter Vorläufer der späten Republik untergegangen ist,[72] darf die unterhaltsame Erzählung, der Roman, als die wichtigste Neuheit der Epoche gelten. Mit politischer Beredsamkeit im eigentlichen Sinne war es unter dem monarchischen Regime vorbei; ihr Erbe trat die Panegyrik an, die Lobrede auf die Kaiser, sowie die Deklamation, die Schulrede, die mit ihren fingierten Beispielen der Übung des Vortragenden und der Unterhaltung des Publikums diente.

Die Literatur der Nachklassik beruhte auf Verhältnissen, die sich im Laufe der Zeit nur wenig änderten; sie entwickelte sich in einer Periode des ununterbrochenen Friedens, der Sicherheit und des allgemeinen Wohlstandes. Gleichwohl legt sie weithin ein erstaunliches Maß von Düsterkeit und Negativität an den Tag. Es fehlte zwar nicht an feierndem Preise der äußerlich so glücklichen Epoche; die Panegyrik, die die Vorzüge des jeweiligen kaiserlichen Regiments zu rühmen suchte, war ganz auf diese Tonart gestimmt.[73] Im übrigen aber machte sich oft ein polemisches, jedenfalls zwiespältiges Verhältnis zum Staat und zur Gesellschaft, ja zur Menschennatur schlechthin bemerkbar.

In der historiographischen Literatur scheint die ablehnende Kritik des Bestehenden vorgeherrscht zu haben. Daß diese Haltung nicht allein durch politische Motive bedingt war, zeigen einige weitere Gattungen, in denen ebenfalls das Negative dominierte. Zumal das Epos verschrieb sich gern dem Trüben und Grauenhaften, und die Tragödien Senecas schwelgen in Schreckensbildern, die die vernichtende Kraft der menschlichen Leidenschaften demonstrieren sollen. Zwar herrschte nicht überall schwerer Ernst: Der Romancier PETRON tauchte die Abenteuer seines Helden in bizarre Komik und überlegene Ironie; der Epigrammatiker MARTIAL pflegte sich mit beißendem Spott zu waffnen, und der Satiriker JUVENAL war ein Meister des grimmigen Sarkasmus. Doch wie immer die Tonlage nach Gattung und Autor wechseln mochte: Ein beträchtlicher Teil der nach-

---

72 Der Historiker Lucius Cornelius Sisenna übersetzte die Milesiaka des Aristeides von Milet, wohl eine Sammlung erotischer Novellen, ins Lateinische. Erhalten sind weder das Original noch die Übersetzung. Vgl. S. 351 f.

73 Das einzige erhaltene Beispiel aus der Prinzipatszeit ist der Panegyricus auf Trajan, den der jüngere Plinius verfaßt hat (100 n. Chr.). Panegyrische Elemente finden sich sowohl in der Geschichtsschreibung (Velleius Paterculus) als auch in der Dichtung (Lukan, Calpurnius Siculus u. a.).

klassischen Literatur insistierte auf den Lastern und Leiden des Menschen, auf
der Verkehrtheit der Zeitverhältnisse, auf der Brüchigkeit der überkommenen
Normen und Wertvorstellungen.

Die nachklassische Literatur war eine überaus ›künstliche‹ Erscheinung. Sie verstand sich offenbar vor allem als Form, als Stil, und suchte in der Abwandlung oder
Überbietung alle Möglichkeiten der Form und des Stils auszukosten. Hierbei gab
die kaiserzeitliche Rhetorenschule die feste institutionelle Basis ab. Sie diente,
durch den Untergang der politischen Rede ihrer ursprünglichen Aufgabe beraubt,
als Vermittlerin einer Bildung, die die Fertigkeit in der Handhabung des Worts zu
einem nicht geringen Teil um ihrer selbst willen kultivierte. Sie übte durch ihren
Unterricht starke Wirkungen aus; sie repräsentierte und prägte mit ihrem Streben
nach Pointen, Raffinement und Phantastik den Geschmack des Zeitalters.

Die verbreitete Neigung zur Flucht in die Künstlichkeit macht fraglich, in welchem Maße die Literatur noch beanspruchte, die Wirklichkeit, aus der sie her-
vorging, zu deuten und zu spiegeln: Die stets nach Effekten haschende, teils
manieristische, teils bombastische Art der Aussage scheint die Aussage selbst zu
entkräften oder doch halb zurückzunehmen. Nicht wenige Erzeugnisse der
Nachklassik haben es offenbar darauf angelegt, eine künstliche Gegenwelt zu
schildern, auf die sich all die Kritik, Polemik, Entlarvung und Anklage überhaupt
erst beziehen ließ – eine Gegenwelt zu einer Welt, deren von ihr selbst nicht
durchschautes Grundübel vielleicht darin bestanden hat, daß sie Mangel an ernsten Problemen und großen Aufgaben litt.

Der Hang zum Negativen und die Vorliebe für das Künstliche machten sich
nicht überall und nicht zu allen Zeiten in gleichem Maße bemerkbar. Ein ganzer
Zweig der nachklassischen Literatur, der lediglich praktischen Zwecken dienen
wollte, hielt sich hiervon völlig frei: die fachwissenschaftlichen Werke, insbesondere die für die Friedensordnung des Reichs eminent wichtigen Schriften der
Juristen.

Außerdem treffen die genannten Grundzüge im wesentlichen nur auf die
fruchtbarere erste Hälfte der Nachklassik zu, auf das Jahrhundert vom Tode des
Augustus bis zu den Anfängen der Adoptivkaiserzeit, das man als die ›Moderne‹
der römischen Literatur bezeichnen könnte. Diese Periode hatte zwei Höhepunkte: Unter Claudius und Nero (41–68 n. Chr.), dann wieder unter Domitian,
Nerva und Trajan (81–117 n. Chr.) entfalteten sich die meisten und bedeutendsten Talente. Der zweite Höhepunkt vermochte den ersten nicht einfach fortzusetzen oder zu überbieten, er vollzog vielmehr eine Wende zur Vergangenheit, zu
den Klassikern Vergil und Cicero, doch so, daß der ›moderne Stil‹ der unmittelbar
vorausgehenden Zeit in eigentümlichen Mischungen weiterwirkte.

Die zweite Hälfte der Nachklassik brachte eine abermalige Rückwendung in eine noch fernere Vergangenheit, und eine archaistische Phase löste die klassizistische ab – wieder in der Weise, daß sich die Bewunderung für die Vorklassiker nicht zur alleinherrschenden ästhetischen Maxime aufwarf, daß sie vielmehr mit den manieristischen Tendenzen der kaiserzeitlichen Tradition einen eigenartigen Bund schloß. Allerdings ging damals – von der Regierung Hadrians an (117–138 n. Chr.) – die literarische Produktion rapide zurück, mit der einzigen Ausnahme des rechtswissenschaftlichen Schrifttums. Bedeutende Dichter traten nicht mehr hervor, und lediglich APULEIUS erbrachte mit dem *Goldenen Esel* noch ein Werk von weltliterarischem Rang. Um das Jahr 240 n. Chr., zu Beginn der großen Krise des Reiches, scheint jegliche literarische Tätigkeit erstorben zu sein.

6. Herkunft und soziale Stellung der römischen Schriftsteller

a) Die sozialen Bedingungen literarischer Produktion im allgemeinen

Die römische Gesellschaft war ständisch gegliedert; sie wurde durch eine Art Gefolgschaftswesen zusammengehalten. Die höchsten Ränge nahmen die Angehörigen der Aristokratie, die Mitglieder des Senats und der Kapitalistenstand der Ritterschaft, ein; aus ihnen gingen die oberen Beamten hervor, und aus ihnen rekrutierte sich die Spitze der Reichsverwaltung, der Senat. Auf die Ritter folgten in der Hierarchie der Gesellschaftsordnung die gewöhnlichen freigeborenen Bürger, die je nach ihrem Vermögen in Klassen mit unterschiedlichen Rechten eingeteilt waren; die untersten Stufen der Pyramide hatten die Freigelassenen und das Sklavenproletariat inne.

Diese Gegebenheiten waren eine konstante, durch den Übergang von der Republik zur Monarchie wenig beeinflußte Größe der römischen Geschichte. Sie beherrschten das gesamte öffentliche und private Leben und wirkten sich auch auf die Verhältnisse im Reiche der Literatur erheblich aus. Rom hat nie einen Dichter- oder Literatenstand von einiger Bedeutung hervorgebracht, nichts, was sich mit dem griechischen Rhapsoden oder Sophisten, mit dem Humanisten der frühen Neuzeit oder dem freien Schriftsteller der Gegenwart vergleichen ließe.

Dort pflegten daher die geburtsständischen und ökonomischen Verhältnisse jedem Autor im vorhinein zu diktieren, auf welche Weise er sich literarisch betätigte. Wer der führenden Schicht, insbesondere der Senatsaristokratie, angehörte, ließ sich bei seinen literarischen Bemühungen im allgemeinen primär von seiner aristokratischen Lebenssphäre und erst in zweiter Instanz von künstlerischen oder intellektuellen Antrieben leiten; wer jedoch dieser Schicht nicht angehörte, dem kam es offenbar hauptsächlich auf die Entfaltung seiner individuellen Begabung an. In der Praxis wirkte sich dieses Regulativ dahingehend aus, daß sich die Autoren der führenden Schicht vor allem der Prosa, zumal der Geschichtsschreibung und der öffentlichen Rede, die übrigen hingegen, denen keine Standesprivilegien bestimmte Tätigkeitsbereiche vorzeichneten, vor allem der Poesie annahmen.

Im strengen Sinne hat dieses Kriterium allerdings nur für die vorklassische Zeit gegolten; schon gegen Ende des 2. Jahrhunderts v. Chr. machten sich erste Anzeichen einer Lockerung bemerkbar. Immerhin blieben die anfänglichen Verhältnisse stets als Tendenz wirksam. Besonders deutlich zeigt sich dies bei den für die Römer wichtigsten Gattungen der Prosa: Was dort zunächst als ausschließliches Reservat aristokratischer Herren aufgekommen war, wurde weiterhin jedenfalls in der Hauptsache von aristokratischen Herren kultiviert.

Dasselbe läßt sich jedoch auch bei der Poesie beobachten. Zwar ging es mit dem zunächst geringen Ansehen des Dichters stetig bergauf, und vom 1. Jahrhundert v. Chr. an trugen selbst die erlauchtesten Mitglieder der Gesellschaft keine Bedenken mehr, sich dem Geschäft des Dichtens hinzugeben.[74] Dergleichen galt indes in aristokratischen Kreisen lediglich als edler Zeitvertreib, dem man auf mehr oder minder dilettantische Weise nachging; für den wirklichen Dichter aber hielt man in klassischer und nachklassischer Zeit zwar Ehre und Ruhm, jedoch keinen Beruf, keine auskömmliche bürgerliche Existenz bereit. Die Protektion durch vermögende Gönner, die in Rom von Anfang an eine große Rolle gespielt hatte, war daher nach wie vor eine unerläßliche Voraussetzung ›professioneller‹ dichterischer Tätigkeit.

b) Die Prosa als Standesangelegenheit

Die ständische Verankerung der Prosa bekundet sich am eindrucksvollsten bei der römischen Wissenschaft schlechthin, der Jurisprudenz: Die Autoren, die sich dort hervortaten, gehörten in republikanischer Zeit meist der Senatsaristokratie, während der Kaiserzeit zumindest dem Ritterstande an.

---

74 Gaius Iulius Caesar Strabo, der Großenkel des Diktators Caesar, dichtete Tragödien; ebenso Ciceros Bruder Quintus. Der Neoteriker Gaius Licinius Calvus war ein Sohn des Politikers und Geschichtsschreibers Gaius Licinius Macer. Zu Ciceros Dichtungen s. S. 159 f.; Sueton, *Iulius* 56,7, berichtet von poetischen Versuchen des jungen Caesar usw.

Ein nahezu ebenso geschlossenes Bild bietet die Geschichtsschreibung dar. Auch diese Gattung diente in Rom vornehmlich praktischen Zwecken: der Propaganda, der Wahrung staatserhaltender Traditionen; sie wurde daher vor allem von denen gepflegt, denen an diesen Zwecken lag, von Angehörigen der führenden Schicht. Allerdings gab es hier bemerkenswerte Ausnahmen; LIVIUS z. B., der sich jeder öffentlichen Wirksamkeit enthielt, war offenbar mittelständischer Herkunft.

Die Beredsamkeit wiederum teilte die Geschicke des römischen Staates. Sie war in republikanischer Zeit ganz und gar Sache von Politikern und somit von Mitgliedern der oberen Stände – die den Tagesereignissen entrückte Prunk- und Festrede, die in Griechenland seit jeher neben der praktischen Eloquenz gepflegt wurde, fand damals in Rom keine Nachahmer. Dieser Zustand änderte sich radikal mit Beginn der Kaiserzeit. Die politische Rede verschwand, und die Deklamation, die Redeform der Schule und des Vortragssaales, breitete sich aus; hiermit aber ging die Gattung von der Aristokratie auf die Rhetoren, d. h. auf die Angehörigen eines gehobenen Lehrberufs, über.

Die restliche Prosa war in weit geringerem Maße ständisch bedingt als die Rechtswissenschaft, die Geschichtsschreibung und die politisch-forensische Rede der Republik. Wer sich der Philosophie oder der außerjuristischen Fachschriftstellerei widmete, ließ sich offenbar hauptsächlich von persönlichen Neigungen leiten. Die Autoren dieser Gattungen entstammten höchst unterschiedlichen Schichten; das breite soziale Spektrum läßt kaum ständisch bedingte Traditionen erkennen.

Eine andere Bewandtnis hatte es lediglich mit den grammatischen und rhetorischen Schriften: Sie wurden überwiegend von Berufsgrammatikern und -rhetoren verfaßt, zu einem kleineren, um so beachtlicheren Teile jedoch auch von Autoren wie CICERO, CAESAR oder VARRO.[75] Die Angehörigen der Lehrberufe waren zunächst – in republikanischer Zeit – wenig geachtet; die privaten Unterrichtsanstalten wurden zumeist von Freigelassenen griechischer Abkunft sowie von anderen Personen niederen Standes betrieben. Während der Kaiserzeit hingegen erlangten zumal die Lehrer der Beredsamkeit hohes Ansehen; das kaiserliche Haus hielt zu wiederholten Malen das Amt des Prinzenerziehers für einen der tüchtigsten unter ihnen bereit,[76] und Vespasian richtete in Rom öffentliche Rhetorikschulen mit staatlich besoldeten Lehrerstellen ein.[77]

---

75 Caesar, *De analogia* (s. Gellius, *Noctes Atticae* 19,8,3, u. a.); Varro, *De lingua Latina* (teilweise erhalten). Zu Ciceros rhetorischen Schriften s. S. 140 ff.; 154 ff.

76 Dieses Amt bekleideten der Grammatiker Marcus Verrius Flaccus, der jüngere Seneca (der sich allerdings nicht als Lehrer der Beredsamkeit einen Namen gemacht hatte) sowie die Rhetoren Quintilian und Fronto.

77 Sueton, *Vespasianus* 18.

c) Das Ansehen der Poesie – Einzelprotektion und Dichterzirkel

Poeticae artis honos non erat; si quis in ea re studebat aut sese ad convivia adplicabat, grassator vocabatur – »Die Dichtkunst stand nicht in Ehren; wenn jemand sich ihrer mit Eifer annahm oder Gelage aufsuchte, wurde er als Bummler bezeichnet«. Dieser eindeutige Ausspruch des alten Cato[78] erklärt, warum den Römern von Hause aus sowohl die Sache als auch die Bezeichnung unbekannt war: *poeta* ist die latinisierte Form des griechischen Wortes ποιητής (›Dichter‹). Denn zunächst, in vorklassischer Zeit, lag es nicht nur den Angehörigen der Oberschicht, sondern den Römern insgesamt ganz fern, sich ernsthaft – über improvisierte Possenspiele und dergleichen hinaus – dichterisch zu betätigen. Die großen Wegbereiter waren sämtlich von außerhalb gekommen. Teils entstammten sie dem italischen Bundesgenossengebiet, teils gelangten sie als Sklaven nach Rom; ihre Muttersprache war das Griechische, Umbrische, Keltische oder Punische – jedenfalls nicht Latein.[79]

Diese Poeten, eine bunt zusammengewürfelte Schar, scheinen während des 2. Jahrhunderts v. Chr. in Rom auf zweierlei Weise ihren Unterhalt gefunden zu haben: als – mehr oder weniger unabhängige – Theaterdichter oder als Klienten eines großen Herrn. Die Theaterdichter übten zunächst auch den Schauspielerberuf aus. Sie durften sich im Jahre 207 v. Chr. zu einer Zunft zusammenschließen. Sie organisierten sich damals als *collegium scribarum histrionumque*, als »Verein der Schreiber [d. h. der Dichter] und der Schauspieler«; bei dieser Gründung haben wohl die Schauspielergenossenschaften der hellenistischen Welt Pate gestanden. Das *collegium* und überhaupt die ziemlich freie Stellung des Theaterdichters vermochten sich jedoch offenbar nicht durchzusetzen, und jedenfalls mußte beides desto mehr an Geltung einbüßen, je weiter der Abstieg des gesamten Theaterwesens fortschritt.

Da Urheberrechte so gut wie unbekannt waren und mit dem Verfall des Schauspiels auch Honorare für Aufführungen nicht mehr in Betracht kamen, blieb lediglich der zweite Typus dichterischen Fortkommens übrig, den Rom kannte: die Protektion, der materielle und rechtliche Beistand, der jeweils einzelnen Autoren von einem der adligen Häuser zuteil wurde. Die Römer kleideten dieses Verhältnis in die ihnen geläufige Form der Schutzherrschaft, des Patronates; für den

---

78 Bei Gellius, *Noctes Atticae* 11,2,5.
79 Livius Andronicus, ein Grieche aus Tarent, war erst Sklave, dann Freigelassener; der Kampanier Naevius diente im Bundesgenossenheer; Ennius, aus Rudiae in Kalabrien, rühmte sich seiner Kenntnis des Griechischen, Oskischen und Lateinischen; Terentius Afer zeigte seine afrikanische (libysche) Herkunft durch seinen Beinamen an usw.

Dichter-Klienten erwuchs hieraus die moralische Pflicht, den Patron poetisch zu verherrlichen. An den biographischen Daten über Ennius läßt sich ein derartiges Schutzverhältnis zum ersten Male deutlich ablesen – eine von Cicero überlieferte Anekdote[80] zeigt, daß hierbei Umgang auf gleichem Fuße nicht unmöglich war. Die Protektion durch einen Schutzherrn ist stets üblich geblieben; seit Augustus taten sich darin vor allem die Kaiser hervor.

Vom Ausgang des 2. Jahrhunderts v. Chr. an begannen auch gebürtige Römer, Angehörige höherer Stände, sich als Dichter zu betätigen. LUCILIUS war römischer Ritter und somit ein vermögender Mann; seine Beziehung zu Scipio, auf dessen Gegner er seine satirischen Pfeile abschoß, hatte daher eher den Charakter einer Freundschaft als den eines Schutzverhältnisses. Die Neoteriker zumal, CATULL und seine Genossen, waren dank ihrer Herkunft und sozialen Geltung völlig unabhängig; der Statthalter Memmius, der Catull als seinen Gefolgsmann in die Provinz mitnahm, erwies ihm hiermit lediglich einen Freundschaftsdienst, wie er damals unter Gleichgestellten üblich war. Die Neoteriker haben auf ihre römische Mit- und Nachwelt nicht nur Eindruck gemacht, weil sie, die eigentlich bestimmt waren, eine politische Laufbahn einzuschlagen, in einer apolitischen Sphäre der Freundschaft, Liebe und Dichtung ihren vornehmsten Lebensinhalt suchten:[81] Sie waren auch der erste römische Zirkel von Dichtern. Sie bekannten sich in Theorie und Praxis zu denselben poetologischen Grundsätzen, und ihr freundschaftlicher Umgang diente nicht zuletzt der wechselseitigen Kritik und Ermutigung.

Ihr Beispiel hat in augusteischer Zeit Schule gemacht: Der berühmte Kreis um MAECENAS war eine Kombination von altüberkommener Dichterförderung und ›modernem‹ Zusammenschluß Gleichgesinnter. Der erste Versuch dieser Art ging wohl von ASINIUS POLLIO aus, einem Politiker und Heerführer, der in seiner Jugend für die Neoteriker geschwärmt hatte; er suchte, ehe Maecenas ihm erfolgreich Konkurrenz machte, Vergil und Horaz zu fördern und an seine Person zu binden. Weiterhin tat sich MESSALLA CORVINUS als Protektor eines Dichterkreises hervor: Unter den Talenten, die er um sich sammelte, befanden sich Tibull und – in späterer Zeit – Ovid.

Maecenas endlich hat es durch den von ihm geförderten Dichterkreis zu solchem Ansehen gebracht, daß sein Name zur allgemeinen Bezeichnung für hochherzige Künstlerpatronage geworden ist. Er pflegte nur Dichter an sich zu ziehen, die bereits Erfolge aufzuweisen hatten – so hielt er es jedenfalls bei seinen berühmtesten Schützlingen, bei Vergil, Horaz und Properz. Sein größtes Verdienst

---

80 *De oratore* 2,276.
81 Anders allerdings Catulls Freund Gaius Licinius Calvus; er gehörte zu den führenden Rednern seiner Zeit.

bestand darin, daß von ihm und seinem Kreis ein Grundproblem des Mäzenaten-
tums ausgefochten und auf gute Weise gelöst wurde. Er war der Freund und Be-
rater des Augustus, und er stellte den von ihm Protegierten die Aufgabe, das neue
Regime zu preisen. Dieses Ansinnen stieß auf innere Widerstände, die sowohl
politisch als auch ästhetisch bedingt waren. Beide Seiten zeigten Geduld und
Einfühlungsvermögen, und das Ergebnis war ein wohltuend gedämpfter Preis der
augusteischen Friedensherrschaft. Maecenas ist als Prototyp des taktvollen Dich-
terpatrons in die Geschichte eingegangen.

Die Nachklassik hat keine Dichterzirkel von Rang mehr hervorgebracht. Man
unterstützte Einzelne und beschränkte sich hierbei oft auf einmalige Akte der
Großzügigkeit. Ein Novum der Kaiserzeit waren die musischen Wettkämpfe, die
von Nero und Domitian nach griechischem Muster eingerichtet wurden; während die Stiftung Neros bald wieder verschwand, scheint sich Domitians Kapito-
linischer Agon bis in die Spätantike behauptet zu haben.

7. Das römische Buchwesen

a) Beschreibstoffe und Buchformen

*Tabulas testamenti accipere debemus omnem materiae figuram: sive igitur tabulae sint
ligneae sive cuiuscumque alterius materiae, sive chartae sive membranae sint vel si corio
alicuius animalis, tabulae recte dicentur* – »Als Testamentsurkunden müssen wir
jede Art von Material gelten lassen, ob es sich um Urkunden auf Holz oder auf
irgendwelchem anderen Material handelt, ob auf Papyrus, auf Pergament oder der
Haut eines Tieres: Sie alle werden zu Recht als Urkunden bezeichnet«.[82] Der Jurist Ulpian bezeugt mit diesen Worten, welche Vielfalt von Beschreibstoffen für
Urkunden und Mitteilungen in Gebrauch war – im Kriege gegen die Daker, heißt
es, sei dem Kaiser Trajan einmal eine Nachricht übersandt worden, die man in einen Pilz eingeritzt hatte.[83] Von derlei Besonderheiten kann hier abgesehen werden; die Betrachtung beschränkt sich auf die in der Antike üblichen Träger von
Literaturwerken, auf die Rolle aus Papyrusblättern (*chartae*) und den Kodex aus
Pergamentseiten (*membranae*).

Die Papyrusstaude (*Cyperus papyrus*), eine subtropische Sumpfpflanze, war vor

---

82 Digesten 37,11,1 pr.
83 Cassius Dio 68,8.

allem im Niltal verbreitet, ferner in Syrien und Mesopotamien. Aus ihr stellten die Ägypter seit dem 4. Jahrtausend v. Chr. den Beschreibstoff her, auf dem die Griechen und Römer literarische Texte festzuhalten pflegten. Das Verfahren – vom älteren Plinius ausführlich geschildert[84] – war einfach. Man zerschnitt das Mark der Stengel in dünne, schmale Streifen; man legte diese Streifen bis zu einer Breite von 25–30 cm parallel nebeneinander und dann, als zweite Schicht, im rechten Winkel darüber. Nunmehr wurden die beiden Schichten mit einem hölzernen Hammer so lange bearbeitet, bis daraus infolge des klebrigen Stoffes, den der Saft der Pflanze enthielt, ein fest zusammenhängendes Blatt entstanden war. Schließlich leimte man eine Anzahl Blätter zu einer Bahn von 6–10 m Länge zusammen, und die Papyrusrolle, das *volumen* (von *volvere* ›drehen, wälzen‹), war fertig. Die Rolle wurde in Kolumnen von möglichst gleichmäßiger Zeilenzahl beschrieben; man brachte auf ihr etwa 100 Kolumnen = 3000 Zeilen unter. Hiernach bemaß sich die Größeneinheit, die man in der Antike als ›Buch‹ bezeichnete: die Textmenge, die auf einer Rolle enthalten war. Das Lesen der Rolle erforderte beide Hände: Die eine Hand rollte ab, die andere auf, und nach der Lektüre mußte das Ganze zurückgerollt werden. Das spröde, leicht brechende und zerfasernde Material verlangte große Behutsamkeit, doch auch bei äußerster Vorsicht war die Lebensdauer einer oft benutzten Rolle ziemlich gering.

In Griechenland war das Papyrusbuch seit dem 7. oder 6. Jahrhundert v. Chr. verbreitet; nach Rom ist es wohl erst gelangt, als man dort begann, Literaturwerke zu verfassen, im 3. Jahrhundert v. Chr. Der trockene Sand Ägyptens hat zahlreiche beschriebene Papyrusblätter bewahrt, meist in mehr oder weniger fragmentarischem Zustand. Darunter befinden sich Hunderte von Fetzen aus griechischen Autoren, gelegentlich sogar nahezu vollständige Werke, die nicht auf dem üblichen Wege durch mittelalterliche Handschriften überliefert sind. Für die römische Literatur indes haben die Papyrusfunde keine erhebliche Bedeutung. Sie erbrachten bislang fast nur Bruchstücke aus den Werken längst bekannter Schulautoren – von Cicero, Sallust, Livius oder Vergil.

Tierhäute hatten sich im Orient seit alters als langlebiger Beschreibstoff bewährt. Ein hellenistischer Herrscher, König Eumenes II. von Pergamon (197–169 v. Chr.), scheint das Herstellungsverfahren verbessert zu haben. Jedenfalls hat das Pergament von Pergamon seinen Namen; man versteht darunter ungegerbte, lediglich enthaarte und geglättete Häute von Kälbern, Schafen, Ziegen oder Eseln. Dieses Material eignete sich vorzüglich für die heute noch übliche Form des Bu-

---

84 *Naturalis historia* 13,74–82.

ches. Man faltete die einzelnen Blätter, heftete mehrere Blattlagen zu einem Block zusammen und umgab das Ganze mit einem schützenden Einband.

Die Form existierte bereits, ehe das Pergament sich auszubreiten begann: als Holztafel, *codex* (eigentlich ›Holzklotz‹, dann die vom Holzklotz abgespaltene ›Scheibe‹). Diese Tafel war mit einem erhöhten Rand versehen, die Schreibfläche mit gefärbtem Wachs überzogen. Mit dem spitzen Ende eines Griffels ritzte man die Schriftzeichen ein, mit dem stumpfen tilgte man sie, indem man das Wachs wieder glättete. Gewöhnlich bestand ein Kodex aus zwei oder mehreren Tafeln, die man, da sie durch Ringe miteinander verbunden waren, zusammenklappen konnte. Je nach der Zahl der Tafeln sprach man von Diptycha, Triptycha usw. Diese Art Kodex, auch *tabulae* genannt, diente als Instrument für den Schriftverkehr des Alltags. Sie eignete sich auch gut für Testamente: man beschriftete nur die Innenseiten und konnte sodann das Ganze durch Verschnüren und Versiegeln vor Fälschungen schützen.

Der Kodex als Buch, als Träger von Literaturwerken, entstand dadurch, daß man die Form der Wachstafeln auf das Pergament übertrug. Er begann im 2. und 3. Jahrhundert n. Chr. (man weiß nicht, warum gerade damals), der Papyrusrolle Konkurrenz zu machen. Er galt als minder ansehnlich und wurde offenbar – vielleicht gerade deshalb – auf christlicher Seite bevorzugt. Vom ausgehenden 3. Jahrhundert an verwendete man ihn auch für Gesetzessammlungen, und im Jahrhundert darauf begann das große Umschreiben der gesamten Überlieferung, die hierdurch Trägern von schier unbegrenzter Lebensdauer anvertraut wurde – der Vorgang steht daher an Bedeutsamkeit kaum jener Umwälzung nach, die zu Beginn der Neuzeit stattfand, als Gutenberg den Druck mit beweglichen Lettern einführte. Das Pergament ließ sich zudem – im Gegensatz zu Papyrus – auf beiden Seiten beschreiben und eignete sich besonders gut für Buchmalereien. Berühmte Prachtkodizes legen noch heute von der sich bis ins 6. Jahrhundert erstreckenden emsigen Kodexproduktion der Spätantike Zeugnis ab: der Codex Bembinus des Terenz, der Codex Romanus des Vergil u. a.

b) Buchhandel, Bibliotheken, Rezitationswesen

Für die Verbreitung literarischer Texte war während der ganzen Antike die private Abschrift von Gewicht; man besorgte sich ein Exemplar des Werkes, dessen man bedurfte, und stellte eine Kopie davon her oder ließ sie herstellen. Daneben gab es auch die Massenproduktion von Büchern und somit Buchhändler und Verleger: in Griechenland seit dem ausgehenden 5. Jahrhundert v. Chr., in Rom seit ciceronischer Zeit. Der Produzent unterhielt eine Mannschaft von Schreibern, meist Sklaven – einer diktierte, und die übrigen schrieben. Auf die Verhältnisse im republikanischen Rom werfen Ciceros Briefe einiges Licht. Aus ihnen geht hervor, daß Cicero seine Werke zunächst in eigener Regie hergestellt und verbreitet hat. Später nahm sich sein Freund Atticus dieses Geschäftes an, der auch sonst mit Literaturwerken sowohl in griechischer als auch in lateinischer Sprache Handel trieb. Er war der erste römische Verleger und Buchhändler großen Stils; nicht zuletzt durch ihn rückte Rom zur Metropole des gesamten Buchhandels auf, und hierbei blieb es bis zur großen Krise des Reiches im 3. Jahrhundert n. Chr.

Die Herstellung von Büchern war teuer, und folglich waren es auch die Bücher selbst. Die Honorare hingegen, die dem Autoren gezahlt wurden, sind in der Regel wohl ziemlich niedrig ausgefallen. Der Verleger kaufte ihm das Manuskript ab (und konnte es dann so oft vervielfältigen, wie er wollte), oder er beteiligte ihn am Gewinn. In Rom hat gewiß noch eine andere Form der Vergütung eine nicht unwichtige Rolle gespielt: Der Protektor, der Patron des Schriftstellers, kümmerte sich um die Verbreitung, und er zahlte hierfür ein Honorar, das seinen eigenen Gewinn erheblich überstieg.

Ein *monumentum aere perennius*, »ein Denkmal, dauerhafter als Erz«, hoffte Horaz sich durch seine Gedichte zu errichten.[85] Diese Erwartung setzte die Existenz von Bibliotheken, von öffentlichen zumal, voraus. In Griechenland gab es seit dem 6. Jahrhundert v. Chr. Büchersammlungen, zunächst bei den großen Herren, den »Tyrannen«, dann auch bei Intellektuellen, bei den Sophisten und Dichtern, den Philosophen und Gelehrten. Die Ptolemäer gründeten und förderten die erste staatliche Bibliothek, das Museion in Alexandrien; diese hatte es auf etwa 700 000 Rollen gebracht, als sie während der Kämpfe, in die Caesar im Winter 48/47 v. Chr. verwickelt wurde, großenteils einem Brande zum Opfer fiel. Seit hellenistischer Zeit verfügten auch Pergamon und andere Residenzen über große Bibliotheken, und in Athen nannten die Philosophenschulen stattliche Bestände ihr eigen. Schließlich hat wohl jedes Gymnasium – der in der ganzen griechischen Welt verbreitete Schultyp – die wichtigsten Autoren besessen.

Nach Rom kam die Bibliothek als Kriegsbeute; besonders bekannt ist der Fall des Aemilius Paullus, des Siegers von Pydna (168 v. Chr.), der die Bestände der Makedonenkönige mitnahm. Seit dem 1. Jahrhundert v. Chr. pflegte sich eine geistige Elite auf friedliche Weise Bücher zu verschaffen: Cicero, Varro, Atticus oder Lucullus brachten ansehnliche Bibliotheken in ihren Besitz. Caesars Plan ei-

---

85 *Carmina* 3,30,1.

ner öffentlichen Büchersammlung in Rom (Varro war ausersehen, den Posten des Direktors zu bekleiden) blieb unausgeführt; Asinius Pollio, der römische Mäzen vor Maecenas,[86] hat bald darauf das Projekt aus eigener Initiative verwirklicht. Im Jahre 28 v. Chr. weihte Augustus den von ihm erbauten Apollo-Tempel auf dem Palatin ein: Dort befand sich eine Bibliothek mit sowohl griechischen als auch lateinischen Beständen. Während der Kaiserzeit erfolgten weitere Gründungen; die Hauptstadt brachte es schließlich auf Dutzende öffentlicher Bibliotheken, unter denen sich zumal die von Trajan eingerichtete großen Ansehens erfreute.

Roms Literaten haben nicht nur die griechischen Formen und Inhalte, sondern auch manches vom griechischen Literaturbetrieb übernommen, und hierzu gehörte die Kritik am Neugeschaffenen, geäußert von Freunden und Kennern. Die Autoren pflegten sich ihre Erzeugnisse wechselseitig vorzuführen, und aus diesem Brauch entwickelte sich in der Kaiserzeit ein blühendes Rezitationswesen. Das Buch hatte ja auch damals die Monopolstellung nicht, die ihm in der Neuzeit zukommt: Literatur wurde nicht nur im einsamen Studierzimmer gelesen, sondern auch in der Öffentlichkeit vorgetragen und gehört. Man rezitierte schlechthin alles: Epen, Dramen und Gedichte, historische Werke und mitunter selbst Dialoge und Reden. Man rezitierte in Privaträumen, Bibliothekssälen und Theatern, vor Freunden, vor geladenen Gästen, vor jedem, der zuhören wollte. Die Zeugnisse reichen in dichter Folge von den augusteischen Dichtern bis zum jüngeren Plinius; sie berichten von kaiserlicher Gunst und rauschendem Applaus, vom selbstgefälligen Auftreten des Vortragenden und von Langeweile des Publikums, und einmal auch von einer unter der Last eines beleibten Zuhörers zusammenbrechenden Bank.[87]

86 Siehe S. 60.
87 Sueton, *Claudius* 41.

II. Die vorklassische Zeit (240–90 v. Chr.)

1. Die Ausgangslage

a) Kulturelle Voraussetzungen

Die römische Literatur trat ins Leben, als im Jahre 240 v. Chr. nach der siegreichen Beendigung des Ersten Punischen Krieges (264–241 v. Chr.) in Rom zum ersten Male öffentlich und von Staats wegen Theaterstücke gezeigt wurden; ihre erste, die archaische oder vorklassische Phase, endete etwa anderthalb Jahrhunderte später, nachdem sich die Literatursprache dank der Bemühungen der Vorklassiker in dem Maße stabilisiert hatte, daß von nun an Werke entstanden, die auch spätere Generationen zufriedenstellten und somit erhalten blieben: die Werke der Klassiker.

Die geschichtliche Leistung, die Rom in den anderthalb Jahrhunderten von den Punischen Kriegen bis zum Beginn des Revolutionszeitalters vollbrachte, und seine literarische Hinterlassenschaft scheinen zueinander in einem seltsamen Widerspruch zu stehen: Auf der einen Seite ergab sich als Bilanz die Gründung des mediterranen Weltreichs; auf der anderen Seite blieb – mit der Ausnahme von etwas mehr als zwei Dutzend gänzlich unpolitischer Komödien und einer einzigen Fachschrift – nichts als ein Trümmerhaufen meist unansehnlicher Bruchstücke übrig, den die Nachwelt der Zitierfreudigkeit späterer, erhaltener Autoren verdankt. Der Widerspruch ist eine Folge der offenkundigen kulturellen Verspätung Roms; der Augenschein der ungünstigen Überlieferungslage besagt indes nicht, daß das Wollen und Können der vorklassischen Schriftsteller geringer gewesen sei als das der Nachfolger in ciceronisch-augusteischer Zeit: Ihr Werk, die Schaffung der lateinischen Literatursprache, war gleichsam das unsichtbare Fundament, auf dem sich das Gebäude der Klassik erheben konnte.

Mit dem Siege über Pyrrhus, den König von Epirus, einen überaus gebildeten hellenistischen Herrscher (275 v. Chr.), war Rom die einigende Vormacht ganz Italiens geworden. Bald darauf begann das große Ringen mit Karthago, der Gebieterin im westlichen Mittelmeerraum; es war erst nach zwei langen und wechselvollen Kriegen (264–241 und 218–201 v. Chr.) zugunsten Roms entschieden. Unmittelbar danach setzte der Ausgriff ins östliche Mittelmeergebiet ein: Rom wurde in die Konflikte verwickelt, die die hellenistischen Staaten untereinander austrugen.

Der Versuch der Römer, durch mittelbare Herrschaft für Frieden zu sorgen, scheiterte; Makedonien war das erste Diadochenreich, das endgültig besiegt und in eine römische Provinz verwandelt wurde (168 und 146 v. Chr.). Hiermit war die weitere Entwicklung vorgezeichnet: Die Römer ersetzten Schritt für Schritt das anfängliche Hegemonialsystem durch die Übernahme der unmittelbaren Verantwortung. Der nächste Anstoß ging von Pergamon aus: König Attalos III. hinterließ, von inneren Schwierigkeiten bedrängt, den Römern durch Testament sein Reich – so entstand die Provinz Asia, ein etwa 250 km breiter Streifen an der Westküste des heutigen Kleinasien (133–129 v. Chr.). Der Prozeß setzte sich im 1. Jahrhundert mit den Kriegen gegen Mithridates VI. von Pontos fort; er endete erst mit der Schlacht bei Actium, dem Siege Oktavians, des nachmaligen Kaisers Augustus, über Antonius und die ägyptische Königin Kleopatra.

Den Kriegen gegen Pyrrhus und Karthago und erst recht den ständigen Interventionen im Osten verdankten die Römer, daß sie in zunehmendem Maße mit der griechischen Welt – mit Süditalien, dem Mutterland und Kleinasien – in Berührung kamen; sie wurden weltläufiger, und Rom wuchs und wandelte sich von einem ländlichen Mittelpunkt zur Weltstadt. Bürger, die infolge der Kriege verarmt waren, zogen dorthin, um irgendwie ein Auskommen zu finden; Angehörige der Senatsaristokratie ließen ihre Güter durch Vögte verwalten und hielten sich selbst meist in der Stadt auf. Kleine Leute, vor allem Handwerker – Italiker, Griechen, Orientalen –, fanden sich zahlreich ein, und das Heer der Sklaven nahm, da die Kriege reiche Beute abwarfen, ständig zu. Der Sog der Hauptstadt war derart groß, daß behördliche Maßnahmen ergriffen wurden; im Jahre 187 v. Chr. mußten latinische Bundesgenossen in ihre Heimatorte zurückkehren – *iam tum multitudine alienigenarum urbem onerante,* »da schon damals die große Menge der Fremden für die Stadt eine Last war«, wie Livius dazu bemerkt.[1]

Zumal der erfolgreiche Ausgang des Ersten Punischen Krieges hat offenbar einen starken gewerblichen und wirtschaftlichen Aufschwung bewirkt, und hieran waren wohl vor allem Ausländer beteiligt. Für beides spricht der Umstand, daß im Jahre 242 v. Chr., kurz vor dem literarhistorischen Epochenjahr, eine fundamentale Änderung im römischen Rechtswesen stattfand: die Einrichtung der Fremdenprätur. Dem einen Prätor, der bisher die Rechtsprechung beaufsichtigt

1 39,3,4–6.

hatte, wurde ein zweiter zur Seite gestellt: für Prozesse, die Fremde untereinander austrugen, sowie für Prozesse zwischen einem Fremden und einem Römer. Das neue Amt brachte im Laufe der Zeit neues Recht hervor: auf die Bedürfnisse von Handel und Gewerbe zugeschnitten, minder formalistisch und schwerfällig als die den Bürgern vorbehaltenen Bestimmungen.

Rom wurde im 2. Jahrhundert v. Chr. zu einem Zentrum der hellenisierten, sich immer weiter hellenisierenden antiken Welt; die Stadt hatte gewiß nach Ansicht manches Römers inmitten all der Errungenschaften der griechischen Zivilisation und inmitten der zahlreichen griechischen Handwerker, Köche und Händler nicht allzuviel Römisches mehr an sich. Ganze Berufe kamen mit den Griechen und blieben überwiegend in deren Hand: Die in Rom tätigen Künstler pflegten griechischer Herkunft zu sein, desgleichen die Ärzte, die nach wissenschaftlichen Kriterien zu diagnostizieren und zu heilen suchten, und schließlich auch die Pädagogen, die Turn- und Grammatiklehrer.

Arbeit und Brot fanden die Genannten vor allem in den Adelshäusern, zumal die Erzieher: Sie übernahmen, was bislang Sache der Väter gewesen war. Von ihnen erlernte die vornehme Jugend das Griechische: auf direktem Wege, wie die Muttersprache, und da das Griechische auch sonst allgegenwärtig war, mündlich wie schriftlich, beim einfachen Volk wie in der Aristokratie, muß man sich geradezu wundern, daß das Lateinische, bis dahin zwar Gesetzes-, aber noch keine Literatursprache, so wenig davon berührt wurde. Gewiß mag manch einer sich modischer griechischer Floskeln bedient haben, wie es schon vom 3. Jahrhundert v. Chr. an einzelne Familien gab, die ihren Namen mit gräzisierenden Attributen schmückten wie Sophus, Philippus oder Atticus;[2] im ganzen aber ist die Sprache der maßgeblichen Schicht – von einem vertretbaren Maß an Fremd- und Lehnwörtern abgesehen – rein geblieben. Daß es an Widerstand gegen die Omnipräsenz des griechischen Kultureinflusses nicht gefehlt hat, wurde bereits erwähnt.[3]

b) Der Weg zur lateinischen Literatursprache

Die vorklassischen Schriftsteller haben den Klassikern das Material bereitgestellt: nicht die Gattungen, Motive und Versmaße (diese Voraussetzungen trug Griechenland bei, ganz oder großenteils), sondern die Wörter, Wendungen und Satzgefüge. Livius Andronicus und seine Nachfolger fanden eine Sprache vor, deren

---

2 Publius Sempronius Sophus, Konsul 304 v. Chr.; Quintus Marcius Philippus, Konsul 281 v. Chr.; Aulus Manlius Torquatus Atticus, Konsul 244 v. Chr.
3 Siehe S. 41 ff.

Gebrauch sich im Mündlichen, Alltäglichen erschöpfte, die nur in Gebeten und Gesetzen Allgemeines, über konkrete Situationen Hinausgehendes hatte ausdrücken müssen. Nicht verwunderlich ist es daher, und durchaus nicht nur mit propagandistischen Absichten zu erklären, daß die ersten von Römern geschaffenen Prosawerke, die Anfänge der Geschichtsschreibung, in griechischer Sprache verfaßt waren und daß etwa ein halbes Jahrhundert vergehen mußte, ehe ein Autor – der ältere Cato – es wagte, sich hierfür des Lateinischen zu bedienen. Es ist für den Nachgeborenen, der das Lateinische in seiner Vollendung kennt, nicht leicht, sich in die Lage der vorklassischen Sprachpioniere zurückzuversetzen. Ein anschauliches Analogon stellt vielleicht die Situation dar, in der sich deutsche Humanisten vor dem Erscheinen der Lutherbibel befanden – auch sie waren Literaten hohen stilistischen Ranges, und doch nimmt sich ihr Deutsch neben ihrem gewandten, eleganten Latein unbeholfen und klobig aus.

Vor dem Einsetzen der Literatur hatte sich die lateinische Sprache noch ziemlich rasch verändert. Dieser Prozeß kam danach zum Stillstand: beim Lautbild und bei den Flexionsformen ziemlich bald, beim Wortschatz und in der Syntax hingegen erst allmählich, im Verlauf der vorklassischen Periode. Hier war es, als müsse die Literatur noch hinter der sich fortentwickelnden Umgangssprache herlaufen – bis sie sie zu Beginn der Klassik einholte und zum Stehen, d. h. zu jenem Standard brachte, der bis zum 3. Jahrhundert n. Chr. verbindlich blieb.

Die Schaffung der Literatursprache, die wichtigste Leistung der Vorklassiker, ging nur langsam und in Schüben vonstatten, und nicht ohne Umwege und allzu gewagte Übernahmen aus dem Formelschatz der griechischen Literatur: Die Vorklassik war Roms sprachlich-metrisches Exerzier- und Experimentierstadium. Hierbei machten sich die Dichter vornehmlich um den Wortschatz, um die poetische Sprache verdient, während die Prosaschriftsteller ihr Hauptaugenmerk auf den Satz- und Periodenbau richteten.

Poesie und Prosa haben sich allerdings auch zu Beginn der vorklassischen Zeit in ihrem sprachlichen Ausdruck nicht immer deutlich voneinander unterschieden. Saturnier (von unklarem Bau) wie diese aus dem *Bellum Punicum* des Naevius:[4]

	Transit Melitam
Romanus exercitus,	*insulam integram urit,*
populatur, vastat, rem	*hostium concinnat*
	»Es setzt über nach Malta
das römische Heer,	es brandschatzt die ganze Insel
verwüstet, verödet sie,	sammelt die Habe der Feinde«,

4 Gnaeus Naevius, *Belli Punici carmen*, hrsg. von W. Strzelecki, Leipzig 1964, Frg. 32.

könnten, was Wortgebrauch und Syntax angeht, ebensogut einem annalistischen Werk entnommen sein, so nüchtern und trocken berichten sie von einem typischen Kriegsgeschehen. Daß sie als Zitat eines Grammatikers erhalten sind, verdanken sie dem Verbum *concinnare*, das in der hier begegnenden Bedeutung später nicht mehr verwendet wurde.

Erst Ennius zog scharfe Grenzen, und er war es auch, der den Saturnier durch das epische Versmaß der Griechen, den daktylischen Hexameter, ersetzte. Er wurde durch beides zum »Vater des poetischen Stils bei den Römern«[5]: Mit dem Hexameter, mit den Schwierigkeiten, die er bereitete, begann die planmäßige Ausbildung der lateinischen Dichtersprache. Dieses Versmaß, das nur Daktylen (−∪∪) und Spondeen (−−) zuließ, schloß alle Wörter mit einem Tribrachys (∪∪∪) oder einem Kretikus (−∪−) aus. Das Substantiv *imperator* (−∪−∪) war also unbrauchbar; Ennius bediente sich des Archaismus *induperator* (−∪∪−∪) sowie des Synonyms *dux* und der Neuprägung *ductor*. Bei ihm wurde auch aus *occasio* (−−∪−) *occasus*, ein Wort, das es allerdings in der Bedeutung ›Untergang‹ schon gab, und Lukrez wagte für *magnitudo* (−∪−−) den Ausdruck *maximitas*. Derartige aus metrischer Not entsprungene Bildungen konnten von Späteren als ›poetisch‹ aufgefaßt und beibehalten werden. Ein anderes ennianisches Auskunftsmittel hingegen, die Apokope von Silben am Versende, fand keine Nachahmer, obwohl es durch Homer legitimiert war: *endo suam do* (= *domum*), *altisonum cael* (= *caelum*).

Bereicherungen des Wortschatzes durch Gräzismen waren wenig beliebt. Immerhin machte die Komödie dem beim Volk Üblichen einige Konzessionen, und Ausdrücke wie *lychnus* ›Leuchte‹, und *pausam facere* ›innehalten‹ fanden allgemein Billigung. Eine ergiebigere Quelle für Neologismen war die Herstellung von Komposita, insbesondere von echten, aus Nominal- und Verbalstämmen zusammengesetzten (im Unterschied zu vorangestellten Präpositionen). Das Lateinische war allerdings in dieser Hinsicht viel spröder als das Griechische, so daß sich die römischen Dichter zumal beim Nachahmen der klangvollen Homerischen Epitheta vor erhebliche Schwierigkeiten gestellt sahen. So übersetzte denn Livius Andronicus das Adjektiv πολύτροπος ›vielgewandt‹ schlicht mit *versutus*, und Quintilian bemerkt dazu: *res tota Graecos magis decet* − »die ganze Sache paßt besser ins Griechische«.[6] Immerhin haben Ennius und andere nach Kräften Neues eingeführt: *altisonus caeli clipeus*, »der hochtönende Himmelsschild«; *terra frugifera*, »die fruchtbringende Erde«; *naves velivolae*, »segelbeflügelte Schiffe«

---

5   F. Skutsch, »Die lateinische Sprache«, in: *Die griechische und lateinische Literatur und Sprache*, von U. von Wilamowitz-Moellendorff [u. a.], Leipzig/Berlin ³1912, S. 540.
6   *Institutio oratoria* 1,5,70.

lauten einige der Prägungen, die so oder ähnlich Gemeinbesitz der poetischen Sprache wurden.

Tropen und Figuren gehören zum Repertoire sowohl der Poesie als auch der künstlerisch geformten Prosa, wenn auch in unterschiedlicher Art und Weise. Ein hervorstechendes Merkmal der alten Dichter ist eine Vorliebe für aufdringliche Häufungen, sowohl auf der Sinn- als auch auf der Klangebene: durch Synonyme und Pleonasmen einerseits sowie durch Alliterationen, Reime, Anaphern und ähnliches andererseits. Ein Vers wie der aus einer Komödie des Naevius:[7]

> *Pessimorum pessime, audax, ganeo, lustro, aleo!*

»Schuftigster aller Schufte, Dreistling, Prasser, Hurer, Spieler!«
enthält eine Reihe sinnverwandter Schimpfwörter und zugleich ein Polyptoton nebst Alliteration sowie den Endreim auf -o. Klangeffekte an den Wortanfängen und -schlüssen finden sich allenthalben, z. B. bei Ennius in dem geradezu berüchtigten Hexameter:[8]

> *At tuba terribili sonitu taratantara dixit.*

»Doch die Trompete tönte Taratantara mit schrecklichem Schall.«
Zum Kühnsten der altlateinischen Dichtung zählt auch die Ennianische Tmesis:[9]

> *Saxo cere- comminuit -brum*

»Mit einem Felsbrocken zermalmte er das Hirn«,
wo die abgetrennte Silbe *-brum* auf grotesk-grausige Weise die Zertrümmerung des Schädels abzubilden scheint. Derartige Abgeschmacktheiten wurden von den Späteren nicht nachgeahmt; vieles andere hingegen, weniger Krasses, das die Altmeister ausprobiert hatten, erlangte durch Lukrez und zumal durch Vergil das Gütesiegel der Klassik.

Im Satzbau ließen es die vorklassischen Dichter meist bei der schlichten Parataxe des überkommenen Sprachgebrauchs bewenden; auf diesem Felde haben vor allem die Prosaschriftsteller angebahnt, was durch Cicero und Sallust zu voller Entfaltung kam. Der Archeget war der ältere CATO, nicht nur, weil er die lateinische Prosa überhaupt erst begründet hat, sondern auch, weil sich diese Prosa bereits auf dem Wege zur kunstvollen Periode befindet, wohl nicht ganz ohne Einfluß der griechischen Rhetorik.[10] Er hat sich in drei Gattungen versucht, in der Fachliteratur, in der Geschichtsschreibung und in der öffentlichen Rede, und er zeigt dort, soweit das Erhaltene ein Urteil erlaubt, ein je verschiedenes Gesicht. In seinem Lehr- oder Rezeptbuch *De agri cultura* ist die Sprache noch von der

---

7 Ribbeck, CRF, Vers 118.
8 Vahlen, *Annales*, Vers 140.
9 Ebd., Vers 609.
10 Siehe hierzu S. 102.

Roheit der alten Gesetze; andererseits finden sich in seinem Geschichtswerk und zumal in den überkommenen Proben seiner Eloquenz gleichsam inselartig Satzgefüge, an denen Cicero wenig oder nichts zu bessern gefunden hätte. Die Rede blieb auch nach ihm die führende Gattung, die Wegbereiterin der Kunstprosa, vor allem durch das Beispiel des Gaius Sempronius Gracchus.

2. Die Wegbereiter: Livius Andronicus, Naevius, Ennius

a) Die ersten Drei: Verbindendes, Trennendes

Sie haben sich alle drei gekannt, schon wegen ihrer Dramen, deren Darbietung an den römischen Festkalender gebunden war – Livius Andronicus und Naevius lebten ungefähr zur selben Zeit, Ennius reichlich eine Generation später. Und von Hause aus waren sie alle drei nicht-römische Bürger; sie stammten aus Unteritalien: aus Tarent, Kampanien, Kalabrien. Ihr dichterisches Werk weist die Gemeinsamkeit auf, daß es sich noch nicht auf eine einzige Gattung beschränkte wie meist bei den Späteren: Sie verfaßten jeder ein Epos und sowohl Tragödien als auch Komödien, und Ennius schrieb noch manches andere. Man kann die Sache auch so sehen, daß das Schaffen des Livius den Rahmen abgab, an den sich die beiden anderen zu halten suchten.

Diese Übereinstimmungen sind mit erheblichen Unterschieden gepaart, so daß sich schon bei den ersten Drei eine Entwicklung feststellen läßt. Livius, der Begründer par excellence, hing zwar mit seinen Stoffen durchweg von den griechischen Mustern ab, vollbrachte jedoch auf formalem Gebiet eine selbständige Leistung: Er schuf die römischen Bühnenverse, den Senar und Verwandtes, indem er die griechischen Jamben und Trochäen an die Gegebenheiten des Lateinischen anpaßte. Naevius hingegen erweiterte den stofflichen Bereich: Er erschloß die römische Geschichte sowohl für das Epos als auch für die Tragödie (während für die Komödie ein analoger Schritt ausblieb) – er wurde hierdurch der Archeget sowohl des historischen Epos als auch der sogenannten Fabula praetexta. Bei Ennius wiederum drängt sich als die auffälligste und folgenreichste Neuerung abermals etwas Formales auf: die Ablösung des altrömischen Saturniers durch den daktylischen Hexameter, eine Maßnahme, die dem lateinischen Epos die klassische Kunstgestalt gab.

Die drei Dichter gehörten, wie Zitate und Anspielungen beweisen, bis zur Zeit Ciceros zum Kanon der gebildeten Römer: Livius war durch seine *Odyssee*-Übersetzung, die *Odusia*, anwesend, die als Schulbuch benutzt wurde, und die beiden anderen waren es wohl auch durch ihre Dramen. Die Neoteriker führten mit ihrem Programm der Formstrenge in der poetischen Tradition der Römer einen Bruch herbei, und durch die augusteischen Dichter, die Vollender der Neoteriker, trat dieser Bruch ins allgemeine Bewußtsein. Horaz beschwerte sich zwar noch über den rückwärts gewandten Geschmack des römischen Publikums;[11] die moderne augusteische Dichtung trug indes alsbald den Sieg davon, und dies hatte bei der Kurzlebigkeit der antiken Handschriften zur Folge, daß die Werke der drei Wegbereiter nach einiger Zeit nicht mehr leicht erreichbar waren. Immerhin hat man sie bis zum Ausgang der Antike noch besessen, und das bedeutendste unter ihnen, die *Annalen* des Ennius, wurde, wie Motivübernahmen zeigen, selbst von den Epikern der Kaiserzeit nicht ganz verschmäht.

b) Livius Andronicus

Biographisches
Die Lebenszeit des LIVIUS ANDRONICUS war schon zur Zeit Ciceros umstritten.[12] Die Datierung der ersten Aufführung eines oder zweier seiner Dramen auf das Jahr 240 v. Chr. hat die größte Wahrscheinlichkeit für sich. Wie außerdem feststeht, verfaßte er im Jahre 207 v. Chr. in staatlichem Auftrag ein Sühnelied für einen Jungfrauenchor. Was die Überlieferung sonst noch von ihm zu berichten weiß, ist unsicher, mag sich aber so oder ähnlich zugetragen haben: daß er aus Tarent stammte, als Kriegsgefangener nach Rom kam, im Hause der Livii als Lehrer wirkte und freigelassen wurde.

Werke
Von dem Sühnelied ist nichts erhalten. Von der *Odusia*, die in Saturniern abgefaßt war, haben Antiquare und Grammatiker etwa 45 Verse oder Versstücke bewahrt.[13] Die Götter tragen lateinische Namen: *Camena* für Muse, *Saturnus* für Kronos usw.

An Dramen bezeugen die Zitate zehn Tragödien und drei Komödien. Die Tragödienstoffe entstammen großenteils dem trojanischen Sagenkreis, darunter ein

---

11 Im Augustusbrief, *Epistulae* 2,1,18 ff.
12 Siehe Cicero, *Brutus* 72.
13 Darunter den Anfang; s. S. 30.

Aiax mastigophorus (»Aias als Geißelträger«), dem der *Aias* des Sophokles als Vorlage gedient hat. Einige Zitate lassen auf gesungene Partien schließen. Die Sprechverse (jambischer Senar, trochäischer Septenar) sind der lateinischen Sprache angepaßt: Livius ließ Längen (oder Doppelkürzen) zu, wo sie von den Griechen vermieden worden waren (außer am Versende); seine Regelungen blieben auch für die Nachfolger verbindlich. Unter den dürftigen Komödienresten verweist der Titel *Gladiolus* (»Das Schwertlein«) vielleicht auf eine Figur nach Art des *Miles gloriosus* von Plautus. An der Aufführung seiner Stücke hat sich Livius als Regisseur und Darsteller selbst beteiligt.

c) Gnaeus Naevius

Biographisches

GNAEUS NAEVIUS, aus Kampanien, nahm nach eigener Aussage[14] – wohl als Bundesgenosse – am Ersten Punischen Krieg teil. Er brachte vom Jahre 235 v. Chr. an Stücke zur Aufführung. In seinen Komödien wagte er die führenden Politiker anzugreifen, darunter selbst Scipio Africanus Maior:[15]

Etiam qui res magnas manu saepe gessit gloriose,

cuius facta viva nunc vigent, qui apud gentes solus praestat,

eum suus pater cum palliod unod ab amica abduxit.

»Auch den, der im Kampf oft ruhmreich große Taten vollbrachte,

dessen Leistungen jetzt lebendig im Schwange sind, der als einziger bei

den Völkern herausragt,

hat der eigene Vater nur mit einem Griechenmantel angetan vom

Liebchen weggeholt.«

Die erlauchte Familie der Meteller soll er nach der – neuerdings angezweifelten – Überlieferung mit dem bösen Vers bedacht haben:[16]

Fato Metelli Romae fiunt consules.

»Das Schicksal macht die Meteller in Rom zu Konsuln.«

Die Gerügten antworteten mit der Drohung:[17]

Malum dabunt Metelli Naevio poetae.

»Heimzahlen werden's die Meteller Naevius dem Poeten.«

---

14 Gellius, *Noctes Atticae* 17,21,45.
15 Ribbeck, CRF, Vers 108–110.
16 Pseudo-Asconius, in: *Ciceronis orationum scholiastae*, hrsg. von Th. Stangl, Wien 1912, S. 215.
17 Ebd. und Caesius Bassus, in: *Grammatici Latini*, 7 Bde. und 1 Suppl.-Bd., hrsg. von H. Keil, Leipzig 1855–80, Bd. 6, S. 266.

Und wirklich war er, wie es heißt,[18] eine Zeitlang eingekerkert, bis die Volkstribunen ihn befreiten; er starb im Jahre 201 v. Chr. oder später in Utica (bei Karthago) – als Verbannter, oder weil er sich in Rom nicht mehr sicher fühlte.

Werke

Vom *Bellum Punicum*, dem historischen Epos über den Ersten Punischen Krieg in Saturniern, nach postumer Einteilung in sieben Büchern, sind etwa 60 Fragmente erhalten. Eingeschoben in die Schilderung des Kriegsgeschehens war – als mythisches Aition, zur Erklärung der Ursachen des historischen Konflikts – ein langer Exkurs, der die Irrfahrten des Aeneas und die Gründung Roms darstellte. Fest steht, daß darin Szenen der Vergilischen *Aeneis* vorgeprägt waren: der Seesturm und die Klage der Venus bei Jupiter.[19] Hingegen herrscht Uneinigkeit in der Frage, ob das Epos des Naevius bereits die Dido-Episode enthalten hat: Die Befürworter beziehen das Fragment:[20]

> *blande et docte percontat, Aenea quo pacto*
> *Troiam urbem liquerit –*
> »höflich und geschickt erkundigt sie (er) sich, wie Aeneas
> aus Troja herausgekommen sei«

auf Dido, die Gegner auf einen italischen König. Für den Punischen Krieg selbst hat sich Naevius offenbar mit chronikartiger Trockenheit begnügt;[21] eine dem Epos angemessene, gleichmäßig überhöhende Diktion stand ihm nicht zu Gebote.

Auf der Bühne hat sich Naevius vor allem als Lustspieldichter hervorgetan: mehr als 30 einschlägigen Titeln stehen 8 Tragödien gegenüber. Die Stoffe für seine Lustspiele entnahm Naevius der griechischen sogenannten Neuen Komödie; bei der *Tarentilla* sind noch Umrisse des Sujets erkennbar. Nach Terenz[22] hat bereits Naevius die Handlungen kontaminiert, d. h., er hat bisweilen in die Hauptvorlage passende Szenen aus einem anderen Stück eingearbeitet. Das literaturgeschichtlich bedeutsamste Faktum ist sein beherzter Versuch, die römische Komödie für politische Kritik tauglich zu machen; die Schwierigkeiten, welche ihm die Aristokratie daraufhin bereitete, schreckten die Nachfolger ab, und die

---

18 Plautus spielt darauf an: *Miles gloriosus* 211 f.
19 Macrobius und Servius zu *Aeneis* 1,198 ff. = Frg. 14 f. in der Ausgabe von Strzelecki (Anm. 4).
20 Ebd., Frg. 23.
21 Vgl. S. 69 f.
22 *Andria* 18 ff. Vgl. S. 93.

Komödie blieb auf immer eine überaus zahme, niemandem zu nahe tretende
Gattung.

Zu den Tragödien zählen auch die zwei oder drei historischen Dramen, die
Naevius verfaßt hat. Durch sie wurde er zum Archegeten der römischen Fabula
praetexta, eines Typs von Stücken, der von der purpurumsäumten Toga der dort
auftretenden Beamten seinen Namen hatte. In *Clastidium* wurde ein zeitgenössisches Ereignis, ein römischer Sieg über einen gallischen Häuptling, verherrlicht,
das Stück *Romulus* behandelte die Geschichte des legendären Stadtgründers. Unter den Titeln konventioneller Tragödien mit mythischem Inhalt befinden sich
zwei, die mit denen von Stücken des Livius übereinstimmen: *Danae* und *Equus
Troianus*. Naevius hat es also nach Art der griechischen Tragödiendichter gewagt,
mit einer neuen Version eines und desselben Stoffes gegen einen Vorgänger anzu-
treten.

d) Quintus Ennius

Biographisches

Quintus Ennius wurde im Jahre 239 v. Chr., im Jahr nach der ersten Aufführung eines lateinischen Dramas, zu Rudiae in Kalabrien geboren, was er selbst in
dem Vers bekundet, mit dem er die Verleihung des römischen Bürgerrechts quit-
tierte:[23]

> *Nos sumus Romani, qui fuimus ante Rudini.*
>
> »Ich bin jetzt Römer, der ich zuvor Rudier war.«

Seine Heimat war ein Gebiet der Sprach- und Völkermischung, und so schrieb
er sich *tria corda*, »drei Herzen«, d. h. drei Seelen zu, weil er drei Sprachen beherrschte, das Griechische, Oskische und Lateinische. Er diente während des
Zweiten Punischen Krieges in einer kalabrischen Hilfstruppe; er machte auf Sar-
dinien Bekanntschaft mit dem Zensorier Cato und ging auf dessen Geheiß im
Jahre 204 v. Chr. nach Rom. Dort lebte er bescheiden auf dem Aventin, unterstützt von adligen Gönnern. Er stand auf vertrautem Fuße mit den Scipionen,
mit dem älteren Africanus und mit Nasica; sein Hauptprotektor war indes Marcus Fulvius Nobilior (Konsul 189 v. Chr.), der ihn als ›Hofpoeten‹ auf seinen
Feldzug nach Ätolien mitnahm. Er starb 169 v. Chr. im Alter von siebzig Jahren,
ein Jahr vor dem römischen Siege bei Pydna, der dem makedonischen Reich ein
Ende bereitete.

---

23   Vahlen, *Annales*, Vers 377.

Er war eine kraftvolle, selbstbewußte Persönlichkeit, die allen ihren Äußerungen den unverwechselbaren Stempel ihres Geistes aufzuprägen wußte. Im Proömium seines Epos hat Ennius sich als *alter Homerus*, als Reinkarnation Homers, vorgestellt; er verspottete die hinterwäldlerischen Saturnier des Naevius, und in eines seiner Gedichte flocht er, wie es in hellenistischer Zeit Mode war, das Akrostichon *Q. Ennius fecit* ein. Von seinem Stolz auf seine Leistung künden auch Epigramme, darunter dies:[24]

> *Nemo me lacrumis decoret nec funera fletu*
> *faxit. Cur? Volito vivos per ora virum.*

> »Niemand ehre mich mit Tränen noch vollziehe er weinend
> die Bestattung. Warum? Ich fliege lebend durch die Münder der Männer.«

Werke

Ennius war wohl mit einem Epos, einigen Komödien und einer Reihe von Tragödien sowie mancherlei Schriften kleineren Umfangs der vielseitigste römische Dichter überhaupt.

Sein bedeutendstes Werk, das hexametrische Epos *Annales*, stellte in 18 Büchern die gesamte römische Geschichte von den Anfängen bis auf die eigene Zeit dar. Da es keine einheitliche, in sich geschlossene Handlung hatte und sich somit über ein wesentliches Merkmal der gesamten epischen Tradition hinwegsetzte, konnte es sukzessive – in Hexaden, Buchpaaren oder Einzelbüchern – geschrieben und veröffentlicht werden.

Die ersten sechs Bücher waren der Frühzeit Roms und der Eroberung Italiens gewidmet; die Bücher 7–9 hatten den Konflikt mit Karthago zum Gegenstand. In der nächsten Triade ging es vor allem um die Makedonischen Kriege gegen Philipp V. (215–205, 200–197 v. Chr.); es folgte in den Büchern 13–14 der Krieg gegen Antiochos III. von Syrien (192–188 v. Chr.). Das 15. Buch war dem Protektor Fulvius Nobilior vorbehalten; es schilderte dessen Feldzug gegen die Ätoler (189 v. Chr.). Buch 16 wurde hinzugefügt, weil es die Heldentaten zu preisen galt, die ein Brüderpaar unsicheren Namens im Istrischen Kriege (178–177 v. Chr.) vollbracht hatte; der Inhalt der beiden letzten Bücher ist ungewiß.

Von den *Annales* sind etwa 600 Verse oder Versteile erhalten. Schon der Titel verweist auf die gleichnamige Prosagattung, die römische Chronik, und mit ihr teilt das Ennianische Werk auch die Eigenschaft, daß sich das Erzähltempo verlangsamt, je mehr sich der Erzähler der eigenen Gegenwart nähert. Die wegweisende, für die gesamte römische Epik maßgebliche Bedeutung des Werkes beruht

---

24 Ebd., *Varia (Epigrammata)*, Vers 17 f.

denn auch nicht auf der Komposition, sondern auf stilistischen Qualitäten im
weitesten Sinne. Dem Fehlen der Handlungseinheit steht die offensichtlich
konsequent angestrebte Stileinheit gegenüber: Die *Annales* enthalten nicht
nur die homerischen Elemente des sogenannten Götterapparates, der Gleichnisse, der direkten Reden usw.; sie sind auch durchweg in einer poetischen Diktion verfaßt, die Schlichtheit mit Würde und Feierlichkeit zu verbinden sucht
und sich nur gelegentlich zu grellen Effekten steigert. Daß sich Ennius jedoch
auch aufs Arrangieren von Handlung verstand – jedenfalls auf beschränktem
Raume – zeigen Einzelszenen, deren Ablauf noch erkennbar ist: der Traum der
Ilia (der Rhea Silvia, der Mutter des Romulus und Remus) oder das Gründungs-
augurium Roms.[25]

Als Dichter von Komödien ist Ennius offenbar nur selten hervorgetreten
(überliefert sind zwei Titel): Hier beherrschten seine Zeitgenossen Plautus und
Caecilius das Feld. Hingegen hatte er mit seinen Tragödien viel Erfolg, auch in
späterer Zeit, besonders bei Cicero, dem die Nachwelt fast die Hälfte der erhaltenen Verse (etwa 400 aus 24 Stücken) verdankt. Ennius ist offenbar mit den griechischen Originalen ziemlich frei umgegangen. Der vielzitierte Anfang seiner
Medea weicht auf zweierlei Weise von der Euripideischen Vorlage ab: Er sucht einerseits das römische Publikum gründlicher in die Handlung einzuführen und ist
andererseits auf Pathos und rhetorische Effekte bedacht:[26]

> *Utinam ne in nemore Pelio securibus*
> *caesa accedisset abiegna ad terram trabes*
> *neve inde navis incohandae exordium*
> *coepisset, quae nunc nominatur nomine*
> *Argo, quia Argivi in ea delecti viri*
> *vecti petebant pellem inauratam arietis*
> *Colchis imperio regis Peliae per dolum.*
> *Nam numquam era errans mea domo ecferret pedem*
> *Medea animo aegra, amore saevo saucia.*

> »O wäre nicht im Haine Pelion von Beilen
> gefällt zu Boden gegangen Tannengebälk
> und hätte von da an nicht der Anfang eingesetzt, das Schiff zu erbauen,
> das jetzt mit Namen benannt wird
> als Argo, weil darin ausgewählte argivische Männer
> fuhren, um das Goldene Widdervlies zu holen

---

25 Vahlen, *Annales*, Vers 35–51; 79–96.
26 Ribbeck, TRF, Vers 205 ff. = Euripides, *Medea*, Vers 1 ff.

aus Kolchis, auf Befehl des Königs Pelias, mit List.
Denn niemals hätte dann meine Herrin irrend vom Hause weg den Fuß
    bewegt,
Medea mit krankem Herzen, wund von grausamer Liebe.«
Diese von Medeas Amme gesprochenen Verse lauten bei Euripides:

Εἴθ' ὤφελ' Ἀργοῦς μὴ διαπτάσθαι σκάφος
Κόλχων ἐς αἶαν κυανέας Συμπληγάδας
μηδ' ἐν νάπαισι Πηλίου πεσεῖν ποτε
τμηθεῖσα πεύκη μηδ' ἐρετμῶσαι χέρας
ἀνδρῶν ἀρίστων, οἳ τὸ πάγχρυσον δέρας
Πηλίᾳ μετῆλθον· οὐ γὰρ ἂν δέσποιν' ἐμὴ
Μήδεια πύργους γῆς ἔπλευσ' Ἰωλκίας
ἔρωτι θυμὸν ἐκπλαγεῖσ' Ἰάσονος.

»O hätte das Schiff Argo nie durchflogen
die schwarzen Symplegaden in das Land der Kolcher
und wäre auf den Waldeshöhen des Pelion niemals
die Fichte gefällt zu Boden gestürzt und hätten nie sie gerudert die Arme
der besten Männer, die das Goldene Vlies
dem Pelias beschafften. Denn niemals wäre dann meine Herrin
Medea zur Burg des jolkischen Landes gefahren
von Liebe zu Jason in ihrem Herzen verwirrt.«
Die Stücke des Ennius enthielten polymetrische Arien der Schauspieler und wohl
auch gesungene Chorpartien; die Vorlagen stammten meist aus dem Œuvre des
Euripides. Ennius hat auch, wie Naevius, historische Dramen verfaßt: den »Raub
der Sabinerinnen« (*Sabinae*) sowie *Ambracia*, worin die Eroberung dieser Stadt
durch Fulvius Nobilior verherrlicht wurde.

Mit der Pflege vielfältiger kleiner Gattungen knüpfte Ennius an hellenistische
Praxis an. Der *Satura*, einer Sammlung vermischter Gedichte in verschiedenen
Maßen, fehlte noch das spezifisch Satirische der von Lucilius begründeten Tradi-
tion der Gattung; vielleicht kommen die Horazischen Satiren 1,7–9 mit ihren
anekdotisch-erlebnishaften Sujets den Erzeugnissen des Ennius am nächsten.
Ähnlich bunt und unterhaltsam war wohl auch der *Sota* (= Sotades; so hieß der
Autor des griechischen Vorbildes). Ennius hat weiterhin einen Panegyricus, den
Scipio, sowie einige Epigramme verfaßt; vor allem aber setzte mit ihm unübersehbar die didaktische Literatur der Römer ein. Man weiß von einem Gedicht *Epi-
charmus* (wohl naturphilosophischen Inhalts) sowie von *Hedyphagetica* (»Fein-
schmeckerfreuden«), einem Ausflug in die Gastronomie.

Das wichtigste Werk dieser Art ist der *Euhemerus*, in Prosa. Der Titel verweist

abermals auf die Quelle: ein hellenistischer Autor dieses Namens hatte einen uto-
pischen Reiseroman verfaßt, worin unter anderem eine ideale Gesellschaftsordnung auf kommunistischer Grundlage geschildert wurde. Dort fand sich auch
eine rationalistische Erklärung der Religion: Bei den Göttern handele es sich
lediglich um berühmte, verdienstvolle Männer der Vergangenheit. Der Kirchenvater Laktanz hat sich diese Lehre, den sogenannten Euhemerismus, zunutze
gemacht, um gegen die heidnischen Götter zu polemisieren. Die simple Ausdrucksweise, wie sie insbesondere ein längeres Zitat[27] erkennen läßt, soll vielleicht
ein Merkmal des griechischen Originals wiedergeben.

3. Das römische Komödien-Corpus: Plautus und Terenz

a) Die römische Komödie

Von Plautus blieben zwanzig Stücke einigermaßen vollständig erhalten, von Terenz deren sechs. Dieses Corpus von Texten repräsentiert zweierlei zugleich: einmal die römische Komödie schlechthin (denn außerhalb von ihm ist aus der Antike keine einzige lateinische Komödie an die Nachwelt gelangt), zum anderen
die dritte und letzte Entwicklungsstufe der griechischen, die sogenannte Neue
Komödie (denn hiervon ist in der originalen Fassung auf handschriftlichem Wege
kein Stück bewahrt geblieben). Die zweite Platzhalterfunktion von Plautus und
Terenz wurde durch Papyrusfunde des 20. Jahrhunderts etwas abgeschwächt: Von
Menander, dem bedeutendsten Dichter der Neuen Komödie, kamen beträchtliche Reste ans Licht, darunter ein Stück, der *Dyskolos* (»Der Menschenhasser«), so
gut wie vollständig. Doch Menanders Zeitgenossen und Konkurrenten, z. B. Philemon und Diphilos, sind nach wie vor nur im Gewande römischer Bearbeitungen überliefert.

Die hellenistisch-römische Komödie, ausgewiesen im wesentlichen durch die
Hinterlassenschaft von Plautus und Terenz, hat sich in der Regel mit der Sphäre
des bürgerlichen Lustspiels begnügt: Ihre fiktiven Handlungen pflegten das
Familienleben im städtischen Alltag – mit Mann, Frau, Kindern und Sklaven,
Freunden und Nachbarn – vorauszusetzen. Sie waren von großer Stereotypizität;

---

27 Laktanz, *Divinae institutiones* 1,14,2–7.

sie beruhten auf bestimmten Formen von Gefährdungen, Störungen oder Konflikten, die entweder bereits in der Vorgeschichte eingetreten waren oder während der Bühnenhandlung eintraten. Eine Figur war durch Kindesaussetzung, Raub oder ein anderes Ereignis von ihren Anverwandten getrennt worden und kannte ihre wahre Identität nicht mehr; zwischen Eheleuten, zwischen Vater und Sohn sowie zwischen Herr und Sklave kam es zu Streit und Mißhelligkeiten; und schließlich gab es im motivischen Repertoire des Komödiengeschehens noch den durch ein Laster – durch Geiz, Habsucht usw. – deformierten, quer zu seiner Umwelt stehenden Charakter oder den mißliebigen, von seiner Umwelt abgelehnten Beruf. Die Handlung zielte stets darauf, diese Hindernisse durch ein Happy-End zu beseitigen: durch Entdeckung der wahren Identität und Wiedererkennung, durch Verzicht oder Zugeständnisse (der jugendliche Liebhaber bekommt sein Mädchen) sowie durch die ›angemessene‹ Bestrafung des gesellschaftlichen Außenseiters.

Die Aufführungen griechischer Stücke in lateinischem Gewande fanden nicht in einem gänzlich unvorbereiteten Ambiente statt: Sie konnten an die einheimische Tradition volkstümlicher Lustspiele, an die Feszenninen und die Atellanen, anknüpfen[28] und deren gröbere Komik mit den griechischen Vorlagen zu verschmelzen suchen. Die Neue Komödie war, von gelegentlichen versteckten Bemerkungen abgesehen, frei von Politik, und ihr römischer Abkömmling blieb es in solchem Maße, daß sich – mit Mommsen zu reden[29] – »kaum ein politisch zahmeres Lustspiel« denken läßt »als das römische des 2. Jahrhunderts v. Chr.« Naevius hatte versucht, seine Stücke für Attacken gegen maßgebliche Männer zu nutzen; er mußte dafür büßen,[30] und seine Nachfolger merkten sich die Lektion.

Die römischen Philologen führten den Brauch ein, die verschiedenen Arten der einheimischen Komödie nach äußeren Merkmalen, nach Kostüm und Milieu zu klassifizieren. Die Fabula palliata, benannt nach dem *pallium*, dem griechischen Umhang, behielt die Tracht und die Szenerie der Originale bei, spielte also unter Griechen in Griechenland; sie war, gepflegt vor allem von Plautus und Terenz, der früheste und wichtigste Typus der römischen Komödie. Neben sie trat, wahrscheinlich zur Zeit des Terenz, die Fabula togata, das Lustspiel also, das in der Toga, in italischem Kostüm und Milieu, dargeboten wurde, und schließlich tat sich noch das vereinzelte Experiment der Fabula trabeata hervor, die

---

28 Siehe S. 32 f.
29 *Römische Geschichte*, Bd. 1, 3. Buch, Kap. 14: »Literatur und Kunst«, S. 896 der Ausg. Berlin ¹²1920.
30 Siehe S. 74 f.

von der *trabea* ihren Namen hatte, dem rotgestreiften Kennzeichen des Ritter-
standes.[31]

Die römische Komödie hat offensichtlich mit Plautus und Terenz ihren Höhepunkt erreicht. Wenn die geringen Reste nicht trügen, die von den Stücken der
Vorgänger erhalten blieben, hat am ehesten Plautus als der typische Vertreter des
Genres zu gelten: Sein Bestreben, die Originale durch handfeste Bühnenwirksamkeit an den Geschmack eines breiten Publikums anzupassen, entsprach wohl
mehr dem seit jeher auf dem römischen Theater Üblichen als die zahmere Art des
Terenz.

Hiermit ist die Frage nach dem Verhältnis der römischen Bearbeitungen zu ihren Vorlagen berührt, eine Frage, für die man auf zweierlei Weise nach Lösungen
suchen muß: ob und in welchem Ausmaße ein römischer Komödiendichter das
jeweilige Original auf eigene Faust, d. h. durch Zutaten oder Streichungen aus
seiner Werkstatt, geändert habe; ob und in welchem Ausmaße er sich beim Ändern vielmehr durch Partien oder Szenen aus einem zweiten Original anregen
ließ. Der eine Deutungsversuch zielt auf das Plautinische bei Plautus, oder auf
das Terenzische bei Terenz; der andere sucht sogenannte Kontaminationen dingfest zu machen, eingearbeitete Textstücke aus einer anderen Vorlage. Von der
erstgenannten Möglichkeit scheint vor allem Plautus Gebrauch gemacht zu haben: Er hat sich nicht nur in Stil und Metrik einige Freiheit genommen, sondern
auch gern in die Textsubstanz eingegriffen. Die zweite Möglichkeit wiederum
trifft offenbar hauptsächlich auf Terenz zu: Er suchte im Bereich der Stilmittel
engeren Anschluß an die Originale und zögerte andererseits nicht, seine Stücke
durch Einarbeiten einzelner, einer anderen Vorlage entstammender Szenen (gelegentlich allerdings auch durch eigene Zusätze) abwechslungsreicher zu machen.

Den beiden Protagonisten auf der Komödienbühne fehlte es nicht an zeitge-
nössischer Konkurrenz und an Epigonen. Von einem gewissen Volcacius Sedigitus (wohl Ende des 1. Jahrhunderts v. Chr.) ist eine Partie aus einem Lehrgedicht
De poetis erhalten; darin werden die seiner Meinung nach besten zehn Dichter
von Palliaten aufgezählt.[32] Statius Caecilius erhält dort den ersten Platz, wie es
wohl auch der Beliebtheit dieses für die Nachwelt verlorenen Autors entsprach,
und Plautus den zweiten, während sich Terenz mit der sechsten Stelle begnügen
muß; ein Teil der übrigen ist nur dürftig bezeugt. Der letzte Palliatendichter, von
dem man weiß, war der im Jahre 103 v. Chr. verstorbene Turpilius. Nicht mangelnde Publikumserfolge scheinen das Erlöschen des Genres verursacht zu haben.

31   Ihr Erfinder Gaius Melissus war ein Freigelassener des Maecenas.
32   Diehl 148.

Wie überarbeitete Prologe, doppelte Fassungen von Endszenen und andere Indizien bekunden, ergänzte man während des 2. Jahrhunderts v. Chr. die zeitgenössische Produktion nicht selten durch Wiederaufführungen Plautinischer und Terenzischer Stücke.

Plautus und Terenz wurden – wie auch die Anfänge des römischen Dramas – schon in spätrepublikanischer Zeit ein bevorzugtes Objekt gelehrter Forschungen; man bemühte sich vor allem um die Biographie der Dichter, um Echtheitskritik und die Chronologie der Stücke sowie um die Erklärung nicht mehr verständlicher Wörter. Diese Studien fanden in den literarhistorischen Schriften Varros ihren Abschluß. Die vorwiegend modernistische Gesinnung der frühen Kaiserzeit war der Beschäftigung mit der altrömischen Komödie wenig günstig; erst im 2. Jahrhundert n. Chr., mit dem Aufkommen der archaistischen Richtung, nahm man sich ihrer wieder intensiv an. Bisweilen war gelehrter Sammeleifer die treibende Kraft, z. B. bei Gellius. Vor allem aber bestimmten die Bedürfnisse der Schule Form und Ausmaß der philologischen Arbeit. Plautus und Terenz standen jetzt endgültig im Mittelpunkt; die Stücke dieser beiden kanonischen Autoren wurden ediert, kommentiert und mit metrischen Inhaltsangaben versehen. Die Grammatiker der Spätantike knüpften an die Studien der Adoptivkaiserzeit an, wobei sich ihr Eifer offenbar ganz auf Terenz konzentrierte (der Kommentar des Aelius Donatus ist großenteils erhalten). Plautus fand immerhin in dem unbekannten Verfasser des *Querolus* (»Der Griesgram«) einen Nachahmer.

Die Tendenzen der Spätantike setzten sich im Mittelalter fort: Plautus war wenig bekannt; er hat lediglich indirekt auf die Komödien des Vitalis von Blois (12. Jahrhundert) eingewirkt. Terenz jedoch gehörte zu den bevorzugten heidnischen Autoren, wie vor allem die illustrierten Handschriften und die Lesedramen Hrotsviths von Gandersheim bekunden. Erst nach dem Plautus-Fund des Nicolaus von Cues im Jahre 1429 verschoben sich die Gewichte: Die Komödie der europäischen Nationalliteraturen wurde durch Plautus mindestens ebensosehr inspiriert wie durch Terenz.

b) Titus Plautus

Biographisches

Titus Plautus stammte aus Sarsina in Umbrien (in der Nähe der römischen Kolonie Ariminum, heute Rimini): Er war der erste römische Dichter aus dem nördlichen Italien. Über sein Leben ist im übrigen wenig Verbürgtes bekannt. Nicht einmal der Name scheint zuverlässig überliefert zu sein. Er selbst nennt

sich entweder Plautus oder Maccus, mit oder ohne Titus. Hieraus wurde durch
spätere Gelehrsamkeit der ›Name‹ Titus Maccius Plautus. In Wahrheit war Maccus wohl ein Spitzname, den man dem Dichter nach dem »Dummkopf« (*maccus*),
einer bekannten Figur der Atellane, beigelegt hatte und den er sich scherzhaft zu
eigen machte. Das Geburts- und das Todesjahr sind unbekannt (um 250 – um
180 v. Chr.). Zwei Aufführungsdaten seiner Stücke blieben zuverlässig bewahrt: 200 (*Stichus*) und 191 v. Chr. (*Pseudolus*). Bei dem angeblichen Todesjahr
184 v. Chr. handelt es sich wohl um das letzte Aufführungsdatum, das sich hatte
ermitteln lassen. In einem einzelnen Falle sichert ein Hinweis des Dichters die relative Chronologie zweier Stücke: Der *Epidicus* ist vor den *Bacchides* entstanden.
Plautus hat sehr selten auf zeitgenössische Ereignisse angespielt; die Verse 211 f.
des *Miles gloriosus* beziehen sich wohl auf das Schicksal des Naevius.[33]

Nach wenig glaubwürdigen Nachrichten hat Plautus ein wechselvolles Poeten-
dasein geführt: er habe als Bühnenarbeiter (oder Schauspieler) ein kleines Kapital
zusammengebracht, dieses Kapital durch Handelsgeschäfte verloren und sich daraufhin in einer Mühle verdungen. Von irgendwelcher Protektion ist in seinem
Falle nichts bekannt; er lebte wohl von dem Verkauf seiner Stücke an die Schau-
spieldirektoren. Er war der erste Dichter, der sich auf *eine* Gattung, die Palliata,
spezialisierte; seine Nachfolger Caecilius und Terenz haben es dann ebenso gehalten. Das Œuvre des Plautus läßt keinerlei Entwicklung erkennen; weder äußere
Indizien (z. B. die Behandlung des Hiats) noch künstlerische Prinzipien (z. B. das
Verhältnis von Gesangs- und Sprechpartien) geben brauchbare Kriterien an die
Hand, und die Stücke, bei denen Hinweise für eine späte Entstehungszeit sprechen, lassen keine Besonderheiten erkennen.

Werke

In spätrepublikanischer Zeit wußte man von 130 angeblich Plautinischen Komödien. Man versuchte, das Echte vom Nachgeahmten zu sondern. Ein Verzeichnis
Varros wurde offenbar für die Überlieferung maßgeblich: Dort waren 21 Stücke
aufgeführt, die bei allen Kritikern als echt galten. Ebenso viele Stücke sind erhalten, das 21. allerdings nur stark verstümmelt. Alles übrige ging bis auf geringe
Reste verloren; es sind noch 34 weitere Titel bekannt.

Plautus ist der erste römische Schriftsteller, von dem vollständige Werke erhalten blieben. Schon der Umfang dieses Œuvres (etwa 21 500 Verse) macht ihn –
neben Terenz und Cato – zum wichtigsten Repräsentanten der Vorklassik. Sein
literarisches Schaffen zeigt typische Merkmale der Epoche: Es spiegelt weder

---

33 Vgl. S. 74 f.

persönliche Überzeugungen noch eine aus eigener Initiative gewählte Lebensform; es ist einerseits verhältnismäßig eng an die griechischen Muster gebunden und dient andererseits einer gegebenen Institution, den von Staats wegen veranstalteten Spielen. Als ›Übersetzungen‹ haben die Plautinischen Komödien vor allem durch Sprache und Vers zur Entwicklung der römischen Literatur beigetragen.

Plautus machte Stücke der Neuen Komödie, d. h. des zeitgenössischen griechischen Theaterrepertoires, für die römische Bühne zurecht; nach mehr oder minder sicheren Vermutungen geben der *Amphitruo*, der *Persa* und der *Poenulus* Originale der Mittleren Komödie wieder. Innerhalb dieses Rahmens hat sich Plautus um große Vielfalt der Formen und Sujets bemüht; die Skala reicht von der Mythentravestie bis zur Farce, von der turbulentesten Verwechslungskomödie bis zum Charakterstück und zum ruhigen oder sentimentalen ›Lustspiel‹.

Zu einer ersten Gruppe lassen sich einige – untereinander wieder sehr verschiedene – Stücke zusammenfassen, die einen Charakter oder ein Milieu schildern:

1. *Aulularia* (»Die Topfkomödie«): vielleicht nach Menander; der Schluß ist verloren. Eines der berühmten Stücke des Plautus, seine Charakterkomödie par excellence. Um die Hauptfigur, den Geizhals Euclio, rankt sich eine Liebesgeschichte.
2. *Trinummus* (»Der Dreigroschentag«): nach dem *Thesauros* (»Der Schatz«) des Philemon. Ein ruhiges Familiendrama ohne Frauenrollen; es hat trotz konventioneller Motive eine originelle Handlung.
3. *Truculentus*: nach unbekannter Vorlage. Ein Stück mit abstoßenden Charakteren; Plautus schildert realistisch und nicht ohne Zynismus ein niedriges Milieu.
4. *Stichus*: nach den *Adelphoi* I (»Die Brüder«) des Menander. Ein formales Unikum – das Stück hat keinen dramatischen Knoten; es besteht aus lose gefügten Szenenfolgen, die mit einem Gelage der Sklaven enden.

Bei einer zweiten Gruppe beruht die Verwicklung auf der Verkennung der wahren Identität:

5. *Cistellaria* (»Die Kästchenkomödie«): nach Menander; lückenhaft erhalten. Eine sentimentale Liebesgeschichte; die Erkennung der wahren Abkunft des Mädchens ermöglicht die ersehnte Heirat.
6. *Rudens* (»Das Seil«): nach Diphilos. Ein Schauspiel mit bemerkenswerter Szenerie (Tempel an der Meeresküste, Schiffbruch). Das Liebesverhältnis kann nach der Anagnorisis (der Erkennung der wahren Identität des Mädchens) durch die Verlobung bekräftigt werden. Der fragmentarisch erhaltenen *Vidularia* (»Das Kofferstück«) lag offenbar ein ähnliches Sujet zugrunde.

7. *Menaechmi* (»Die beiden Brüder Menaechmus«): nach unbekannter Vorlage. Eine berühmte Verwechslungskomödie, raffiniert angelegt. Die Ähnlichkeit der Zwillingsbrüder verursacht komische Verwicklungen.

8. *Amphitruo:* nach unbekannter Vorlage; lückenhaft überliefert. Eine Mythentravestie, zählt zu den besonders oft nachgeahmten Stücken des Plautus; es wurde vom Autor selbst wegen des Nebeneinanders verschiedener Stände (Götter, Könige, Sklaven) als Tragikomödie bezeichnet (V. 50 ff.). Irrtum auf menschlicher, Intrige auf göttlicher Seite.

Einem dritten Typus, dem reinen Intrigenspiel, lassen sich insgesamt acht Stücke zuweisen; hier fand die drastische Komik des Plautus ein besonders dankbares Betätigungsfeld. Fast immer spielt Liebe eine gewichtige Rolle; die Spannung richtet sich jedoch vor allem auf die Durchführung eines Trugplanes, auf ihr Gelingen oder Scheitern. Meist hält ein gerissener Sklave die Fäden in der Hand.

9. *Miles gloriosus* (»Der bramarbasierende Soldat«): vielleicht nach Menander. Eines der bekanntesten, am häufigsten nachgeahmten Plautinischen Stücke, mit zwei Intrigen.

10. *Persa* (»Der Perser«): vielleicht nach einem Stück der Mittleren Komödie. Eine Sklavenburleske.

11. *Pseudolus:* nach unbekannter Vorlage. Die Titelfigur ist eine der brillantesten Sklavenrollen des Plautus. Die Intrige gilt wie im *Persa* einem Kuppler.

12. *Mostellaria* (»Die Gespensterkomödie«): vielleicht nach dem *Phasma* (»Das Gespenst«) des Philemon. Die Intrige – Vortäuschung eines Gespenstes – richtet sich gegen den Vater; sie scheitert.

13. *Bacchides* (»Die beiden Schwestern Bacchis«): nach dem *Dis exapaton* (»Der Doppelbetrüger«) des Menander; der Anfang ist verloren. Eine doppelte Liebesaffäre; auch hier ist der Vater das Opfer der – schließlich scheiternden – Intrige.

14. *Asinaria* (»Die Eselskomödie«): nach dem *Onagos* (»Der Eseltreiber«) des Demophilos (sonst unbekannter Dichter, wohl der Neuen Komödie). Betrügerei, bei der Vater und Sohn als Nebenbuhler agieren.

15. *Casina:* nach den *Klerumenoi* (»Die Losenden«) des Diphilos. Eine Posse; auch hier buhlen ein lüsterner Alter und sein Sohn um dasselbe Mädchen.

16. *Mercator* (»Der Kaufmann«): nach dem *Emporos* (»Der Kaufmann«) des Philemon. Das Stück beruht auf derselben Konstellation wie die beiden vorigen.

Ein vierter Typus endlich verbindet den unverschuldeten Irrtum mit gewollter Täuschung; Zufall und Intrige sind kunstvoll ineinander verschlungen:

17. *Captivi* (»Die Gefangenen«): nach unbekannter Vorlage. Ein ruhiges, mora-

lisch erbauendes Rührstück ohne Frauenrollen und Liebeshandel; Prolog und Epilog heben die Besonderheit des Stoffes hervor. Die Intrige scheitert; die Anagnorisis führt zur Lösung.

18. *Epidicus:* nach unbekannter Vorlage. Die Anagnorisis bringt nach dem Scheitern der Intrige eine überraschende Lösung.

19. *Curculio* (»Der Kornwurm«): vielleicht nach Menander. Wieder ein Stück mit Intrige und Anagnorisis, benannt nach dem die Fäden ziehenden Parasiten.

20. *Poenulus* (»Der Punier«): wohl nach dem *Karchedonios* (»Der Karthager«) des Alexis (Dichter der Mittleren Komödie, Onkel des Menander). Das Stück beruht auf zwei Intrigen; der zweite Trug erweist sich als die Wahrheit. Wie im *Curculio* zieht ein Kuppler den kürzeren.

Die chorlosen Komödien des Plautus wurden wohl ohne Unterbrechung aufgeführt; die Akteinteilungen der Ausgaben sind eine Zutat der Renaissance. Der Umfang der Stücke schwankt erheblich; der *Miles gloriosus* z. B. ist etwa doppelt so lang wie der *Curculio*. Plautus setzte sich nicht selten unbekümmert über die Schranken hinweg, welche die Einheit von Ort und Zeit oder die Konventionen der Bühne (Innenräume waren unbekannt) ihm auferlegten; ihm kam es mehr auf die komischen Effekte an als auf die Geschlossenheit der Handlung oder die Wahrscheinlichkeit. Vorgänge, die sich gemeinhin im Inneren des Hauses abspielen, werden auf die Straße verlegt; zwischen der szenischen und der außerszenischen Zeit klaffen mitunter erhebliche Unterschiede (wie z. B. in den *Captivi* das Intervall von Vers 452–922 für eine Reise genügt, die in Wirklichkeit Tage beanspruchen würde). Die Handlung ist des öfteren locker gefügt, besonders in Stücken mit mehreren Intrigen; sehr oft hemmen um des Spaßes willen eingefügte Dialoge und allerlei sonstige Abschweifungen ihren Fortschritt. Plautus durchbricht gern die Illusion: Seine Figuren reden die Zuschauer an oder nehmen das Spiel als Spiel. Das griechische Milieu der Vorlagen ist zwar beibehalten; Plautus hat jedoch allenthalben Hinweise auf Römisch-Italisches eingestreut (Amtsbezeichnungen, Rechtsbegriffe, Ortsnamen).

Die Vorlagen des Plautus sind nicht erhalten; hierdurch wird das Urteil über seine Leistung und Eigenart sehr erschwert. Es fehlt jedoch nicht an Indizien, daß er ziemlich frei geschaltet hat. Den auffälligsten Unterschied macht gewiß der große Anteil der Musik aus: Plautus hat den Text der Originale, die im wesentlichen Sprechdramen waren, zu erheblichen Teilen in melodramatisch rezitierte oder gesungene Partien – in sogenannte Cantica – umgesetzt (frei von Gesangsnummern ist nur der *Miles gloriosus*); hierbei folgte er wohl einer von Livius Andronicus und Naevius begründeten Tradition. Außerdem hat er um der Bühnenwirksamkeit willen gekürzt oder erweitert; Monologe wurden ausgesponnen oder witzige Wortgefechte eingefügt. Diese immer schon vermutete Selbständigkeit des Plautus wurde vor einiger Zeit durch einen Papyrusfund mit einem längeren Text aus einer Vorlage bekräftigt: Der Fund enthält die Partie aus dem *Dis exapaton* Menanders, die den Versen 494–562 der *Bacchides* entspricht.

Die Expositionstechnik des Plautus zeigt große Mannigfaltigkeit. Einige Stücke operieren mit sogenannten Prosopa protaktika, d. h. mit Figuren, die nur in einer einführenden Szene auftreten (z. B. *Epidicus*, *Mostellaria*); die meisten haben einen Prolog. Dieser wird entweder von einer Figur des Stückes (z. B. *Amphitruo*) oder von einem allegorischen Wesen (z. B. *Aulularia*: Lar familiaris) oder von einem ›Prologus‹ gesprochen (z. B. *Asinaria*). Er pflegt die Zuschauer über die Vorgeschichte zu unterrichten und Elemente der Handlung anzukündigen (ausgenommen die *Asinaria* u. a.).

Die Typen waren mit den Originalen vorgegeben; die Auswahl und die Art der Charakterisierung lassen jedoch spezifische Neigungen erkennen. Besonders gern hat Plautus gerissene Sklaven auf die Bühne gebracht; weitere Favoriten sind der verliebte Alte, der Kuppler, der Soldat und der Parasit. Oft treten einzelne Züge – Schwächen oder Laster – überscharf hervor: Plautus zielt mehr auf farcenhafte Komik als auf psychologische Plausibilität, und einige seiner Karikaturen grenzen ans Phantastische.

Der wendig-lebendige Stil ist teils der poetischen Tradition, teils der zeitgenössischen Alltagssprache verpflichtet. Plautus liebt eindringliche Klangmittel; die Vielfalt der Wortwitze, der Neologismen und Metaphern bekundet eine schier unerschöpfliche Sprachimagination. Das Repertoire der Ausdrucksmittel reicht von banalen Redewendungen, Zoten und Schimpfkanonaden bis zu paratragödischem Pomp und tragischem Pathos.

Die Polymetrie ist Folge des großen Anteils der Musik; Plautus verwendet jambische Senare für die gesprochenen, sogenannten Langverse (Septenare, Oktonare) für die unter Flötenbegleitung vorgetragenen Partien und außer Langversen mannigfache lyrische Maße (besonders Anapäste, Kretiker, Bakcheen) für die eigentlichen Gesangsnummern.

Die Stücke des Plautus sind einerseits durch den Codex Ambrosianus, einen trümmerhaft erhaltenen Palimpsest des 4. Jahrhunderts n. Chr., überliefert, und andererseits durch die sogenannte palatinische Rezension, so geheißen, weil zwei wichtige Repräsentanten in die Palatina, die Heidelberger Bibliothek, gelangten. Die beiden Zweige der Überlieferung haben, wie vor allem die zum Teil gleiche Reihenfolge der Stücke beweist, eine gemeinsame Basis. Der Plautus-Text ist in verhältnismäßig schlecht erhaltenem Zustand auf die Nachwelt gekommen. Sowohl die bald nach der Entstehung veraltete Sprache als auch die komplizierte

Metrik waren starken Beschädigungen ausgesetzt. Außerdem verwilderte der authentische Wortlaut durch willkürliche Eingriffe, zumal in spätrepublikanischer Zeit: Mit den Wiederaufführungen gelangten Doppelfassungen und sonstige Interpolationen in den Text. Die moderne Philologie hat viel Mühe darauf gewendet, die Korruptelen und Zutaten zu beseitigen; doch an zahlreichen Stellen scheint die Rekonstruktion des ursprünglichen Zustandes nicht mehr möglich zu sein.[34]

c) Publius Terentius Afer

Biographisches

Anders als im Falle des Plautus hat sich von den Lebensdaten des PUBLIUS TERENTIUS AFER etwas genauere Kunde erhalten. Diese verdankt die Nachwelt vor allem dem Grammatiker Aelius Donatus (4. Jahrhundert n. Chr.); er schickte seinem Kommentar zu den Stücken des Terenz eine Biographie voraus, die ihrerseits auf das biographische Sammelwerk Suetons, *De viris illustribus*, zurückging.

Terenz stammte aus Karthago; er war wohl libyscher Herkunft, was durch sein Cognomen – ›der Afrikaner‹ – angedeutet wird. Sein Todesjahr steht zweifelsfrei fest: 159 v. Chr. Für sein Geburtsjahr fehlt es den Angaben an Eindeutigkeit: spätestens 185 v. Chr. (dann wäre er nur 25 Jahre alt geworden), doch wahrscheinlich fünf bis zehn Jahre früher. Sein Schicksal erinnert an das des Livius Andronicus: Er kam als Sklave nach Rom, diente im Hause des Senators Terentius Lucanus, wurde freigelassen und lebte auf freundschaftlichem Fuße mit etlichen Aristokraten, insbesondere mit dem jüngeren Scipio und mit Laelius. Darin allerdings unterschied sich seine Karriere von der des Livius, daß er im Hause seines Herrn nicht Unterricht erteilte, sondern empfing; er war also als Knabe in die Sklaverei geraten. Sein Talent und sein ansprechendes Äußeres sollen den Senator Terentius bewogen haben, ihn *liberaliter*, wie bei einem Angehörigen der römischen Oberschicht üblich, zu erziehen.

Die Handschriften und der Kommentar des Donat haben zu den Komödien des Terenz die Didaskalien bewahrt, die amtlichen Aufzeichnungen über theatralische Darbietungen. Aus ihnen sind der Autor und der Titel des Stückes, die *ludi* und die leitenden Beamten und einiges andere ersichtlich, darunter auch die Konsuln des betreffenden Jahres. Daher lassen sich – unter den Dramatikern der Antike ein einmaliger Fall – alle sechs Stücke des Terenz exakt datieren; sie sind in der Zeit von 166–160 v. Chr. entstanden. Für die Aufführung sorgte Lucius Am-

---

34 Zur Wirkungsgeschichte des Plautus s. S. 83.

bivius Turpio, ein bekannter Schauspieldirektor, der sich schon um die Stücke des Caecilius bemüht hatte. Die kurze Schaffenszeit des Terenz wird von zwei bedeutsamen Ereignissen umrahmt: von dem Sieg, den Aemilius Paullus bei Pydna über König Perseus von Makedonien errang (168 v. Chr.),[35] und vom Tode des Paullus (160 v. Chr.), bei dessen Leichenfeier der jüngere Scipio, sein Sohn, zwei Komödien des Dichters hat aufführen lassen. Ein törichtes Gerücht wollte wissen, Terenz sei beim Dichten die Hilfe seiner hohen Gönner, Scipios und des Laelius, zuteil geworden; das Gerücht behauptete sich bis in ciceronische Zeit, obwohl sich Terenz in den Prologen zum *Heautontimorumenos* und zu den *Adelphoe* dagegen verwahrt hatte. Von einer Studienreise nach Griechenland und Kleinasien kehrte er nicht zurück; er soll durch Schiffbruch umgekommen oder unterwegs verstorben sein.

Werke

Terenz ist der erste römische Autor, dessen Œuvre vollständig erhalten blieb. Auch sein Schaffen gehorchte Bedingungen, die für die vorklassische Epoche der römischen Literatur charakteristisch waren: Er bearbeitete etwas Gegebenes, die griechischen Originale, für etwas ebenso Gegebenes, für die römischen Festspiele. Nur darin war er ›moderner‹, subjektiver als sein großer Vorgänger, Plautus (den er schwerlich noch persönlich gekannt hat): Er reflektierte über sein dichterisches Bemühen und gab seine Reflexionen öffentlich bekannt; er benutzte die Prologe zu seinen Stücken für Polemik und trug dort literarische Kontroversen mit seinen Kritikern aus.

Die Vorlagen der Terenzischen Komödien sind durchweg bekannt: In vier Fällen stammte das Original von Menander und in den beiden übrigen von Apollodoros aus Karystos, einem Nachfolger Menanders. Der Dichter hat offensichtlich das Repertoire der Neuen Komödie sorgfältig auf geeignete Stücke hin gemustert und sich hierbei vor allem von seinem eigenen Urteil und weniger von den Neigungen des Publikums leiten lassen. Im Prolog des *Heautontimorumenos* äußert er sich wie folgt zur dramatischen Handlung:[36]

> *Adeste aequo animo, date potestatem mihi*
> *statariam agere ut liceat per silentium,*
> *ne semper servo' currens, iratus senex,*
> *edax parasitu', sycophanta autem inpudens,*
> *avaru' leno agendi sint seni [. . .]*

35 Siehe S. 64.
36 Vers 35–39. Die Worte sind dem Schauspieldirektor Ambivius Turpio in den Mund gelegt.

»Seid unvoreingenommen, gebt mir Gelegenheit,
in Ruhe ein auf der Stelle verweilendes Stück vorzuführen,
damit nicht immerzu ein davoneilender Sklave, ein zorniger alter Mann,
ein gefräßiger Parasit, ein schamloser Ränkeschmied,
ein habgieriger Kuppler von mir altem Manne vorgeführt werden müssen
[. . .].«

Terenz bittet um Wohlwollen für eine *fabula stataria*, und er nennt als Gegenposition eine Reihe von Typen, die in den üblichen Intrigen- und Charakterstücken aufzutreten pflegen. Sowohl dieser Ausdruck – *fabula stataria* – als auch der Widerpart dazu, *fabula motoria* (›das bewegte Stück‹), der sich im Kommentar des Donat findet, gehen auf die hellenistische Literaturtheorie zurück. Das Gegensatzpaar wird oft der modernen Alternative Charakterkomödie-Intrigenstück zur Seite gestellt; Terenz scheint indes mit *stataria* generell ein ruhiges Stück, ein Schauspiel zu meinen, in dem es hauptsächlich um ethische Probleme und Entscheidungen geht und das sich sowohl aufdringlicher Charakterkomik als auch turbulenter Verwicklungen enthält.

Der Begriff *stataria* hat für Terenz programmatische Bedeutung: Im Gegensatz zu Plautus war er nicht auf ein breites Spektrum verschiedenartiger Stoffe bedacht; seine Wahl ging stets in dieselbe Richtung. Der durch ein Laster deformierte Charakter und der mißliebige Beruf (wie der Kuppler oder der Soldat) kommen bei ihm als Hauptfiguren nicht vor; er bringt Intrigenstücke, in denen Familienkonflikte ausgetragen werden. Hierbei hat er es durchweg auf eine gedämpfte, derber Komik ausweichende Atmosphäre angelegt. Die – im Unterschied zu Plautus – griechischen Titel seiner Stücke lauten, angeordnet nach der zeitlichen Folge der ersten Aufführung:

1. *Andria* (»Das Mädchen von Andros«): nach dem gleichnamigen Stück des Menander sowie Teilen von dessen *Perinthia* (»Das Mädchen von Perinthos«), aufgeführt im Jahre 166 v. Chr. Verwicklungen um die Titelfigur; die Wiederentdeckung ihrer wahren Identität ebnet den Weg zur Hochzeit mit dem Geliebten.

2. *Hecyra* (»Die Schwiegermutter«): nach dem gleichnamigen Stück des Apollodoros von Karystos. Das Stück fiel zweimal, im Jahre 165 v. Chr. und bei den Leichenspielen zu Ehren des Aemilius Paullus (160 v. Chr.), durch; erst die dritte Aufführung verlief ohne Störung (wohl während der *ludi Romani* desselben Jahres). Drama um ein Ehezerwürfnis; die Entdeckung, daß der Ehemann der Vater des vor der Eheschließung erzeugten Kindes ist, bringt die Lösung. Der zweifache Mißerfolg war wohl nicht zuletzt durch das Fehlen von Komik verursacht.

3. *Heautontimorumenos* (»Der Selbstpeiniger«): nach dem gleichnamigen Stück
   Menanders, aufgeführt im Jahre 163 v. Chr. Ein Mädchen, das seine Herkunft
   nicht kennt und ein Vater, der – wegen des Mädchens – mit seinem Sohn zer-
   fallen ist. Aus dieser Ausgangslage und einem intriganten Nachbarn nebst lie-
   derlichem Sohn geht eine Handlung hervor, die mit der Wiedererkennung des
   Mädchens und der Beilegung des Vater-Sohn-Konflikts endet.

4. *Eunuchus* (»Der Eunuch«): nach dem gleichnamigen Stück Menanders und
   Teilen von dessen *Kolax* (»Der Schmeichler«), aufgeführt im Jahre 161 v. Chr.
   Wieder einmal erlangt ein Mädchen die verlorene bürgerliche Identität zurück, so daß es seinen Liebhaber heiraten kann. Die ungewöhnlichen, ver-
   schlungenen Pfade, auf denen dies geschieht (mit einer edlen Hetäre, einem
   Soldaten und einer Verkleidungslist des Liebhabers), brachten dem Stück so
   großen Beifall ein, daß es sofort wiederholt wurde.

5. *Phormio:* nach dem *Epidikazomenos* (»Der Prozessierer«) des Apollodoros von
   Karystos, aufgeführt im Jahre 161 v. Chr. Die Titelfigur, ein Parasit, verhilft
   zwei Liebhabern durch doppelten Betrug zu ihren Mädchen; eine Anagnorisis
   erleichtert die Versöhnung. Donat bezeichnet das Stück als *prope tota motoria*
   (»fast zur Gänze bewegt«).

6. *Adelphoe* (»Die Brüder«): nach einem zweiten Menanderstück dieses Titels[37]
   sowie einer Szene aus den *Synapothneskontes* (»Die gemeinsam Sterbenden«)
   des Diphilos, aufgeführt im Jahre 160 v. Chr., bei den Leichenspielen zu Ehren des Aemilius Paullus. Das einzige Stück des Terenz, das ohne Vorgeschichte und Anagnorisis auskommt. Die Liebeshändel zweier junger Leute
   sind mit einem ethischen Problem verknüpft: ob eine strenge oder eine milde
   und nachsichtige Erziehungsweise zu besseren Ergebnissen führe.

Terenz strebte in seinen Stücken nach Geschlossenheit der Handlung und
mied Durchbrechungen der Illusion. Folgerichtig wandte er regelmäßig eine Expositionstechnik an, die Plautus nur gelegentlich praktiziert hatte: Er führte nicht
mit Hilfe einer vorausgeschickten erzählenden Partie, sondern szenisch in die
Handlung ein; hierbei bediente er sich meist einer zusätzlichen Figur, die im weiteren Verlauf des Stückes nicht mehr auftritt (Prosopon protaktikon). Die derart
in die Handlung selbst eingearbeitete Exposition entlastete den Prolog oder
machte ihn überflüssig; Terenz behielt ihn gleichwohl bei und verwendete ihn nur
noch für Auskünfte über das Original und – dies war, wie erwähnt, ein Novum
– für literarische Polemik. Hierbei ließ er nicht stereotyp die Figur des Prologus
auftreten: in zwei Stücken, in der *Hecyra* und im *Heautontimorumenos*, vertraute

---

37 Siehe S. 85.

er einer realen Person, dem Schauspieldirektor Ambivius Turpio, die einführenden Texte an. Diesem Einfall, der schwerlich durch ein griechisches Vorbild angeregt worden war, hatte Terenz wohl nicht von ungefähr nachgegeben: Ambivius Turpio war keineswegs nur ausführendes Organ; er betrieb nach bestimmten Grundsätzen Theaterpolitik.

Hierüber belehrt ausführlich der zweite Prolog zur *Hecyra*, geschrieben für die dritte, trotz zweier Mißerfolge angesetzte Aufführung. Der Theaterdirektor redet seinem Publikum ruhig und von jeglicher Schmeichelei oder Beschimpfung gleich weit entfernt ins Gewissen. Die erste Aufführung habe er abbrechen müssen, weil sich die Kunde verbreitete, es gebe Boxkämpfe und einen Seiltänzer zu sehen; bei der zweiten seien die Leute für Gladiatoren davongelaufen. Der Direktor wisse jedoch, daß das Theaterglück sich wandle; daher habe er schon bei Stücken des Caecilius Beharrlichkeit gezeigt, wenn sich nicht sofort Erfolge einstellten, so daß er sich schließlich durchsetzte. Er habe verhindern wollen, daß die Dichter den Mut verlören; sie sollten nicht vom Schreiben weiterer Stücke abgeschreckt werden. Hinter all dem steht unausgesprochen, daß Ambivius Turpio die ästhetischen Prinzipien der von ihm propagierten Dichter billigte und glaubte, auf den Geschmack des Publikums einwirken zu können.

Unter den Themen der literarischen Kontroversen hat der Kontaminationsvorwurf das größte Gewicht. Er war von Hause aus offenbar ästhetischer Natur: Wie der von den Gegnern des Terenz verwendete Ausdruck *contaminare* ›verderben, verhunzen‹, andeutet, sollte die Übernahme einzelner Partien aus einem anderen Stück als Störung des Zusammenhangs, als unpassende Vermischung von Verschiedenartigem gelten. So der Prolog der *Andria*; Terenz rechtfertigt sich dort mit dem durchaus triftigen Argument, die Ähnlichkeit des zusätzlich benutzten Stückes, der *Perinthia*, mit der Hauptvorlage habe die Einfügung geeignet scheinender Partien sehr wohl gestattet.

In den Prologen zum *Eunuchus* und zu den *Adelphoe* hingegen ist die Kontaminationsrüge mit dem moralischen Vorwurf des Diebstahls, des Plagiats verknüpft. Im ersteren Falle ging es darum, daß die Komödie, der die zusätzlichen Figuren, der Soldat und der Parasit entstammten, der *Kolax* von Menander, bereits von Naevius und Plautus gebracht worden sei. Terenz konnte sich diesmal nur darauf berufen, daß er von den Bearbeitungen seiner Vorgänger nichts gewußt habe. In dem ähnlichen Falle der *Adelphoe* befand er sich in einer günstigeren Position: Hier war zwar das für die Übernahme ausgebeutete Stück, die *Synapothneskontes* des Diphilos, ebenfalls bereits von Plautus übersetzt worden, jedoch ohne die Szene, die Terenz in seine *Adelphoe* einfügte. Der Plagiatsvorwurf entbehrte somit bei dieser Kontamination jeglicher Grundlage.

Was die Prologe sonst noch an Polemik enthalten, läuft im ganzen auf ephemeres Literatengezänk hinaus. Terenz suchte sich nicht nur zu verteidigen; er wehrte sich auch, und zwar vor allem gegen einen Konkurrenten, den er als alt und übelwollend charakterisiert. Aus Furcht vor einem Injurienprozeß verschweigt er dessen Namen; Donat indes weiß aus zuverlässiger Überlieferung, daß es sich um Luscius Lanuvinus handelte, um einen Zeitgenossen, der im Katalog des Volcacius Sedigitus die vorletzte Stelle einnimmt. Terenz und Luscius warfen sich wechselseitig schlechten Stil und kompositorische Mängel vor; hierbei schimmert durch, daß sie von unterschiedlichen Positionen aus argumentierten. Terenz mußte hören, seine Stücke seien dürftig in ihrer Diktion (*tenuis oratio*) und seicht in ihrem Inhalt (*scriptura levis*).[38] Er seinerseits rügte vor allem Unstimmigkeiten in der Szenenführung: Man lasse das Volk nicht vor einem Sklaven ausweichen oder zuerst den Beklagten und dann den Kläger seine Sache führen.[39] Luscius ging offenbar von einem Komödientyp Plautinischen Zuschnitts aus: mit buntem Vokabular und einiger Unbekümmertheit bei der Handlungsführung, während Terenz nach einer Ausdrucksweise von einheitlicher Schlichtheit strebte und peinlich auf die Einhaltung dessen geachtet wissen wollte, was die Wahrscheinlichkeit und die Logik der Sache geboten.

Dieses Wahrscheinlichkeitspostulat gilt nicht für die Voraussetzungen der meisten Stücke, für deren Vorgeschichte: für die Trennung nächster Anverwandter oder unbekannte Vaterschaften (welchen Nöten durch ein Erkennungszeichen, etwa einen Ring, abgeholfen zu werden pflegt), kurz, es gilt nicht für die ›mythische‹ Struktur, die viele Komödiensujets trotz der Transposition in ein bürgerliches Milieu erkennen lassen. Es gilt vielmehr einerseits für die innere Stimmigkeit des Textes, für eine überzeugende Motivation und Verzahnung der Handlung; es gilt andererseits für die Außenseite des Bühnengeschehens, für jenes Detail, dessen Vernachlässigung Terenz bei seinem Widersacher anprangerte. Daß er sorgfältig komponierte und hierbei auf eine konsequente Handlungsführung achtete, zeigen vor allem die Expositionen, die geschickt eingefügten Kontaminationen und die ebenso fugenlos mit dem Kontext verbundenen eigenen Erfindungen. Das Streben nach äußerer Stimmigkeit wiederum läßt sich am Milieu ablesen: Terenz mied die phantastische, Römisches mit Griechischem mischende Welt, die einen besonderen Reiz der Plautinischen Stücke ausmacht; er wahrte das griechische Lokalkolorit seiner Vorlagen, ohne es allzu deutlich hervorzuheben.

Zu diesen Wesensmerkmalen der Handlungsstruktur stimmen Metrik und

---

38   *Phormio* 5.
39   *Heautontimorumenos* 31 f.; *Eunuchus* 10 ff.

Diktion. Der Anteil der Cantica ist bei Terenz erheblich geringer als bei Plautus; gesungene Partien begegnen überhaupt nur noch in der *Andria* und in den *Adelphoe*. Das Sprechtheater war dem Realitätssinn des Terenz gemäßer, und auch um der Inhalte willen wird er weithin auf Gesang verzichtet haben: Gerade Cantica waren geeignet, Gefühlsausbrüche und überhaupt Elemente des Tragischen in die Komödie einzubringen. Eben dies aber hat Terenz, wie der Prolog des *Phormio* zeigt, entschieden abgelehnt.

Außerdem kann man seinem Kritiker Luscius recht geben, der ihm eine *oratio tenuis* bescheinigte, vorausgesetzt, man verwendet diesen Ausdruck nicht wertend, sondern klassifizierend, im Sinne der rhetorischen Stillehre. Die Klangeffekte, die Metaphorik, die Wortwitze des Plautus sucht man bei Terenz vergeblich, und Vulgäres kommt bei ihm ebensowenig vor wie Grelles und Bizarres. Seine Rücksicht auf Milieutreue, die aus seinem Streben nach Wahrscheinlichkeit resultierte, erlitt allerdings dadurch eine gewisse Einschränkung, daß sein Sprachgebrauch, sein Stil etwas Normatives bekundet: Ihm hat offensichtlich die gehobene Alltagskonversation der römischen Aristokratie als Richtschnur gedient. Er reduzierte den Plautinischen Wort- und Formenreichtum; er strebte nach Schlichtheit und Glätte.

Seine ruhige, verhaltene Art, verbunden mit den genannten Eigenschaften seines Stils, war es offenbar, die ihn der Schule überaus annehmbar machte; viele Jahrhunderte lang hat er als Lehrmeister für lateinische Umgangssprache gedient. Andere mögen diese Vorzüge als zu teuer erkauft empfunden haben. Caesar jedenfalls erklärte Terenz in Versen, die Donat bewahrt hat,[40] für einen *dimidiatus Menander*, einen »halbierten Menander«: Er lobte seinen *purus sermo*, seine »reine Ausdrucksweise«, vermißte jedoch in seinen milden Stücken die nötige Kraft und Kunst der Komik.

Die geschlossene Illusion, das konsequent durchgehaltene bürgerliche Milieu, verbunden mit einem normalisierten Konversationston, geben den Rahmen ab, innerhalb dessen Terenz seine Fähigkeit zur Geltung brachte, Charaktere oder besser Typen, habituelles Denken und Fühlen vorzuführen, vorzugsweise durch indirekte Kennzeichnung. Fast allen seinen Figuren eignet etwas Urbanes, und so locker es bisweilen auch bei ihm zugeht: Vorsätzlich handelnde Bösewichter sucht man in seinen Stücken vergebens, und alles, was geschieht, ist für den moderat gesinnten bürgerlichen Zuschauer begreiflich. Die Komödien des Terenz lassen viel Toleranz gegenüber menschlichen Schwächen erkennen; der vielzitierte Vers:[41]

40 *Vita Terenti* 7.
41 *Heautontimorumenos* 77.

Homo sum, humani nil a me alienum puto
»Mensch bin ich, nichts Menschliches achte ich mir fremd«,
kann geradezu als Devise für die Haltung dienen, die sein ganzes Werk geprägt
hat.

Terenz hat während der Spätantike zu den *quadrigae*, zum »Viergespann« der
wichtigsten Schulautoren gehört, neben Vergil, Cicero und Sallust. So ist denn
gerade von ihm ein Glanzstück der antiken Philologie nahezu vollständig erhalten, der Kommentar des Donat, von besonderem Wert durch seine Bemerkungen
zur szenischen Darbietung sowie zu den Eingriffen, die der Dichter am Text der
griechischen Originale vorgenommen hat. Der Spätantike entstammt auch die älteste Terenz-Handschrift, der Codex Bembinus, benannt nach den einstigen Be-
sitzern, den Brüdern Bembo (erste Hälfte des 16. Jahrhunderts). Zu einer zweiten
Klasse lassen sich Handschriften der karolingischen Zeit zusammenfassen, die
zum Teil mit Szenen-Darstellungen versehen sind. Diese Bilder, deren Originale
wohl ebenfalls der Spätantike entstammten, zählen zu den berühmtesten Speci-
mina der antiken Buchillustration. Sie gehen schwerlich auf unmittelbare Anschauung, vermittelt durch theatralische Darbietungen, zurück. Sie hatten wohl
vielmehr die Aufgabe, diese Anschauung, da sie fehlte, zu ersetzen. Auch der Text
des Terenz erlitt Schäden, besonders in der Zeit unmittelbar nach seinem Tode.
Sie sind jedoch minder erheblich als bei Plautus; überdies bereiten die Terenzischen Stücke hinsichtlich der Diktion und der Metrik nicht entfernt so große
Schwierigkeiten wie die des Vorgängers.[42]

4. Der Begründer der lateinischen Prosa: Cato

a) Die Anfänge der römischen Geschichtsschreibung

Die Anfänge der römischen Geschichtsschreibung zeigen ein in sich geschlossenes, man könnte auch sagen ein einförmiges Bild. Sie gingen ausnahmslos auf
Berufspolitiker zurück, auf Angehörige der Senatsaristokratie, und sie waren
ebenso ausnahmslos in griechischer Sprache abgefaßt. Sie haben wohl auch inhaltlich weithin übereingestimmt: Allesamt begannen sie mit dem Gründungs-

42 Zur Wirkungsgeschichte s. ferner S. 83.

mythos Roms und stellten sodann – wie vollständig oder lückenhaft auch immer – die römische Geschichte bis auf die eigene Zeit hin dar.

Ein Staat ohne Geschichte ist beinahe ein Staat ohne Identität, und nicht anders wird das kulturell verspätete Rom seiner meist griechisch sprechenden und schreibenden Umgebung, d. h. der damaligen Weltöffentlichkeit gegenüber erschienen sein, als seine Politik mit dem Krieg gegen Pyrrhus und dem Ersten Punischen Krieg nach Süditalien und Sizilien ausgriff. Gesteigert und verschärft wurde diese Diskrepanz zwischen Macht und Prestige durch den Zweiten Punischen Krieg, in den die Gebiete und Staaten von Spanien bis Kleinasien mehr oder minder eng eingebunden waren. Die Römer, weithin unbeliebt, ja gefürchtet, sahen sich einer von Hannibal inszenierten romfeindlichen Propaganda gegenüber, zu deren Sprecher sich insbesondere die griechischen Historiker Silenos und Sosylos (sie gehörten zum Gefolge Hannibals) gemacht hatten.

Aus diesen Gegebenheiten ging die römische Geschichtsschreibung hervor. Der Mann, der die Initiative ergriff, hieß QUINTUS FABIUS PICTOR. Er stammte aus dem alten Patriziergeschlecht der Fabier; er war Senator. In Roms düsterster Stunde, nach der Schlacht bei Cannae, erhielt er den amtlichen Auftrag, das Orakel zu Delphi um Rat zu bitten; er wurde wohl nicht zuletzt wegen seiner Griechischkenntnisse zu dieser Mission ausersehen. Er, der Verwandte des berühmten Feldherrn Quintus Fabius Maximus Verrucosus, der den Beinamen Cunctator ‹der Zauderer› erhielt, bemühte sich nach dem glücklichen Ende des Krieges gegen Hannibal, durch eine Darstellung der Geschichte Roms für die römische Sache zu werben. Nach dem Urteil des Polybios[43] ließ er es hierbei an Objektivität fehlen, ohne sich jedoch absichtlicher Verfälschungen der Wahrheit schuldig zu machen.

Die Wahl der griechischen Sprache wurde ihm durch innere Gründe ebenso nahegelegt wie durch äußere: Weder die Syntax des Lateinischen noch dessen Vorrat an Formeln und Wendungen gestatteten damals eine hinlänglich flüssige und eingängige Darstellungsweise, und wenn Rom der damaligen Kulturwelt vorgestellt und verständlich gemacht werden sollte, dann wäre das Lateinische, das damals nicht einmal in Italien überall verstanden wurde, hierfür wenig geeignet gewesen. Noch Cicero hatte Anlaß festzustellen, daß griechische Bücher fast überall ein Publikum fanden, während sich die lateinischen mit einem ziemlich kleinen Sprachgebiet begnügen mußten.[44] Das Unternehmen des Fabius Pictor war auch durchaus nicht originell: Im Orient hatten sich schon einige Jahrzehnte zuvor hierzu Berufene gedrängt gefühlt, die Geschichte ihres Volkes vor der grie-

43 1,14.
44 *Pro Archia* 23.

chisch lesenden Öffentlichkeit auszubreiten. Berossos, Priester in Babylon, war Autor von *Babyloniaka*, und Manethos, ebenfalls Priester, hatte eine ägyptische Geschichte verfaßt.

Fabius Pictor hat, wie ein antiker Gewährsmann mitteilt,[45] die Gründung Roms in einiger Breite, die Frühgeschichte hingegen sehr summarisch und erst die von ihm selbst erlebte Zeit ausführlich dargestellt. Diese Proportionen spiegeln die Überlieferungslage. Von den Ursprüngen Roms lag allerlei Legendäres vor, griechischer, etruskischer oder italischer Provenienz; hier galt es vor allem, die Aeneas- mit der Romulus-Sage in Einklang zu bringen. Es folgte die Königszeit; auch über sie konnte wohl noch einigermaßen zusammenhängend berichtet werden. Für die frühe Republik hingegen standen, wenn überhaupt etwas, nur Beamtenlisten sowie die *Annales* der Pontifices mit ihren Vermerken zu Gebote,[46] ein zu dürftiges Material für eine detaillierte Darstellung. Erst für das 3. Jahrhundert v. Chr., vom Pyrrhuskriege an, flossen die Quellen reichlich: Für die ersten Jahrzehnte gab es die »Sizilische Geschichte« des Timaios von Tauromenion und für den Ersten Punischen Krieg das Werk des Philinos von Akragas.

Roms erster Historiker hat zweierlei Wirkungen gezeitigt: Er fand Nachahmer und diente in späteren, erhaltenen Geschichtswerken als Gewährsmann.[47] Seine Nachahmer – vier an der Zahl – haben wohl allesamt wenig Originalität gezeigt; jedenfalls sind die Spuren, die sie bei der Nachwelt hinterlassen haben, dürftig. Ein berühmter Name findet sich unter ihnen: Publius Cornelius Scipio – es war kein Geringerer als der Sohn des älteren und der Adoptivvater des jüngeren Scipio Africanus; ihn hinderte Kränklichkeit, Karriere zu machen. Ein anderer Repräsentant dieser frühen Annalistik, Aulus Postumius Albinus, Konsul des Jahres 151 v. Chr., bat die Leser zu Beginn seines Werkes um Nachsicht, falls er als Römer das Griechische nicht vollauf beherrsche. Hiermit forderte er den Spott Catos heraus; die Zeit war reif für römische Geschichtsschreibung in lateinischer Sprache.

b) Marcus Porcius Cato Censorius

Biographisches

Marcus Porcius Cato, dem sein berühmtestes Amt den Beinamen Censorius (›ehemaliger Zensor‹) verschaffte, geboren 234 und gestorben 149 v. Chr., erreichte das gesegnete Alter von 84 oder 85 Jahren – nicht ohne Grund machte

---

45 Dionysios von Halikarnassos, *Antiquitates Romanae* 1,6,2.
46 Siehe S. 35 f.
47 Bes. bei Polybios, Livius und Dionysios von Halikarnassos.

Cicero ihn in seiner Schrift *De senectute* zum Lobredner dieser Altersstufe. Cato war zweimal verheiratet; aus der zweiten Ehe, die er als Achtzigjähriger schloß, stammte der Sohn, durch den er zum Urgroßvater des jüngeren Cato, des Vorkämpfers der republikanischen Sache im Krieg gegen Caesar, wurde. Catos des Zensoriers Leben umspannt die entscheidende Phase in Roms Aufstieg zur Weltmacht, von der tödlichen Bedrohung durch Hannibal bis zu dem Augenblick, da der jüngere Scipio sich anschickte, Karthago zu vernichten – während des Intervalls zwischen dem Zweiten und Dritten Punischen Kriege geriet der größte Teil der griechischen Welt in römische Botmäßigkeit. Cato ist mit der Innen- und Außenpolitik dieser erstaunlichen Jahrzehnte eng verknüpft, und überdies war er auf dem Felde der Literatur- und Geistesgeschichte seiner Zeit neben Ennius der wichtigste Mann.

Er stammte aus Tusculum; er war ritterlicher Abkunft. Er zählte also nicht schon durch seine Geburt zur Senatsaristokratie, sondern machte dank seiner Tüchtigkeit als *homo novus* Karriere, als »Neuling«, als Aufsteiger in die Kreise des regierenden Adels, wie nach ihm Marius und Cicero. Mit diesen beiden teilte er Eigenschaften, die wohl großenteils durch den harten Kampf um Anerkennung bedingt waren. Hierzu gehörte ein mit Bewunderung gemischtes Ressentiment gegen die herrschende Kaste, das bohrende Gefühl, nicht ›richtig‹ dazuzugehören, sowie die Neigung, dieses Minderwertigkeitsgefühl durch penetrantes Eigenlob zu kompensieren. *Haud sane detrectator laudum suarum* – »er stellte sein Licht nicht unter den Scheffel«, schreibt Livius von ihm.[48]

Eine politische Laufbahn war Cato nicht in die Wiege gelegt; sein hochadliger Nachbar Lucius Valerius Flaccus ermöglichte sie ihm. Gemeinsam mit Flaccus erreichte er im Jahre 195 v. Chr. das Konsulat; die Erfolge, die er damals in Spanien erzielte, verschafften ihm alsbald die hohe Ehre eines Triumphes. Er war der Sturmbock im Kampf gegen die Scipionen, die durch ihr grandseigneurales Auftreten den Argwohn ihrer Standesgenossen erregten; er trug nach Kräften dazu bei, daß Lucius Scipio, der Bruder des Africanus, verurteilt wurde und Africanus selber sich aus der Politik zurückzog. Im Jahre 184 v. Chr. bekleidete er, wieder gemeinsam mit Flaccus, das Amt, das ihm mehr – mit Furcht gemischten – Ruhm verschaffte als alle anderen: die Zensur. Er durfte nach freiem Ermessen jeden, der seiner Meinung nach gegen die guten Sitten verstoßen hatte, von der Senatoren- und Ritterliste streichen, und er tat dies mit einer Härte, wie sie nie zuvor und nie hernach ein zweites Mal angewandt worden ist.

Auf die Zensur ist kein spektakulärer Höhepunkt mehr gefolgt; Cato zählte in-

---

48 34,15,9.

des bis zu seinem Tode zu dem kleinen Kreise derer, die maßgeblichen Einfluß auf die Politik nahmen. Er war als Redner und Ankläger tätig, wurde auch seinerseits angeklagt, und zwar vierundvierzig Mal, wie er selbst voll Stolz berichtet, und nie verurteilt. Er kämpfte gegen Korruption und Untertanenausbeutung und für moderate Grundsätze bei der Behandlung von Bundesgenossen. Karthago verfolgte er mit unstillbarem Haß – seine Devise *Carthago delenda est*, »Karthago muß vernichtet werden«, zeitigte im Jahre seines Todes den Erfolg, daß der Vernichtungskrieg gegen den gefürchteten Erzfeind begann.

Werke

Cato, Roms erster lateinischer Prosaschriftsteller, hat sich aller Gattungen angenommen, die in vorklassischer Zeit gepflegt worden sind: der Geschichtsschreibung, der Beredsamkeit und der Fachliteratur. Mit anderen Worten: er hat für ein Jahrhundert die Maßstäbe gesetzt; erst Cicero fügte zur Prosa ein weiteres Genre, die philosophische Schriftstellerei, hinzu.

Während die Dichter umständelos anerkannten, was sie den Griechen verdankten, während Catos Zeitgenosse Ennius sich gar mit dem Titel eines *alter Homerus* schmückte, bekundete Cato ein negatives Verhältnis zur griechischen Literatur und Geistesbildung, so daß man ihm kaum Unrecht tut, wenn man ihn zum Griechenhasser par excellence erklärt. In seinen *Libri ad filium*, einem Inbegriff von Fachkompendien, von praktischen Hausbüchern (über Medizin, Redekunst u. a.), fand sich zu Beginn des Buches über die Medizin folgende Auslassung:[49]

> *Dicam de istis Graecis suo loco, M. fili, quid Athenis exquisitum habeam et quod bonum sit illorum litteras inspicere, non perdiscere. Vincam nequissimum et indocile genus illorum, et hoc puta vatem dixisse: quandoque ista gens suas litteras dabit, omnia corrumpet, tum etiam magis, si medicos suos hoc mittet. Iurarunt inter se barbaros necare omnes medicina, sed hoc ipsum mercede faciunt, ut fides iis sit et facile disperdant.*

> »Ich werde über diese Griechen noch an passender Stelle reden, mein Sohn Marcus, was ich in Athen herausgefunden habe und daß es gut ist, Einblick in ihre Literatur zu nehmen, nicht aber, sich gründlich mit ihr zu befassen. Ich werde zeigen, daß sie ein nichtsnutziges und unverbesserliches Pack sind, und dies halte bitte für das Wort eines Propheten: Wenn uns dieses Volk seine Literatur bringt, dann verdirbt es alles, und noch mehr, wenn es auch seine Ärzte hierher schickt. Sie haben sich verschwo-

---

49 Plinius, *Naturalis historia* 29,14.

ren, mit ihrer Medizin alle Barbaren umzubringen, dies aber tun sie gegen Bezahlung, damit man Vertrauen zu ihnen hat und sie ohne Mühe morden können.«

Die an Verfolgungswahn grenzende Bemerkung über griechische Ärzte darf über den hohen dokumentarischen Wert der Passage nicht hinwegtäuschen: Cato hat deutlicher erkannt und schärfer formuliert als alle seine Zeitgenossen, was sich um ihn herum abspielte, wenn auch unter einseitig negativem Vorzeichen. Hierin wiederum offenbarte sich eine traditionalistische Haltung, der keine Zukunft beschieden war.

Schon Catos eigene Existenz hat Catos Worte Lügen gestraft: Es ist unglaubhaft, daß er selbst seine Empfehlung, man solle nur oberflächlich Einblick in die griechische Literatur nehmen, befolgt hat. Auch die Nachricht,[50] er habe erst in hohem Alter Griechisch gelernt, gehört ins Reich der Legende, als Zeugnis eines romantisierenden, verklärenden Cato-Bildes. Er hat viel Griechisches gelesen; er brauchte Quellen und Vorbilder für seine eigenen Schriften, und er fühlte sich wohl auch in einer Art Haßliebe von der Lektüre angezogen. Und gewiß hat er durch sein Œuvre mehr zur Hellenisierung Roms beigetragen als die meisten seiner griechelnden Zeitgenossen, und als ihm selbst bewußt sein konnte. Sein Denken zeigt Brüche; seine geistige Gestalt ist in sich widersprüchlich – die typische Erscheinung eines Epochenwandels.

Das Geschichtswerk *Origines* (»Ursprünge«), eine Schrift des Alters, bestand aus sieben Büchern. Das erste Buch enthielt, wie Cornelius Nepos berichtet,[51] die Taten der römischen Könige, und im zweiten und dritten folgten die Ursprungsgeschichten der italischen Städte. Die Bücher 4 und 5 behandelten die Punischen Kriege, und die beiden letzten waren der Zeitgeschichte bis zum Jahre 149 v. Chr. gewidmet. Die Darstellung beschränke sich auf die Hauptzüge, schreibt Nepos, und verschweige die Namen der operierenden Feldherren. Die Inhaltsangabe läßt erkennen, daß auch die *Origines* – wie die *Annales* des Ennius – eines das Ganze zu einer Einheit zusammenfassenden Aufbaus ermangelten, und überdies wurde der Titel nur den ersten drei Büchern gerecht. In diesem Falle trifft indes die Schuld an der kompositorischen Unform nicht den Autor: Die erste Werkhälfte mit den Ursprungsgeschichten war bereits im Jahre 168 v. Chr. fertig, die zweite hingegen wurde erst postum ohne Änderung des Titels angefügt.

Cato wollte mit den *Origines* in mehrfacher Hinsicht Zeichen setzen. An erster

---

50 Cicero, *Cato maior de senectute* 3; Plutarch, *Cato* 2,3.
51 *Cato* 3,3 f.

Stelle war die Sprache Programm: Die *Origines* brachen mit der seit Jahrzehnten bestehenden Gewohnheit, daß Römer ihre eigene Geschichte in griechischer Gewandung vorführten. Außerdem glaubte er, über bessere Kriterien für das historisch Bedeutsame zu verfügen als seine Vorgänger: er sei nicht willens zu schreiben, äußert er einmal,[52] was auf den Tafeln des Pontifex stehe, wie oft Teuerung geherrscht, wann es Sonnen- oder Mondfinsternisse gegeben habe. Weiterhin ging es ihm, dem ›Provinzler‹ aus Tusculum, darum, der üblichen, ganz auf die Stadt Rom zentrierten Darstellungsweise eine gesamtitalische Konzeption entgegenzusetzen: Deswegen ließ er auf die Anfänge Roms die Ursprungsgeschichten der italischen Städte folgen, wobei er an ein hellenistisches Genre, die ϰτίσεις (»Gründungsberichte«), anknüpfte. Die vierte und letzte Besonderheit der *Origines*, die Unterdrückung der Namen, sollte wohl auf andere Weise die Aufmerksamkeit von der herrschenden Kaste weg auf die *res publica* lenken – der *homo novus* Cato machte sich ein Vergnügen daraus, dem Standesbewußtsein und Ahnenstolz der adligen Herren einen Dämpfer aufzusetzen. Die beiden erstgenannten Programmpunkte machten Schule; insbesondere hat kein Römer mehr ein Geschichtswerk in griechischer Sprache veröffentlicht. Ohne Nachahmer blieben hingegen die gesamtitalische Perspektive und vor allem – begreiflicherweise – die absonderliche Idee, keine Namen zu nennen.

Das Werk hat, wenn die Fragmente nicht trügen, überall den Stempel einer eigenwilligen Persönlichkeit getragen. Der Autor habe großen Fleiß und große Sorgfalt aufgewandt, ohne nach Gelehrsamkeit zu streben, schreibt Nepos.[53] Vieles beruhte auf eigener Kenntnis und Beobachtung: die geo- und ethnographischen Nachrichten, die Kuriositäten. Die Fähigkeit, pointiert zu formulieren, die sich wohl vor allem in den Reden bekundete, macht sich mitunter auch in den *Origines* bemerkbar, z. B. wenn es von den Galliern heißt,[54] daß sie auf zwei Dinge besonders erpicht seien, auf *res militaris* und *argute loqui*, auf »Kriegerisches und gewitzte Reden«.

Cato machte auch auf dem Gebiet der Beredsamkeit Epoche. Er war der erste Römer, der mit Sicherheit eine stattliche Anzahl der von ihm gehaltenen Reden als Buch veröffentlicht hat. Auch diese literarische Tat fiel in seine Altersjahre. Cicero, der für die treffsichere Eloquenz Catos nur Worte des Lobes fand, wollte von ihm über 150 Reden aufgestöbert und gelesen haben[55] – fast dreimal so viele, wie von Cicero auf die Nachwelt gekommen sind. Die geringen Überbleibsel der

52 Gellius, *Noctes Atticae* 2,28,6 = Peter 1, Frg. 77.
53 *Cato* 3,4.
54 Peter 1, Frg. 34.
55 *Brutus* 65.

Catonischen Wortgewalt stammen aus etwa 80 Reden. Einige Glanzstücke hat der Autor dadurch verbreitet, daß er sie in sein Geschichtswerk einfügte: die Rede, in der er für die Rhodier eintrat (diese hatten sich im Krieg gegen Perseus von Makedonien als zweifelhafte Bundesgenossen erwiesen und sollten dafür bestraft werden), und die Rede, mit der er den niederträchtigen Statthalter Servius Sulpicius Galba zu Fall zu bringen suchte.

Von Cato ist eine biedere rhetorische Anweisung überliefert, gerichtet an die Adresse des Sohnes:[56] *Rem tene, verba sequentur* – »Halte dich an die Sache, und die Worte werden sich von selbst einstellen«. Catos eigene Praxis, insbesondere seine Meisterschaft im Austeilen scharfer Hiebe, scheint hiermit nicht im Einklang zu stehen; sie hat entschieden mehr geboten als schlichte Sachlichkeit. Dies führt auf die schwierige Frage, ob und in welchem Maße schon die Reden Catos der griechischen Rhetorik verpflichtet sind. Vieles, was als Anwendung rhetorischer Regeln erscheint, kann sich bei einem begabten Redner von selbst einstellen – diese Regeln sind ja nichts anderes als Abstraktionen aus praktischer Erfahrung. Cato ist offenbar auch hier ein Grenzphänomen; sein Naturtalent hat die Regeln, die ihm gewiß bekannt waren, überlagert. Sein Satzbau ist nicht ungelenk; andererseits ist ihm die Ausgewogenheit der Ciceronischen Periode nur selten gelungen. Unbezweifelbare Einflüsse der griechischen Rhetorik zeigen sich erst beim jüngeren Scipio und bei den Gracchen, eine Generation nach Catos Tod.

Cato wird bisweilen als der Verfasser der ersten römischen Enzyklopädie gerühmt; die Reihe, die er begonnen haben soll, führt über Varro und Cornelius Celsus in die Spätantike, zu den Autoren, die sich des Kanons der Artes liberales annahmen. Doch etwas Vergleichbares darf man sich unter Catos *Libri ad filium* nicht vorstellen: Es hat sich bei diesem Werk gewiß um ziemlich schlichte Regelbücher gehandelt. Immerhin begründete Cato die Gattung: Daß sich ein und derselbe Schriftsteller einer Reihe von Fachdisziplinen widmete, war bei den Griechen nicht Brauch. Die *Libri ad filium* haben die für den Römer gehobenen Standes wichtigen Tätigkeitsgebiete behandelt, waren also rein praktisch orientiert: Landwirtschaft, Gesundheitspflege, Redekunst und Kriegsdienst. Sie enthielten allerlei nützliche Anweisungen, nach dem Muster:[57] *Emas non quod opus est, sed quod necesse est; quod non opus est, asse carum est* – »Kauf nicht, was du gebrauchen kannst, sondern was du nötig hast; was du aber nicht einmal gebrauchen kannst, ist für einen Heller zu teuer«.

Die Schrift *De agri cultura*, das einzige Werk Catos, das erhalten blieb, war

---

56 Jordan Frg. 80,2.
57 Seneca, *Epistulae morales* 94,27.

nicht Teil der *Libri ad filium*; der Autor scheint auch sonst ein übriges getan und z. B. einen zweiten Traktat über Medizinisches verfaßt zu haben. Die wacker moralisierende Vorrede preist die Ehrbarkeit des Erwerbs durch Landwirtschaft – gemeint ist hiermit jedoch nicht überkommenes römisches Bauerntum, sondern der damals moderne, einzig auf Gewinn ausgerichtete Großbetrieb; Cato hat zu seinem Teil die verhängnisvolle Entwicklung gefördert, die ein Menschenalter später die Gracchen auf den Plan rief. Auch die Abhandlung *De agri cultura* bekundet den Zwiespalt von Traditionalismus und Modernität, der alles durchzieht, was Cato gedacht und geschrieben hat.

Der Aufbau wirkt verwunderlich, wenn man die spätere Normalität vergleichbarer Lehrbücher zum Maßstab nimmt: Während dort nicht selten ein Übermaß an Systematik, an pedantischer Organisation des Stoffes herrscht (als Schulbeispiel hierfür kann Varros Werk über die Landwirtschaft dienen), läßt Cato auf annehmbare Anfänge ein Gemisch von Vorschriften und Hinweisen folgen, das schließlich jeder Ordnung zu spotten scheint. Er beginnt mit Ratschlägen für den Ankauf eines Landguts; es folgen Empfehlungen zum Verhalten des Gutsherrn, zum Bau eines Gutshauses, zu den Tätigkeiten des Gutsverwalters usw.; dieser Teil endet mit den Worten (9): *Hoc est praedium quod, ubi vis, expedit facere* – »Dies ist ein Landgut, wie man es überall einrichten kann«. Eine weitere Sequenz von Kapiteln befaßt sich hauptsächlich mit Erfordernissen für Oliven- und Weinbau (10–22); der nächste Abschnitt zählt in lockerer Folge nach Jahreszeiten gruppierte landwirtschaftliche Arbeiten auf (23–55).

Die zweite Hälfte der Schrift zerfließt in Regellosigkeit; Maximen fürs Gesinde, fürs Rindvieh, für die Brotbereitung, Vertragsformulare, religiöse Vorschriften und vieles andere sind in bunter Mischung aneinandergereiht. Die Abhandlung, die auch mit Dubletten aufwartet (dieselben Gegenstände werden in geringfügig abweichender Formulierung ein zweites Mal erörtert), ist in diesem Zustande schwerlich auf Betreiben des Autors an die Öffentlichkeit gelangt; sie mag ihre Erhaltung einem unbekannten Herausgeber danken, der sie den nachgelassenen Papieren Catos entnommen hat. Die Diktion ist schlichter als in den Reden und im Geschichtswerk, kunstlos und rein sachbezogen; die kurzen, verbindungslos nebeneinanderstehenden Sätze erinnern an den Stil der Zwölftafeln.

Die Überlieferung geht – wie die der *Res rusticae* Varros – auf einen verlorenen Florentiner Codex zurück; seine Lesarten sind in einem Exemplar der Editio princeps (1472), das sich in der Pariser Nationalbibliothek befindet, erhalten.

Von Cato dem Zensor, der zugleich ein großer Präzeptor war, kursierte in der Antike noch eine Schrift, die gnomische Weisheiten in pointierter Prosa – man könnte also sagen: Aphorismen – enthielt: das *Carmen de moribus* (»Spruchbuch für die richtige Lebensführung«). Einzig Gellius hat Kunde davon bewahrt; eine der Proben, die er daraus mitteilt, wurde bereits zitiert.[58] Wohl nicht zuletzt durch diese Schrift geriet Cato in den Ruf eines Autors von moralischen Sentenzen: Spätestens vom 3. Jahrhundert n. Chr. an existierte eine *Dicta Catonis* (oder *Disticha Catonis*) betitelte Spruchsammlung, die in der Hauptsache aus knapp 150 Doppelhexametern besteht. Diese Mahnungen vulgärethischen Inhalts machten als Schulbuch in ganz Europa eine Karriere, die erst im 18. Jahrhundert endete – die Person des Zensoriers floß mit dem Autor der Sinnsprüche in eins zusammen.

5. Zwischen Cato und Cicero: Aufstieg der Prosa, Abstieg der Dichtung

a) Griechische Geistesbildung in Rom: Polybios, Panaitios, Scipio

Nach dem Tode der beiden Großen, des Ennius (239–169 v. Chr.) und des Cato (234–149 v. Chr.), tat die Geschichte auf stillere Weise ihr Werk. Es folgte ein Intervall von etwa zwei Generationen, in dem keinerlei Literatur von bleibender Bedeutung entstand, nichts, was überdauert hätte oder wovon man beklagen müßte, daß es nicht überdauert hat, wie im Falle der *Annales* des Ennius oder der *Origines* Catos. Zugleich aber war diese Zeit eine Periode der Vorbereitung und Reifung, des Strebens nach einer neuen Stufe im Verhältnis zur griechischen Kultur. Bisher hatten sich die griechischen Einflüsse als anonyme Macht, ohne persönliche Begegnungen, vollzogen. Hierin trat um die Mitte des 2. Jahrhunderts ein Wandel ein. Die neue Phase der Hellenisierung Roms trug Namen: auf römischer Seite zuallererst den des jüngeren Scipio Africanus, auf griechischer die des Polybios und des Panaitios. Diese neue Phase hatte auch einen neuen Gegenstand: die Geistesbildung, ein auf die Vernunft sich gründendes Weltverhältnis, kurz, die Philosophie.

Das Haus des Scipio war die wichtigste, jedoch nicht die einzige Stätte der griechisch-römischen Geistesallianz. Was sich dort und sonstwo ereignete, hat sich zunächst noch nicht in Literaturwerken objektiviert, die von den folgenden

---

58 Siehe S. 59.

Zeiten der Bewahrung für würdig befunden worden wären. Immerhin ist es, wie die vorhandenen Zeugnisse hinlänglich deutlich bekunden, zu unmittelbaren Wirkungen auf die Zeitgenossen gekommen, und zwar im Bereich der Prosa: bei der Beredsamkeit, bei der Geschichtsschreibung und bei wichtigen Zweigen der Fachliteratur, der Philologie und der Jurisprudenz. Die Prosa-Autoren, Angehörige der oberen Schichten, nahmen also die Impulse auf, die von der Präsenz der griechischen Geistesgrößen ausgingen. Ihre volle Kraft empfingen indes diese Impulse erst aus dem Widerhall, den sie ein halbes Jahrhundert später fanden: Der Redner und Philosoph Cicero hat sich als den Erben des Kreises um Scipio betrachtet, und dies bleibt im Kern unwiderlegt, obwohl moderne Kritik an Ciceros Selbstdarstellung legendenhafte Züge entdeckt zu haben glaubt.

Die Dichtung hat sich die neue Phase griechischen Imports wenig zunutze gemacht. Hier behaupteten weithin Epigonen das Feld. Ein repräsentatives Epos ist zwischen Ennius und Lukrez nicht entstanden, und für die Bühne arbeiteten tüchtige, jedoch den alten Meistern nicht mehr ebenbürtige Talente. Der Poesie war offenbar im Bereich der bisher vorherrschenden Gattungen nicht mehr zu Höhepunkten zu verhelfen; jedenfalls vollbrachte sie zunächst nur auf neuen, von den älteren Dichtern noch nicht entdeckten Wegen Leistungen von hohem Rang. Dies gilt für die Satire des Lucilius, die sich wie ein erratischer Block in der literarischen Landschaft ausnimmt; dies gilt vor allem für die Lyrik der Neoteriker, die allerdings erst im folgenden Jahrhundert ihre kurze Blüte erlebte.

Polybios, der Verfasser eines großen, die Geschichte seiner Zeit behandelnden, nur zu Teilen erhaltenen Werkes, um das Jahr 200 v. Chr. in Megalopolis auf der Peloponnes geboren, stammte aus vornehmem Hause und genoß eine sorgfältige Erziehung. Sein Vater, maßgeblicher Politiker des achäischen Bundes, suchte ihm den Weg zu einer glanzvollen Karriere zu ebnen: Im Jahre 169 v. Chr. wurde er Kommandant der achäischen Reiterei. Im Kriege Roms gegen Makedonien hielt er sich zurück, und so befand er sich, der Romfeindlichkeit verdächtigt, unter den tausend Achäern, die nach der Schlacht bei Pydna (168 v. Chr.) als Geiseln nach Italien deportiert wurden. Er durfte in Rom bleiben, auf Betreiben von Scipio und dessen älterem Bruder, die er dort kennengelernt hatte. Aus der Bekanntschaft mit dem um fünfzehn Jahre jüngeren Scipio wurde bald eine Freundschaft, die erst der Tod beendete; Polybios hat – zu Recht – die Geburtsstunde dieser für die Geistesgeschichte Roms überaus bedeutsamen Verbindung, das entscheidende Zwiegespräch, der Aufzeichnung für wert befunden – seine Schilderung endet mit den Worten:[59] »Von nun an waren sie ständig bemüht, sich einer

---

59   32,11,1.

vor dem anderen durch die Tat zu bewähren, und sie schätzten und liebten sich, als wären sie miteinander verwandt wie Vater und Sohn«.

Zwar war Polybios kein Philosoph, sondern Politiker und Historiker; die Philosopie als die bestimmende geistige Macht des Hellenismus hat jedoch auch sein Denken nachhaltig geprägt. Er entdeckte die welthistorische Größe Roms und suchte sie mit Hilfe von philosophischen Kategorien kausal zu erklären, und seine Theorie von der gemischten – aus monarchischen, aristokratischen und demokratischen Elementen zusammengesetzten – Verfassung der Römer, die ihm als der Schlüssel für deren Erfolge erschien, war aus der platonisch-aristotelischen Staatsphilosophie abgeleitet.

Dieser Mann also war etwa anderthalb Jahrzehnte lang der Mentor Scipios, des Römers, der als der bedeutendste Feldherr und Politiker seines Zeitalters in die Geschichte eingehen sollte. Vom Jahre 150 v. Chr. an weilte Polybios meist in der Heimat, mit der Niederschrift seines Werkes beschäftigt. Er war jedoch – auf Scipios Wunsch hin – auf dem afrikanischen Kriegsschauplatz zugegen und erlebte den Untergang Karthagos. Er hat von dort aus eine Forschungsreise nach Westafrika unternommen, wie er später einmal (wahrscheinlich anläßlich eines Aufenthalts vor Numantia, der rebellischen spanischen Stadt, wohin er ebenfalls von Scipio gerufen worden war) Gallien besucht hat, um sich durch Autopsie einen Eindruck von Hannibals Alpenübergang zu verschaffen. Nach dem sinnlosen Aufstand seiner Landsleute (er endete mit der Vernichtung Korinths, 146 v. Chr.) konnte er, der auf beiden Seiten gleich hohes Ansehen genoß, sich schlichtend und mildernd ins Mittel legen. Er starb 82jährig in seiner Heimat; Ursache seines Todes war ein Sturz vom Pferde.

In der Zeit nach dem Untergang Karthagos hat ein anderer Grieche Scipio und seinem Kreise nähergestanden als Polybios oder jedenfalls größeren Einfluß ausgeübt: der Philosoph PANAITIOS. Er war ein Altersgenosse Scipios und stammte aus einer rhodischen Adelsfamilie. Er hatte in Athen studiert und sich der Stoa angeschlossen. Als etwa Vierzigjähriger lernte er – vielleicht durch die Vermittlung des Polybios – Scipio kennen. Als sich dieser im Jahre 141 v. Chr. auf eine diplomatische Reise in den Osten begab, nahm er Panaitios als Sachverständigen unter seine Begleiter auf. Danach hat sich Panaitios bald in Rom, bald in Athen aufgehalten. Im Todesjahr Scipios (129 v. Chr.) wurde er mit der Leitung seiner Schule betraut; er starb um das Jahr 110 v. Chr.

Sein erfolgreichstes Werk trug den Titel Περὶ τοῦ καθήκοντος, »Über das Zukommende«, d. h. über jedermanns Pflichten. Der Inhalt ist gut bekannt: Die beiden ersten Bücher von Ciceros Schrift *De officiis* geben ihn in freier Übersetzung wieder. Sein vornehmstes Verdienst bestand darin, daß er eine Anzahl prominenter Mitglieder der römischen Aristokratie, darunter Scipios Freund Laelius, für die stoische Lehre gewann, für eine Lehre, der er selbst erst eine diesem Adressaten gemäße Form gab. Er brach mit dem Rigorismus, dem Perfektionismus der alten Stoa; er ersetzte das Ideal des ›Weisen‹, der dank voller Einsicht in alle ethischen Normen nicht den kleinsten Fehler begeht, durch die Figur des Lernenden, des in zähem Bemühen dem Ideal sich Nähernden. Und noch durch einen zweiten Gedanken suchte er die altstoische Härte geschmeidiger und für die ethische Praxis tauglicher zu machen: Er legte den Grundsatz, der Mensch müsse im Einklang mit der Natur leben, dahingehend aus, daß das mit der Natur im Einklang stehende Leben dasjenige sei, das gemäß der einem jeden von der Natur verliehenen Anlagen geführt werde. Der Gesichtspunkt der naturbedingten individuellen Unterschiede hatte unmittelbare Folgen für die Pflichtenlehre: Es kam Panaitios weniger auf die abstrakte Kategorie der ›vollkommenen Handlung‹ als darauf an, daß in der Praxis stets Individuen auftreten, die in konkreten Situationen richtig handeln sollen – und eben diesem Erfordernis suchte er durch den Terminus *kathekon* ›das Zukommende‹ Ausdruck zu geben.

Polybios und Panaitios haben der griechischen Geistesbildung in Rom auf Dauer eine Heimstatt verschafft, zunächst bei Scipio und seinen Freunden. Es fehlte nicht an unmittelbaren Auswirkungen in der Praxis: Scipio repräsentierte einen neuen Typus des römischen Politikers, der sich durch Schlichtheit in der Lebensführung, durch Liebenswürdigkeit im Auftreten und durch Uneigennützigkeit hervorzutun suchte. Er nahm die Schäden wahr, die sich nach dem Sieg über Makedonien in das römische Staatswesen einfraßen: den Luxus, die Verwilderung der politischen Sitten, die Ausbeutung der Untertanen, das Bauernlegen in Italien. Er teilte die Krisenstimmung, die sich damals, wenige Jahre vor dem Ausbruch der Gracchischen Revolution, weiter Kreise bemächtigte, und er verlieh ihr Ausdruck, indem er als Zensor die herkömmliche Gebetsformel des den Zensus abschließenden Opfers änderte: Die Götter möchten den römischen Staat nicht vergrößern und vermehren, sondern in seinem Bestande erhalten – er sei groß genug (142 v. Chr.).

Bald darauf unternahm Scipios Partei einen Versuch, dem schlimmsten Übel zu steuern: Laelius schlug als Konsul ein Gesetz vor, das dem hart bedrängten bäuerlichen Mittelstand auf Kosten des Großgrundbesitzes helfen sollte (140 v. Chr.). Ein Sturm der Entrüstung erhob sich; Laelius zog seinen Vorschlag zurück und erhielt zum Lohn den Beinamen Sapiens. Scipio hatte mit seiner Initiative zu Reformen keinen Erfolg, und von dem revolutionären Beginnen seines Schwagers Tiberius Gracchus (133 v. Chr.) distanzierte er sich aufs schärfste. Wenige Jahre später starb er eines plötzlichen Todes – er hatte seine tragische

Rolle eines ohnmächtigen Mittlers zwischen unversöhnlichen Gegensätzen aus-
gespielt.

Das Leitbild der *humanitas*, das er durch sein Denken und Handeln aufgestellt
hatte, blieb bestehen; es pflanzte sich über die Besten der folgenden Generationen
fort, bis es sich nach dem Ende der Bürgerkriege als das offizielle Staatsethos un-
eigennütziger, sachbezogener Herrschaftsausübung durchsetzte. Cicero hat am
Schluß seines *Laelius*[60] – des Denkmals zu Ehren der Freundschaft, die die Titelfigur mit Scipio verband – einige der Männer aufgezählt, die sich um Scipio
scharten, und zugleich auch die Ahnherren und die Erben des Kreises namhaft
gemacht. Diese Darstellung mag nicht frei von verklärender Stilisierung sein; im
ganzen deutet sie auf eine geistige Tradition, welche die Brücke zu Cicero selbst
und über ihn hinaus bis in die Kaiserzeit schlug.

Als die ›Väter‹ des Kreises läßt Cicero seinen Laelius unter anderen Lucius
Aemilius Paullus nennen, den Sieger von Pydna, den natürlichen Vater Scipios, sowie Tiberius Sempronius Gracchus, den Vater der beiden Revolutionäre und
Schwiegervater Scipios. Dem Kreise selbst aber sollen nach Cicero außer Scipio
und Laelius zwei Konsuln der Krisenzeit angehört haben: Lucius Furius Philus
(Konsul 136 v. Chr.) und Publius Rupilius (Konsul 132 v. Chr.). Die vom Cicero-
nischen Laelius aufgeführten Repräsentanten der jüngeren Generation endlich
haben sich großenteils auch literarisch hervorgetan: die beiden Schwiegersöhne des
Sprechers, nämlich der Historiker Gaius Fannius[61] und der Jurist Quintus Mucius
Scaevola, genannt der Augur, ferner als weitere Rechtsgelehrte Quintus Aelius
Tubero, ein Neffe Scipios, und Publius Rutilius Rufus. Die beiden Letztgenannten
waren engagierte Schüler des Panaitios, dessen Lehren sie kompromißlos in die
Praxis umsetzten. Scaevola der Augur unterwies Cicero im bürgerlichen Recht; mit
Rutilius Rufus schlossen Cicero und sein Bruder Quintus Bekanntschaft, als sie ihn
in Smyrna aufsuchten, wo er, zu Unrecht verurteilt, im Exil lebte.

b) Die Prosa: Beredsamkeit, Geschichtsschreibung, Fachliteratur

Cicero führt im *Brutus*, in seiner Geschichte der römischen Beredsamkeit, eine
Fülle von Männern auf, die sich neben und nach dem wuchtigen Auftreten Catos
als Redner hervorgetan haben sollen: Es sind im wesentlichen die bedeutenden
Politiker des Zeitalters, unter ihnen Lucius Aemilius Paullus und Tiberius Sem-

---

60 101.
61 Vorausgesetzt, der Historiker ist mit dem Schwiegersohn des Laelius identisch; s. S. 113.

pronius Gracchus, der erwähnte Schwiegervater Scipios. Besonderes Lob zollt
Cicero den Fähigkeiten jenes grausamen Statthalters, gegen den unter anderen
Cato vergebens gesprochen hatte, des Servius Sulpicius Galba. Dieser Mann
war offenbar ein elementares Naturtalent; er vermochte sein Publikum in gleicher
Weise zu erheitern wie zu erschüttern, und auf die Erregung von Mitleid verstand
er sich derart, daß der Versuch, gegen seine Untat vorzugehen, eben hieran scheiterte.

Sulpicius Galba, ungebildet und doch »göttlich im Reden«,[62] erscheint in seiner
Zeit eher als Ausnahme. Die anderen Politiker, deren Eloquenz das Mittelmaß
weit überragte, waren meist schon durch ihr Elternhaus von griechischer Bildung
durchdrungen und geprägt und hatten sich jedenfalls aus eigener Initiative mit
philosophischem Wissen und rhetorischer Technik vertraut gemacht: das Freun-
despaar Scipio und Laelius, das Brüderpaar Tiberius und Gaius Gracchus.

Scipio, aus philhellenischem Hause stammend, von Jugend auf belesen, ein
Liebhaber zumal der Schriften Xenophons, zeigt sich in den wenigen Zitaten, die
an die Nachwelt gelangt sind, gründlich mit den Lehren der Rhetorik vertraut.
Als Probe diene die kunstvolle Periode, die einen gewissen Publius Sulpicius
Galus aufs Korn nimmt; es handelte sich um einen Ritter, den Scipio mit einer
zensorischen Rüge bedachte:[63]

> *Nam qui cottidie unguentatus adversum speculum ornetur, cuius supercilia radan-*
> *tur, qui barba vulsa feminibusque subvulsis ambulet, qui in conviviis adulescen-*
> *tolus cum amatore, cum chirodota tunica interior accubuerit, qui non modo vino-*
> *sus, sed virosus quoque sit, eumne quisquam dubitet, quin idem fecerit, quod*
> *cinaedi facere solent?*

> »Denn, da er sich täglich vor dem Spiegel mit Salben schminkt, da er sich
> seine Augenbrauen rasieren läßt, da er frei von Bart- und frei von Waden-
> haaren umherläuft, da er als junger Mann bei Gastmählern mit einem Lieb-
> haber, mit langärmliger Tunika auf der inneren Seite lagert, da er nicht nur
> wein-, sondern auch männertoll ist: zweifelt da jemand, daß er tut, was
> Kinäden zu tun pflegen?«

Die anschauliche Schilderung, die hämmernde Sequenz der Relativsätze, das
Wortspiel *vinosus–virosus*: diese Stilmittel haben sich, verglichen mit der kantigen
Redeweise Catos, erheblich dem angenähert, was spätestens seit Cicero als Stan-
dard rhetorischer Sprache galt.

Laelius, Hörer des Stoikers Diogenes von Babylon und Bewunderer des

---

62 Cicero, *De oratore* 1,40.
63 Gellius, *Noctes Atticae* 6,12,5 = Malcovati Frg. 17.

Panaitios, soll es Scipio an Redekunst gleichgetan, ja ihn hierin übertroffen haben; seine Diktion, schreibt Cicero,[64] war indes einschmeichelnd, aber nicht scharf und zupackend, sorgfältig gefeilt, aber nicht leidenschaftlich. Er selbst kannte diese Grenze seines Talents, und so ist er einmal, als eine schwierige Verteidigung sich ungewöhnlich lange hinzog, zugunsten des temperamentvollen Sulpicius Galba zurückgetreten.

TIBERIUS und GAIUS SEMPRONIUS GRACCHUS (162–133 v. Chr.; 153–121 v. Chr.) wurden nach dem frühen Tode ihres Vaters Tiberius überaus sorgfältig von ihrer Mutter Cornelia, der Tochter des älteren Scipio, erzogen. Den rhetorischen Part im Unterrichtsprogramm übernahm unter anderen Diophanes von Mytilene, den politische Gründe gezwungen hatten, in Rom Asyl zu suchen; als philosophischer Lehrer fungierte der Stoiker Gaius Blossius aus Cumae. Die Anwendung aufs Lateinische hat Tiberius bei Marcus Aemilius Lepidus Porcina studieren können, einem überwiegend formalen Talent, dem Cicero Glätte im Periodenbau zuerkennt – nach griechischem Muster, wie er ausdrücklich hinzufügt.[65]

Den für eine politische Karriere gründlich vorbereiteten Gracchen verlieh das Thema ihres tragischen Kampfes, die Schaffung einer gerechteren Besitzordnung, Feuer und Kraft. Gaius war der weitaus Begabtere, doch auch Tiberius hat es offenbar verstanden, seine Zuhörer im Innersten zu ergreifen. Cicero beklagt,[66] daß Tiberius nicht ebenso bereit war, dem Staate nützliche Dienste zu leisten, wie fähig, treffend zu reden. Für die Nachwelt ist es um so bedauerlicher, daß keine einzige Probe seines Talents im originalen Wortlaut erhalten blieb. Was er vermochte, zeigt die griechische Paraphrase einer Partie, die Plutarch in seine Biographie eingefügt hat:[67]

»Die wilden Tiere, die in Italien hausen, haben ein jedes seine Höhle, sein Lager, seinen Unterschlupf, die Männer aber, die für Italien kämpfen und sterben, haben an nichts Anteil außer an Luft und Licht. Heimatlos und ohne Wohnsitz irren sie mit ihren Kindern und Frauen umher. Die Feldherren lügen, wenn sie ihre Soldaten vor der Schlacht aufrufen, sich für die Gräber und Heiligtümer den Feinden entgegenzuwerfen; denn von allen diesen Römern besitzt keiner einen ererbten Altar, keiner ein Familiengrab: Für anderer Wohlleben und Reichtum kämpfen und sterben sie, die sogenannten Herren der Welt, die keine einzige Scholle Landes zu eigen haben.«

64 *Brutus* 83 und 86.
65 Ebd. 96.
66 Ebd. 103.
67 Plutarch, *Tiberius Gracchus* 9,4–6.

Gaius wiederum, von seiner Mission als Sozialreformer ebenso erfüllt wie von Haß und Rachedurst gegenüber dem Regime, das seinen Bruder erschlagen hatte, konnte sich von einer Glut und Leidenschaft fortreißen lassen wie wohl kein zweiter Römer vor oder nach ihm. Zwei längere Bruchstücke geißeln die Hybris hochgeborener Römer:[68] Ihre schlichte, präzise Anschaulichkeit vermag besser Empörung hervorzurufen als jegliches Pathos. Ihm war auch gegen Ende noch gegeben auszudrücken, was ihn bedrängte:[69]

> *Quo me miser conferam? Quo vertam? In Capitoliumne? At fratris sanguine redundat. An domum? matremne ut miseram lamentantem videam et abiectam?*
> »Wohin soll ich Unglücklicher mich wenden? Wohin mich flüchten? Aufs Kapitol? Doch das trieft vom Blute meines Bruders. Oder nach Haus? Um meine unglückliche Mutter zu sehen, wie sie klagt und mutlos ist?«

Gaius Gracchus hat auf die späteren Redner – nicht zuletzt auf Cicero – nachhaltig gewirkt. Die Stimme, der Gesichtsausdruck, die Gebärden haben die Zeitgenossen ebensosehr beeindruckt wie die Worte selbst. Die Nachgeborenen mußten sich mit den Worten begnügen; sie suchten aus ihnen auch dann zu lernen, wenn sie die Inhalte, die politischen Ziele des Gaius aufs schärfste ablehnten.

Unter den Rednern der Generation zwischen den Gracchen und Cicero ragten Marcus Antonius (143–87 v. Chr.) und Lucius Licinius Crassus (140–91 v. Chr.) hervor, zwei konservative Politiker, die es zu den höchsten Ämtern brachten. Ein gut Teil ihres Rufes verdanken sie Cicero, der sie zu den beiden Hauptgesprächsteilnehmern in seinem Dialog *De oratore* machte und sie in seinem *Brutus* ausführlich würdigte. Crassus scheint der Bedeutendere gewesen zu sein; er wußte Würde mit Schlagfertigkeit und Witz zu verbinden und verfügte über nicht geringe juristische Kenntnisse.

In der Historiographie hatte einst Fabius Pictor, der Begründer der römischen Annalistik in griechischer Sprache, etliche Nachahmer gefunden, bis Cato sich entschloß, ein lateinisches Geschichtswerk zu verfassen. Dieser Vorgang wiederholte sich: Catos Vorbild machte seinerseits Schule. Lucius Cassius Hemina ging so weit, in seinen *Annales* (vier Bücher) zunächst wie Cato in den *Origines* italische Urgeschichte auszubreiten. Hierin mochte Lucius Calpurnius Piso Frugi (›der Rechtschaffene‹), der es in seiner Karriere ebenfalls bis zum Zensor brachte (120 v. Chr.), dem berühmten Zensorier nicht folgen, doch der Moralismus seiner *Annales* (in sieben Büchern, von den Anfängen bis zur eigenen Zeit) sowie die Vorliebe fürs Anekdotische und Kuriose atmeten Catonischen Geist.

---

68 Gellius, *Noctes Atticae* 10,3,2 ff. = Malcovati Frg. 48 f.
69 Cicero, *De oratore* 3,214 = Malcovati Frg. 61.

Unklar ist manches bei einem dritten Verfasser von *Annales*, bei GAIUS FANNIUS. Die spärlichen Zitate lassen nicht erkennen, in welchem Maße auch er noch im Schatten Catos stand; vielleicht hat er überhaupt nur die Geschichte seiner Zeit dargestellt. Selbst hinsichtlich seiner Person herrschen Zweifel: Man streitet, ob er mit dem Schwiegersohn des Laelius und Konsul des Jahres 122 v. Chr. identisch war.

Zwei weitere Historiker des Zeitalters der Gracchen waren offenbar bestrebt, in ihren Werken nach Inhalt und Wollen selbständige Wege einzuschlagen: SEMPRONIUS ASELLIO und Lucius Coelius Antipater. Der Erstgenannte stand als Offizier unter dem jüngeren Scipio vor Numantia (134–133 v. Chr.). Sein Werk trug den Titel *Res gestae* oder *Historiae*; es stellte in mindestens vierzehn Büchern lediglich die Zeitgeschichte bis etwa zum Jahre 91 v. Chr. dar. Das bisher praktizierte annalistische Vorgehen schien ihm auf eine chronikartige Aneinanderreihung von Fakten hinauszulaufen; er aber meinte, der Historiker müsse auch zeigen, *quo consilio quaque ratione gesta essent*,[70] »in welcher Absicht und aus welchem Grunde jeweils gehandelt worden sei«. Er wollte also die Annalistik durch eine pragmatische, die Ursachen des Geschehens ergründende Darstellungsweise ersetzt wissen; man geht schwerlich fehl in der Annahme, daß sich hierin der Einfluß des Polybios bemerkbar macht. Die Geschichtsschreibung stand bei Sempronius Asellio wohl noch entschiedener im Dienste der politisch-moralischen Selbstbehauptung als bei Cato und Piso: Die mit bloßer Faktenhäufung sich begnügenden Annales, heißt es weiterhin an der zitierten Stelle, seien nicht geeignet, bei irgend jemandem die Bereitschaft zur Verteidigung des Vaterlandes zu steigern oder ihn mit größerem Abscheu vor schlechten Handlungen zu erfüllen.

Noch weiter als Sempronius Asellio hat sich COELIUS ANTIPATER von der ihm vorausgehenden Tradition entfernt: Er beschränkte sich in seinem Werk auf den Zweiten Punischen Krieg und wurde hierdurch zum Begründer der historischen Monographie in lateinischer Sprache, zum Vorgänger Sallusts. Während die römischen Geschichtsschreiber sonst der Senatsaristokratie anzugehören oder nahezustehen pflegten, stammte Coelius Antipater offenbar aus einfachen Verhältnissen. Er hat kein öffentliches Amt bekleidet; immerhin war er rechtskundig. Er betätigte sich als Lehrer der Rhetorik; der berühmte Redner Lucius Licinius Crassus zählte zu seinen Schülern. Dieser Hintergrund erklärt die Eigenwilligkeit des Coelius Antipater, dem es nicht weniger auf die Form als auf den Inhalt ankam: Mit seinen *Historiae* (sieben Bücher) knüpfte er an eine hellenistische Rich-

---

70 Peter 1, Frg. 1.

tung an, der es vor allem darum ging, den Stoff dramatisch zu gruppieren und in ein effektvolles rhetorisches Gewand zu kleiden. Es gereicht ihm zu besonderer Ehre, daß ihm seine künstlerischen Bestrebungen nicht wichtiger waren als ein gründliches Studium der Quellen und eine möglichst wahrheitsgetreue Bericht-erstattung.

Das Zeitalter der Gracchen brachte den Römern noch ein weiteres historiographisches Genre: die Autobiographie, das Memoirenwerk. Auch hier mag der Hellenismus, mag hellenistisches Herrschertum mit seinem ausgeprägten Hang zur Selbstpräsentation Anregungen gegeben haben. Andererseits fällt auf, daß die Autobiographie in Rom der Biographie zeitlich voranging. Offenbar verspürten römische Politiker, die Außergewöhnliches vollbracht oder erlitten hatten, in besonderem Maße das Bedürfnis, die Öffentlichkeit mit ihrer Sicht der Dinge bekannt zu machen. Von einer Denk- oder Rechtfertigungsschrift des Gaius Gracchus haben sich nur überaus schwache Spuren erhalten, deutlichere hingegen von den Memoiren, die Marcus Aemilius Scaurus, Konsul des Jahres 115 v. Chr. und sechs Jahre später Zensor, eine durchaus fragwürdige Persönlichkeit, gegen Ende seines Lebens verfaßt hat. In einer Denkschrift des Quintus Luta-tius Catulus ging es um den Sieg über die Cimbern (101 v. Chr., bei Vercellae), den er und sein Kollege Marius sich streitig machten. Publius Rutilius Rufus wiederum benutzte die Zeit seines Exils in Smyrna zu einem ausführlichen Rück-blick auf sein Leben.

Die Philologie soll durch einen Zufall Eingang in Rom gefunden haben: Kra-tes von Mallos, das Haupt der Grammatik-Schule von Pergamon, weilte dort als Gesandter seines Königs (ungefähr 169 v. Chr., im Todesjahr des Ennius). Er stürzte in eine Kloake und brach sich ein Bein; die Zeit seiner Genesung benutzte er zu Vorlesungen über seine Disziplin. Wie es dann weiterging, ist nicht überlie-fert; vielleicht hat Octavius Lampadio, der Grammatiker, der das *Bellum Puni-cum* des Naevius in sieben Bücher einteilte, bei Krates gelernt.

Jedenfalls bedurften die Römer, sobald sie eine Literatur besaßen, auch der Philologen: Schriftwerke ohne fachkundige Überwachung verwildern rasch. Or-thographische und grammatische Regeln sind nötig, den Text zu sichern, und ohne interpretatorische Bemühungen verblaßt in ziemlich kurzer Zeit der Sinn. Echtheitskritik muß untergeschobene Werke entlarven, wobei wiederum die Autoren-Biographik wichtige Dienste leistet.

Die Römer haben sich im Laufe des 2. Jahrhunderts v. Chr. mit allen diesen Errungenschaften des hellenistischen Literaturbetriebes vertraut gemacht. Ihr erster Grammatiker, von dem einige Kunde an die Nachwelt gelangt ist, war Lucius Aelius, mit dem doppelten Beinamen Stilo Praeconinus (um 150 –

um 90 v. Chr.), ein römischer Ritter aus Lanuvium (an der Via Appia, südöstlich von Rom). Bei ihm sind Cicero und Varro in die Schule gegangen. Er prüfte die Echtheit der als Plautinisch überlieferten Komödien und kommentierte das uralte Salierlied. Er bemühte sich auch sonst um die Erklärung unverständlicher Wörter und soll sogar eine Schrift über die Satzlehre verfaßt haben. Er fand in Varro seinen geistigen Erben und wirkte über ihn hinaus auf Verrius Flaccus, den bedeutenden Lexikographen der augusteischen Zeit.

Die römische Jurisprudenz war sehr alt; ihre erkennbaren Wurzeln reichten bis ins 5. Jahrhundert v. Chr., bis in die Zeit der Fixierung des Zwölftafelgesetzes, zurück. Sie unterstand zunächst einer priesterlichen Behörde, den Pontifices, die das geltende Recht auslegten und fortbildeten; sie hat sich – nicht zuletzt dank der Maßnahmen des Gnaeus Flavius[71] – im Laufe des 3. und 2. Jahrhunderts v. Chr. zu einer ›profanen‹, von priesterlichem Einfluß unabhängigen, Wissenschaft entwickelt. Nunmehr, im 2. Jahrhundert v. Chr., kam auch Rechtsliteratur auf: Der hellenistische Wissenschaftsbetrieb gab den römischen *iuris consulti*, den »um Rechtsauskunft Gebetenen« (jetzt einer freien Zunft, die sich aus den Angehörigen der oberen Schichten rekrutierte) den Anstoß, die überlieferten Gesetze und Fallentscheidungen geordnet und mit Erläuterungen versehen in Buchform zu veröffentlichen. So wurden griechische Gattungen für römische Inhalte dienstbar gemacht: die Fallsammlung, der Kommentar, die Monographie, später auch die einführende Lehrschrift. Wichtiger noch war die Tatsache, daß sich die römischen Juristen auch die griechische Methodologie aneigneten: die Begriffs- und Systemlogik sowie die Dialektik mit ihren verschiedenen Arten von Syllogismen.

Als Begründer der juristischen Fachschriftstellerei gilt SEXTUS AELIUS PAETUS CATUS (Konsul 198 v. Chr.); er soll ein Werk mit dem Titel *Tripertita* (»Dreigeteiltes«) verfaßt haben, das aus dem Text des Zwölftafelgesetzes, einem Kommentar dazu sowie aus den zugehörigen Formeln für die je einschlägigen Klagen bestand. Auf Sextus Aelius folgte in der zweiten Jahrhunderthälfte das Dreigestirn MANIUS MANILIUS, MARCUS IUNIUS BRUTUS und PUBLIUS MUCIUS SCAEVOLA (Konsul 133 v. Chr.), der erste überragende Rechtsgelehrte aus dieser Familie. Manilius ist in der Überlieferung stark verblaßt, während die *Libri tres de iure civili* des Brutus einige Spuren hinterlassen haben. Dieses Werk zeichnete sich dadurch aus, daß es in Dialogform verfaßt war, wie auch sonst in Fachschriften gebräuchlich (erhalten sind als einschlägiges Beispiel die *Res rusticae* Varros), womit Brutus indes unter den Juristen keinen Nachfolger fand. Publius

---

71 Siehe S. 36.

Mucius Scaevola endlich hat angeblich zehn juristische *libelli* verfaßt;[72] doch deutlicher als durch die spärlichen Zitate aus diesem titellosen Œuvre wird sein Wesen durch seine Rechtsgutachten zu politisch gefärbten Fällen greifbar, z. B. zur Frage der Haftung für die Mitgift der Licinia, der Frau des Gaius Gracchus.

In Ciceros Jugend genossen zwei gleichnamige Rechtsgelehrte hohes Ansehen: die beiden Quintus Mucius Scaevola. Der eine war ein Vetter des erwähnten Publius Scaevola, der andere ein Sohn desselben; man pflegt sie nach den Sakralämtern, die sie bekleideten, als Scaevola Augur und Scaevola Pontifex zu unterscheiden. Von größerer Bedeutung war Scaevola Pontifex, Konsul des Jahres 95 v. Chr. Er verfaßte eine ausführliche Darstellung des Zivilrechts seiner Zeit, *Ius civile* in 18 Büchern, ein Werk, das viel benutzt und noch im 2. Jahrhundert n. Chr. mehrfach kommentiert wurde. Außerdem stellte er eine Schrift zusammen, die Ὅροι, »Definitionen« (griechische Buchtitel waren im sonst überaus puristischen Rom keine Seltenheit). Er hat wohl wie kein anderer dazu beigetragen, daß die griechische Systemlogik zum methodischen Fundament der Jurisprudenz wurde: Er habe, heißt es,[73] das Zivilrecht *generatim*, »nach Gattungen geordnet«, dargestellt. Hiermit sollte ihm wohl noch keine in sich geschlossene Begriffspyramide, wie sie Jahrhunderte später in den *Institutiones* des Gaius begegnet, zugewiesen werden; jedenfalls aber hat er versucht, einzelne Rechtsinstitute, z. B. die Vormundschaft, in Arten einzuteilen.

Als dritter und letzter Zweig der beginnenden Fachschriftstellerei in lateinischer Sprache verdient die Landwirtschaft, die wichtigste Erwerbsquelle der Römer, ein kurzes Wort. Catos Regel- und Rezeptbuch blieb nicht ohne Nachfolge: die Sasernae – Vater und Sohn – verfaßten ebenfalls eine stark von eigener Erfahrung geprägte landwirtschaftliche Lehrschrift. Doch das weitaus wichtigste Werk auf diesem Gebiet war von anderer Provenienz: Es kam aus Karthago. Der Senat von Rom ließ nach dem Untergang der verhaßten Rivalin die aus 28 Büchern bestehende Schrift des Puniers Mago ins Lateinische übersetzen – er hat sich kein zweites Mal, weder zuvor noch hernach, für ein literarisches Unternehmen zu erwärmen vermocht. Die Senatoren, die zugleich Großgrundbesitzer zu sein pflegten, glaubten offenbar, von Mago lernen zu können: Karthago war damals in der Plantagenwirtschaft mit ihrer Spezialisierung der Produktion und dem Masseneinsatz von Sklaven weiter fortgeschritten als Italien. Das Werk war so erfolgreich, daß mehrere griechische Bearbeitungen davon hergestellt und sein

---

72 Pomponius, *Liber singularis Enchiridii*, Digesten 1,2,2,39.
73 Pomponius, ebd., Digesten 1,2,2,41.

Verfasser von dem römischen Landwirtschaftsautor Columella als *rusticationis parens*, als »Vater der Agronomie«, gefeiert wurde.[74] So hat ein Punier zu der Entwicklung beigetragen, die schließlich zur Gracchischen Revolution und zu deren Folgen führte.

c) Die Dichtung: Tragödie, Komödie, Epos

Das römische Drama hat insgesamt in vorklassischer Zeit seine Blüte erreicht; es befand sich bereits wieder in vollem Verfall, als die übrige Literatur – die Lesetexte im Unterschied zu Bühnentexten – erst ihrer klassischen Höhe zustrebte. Von der Blüte der Komödie zeugen die erhaltenen Stücke des Plautus und des Terenz. Für die Tragödie steht Vergleichbares nicht zu Gebote: Mit Pacuvius und Accius, den beiden jüngeren Tragikern der Vorklassik, ging die Überlieferung nicht glimpflicher um als mit den Wegbereitern, mit Ennius zumal; ihre Stücke sind verloren bis auf ein Trümmerfeld zufallsbedingter Zitate. Daß sie das Niveau ihrer Vorgänger zu behaupten, ja zu überbieten vermochten, bleibt daher eine auf Indizien sich stützende, wenn auch plausible Vermutung.

Marcus Pacuvius, ein Neffe des Ennius, aus Brundisium (um 220 – um 130 v. Chr.), unterschied sich am deutlichsten dadurch von den drei Wegbereitern, daß er sich – wie vor ihm und gleichzeitig mit ihm Plautus und Terenz – auf *eine* dramatische Gattung spezialisierte: Er schrieb nur Tragödien. Horaz bezeichnet ihn als *doctus*, als ›gebildet‹ oder ›gelehrt‹.[75] Dieses Urteil wird dadurch bestätigt, daß er gern entlegene Stoffe behandelte und daß man überhaupt nur von zwölf Stücken weiß, die ihn zum Verfasser hatten. Beides deutet nach Alexandrien, auf die Prinzipien der hellenistischen Dichter, die ebenfalls wenig bekannte Mythen bevorzugten und als strenge Anforderungen an sich stellende Manieristen verhältnismäßig langsam produzierten. Doch darin setzte Pacuvius die von Naevius begründete Tradition fort, daß er auch eine Fabula praetexta verfaßte; der Titel *Paullus* läßt annehmen, daß dort Aemilius Paullus, der Sieger von Pydna, gefeiert wurde.

Lucius Accius, Sohn freigelassener Eltern, stammte aus Pisaurum an der Adria, südöstlich von Ariminum (170 – um 85 v. Chr.). Er war ungemein erfolgreich und galt bald als Roms größter Tragiker; er begnügte sich jedoch nicht mit der einen Gattung, sondern schrieb, wie zuvor Ennius, noch mancherlei anderes,

---

74 *De re rustica* 1,1,13.
75 *Epistulae* 2,1,56.

insbesondere didaktische Poesie. Man weiß von über 40 Stücken; er hielt sich vor
allem an Euripides und Sophokles. Außerdem zollte er der Fabula praetexta den
üblichen Tribut: Das Drama *Brutus* feierte den legendären Gründer der Republik
und somit indirekt Decimus Iunius Brutus Callaicus, den Förderer des Dichters
(Konsul 138 v. Chr.); die *Aeneadae* oder *Decius* hatten den berühmten Opfertod
des Publius Decius Mus (295 v. Chr.) zum Gegenstand.

Accius beeindruckte durch seine kraft- und schwungvolle Sprache; er verstand
sich ebenso auf Größe und Schlichtheit wie auf üppige Klangeffekte. In seinen
Dialogen konnte es – über das Original hinaus – scharfzüngig zugehen, wie in
einem Fragment aus den *Myrmidonen*, in dem zwischen *pertinacia* (›Starrköpfigkeit‹) und *pervicacia* (›Hartnäckigkeit‹) unterschieden wird:[76]

Tu pertinaciam esse, Antiloche, hanc praedicas,
ego pervicaciam aio et ea me uti volo:
haec fortis sequitur, illam indocti possident [...].

»Du behauptest, das sei Starrköpfigkeit, Antilochus,
ich nenne es Hartnäckigkeit, und die will ich gebrauchen:
sie begleitet die Tatkräftigen, die andere ist den Unbelehrbaren zu eigen [...].«

Von den Tragödien zeugen noch mehr als 700 Verse und Versteile, darunter aus
dem *Atreus* das geflügelte Wort[77] *Oderint, dum metuant* (»Mögen sie mich hassen,
wenn sie mich nur fürchten«). Hingegen sind die gelehrten Dichtungen des Accius, die sich vor allem mit literarhistorischen und dichtungstheoretischen Themen befaßt zu haben scheinen, insbesondere die *Didascalica* (bestehend aus mindestens neun Büchern), bis auf kümmerliche Spuren untergegangen.

Mit Accius endete die kontinuierliche Produktion von Tragödien. Was noch
folgte, waren vereinzelte Stücke dilettierender Angehöriger der Oberschicht, z. B.
die des Gaius Iulius Caesar Strabo (Ädil 90 v. Chr.). Viel später unternahmen Lucius Varius Rufus und Ovid Versuche, der Gattung wieder Leben einzuhauchen;
der *Thyestes* des Erstgenannten und die *Medea* Ovids wurden zwar als Meister-
werke gefeiert, blieben jedoch trotz ihres Erfolges punktuelle Ereignisse.[78] Die
römische Klassik ist im wesentlichen ohne Tragödien ausgekommen. Als vornehmste Ursache hat wohl ein radikaler Wandel im Geschmack breiter Schichten
des Publikums zu gelten: Musik und Tanz liefen dem Wort und der Handlung
den Rang ab, und so trat der Pantomimus an die Stelle der Tragödie.

Im Gegensatz hierzu scheint die Komödie, oder richtiger ihr vornehmster Typus, die Palliata, durch Mangel an dichterischen Talenten in den Jahrzehnten

---

76 Ribbeck, TRF, Vers 4–6.
77 Ebd., Vers 203 f.
78 Siehe S. 213, 234.

nach Terenz allmählich ausgetrocknet zu sein; die Zeit Ciceros mußte sich mit Wiederaufführungen alter Stücke begnügen. Immerhin kam mit der Togata, dem Lustspiel in italischem Milieu, einiger Ersatz. Der früheste Repräsentant dieses Genres war offenbar ein gewisser Titinius, ihm folgte zur Zeit des jüngeren Scipio der überaus produktive Lucius Afranius, und als dritter wird der im Jahre 77 v. Chr. verstorbene Titus Quinctius Atta genannt – mit ihm ist dann wohl auch die Togata erloschen. Wie die Titel und die Fragmente zeigen, haben die Genannten das Leben der kleinen Leute in den Landstädten wiederzugeben versucht. Zumindest bei Afranius scheinen sich Intrige und Szenenführung stark an die Palliata angelehnt zu haben.

Während sich die dramatischen Gattungen in der angedeuteten Weise bis zum Ausgang des 2. Jahrhunderts v. Chr. und etwas darüber hinaus zu behaupten vermochten, ist herausragende Epik in dieser Zeit nicht mehr zustande gekommen. Ein Ennius-Epigone namens Hostius verfaßte ein *Bellum Histricum*, ein Werk über einen Krieg gegen die Istrer, und ein gewisser Porcius Licinus scheint Accius nachgeeifert zu haben, indem er sich in einem Gedicht unbekannten Titels zu literarhistorischen Themen äußerte. Zwei der daraus erhaltenen Verse – trochäische Tetrameter – haben es immerhin zu einiger Bekanntheit gebracht:[79]

Poenico bello secundo Musa pinnato gradu
intulit se bellicosam in Romuli gentem feram.

»Im Zweiten Punischen Krieg hat sich die Muse beflügelten Schritts
zum kriegerischen, wilden Volk des Romulus begeben.«

Diese Verse beziehen sich offensichtlich auf Livius Andronicus, auf sein Erscheinen in Rom: Accius hatte dieses Ereignis fälschlich dreißig Jahre zu spät – 209 statt 240 v. Chr. – angesetzt, und Porcius Licinus war ihm hierin gefolgt.

d) Gaius Lucilius

Biographisches

Die Dichtung hat im Zeitalter des jüngeren Scipio nicht nur Stillstand und Niedergang erlebt, sondern auch eine bemerkenswerte – fast möchte man sagen: für die Weltliteratur bedeutsame – Gründertat: die Satire des Lucilius.

Gaius Lucilius (um 180–103 v. Chr.) stammte aus Suessa Aurunca in Kampanien; er war dort begütert. Das römische Bürgerrecht hat er von Geburt an besessen oder ziemlich bald erhalten; er diente in den letzten Jahren des Numantini-

---

79 Morel Frg. 1.

schen Krieges als Ritter im Gefolge seines Freundes Scipio Africanus Minor. Möglicherweise hat er sich einige Zeit zu Studienzwecken in Athen aufgehalten, wie schon Terenz; jedenfalls war er ein vorzüglicher Kenner der griechischen Literatur, und Kleitomachos, das Haupt der platonischen Akademie, zählte zu seinen Freunden.

Werke

Die Antike hat die Gedichte des Lucilius in der Regel in einer Ausgabe gelesen, die aus 30 Büchern bestand. Sie war nach Metren geordnet:
    Buch 1–21 enthielten nur Hexameter,
    Buch 22–25 enthielten nur elegische Distichen,
    Buch 26–30 enthielten Septenare, Senare und Hexameter.
Die Ausgabe – wohl die erste, die sämtliche Gedichte umfaßte – wurde offensichtlich postum hergestellt; Lucilius selbst hatte wahrscheinlich stets nur einzelne Stücke oder Bücher kursieren lassen. Er begann erst nach dem Kriegsdienst vor Numantia zu dichten; die polymetrischen Bücher 26–30 enthalten die frühesten Stücke. Der Hexameter wurde also erst allmählich zum Standardvers des Lucilius und damit der Gattung überhaupt.

Diese Gattung hieß bei den Römern *satura* ›Satire‹. Daß schon Lucilius seine Gedichte so genannt hat, ist sehr wahrscheinlich, wenn auch nicht erweislich: Unter den 1350 Versen oder Versteilen, die von ihm erhalten sind, findet sich lediglich je ein Beispiel für die Bezeichnungen *poemata*, *ludus* und *sermones*.[80] Das Wort *satura* bezeichnete ein Allerlei, eine Mischung, sei es von Zutaten für eine Pastete, sei es von Früchten; der Ausdruck *per saturam* bedeutete ›bunt durcheinander, regellos‹. Ennius war wohl der erste, der *Satura* als Titel für eine metrisch wie inhaltlich uneinheitliche Gedichtsammlung verwendete; von Pacuvius soll es Ähnliches gegeben haben. Von wann an das einzelne ›satirische‹ Gedicht als *satura/satira* bezeichnet werden konnte, ist ungewiß.

Das Verdienst des Lucilius bestand darin, daß er den bunten Inhalten seiner Gedichte eine einheitliche Sichtweise oder Haltung verlieh: Er verband eine pädagogisch-ethische Grundfarbe mit angriffslustiger, übertreibender Kritik, die ihrerseits durch einen scherzhaften Ton gemildert wurde, jedenfalls gemildert werden konnte. Diese Optik bedingte, daß alle Arten von menschlichen Schwächen und Lastern, von Verkehrtheiten im Denken und Handeln einzelner oder irgendwelcher Kollektive zum wenn nicht einzigen, so doch weitaus wichtigsten Thema der neuen Gattung aufrückten. Lucilius scheint sich in einem als Einleitung ge-

80 Marx Frg. 1013 und 1039.

dachten Stück (in der Gesamtausgabe zu Beginn des 26. Buches) programmatisch zu seiner Schöpfung geäußert zu haben;[81] die Überreste sind zu dürftig, als daß man für die Wesensbestimmung der Satire auf die Aussagen seines Nachfolgers Horaz verzichten könnte. Immerhin ist deutlich, daß er den Schwulst und Pomp der hohen Dichtung ablehnte:

Nisi portenta anguisque volucris ac pinnatos scribitis,

»Wenn ihr [Dichter] nicht von Ungeheuern und geflügelten und

gefiederten Drachen schreibt«,

»dann« − so muß man wohl ergänzen − »glaubt ihr auf euer Publikum keinerlei Eindruck zu machen«. Lucilius wollte in einem ungekünstelten, dem Alltag abgelauschten Gesprächston rügen und lächerlich machen, was sich ihm in seinem Horizont als kritikwürdig aufdrängte. Hierbei war oft eine realistische, ja drastische Darstellungsweise angezeigt, und in der bunten Wirklichkeit, die der Dichter ausbreitete, fehlten auch autobiographische Motive nicht.

Horaz leitete die Lucilische Satire von der Alten Komödie der Griechen, von Aristophanes und dessen Zeitgenossen, ab.[82] Quintilian hingegen behauptete nicht ohne Stolz:[83] *Satura quidem tota nostra est* − »Die Satire ist immerhin ganz und gar unser Werk«. Beide haben recht: Durch Lächerlichmachen öffentlich Kritik zu üben war von der Alten Komödie exemplarisch vorgeführt worden; andererseits gelang es Lucilius, dieses Prinzip von der Bühne herabzuholen und zur Waffe eines einzelnen zu machen. Seine Satire beruhte offensichtlich auf zwei Voraussetzungen: Die römische Komödie enthielt sich jeder Kritik, insbesondere der an Mächtigen, und sie mußte sich, wie das Schicksal des Naevius zeigte, jeder Kritik enthalten. Zum anderen aber hätte dieses Gebot zweifellos auch für einen Produzenten von Gedichten gegolten, wäre er nicht römischer Ritter und ein Freund Scipios gewesen. Nur die gehobene gesellschaftliche Stellung gab Lucilius die Freiheit, die Feinde seines mächtigen Beschützers und ebenso seine eigenen aufs heftigste zu attackieren.

---

81 Ebd., Frg. 587 ff.
82 *Saturae* 1,4,1 ff.
83 *Institutio oratoria* 10,1,93.

III. Die Klassik: Die Zeit Ciceros

1. Der neue Anfang: Catull und die übrigen Neoteriker

a) Die Neoteriker und ihr Programm

Dem Scheitern der Gracchischen Reformen folgten einige Jahrzehnte einer nur gelegentlich gestörten Friedhofsruhe – damals sammelte sich ein sozialer Zündstoff an, der schließlich, im Jahre 91 v. Chr., den ersten großen Flächenbrand des Krisenzeitalters verursachte. Die italischen Bundesgenossen erhoben die Waffen gegen ihre Vormacht, und im unmittelbaren Anschluß daran wütete der marianisch-sullanische Bürgerkrieg. Nach dessen für die Sullaner, die konservativen Kräfte, erfolgreichem Ausgang herrschte abermals drei Jahrzehnte lang ein innerer Scheinfriede, bis Caesar im Jahr 49 v. Chr., indem er den Rubikon überschritt, eine zweite Bürgerkriegsperiode herbeiführte.

Trotz dieser schlimmen Geschehnisse und nahezu gleichzeitig mit ihnen setzte die römische Klassik ein, begann paradoxerweise die Epoche, die zuallererst dadurch charakterisiert ist, daß von ihr in ununterbrochener Folge – Jahrzehnt um Jahrzehnt – vollständig erhaltene Literaturwerke zeugen. Die Reihe wird während der marianisch-sullanischen Wirren durch zwei Rhetorik-Lehrbücher eröffnet: durch Ciceros Jugendwerk *De inventione* und die Schrift des unbekannten Auctor ad Herennium; sie setzte sich fort mit Werken Ciceros sowie – in den fünfziger Jahren – mit der Lyrik Catulls, dem Lehrgedicht des Lukrez und Caesars *Commentarii de bello Gallico*. Roms Produktivität litt auch unter dem caesarisch-pompejanischen Bürgerkrieg und seinen Folgen nicht: Dies zeigen außer Cicero die Schriften Sallusts und die ersten Versuche der augusteischen Dichter.

An sich fand im Bereich der Prosa nahtlose Kontinuität beim Übergang vom archaischen zum klassischen Zeitalter statt – die Redner und die Geschichtsschreiber waren ununterbrochen produktiv. Das auffälligste Merkmal der neuen Epoche ergab sich erst aus der Optik der Nachwelt: daß aus dieser Zeit zum ersten Male Reden und Geschichtswerke bewahrt geblieben sind. Der dritte große

Zweig der Prosaliteratur, die philosophische Schriftstellerei, war allerdings gänzlich neu: Sie hat mit Lukrez und Cicero überhaupt erst eingesetzt.

In der Poesie dominiert ebenfalls das Neue, das bislang wenig oder gar nicht Erprobte. Dort war die Epik nach Ennius erloschen und das Drama – der Schwerpunkt der vorklassischen Dichtung – verebbt; dort brachte der Wechsel der Epochen in erheblichem Umfang auch einen Wechsel der Gattungen mit sich. Aus dieser Perspektive zählt bereits Lucilius zu denen, die nicht fortsetzten, was es schon gegeben hatte; er war indes eine isolierte Erscheinung und fand erst nach einem langen Intervall in Horaz einen ebenbürtigen Nachfolger.

Das Verdienst, die römische Klassik begonnen und auf den Weg gebracht zu haben, bleibt daher mit den Namen Catull und Lukrez verbunden, mit den Gattungen Lyrik, Epyllion und Lehrgedicht, mit dem Import der hellenistischen Dichtungstheorie. Was Catull und Lukrez gewollt hatten, ihre Auffassung von der Intensität und Strenge der Form, wurde sofort von Vergil und Horaz aufgegriffen, fortgesetzt und mit neuen Inhalten gefüllt. Zugespitzt könnte man behaupten, daß zumal Catull und der Kreis, dem er angehörte, die Neoteriker, für die Klassik eine ähnliche Wegbereiterfunktion hatten wie Livius Andronicus für die vorklassische Zeit.

Die Neoteriker, eine Dichtergruppe der ersten Hälfte des 1. Jahrhunderts v. Chr., verdanken ihren modernen Namen einer beiläufigen Bemerkung Ciceros: In einem Brief an Atticus[1] werden einmal, im Zusammenhang mit einer metrischen Erscheinung, νεώτεροι (*neoteroi*) ›Neuere‹, erwähnt, eine poetische Avantgarde, mit der nur der Kreis um Catull gemeint sein kann. Gewiß hat es sich nicht um einen festen Terminus gehandelt: Derselbe Cicero bezeichnet dieselben Dichter an anderen Stellen einmal als *poetae novi*,[2] als »neue Dichter«, ein anderes Mal als *cantores Euphorionis*,[3] »Sänger in der Art des Euphorion«, mit einem Ausdruck, der auf eines der Vorbilder des Kreises, einen hellenistischen Elegiker, zielt. Als ebenso gewiß darf jedoch gelten, daß diese Formulierungen an das Selbstverständnis der jungen ›Dichterschule‹ anknüpften: Der Kreis um Catull wollte sich von der vorausgehenden römischen Dichtungstradition unterschieden wissen; der Hinweis auf die ›Neuheit‹ seines Tuns implizierte eine Wertsetzung und enthielt ein Programm.

Die Neoteriker nahmen – und hierin bestand das ›Neue‹, das sie durchsetzten – die künstlerische Form der Dichtung auf eine bis dahin in Rom unerhörte Weise ernst. Sie stellten strengste Anforderungen an Metrum und Stil; sie ver-

---

1 *Ad Atticum* 7,2,1.
2 *Orator* 161.
3 *Tusculanae disputationes* 3,45.

warfen alles rasche Produzieren und verlangten, daß man sich mit einem Werk erst nach sorgfältiger Feile an die Öffentlichkeit wage. Das Dichten wurde hierdurch zu einem mühsamen Prozeß, und dies wiederum bedingte, daß die Neoteriker die kleinen poetischen Gattungen pflegten: das Epigramm, das lyrische Gedicht, das Epyllion. Mit der gesuchten Form, den bisweilen kapriziösen Versmaßen und mit der Vorliebe für ausgefallene Wörter und Wendungen verband sich oft ein entlegener Stoff, ein sonderbarer, ja befremdlicher Mythos, ein wenig bekanntes Motiv: Die Neoteriker waren *poetae docti*, intellektuelle, auf Exklusivität bedachte Dichter.

Stilstrenge, kleine Gattungen, rare Stoffe, unermüdliches Bosseln an formaler Perfektion: Die Neoteriker hatten bei alledem ein Vorbild; sie machten sich mit diesem Programm die ästhetischen Prinzipien des Kallimachos und seiner Gesinnungsgenossen zu eigen. Kallimachos, Gelehrter und Dichter in einer Person, durch König Ptolemaios II. an die Bibliothek zu Alexandrien berufen (erste Hälfte des 3. Jahrhunderts v. Chr.), suchte durch seine Maximen eine epigonenhafte, zu Routine verkommene Dichtungstradition wieder aufzufrischen, und so zeichneten sich seine und seiner Freunde Gedichte durch eine Eleganz im Formalen aus, die höchsten Ansprüchen standhielt. Man achtete mit scharfem Ohr auf den Klang der Laute und den Fluß der Verse, man bemühte sich um prägnante Bilder und gedrechselte Formulierungen und verwandte viel Sorgfalt auf eine eigenwillige, verzwickte Komposition. Umfangreiche Werke wurden abgelehnt, da ja das Dichten nur um den Preis größter Anstrengung erlaubt sein sollte; Präzision war gefragt, und die kostete Mühsal und Qual.

Die Kallimacheische Doktrin wurde reichlich anderthalb Jahrhunderte später von den Neoterikern in Rom mit Eifer übernommen. Sie sollte dort nicht, wie in der hellenistischen Welt, die Nöte einer Spätzeit überwinden helfen; vielmehr sollte sie die unbefangene und rasche Produktion einer jungen Literatur (die freilich ihrerseits auch schon epigonenhafte Züge hatte) zuallererst in Zucht nehmen. Das Programm des Kallimachos ließ sich offenbar trotz dieser anderen Voraussetzungen ziemlich buchstäblich auf die Bestrebungen der Neoteriker übertragen.

Dies versuchte jedenfalls Catull, der einzige aus dem Kreise, von dem Gedichte erhalten sind. Sein Carmen 95 feiert die Vollendung eines poetischen Werkes, das sein Freund Helvius Cinna, einer der bedeutendsten Neoteriker neben ihm, verfaßt hatte. Das Produkt war *Smyrna* betitelt, woraus sich ergibt, daß es sich um ein Epyllion handelte, ein Kleinepos, das nach hellenistischem Geschmack einen pikanten Stoff, eine blutschänderische Liebe, zum Gegenstand hatte. Catull rühmt, daß Cinna neun Jahre für die Fertigstellung seines Produktes

benötigt habe, und läßt durchblicken, daß darin auf Kürze und Konzentration
Bedacht genommen und jegliches Pathos gemieden sei. Wie aus anderer Quelle
verlautet, steckte Cinnas Gedicht derart voller Gelehrsamkeiten und Dunkelheiten, daß ein Philologe der augusteischen Zeit durch einen Kommentar, den er
dazu verfaßte, Aufsehen erregte.

Als weiterer Beweis für die Übernahme Kallimacheischer Prinzipien durch die
Neoteriker läßt sich das Einleitungsgedicht der Catullischen Sammlung ins Feld
führen:

> *Cui dono lepidum novum libellum*
> *arida modo pumice expolitum?*
> »Wem schenke ich das hübsche neue Büchlein,
> vom trockenen Bimsstein soeben erst geglättet?«

Diese Verse beziehen sich zwar dem Wortsinne nach auf das eine Widmungsex-
emplar, das Catull dem Adressaten Cornelius Nepos überreichte oder übersandte;
man darf sie indes zugleich als metaphorische Andeutungen des poetischen Programms auffassen: *lepidus, novus, expolitus* zielen auf das von Kallimachos inspirierte Kunstwollen der Neoteriker, und dasselbe gilt für die *nugae*, die »Spielereien«, als die Catull zwei Verse darauf seine Gedichte zu charakterisieren beliebt
– womit er zugleich Understatement betreibt; denn in Wahrheit nehmen die
Neoteriker ihre »Spielereien« überaus ernst.

Die Neoteriker scheinen eine Art Schulhaupt besessen zu haben, wie eine philosophische Richtung: Sie verehrten den etwas älteren Gaius Valerius Cato als
den Gründer ihres Kreises, als ihren Theoretiker und Lehrer. Einigen Ruhm ern-
teten zwei seiner Werke, *Lydia* und *Dictynna*. Da im zweiten Teil der *Dirae*
(»Verfluchungen«), einem pseudovergilischen Produkt,[4] eine Lydia genannt wird,
glaubte man, hierin das Gedicht Catos dingfest machen zu können – wohl zu
Unrecht. Seine *Lydia* war gewiß erotischen Inhalts, während die *Dictynna* eine
kretische Sage zum Gegenstand hatte.

Als ein Vorläufer neoterischen Dichtens mag ein gewisser Laevius gelten, der
mindestens sechs Bücher *Erotopaegnia* (»Liebesscherze«) verfaßt hat, wohl hauptsächlich mythologischen Inhalts, in vielerlei Metren und in frivoler Manier. Unter
den Zeitgenossen und Freunden Catulls ragt Gaius Licinius Macer Calvus
hervor. Er war der Sohn des Politikers und Geschichtsschreibers Gaius Licinius
Macer; er hat sich auch als Redner betätigt, stand also der Politik nicht so fern
wie Catull; er dichtete eine *Io* und bedachte, wie Catull, die römischen Großen
mit boshaften Attacken. Auf diesem Felde zeichnete sich auch Marcus Furius

---

4 Siehe hierzu S. 198.

BIBACULUS aus: »In den Gedichten des Bibaculus und des Catull kann man zahlreiche Schmähungen wider die Caesaren lesen – doch der göttliche Caesar und der göttliche Augustus haben das hingenommen und unbeachtet gelassen«, schrieb Tacitus in einer Zeit, da dergleichen als Majestätsbeleidigung streng geahndet wurde.[5]

b) Gaius Valerius Catullus

Biographisches

GAIUS VALERIUS CATULLUS zählt zu den jung verstorbenen Genies: Er lebte von etwa 84 bis 54 v. Chr., hat also das 30. Lebensjahr gerade erreicht oder nur wenig überschritten. Er stammte aus einem vermögenden Hause in Verona, das gute Beziehungen zur römischen Aristokratie, darunter zu Caesar, unterhielt. Diese Herkunft war im Kreise der Neoteriker nicht singulär: Auch Valerius Cato und Helvius Cinna kamen offenbar aus Oberitalien, und Furius Bibaculus hatte Cremona zur Heimat. Der junge Catull wurde gewiß zu seiner Ausbildung nach Rom geschickt, wie es bei Angehörigen seiner Schicht üblich war. Der Vater wird erwartet haben, daß er sich insbesondere durch rhetorische Studien auf eine politische Karriere vorbereite. Er fand wohl Zugang zur damaligen Jeunesse dorée der Hauptstadt und hat wahrscheinlich ein ziemlich ungezwungenes Leben geführt. Immerhin begleitete er im Jahre 57 v. Chr. gemeinsam mit dem Freunde Helvius Cinna den Statthalter Gaius Memmius, den Adressaten des Lukrezischen Lehrgedichts, in dessen Provinz Bithynien; dort hielt er sich etwa ein Jahr lang auf. Die Rückreise nutzte er, dem Grabe seines Bruders bei Troja einen Besuch abzustatten; hiervon zeugt das kurze Klagegedicht 101. Die letzten Ereignisse, auf die seine Gedichte anspielen, sind das zweite Konsulat des Pompeius sowie Caesars erster Rheinübergang und erste Britannienexpedition (113 und 11; 55 v. Chr.).

   Das für die Dichtung bedeutsamste Ereignis im Leben Catulls war die Liebe zu Lesbia. Der Schriftsteller Apuleius, berühmt durch seinen Roman *Metamorphosen* (»Der goldene Esel«), hat der Nachwelt den Schlüssel zu dem von Catull verwendeten Decknamen bewahrt: jene Lesbia sei eine Clodia gewesen.[6] Es hat sich demnach bei Catulls Geliebter um eine Schwester des berüchtigten Publius Clodius Pulcher, des Todfeindes von Cicero, gehandelt, wohl um diejenige, von der derselbe Cicero in seiner Rede *Pro Caelio* ein abstoßendes Porträt darbietet.

---

5 *Annales* 4,34,5.
6 *Apologia* 10.

Eine mittlerweile überwundene biographisch orientierte Philologie hat versucht, aus Catulls Lesbia-Gedichten ein zusammenhängendes Ganzes, eine Abfolge seelischer Phasen, eine Art ›Liebesroman‹ zu rekonstruieren. Aus heutiger Sicht beruhen diese Spekulationen auf der unrichtigen Annahme, daß die Gedichte unmittelbares Erleben widerspiegeln.

Das Werk

Von Catull hat eine aus 116 Stücken bestehende Gedichtsammlung die Zeiten überdauert, die nach den Versmaßen geordnet ist. Der erste Teil (1–60) bietet kleinere Gedichte in verschiedenen Metren dar; der Mittelteil (61–68) enthält die großen, kunstvollen Gebilde, die hellenistischen Erzeugnisse par excellence, die im wesentlichen in Hexametern oder elegischen Distichen verfaßt sind, und der Schlußteil (69–116) bringt Epigrammatisches, durchweg im elegischen Maß. Catull war – wovon die Intensität der Inhalte den Leser leicht ablenkt – ein Formvirtuose; er hat sich mit Bravour an zahlreichen, bisweilen ungemein schwierigen Metren versucht (das 63. Gedicht z. B. ist in sogenannten Galljamben verfaßt). Außer dem Hexameter und dem elegischen Distichon schätzte er den Phalaeceus, einen Elfsilbler, den er monostichisch verwendet, wie z. B. in dem Widmungsgedicht, dessen Anfang oben zitiert wurde.[7] Weiterhin hat er sich der Jamben bedient, mitunter reiner, in denen an keiner Stelle des Verses eine Kürze durch eine Länge ersetzt wird (so z. B. im 4. Gedicht); etliche Stücke höchst verschiedenen Inhalts sind in Hinkjamben verfaßt. Catull hat zweimal die sapphische Strophe, eines der Hauptmaße des Horaz, ausprobiert (in den Gedichten 11 und 51), und schließlich finden sich bei ihm in verschiedenen Arrangements Glykoneen und Pherekrateen sowie einmal der Asclepiadeus maior (30. Gedicht).

Nicht wenige Proben der Poesie Catulls waren durch bestimmte Anlässe und Gelegenheiten bedingt – der Autor mußte sie also sofort und als Einzelstücke aus der Hand geben. Die Gedichte, die sich an die Geliebte wandten, enthielten zunächst noch deren wahren Namen Clodia; der metrisch gleichwertige Deckname Lesbia wurde erst bei der Buchausgabe eingesetzt. Nichts spricht ernstlich dagegen, daß diese dreiteilige Ausgabe – der überlieferte Werkbestand – auf den Autor selbst zurückgeht. Die Sammlung beginnt mit einem eigens für sie verfaßten Widmungsgedicht; die beiden Fragmente aus Priapeen, die außerhalb ihrer durch Zitate erhalten sind, beweisen lediglich, daß der Dichter nicht alles aufnahm, was er geschrieben hatte.

---

7 Siehe S. 125.

Die drei Teile der Sammlung unterscheiden sich nicht nur durch Umfang und
Versmaße, sondern auch in stilistischer und stofflicher Hinsicht. In den kleinen
Gedichten des Anfangs- und des Schlußteils herrscht eine scheinbar ungekün-
stelte, an umgangssprachliche Wendungen anknüpfende Darstellungsweise vor;
nicht selten werden dort einzelne Wörter und ganze Satzglieder wiederholt, und
es fehlt nicht an ›prosaisch‹ klingenden Ausdrücken und unübersichtlichen Satz-
gefügen. Der Mittelteil hingegen bedient sich durchweg der gehobenen poetischen Sprache, mit manieristischen Wendungen und komplizierter Wortstellung.

Durch die Inhalte heben sich die drei Teile noch schärfer voneinander ab. Der
erste und der letzte Abschnitt enthalten die ›Gelegenheitsgedichte‹. Sie sind aus
der Lebenssphäre Catulls hervorgegangen (sie geben dies zumindest vor): Sie teilen sich über wichtige oder unwichtige Begebenheiten mit, erzählen Anekdotisches, laden Freunde ein oder erkundigen sich nach deren Amouren. Des öfteren
übt Catull seinen Witz an unliebsamen Zeitgenossen, z. B. an Caesar, wie in dem
respektlosen Epigramm (93. Gedicht):

Nil nimium studeo, Caesar, tibi velle placere
nec scire utrum sis albus an ater homo.

»Nicht allzuviel liegt mir daran, Caesar, dir zu gefallen
oder zu wissen, ob du ein weißer Mann bist oder ein schwarzer.«
Cicero wiederum wird auf andere Weise in Distanz gerückt, durch jene Elfsilbler,
die eine Danksagung mit einem doch wohl ironisch gemeinten Kompliment verbinden (49. Gedicht):

Disertissime Romuli nepotum,
quot sunt quotque fuere, Marce Tulli,
quotque post aliis erunt in annis,
gratias tibi maximas Catullus
agit pessimus omnium poeta,
tanto pessimus omnium poeta,
quanto tu optimus omnium patronus.

»Beredtester aller Abkömmlinge des Romulus,
so viele da sind und so viele da waren, Marcus Tullius,
und so viele später in künftigen Jahren dasein werden,
herzlichsten Dank sagt dir Catull,
der schlechteste aller Dichter,
in dem Maße der schlechteste aller Dichter,
wie du der beste bist aller Advokaten.«

In den Gedichten des Mittelteils hingegen herrschen objektive Sujets vor. Das
64. Stück, das längste im Œuvre Catulls (408 Hexameter), ist ein kunstvoll auf-

gebautes mythologisches Epyllion: Die Hochzeit des Peleus und der Thetis umrahmt die Klage der auf Naxos von Theseus verlassenen Ariadne. Im 68. Gedicht
sublimiert ein mythisches Exempel in gesuchter Ringkomposition persönliches
Leid des Dichters, die Liebe zu Lesbia und den Tod des Bruders. Das 66. Stück,
»Die Locke der Berenike«, gibt ein Werk des Kallimachos wieder, wie denn auch
Carmen 51 Übersetzung ist, und zwar die eines Sappho-Gedichtes, mit persönlicher Wendung am Schluß.

Das frappanteste Merkmal von Catulls lyrischem Werk ist die Vielfalt der
Stimmungen, der Wechsel im Ton, das Nebeneinander von Nähe und Distanz,
der ständige abrupte Übergang von Zartem zu Rohem, von Innigkeit zu kruder
Obszönität, von Spielerischem zu Leidenschaftlichem. Wenn man diese bunte
Mischung an den poetologischen Prinzipien der Neoteriker mißt, dann ergibt
sich sofort, daß der objektive Mittelteil, d. h. der Verszahl nach etwa die Hälfte
der Catullischen Gedichte, am offensichtlichsten diesen Prinzipien entspricht. Es
wäre indes voreilig, die billetartigen, dem Anschein nach rasch hingeworfenen
kleinen Gedichte, jene ›realistischen‹ Produkte des römischen Alltags, als Abwei-
chung hiervon zu deuten. Die gewollt saloppe Ausdrucksweise mit umgangs-
sprachlichen Wendungen und zerfließender Syntax hat mimetische Funktion
und darf nicht über das Raffinement hinwegtäuschen, das auch diese Stücke geformt hat. Schon Kallimachos und seine Zeitgenossen, insbesondere Theokrit,
hatten es nicht verschmäht, sich in realistischer Darbietung des Alltäglichen zu
versuchen.

Am ehesten könnte man die Lesbia-Gedichte – sie sind über alle drei Abschnitte der Sammlung verstreut, teils die Geliebte anredend, teils von ihr berich-
tend – als außerhalb des neoterischen Programms stehend betrachten. Bei aller
Bändigung durch die künstlerische Form bleiben sie Catulls eigenstes Erzeugnis,
das sich auch aus dem hellenistischen Vorbild nicht ableiten läßt: Ein solches
Wechselbad der Gefühle, ein derartiges Auf und Ab der Leidenschaft mit wenigen Glücksmomenten und viel Enttäuschung ob der notorischen Untreue der
Geliebten war nicht nur für hellenistische, sondern für griechische Begriffe überhaupt unerhört. Da ist einerseits die Liebestrunkenheit in den berühmten Kußge-
dichten, den Carmina 5 und 7:

> *Vivamus, mea Lesbia, atque amemus [. . .].*
> »Wir wollen leben, meine Lesbia, und uns lieben [. . .].«
> *Quaeris, quot mihi basiationes*
> *tuae, Lesbia, sint satis superque [. . .].*
> »Du fragst, wie viele Küsse mir
> von dir, Lesbia, genug und übergenug sind [. . .].«

Da mischt sich andererseits zartes Empfinden mit heftiger Empörung in den beiden Strophen, die das elfte, im sapphischen Versmaß verfaßte Gedicht beschließen – vielleicht der endgültige Abschied, vielleicht auch nur ein Versuch dazu:

Cum suis vivat valeatque moechis,
quos simul conplexa tenet trecentos,
nullum amans vere, sed identidem omnium
ilia rumpens;
nec meum respectet, ut ante, amorem,
qui illius culpa cecidit velut prati
ultimi flos, praetereunte postquam
tactus aratrost.

»Mag sie leben und sich's wohlgehn lassen mit ihren Buhlen,
die sie hundertweis zugleich im Arm hält,
keinen wahrhaft liebend, doch unaufhörlich aller
Lenden erschöpfend,
nicht soll sie, wie früher, an meine Liebe denken,
die durch ihr Verschulden geknickt ist wie am Wiesen-
rand die Blume, nachdem sie der vorüberziehende
Pflug berührt hat.«

Äußerster Widerstreit der Gefühle und zugleich äußerste Prägnanz des poetischen Ausdrucks haben sich in dem 85. Distichon zusammengefunden:

Odi et amo. Quare id faciam, fortasse requiris.
Nescio. Sed fieri sentio et excrucior.

»Ich hasse und ich liebe. Warum ich das tu, magst du fragen.
Ich weiß nicht. Doch ich fühle, daß es geschieht, und martere mich ab.«

Catulls starke innere Bindung an eine Frau war wohl nur möglich, weil die Zeitläufte den Verlust anderer Bindungen mit sich gebracht hatten: der Bindungen an den Staat, an die ihn tragende Gesellschaft bis hin zur eigenen Familie. Ein Symptom der sich auflösenden Republik, die Günstlingswirtschaft Caesars, wurde mit giftigen Invektiven bedacht; andererseits galt dem Dichter ein Aufenthalt in einer Provinz, im Gefolge des Statthalters, lediglich als Gelegenheit, sich persönlich zu bereichern. Er kam nach Rom, als Catilina dort seine Umtriebe vorbereitete, und er erlebte das Konsulat Caesars, das aus einer Folge von Rechtsbrüchen bestand: Mit Abscheu wandte er sich von allem politischen Geschehen ab und suchte Halt in dem Bunde mit Lesbia.

Catull, der Wegbereiter der augusteischen Dichtung, der durch seine Haltung vor allem die Elegiker Properz und Tibull beeindruckt hat, wurde während der ganzen Prinzipatszeit eifrig gelesen, benutzt und zitiert. Die Spätantike wußte kaum noch von ihm; dem Mittelalter war er unbekannt. Nur Rather, Bischof in Catulls Heimatstadt Verona (10. Jahrhundert), besaß noch eine Handschrift seiner Gedichte; doch erst zu Beginn des 14. Jahrhunderts, als, abermals in Verona, ein anderer, wohl aus Frankreich stammender Codex Aufmerksamkeit erregte, begann Catulls Siegeszug durch die Literaturen Europas.

2. Der einsame Lehrdichter: Lukrez

a) Epikur in Rom

EPIKUROS, Sohn eines athenischen Siedlers auf Samos (341–270 v. Chr.), eröffnete im Jahre 306 v. Chr. in Athen eine Schule der Philosophie, nach Akademie und Peripatos die dritte, die dort ihren Sitz hatte und der einige Jahre später nur noch die Stoa folgte. Er hatte zu diesem Zweck ein Haus mit Garten, Kepos, erworben, und hiervon erhielt die von ihm gegründete Einrichtung ihren Namen. Seine Lebenszeit war von der Platons durch nahezu ein Jahrhundert und von der des Aristoteles durch nahezu ein halbes Jahrhundert getrennt. Seine Philosophie spiegelte den Wandel der Verhältnisse, der inzwischen eingetreten war: Platon und Aristoteles hatten in ihrer Ethik die klassische Form griechischen Staatslebens, die Polis mit ihren allgemeinen Bürgerpflichten, vorausgesetzt; Epikur hingegen lebte in einer Zeit, da die Reiche Alexanders des Großen und seiner Nachfolger das Erbe der Polis angetreten hatten – Flächenstaaten, deren Machtzentren den Bürgern der alten Städte weit entrückt waren.

Epikur zog aus dieser Entwicklung die Konsequenzen und stiftete eine Ethik, die den einzelnen, das Individuum – nicht mehr die staatliche Gemeinschaft, die Polis – zum absoluten Maßstab allen Wertens erhob. Jeder einzelne solle bestrebt sein, lautete seine Lehre, ein glückliches Leben zu führen, und das hieß nach seiner provozierenden Ausdrucksweise, er solle versuchen, ein Maximum an Lust (ἡδονή, lateinisch *voluptas*) zu erzielen. Gemeint war hiermit allerdings kein Rausch der Sinne, sondern nichts als ein möglichst schmerz- und furchtfreies Dasein, der stoischen Ataraxie (›Unerschütterlichkeit‹) vergleichbar. Eine sehr wichtige, aus dem Lustprinzip Epikurs resultierende Maxime besagte, daß sich der Weise – derjenige also, der sich unverbrüchlich den Normen der epikureischen

Lehre gemäß verhält – nicht an der Politik beteilige, daß er im verborgenen ein zurückgezogenes Leben führe.

Epikurs Philosophie des Individualismus und Apolitismus gelangte, wie alles Griechische, auch nach Rom. Zunächst verhielt man sich dort schroff abweisend: Im Jahre 173 v. Chr. mußten zwei Epikureer die Stadt verlassen, und im Jahre 155 v. Chr. wagten die Athener nicht, der Philosophengesandtschaft, die aus einem Akademiker, einem Peripatetiker und einem Stoiker bestand, als Vierten das Schulhaupt des Gartens beizugeben.[8] Häufigere Nachrichten über Epikureer in Rom finden sich seit ciceronischer Zeit. Ihre mit römischem Staatsethos unvereinbare Lehre konnte dort erst richtig Fuß fassen, als die schweren inneren Konflikte manchen Römer mit Ekel und Abscheu vor der Politik erfüllten; für diese Einstellung bot sie das theoretische Gerüst, die Rechtfertigung dar.

Einige Versuche, sie in lateinischer Sprache wiederzugeben, unternommen von einem Amafinius und einem Rabirius, waren nach dem Urteil Ciceros unzureichend;[9] offenbar gelang es erst Lukrez, der terminologischen Schwierigkeiten, die das für philosophische Inhalte noch nicht vorbereitete Lateinische der epikureischen Lehre entgegensetzte, Herr zu werden. Ihm folgte kein anderer als Cicero, der die Dogmen Epikurs darstellte, um sie zu widerlegen: die Ethik in den beiden ersten Büchern der Schrift *De finibus bonorum et malorum* (»Über das höchste Gut und das schlimmste Übel«) und die Theologie im 1. Buch der Schrift *De natura deorum* (»Vom Wesen der Götter«). In dem erstgenannten Dialog verficht Lucius Manlius Torquatus die epikureische Position – ein Mann, der es zum Prätor brachte (49 v. Chr.) und erbittert gegen Caesar kämpfte. Es gab auch sonst Römer – wie z. B. den Caesar-Mörder Gaius Cassius Longinus –, die der Lehre Epikurs anhingen und sich gleichwohl nicht der Politik enthielten.

Im allgemeinen jedoch haben die römischen Epikureer öffentliches Wirken vermieden. Besonders erfolgreich war hierin Ciceros Freund Titus Pomponius Atticus, der sich selbst und seinen großen Besitz vor allen Fährnissen der Bürgerkriege zu bewahren wußte, indem er es mit keiner der beteiligten Parteien verdarb. Cicero, dem der Epikureismus an sich fremd war, bekannte sich, als er unter Caesars Diktatur erzwungenermaßen Abstinenz von der Politik übte, halb im Ernst, halb im Scherz zu epikureischem Lebensgenuß; er hatte verschiedentlich Umgang mit Epikureern und tauschte auch Briefe mit ihnen aus.

Der wichtigste unter diesen Bekannten war Lucius Papirius Paetus, wie Atticus ein Mann zwischen den Parteien. Ihm gegenüber verstand sich Cicero zu

---

8 Siehe S. 42.
9 *Academica posteriora* 1,5.

mancherlei Späßen und vor allem zu heiterer epikureischer Resignation. »Alle meine Sorge um den Staat«, schrieb er ihm einmal geradezu programmatisch, »alles Nachdenken über Meinungsäußerungen im Senat, alle Vorbereitung von Prozeßreden habe ich von mir geworfen«; *in Epicuri nos, adversari nostri, castra coniecimus* – »ins Lager Epikurs, meines Gegners, bin ich übergegangen«.

Mag diese Äußerung weniger noch als andere Ciceros wahre Überzeugung wiedergeben: ein in der Zeit der Bürgerkriege von vielen Römern ernsthaft befolgtes Handlungsmuster scheint darin zum Ausdruck zu kommen. Wenn selbst ein so engagierter Politiker wie Cicero gelegentlich mit dem epikureischen Glück im Winkel liebäugelte, um wieviel begreiflicher ist es dann, daß sich zahlreiche andere, dem Forum und der Kurie ferner stehende Römer gänzlich und auf immer aus dem Staat zurückzogen.

b) Titus Lucretius Carus

Biographisches

Titus Lucretius Carus hat offenbar die Maxime seines Meisters Epikur, »Lebe im Verborgenen«, rigoros befolgt: Geburts- und Sterbejahr müssen erschlossen werden (wohl 97–55 v. Chr.), und der Ort seiner Herkunft ist unbekannt. Er stammte wahrscheinlich aus einfachen Verhältnissen; er hat sein Werk einem Gönner namens Memmius gewidmet, demselbem Manne, den Catull nach Bithynien begleitete. Eine Nachricht in der Chronik des Kirchenvaters Hieronymus besagt,[10] Lukrez sei durch einen Liebestrank in Wahnsinn versetzt worden und habe im 44. Jahre seinem Leben durch eigene Hand ein Ende bereitet. Offensichtlich hat sich hier die bildlich gemeinte christliche Kritik an seinem Werk (»Wahnsinn«) in eine vermeintliche biographische Tatsache verwandelt.

Lucreti poemata, schreibt Cicero im Jahre 54 v. Chr. seinem Bruder Quintus,[11] *ut scribis, ita sunt: multis luminibus ingenii, multae tamen artis* – »Mit der Dichtung des Lukrez verhält es sich so, wie du schreibst: mit vielen Geistesblitzen, und zugleich mit großem Kunstsinn«. Cicero hat somit das Werk gekannt, und zwar aus dem Nachlaß; die Nachricht des Hieronymus verdient daher Glauben, daß er es – vielleicht in behutsam geordneter Form – der Öffentlichkeit zugänglich gemacht hat.

---

10 Zum Jahre 94 v. Chr.
11 *Ad Quintum fratrem* 2,10 (9),3.

Das Werk

Lukrez hat ein einziges, wahrscheinlich nicht ganz vollendetes Werk hinterlassen, das aus sechs Büchern bestehende, in Hexametern abgefaßte Lehrgedicht *De rerum natura*, »Von der Natur«, das die Physik der epikureischen Philosophie zum Gegenstand hat. Die Gattung, zu der er hiermit in Rom ein erstes Beispiel gab, hatte damals bereits eine lange griechische Tradition hinter sich. Sie ging auf eine Zeit zurück, die noch keine literarische Prosa und noch keine Trennung von Mythos, Geschichte und sonstigem überlieferungswürdigen Wissen kannte – sie war von Anfang an und blieb während der ganzen Antike ein Ableger des Epos.

Der ältere Typus, den die Geschichte des Lehrgedichts zeitigte, stand in den zweieinhalb Jahrhunderten von etwa 700 bis 450 v. Chr. in Blüte. Er zielte auf Weltverständnis und Weltdeutung; er befaßte sich nicht mit irgendwelchen Spezialitäten, vielmehr suchte er grundsätzliche Einsichten in die Ordnung des menschlichen Daseins oder der Natur zu vermitteln. Hesiod, der Archeget der Gattung, führte in der *Theogonie* eine mythische Entstehungsgeschichte des Kosmos und in den »Werken und Tagen« die rechtlich-sittlichen Fundamente des Bauerndaseins vor; Parmenides, Empedokles und andere Vorsokratiker verkündeten in ihren Lehrgedichten ihr philosophisch-physikalisches Weltbild.

Der jüngere Typus des Lehrgedichts, von dem älteren durch ein mehrhundertjähriges Intervall getrennt, kam in hellenistischer Zeit, im 3. Jahrhundert v. Chr., auf; er hatte mit dem älteren wenig mehr als den Namen gemein. Denn dort ging es nicht mehr um Weltdeutung (dafür war die philosophische Prosa da), ja nicht einmal um Wissensvermittlung (dazu diente die gewöhnliche Fachschriftstellerei) – es kam vielmehr vor allem auf die Form, die Technik der Darstellung an; es galt, einen möglichst spröden, möglichst unpoetischen Stoff mit Eleganz und Präzision poetisch zu meistern. Die Manieristen des hellenistischen Zeitalters verfaßten Lehrgedichte über Sternbilder, tierische Gifte, Bienenzucht und sonstige Partikularitäten – nicht um ihre Leser zu belehren, sondern um ihnen durch die Kunst der Darstellung Vergnügen zu bereiten.

Lukrez hat mit seinem Werk auch an das manieristische Fachgedicht des Hellenismus angeknüpft, z. B. wenn er sich im Proömium zum 4. Buche rühmt, einen unverbrauchten Stoff erschlossen zu haben und dunkle Themen in lichten Versen zu behandeln. Im ganzen aber herrscht bei ihm der Anspruch auf Weltdeutung und somit das Gepräge des archaischen griechischen Lehrgedichts vor. Seine vornehmste Absicht ist der Versuch, durch rationale Naturerklärung die Furcht vor den Göttern und vor dem Tode zu bekämpfen; er ist Aufklärer, und sein Werk atmet aufklärerisches Pathos. Die Götterfurcht wird durch die Erkenntnis als gegenstandslos erwiesen, daß alle kosmischen und meteorologischen Phänomene auf natürliche, physikalischer Kausalität folgende Weise zustande kommen; gegen die Todesfurcht wendet sich die These, daß alle Lebewesen, auch die Menschen, sterblich seien: die Seele gehe, Materie wie der Körper, mitsamt dem Körper zugrunde.

Das Werk treibt Physik um der Ethik willen: Das materialistische Weltbild Epikurs, das seinerseits auf der Atomlehre Demokrits (um 460 – um 370 v. Chr.) basiert, dient – wie bei Epikur selbst – dem Zweck, den Adepten zur Seelenruhe und so zu dem einzigen mit Sicherheit erreichbaren und durch äußere Umstände nicht gefährdeten Glückszustand zu verhelfen. Ob Lukrez für sein Werk Epikur selbst oder Schriften seiner Schüler benutzt hat, ist ungewiß; fest steht, daß er nirgends von der Doktrin des Schulgründers abwich. Er war kein originaler Denker und wollte es auch nicht sein: Er betrachtete sich als Mittler; seine Beisteuer war die künstlerische Form.

Überdies aber brachte er eine Tendenz mit, die Epikur und seinem griechischen Anhang in dieser Schärfe fremd war: die Polemik gegen die Religion, den Fanatismus, mit dem er, ohne Unterscheidungen zu machen, gegen jedwede Art von Götterverehrung zu Felde zog, die Inbrunst, mit der er den Schulgründer als Menschheitserlöser, als Befreier von wahnhafter Dämonenfurcht feierte. Man kann zur Erklärung auf das römische Milieu verweisen, auf die Bedeutung, die dem Kult dort zukam, auf die mit mancherlei Praktiken verbundene Götterscheu, die zumal in Krisenzeiten bisweilen extreme Formen annahm. Überdies will bedacht sein, daß Lukrez die Religion auch als Mittel von Herrschaftsausübung anprangert, wie das Beispiel der Opferung Iphigenies[12] zeigt, und daß er sie – so besonders im Proömium zum 2. Buch – als Teilerscheinung neben anderen wahnhaften Vorstellungen betrachtet wissen will, neben dem Streben nach Reichtum oder nach Macht. Es geht ihm um richtiges Werten in allen Bereichen des Lebens, im Sinne der epikureischen Anthropologie und Ethik. Daß ihn die Bedrängnisse seiner Zeit in seiner Einstellung bestärkten und um so mehr dazu nötigten, Zuflucht zur Heilslehre Epikurs zu nehmen, legt bereits das Proömium des 1. Buches nahe, mit der an Venus gerichteten Bitte, den schrecklichen Aufruhr des Krieges über alle Meere und Länder hin zur Ruhe zu bringen.[13]

Das Lehrgedicht *De rerum natura* läßt im ganzen eine klare Architektur erkennen; die störenden Details sind entweder durch den unfertigen Zustand oder durch Überlieferungsschäden verursacht. Das erste Buchpaar gilt den physikali-

---

12 1,80–106.
13 1,29 ff.

schen Grundlagen, der Atomlehre. Lukrez geht von dem Axiom aus, daß aus dem Nichts nichts entstehen könne; man müsse also, wenn man die Welt erklären wolle, die Materie als gegeben annehmen. Außer der Materie, den unsichtbaren Atomen, wird noch eine zweite axiomatische, ihrerseits nicht ableitbare Voraussetzung eingeführt: der leere Raum. Das 2. Buch legt daraufhin dar, wie sich die im Raum befindlichen, schräg fallenden Atome zu der wahrnehmbaren Welt vereinigen. Die Bücher 3 und 4 sind dem Menschen gewidmet; hier geht es zunächst um die Sterblichkeit von Geist und Seele, von *animus* und *anima*, und sodann um die Sinneswahrnehmungen, die untrügliche Basis aller Erkenntnis, und um das Liebesverlangen. Die Gegenstände des dritten Buchpaares nehmen gleichsam die Mitte zwischen Atomlehre und Anthropologie ein: Buch 5 beschreibt den konkreten Kosmos und bringt sodann Theorien zur Entstehung der Lebewesen und zur Entwicklung der menschlichen Kultur; Buch 6 erörtert die Meteorologie und Verwandtes: Gewitter, Wolken, Erdbeben, Vulkanismus und allerlei Naturwunder; berühmt ist der Schluß, die Schilderung der furchtbaren Pest, die zu Beginn des Peloponnesischen Krieges in Athen wütete.

Allen sechs Büchern gehen Proömien voraus; sie sind die poetischen Glanzstücke des Werks. Ein Hauptthema macht bei ihnen der Preis Epikurs aus – so zu Beginn der Bücher 3, 5 und 6, wo sie neben Inhaltsangaben das ganze Proömium füllen.

Die besonders kunstvoll aufgebaute Einleitung des ganzen Werks beginnt mit einem Hymnus auf die Göttin Venus. Lukrez setzte sich hiermit nicht in Widerspruch zur epikureischen Lehre, die die Götter nicht leugnete, sondern lediglich aus dem Kausalnexus der Natur entfernte; überdies ist die Partie nichts als die poetische Einkleidung des Preises der natürlichen Zeugungs- und Lebenskräfte, und ihre Stimmung bereitet vorzüglich auf das grandiose Weltgefühl vor, das das ganze Werk beseelt. Auf den Venus-Hymnus folgen im Proömium des 1. Buches ein erster Preis Epikurs und die Erklärung der Hauptabsichten des Lehrgedichts: der Kampf gegen Volksreligion und Priestertrug, der Nachweis physikalischer Gesetzmäßigkeiten als erlösende, von Furcht befreiende Botschaft.

Das Proömium des 2. Buches konfrontiert das Glück des Weisen – des philosophisch Gebildeten, der die epikureische Heilswahrheit besitzt – mit dem Elend der Toren, die ihren Begierden verfallen sind und sich mit allerlei Ängsten plagen müssen. Das 4. Proömium endlich hat poetologischen Inhalt: Lukrez reflektiert dort über das Verhältnis von sprödem Stoff und dessen die Eingängigkeit erleichternder Form.

Das Werk enthält Unstimmigkeiten, die noch immer einer befriedigenden Erklärung harren. Den Hauptanstoß bietet der Beginn des 4. Buches: Das dortige

Proömium (Vers 1–25) ist dem Leser bereits vom 1. Buch her bekannt (Vers 926–950), und auf dieses Proömium folgt eine doppelte Inhaltsangabe (Vers 26–44 und 45–53). Außerdem wird das Versprechen, das Lukrez im 5. Buch gibt (Vers 155), er wolle die epikureische Götterlehre behandeln, nirgends eingelöst. Sowohl diese als auch andere, geringere Störungen werden teils als Indizien für mangelnde Vollendung, teils als Interpolationen gedeutet.

In der Lukrez-Tradition hat bald der philosophische Inhalt, bald die poetische Form stärker beeindruckt. Die unmittelbar folgende Zeit bewunderte das Werk als Prototyp der Gattung; die *Georgica* Vergils, das *Aetna*-Gedicht und die *Astronomica* des Manilius bekunden direkt oder indirekt die Nachfolge. Die christlichen Autoren der Spätantike benutzten das Werk des Lukrez teils als Quelle – für ihre Polemik gegen die heidnischen Götter, für ihre bescheidenen naturwissenschaftlichen Interessen – und teils als Adressaten ihres Kampfes gegen die epikureische Philosophie; ihnen ging es somit um den Inhalt des Lehrgedichts.

Erst in der Hochrenaissance hat Lukrez nach einer langen Periode der Nichtbeachtung wieder Aufmerksamkeit erregt: Er inspirierte die neulateinische didaktische Poesie. Die wichtigste Phase seiner Wirkung fiel ins 17. Jahrhundert: Sein Werk wurde das Grundbuch des französischen Epikureismus, Gassendis und seiner Zeitgenossen. Man suchte die Lehre gegen die bis auf die Kirchenväter zurückgehende Polemik zu rechtfertigen und benutzte sie als Waffe gegen christliche Eiferer. So trug Lukrez in den Händen der Aufklärer zur allmählichen Auflösung des christlich-mittelalterlichen Weltbildes bei.

Die wichtigsten Textzeugen sind zwei Leidener Handschriften aus karolingischer Zeit. Die Geschichte des Lukrez-Textes wurde durch Karl Lachmann zum Musterfall der textkritischen Methode.

3. Das Ende der Komödie: Die Atellane und der Mimus

Um die Wende vom 2. zum 1. Jahrhundert v. Chr. war es mit der Palliata, der Komödie des Plautus und Terenz, zu Ende gegangen, und die Togata, das Lustspiel in italischem Milieu, hatte ihre beste Zeit hinter sich. Damals, in den unruhigen Jahrzehnten des Bundesgenossen- und des marianisch-sullanischen Bürgerkriegs, erlebte ein gröberer, der Posse vergleichbarer Typus szenischer

Darbietungen seine kurze Blüte: die Atellane. Diese Stegreifkomödie mit stereotypen Figuren[14] war wohl schon im 3. Jahrhundert v. Chr. aus Süditalien nach Rom gelangt; sie scheint sich dort in ihrer ursprünglichen Form, als improvisiertes Laienspiel, bis zum Ende der Republik einiger Beliebtheit erfreut zu haben. Daneben ist also in sullanischer Zeit eine ›literarische‹ Atellane im Schwange gewesen: Man bot Stücke mit ausgearbeitetem, vorher fixiertem und gewiß auch sorgfältig einstudiertem Text dar. Die Überlieferung hat vor allem zwei Namen von Verfassern derartiger Atellanen bewahrt: die des Lucius Pomponius aus Bononia und eines nicht näher bekannten Novius. Sie versorgten ein wohl überwiegend ordinäres Publikum mit ebensolcher Massenware. Es ist bedauerlich, daß von dieser das damalige Alltagsleben spiegelnden Gattung der Trivialliteratur kein einziges Exemplar erhalten blieb; nur Titel und Zitate vermitteln noch eine gewisse Vorstellung von der bunten Vielfalt der Sujets, der Pointen und des Vokabulars.

Eine ähnliche Bewandtnis hatte es mit einem anderen Typus der volkstümlichen Posse, mit dem Mimos oder Mimus (›Nachahmung‹). Er stammte aus Syrakus und fand vom Ende des 3. Jahrhunderts an auch in Rom eine Heimstatt, ab 173 v. Chr. als regelmäßige Darbietung der *ludi Florales*. Er stand als improvisiertes Possenspiel außerhalb der Literatur oder an deren Rande, und er unterschied sich in gewollter Kunstlosigkeit durch drei Merkmale von der Atellane: Er kannte keine festen, stereotyp wiederkehrenden Figuren; die Darsteller trugen keine Masken, und Frauenrollen wurden von Frauen gespielt. Als derber, mit einem Schauspielerinnen-Striptease endender Schwank gewann der Mimus um die Mitte des 1. Jahrhunderts v. Chr. erheblich an Beliebtheit und verdrängte die Atellane aus ihrer Rolle als Zwischen- oder Nachspiel dramatischer Darbietungen.

Als Autoren von Mimen taten sich in caesarischer Zeit Publilius und Decimus Laberius hervor. Publilius war Syrer; er kam als junger Sklave nach Italien; sein Talent verhalf ihm zur Freilassung. Er entwarf Stücke und trat selber darin auf; er hatte damit in den Landstädten derart viel Erfolg, daß Caesar ihn nach Rom holte. Hier behauptete Decimus Laberius das Terrain. Der durfte sich allerdings nur als Mimograph betätigen: Die eigenen Stücke auch zu spielen, verbot ihm sein Rang als Ritter – das Schauspielergewerbe galt als unehrlich. Caesars Machtwort entschied: Publilius und Laberius mußten als Improvisatoren gegeneinander antreten.

Der Prolog, in dem Laberius sich über diese Zumutung beklagte, ist er-

---

14 Siehe S. 33.

halten; die Anfangsverse lauten im Original und in der Übersetzung von Wieland:[15]

> *Necessitas, cuius cursus transversi impetum*
> *voluerunt multi effugere, pauci potuerunt,*
> *quo me detrusit paene extremis sensibus!*

»Die Not, ein Strom, den viele durch Entgegenschwimmen
zu überwinden schon versuchten, wenige
vermochten, wohin hat sie beinahe noch
in meinen letzten Augenblicken mich gebracht?«

Publilius trug den Sieg davon, doch Laberius erhielt aus der Hand Caesars den verlorenen Rang zurück.

Von den Stücken des Laberius sind über 40 Titel erhalten, sowie etwa 150 Verse oder Versteile, während sein Konkurrent nur mit zwei Stücken unsicheren Titels und anderthalb Dutzend Fragmenten Eingang in die Überlieferung gefunden hat. Man möchte diesen Unterschied darauf zurückführen, daß Laberius seine Stücke zu Literatur machte, indem er sie ganz ausarbeitete, wie eine Generation zuvor Pomponius und Novius ihre Atellanen ausgearbeitet hatten, Publilius sich hingegen mit Rohentwürfen, mit Szenarios begnügte.

Dieser Annahme steht indes entgegen, daß etwa 700 Sentenzen, die den Stücken des Publilius entnommen sind, die Zeiten überdauert haben: in verschiedenen Spruchsammlungen, zum Teil mit fremdem Gut vermischt. Auf ihnen – auf Lebensweisheiten wie:[16]

> *Etiam capillus unus habet umbram suam*

»Auch ein einzelnes Haar wirft seinen Schatten«,
oder:

> *Numquam diu, ubi fit ignis, defiat vapor*

»Niemals bleibt, wo Feuer gemacht wird, der Rauch lange aus« –
beruht der Nachruhm des Publilius: Sie wurden im Mittelalter und in der frühen Neuzeit gern als elementares Lese- und Lernbuch benutzt.

---

15 Macrobius, *Saturnalia* 2,7,3 = Ribbeck, CRF, Vers 98–124; Chr. M. Wieland, *Übersetzung des Horaz*, hrsg. von M. Fuhrmann, Frankfurt a. M. 1986, S. 827 f.
16 Friedrich Nr. 159; Nr. 389.

4. Cicero und die Beredsamkeit seiner Zeit

a) Die Anfänge der lateinischen Rhetorik

Im Jahre 161 v. Chr. hatte ein Dekret des Senats die in Rom ansässigen griechischen Philosophen und Rhetoren der Stadt verwiesen.[17] Die Maßnahme blieb ziemlich wirkungslos: Die Angehörigen der führenden Schicht fanden, wie der Werdegang des jüngeren Scipio und anderer bezeugt,[18] nach wie vor Mittel und Wege, sich in der Beredsamkeit ausbilden zu lassen. Dieser Unterricht erfolgte allerdings, von Griechen erteilt, durchweg in griechischer Sprache; sowohl die Vermittlung der Theorie, der Anweisungen und Regeln, als auch die praktischen Übungen vollzogen sich in dem fremden Medium.

Trotz verbreiteter Griechischkenntnisse scheint hierdurch mancher junge Römer in der Entfaltung seines Talents behindert worden zu sein; jedenfalls hat es offenbar kurz nach der Wende vom 2. zum 1. Jahrhundert v. Chr., in Ciceros Jugendzeit, erste Versuche gegeben, das Lateinische für den Rhetorikunterricht gefügig zu machen. Eine in lateinischer Sprache lehrende Rhetorikschule ist bekannt, weil sie den Zorn der Zensoren des Jahres 92 v. Chr. erregte: Sie wurde von einem gewissen Lucius Plotius Gallus, einem Freunde des Marius, betrieben, mußte aber ihre Pforten schließen, weil sie, die das Erlernen rhetorischer Künste von der Kenntnis des Griechischen unabhängig machte, der konservativen Obrigkeit suspekt war. Der Auflösungsbefehl hat gewiß keine einschneidenden Folgen gezeitigt: Von Ciceros Jugend an war die Rhetorik in Rom eine zweisprachige Angelegenheit, d. h., man pflegte sie sowohl in griechischer als auch in lateinischer Fassung zu studieren.

Zur lateinischen Version des Rhetorikunterrichts wurden bald auch die ersten bleibenden literarischen Beiträge geleistet: In den achtziger Jahren des 1. Jahrhunderts v. Chr., während des marianisch-sullanischen Bürgerkriegs, kamen nahezu gleichzeitig die beiden ältesten Rhetorik-Lehrbücher in lateinischer Sprache heraus, die an die Nachwelt gelangt sind: die Schrift des sogenannten *auctor ad Herennium* und Ciceros Jugendarbeit *De inventione* (»Von der Stoffauffindung«). Von beiden Werken behauptet die handschriftliche Überlieferung, daß sie von Cicero verfaßt seien; erst gegen Ende des 15. Jahrhunderts wurde erkannt, daß sich im Falle der einen Schrift weder die Selbstaussagen des Autors, insbesondere

---

17 Siehe S. 42.
18 Siehe S. 110 f.

hinsichtlich seiner literarischen Pläne, noch die politische Einstellung, die eine gewisse Affinität zur Revolutionspartei des Marius verrät, mit der Person des jungen Cicero vereinbaren lassen, und so pflegt man sie jetzt, da sich der wahre Verfasser nicht mehr hat ermitteln lassen, als »Rhetorik an Herennius« – nach dem Manne, dem sie gewidmet ist – zu bezeichnen.

Die beiden Lehrbücher, das Ciceronische und das pseudociceronische, stehen einander nicht nur zeitlich nahe; sie zeigen auch allerlei sachliche und sprachliche Übereinstimmungen: im Plan des Ganzen, in der Terminologie, in den Beispielen. Ihre Verfasser haben somit großenteils dieselbe Quelle benutzt, die wohl ebenfalls schon in lateinischer Sprache abgefaßt war. Trotz der hierdurch bedingten Gemeinsamkeiten weichen die beiden Schriften in ihrer Denkart und Einstellung erheblich voneinander ab: Die Herennius-Rhetorik will nüchtern und robust zur praktischen Handhabung des Wortes anleiten, zumal auf advokatorisch-juristischem Felde; Ciceros Traktat hingegen bemüht sich um ein reflektierteres, stärker der politischen Dimension zugewandtes Verhältnis zu seinem Gegenstand.

Die »Rhetorik an Herennius« behandelt in vier Büchern die gesamte rhetorische Theorie. Als oberstes Gliederungsprinzip dienen die *officia oratoris*, die Arbeitsgänge, die zum Verfertigen und Darbieten einer Rede erforderlich waren: die Auffindung des Stoffes, die Gliederung des Stoffes, die sprachliche Einkleidung, das Auswendiglernen und der Vortrag. Die Lehre von der Stoffauffindung, das komplizierteste Gebiet, füllt die ersten zweieinhalb Bücher; dort sind die Vorschriften nach den drei Redegattungen und innerhalb jeder Gattung nach den Redeteilen (Einleitung, Erzählung usw.) angeordnet, und bei der Gerichtsrede hat außerdem noch das System des juristischen Status Platz gefunden. In der zweiten Hälfte des 3. Buches bringt der Autor die Anweisungen zur Stoffgliederung und – indem er die zeitliche Folge der Arbeitsgänge außer acht ließ – zur Vortragsweise und zum Auswendiglernen; das 4. Buch, das beinahe so lang ist wie die drei ersten insgesamt, führt die Lehre von der *elocutio*, vom rhetorischen Stil, vor.

Das Werk ist ein frisches, ohne Umschweife zupackendes Kompendium. Der Autor hält die Subtilitäten seiner griechischen Kollegen für unnütze Ausgeburten der Eitelkeit, und die Kunststücke der Dialektiker bedenkt er unverhohlen mit Spott und Verachtung.[19] Seine Ausdrucksweise ist bisweilen schwerfällig und unbeholfen; man glaubt zu spüren, daß die rhetorische Theorie zu seiner Zeit noch nicht von Ciceros Meisterhand geformt war. Um so erfreuter nimmt man zur Kenntnis, daß er den Begriffen und abstrakten Definitionen nicht allzusehr ver-

---

19 1,1 und 2,16.

traut und alles durch Beispiele veranschaulicht. In dieser Hinsicht erweist er sich als besonders vielseitig: Manches entstammt dem griechischen Mythos, anderes den römischen Dichtern; bisweilen bringt er konstruierte Schulfälle, doch das meiste hat er der politischen und gerichtlichen Praxis seiner Zeit entlehnt.

Ciceros rhetorische Frühschrift hatte – wie die »Rhetorik an Herennius« – die gesamte Theorie der Redekunst darstellen sollen. Sie blieb unvollendet; nur die beiden ersten Bücher, die sich mit der Stoffauffindung befassen, wurden ausge-führt, weshalb das Werk den Titel *De inventione* erhielt. Die einfache Gliederung stellt zunächst die Status vor, behandelt sodann die Teile der Rede und widmet sich schließlich – im 2. Buch – den Gattungen, wobei unter der Rubrik Gerichts-rede die Status ausführlich erörtert werden. Die drei Gliederungsprinzipien – Status, Redeteile, Redegattungen –, die der *auctor ad Herennium* ineinanderge-schachtelt hat, stehen somit bei Cicero je für sich nebeneinander.

Auch der junge Cicero hat mitunter einige Mühe, die Doktrin der griechischen Rhetorik in präzises, faßliches Latein zu gießen. Er schreibt jedoch im ganzen flüs-siger als sein anonymer Zeitgenosse, und sein Satzbau zeichnet sich durch größere Geschmeidigkeit aus. Das auffälligste Merkmal seines Versuchs ist indes das Be-mühen um philosophische Fundierung. Wahrscheinlich macht sich hierin der Ein-fluß seines Lehrers Philon aus Larissa bemerkbar, der als Schulhaupt der Akademie die dortselbst seit Platon geächtete Rhetorik in sein Lehrprogramm aufgenommen hatte. Zumal die Einleitung der Schrift *De inventione* bekundet Ciceros Bedürfnis, über die Grundlagen und Zwecke der Beredsamkeit zu reflektieren. Es geht ihm hierbei um die alte Frage, ob die Kunst der Rede der Menschheit mehr genutzt oder mehr geschadet habe. Cicero meint, daß es ohne Beredsamkeit kein gedeihli-ches menschliches Zusammenleben, keine menschliche Kultur geben könne – sie müsse allerdings mit Weisheit, mit politischer Einsicht und mit Verantwortungs-gefühl gepaart sein; wenn sie sich zu einer formalen Fähigkeit verselbständige, dann vermöge sie, wie die Geschichte lehre, überaus verderblich zu wirken.

b) Marcus Tullius Cicero

Biographisches

MARCUS TULLIUS CICERO, der Politiker, Redner, Philosoph und Prosaschriftstel-ler, ist unbestrittenermaßen die am besten bekannte Persönlichkeit der Antike: durch Zeugnisse anderer und vor allem durch sich selbst, insbesondere durch die erhaltenen Teile seiner Privatkorrespondenz, eine Quelle, für die es weder bei den Griechen noch bei den Römern eine Parallele gibt. Seine Werke, eine an Umfang und Vielseitigkeit unübertroffene literarische Leistung der römischen Republik, spiegeln eine ungewöhnlich reiche und wechselvolle Epoche und geben Aufschluß über die verschiedensten Gebiete einer reifen Kultur: über die politischen Geschehnisse, über den Staat, seine Verfassung und seine Institutionen, über das Recht sowie über die Verwaltungspraxis in Rom und in den Provinzen, über die gesellschaftlichen Verhältnisse, insbesondere über die oberen Stände und ihren Ehrenkodex, über die Krise einer überlieferten Sittenordnung und die mit ihr einhergehenden Konflikte, über die damaligen philosophischen und literarischen Strömungen und schließlich über die Denkweise, die Triebkräfte und die Sehnsüchte vieler Zeitgenossen.

Bei Cicero, dem universalsten Kopf seines Jahrhunderts, liefen gleichsam alle Fäden zusammen; er war ein unermüdlicher Korrespondent und unterhielt vielfältige Beziehungen zu einem großen Teil der bedeutenden Persönlichkeiten seiner Epoche. Er tritt selbst in mannigfachen Rollen vor das Auge der Nachwelt: nicht nur den genannten öffentlichen, sondern auch in den privaten eines reichen und zugleich von Schulden geplagten Grandseigneurs, eines unerschöpflichen Produzenten von Witzen und Pointen, eines sich aufopfernden Freundes und sich sorgenden Familienvaters und nicht zuletzt in der eines einsamen, schwächlichen, irrenden und seinen Stimmungen ausgelieferten Menschen.

Cicero wurde am 3. Januar 106 v. Chr. in Arpinum, einer Volskerstadt am Liris, etwa 100 km südöstlich von Rom, geboren, in demselben Ort, aus dem auch Marius stammte. Der Vater, der dem Ritterstand angehörte, lebte dort still und zurückgezogen auf dem bescheidenen Gut der Familie; er war von schwacher Gesundheit und verzichtete daher auf öffentliches Wirken. Er plante die Erziehung seiner beiden Söhne – des Marcus und des jüngeren Quintus – mit großer Sorgfalt; hierbei waren Beziehungen zu den beiden bedeutendsten Rednern der Zeit von Nutzen, zu Lucius Licinius Crassus und Marcus Antonius. Die Brüder wurden nach Rom geschickt; Marcus fiel sofort durch seine immense Begabung auf.

Wer den Fünfzehn- bis Sechzehnjährigen mit den Anfangsgründen der Rhetorik vertraut gemacht hat, ist nicht bekannt. Er lernte vor allem auf dem Forum, indem er den Rednern, die dort auftraten, zuhörte. Er wurde außerdem von seinem Vater in das Haus des Quintus Mucius Scaevola, des Augurs, eingeführt;[20] diese Beziehung verschaffte ihm die ersten Kenntnisse auf dem Felde des Privatrechts. Er hat sich danach, als der Augur gestorben war, bei Scaevola, dem Pontifex, juristisch weitergebildet. Im Jahre 89 v. Chr., während des Bundesgenossenkrieges, leistete er seinen Militärdienst – zunächst im Heer des Gnaeus Pompeius

---

20 Siehe S. 116.

Strabo, beim Vater des berühmten Pompeius, und dann unter Sulla. Hiermit fand seine militärische Karriere ein rasches Ende; er war keine soldatische Natur und machte kein Hehl daraus.

Die Jahre der marianisch-sullanischen Wirren hat Cicero benutzt, sich intensiv mit den beiden griechischen Bildungsmächten, mit Rhetorik und Philosophie, zu beschäftigen. Unter den Redelehrern, bei denen er damals übte, ragt APOLLONIOS MOLON aus Rhodos hervor; bei ihm hat er später, während seiner Bildungsreise in den Osten, noch einmal studiert, um seine Sprechtechnik zu verbessern.

Sein wichtigster philosophischer Lehrer jener Zeit war PHILON AUS LARISSA, Repräsentant der skeptischen Akademie – der ›skeptischen‹, weil die Schule Platons seit Karneades die Möglichkeit unumstößlich sicherer Wahrheitserkenntnis bestritt. Bald darauf, mit Antiochos aus Askalon, kehrte sie allerdings zu ihrer ursprünglichen Position, zum Glauben an unwiderlegliches Wissen, zurück. Doch Cicero ist zeit seines Lebens skeptischer Akademiker geblieben: Die skeptische Methode, durch Erörterung des Für und Wider die jeweils wahrscheinlichste Lösung ausfindig zu machen, war ihm, dem Redner und Politiker, gemäßer als jedweder Dogmatismus.

Cicero, der nicht schon kraft seiner Geburt der Senatsaristokratie angehörte, der als Ritter ein *homo novus* war wie der ältere Cato,[21] mußte sich, wenn er die politische Laufbahn einschlagen und dort gar die höchsten Stufen erreichen wollte, durch besondere Leistungen hervortun. Für ihn, den rednerisch Begabten, kam der Beruf des Anwalts, des *patronus* in Betracht, und so begann er, etwa fünfundzwanzigjährig, nachdem der Bürgerkrieg beendet war und Sulla den konservativen Kräften wieder zu sicherem Besitz der Macht verholfen hatte, seine öffentliche Wirksamkeit, indem er als Verteidiger auftrat. Die zweite der aus dieser Zeit erhaltenen Reden, für einen gewissen Sextus Roscius aus Ameria, der des Vatermords angeklagt war, wirft ein düsteres Licht auf die korrupten Zustände unmittelbar nach den furchtbaren Sullanischen Proskriptionen (den Vogelfreierklärungen politischer Gegner); sie war ein großer Erfolg. Cicero hatte in seinen Angriffen gegen einen Günstling Sullas Mut bewiesen: Er stand ganz und gar auf seiten des siegreichen Senatsregimes, ging jedoch schonungslos gegen Exzesse und Rechtsbrüche vor. Er hätte dies schwerlich wagen können, wäre er nicht von gemäßigten, reformbereiten Kreisen der Senatsaristokratie gestützt worden.

Er war damals von eher schwächlicher Konstitution; er übernahm sich und geriet in eine physische Krise; zumal seine Stimme schien gefährdet. Er unterbrach die Anwaltstätigkeit, die so verheißungsvoll begonnen hatte, und trat eine Erho-

21 Siehe S. 99.

lungs- und Bildungsreise an, die ihn nach Griechenland und an die kleinasiatische Küste führte – Hauptziel der etwa zweijährigen Unternehmung (79–77 v. Chr.) war die Schulung der Stimme. Er hat außerdem in Athen ANTIOCHOS AUS ASKALON, den Nachfolger seines Lehrers Philon, gehört und auf Rhodos den Stoiker POSEIDONIOS, den bedeutendsten Philosophen jener Zeit, besucht.

Nach seiner Rückkehr begann er aufs neue, sich als Prozeßbeistand zu betätigen; außerdem war er nunmehr alt genug, die republikanische Ämterleiter zu erklimmen, und er wurde im Jahre 75 v. Chr. Quästor, im Jahre 69 v. Chr. Ädil und drei Jahre darauf Prätor. In die Jahre 71/70 v. Chr. fiel der größte Prozeß seines Lebens, das Verfahren gegen Gaius Verres, den erpresserischen Statthalter Siziliens, worin er ausnahmsweise die Rolle des Anklägers übernahm; er überwand mit Umsicht und Tatkraft alle Hindernisse, die eine ganze Clique ihm bereitete, und galt, nachdem er Verres in die Verbannung getrieben hatte, als der erste Anwalt Roms. Seine politische Linie stimmte mit der, die er zehn Jahre zuvor befolgt hatte, überein: Er stand fest auf dem Boden der überkommenen Adelsrepublik, suchte jedoch Schäden, die sich durch Machtmißbrauch und Korruption bei ihr einfraßen, von ihr abzuwenden.

Seine erste politische Rede hielt er während seiner Prätur: Er empfahl die Annahme eines Gesetzesantrags, der außerordentliche Vollmachten für Pompeius im Krieg gegen Mithridates VI. von Pontos vorsah. Er wollte sich hiermit den mächtigen, erfolgreichen Feldherrn verpflichten; andererseits erregte seine Ansprache Mißtrauen bei der Senatsaristokratie. Gleichwohl gelang es seinem Geschick und seinem Eifer – und nicht zuletzt der Fragwürdigkeit seiner Rivalen –, das Konsulat für das Jahr 63 v. Chr. zu erreichen; der Bruder Quintus hatte hierzu einen Ratgeber, das erhaltene *Commentariolum petitionis* (»Denkschrift zur Bewerbung um das Konsulat«), aufgesetzt.

Mit dem Konsulat, dem obersten Jahresamt der Republik, hatte Cicero den Höhepunkt seiner Laufbahn erreicht. Er erhielt hinlänglich Gelegenheit, sich zu bewähren: Der marode Staat forderte wiederholt zweifelhafte Kräfte auf, in die Verfassung einzubrechen. Einen Gesetzesantrag zur Bodenreform wußte Cicero dadurch aus dem Felde zu schlagen, daß er behauptete, die für die Durchführung vorgesehene Kommission werde, wenn sie erst am Ruder sei, mit unumschränkter Gewalt regieren können. Vor allem gelang es ihm, den Putschisten Catilina unschädlich zu machen: Er entlarvte seine Pläne und ließ fünf seiner Helfer verhaften und, nachdem er sie überführt hatte, hinrichten. Die Senatsaristokratie feierte ihn daraufhin als Retter und Vater des Vaterlandes, und er selbst überschätzte die Bedeutung seines Erfolges – er glaubte, daß die seit gracchischer Zeit schwärende Krise des Staates nunmehr endgültig überwunden sei. Sein politischer Slogan lautete *concordia ordinum*, Eintracht zwischen Senatsaristokratie und Ritterschaft; hierbei machte er sich von der Zuverlässigkeit dieser Schichten und von ihrem politischen Einfluß eine falsche Vorstellung.

Die fünf Catilinarier waren standrechtlich, ohne ein ordentliches Verfahren, hingerichtet worden, und so sah sich Cicero nach seinem Konsulat von den erstarkenden revolutionären Kräften einer zunehmend heftigen Kritik ausgesetzt. Die Mächtigsten im Staate, Caesar, Pompeius und Crassus, schlossen sich damals zu einem Dreibund, zum sogenannten Ersten Triumvirat, zusammen, zu einem Revolutionskomitee, das, auf Truppen gestützt, die Politik bestimmte, während die republikanische Verfassung zum Scheine bestehenblieb (60 v. Chr.). Als Cicero sich weigerte, mit dem Dreibund gemeinsame Sache zu machen, erhielt sein persönlicher Todfeind, der Volkstribun Clodius, freie Hand, ihn wegen der Catilinarier zur Rechenschaft zu ziehen – Cicero ging, ohne den Prozeß abzuwarten, in die Verbannung nach Thessalonike (58 v. Chr.).

Nach etwa anderthalb Jahren des Klagens über sein schweres Los durfte er zurückkehren – abermals verkannte er die Lage und wähnte, die Krise des Staates sei für immer überwunden. Die Dreimänner aber ließen ihn wissen, daß sein Verbleiben in Rom von seinem politischen Wohlverhalten abhänge. Er mußte auf ihre Weisung hin selbst ehemalige Gegner vor Gericht verteidigen – er war sich seiner mißlichen Lage bewußt und wagte gleichwohl nicht, sich die volle Wahrheit einzugestehen. Er fand Trost in der Schriftstellerei: Damals entstanden seine selbständigsten Dialoge, das rhetorische Hauptwerk *De oratore* sowie die nur zu Teilen erhaltene staatsphilosophische Schrift *De re publica*. Als sich schon der caesarische Bürgerkrieg zusammenbraute, erhielt er den Auftrag, als Prokonsul die Provinz Kilikien zu verwalten (51 v. Chr.); am Vorabend des Krieges kehrte er zurück (Ende 50 v. Chr.).

Er hoffte, zwischen dem Senat und Caesar vermitteln zu können; als er sich endlich von der Unerfüllbarkeit seiner Friedenswünsche überzeugt hatte, schlug er sich mit halbem Herzen auf die Seite der Senatspartei und des Pompeius: Er ging in deren Machtbereich nach Griechenland. Im Sommer 48 v. Chr. kam es bei Pharsalus in Thessalien zur Entscheidungsschlacht; die Truppen der Senatspartei unterlagen, und Pompeius, der sich nach Ägypten zu retten suchte, wurde umgebracht. Cicero kehrte nach Italien zurück; er mußte etwa ein Jahr lang in Brundisium ausharren, bis ihm die Begnadigung durch Caesar – der ihn stets mit Takt und Respekt behandelt hatte – die Bewegungsfreiheit zurückgab (47 v. Chr.).

Cicero geriet nunmehr, während der Diktatur Caesars, in das Fahrwasser von dessen Versöhnungspolitik, wobei er sich von einer neuen Seite zeigte: Er setzte sich durch Antichambrieren, Korrespondieren und Plädoyers für die Begnadigung politischer Gegner Caesars ein. Hauptsächlich aber oblag er der philosophischen Schriftstellerei. Er hat in etwa zweieinhalb Jahren (Ende 47–44 v. Chr.), in einer Schaffensperiode, die auch durch den Tod der geliebten Tochter Tullia nicht lange unterbrochen wurde, die Mehrzahl seiner philosophischen und rhetorischen Schriften verfaßt.

Die Ermordung Caesars an den Iden des März 44 v. Chr. führte eine weitere Peripetie in Ciceros wechselvollem Leben herbei – es sollte die letzte sein. Cicero leitete von Dezember 44 bis zum Frühjahr 43 v. Chr. die Geschicke der römischen Republik; er unternahm gemeinsam mit den Caesar-Mördern Brutus und Cassius noch einmal einen Versuch, die überlieferte Verfassung allen revolutionären Gewalten zum Trotz zu bewahren. Dabei beging er den verhängnisvollen Fehler, sich im Kampf gegen den Caesarianer Antonius auf den Caesar-Erben, den jungen Oktavian, als Bundesgenossen einzulassen; die vierzehn »Philippiken«, sein letztes rednerisches Werk, halten diesen verzweifelten Kampf in allen Phasen fest. Im Sommer 43 v. Chr. machten Antonius und Oktavian ihrer Gegnerschaft ein Ende. Die von ihnen gemeinsam beschlossenen Proskriptionen erklärten Cicero für vogelfrei; er wurde am 7. Dezember desselben Jahres ermordet.

Werke

Das Corpus der Werke Ciceros besteht aus: den Reden, den philosophischen Schriften, den Briefen und den Resten des nicht Erhaltenen, insbesondere der poetischen Versuche. Diese Einteilung betrachtet die rhetorischen Schriften als den philosophischen zugehörig, einmal weil die beiden Meisterstücke Ciceros, *De oratore* und *De re publica* aufeinander bezogen sind und einander ergänzen, zum anderen weil Cicero selbst dies so angesehen wissen wollte, wie der Katalog seiner Werke bezeugt, den er dem 2. Buch seiner Schrift *De divinatione* (»Über die Weissagung«) vorausgeschickt hat.

Die Reden

Von Cicero sind insgesamt 54 Reden erhalten, einige davon nur ziemlich fragmentarisch. Außerdem haben andere Schriftsteller durch Zitate von 17 weiteren Reden Bruchstücke bewahrt, und schließlich teilen die Quellen die Titel von etwa 30 Reden mit, die gänzlich verloren sind. Diese Nachrichten können sich indes auf Reden beziehen, die Cicero zwar bei irgendeinem Anlaß gehalten, jedoch nach dem mündlichen Vortrag nicht auch als Buch veröffentlicht hat. Eine besondere Bewandtnis hat es mit der umfangreichen, aus fünf Büchern bestehenden 2. Rede gegen Verres: Cicero wurde um die Gelegenheit gebracht, den gewaltigen Prozeßstoff, den er darin zusammengestellt hat, vor dem Gericht auszubreiten, da sich der Angeklagte bereits durch die Flucht ins Exil dem Verfahren entzogen hatte. Auch mit der 2. Philippika hat es wohl eine besondere Bewandtnis: Diese Invektive gegen Antonius ist nie vorgetragen und wahrscheinlich erst nach Ciceros Tod publiziert worden.

Während die Hinterlassenschaft der griechischen Redner in geschlossenen Corpora, in Sammlungen überliefert ist, die irgendein Philologe in antiker oder byzantinischer Zeit veranstaltet hat (die Handschriften enthalten daher jeweils denselben Inbegriff von Reden in gleicher Reihenfolge), bietet sich das oratorische Œuvre Ciceros dem Betrachter als chaotisches Trümmerfeld dar: Fast jede Rede hat eine von den übrigen abgesonderte Überlieferungsgeschichte. Es gibt daher keine seit alters gültige Zählung und Anordnung. Man kann die Reden zunächst nach sachlichen Gesichtspunkten gruppieren, d. h. sie in politische und Prozeßreden einteilen und bei den Prozeßreden zwischen Zivil- und Strafsachen unterscheiden. Doch die Grenzen zwischen Strafprozeß und Politik waren im spätrepublikanischen Rom fließend; es ist daher wohl besser, von vornherein nur das chronologische Kriterium zu verwenden.

Das Corpus der Ciceronischen Reden gliedert sich, chronologisch betrachtet, in die folgenden fünf Gruppen:

1. Die Reden der Aufstiegszeit (81–64 v. Chr.; die vor dem Konsulat gehaltenen Reden);
2. die Reden vom Konsulat bis zum Exil (63–58 v. Chr.; die Reden des Konsulatsjahrs und aus der Zeit der vergeblichen Verteidigung der Konsulatspolitik);
3. die Reden von der Rückkehr aus dem Exil bis zur Statthalterschaft in Kilikien (57–52 v. Chr.; die Reden aus der Zeit der Abhängigkeit von der Politik des Dreibundes);
4. die Reden unter Caesars Diktatur (46–45 v. Chr.);
5. die vierzehn Reden gegen Antonius, die sogenannten Philippischen Reden (44–43 v. Chr.).

Diese Rubrizierung ist nicht nur von äußerlicher Art. Die Gruppen 2–5 sind jeweils durch längere Intervalle voneinander getrennt; währenddessen aber hatten sich die politischen Verhältnisse und demzufolge auch Ciceros eigene Position stark verändert, und all dies pflegt sich in den Reden zu spiegeln. Die Gruppen unterscheiden sich voneinander durch die jeweilige Gesamtatmosphäre; da Cicero sich oft wiederholte, sind die Reden einer jeden Gruppe durch gemeinsame Motive miteinander verbunden.

Die Reden der Aufstiegszeit zeigen den strebsamen Anwalt, der sich durch geschickte Plädoyers einen Namen zu machen sucht. Erhalten sind acht Reden sowie das seinerseits aus drei Reden bestehende Corpus Verrinum, nämlich:

1. *Pro Publio Quinctio* (81 v. Chr.; Rede des Klägers in einem Privatprozeß);
2. *Pro Sex. Roscio Amerino* (80 v. Chr.; Rede des Verteidigers in einem Strafprozeß);
3. *Pro Quinto Roscio comoedo* (wohl 76 v. Chr.; Rede des Beklagten in einem Privatprozeß);
4. *Pro Marco Tullio* (72–71 v. Chr.; Rede des Klägers in einem Prozeß um ein Privatdelikt);
5. *In Quintum Caecilium* (70 v. Chr.; Rede in einem Vorverfahren zwecks Bestimmung des Anklägers des Verres);
6. *In Gaium Verrem actio prima* (70 v. Chr.; erste Rede des Anklägers in einem Strafprozeß);
7. *In Gaium Verrem actio secunda* (70 v. Chr.; zweite Rede des Anklägers in einem Strafprozeß);
8. *Pro Marco Fonteio* (wohl 69 v. Chr.; Rede des Verteidigers in einem Strafprozeß);
9. *Pro Aulo Caecina* (wohl 69–68 v. Chr.; Rede des Klägers in einem Privatprozeß);
10. *De imperio Gnaei Pompei* (66 v. Chr.; politische Rede);
11. *Pro Aulo Cluentio Habito* (66 v. Chr.; Rede des Verteidigers in einem Strafprozeß).

Wie ersichtlich, begann Ciceros Karriere vor Gericht; von den hier aufgezählten frühen Reden ist lediglich die für Pompeius kein Anwaltsplädoyer. In vier Fällen handelte es sich um privatrechtliche Streitigkeiten; hier trat Cicero dreimal für den Kläger und einmal für den Beklagten ein. Nach dem Prozeß des Caecina hat Cicero keine Privatsachen mehr übernommen. Bei den Verfahren gegen Roscius aus Ameria und Cluentius Habitus ging es um Mord. Verres und Fonteius sollten sich der Untertanenerpressung schuldig gemacht haben; hier fungierte Cicero in dem einen Fall als Ankläger, in dem anderen als Verteidiger.

Die frühen Reden zählen zu den frischesten, lebendigsten Dokumenten Ciceronischer Eloquenz. Der Stil zeigt zunächst noch jugendlichen Überschwang, zumal in den beiden Plädoyers für die Roscier. Ciceros Erzählergabe findet in einigen Stücken Gelegenheit zu farbigen Sittengemälden, vor allem in den beiden Mord-Verteidigungen für Roscius aus Ameria und Cluentius Habitus. Die Cause célèbre war die Anklage des Verres. Die nicht gehaltene *Actio secunda* – eine fiktive Prozeßrede also – beginnt chronologisch, mit der Vita ante acta des Angeklagten (Buch 1), und führt sodann die Delikte der sizilischen Statthalterschaft nach sachlichen Rubriken geordnet vor (Buch 2–5). Das umfängliche Prozeßmaterial vermittelt ein unvergleichliches Bild von den Zuständen, wie sie zu Zeiten der Republik in den römischen Untertanengebieten herrschen konnten. Das an novellistischen und anekdotischen Schilderungen besonders reiche 4. Buch befaßt sich mit den Kunsträubereien des Verres.

Aus dem Konsulatsjahr sind neun, aus der folgenden Zeit bis zum Exil drei Reden erhalten, nämlich:

12.–14. *De lege agraria I–III* (Cicero bekämpft den Vorschlag eines Ackergesetzes);

15.   *Pro Gaio Rabirio perduellionis reo* (Rede des Verteidigers in einem politischen Strafprozeß);

16.–19. *In Catilinam I–IV* (Cicero entlarvt den Putschisten Catilina und beantragt die Bestrafung seiner Anhänger);

20.   *Pro Lucio Murena* (Rede des Verteidigers in einem politischen Strafprozeß);

21.   *Pro Publio Sulla* (62 v. Chr.; Rede des Verteidigers in einem Strafprozeß);

22.   *Pro Aulo Licinio Archia poeta* (62 v. Chr.; Rede des Verteidigers in einem Strafprozeß);

23.   *Pro Lucio Flacco* (59 v. Chr.; Rede des Verteidigers in einem Strafprozeß).

In dieser Phase sprach Cicero nur noch als Politiker und Strafverteidiger. Die Reden *De lege agraria* und *In Catilinam* bezeugen zwei erfolgreiche politische Aktionen des Konsuls: die Abweisung eines Gesetzesantrags zur Bodenreform und den Kampf gegen Catilina. In den Strafprozessen des Amtsjahrs ging es einerseits um Hochverrat (Rabirius), andererseits um unerlaubte Wählerbeeinflussung (Murena). Die drei Strafverfahren der Folgezeit hatten Gewaltanwendung (Sulla), Anmaßung des römischen Bürgerrechts (Archias) sowie – einmal wieder – Untertanenerpressung zum Gegenstand (Flaccus).

Während sich der emporstrebende Cicero des öfteren gegen Mißstände im aristokratischen Regime wendete (im Plädoyer für Roscius aus Ameria, in den Verres-Reden), dokumentiert ein erheblicher Teil der Konsulatsreden das entgegengesetzte Extrem: Die revolutionären Kräfte, die Popularen, mußten in die Schranken gewiesen werden. Diese neue Zielrichtung ist durch Ciceros veränderte Position bedingt; ein politischer Stellungswechsel hat nicht stattgefunden. Die Erfolge des Konsulats und ihre Rechtfertigung geben Anlaß zu einem Motiv, das sich in den Reden der fünfziger Jahre erheblich steigert: zum Eigenlob, zur Überschätzung der eigenen Leistungen und der eigenen Person. Das kleine Plädoyer für den Dichter Archias, einen gebürtigen Griechen, dem sein römisches Bürgerrecht streitig gemacht wurde, ist ein Kabinettstück von hohem kultur- und literarhistorischem Wert.

Die dritte Gruppe in Ciceros oratorischem Œuvre, die Reden aus der Zeit der Dreimännerherrschaft, umfaßt die folgenden 14 Stücke:

24.–25. *Cum senatui / populo gratias egit* (57 v. Chr.; ein Redepaar, worin Cicero allen dankt, die bei seiner Rückberufung aus dem Exil mitgewirkt haben);

26. *De domo sua* (57 v. Chr.; in eigener Sache: Cicero verlangt die vollständige Rückerstattung seines Grundstücks am Palatin);

27.–28. *Pro Publio Sestio; In Vatinium testem interrogatio* (56 v. Chr.; Rede des Verteidigers in einem politischen Strafprozeß, nebst Invektive gegen einen unbequemen Zeugen);

29. *De haruspicum responso* (56 v. Chr.; priesterliche Besorgnis wird politisch ausgelegt – Cicero antwortet auf die Version seines Todfeindes Clodius);

30. *Pro Marco Caelio* (56 v. Chr.; Rede des Verteidigers in einem Strafprozeß);

31. *De provinciis consularibus* (56 v. Chr.; politische Rede);

32. *Pro Lucio Cornelio Balbo* (56 v. Chr.; Rede des Verteidigers in einem Strafprozeß);

33. *In Lucium Calpurnium Pisonem* (55 v. Chr.; Invektive);

34. *Pro Marco Aemilio Scauro* (54 v. Chr.; Rede des Verteidigers in einem Strafprozeß);

35. *Pro Gnaeo Plancio* (54 v. Chr.; Rede des Verteidigers in einem Strafprozeß);

36. *Pro Gaio Rabirio Postumo* (54/53 v. Chr.; Rede des Verteidigers in einem Strafprozeß);

37. *Pro Tito Annio Milone* (52 v. Chr.; Rede des Verteidigers in einem Strafprozeß).

Diese Gruppe spiegelt die Spannungen und Risse, die die Politik während ihrer Entstehungszeit durchzogen. In den ersten drei Stücken, den Rückkehrreden (denen man noch *De haruspicum responso* zurechnen kann), ist Cicero sich selber Gegenstand: Die Konsulatspolitik und das Exil werden zu staaterhaltenden Taten emporstilisiert. Die illusorische Voraussetzung einer von den Dreimännern unabhängigen Politik zeitigt einerseits das Glanzstück *Pro Sestio*, worin Cicero unter der Devise *cum dignitate otium* (»mit Würde gewahrter Friede«) seine Vorstellung von der römischen Adelsrepublik zum Ausdruck bringt, und andererseits häßliche Pamphlete (*In Vatinium; In Pisonem*; auch *De haruspicum responso*): Der Redner drischt in ohnmächtigem Zorn auf Gegner der zweiten Garnitur ein. In noch unerfreulicherem Lichte – als Handlanger der Dreimänner – zeigt er sich in dem Senatsantrag über die konsularischen Provinzen.

In den Prozeßreden geht es um Gewaltanwendung (Sestius, Caelius, Milo), Anmaßung des Bürgerrechts (Balbus), Untertanenerpressung (Scaurus, Rabirius Postumus) und unerlaubte Wählerbeeinflussung (Plancius). Die Verfahren, die zu diesen Plädoyers Anlaß gaben, spielten sich meist abseits von der ›großen‹ Politik, den Auseinandersetzungen zwischen den Dreimännern und der Senatspartei, ab; Balbus allerdings war ein prominenter Gefolgsmann Caesars, und mit der Attacke gegen ihn sollte der Anführer getroffen werden. Für die Fortsetzung der kultur- und sittengeschichtlichen Linie im rednerischen Œuvre Ciceros sorgt das Plädoyer für Caelius: Ein lebenserfahrener Beobachter schildert mit Grazie eine in Auflösung begriffene Gesellschaft, in der Clodia – wahrscheinlich die Geliebte Catulls – eine herausragende Rolle spielt. Die Rede für Milo endlich, den rauflustigen Bundesgenossen, der Clodius erschlagen hatte, verdient aus anderen Gründen besondere Aufmerksamkeit: Sie ist durch ihre Diktion und ihren Aufbau ein Meisterwerk, und sie stellt Cicero, der die Verteidigung Milos gegen den Willen Caesars und des Pompeius übernahm, ein ehrenhaftes Zeugnis aus.

Die kleine Gruppe der Caesar-Reden besteht aus drei Stücken:

38. *Pro Marco Marcello* (46 v. Chr.; Danksagung an Caesar wegen einer Begnadigung);
39. *Pro Quinto Ligario* (46 v. Chr.; Rede des Verteidigers in einem politischen Strafprozeß);
40. *Pro rege Deiotaro* (45 v. Chr.; Rede des Verteidigers in einem politischen Strafprozeß).

Diese Reden sind von den vorangehenden durch sechs Jahre getrennt; die republikanische Fassade, die in den fünfziger Jahren noch bestanden hatte, war eingestürzt, und Caesar schaltete als unumschränkter Inhaber aller Gewalt. Er versuchte indes, die Staatsumwälzung nicht allzu radikal werden zu lassen; er forderte ehemalige Gegner zur Mitarbeit auf. Diesem Ziel diente seine Versöhnungspolitik, unter der Devise *clementia*, und sie war auch die Voraussetzung der Ciceronischen Caesar-Reden. Die Ansprache *Pro Marcello* ist kein Plädoyer, sondern eine Dankadresse für eine vollzogene Begnadigung. In den beiden Plädoyers ging es um hochverräterische Handlungen, über die Caesar in eigener Person zu Gericht saß; angeklagt war in dem einen Fall der Stellvertreter eines Statthalters, in dem anderen ein Vasall der Römer, der Galaterfürst Deiotarus. Den drei Reden verleihen identische Argumente eine gemeinsame Atmosphäre: Cicero machte sich das Caesarische Schlagwort von der *clementia* für seine Zwecke zunutze und näherte sie hierbei der *iustitia* an – der Kanon der Tugenden des Monarchen bereitete sich vor.

Die letzte Gruppe der Ciceronischen Reden ist ein in sich geschlossener Block von politischen Ansprachen:

41.–54. *Orationes Philippicae I–XIV* (44/43 v. Chr.; der vergebliche Kampf um die Rettung der Republik).

Der Titel, von Cicero selbst ersonnen, soll auf die berühmten Reden anspielen, die Demosthenes gegen Philipp von Makedonien gehalten hatte. Hauptinhalt der Sequenz ist das Ringen mit Antonius; Cicero hielt ihn für die einzige Ursache der fortwuchernden revolutionären Übel und versuchte, ihn im Bunde mit Oktavian zu schlagen. Diese Rechnung ging nicht auf; Oktavians Allianz mit der Senatspartei war nur taktisch bedingt und vorläufig – als sich die beiden Caesarianer miteinander verständigten, fiel Ciceros Konzeption wie ein Kartenhaus zusammen. Die dramatische Folge der vierzehn Reden endete in tragischer Ironie mit der Feier eines Sieges der republikanischen Sache, kurz bevor Oktavian die für die Republik und für Cicero selbst verhängnisvolle Schwenkung vollzog.

Die philosophischen Schriften

Wenn Cicero als Grieche in Griechenland gelebt hätte, wäre er vielleicht Philosoph geworden. Eine derartige Wahl hätte ihn in Rom sogleich in die gesellschaftliche Isolation geführt; dort mußte, wer sich einen Namen machen wollte, die Karriere eines Anwalts und Politikers einschlagen. Es war Cicero von Jugend auf ein Bedürfnis, sich mit Philosophie zu befassen, doch als Medium öffentlichen Wirkens kam sie für ihn, den Römer, nur in Ermangelung von forensischer und politischer Tätigkeit in Betracht. Die philosophische Schriftstellerei hatte für ihn Ersatzfunktion, und so oblag er ihr (wenn man von dem Jugendversuch *De inventione* absieht) in zwei Phasen seines Lebens: während der Herrschaft der Dreimänner, in den quälenden Jahren der politischen Abhängigkeit (56–51 v. Chr.), und unter Caesars Diktatur (46–44 v. Chr). Die Werke, die in diesen beiden Perioden entstanden, haben die verhältnismäßig anspruchsvolle Form von Dialogen; eine Ausnahme hiervon macht lediglich seine letzte Schrift, der Traktat *De officiis*.

Der Dialog als selbständige literarische Gattung ist aus der griechischen Aufklärung, einer diskussionsfreudigen oder gar -wütigen Epoche hervorgegangen. In derselben Zeit, da der Dialog in der Tragödie mit Sophokles und Euripides seinen Höhepunkt erreichte, beschränkte sich Sokrates bei seinen Untersuchungen strikt auf die Form von Frage und Antwort, und nach seiner Hinrichtung erwuchs hieraus deren Objektivation in Schriften, der sokratische Dialog als künstlerisch geformte Prosa. Von der üppigen Produktion der ersten Zeit kamen nur Platons Werke auf die Nachwelt, und schon mit Aristoteles (von dessen Dialogen ebenso wie von denen seiner Nachfolger nur Fragmente erhalten sind) änderte sich der Charakter der neuen Gattung: Längere Lehrvorträge, der Reihe nach von den Teilnehmern vorgebracht, pflegten an die Stelle des dramatischen Frage-und-Antwort-Spiels zu treten. Außerdem löste Aristoteles die Form von der Person des Sokrates; er verlegte die Szenerie in die eigene Zeit und beteiligte sich selbst an den Gesprächen. Seither kannte man zwei Typen: den Dialog in der Vergangenheit und den in der jeweiligen Gegenwart. Cicero benennt den erstgenannten Typ nach dem Platonschüler Herakleides Pontikos und den zweiten nach Aristoteles. Dieser hatte die Form auch schon für literarische Themen verwendet; seit hellenistischer Zeit konnten beliebige philosophische oder wissenschaftliche Gegenstände als Dialoge abgehandelt werden.

Die Schrift *De oratore* in drei Büchern, Ciceros rhetorisches Hauptwerk, vollendet im November 55 v. Chr., geht nach Anspruch und tatsächlicher Leistung über gewöhnliche Handbücher weit hinaus: Sie sucht gleichsam Aristoteles und Isokrates zu verbinden, d. h., sie möchte sowohl einen philosophisch-reflektierten als auch einen technisch-praktischen Zugang zu ihrem Gegenstand vermitteln. Die Szenerie ist mit Sorgfalt gewählt und ausgeführt. Hauptunterredner des Dialoges, der nach Art des Herakleides in der Vergangenheit spielt, sind Lucius Licinius Crassus und Marcus Antonius, die beiden Zelebritäten in Ciceros Jugend. In den Vorreden der drei Bücher spricht der Autor selbst; er wendet sich an seinen Bruder Quintus und unterrichtet ihn über die Problematik des Dialogs und über die beiden Hauptfiguren.

Es geht um die Frage nach den Voraussetzungen des *orator perfectus*, des vollkommenen Redners, nach dessen rhetorischer, philosophischer und enzyklopädischer Bildung. Das Thema wird nicht apodiktisch abgehandelt; es entfaltet sich vielmehr in der Weise, daß zwei Konzeptionen zur Sprache kommen, eine universale, die vom Redner eine Vielfalt von Kenntnissen und Erfahrungen verlangt, und eine spezielle, technische, die sich mit der formalen Beherrschung des rhetorischen Handwerks begnügen möchte. Das 1. Buch hat die Bestimmung dieser beiden Positionen zum Gegenstand; die beiden folgenden Bücher führen das konventionelle rhetorische Lehrgebäude vor. Ins 3. Buch schiebt sich allerdings ein langer Exkurs ein, den man eigentlich nicht so nennen dürfte, da er die ausführlichste Behandlung des Hauptproblems, der Frage nach der rhetorischen Bildung, enthält.[22] Hier zeigt sich, daß Cicero auf eine Totalität hinauswill, auf eine Ganzheit, die Theorie und Praxis, Philosophie und Politik umgreift. Diese Ganzheit, legt er dar, sei durch das von Sokrates verursachte *discidium linguae atque cordis* (»Zerwürfnis zwischen Zunge und Verstand«) zerstört worden: Die Philosophie zog sich aus der Politik zurück.

22 54–143.

Die Schrift *De re publica* in sechs Büchern, vollendet vor der Abreise nach Kilikien (51 v. Chr.), ist nur trümmerhaft durch einen Palimpsest überliefert, der im Jahre 1820 in der Vatikanischen Bibliothek entdeckt wurde. Die Blätter enthalten etwa ein Viertel des Werkes, hauptsächlich aus den Büchern 1–3 stammende, immer wieder durch große Lücken unterbrochene Partien. Lediglich der Schluß kam unbeschädigt über die Zeiten; dort wird durch die Metapher eines Traumes dargetan, was die Möglichkeiten rationalen Argumentierens übersteigt. Der spekulative, eschatologische Inhalt forderte den neuplatonischen Schriftsteller Macrobius (5. Jahrhundert) zu einem ausführlichen Kommentar auf, und so blieben sowohl der Text, das *Somnium Scipionis* (»Traum Scipios«) als auch der Kommentar erhalten.

Auch die staatsphilosophische Schrift ist ein herakleidischer Dialog. Der jüngere Scipio (so will es Ciceros Fiktion) unterhält sich kurz vor seinem Tode mit seinen Freunden über die Frage, wie ein möglichst guter Staat beschaffen sein müsse. Das erste Buchpaar stellt hierzu abstraktes Räsonnement und historisches Modell nebeneinander: Zunächst wird dargetan, daß eine gemischte Verfassung, d. h. eine aus monarchischen, aristokratischen und demokratischen Elementen bestehende Ordnung, am ehesten ideale Zustände verbürge; dann wird die Richtigkeit dieser These am Beispiel Roms erwiesen. Buch 3 und 4 haben den rechtlichen und sittlichen Grundlagen des Staates gegolten, der *iustitia* und den *mores*. Das 3. Buch enthielt, wie vor allem Exzerpte der Kirchenväter erkennen lassen, einen ausführlichen Bericht von dem provozierenden Vortrag des Akademikers Karneades: Macht lasse sich ohne Unrecht nicht erringen.[23] Buch 4 bildete die Brücke zu einem neuen Thema. Während es bisher (so ein Brief an den Bruder Quintus[24]) um den *optimus status civitatis* ging, war nunmehr vom *optimus civis*, vom leitenden Staatsmann die Rede. Daran zeigt sich, was die beiden Werke *De oratore* und *De re publica* gemeinsam haben: Der *orator perfectus* und der *optimus civis* sind miteinander identisch; Cicero umschreibt auf zweierlei Weise dasselbe Ideal des *princeps civitatis*, des ersten Mannes im Staate. Und gewiß hat er, der unter dem Regime der Dreimänner zur Untätigkeit Verurteilte, durch diese Chiffren auf sich selbst hinweisen und für sich werben wollen: daß er, der ›vollkommene Redner‹, sich auch zutrauen würde, als der ›beste Bürger‹ am Steuerruder des römischen Staates zu stehen.

Wahrscheinlich ist vor dem Aufbruch nach Kilikien auch das unvollendete und erst postum herausgegebene Werk *De legibus* entstanden; die Handschriften

---

23 Siehe S. 42.
24 *Ad Quintum fratrem* 3,5,1 f.

bieten zwei lückenhafte und ein drittes, fragmentarisches Buch dar. Cicero hat hierfür die Form des aristotelischen, in der Gegenwart des Autors stattfindenden Dialogs gewählt; an dem Gespräch sind er selbst, sein Bruder Quintus und sein Freund Atticus beteiligt. Da die Entstehungsgeschichte in tiefes Dunkel gehüllt ist, kann man nur vermuten, daß sich Cicero mit dem Doppelwerk *De re publica* – *De legibus* als Platon-Nachfolger, als Verfasser einer lateinischen *Politeia* und lateinischer *Nomoi*, zu erkennen geben wollte. Das 1. Buch enthält – wohl nach einer stoischen Quelle – allgemeine naturrechtliche Betrachtungen; die beiden folgenden Bücher befassen sich mit dem römischen Sakral- und Staatsrecht.

Die Fülle der Schriften, die unter Caesars Diktatur und in den anschließenden Monaten des Jahres 44 v. Chr. entstanden sind, läßt sich nach Phasen gliedern. Die erste Phase steht unter dem Zeichen der Freundschaft mit dem nachmaligen Caesar-Mörder Brutus; die zweite zeigt Cicero nach dem Tode seiner Tochter auf der Suche nach philosophischem Trost. Der dritten Phase entstammen die Werke, die den kühnen Plan einer philosophischen Enzyklopädie in die Tat umsetzen sollen, und der vierten Phase können die Schriften zugewiesen werden, die neben und nach der Enzyklopädie entstanden sind.

Zunächst, nach der Begnadigung durch Caesar im Jahre 46 v. Chr., wurden drei kleinere Werke verfaßt, die allesamt dem Freunde Brutus gewidmet sind: ein nach dem Widmungsempfänger benannter Dialog über die Geschichte der römischen Beredsamkeit sowie die Lehrschriften *Orator* und *Paradoxa Stoicorum* (»Stoische Paradoxien«). Der Dialog *Brutus* enthält in seinem Schlußteil, einem Vergleich des Autors mit seinem prominentesten Rivalen, mit Hortensius, eine autobiographische Partie, der die Nachwelt einen großen Teil ihres Wissens von Ciceros Bildungsgang verdankt. Im *Orator* geht es um die drei Stilarten der rhetorischen Theorie; der vollkommene Redner, behauptet Cicero (womit er gegen die klassizistische Lehre der sogenannten Attizisten polemisiert), müsse sie alle in gleicher Weise beherrschen. Als Appendix zum *Orator* wird Cicero die kleine Abhandlung *De optimo genere oratorum* (»Über den idealen Redner«) verfaßt haben; sie war als Einleitung zu einer Übersetzung der »Kranzrede« des Demosthenes und der Entgegnung des Aischines gedacht. Die Übersetzung ist nicht erhalten; vielleicht hat Cicero sein Vorhaben gar nicht ausgeführt. In den *Paradoxa Stoicorum*, einer Diatribe (einem volkstümlichen Lehrvortrag) werden die der gängigen Moral widersprechenden rigorosen Grundsätze der stoischen Ethik als richtig erwiesen.

Der Tod Tullias (45 v. Chr.) veranlaßte Cicero, sich nun erst recht der Philosophie zu widmen: Er hoffte, seinem Leben von dorther neuen Halt und neuen Inhalt geben zu können. Zunächst entstanden unter dem unmittelbaren Eindruck des Ereignisses zwei Werke, die nur noch durch Zitate bezeugt sind: die *Consola-*

tio und der Dialog *Hortensius*. Mit der *Consolatio* wandte Cicero die seit hellenistischer Zeit verbreitete Gattung der Trostschrift auf sich selbst an; der *Hortensius* stand in der Tradition des Protreptikos, eines Typs von Traktaten, die ihre Leser zur Philosophie, zu einer Lebensführung nach philosophischen Grundsätzen zu bekehren suchten.

Wahrscheinlich faßte Cicero schon während der Arbeit am *Hortensius* den Entschluß, den Römern in einer Reihe von Werken die gesamte griechische Philosophie, die Logik, Ethik und Physik der vier Hauptschulen, zu vermitteln; die erste Schrift, die einen Teil der geplanten Enzyklopädie ausmachen sollte, die *Academica*, kündigt das Unternehmen als bereits beschlossene Sache an. Cicero verfolgte hiermit andere Ziele als ein Jahrzehnt zuvor mit den Dialogen *De oratore* und *De re publica*. Damals hatte er seine philosophische Schriftstellerei als Politik mit anderen Mitteln oder jedenfalls als Politik-Ersatz betrieben; jetzt hingegen hatte er als Politiker gänzlich resigniert, und er hoffte nur noch, seinen Landsleuten durch lateinische Werke den Zugang zur Philosophie zu erleichtern, damit sie dort, wie er selbst, eine Quelle der Bildung und des individuellen Glücks fänden.

Die *Academica* haben erkenntnistheoretischen Inhalt. Sie behandeln einen Hausstreit in der Schule Platons: Die skeptische und die dogmatische Richtung nahmen zur Frage, ob unwiderlegliche Einsichten möglich seien, entgegengesetzte Positionen ein. Cicero hat das Werk mehrfach umgearbeitet, und das Erhaltene entstammt verschiedenen Fassungen: das erste Buch der letzten (sie bestand aus vier Büchern), das zweite hingegen der ersten Fassung (sie bestand aus zwei Büchern).

Die beiden ethischen Hauptwerke haben die Zeiten vollständig überdauert: *De finibus bonorum et malorum* (»Über höchste Güter und Übel«) und *Tusculanae disputationes* (»Gespräche in Tusculum«), beide in fünf Büchern. Der Dialog *De finibus* erörtert das Pro und Contra der epikureischen, der stoischen und der peripatetischen Ethik. Die *Tusculanae disputationes* behandeln – im wesentlichen nach stoischer Lehre – bestimmte Sachfragen: Todesverachtung, Ertragen von Schmerz, Linderung von Kümmernissen usw.

Auf die Ethik folgte die Religionsphilosophie. Die Schrift *De natura deorum* (»Vom Wesen der Götter«), deren drittes und letztes Buch unvollständig erhalten ist, legt dar, wie sich die Epikureer und die Stoiker die Götter vorstellten; auf die einschlägige Doktrin folgt jeweils die Kritik. Die Schriften *De divinatione* (»Über die Weissagung«) und *De fato* (»Über das Schicksal«) wiederum gelten zwei Lieblingsthemen der Stoa: der Mantik, d. h. dem Glauben an gottgesandte Zeichen und deren Erkennbarkeit, sowie der Lehre, daß der Weltlauf lückenlos determiniert sei.

Neben und nach der Arbeit an dem großen philosophischen Lehrgang entstanden zwei kleinere ethische Dialoge essayistischen Charakters, worin sich Cicero seine Lebenserfahrung ebenso zunutze machen konnte wie seine Literaturkenntnis: *Cato maior de senectute* (»Cato der Ältere über das Greisenalter«) und *Laelius de amicitia* (»Laelius über die Freundschaft«). Außerdem hat Cicero damals noch zwei weitere Arbeiten fertiggestellt: die *Partitiones oratoriae* (»Einteilungen der Rhetorik«), einen schulmäßigen Katechismus in Frage-und-Antwort-Form, und die dem Juristen Trebatius gewidmeten *Topica*, einen nach aristotelischem Vorbild betitelten Leitfaden für eine methodische Suche nach rednerischen Argumenten. Die *Partitiones*, worin Cicero sich von seinem Sohn befragen läßt, können auch älteren Datums, etwa aus dem Jahre 54 v. Chr., sein. Die *Topik* hingegen entstammt mit Sicherheit dem Sommer 44 v. Chr.; der Autor will sie ohne irgendwelche Hilfsmittel, sich allein auf sein Gedächtnis stützend, verfaßt haben, als er sich auf einer – kurz danach abgebrochenen – Reise nach Griechenland befand.

Im Herbst 44 v. Chr. kam die letzte Schrift zustande: der drei Bücher umfassende, dem Sohne Marcus gewidmete Traktat *De officiis* (»Über die Pflichten«). Cicero erklärt, er habe sich in den beiden ersten Büchern, bei der Erörterung des *honestum* und des *utile*, des Sittlichen und des Vorteilhaften, an Panaitios gehalten, an dessen Schrift Περὶ τοῦ καθήκοντος (»Über das Schickliche«). Er fügte aus Eigenem ein drittes Buch hinzu, mit ethischer Kasuistik, worin das Sittliche und das Vorteilhafte zu kollidieren scheinen. Er hat sich in dem Werk durchweg bemüht, die Lehren des Griechen auf die römischen Verhältnisse zu übertragen, wobei es ihm vor allem um die Sphäre des politisch sich betätigenden Aristokraten, um dessen Mittel und Ziele geht.

Die Briefe

Cicero schrieb, wie viele seines Ranges in seiner Zeit, Briefe in Fülle. Manches davon wurde aufbewahrt und nach seinem Tode herausgegeben, obwohl es sich um echte, nur für den Empfänger bestimmte Briefe handelte: wegen des hohen biographischen und zeitgeschichtlichen Wertes. Erhalten sind insgesamt etwa 860 Briefe, unter denen 90 von berühmten Zeitgenossen stammen: von Caesar, Pompeius, Cato, Brutus u. a. Etwa noch einmal so viele Stücke scheinen verlorengegangen zu sein: Es hat in der Antike besondere Sammlungen mit Briefen an Pompeius, Caesar und Oktavian, Hirtius, Pansa u. a. gegeben. Als Herausgeber scheint sich vor allem Ciceros Sekretär, der Freigelassene Tiro, verdient gemacht zu haben. Die Atticus-Briefe jedoch, in denen sich Cicero so offen geäußert hat wie sonst nirgends, wurden wahrscheinlich erst etwa hundert Jahre später publiziert: Der Cicero-Kommentator Asconius wußte noch nichts von ihnen; erst Seneca konnte daraus zitieren.

Folgende Sammlungen von Briefen Ciceros sind erhalten geblieben:

1. *Ad Atticum*, 16 Bücher. Der früheste Brief entstammt dem Jahre 68, der letzte dem Dezember 44 v. Chr. Die chronologische Ordnung ist vor allem am Anfang sowie in den Büchern 12 und 13 stark gestört. Die Briefe an Atticus lassen den Leser nahezu uneingeschränkt an den Gedanken, Stimmungen und inneren Kämpfen Ciceros teilnehmen, jedenfalls an denen, die dem vertrauten Freunde offenbart wurden.

2. *Ad familiares*, 16 Bücher. Diese Sammlung, die in der Antike keinen Titel hatte, enthält die vermischte Korrespondenz Ciceros, aus der Zeit von 62 bis 43 v. Chr. Sie ist im wesentlichen nach Adressaten geordnet; das 13. Buch besteht durchweg aus Empfehlungsschreiben. Die Briefe »an die Freunde« bekunden Ciceros Fähigkeit, sich in Stil und Ton dem jeweiligen Empfänger und den jeweiligen Umständen anzupassen.

3. *Ad Quintum fratrem*, 3 Bücher. Die chronologisch geordneten Stücke gehören den Jahren 60–54 v. Chr. an. Briefe an andere Familienangehörige sind Teil der Sammlung *Ad familiares* (Buch 14 und 16).

4. *Ad Marcum Brutum.* Hiervon ist ein Buch erhalten sowie fünf nur in einem Druck des Jahres 1528 überlieferte Stücke, die zeitlich früher sind als die in dem Buch zusammengestellten. Die Briefe stammen aus der Zeit von Anfang April bis zum 27. Juli 43 v. Chr. Unter den insgesamt 26 Stücken befinden sich neun von der Hand des Brutus (acht an Cicero, eines an Atticus), so daß der Leser hier einmal einen Briefwechsel verfolgen kann; wichtigstes Thema ist die Allianz mit Oktavian.

Fragmente

Cicero war kein Dichter, wohl aber ein gewandter Versemacher. In seiner Jugend verfertigte er eine Übersetzung der *Phainomena* (»Himmelserscheinungen«) des Aratos, in Hexametern, wie das Original; hiervon ist außer kurzen Zitaten ein zusammenhängendes Stück von 480 Versen selbständig überliefert. Um das Jahr 60 v. Chr. hat Cicero, als er sich wegen seines Vorgehens gegen die Catilinarier Angriffen von zunehmender Schärfe ausgesetzt sah, Schriften über sein Konsulat verfaßt, u. a. ein Werk in griechischer Prosa sowie ein aus drei Büchern bestehendes lateinisches Epos. Der von dem Autor erhoffte propagandistische Effekt blieb aus, und abgesehen von einem längeren Selbstzitat in der Schrift *De divinatione*[25]

---

25   1,17 ff.

ist von dem Panegyricus in eigener Sache kaum mehr übriggeblieben als die viel-
verspotteten Verse:[26]

> *O fortunatam natam me consule Romam!*
> »O glückseliges, unter meinem Konsulat wiedergeborenes Rom!«
> *Cedant arma togae, concedat laurea linguae!*
> »Es weiche das Schwert der Toga, es weiche der Lorbeer vor der
>   Beredsamkeit!«

Von den übrigen poetischen Versuchen Ciceros ist noch ein Lobgedicht auf Marius, den Landsmann aus Arpinum, erwähnenswert; auch hiervon hat die Schrift
De divinatione eine Probe bewahrt.[27]

Selbst im Bereich der Prosa hat der große Name Ciceros nicht den Untergang
manchen Werks zu verhindern vermocht. Außer dem schon Genannten (zahlreiche Reden, *De re publica*, *Consolatio*, *Hortensius*) sind zwei späte ethische Traktate
bis auf geringe Spuren verloren: *De gloria* (»Über den Ruhm«) in 2 Büchern und
De virtutibus (»Über die Kardinaltugenden«) in einem Buch. Mit Ciceros Übersetzungen griechischer Prosa ist die Nachwelt etwas glimpflicher verfahren: Während sich von der Wiedergabe des Platonischen *Protagoras* nur ein paar kurze Zitate über die Zeiten gerettet haben, sind von der Version des Xenophontischen
Oikonomikos erhebliche und von der des Platonischen *Timaios* stattliche Reste bewahrt geblieben.

Augustus soll einmal einen seiner Enkel dabei überrascht haben, wie er in
einem Buche Ciceros las. Der sei erschrocken, heißt es, und habe versucht, das
Buch in seiner Toga zu verstecken. Doch Augustus ließ es sich geben und las lange
darin. Dann gab er es dem Jungen zurück und sagte: »Ein wortgewaltiger Mann
war er, wortgewaltig und vaterlandsliebend.« Augustus hat es verstanden, die
Quintessenz von Ciceros Leistung in *einem* Ausdruck zusammenzufassen: Wortgewalt. Man kann sich fragen, ob Dante derart prägend auf das Italienische gewirkt hat wie Cicero auf das Lateinische oder ob es im Bereich einer anderen
Sprache jemanden gibt, der in dieser Hinsicht mit ihm vergleichbar wäre: Tatsache ist, daß er nicht nur seinem eigenen Volk eine bestimmte sprachliche Form
als Maßstab und Norm hinterlassen hat, sondern mit ihm und nach ihm auch dem
ganzen lateinisch sprechenden und schreibenden Europa, bis tief in die Neuzeit.

Cicero war Redner, Stilist: Hiermit ist der Kern seiner Genialität bezeichnet,
der ihn – in den knapp dreißig Jahren seines Werdens – wenn nicht zum Schöpfer
(die Generation vor ihm hatte einige Vorarbeit geleistet), so doch zum Vollender

---

26 Quintilian, *Institutio oratoria* 9,4,41; 11,1,24 = Morel Frg. 17 und 16.
27 1,106.

der lateinischen Kunstprosa machte. In der Wortwahl zeigte er sich – jedenfalls vor der Öffentlichkeit – als Purist: Er mied alles Fremde, Vulgäre und Entlegene. Sein Satzbau war sorgfältig gegliedert und daher auch bei einiger Länge leicht faßlich. Cicero suchte Klang- und Wortwiederholungen und sonstige Signale, um über das Sinnliche den Sinn zu vermitteln (z. B. Rhythmen). Ihm standen stets mehrere Ausdrücke für denselben Sachverhalt zu Gebote, und so konnte er seinen Verlautbarungen durch *oratio bimembris*, durch doppelte, mit Hilfe von Synonymen hergestellte Glieder, Eindringlichkeit verleihen. Er war ein Virtuose in der Verwendung der verschiedenen Stilebenen: In den Reden pflegen schlichte, berichtende Partien (für die Darlegung von Sachverhalten) und pathetische, an die Emotionen der Zuhörer sich wendende Appelle (für das Schlußresümee) miteinander verbunden zu sein, und als dritte Kategorie kommen in einer mittleren Tonlage die beweisenden Abschnitte hinzu. Das Ganze aber wird so übersichtlich wie möglich, in klarer Gliederung dargeboten: Cicero wußte nicht nur mit der Sprache, sondern auch mit den Sachen, mit den oft überaus komplizierten Stoffen seiner Reden umzugehen – die *Actio secunda in Verrem* kann als Paradebeispiel für die Ordnungsleistung seiner Eloquenz dienen.

Die Schriften des philosophischen Lehrgangs enthalten in den Einleitungen allerlei Argumente, die die Kritik der Zeitgenossen abzuweisen versuchen. Eine dieser kritischen Stimmen bemerkte, daß, wer an griechischer Philosophie Gefallen finde, die griechischen Originale vorziehe, und daß, wer davon nichts wissen wolle, sich auch um Darstellungen in lateinischer Sprache nicht kümmere; außerdem fehle es dem Lateinischen an der für philosophische Probleme erforderlichen Terminologie.[28] Die Gründe, die Cicero gegen diese Bedenken ins Feld führt, erweisen auch das zweite ihm von Augustus zugebilligte Merkmal als richtig: die Vaterlandsliebe. Die lateinische Dichtung, wendet er ein, sei ebenfalls von den Griechen abhängig und finde gleichwohl Leser, und mit dem Problem der philosophischen Begriffe könne man angesichts des Reichtums des Lateinischen schon fertig werden. Cicero hoffte, für die Philosophie nachzuholen, was er für die Dichtung (und gewiß auch für die Redekunst) schon verwirklicht sah – und er hat sich hierin nicht getäuscht.

Es lag ihm in seiner philosophischen Enzyklopädie ganz fern, mit eigenen Erkenntnissen aufzuwarten; er wollte nichts weniger sein als ein originärer Denker. Am genauesten hat er sich in der Einleitung zum 1. Buch der Schrift *De finibus* über das Wesen seiner philosophischen Schriftstellerei geäußert: Er begnüge sich nicht mit der Rolle eines Übersetzers, sondern bemühe sich um eine treffende

---

28 *Academica posteriora* 1,4 ff.

sinngemäße Wiedergabe des Inhalts, wobei er sich seines eigenen Urteils und seiner eigenen Schreibweise bediene. Heute würde man sagen, er habe seine Vorlagen bearbeitet. Durch seine philosophischen Schriften wurde Cicero erst recht zum Mittler sprachlicher Form – auf höchster Stufe und in einer Weise, die ihn wie keinen anderen Römer als bedeutsam für die Geschichte der europäischen Kultur erscheinen läßt.

Die Literatur der frühen Kaiserzeit, mit Seneca als Höhepunkt, drängte zu neuen, manieristischen Ausdrucksmitteln: Schon in dieser Zeit galt Cicero als überragend; doch noch war er umstritten. Man begann damals bereits, seine Werke zu erklären: QUINTUS ASCONIUS PEDIANUS verfaßte in den Jahren 54–57 n. Chr. einen vorzüglichen, teilweise erhaltenen Kommentar zu seinen Reden. Der Rhetoriklehrer QUINTILIAN brachte den Umschwung, an dem während der Antike nicht mehr gerüttelt wurde: Cicero avancierte zum Klassiker schlechthin, und wie Vergil in der Grammatikschule, so war er für den Rhetorikunterricht der wichtigste Autor. Hierbei blieb es auch während der Spätantike, und so wurden Schriften Ciceros wiederholt Gegenstand ausführlicher Kommentare. MARIUS VICTORINUS erläuterte *De inventione*, MACROBIUS den Schluß des Dialogs *De re publica* und BOETHIUS die *Topik*, um nur einiges Erhaltene zu nennen. Als der Kampf der beiden Kulturen, der antiken und der christlichen, der die zweite Hälfte des 4. Jahrhunderts erfüllte, am hitzigsten entbrannt war, plagte sich der Kirchenvater HIERONYMUS mit der Vorstellung, er sei Ciceronianer, kein Christ: Ciceros Name bezeichnete nunmehr eine Welt, den Kult der Schönheit, der Form. Das Latein der Literatur hatte sich damals schon spürbar von dem großen Vorbild entfernt, so daß dezidierte Klassizisten wie MINUCIUS FELIX oder LAKTANZ desto mehr hervorstachen, und es entfernte sich im Mittelalter, vor allem mit der Scholastik, noch viel weiter von ihm. Damals gerieten auch große Teile des Ciceronischen Œuvres in Vergessenheit, die Reden zumal und die Briefe; die Wirkung beschränkte sich im wesentlichen auf die ethischen Schriften. Mit PETRARCA kam erneut eine Wende: Man suchte den Redner Cicero und seine Persönlichkeit zurückzugewinnen und sagte in seinem Namen dem mittelalterlichen Latein den Kampf an.

Cicero selbst hatte bereits einige seiner Reden als Sammlung ediert: die des Konsulats, zu politischen Zwecken. Sein Sekretär Tiro brachte wohl weiteres an die Öffentlichkeit, vielleicht sogar eine Gesamtausgabe. Ein karolingischer Codex, der Parisinus 7794, enthält zehn Reden aus den Jahren 57–56 v. Chr. in zeitlicher Folge; außerdem sind die Reden gegen Verres und gegen Catilina, die Caesar-Reden und die Philippiken in den mittelalterlichen Handschriften meist noch zu Gruppen vereinigt. Im übrigen herrschte Zersplitterung, so daß Poggios Nachforschungen an verschiedenen Orten Erfolge zeitigten.

Was die philosophischen Schriften angeht, so kannte man im Mittelalter ein Corpus mit acht Werken, mit der Religionsphilosophie und manchem anderen, jedoch ohne die ethischen Schriften – diese sind je für sich auf unterschiedliche Weise überliefert. Dasselbe gilt für Ciceros Rhetorica, oder galt für sie, bis man im Jahre 1421 in Lodi einen Codex entdeckte, der die Schriften *De inventione*, das Kompendium des *Auctor ad Herennium*, *De oratore*, *Brutus* und *Orator* enthielt. Bis dahin besaß man die Schriften *De oratore* und *Orator* nur unvollständig und den *Brutus* überhaupt nicht.

Die Briefe endlich wurden durch Petrarca und Coluccio Salutati der gelehrten Welt zurückgegeben: Der Erstgenannte fand um das Jahr 1345 in Verona einen Codex mit den Atticus-Briefen und den kleinen Korrespondenzen, und Salutati stieß ein knappes halbes Jahrhundert später auf eine aus Vercelli stammende Handschrift mit der vollständigen Sammlung *Ad familiares*. Den Humanisten dienten die Korrespondenzen Ciceros als Muster für ihre eigenen Briefe, mitsamt allen Formeln und selbst mit der Anrede in der zweiten Person des Singulars.

c) Redner neben Cicero und der Streit um den attischen Stil

Fragen des literarischen Stils waren im spätrepublikanischen Rom noch griechischer Import. So hatten sich die Neoteriker das hellenistische Programm der Formstrenge zu eigen gemacht, und so ahmten die zeitgenössischen oder etwas jüngeren Redner die Stilrichtungen und -moden der hellenistischen Rhetorik nach. Ein Beispiel hierfür war der überaus fähige Vorgänger und Konkurrent Ciceros: Quintus Hortensius Hortalus (114–50 v. Chr.), Konsul im Jahre 69 v. Chr. Er hatte unmittelbar vor dem hohen Amt die Verteidigung des Verres übernommen; Cicero schlug ihn und galt seitdem als der erste Mann auf dem Forum. Von ihm behauptet Cicero im *Brutus*[29] (Fragmente, die eine Nachprüfung erlauben, existieren nicht), seine Ausdrucksweise sei der asianischen Stilrichtung verpflichtet gewesen. Darunter verstand man eine angeblich vor allem in Kleinasien verbreitete Manier, die das Künstliche dem Natürlichen, das Gesuchte dem Einfachen vorzog. Cicero will hiervon zwei Spielarten unterschieden wissen, die Hortensius eine wie die andere beherrsche: eine zierliche, abgezirkelte und pointierte sowie eine schwülstige, dahinströmende und schmuckreiche Redeweise. Hortensius war nicht der einzige römische Politiker, der dieser von den griechischen Redelehrern vermittelten Mode huldigte; ausdrücklich wird Antonius,

---

29 325.

dessen berühmte Ansprache beim Leichenbegängnis Caesars Shakespeare inspirierte, der asianischen Richtung zugewiesen.

Der Ausdruck ›asianisch‹ setzt eine Gegenposition voraus sowie zwei sich befehdende Parteien. Dergleichen hat damals mit Sicherheit bereits existiert, und zwar dort, wo die Debatte aufgekommen sein muß, in Griechenland – wenn sich auch Zeugnisse für den griechischen Streit erst in frühaugusteischer Zeit einzustellen beginnen, z. B. mit dem Titel einer Schrift des Caecilius von Kaleakte: »Wodurch sich der attische Stil vom asianischen unterscheidet«. Die hellenistische Kultur hatte sich offenbar im Laufe des 2. Jahrhunderts v. Chr. fühlbar den Grenzen ihrer Möglichkeiten genähert, und so machten sich in etlichen Bereichen, zumal in der bildenden Kunst und in der Philosophie, die ersten Anzeichen einer Umkehr, eines Rückgriffs auf die vorhellenistische Vergangenheit bemerkbar. Das unaufhörliche Kriegselend des ersten vorchristlichen Jahrhunderts mag ein übriges getan haben, daß die Griechen unter dem Bewußtsein ihrer Epigonenhaftigkeit litten und daß sie hofften, diesem Gefühl durch eine klassizistische Wende entrinnen zu können. Der Umschwung trat nicht mit einem Schlage ein, und so begann eine Periode des Übergangs, die die Rhetoren und Literaten in zwei Lager spaltete: Während einige schon erkannt hatten, wie die Zeichen der Zeit standen, suchten andere noch die Tradition des Hellenismus fortzusetzen. In dem Stilkampf, der nunmehr ausbrach, fehlten die üblichen simplifizierenden Parteinamen nicht: Wer auf die klassischen Redner des 4. Jahrhunderts v. Chr. schwor, wollte sich als ›Attizist‹ (eigentlich: ›Attiker‹) bezeichnet wissen, während die Gegner mit dem Schmähwort ›Asianer‹ bedacht wurden.

Die Willkür der Überlieferung hat bewirkt, daß der römische Seitenzweig der Stildebatte, der Episode blieb, früher bezeugt ist als der griechische Stamm: durch Cicero, in der Hauptsache durch dessen Schriften *Brutus* und *Orator*. Der Streit wurde von CICERO auf der einen und von einigen Rednern der jüngeren Generation auf der anderen Seite, vor allem von MARCUS IUNIUS BRUTUS, dem nachmaligen Caesar-Mörder, sowie von dem Neoteriker GAIUS LICINIUS MACER CALVUS ausgefochten. Brutus, der Freund, dem Cicero zahlreiche Schriften, darunter die beiden ethischen Dialoge *De finibus* und *Tusculanae disputationes*, widmete, war selbst auf mehrerlei Weise literarisch tätig. Er trat nicht nur als Redner hervor (berühmt wurde die Ansprache, die er nach der Ermordung Caesars auf dem Kapitol hielt), sondern verfaßte auch ethische Traktate und verfertigte Auszüge aus Geschichtswerken. In der Korrespondenz, die er mit Cicero während des letzten Kampfes um die Republik geführt hat, sind acht Briefe von seiner Hand erhalten.

In der Stildebatte zwischen Cicero und den jüngeren Rednern ging es nicht um die Frage, ob die attische oder die asianische Richtung den Vorzug verdiene.

Darin waren vielmehr die beiden Parteien sich einig, daß der asianische Stil schlecht und der attische Stil gut sei, weil der erstere zu übermäßiger Fülle, zu Schwulst und zu Extravaganzen neige, während der letztere Zurückhaltung übe und Übertreibungen meide. Eine asianische Position wurde also von keinem der Beteiligten vertreten. Man erörterte vielmehr, wo die Grenze zwischen asianischer und attischer Ausdrucksweise verlaufe und was dem Attizisten, der sich die griechischen Redner des 4. Jahrhunderts v. Chr. zum Vorbild nehme, erlaubt sei und was nicht. Es handelte sich also um einen Disput unter Leuten, die allesamt als Attizisten gelten wollten. Brutus und Calvus warfen Cicero vor, seine Ausdrucksfülle verletze das Maß und sei zu wenig attisch. Cicero wiederum erklärte seine Gegner zu engherzigen, das Prinzip auf die Spitze treibenden Attizisten: Sie seien auf eine nüchterne, trockene Schreibart erpicht und nähmen sich allzu rigoros die Schlichtheit des Lysias zum Muster, während die attische Wirklichkeit außer Lysias noch einen Hypereides, Aischines oder Demosthenes, d. h. eine reiche Vielfalt verschiedener Ausdrucksweisen, hervorgebracht habe.

5. Die Geschichtsschreibung

a) Die Annalisten

Die Geschichtsschreibung hatte sich schon zur Zeit der Gracchen zu verzweigen begonnen: Neben die traditionellen annalistischen Werke traten die Zeitgeschichte des Sempronius Asellio und die den Zweiten Punischen Krieg behandelnde Monographie des Coelius Antipater. Im Zeitalter Ciceros setzte sich diese Tendenz verstärkt fort: Der Hauptstrom der Annalistik wurde nunmehr von einer beachtlichen Vielfalt besonderer Formen begleitet. Vor allem aber begann die Geschichtsschreibung von jetzt an mit einigen vollständig erhaltenen Schriften zur Nachwelt zu sprechen. Die annalistischen Werke dieser Epoche sind zwar ebenso untergegangen wie ihre Vorgänger – diese Gattung ist erst durch die übriggebliebenen Bücher des Livius repräsentiert. Doch aus dem Bereich der kleineren Formen hat sich einiges hinübergerettet: die Kriegsberichte Caesars und seiner Generäle, einige kurze Biographien des Cornelius Nepos und die beiden Monographien Sallusts, die *Coniuratio Catilinae* und das *Bellum Iugurthinum*.

Die Autoren, die im letzten Jahrhundert der Republik eine Gesamtdarstellung der römischen Geschichte veröffentlichten, die sogenannten jüngeren Annalisten,

hatten nicht nur den Gegenstand und das Jahr-für-Jahr-Schema gemeinsam: Sie
teilten sich auch in bestimmte, hauptsächlich wohl zeitbedingte Tendenzen, und
hierbei mischte sich politischer mit literarischem Ehrgeiz. Die frühen Jahrhunderte, von denen man wenig wußte, wurden ausgeschmückt und durch Rückpro-
jektionen aus späterer Zeit ergänzt; man beliebte die Angaben über die Zahlen
gefallener Feinde auf die Spitze zu treiben und war vor allem darauf bedacht, den
Anteil des je eigenen Hauses an Roms ruhmreicher Geschichte in ein möglichst
günstiges Licht zu rücken. In der zuletzt genannten Erscheinung, die sich bei
allen jüngeren Annalisten findet, spiegelt sich deutlich der hitzige Ämter- und
Machtkampf der späten Republik: Die Geschichtsschreibung trat in den Dienst
der Familien-Propaganda. Im übrigen jedoch scheinen sich die einzelnen Autoren, was das Ausmaß der Verfälschungen und Klitterungen angeht, erheblich
voneinander unterschieden zu haben.

Quintus Claudius Quadrigarius ließ es wohl noch bei eher rhetorischen
Ausschmückungen und gelegentlichen Übertreibungen sein Bewenden haben.
Sein Werk bestand aus mindestens 23 Büchern und reichte bis zur Zeit Sullas;
vielleicht hat es nicht in der üblichen Weise mit der Gründung Roms, sondern
erst mit dem Kelteneinfall (um 390 v. Chr.) eingesetzt. Die Darstellung wurde
breiter, je mehr sie sich der Gegenwart des Autors näherte. Wie die Fragmente
zeigen, war das Werk in einem etwas altertümlichen, zerhackten Stil abgefaßt.
Die spätere Annalistik hat es offenbar viel benutzt; bei Livius diente es vom Jahre
187 v. Chr. an als Hauptquelle.

Valerius Antias, vielleicht ein Freigelassener des valerischen Hauses, brachte
es auf einen Umfang von mindestens 75 Büchern. Seine Darstellung, die wohl
mit dem Tode Sullas endete, enthielt ein Maximum an Schmuck und phantasievollen Zutaten, und gerade auf sein Werk wurde eifrig zurückgegriffen – von Livius für die Zeit von 216 bis 188 v. Chr. Der Stil des Valerius Antias ist in Ermangelung wörtlicher Zitate eine unbekannte Größe.

Die beiden übrigen Annalisten der ciceronischen Zeit, in ihrem Profil weniger
deutlich erkennbar als die vorigen, haben gleichwohl zu den wichtigen Quellen
des Livius gehört. Gaius Licinius Macer, der Vater des Neoterikers und Attizisten,[30] der sich auch als popularer, die Restauration Sullas bekämpfender Politiker
betätigte, verfaßte ein Annalenwerk mittleren Umfangs (zitiert wird einmal aus
dem 16. Buch). Er war gewiß nicht frei von Parteilichkeit, scheint sich jedoch vor
Fälschungen gehütet zu haben. Livius benutzte ihn vor allem für die Frühzeit. Bei
Aelius Tubero endlich ist zweifelhaft, ob der Vater Lucius oder der Sohn Quin-

---

30 Siehe S. 125, 164 f.

tus, der sich als Jurist hervortat, das stets ohne den Vornamen zitierte Werk geschrieben hat; es bestand aus mindestens 14 Büchern, war also von ähnlicher Ausführlichkeit wie das des Macer. Der Autor konnte sich jedenfalls bereits auf die Darstellungen des Valerius Antias und des Macer stützen.

Neben den *Annales* entstand in der Zeit von Ciceros Ämterkarriere ein zeitgeschichtliches Werk: die *Historiae* des Lucius Cornelius Sisenna. Der Verfasser war Politiker wie Macer: Er brachte es im Jahre 78 v. Chr. zur Prätur. Sein Werk schloß sich wohl an das des Sempronius Asellio an; es behandelte in 12 Büchern die Zeit vom Ausbruch des Bundesgenossenkrieges bis zum Tode Sullas (91–78 v. Chr.). Sallust wiederum setzte mit seinen *Historiae* die Zeitgeschichte Sisennas fort: Eine Praxis der Griechen (Xenophon hatte an Thukydides, Poseidonios an Polybios angeknüpft) faßte auch in Rom Fuß.

Die Memoirenliteratur der Gracchenzeit erfuhr eine gewichtige Bereicherung durch die ausführliche Autobiographie, an der Sulla arbeitete, bis ihm der Tod den Griffel aus der Hand nahm. Plutarch hat das Werk benutzt; er schreibt, daß Sulla sich darin gefallen habe, seine Erfolge als Gaben der Tyche hinzustellen.[31]

Titus Pomponius Atticus (110–32 v. Chr.), der Freund Ciceros, leistete einen außergewöhnlichen Beitrag zur Historiographie jener Zeit: Er verfertigte den *Liber annalis*, einen Überblick über die Geschichte Roms, eine chronologische Tabelle. Das praktische Orientierungsmittel begann mit der Gründung der Stadt und nannte für die Zeit der Republik alljährlich die Konsuln. Es wurden Ereignisse sowohl der äußeren als auch der inneren Geschichte erwähnt, Gesetzgebungsakte ebenso wie Kriege und Friedensschlüsse, und die genannten Personen waren durch Hinzufügung von Vater und Großvater genealogisch verankert. Cicero hat von dem ›Plötz‹ seines Freundes gern Gebrauch gemacht; Asconius war der letzte, der ihn erwähnte.

b) Gaius Iulius Caesar und das Corpus Caesarianum

Biographisches

Gaius Iulius Caesar war zuallererst ein politisches Phänomen, und seine literarischen Erzeugnisse erscheinen im Verhältnis hierzu als Beiwerk. Unwesentlich war dieses Beiwerk jedoch nicht – es gibt nicht viele Tatmenschen, die als Tatmenschen so unmittelbar zur Nachwelt sprechen; mit Augustus, Mark Aurel oder Julian, die ebenfalls persönliche schriftliche Dokumente hinterließen, verhält es

---

31 *Sulla* 6.

sich anders, und jeweils verschieden. Caesars historische Aufzeichnungen verbergen allerdings mehr, als sie verraten, und dieser Effekt beruht nicht zuletzt auf ihrem Stil. Ciceros Denken und Wollen liegt offen da wie eine weiträumige Landschaft; Caesar hingegen, von äußerster Zurückhaltung, gestattet seinen Lesern kaum je einen Blick in seine psychischen Befindlichkeiten.

Er hat – geboren am 13. Juli 100, ermordet am 15. März 44 v. Chr. – nicht nur das älteste lateinische Geschichtswerk verfaßt, das vollständig erhalten blieb; er war, soviel man weiß, zugleich der erste mit einer bedeutenden literarischen Leistung hervortretende Stadtrömer. Als Neffe des Marius (durch seine Tante Iulia) und Schwiegersohn Cinnas stand er den revolutionären Kräften seiner Zeit von jung auf nahe. Seine Anfänge mit Anklagen erpresserischer Statthalter und einer Reise nach Griechenland ähneln denen Ciceros, nicht zuletzt durch das Detail, daß beide bei Apollonios Molon auf Rhodos Redeunterricht nahmen. Etwa vom Jahre 70 v. Chr. an mit popularer, gegen die sullanische Restauration gerichteter Kleinarbeit beschäftigt, absolvierte er die Ämterlaufbahn, wobei ihn der reiche Crassus finanziell unterstützte. Während seines Konsulats (59 v. Chr.) oder kurz davor brachte er es fertig, mit Pompeius und Crassus einen Dreierpakt zu vereinbaren, das sogenannte Triumvirat, worin die Beteiligten sich verpflichteten, nur noch einvernehmlich politisch zu handeln.

Caesar verschaffte sich als Konsul den kraß verfassungswidrigen Auftrag, für fünf Jahre die Provinzen Gallia Cisalpina (nebst Illyricum) und Gallia Transalpina zu verwalten – diese lange Zeit gab ihm ausreichend Gelegenheit, nach dem Vorbild des Pompeius eine ›Hausmacht‹ aufzubauen. Was er damit gewollt hat, ist unklar. Er wurde wohl durch die ständige Erfahrung seiner Überlegenheit vorangetrieben; schwerlich war er schon damals darauf aus, die Republik zu beseitigen. Im Jahre 55 v. Chr., als Pompeius und Crassus wieder, wie bereits im Jahre 70 v. Chr., das Konsulat bekleideten, wurde seine Statthalterschaft um fünf weitere Jahre verlängert. So konnte er das große Unternehmen, das den zweiten Abschnitt seiner politischen Wirksamkeit füllte, die Eroberung und Unterwerfung ganz Galliens, zum Abschluß bringen. Singulär in der bisherigen Geschichte des Römischen Reiches war die Schnelligkeit, mit der alles geschah. Die Römer hatten sich sonst, etwa im Falle von Spanien, bei der Aneignung neuer Gebiete viel Zeit gelassen – Caesar hingegen benötigte für Gallien ganze acht Jahre: In dieser Frist war das Eroberungswerk vollendet und durch die Niederwerfung von Aufständen jeder Widerstandswille gebrochen.

In der dritten, nur noch sechs Jahre während Phase seines Wirkens wußte Caesar das Tempo seiner Handlungen abermals erheblich zu steigern. Er überwarf sich mit Pompeius und dem Senat, und der Bürgerkrieg, den er dadurch entfesselte, führte ihn erst nach Italien und Spanien, dann nach Griechenland, Ägypten und Nordafrika und schließlich noch einmal nach Spanien, und in den kurzen Pausen zwischen allen diesen siegreichen Feldzügen suchte er in Rom das zusammengebrochene Staatswesen zu reorganisieren. Er hatte sein Handeln im Wechsel durch das Amt eines Konsuls und eines Diktators legitimieren lassen; schließlich, nachdem er mit den Söhnen des Pompeius den letzten republikanischen Widerstand beseitigt hatte, erhielt er gegen Ende des Jahres 45 v. Chr. die Diktatur auf Lebenszeit. Mit dieser Würde und ihren äußeren Abzeichen (der Königstracht mit goldenem Kranz) stellte er sich in den Augen aller republikanisch Gesinnten außerhalb von Gesetz und Recht. Er wurde an den Iden des März 44 v. Chr. von sechzig Verschwörern – mit Brutus und Cassius an der Spitze – vor Beginn einer Senatssitzung im Saal des Pompeiustheaters erdolcht.

Werke
Die Taten des Feldherrn Caesar sind durch das Corpus Caesarianum vollständig – vom Beginn des Gallischen Krieges bis zur Beendigung der Bürgerkriege – dokumentiert; das vollständig erhaltene Werk umfaßt die folgenden Teile:

Bellum Gallicum, 8 Bücher;

Bellum civile, 3 Bücher;

Bellum Alexandrinum, 1 Buch;

Bellum Africum, 1 Buch;

Bellum Hispaniense, 1 Buch.

Von Caesar selbst stammen die Bücher 1–7 des »Gallischen Krieges« sowie der »Bürgerkrieg«, dieser jedoch wohl in einer unfertigen Form. Das 8. Buch des »Gallischen Krieges«, das Verbindungsstück zum »Bürgerkrieg«, wurde, wie Sueton[32] und einige Handschriften versichern, von AULUS HIRTIUS, einem General Caesars (er fiel als Konsul des Jahres 43 v. Chr. in der Schlacht bei Mutina, im Kampf gegen Antonius), verfaßt; man hat – wohl zu Unrecht – vermutet, daß auch das *Bellum Alexandrinum* sein Werk sei. Die beiden letzten Berichte des Corpus haben mit Sicherheit irgendwelche unbekannte Offiziere Caesars zu Verfassern; sie unterscheiden sich in den darstellerischen Mitteln sowohl untereinander als auch von den übrigen Teilen des Corpus. Der Plan einer kontinuierlichen Berichterstattung über alle militärischen Operationen der Jahre 58–45 v. Chr. geht wohl auf Caesar selbst zurück. Der Tod hinderte ihn, das Unternehmen eigenhändig abzuschließen. Daß das 8. Buch des »Gallischen Krieges« ein Beitrag von fremder Hand ist, ergibt sich schon aus ihm selbst: Es wird von einer Art

---

32 *Divus Iulius* 56.

Widmungsbrief eröffnet, worin sich jemand nach Caesars Tod an Balbus, dessen Vertrauten und Helfer, wendet.

Die von Caesar verfaßten Teile des Corpus werden durch den Titel als *Commentarii* ausgewiesen. Das Wort bedeutet ›Gedächtnishilfe‹; demgemäß bezeichnete es jedwede Art von Entwürfen, Protokollen oder Amtsjournalen. Das Äquivalent *Hypomnema* bürgerte sich bei den Griechen auch als Titel für Prosaschriften von halb literarischem Charakter ein, insbesondere für die Memoiren bedeutender Politiker; in Rom konnte der Ausdruck *commentarii* dann ebenfalls so verwendet werden. Mit alledem assoziierte sich leicht der Nebensinn ›Skizze, formlose Aufzeichnung‹, wie z. B. aus dem Sprachgebrauch Ciceros ersichtlich ist.[33]

Für Caesars Kriegsberichte kommen von den genannten Verwendungsweisen des Wortes *commentarii* zwei in Betracht: die Bedeutungen ›Autobiographie‹ und ›Skizze‹. Caesar scheint mit dem Ausdruck vor allem die Form gemeint zu haben, die als anspruchslos charakterisiert werden sollte. So haben jedenfalls sowohl Cicero als auch Hirtius[34] ihn verstanden, und beide bemerkten auch, daß er Understatement übe oder gar eine literarische Fiktion vornehme: der Terminus *commentarii* schien ihnen nicht zu der schlichten Eleganz Caesars zu passen.

Das *Bellum Gallicum* stellt die Eroberung Galliens dar. Für die von Caesar verfaßten Bücher gilt das Prinzip, daß die Feldzüge eines jeden Jahres jeweils ein Buch füllen. Man zweifelt, ob der Autor das Werk sukzessive, in Jahresabschnitten, verfaßt oder nach Beendigung des Krieges in einem Zuge einem Gesamtplan gemäß ausgeführt habe. Für die zweite Möglichkeit scheint u. a. zu sprechen, daß das 7. Buch mit dem Aufstand und der Niederlage des Vercingetorix, ursprünglich wohl als Schluß des Werkes konzipiert, zugleich auch dessen Höhepunkt ausmacht. Caesar hat zwar, wie es den Usancen schlichter Darstellung entsprach (Xenophons *Anabasis* konnte hierzu als Muster dienen), Proömien vermieden und direkte Reden nur selten zugelassen;[35] aber er hat – was zu ausgearbeiteten Geschichtswerken gehört und sich mit einer bloßen Materialsammlung schlecht verträgt – mancherlei Exkurse (über die Sueben, eine Rheinbrücke, Britannien, die Germanen[36]) eingefügt.

Das Journal über den Gallischen Krieg ist von kalkulierter Nüchternheit. Das Kriegs- und Kampfgeschehen ist auf die jeweiligen Truppenstärken und Geländebedingungen, auf die Marschwege, den Nachschub und dergleichen reduziert.

---

33 Siehe *Ad familiares* 5,12,10.
34 Cicero, *Brutus* 262; Hirtius, *Bellum Gallicum* 8, Praefatio.
35 Einige Male im 7. Buch (bes. Kap. 77); meist handelt es sich um kurze Zurufe.
36 4,1–3; 4,17; 5,12–14; 6,21–28.

Caesar hat mit seinen Berichten gewiß vor allem auf die Senatsaristokratie einwirken wollen. Zu beschönigen brauchte er nichts, da er fast stets und schließlich
für alle Zeit Erfolg hatte. Hauptsächlich sollten wohl die von seinen römischen
Kritikern vorgebrachten juristischen Bedenken zum Schweigen gebracht werden:
Caesar hatte für seine weit ausgreifenden Operationen keinen wirklich legitimie-
renden Senatsauftrag. Seine apologetischen Bemühungen zielten darauf, dieses
Manko vergessen zu machen, und so rückte er die Dinge so zurecht, als habe er
um der Sicherheit des römischen Staates willen in die gallischen Verhältnisse eingreifen müssen.

Der Stil unterstützt diese Tendenz. Er wirkt deshalb so zwingend, weil in ihm
kühle, distanzierte Sachlichkeit und geniale Subjektivität zusammenfallen. Er ist
von erlesener Schlichtheit – *elegantia* lautete der schon von den Zeitgenossen
hierfür verwendete Ausdruck. In der Wortwahl bekundet Caesar ein Äußerstes
an Purismus. Er kommt mit etwa 2600 Wörtern aus; hiervon werden knapp 800
nur einmal und etwa 600 nur zwei- oder dreimal verwendet; die Darstellung begnügt sich somit im wesentlichen mit 1200 Wörtern. Selbst gewöhnliche Ausdrücke wie *fluvius, clades, metuere, quamquam, igitur* u. a. kommen in Caesars Vokabular nicht vor; die Negation *haud* findet sich im »Gallischen Krieg« ein einziges Mal.[37] Von sich selbst spricht Caesar fast nur in der 3. Person; die wenigen
Ausnahmen betreffen stets den Bericht Erstattenden, nicht den Handelnden,
über den berichtet wird, z. B. in dem Satz:[38] *Caesar his de causis, quas commemo-
ravi, Rhenum transire decreverat.* – »Caesar war aus den von mir erwähnten Gründen entschlossen, den Rhein zu überschreiten.« Die Syntax ist von größter
Durchsichtigkeit; die Anordnung der Teile läßt die Struktur des Satzganzen stets
deutlich hervortreten.

Das *Bellum civile* setzt abrupt mit dem 1. Januar 49 v. Chr. ein; sicherlich hatte
Caesar die Vorgeschichte des Krieges, wie er sie sah, noch vorausschicken wol-
len. Die Darstellung bricht zu Beginn des alexandrinischen Feldzugs ab. Die im
»Gallischen Krieg« befolgte Regel, die jedem Buch ein Jahr zuweist, wurde im
»Bürgerkrieg« aufgegeben: Die Ereignisse des Jahres 49 v. Chr. füllen Buch 1–2,
während das Jahr 48 v. Chr. in dem ungewöhnlich langen 3. Buch untergebracht
ist. Sprache und Stil des Werkes lassen mitunter vermuten, daß die abschließende
Redaktion nicht mehr hat stattfinden können.

Das von Hirtius beigesteuerte 8. Buch des *Bellum Gallicum* beginnt mit einer
Art Proömium, mit dem erwähnten Brief an Balbus; die Darstellung umfaßt die

37 5,54,5: *haud scio . . . -ne.*
38 4,17,1.

beiden Jahre 51/50 v. Chr. Die Sprache des Autors zeigt nur geringfügige Abweichungen von der Caesars.

Die kleinen Kriegsberichte schildern die Kampfhandlungen von September 48 bis August 47 v. Chr. (*Bellum Alexandrinum*, wo – über den Titel hinaus – auch die Niederwerfung des Pharnakes u. a. geschildert wird), von Ende 47 bis April 46 v. Chr. (*Bellum Africum*) und von Ende 46 bis August 45 v. Chr. (*Bellum Hispaniense*). Alle drei Bücher sind von Kriegsteilnehmern und Augenzeugen des Geschehens verfaßt, und alle drei Autoren machen aus ihrer Bewunderung für Caesar kein Hehl. Die Sprache des *Bellum Africum* ist schlicht und sachlich; die beiden anderen Berichte lassen in geringem Maße rhetorischen Aufputz erkennen.

Das Corpus Caesarianum hat bei der Nachwelt ziemlich wenig Anklang gefunden. Die antiken Historiker machten von ihm Gebrauch, doch das Lesepublikum und die Schule gingen achtlos an ihm vorüber. Auch im Mittelalter und in der frühen Neuzeit diente das Corpus vornehmlich als Geschichtsquelle; außerdem begannen die Militärs sich damit zu beschäftigen. Dem 19. Jahrhundert waren vor allem die Angaben über die Gallier und Germanen wichtig; man studierte das Werk aus romantisch-folkloristischen Antrieben. Außerdem errang es als Anfangslektüre einen wichtigen Platz im Kanon des Gymnasiums.

Die Caesar-Schriften sind zwiefach überliefert: die Codices der einen Gruppe (α) enthalten nur das *Bellum Gallicum* einschließlich des 8. Buches, die der anderen (β) hingegen sämtliche Kriegsberichte. Welcher Text des *Bellum Gallicum* den Vorzug verdient, α oder β, ist noch nicht entschieden.

Die Biographie Suetons widmet dem Gesamtwerk Caesars zwei Kapitel;[39] die Reden werden dort an erster Stelle behandelt, und es folgen zunächst die Kriegsberichte und dann die übrigen Schriften. Diese Reihenfolge spiegelt offenbar die Wertschätzung, deren sich die verschiedenen Bereiche von Caesars literarischer Hinterlassenschaft in der Antike zu erfreuen hatten. Den Reden wurde höchstes Lob zuteil, u. a. von Cicero, und es kursierten Ausgaben, die auch unechte Stücke enthielten. Es ist daher unerklärlich, warum keine einzige Probe von Caesars Eloquenz die Zeiten überdauert hat.

Cato Uticensis hatte sich, als er von Caesar bei Thapsus besiegt worden war (46 v. Chr.), das Leben genommen. Cicero und andere verfaßten daraufhin Lobreden, die den Toten als Helden der Republik feierten. Caesar veranlaßte zunächst Hirtius, eine Erwiderung zu verfertigen, und schrieb dann selber einen *Anticato*; das Pamphlet in zwei Büchern ist verloren. Nach dem Vorbild

39 55 f.

des Titels wird z. B. eine Streitschrift Friedrichs des Großen *Antimachiavel* genannt.

Während einer Alpenüberquerung (55 oder 54 v. Chr.) entstand die Abhandlung *De analogia*, in zwei Büchern; sie war Cicero gewidmet. Der Titel verweist auf die hellenistische Grammatik: Der Ausdruck bezeichnete die regelmäßige Flexion und Wortbildung. Caesar, auf diesem Felde durch seinen Lehrer Marcus Antonius Gnipho gründlich unterwiesen, trat für ein Maximum an Regelmäßigkeit ein. Er befaßte sich in seinem Traktat auch mit stilistischen Fragen. Eine Empfehlung, die er dort aussprach, wurde von niemandem so peinlich befolgt wie von ihm selbst:[40] *Tamquam scopulum, sic fugias inauditum atque insolens verbum* – »Wie eine Klippe mußt du ein ungehörtes und ungewöhnliches Wort meiden«.

In seiner Jugend hat sich Caesar auch dichterisch versucht; dergleichen war damals in Kreisen der Aristokratie ziemlich verbreitet. Man wußte von einem »Lob des Herkules« und einer Tragödie *Ödipus*; Augustus indes verbot, sie zu verbreiten, und so ist nichts davon erhalten. In der Antike kursierte manches andere von ihm; sein Ausspruch über Terenz, ein sporadisches Überbleibsel seiner Poesie, wurde bereits erwähnt.[41]

c) Cornelius Nepos

Biographisches

CORNELIUS NEPOS (sein Vorname ist unbekannt) stammte aus Oberitalien, vielleicht aus Ticinum (heute Pavia). Er war einige Jahre jünger als Cicero, zu dessen Korrespondenten er zählte (eine aus mindestens drei Büchern bestehende Briefsammlung ist durch Zitate belegt); er starb hochbetagt unter Augustus (wohl nach 27 v. Chr.). Er gehörte gewiß dem Ritterstand an und hielt sich wie Atticus, mit dem er eng befreundet war, dem politischen Leben fern. Catull, ebenfalls im transpadanischen Gallien beheimatet, zeichnete ihn dadurch aus, daß er ihm seine Gedichtsammlung widmete.[42]

Diese Gegebenheiten lassen auf die Existenz eines gebildeten Literaten schließen, der frei von materiellen Sorgen seinen Interessen nachging. Das Gebiet seiner eigenen schriftstellerischen Bemühungen war die geschichtliche Überlieferung im weitesten Sinne. Von seinem Œuvre, das verschiedene Formen erprobte,

---

40 Gellius, *Noctes Atticae* 1,10,4.
41 Siehe S. 95.
42 Siehe S. 125.

blieb nur ein kleiner Teil erhalten: zwei Dutzend Stücke aus einem großen biographischen Sammelwerk. Charakteristisch für seine geistige Physiognomie war wohl die Art, wie er Griechisches und Römisches nebeneinander stellte; hiermit hat er die kulturelle Symbiose der Kaiserzeit vorbereiten helfen.

Werke

Die Biographie als besondere, vom Enkomion einerseits und vom Geschichtswerk andererseits sich unterscheidende Gattung ist eine verhältnismäßig späte Schöpfung der Griechen; das meiste hat der Peripatos mit seinen Möglichkeiten, Lebensformen und Charaktertypen zu beschreiben, zu ihrer Entstehung beigetragen. Drei Kategorien herausragender Persönlichkeiten waren und blieben der Hauptantrieb biographischen Darstellens: der Staatsmann (Herrscher, Politiker, Feldherr), der Philosoph und der Dichter (Literat). Die Produktion des Hellenismus ist bis auf geringe Reste verloren; die in den Dichter-Handschriften erhaltenen Viten gehen letztlich auf die alexandrischen Philologen zurück.

VARRO hatte den Römern das erste biographische Sammelwerk geschenkt, die *Hebdomades* oder *Imagines*;[43] außerdem scheint um dieselbe Zeit ein Philologe namens Santra Biographien römischer Dichter und Redner verfaßt zu haben. Im Gegensatz zu diesen Werken, von denen nur noch spärliche Zitate und Hinweise künden, ist das biographische Œuvre des Cornelius Nepos zum Teil bewahrt geblieben. Die Handschriften enthalten:

20 Biographien ausländischer (meist griechischer) Feldherren (1–20);
einen Überblick über persische und hellenistische Könige (21);
Biographien Hamilkars und Hannibals (22–23);
Biographien des älteren Cato und des Atticus (24–25).

Diese Texte sind eine Auswahl aus dem Werk *De viris illustribus*, das aus mindestens 16 Büchern bestand und jeweils paarweise nichtrömische (vor allem griechische) und römische Gruppen von Berühmtheiten behandelte. Das Vorhandene läßt sich Büchern über ausländische Feldherren (1–23) und römische Historiker (24–25) zuweisen; wie man Zitaten entnehmen kann, haben außerdem noch Abteilungen für Könige, Redner, Dichter und Grammatiker dazugehört. Das Werk, um 35 v. Chr. bei Lebzeiten des Atticus zum ersten Male publiziert, wurde nach dessen Tode in ergänzter Fassung nochmals herausgegeben.

Nepos wollte nicht Geschichte schreiben, sondern Lebensläufe schildern;[44] er

---

43 Siehe S. 189.
44 16,1.

war sich des Unterschiedes der Gattungen bewußt. Vom Wesen, vom Charakter der dargestellten Persönlichkeit sollte ein anschauliches Bild entstehen; zu diesem Zweck wurden Anekdoten und moralische Reflexionen in den Bericht eingeflochten. Nepos war frei von konservativer Enge und zeigte Verständnis dafür, daß bei anderen Völkern andere Sitten herrschten. Seinen Betrachtungen haftet nichtsdestoweniger etwas Hausbackenes an, und die Fakten haben in ihm nicht immer einen zuverlässigen Berichterstatter gefunden. Sein Stil ist schlicht, ohne Raffinesse und nicht frei von Umgangssprachlichem; seine Erzählweise zielt auf Leser, die sich in leicht faßlicher, unterhaltsamer Form an menschlicher Größe erbauen möchten.

Nepos hatte, bevor er sein Alterswerk, die Biographiensammlung, verfaßte, etliche Schriften herausgebracht, die allesamt verlorengegangen sind. Die *Chronica* in drei Büchern waren das von Catull im Widmungsgedicht bewunderte Produkt seiner Gelehrsamkeit; er hatte dort tabellenartig die nichtrömische und die römische Geschichte ineinandergearbeitet. Atticus suchte das nützliche Kompendium durch seinen noch kürzeren *Liber annalis* auszustechen. Die *Exempla* des Nepos enthielten in fünf Büchern allerlei Merkwürdigkeiten und Anekdoten; möglicherweise wurden schon dort – wie bei den *Viri illustres* – Griechisches und Römisches nebeneinandergestellt. Schließlich hatte Nepos, als er das Sammelwerk in Angriff nahm, bereits ausführliche Biographien Catos und Ciceros veröffentlicht.

Dieses Œuvre hat bis zur Spätantike mancherlei Spuren hinterlassen; dann wurde es still um Nepos. Die handschriftliche Überlieferung des Erhaltenen schreibt den größten Teil (bis zur Biographie Hannibals einschließlich) einem Aemilius Probus zu (4./5. Jahrhundert, wegen eines Widmungsgedichts, das einen Kaiser Theodosius nennt); nur für die Cato- und die Atticus-Vita wird Nepos als Autor namhaft gemacht. Sicco Polentone, Stadtschreiber zu Padua, war wohl der erste, der die Feldherrenbiographien ihrem wahren Autor zurückgab (um 1430).

d) Gaius Sallustius Crispus

Biographisches

Gaius Sallustius Crispus, der erste der Großen unter den römischen Geschichtsschreibern (86–35/34 v. Chr.), aus Amiternum im Sabinerland (etwa 90 km nordöstlich von Rom), von ritterlicher Abkunft, hat sich zunächst mit ganzer Seele an den oft gewaltsamen politischen Auseinandersetzungen seiner Zeit beteiligt; seine Werke, die Frucht der Jahre nach seinem Rückzug, sind zu

einem nicht geringen Teil durch die Erfahrungen und Enttäuschungen seines
Engagements bedingt. Er gehörte jener genialen und zugleich gefährdeten Generation an, die in und mit der großen Staatsumwälzung aufwuchs. Zwar zählte
er nicht zu jenen Entwurzelten, die man aus dem Umkreise Ciceros kennt
(Caelius Rufus, der Schüler, und Dolabella, der Schwiegersohn, sind hierfür auffällige Beispiele), aber sein Leben zeigt Sprünge, und es fällt schwer, sein prakti-
sches Verhalten mit den ehrbaren Maximen und strengen Urteilen, die er in seine
Schriften hat einfließen lassen, in Übereinstimmung zu bringen.

Sallust war Caesarianer, wie viele der Besten seiner Zeit. Im Jahre 52 v. Chr.,
in seinem Amt als Volkstribun, machte er durch Ausfälle gegen Cicero von sich
reden. Die Rache des Senatsregimes ließ nicht auf sich warten: Als der Bruch mit
Caesar unabwendbar schien und der Bürgerkrieg vor der Tür stand, wurde er aus
dem Senat gestoßen, angeblich wegen unsittlichen Lebenswandels. Caesar reha-
bilitierte ihn und erteilte ihm mehrere militärische Aufträge, bei deren Ausführung er glücklos blieb; er nahm im Jahre 46 v. Chr. als Prätor – diesmal erfolgreich
– an Caesars Afrikafeldzug teil. Zum Lohn erhielt er daraufhin die Statthalterschaft der Provinz Africa nova. Er hat sich in diesem Amt auf die damals übliche
Weise bereichert; ein Erpressungsverfahren, das man gegen ihn anstrengte, wurde
auf Befehl Caesars eingestellt. Er erwarb einen Grundbesitz, der unter der Bezeichnung *horti Sallustiani*, »Gärten des Sallust« (auf dem jetzigen Monte Pincio)
berühmt wurde. Nach Caesars Ermordung sagte er sich von der Politik los und
widmete die übrigen Jahre seines Lebens der Historiographie.

Werke

Das ebenso schmale wie bedeutsame Œuvre Sallusts gliedert sich in
1. politische Gelegenheitsschriften;
2. zwei Monographien, die *Coniuratio Catilinae* und das *Bellum Iugurthinum*;
3. die fragmentarisch überlieferten *Historiae*.

Die politischen Gelegenheitsschriften, eine Invektive gegen Cicero und zwei
Sendschreiben an Caesar, sind von umstrittener Echtheit. Die Invektive, von
Quintilian als Werk Sallusts zitiert,[45] mag ein Produkt der Rhetorenschule sein.
Sie wartet teils mit handfesten Verleumdungen auf und sucht anderenteils Cicero
zu entlarven, und dies gelingt ihr nicht übel, wo sie sich an seine Ideologie hält,
an seinen ›Mythos‹ von der Errettung des Staates.

Die beiden *Epistulae ad Caesarem*, offene Briefe an das Parteihaupt, sind von
größerem Gewicht; wer sie für Fälschungen erklärt, beraubt sich einer ungemein

---

45 *Institutio oratoria* 4,1,68; 9,3,89.

anschaulichen Quelle für die Gedanken und Antriebe jener aufgewühlten Zeit. Sallust versucht, Caesar politische Ratschläge zu erteilen. Der zweite Brief der handschriftlichen Überlieferung ist der ältere; er wurde kurz vor dem Ausbruch des Bürgerkrieges aufgesetzt. Caesar, heißt es dort, solle als Diktator den Staat, die Republik wiederherstellen, und hierzu werden allerlei Maßregeln vorgeschlagen: für die Zusammensetzung der Gerichte, den Zugang zum Senat, den Abstimmungsmodus u. a. Der erste, spätere Brief ist nach Caesars Sieg entstanden. Hier richtet sich die Argumentation nicht mehr gegen die Senatsaristokratie, sondern gegen einen Teil der Anhängerschaft Caesars, den radikalen Flügel; Sallust empfiehlt vor allem wirtschaftliche Maßnahmen und polemisiert gegen die Besitzgier.

Seine Überlegungen sind, je für sich betrachtet, nicht unvernünftig, kranken jedoch im ganzen an einem kapitalen inneren Widerspruch. Es geht Sallust um die Gesundung der überkommenen Verfassung; die Monarchie liegt außerhalb seines Horizonts. Gleichwohl rekurrieren seine Vorschläge nirgends auf tragende gesellschaftliche Kräfte: Die Verfassung erscheint als Maschine, als seelenlose Apparatur, an der man nur diesen oder jenen Fehler beheben müsse – und der Garant hierfür ist Caesar, der mit Inbrunst verehrt und als einzig möglicher Retter angefleht wird. Denken und Fühlen klaffen auseinander: Das Denken haftet noch an der ererbten Republik; das Fühlen ist bereits monarchisch.

Die historischen Werke stehen der politischen Praxis viel ferner als die »Caesar-Briefe« – gleichwohl hat Sallust sie nicht als blanke Theorie und Selbstzweck aufgefaßt wissen wollen. Er erhoffte sich von ihnen die Wirkung eines moralischen Appells; seine historische Schriftstellerei wurde von ähnlichen Antrieben gespeist wie die philosophische Ciceros in den fünfziger Jahren. Der lehrhafte Zweck hat auch die Stoffwahl bestimmt: Sallust wollte anhand besonders geeigneter Vorgänge die Schäden der Republik exemplarisch bloßlegen; es ging ihm um wirkungsvolle Paradigmen für Roms inneren Verfall. Moralismus, Dekadenzbewußtsein und eine vage Hoffnung auf Besserung sind Komponenten, mit denen Sallust eine verbreitete Zeitstimmung zu spiegeln scheint und die auch die Angehörigen der nächsten Generation noch mit ihm teilten. Nur in ihrer Hoffnung unterschieden sie sich von ihm, da sie einen Garanten dafür namhaft machen konnten: Caesars Erben Oktavian, den nachmaligen Kaiser Augustus.

Die *Coniuratio Catilinae* behandelt den bekannten Putschversuch des Jahres 63 v. Chr., durch den sich allerlei verarmte und unzufriedene Elemente ihrer Feinde und ihrer Schulden entledigen wollten; sie setzt mit der Vorgeschichte ein und endet mit dem Untergang Catilinas und seiner Gefolgsleute in der Schlacht bei Pistoria. Ein Höhepunkt ist das Rededuell Caesars und Catos in der Senatssitzung, die über die Behandlung der von dem Konsul Cicero verhafteten Catilinarier befinden sollte, mitsamt der Charakteristik der beiden Männer, der künftigen Hauptrepräsentanten der revolutionären und der konservativen Richtung.[46]

Das *Bellum Iugurthinum* befaßt sich ebenfalls mit einem verhältnismäßig unbedeutenden, jedoch desto skandalöseren Vorgang, mit dem Krieg, den das mächtige Rom sieben Jahre lang gegen einen widerspenstigen Satelliten, den Wüstenkönig Iugurtha, führen mußte. Bestimmend für die Wahl war auch hier der Umstand, daß sich am Beispiel dieses Geschehens Roms innere Fäulnis drastisch dartun ließ.

Während Sallust mit den beiden Monographien äußerlich, durch die Wahl des Genres, an Coelius Antipater anknüpfte, machte er sich mit den *Historiae*, einem nach dem annalistischen Prinzip geordneten zeitgeschichtlichen Werk, zum Nachfolger und Fortsetzer Sisennas: Er stellte dort die Ereignisse von Sullas Tod (78 v. Chr.) bis zu dem Jahre dar, in dem Pompeius seine großen Kommandos erhielt (67 v. Chr.). Auch in dieser Spanne fanden einige im ganzen nicht sehr gewichtige, aber desto entlarvendere Geschehnisse statt: der Krieg gegen den Marianer Sertorius, der sich jahrelang in Spanien zu behaupten vermochte, die Niederwerfung des Sklavenaufstandes unter Spartacus und der Kampf gegen das Seeräuberunwesen – überall dokumentierten sich soziale Mißstände auf der einen und die Unfähigkeit des Senatsregimes, wenigstens äußerlich für Ordnung zu sorgen, auf der anderen Seite. Von den *Historiae* sind lediglich die eingestreuten Reden und ein Brief, die man in der Spätantike für eine Anthologie exzerpiert hatte, sowie Bruchstücke (durch einen Palimpsest) und Zitate bewahrt geblieben.

Sallusts Monographien (nebst den Überresten der *Historiae*) sind die ersten erhaltenen römischen Geschichtswerke im vollen Sinne des Wortes und mit uneingeschränktem Anspruch auf diese Bezeichnung. Sie warten mit sämtlichen Requisiten hoher Historiographie auf: mit Proömien, Exkursen, Reden und Briefen sowie Charakteristiken herausragender Persönlichkeiten. Ihr dramatischer Aufbau steht als künstlerisches Mittel im Dienste des darstellerischen Ziels, und dasselbe gilt für den überaus eigenwilligen, gefeilten, dichten Stil.

Die Proömien, die in platonisierender Weise über das Verhältnis von Geist und Körper reflektieren, zählen zum Schwächeren. Philosophische Betrachtungen waren nicht Sallusts Sache – man hat mitunter einen tieferen Sinn in ihnen gesucht, als darin enthalten ist.

---

46 *Catilina* 51–54.

Die Exkurse sorgen für Belehrung (wie die Darlegungen zur Ethno- und Geographie Afrikas) oder für Abwechslung (wie die Anekdote von den Brüdern Philaeni).[47] Einige unter ihnen sind von fundamentaler Bedeutung: der über den Niedergang Roms seit der Vernichtung Karthagos[48] sowie der sogenannte Parteienexkurs über den innenpolitischen Zwiespalt seit der Revolution der Gracchen.[49] Die beiden letztgenannten Abschnitte, die eigentlich nicht ›Exkurs‹ (im Sinne einer Abschweifung auf ein Nebenthema) heißen dürften, dienen vor allem der Vermittlung eines die Einzelereignisse übergreifenden Geschichtsbildes.

Die Reden und Briefe sind Kabinettstücke indirekter Charakterisierungskunst; gerade an ihnen läßt sich ablesen, in welchem Maße Sallust seinem größeren Nachfolger Tacitus den Weg bereitet hat. Außer dem schon erwähnten Redepaar Caesar–Cato verdienen die beiden Ansprachen Catilinas hervorgehoben zu werden, die den Anfang und das Ende des Putschversuchs akzentuieren.[50] Im *Iugurtha* ragen die beiden Reden heraus, die popularen Politikern in den Mund gelegt sind, dem Volkstribunen Memmius und dem Konsul Marius.[51] Die Verlautbarungen des Marius lassen mit beißender Schärfe den von Ressentiments erfüllten *homo novus* und ungebildeten Soldaten hervortreten. Daß die Schule der Spätantike die Reden der *Historiae* bewahrt hat, macht ihr Ehre. Sie geben vortreffliche Einblicke in das Getriebe der zerfahrenen römischen Innenpolitik; an ihnen zeigt sich auch deutlich, wie intensiv sich Sallust an den Künsten des ungeliebten Cicero geschult hat.

Die Charakteristiken endlich suchen auf direktem Wege, durch ein mit knappen Strichen gegebenes Wesensbild, wichtige Beteiligte zu porträtieren, sei es, daß sie für die von Sallust geschilderten Ereignisse, sei es, daß sie für die Geschichte ihrer Zeit im ganzen von Bedeutung waren. Der erstgenannten Kategorie gehören die im Titel Genannten an, Catilina[52] und Iugurtha,[53] ferner die wohl als weibliches Gegenstück zu Catilina konzipierte Sempronia;[54] als Protagonisten ihrer Zeit im ganzen hat Sallust Caesar und Cato sowie Sulla[55] einer Charakteristik gewürdigt.

---

47 *Iugurtha* 18 f.; ebd. 79.
48 *Catilina* 6–13.
49 *Iugurtha* 41 f.
50 *Catilina* 20; 58.
51 *Iugurtha* 31; 85.
52 *Catilina* 5.
53 *Iugurtha* 6 f. u. ö.
54 *Catilina* 25.
55 Ebd. 54; *Iugurtha* 95.

Dem Aufbau seiner Schriften hat Sallust einiges Raffinement angedeihen lassen, mitunter auf Kosten der Genauigkeit. Durch die Wahl der Gattung Monographie von der Fessel des annalistischen Schemas befreit, konnte er auswählen und das Erzähltempo nach Belieben ändern: Einiges wurde als Beispiel minutiös geschildert, anderes in wenigen Sätzen abgetan, wie es die künstlerischen Prinzipien der Abwechslung und der Spannung jeweils geboten. Der Leser, der mehr weiß als die Handelnden, verfolgt das Geschehen mit gesteigerter Aufmerksamkeit: Sallust hat bei der für die Aufdeckung der Verschwörung wichtigen Allobroger-Episode[56] von diesem Mittel Gebrauch gemacht. Sein kompositorischer Gestaltungswille hat mitunter die Chronologie beschädigt; so sind, um ein besonders auffälliges Beispiel zu nennen, die Anfänge der Catilinarischen Verschwörung um ein Jahr vorverlegt.[57] Im »Jugurthinischen Krieg« hat Sallust die zeitliche Ordnung souverän mißachtet. Alle Kämpfe oder Belagerungen, alle Zustandsschilderungen, wie die Disziplin der Truppen, unterliegen den Kriterien der Raffung und der Auswahl, und nichts wird so peinlich vermieden wie die Gleichförmigkeit von Wiederholungen.

Durch seinen Stil unterscheidet sich Sallust ebenso von Cicero wie von Caesar: Er zeigt weder die ausladende Wortfülle des Redners noch die gläserne Tektonik des Politikers und Feldherrn. Sein oberstes Darstellungsprinzip war die Knappheit, die *obscura brevitas* (»dunkle Kürze«), wie Seneca sich ausdrückte.[58] Die Sätze, deren Glieder oft mit wenigen Worten auskommen, haben etwas Gedrungenes und Kerniges, und für sein gewähltes Vokabular ist nichts so charakteristisch wie die Vorliebe für Archaismen.

Der Stoff des *Catilina* war für Sallust Zeitgeschichte; an geschriebenen Quellen standen ihm vor allem die Reden Ciceros zu Gebote. Die Ereignisse des »Jugurthinischen Kriegs« mußte er den römischen Historikern sowie dem Werk des Poseidonios entnehmen; überdies scheint er die Memoiren Sullas eingesehen zu haben. Sein großes Vorbild war Thukydides; von ihm übernahm er die Gattung Monographie, den düsteren Ernst und das bohrende Fragen nach letzten Gründen im Geschichtsverlauf. Für die effektvolle Dramatik hat er sich wohl bei verlorenen hellenistischen Geschichtsschreibern Anregungen geholt, und bei Cato Censorius fand er altertümliche Ausdrücke sowie die Neigung zu moralisierender Kritik.

Er, der in den »Caesar-Briefen« so unverkennbar als Parteimann hervorgetreten war, hat in seinen gesetzteren Jahren zu einem erstaunlichen Maß an Distanz

---

56 *Catilina* 41–45.
57 Ebd. 17–22.
58 *Epistulae morales* 114,17.

und Objektivität gefunden. Er war gewiß ein beredter Ankläger der Senatsaristokratie, der Nobilität; er hat sich indes zugleich bemüht, seine Kritik in ein
Gesamtbild von der Entwicklung der römischen Republik einzufügen. *Luxuria,
avaritia, ambitio* (»Wohlleben«, »Habgier«, »Geltungssucht«) hätten nach dem
Untergang Karthagos, da kein äußerer Feind mehr drohte, alle sittlichen Begriffe
korrumpiert, lautet seine berühmte Diagnose für die Zustände im Zeitalter der
Bürgerkriege. Er wußte überdies die Einzelperson von der Gruppe, der sie angehörte, und dem dortselbst herrschenden Esprit de corps zu trennen: Nicht jeder
Aristokrat galt ihm als Bösewicht; Caecilius Metellus Numidicus z. B., einer der
Befehlshaber gegen Iugurtha, wird von ihm als tüchtiger und pflichtbewußter Offizier geschildert, wie denn andererseits Marius mancherlei herbe Kritik erfährt.
Wenn die spätrepublikanische Annalistik selbst Roms Frühzeit aus Parteilichkeit
verfälscht hat, dann muß auch bei den verlorenen Darstellungen der Zeitgeschichte mit Entstellungen gerechnet werden: Sallusts Objektivität stünde wahrscheinlich noch viel glanzvoller da, wenn ein vergleichbares Werk aus der dunkel-
sten Phase der untergehenden Republik vorhanden wäre. Und schließlich darf der
moderne Betrachter Sallust nicht anrechnen, was ihm jeder Historiker der Antike
schuldig bliebe: daß er die Sachzwänge nicht wahrnahm, die am Geschehen seiner Zeit beteiligt waren, die sozialen und wirtschaftlichen Prozesse, daß er statt
dessen überall nur das sittliche Versagen von einzelnen oder von Gruppen für die
Misere, an der er litt, verantwortlich zu machen wußte.

Solange man noch den Menschen Sallust kannte, rügte man ihn, indem man
auf den Widerspruch hinwies, den man zwischen seiner Lebensführung und seinen strengen Urteilen feststellen zu können glaubte. Die späteren Stimmen galten
seinen Werken, und die Bewunderung überwog. Livius und Pompeius Trogus be-
anstandeten noch formale Details, doch von Tacitus wurde Sallust als *rerum Ro-
manarum florentissimus auctor* gerühmt.[59] Die Schule der Spätantike nahm ihn neben Cicero, Terenz und Vergil in den engen Kreis der wichtigsten Schriftsteller
auf. Man benutzte ihn als Quelle und übernahm seine Prägungen; auch in der
Kirchenväterliteratur trifft man immer wieder auf Reminiszenzen aus seinen
Schriften. Im Mittelalter diente Sallust häufig als Schulautor, und Historiker wie
Widukind von Corvey machten Anleihen bei seinem Stil. Dramatiker des Barock
und der Aufklärung – bis hin zum jungen Ibsen – fanden Gefallen an der Verbre-
chergestalt Catilinas; im 19. und 20. Jahrhundert bekannten sich bedeutende
Schriftsteller zu Sallust als Meister der Form.

Die Monographien sind in zahlreichen mittelalterlichen Handschriften über-

---

59 *Annales* 3,30,2.

liefert, die sich in zwei Klassen gliedern; die Klasse der Mutili enthält – im Vergleich mit der der Integri – den authentischeren Text. Die Reden aus den *Historiae* sind – gemeinsam mit denen aus den Monographien und mit den beiden Briefen an Caesar – lediglich in einem einzigen frühmittelalterlichen Codex, dem Vaticanus 3864, bewahrt geblieben.

6. Varro und die Fachliteratur seiner Zeit

a) Dienst an der Gegenwart, Erschließung der Vergangenheit

Die Römer haben, während sie in allen anderen Bereichen der Literatur mit den Griechen zu konkurrieren suchten, bei den Fachdisziplinen keinerlei Ehrgeiz dieser Art an den Tag gelegt: Entweder gab es kein griechisches Vorbild, wie bei allen römischen Inhalten (beim Recht, bei der Sprache, bei der Geschichte usw.), oder die Vorbilder wurden ohne Anspruch auf Originalität kopiert, wie auf allen übrigen Gebieten. Die römische Fachschriftstellerei spiegelt also im wesentlichen die jeweiligen griechischen Kenntnisse. Sie bietet indes keine proportionsgerechte Auswahl aus allen Bereichen der griechischen Wissenschaft dar: Auf manche Gegenstände, insbesondere mathematische, haben sich die Römer nicht einmal als Mittler eingelassen. Sie übernahmen vor allem, was sich praktisch verwenden ließ: die Landwirtschaft, die Baukunst, die Medizin u. a. Sie übernahmen weiterhin, womit ihrer Neugier, ihrer *curiositas*, Genüge getan wurde: die Geographie und die beschreibenden Naturwissenschaften.

Praktische Verwendbarkeit oder Befriedigung der Neugier: Wenn man die Werke, die sich entweder dem einen oder dem anderen Zweck zuordnen lassen (mögen sie nun griechische oder römische Inhalte haben), nach je gemeinsamen Merkmalen befragt, dann zeigt sich, daß die für die Praxis bestimmten gleichsam im Imperativ verfaßt sind. Sie geben Anweisungen, die sie möglichst übersichtlich – in einer Art System – anzuordnen suchen, und der Gegenstand, dem sie gelten, ist jeweils eine τέχνη oder *ars*, eine auf Regeln beruhende Tätigkeit.

Die Werke hingegen, die schlichtweg Wissen zu vermitteln suchen, bedienen sich sozusagen des Indikativs; sie sind nicht präskriptiv, sondern deskriptiv abgefaßt. Sie führen ihrem Publikum das örtlich oder zeitlich Ferne vor oder suchen

es mit der unbekannten Natur vertraut zu machen. Auch für ihre Gegenstände
gibt es eine zusammenfassende Kategorie, in die sie sich allerdings mit der Geschichtsschreibung teilen müssen: *historia* ›Forschung‹.

In vorklassischer Zeit waren vor allem praktische Regelbücher und Leitfäden
entstanden: Catos verlorene *Libri ad filium* sowie die erhaltene Schrift *De agri cultura*, ferner die Anfänge der juristischen Literatur und weitere landwirtschaftliche
Werke. Doch auch erste Ansätze von Wissensvermittlung hatten nicht gefehlt,
etwa bei dem Rechtskundigen Aelius Paetus oder dem Philologen Stilo.[60] Beide
suchten ein eng umschriebenes Gebiet zu erhellen: die römische Vergangenheit,
ihre Sprache und ihre Gesetze. Zur Zeit der Gracchen waren auch die Staatsalter-
tümer, die überkommenen Regeln der Verfassung, zum ersten Male dargestellt
worden: Gaius Sempronius Tuditanus (Konsul 129 v. Chr.) veröffentlichte *Libri magistratuum* und Marcus Iunius Gracchanus eine Schrift *De potestatibus*.

Bei diesen Bereichen ist es in ciceronischer Zeit im wesentlichen geblieben,
und auch an der Zweiteilung von praktischen Handbüchern und rein belehrenden
Werken hat sich nichts geändert, nur daß sich jetzt – vor allem dank Varros – die
Proportionen erheblich zugunsten der rein belehrenden Werke verschoben haben:
Die Römer bedurften offenbar vor allem im Strudel der Wirren und des Nieder-
gangs der Orientierung an ihrer Vergangenheit.

Für die Praxis, für den Dienst an der Gegenwart ist das einzige vollständig erhaltene Werk Varros verfaßt, der Dialog über die Landwirtschaft, und ebenso
wohl auch Teile der verlorenen Enzyklopädie, der *Disciplinarum libri*.[61] Außerdem sollten die Juristenschriften der ciceronischen Zeit im wesentlichen praktischen Bedürfnissen dienen.

Auf dem Felde des Zivilrechts tat sich Gaius Aquilius Gallus hervor, der
bedeutendste Schüler des Scaevola Pontifex, Freund Ciceros und dessen Kollege
in der Prätur (66 v. Chr.); er ist vor allem dadurch berühmt geworden, daß er den
Tatbestand der allgemeinen Arglist (*dolus malus*) als besonderen Klagegrund
durchsetzte. Sein Schüler wiederum war Servius Sulpicius Rufus (Konsul 51
v. Chr.), die überragende Juristenpersönlichkeit der Epoche. Von seiner Freundschaft mit Cicero zeugt vor allem das Kondolenzschreiben, das er nach dem Tode
Tullias an den schmerzgebeugten Vater richtete.[62] Er soll 180 Bücher hinterlassen
haben, darunter den ersten Kommentar zum prätorischen Edikt. Aus seiner zahlreichen Schülerschar ragte Gaius Trebatius Testa hervor, für die Nachwelt auf
zweifache Weise mit Cicero verbunden: durch die Korrespondenz mit ihm und

---

60   Siehe S. 114 f.
61   Siehe hierzu S. 187.
62   *Ad familiares* 4,5.

als Widmungsempfänger von dessen *Topica*. Ein anderer Schüler des Servius, Publius Alfenus Varus (nachgewählter Konsul 39 v. Chr.), half dem durch Enteignung um sein Gut gebrachten Vergil. Sein Hauptwerk waren *Digesta*, in 40 Büchern, die erste Juristenschrift, die diesen Titel trug.

Die übrige fachwissenschaftliche Literatur der ciceronischen Zeit wollte ihre Leser schlichtweg belehren. Sie hatte die Erschließung von Roms Vergangenheit zum Ziel und war Teil einer rückwärts gewandten, ›romantischen‹ Strömung, die sich die Erforschung der römischen Sach- und Sprachaltertümer angelegen sein ließ. In ihr kam dasselbe Krisenbewußtsein zum Vorschein, das auch die Geschichtsschreibung, insbesondere die Werke Sallusts, geprägt hat; man bemühte sich durch Vergangenheitsanalyse um Gegenwartsbewältigung. Das Dekadenzerlebnis und die hierauf Bezug nehmende Darstellung von Geschichtlichem, komplementäre Erscheinungen, die schon vor dem Dritten Punischen Kriege ihren Anfang genommen hatten, steuerten nunmehr ihrem Höhepunkt zu. Man kann Varro, Verrius Flaccus und Livius zu einem Dreigestirn derer zusammenfassen, die in spätrepublikanisch-augusteischer Zeit die großen, abschließenden Synthesen einer mehr als hundertjährigen Tradition historisch-antiquarischer Studien herstellten: Varro für die Religions-, Staats- und Privataltertümer, Verrius Flaccus für die Erklärung von Archaismen, für die Glossographie, und Livius für den Stoff der Annalistik, für die gesamte römische Geschichte.

Nach Gellius konnte die römische Gelehrsamkeit zur Zeit Ciceros mit zwei Gipfeln aufwarten: nicht nur mit Varro, sondern auch mit Publius Nigidius Figulus (um 100–45 v. Chr.), der allerdings wegen seiner Dunkelheit nicht gleichermaßen bekannt geworden sei.[63] Das Hauptwerk dieses eigenartigen, dem Okkultismus und Aberglauben zugewandten Mannes waren die *Commentarii grammatici* in etwa 30 Büchern, ein philologisches Sammelwerk, das sich vornehmlich die Erklärung altlateinischer Wörter angelegen sein ließ. Nigidius hat in weiteren Schriften das Götterwesen, die Mantik und die Traumdeutung behandelt. Mit seinen Werken *De hominum naturalibus* (»Über die natürliche Beschaffenheit der Menschen«) und *De animalibus* (»Von den Tieren«) entfernte er sich vom Zeitüblichen.

Varro hat mit seinen *Antiquitates rerum humanarum et divinarum* und einigen kleineren Werken den wichtigsten spätrepublikanischen Beitrag zur Erschließung der römischen Vergangenheit geleistet. Was er seinen Zeitgenossen hiermit gab, zeigt das Lob Ciceros:[64]

---

63 *Noctes Atticae* 19,14,1–3.
64 *Academica posteriora* 1,9.

Nos in nostra urbe peregrinantes errantesque tamquam hospites tui libri quasi domum deduxerunt, ut possemus aliquando qui et ubi essemus agnoscere. Tu aetatem patriae, tu descriptiones temporum, tu sacrorum iura, tu sacerdotum, tu domesticam, tu bellicam disciplinam, tu sedum regionum locorum, tu omnium divinarum humanarumque rerum nomina genera officia causas aperuisti.

»Uns, die wir in unserer Stadt wie Fremde umherirrten, haben deine Bücher gewissermaßen nach Haus zurückgeführt, so daß wir endlich zu begreifen vermochten, wer und wo wir waren. Du hast uns das Alter des Vaterlandes, du die Gliederung der Zeiten, du die Kult- und Priesterordnung, du die Zivil- und Militärverfassung, du der Plätze, Gegenden und Örtlichkeiten, du aller göttlichen und menschlichen Dinge Namen, Arten, Funktionen und Voraussetzungen erschlossen.«

Suetons Biographiensammlung *De grammaticis* zeigt, womit sich die Philologen des ciceronischen Zeitalters befaßt haben: Neben Studien zu altrömischen Dichtern, zu Plautus oder Ennius, spielt die Glossographie, das Erklären altertümlicher Wörter, eine gewichtige Rolle. Lucius Ateius Praetextatus, genannt ›der Philologe‹, soll es in seinen gesammelten Miszellaneen auf 800 Bücher gebracht und außerdem noch einen *Liber glossematorum* verfaßt haben. Der als Biograph bereits erwähnte Santra[65] (von Sueton nicht berücksichtigt) hinterließ auch eine Schrift *De antiquitate verborum*.

Die Juristen wurden schon durch die Notwendigkeit, alte Gesetze auszulegen, auf längst vergangene Zeiten verwiesen. So hat Sulpicius Rufus offenbar einen Kommentar zu den Zwölftafeln verfaßt, und ein Gaius Aelius Gallus schrieb *De significatione verborum quae ad ius civile pertinent*. Es gab Spezialwerke über die öffentlichrechtlich wichtigen Auspizien, die Vogelschau, u. a. von Marcus Valerius Messala Rufus (Konsul 53 v. Chr.), sowie über die *disciplina Etrusca*, die von den Etruskern betriebene Kunst, aus den Eingeweiden von Opfertieren oder aus Blitzen auf die Zukunft zu schließen. Trebatius endlich, der rechtskundige Freund Ciceros, tat ein übriges und erörterte in einem *De religionibus* betitelten Traktat den römischen Götterkult, der ja – nach einem Ausspruch Varros[66] – Gefahr lief, infolge der Nachlässigkeit der Bürger in Vergessenheit zu geraten.

---

65 Siehe S. 174.
66 Bei Augustin, *Civitas dei* 6,2.

b) Marcus Terentius Varro

Biographisches

Marcus Terentius Varro, der gelehrteste Schriftsteller, den Rom je hervorgebracht hat, ist gleichsam im Inneren der römischen Literatur verborgen, als deren
graue Eminenz. Dieser Eindruck wird durch das Paradox hervorgerufen, daß
seine Werke einerseits für die Folgezeit, insbesondere für die Spätantike, von
größter Bedeutung waren, daß jedoch andererseits nur ein äußerst geringer Teil
davon auf die Nachwelt gekommen ist. Seine immense Wirkung hat seine Werke
gewissermaßen in sich aufgesogen und verbraucht. Hierfür lassen sich vor allem
zwei Gründe namhaft machen. Varro, der sich auch als gewandter Verseschmied
und geistvoller Satiriker hervorgetan hat, ist gleichwohl in seiner Prosa holprig
und salopp; das Tempo seines Schaffens erlaubte ihm offenbar nicht, sich mit
Stilfragen aufzuhalten. Die Schule hatte daher keinen Grund, sich seiner anzunehmen; es gab nichts, was ihn als Vorbild rednerischer Eleganz empfohlen hätte.
Außerdem aber waren seine Schriften in erheblichem Maße – wie etwa Ciceros
nur fragmentarisch erhaltene staatsphilosophische Schrift – von Rom, seiner Verfassung, Religion und Kultur abhängig; diese Inhalte verloren, je weiter die Auflösung des weströmischen Reiches fortschritt, desto mehr an Bedeutung.

Varro, geboren im Jahre 116 v. Chr. in Rom, gestorben im 90. Lebensjahre 27
v. Chr. dortselbst, stammte von einer bei Reate im Sabinerland (etwa 75 km nördlich von Rom) seßhaften Familie ab, weshalb man ihm – um ihn von dem Dichter
Varro zu unterscheiden –[67] oft den Beinamen ›Reatinus‹ gab. Die Sabiner galten
als konservativ und sittenstreng; hiervon macht sich manches in Varros Wesen
und einiges auch in seinen Schriften bemerkbar. Er lernte in Rom und studierte
in Athen, und zwar vor allem bei dem auch aus Ciceros Werdegang bekannten
Akademiker Antiochos von Askalon. Als pflichttreuer Bürger – Ehrgeiz scheint
ihm, der aus ritterlichem Hause kam, fremd gewesen zu sein – diente er wiederholt im Heer, u. a. bei seinem Freunde Pompeius in Spanien, während dessen
Krieg gegen Sertorius (77–72 v. Chr.). Er brachte es in der Ämterlaufbahn bis
zum Prätor (um 75 v. Chr.) und übernahm weitere Posten, insbesondere im See-
räuberkrieg (67 v. Chr.). In den fünfziger Jahren, während des Regimes der Dreimänner, lebte er zurückgezogen auf seinen Gütern und widmete sich der Schriftstellerei. Dann, im Jahre 49 v. Chr., stand er auf seiten der Republik in Spanien;
er kapitulierte, als Widerstand sinnlos schien, und wurde von Caesar begnadigt.
Wie Cicero erlebte auch er jetzt eine besonders fruchtbare Phase literarischen

---

67 Siehe S. 309.

Hervorbringens. Er widmete Caesar sein bedeutendstes Werk, die *Antiquitates*, und Cicero die Schrift *De lingua Latina*. Von Antonius proskribiert, jedoch durch Fürsprache eines Freundes vor dem Vollzug bewahrt, konnte er noch sechzehn Jahre seinen gelehrten Studien obliegen.

Werke

Varro hinterließ etwa 75 Schriften, die rund 620 antike Bücher ergeben haben sollen; die Hälfte davon wird in einem erhaltenen Werkverzeichnis aufgeführt, das Hieronymus angefertigt hat. Der äußere Umfang dieses Œuvres wurde erst von Augustin übertroffen. Erhalten blieben von alledem lediglich die landwirtschaftliche Schrift *Res rusticae*, in drei Büchern, sowie sechs Bücher des grammatischen Werks *De lingua Latina*. Die Trümmer des Varronischen Œuvres werden hier zu fünf Gruppen zusammengefaßt, zu den Abteilungen:

1. Die Enzyklopädie / Fachwissenschaften;
2. Sprache und Literatur;
3. Altertümer und Kulturgeschichte;
4. Philosophie;
5. Dichtungen.

Die *Disciplinarum libri*, Varros Enzyklopädie, ein Alterswerk wie die *Res rusticae*, bestanden aus neun Büchern. Es ist nicht sicher, aber anzunehmen, daß darin die späteren sieben Artes liberales (das sprachliche Trivium: Grammatik, Rhetorik, Dialektik; das mathematische Quadrivium: Geometrie, Arithmetik, Astronomie, Musiktheorie) sowie die Medizin und die Architektur vorgeführt worden sind. Wenn diese Vermutung zutrifft, dann hat Varros Synthese der *enkyklios paideia* größten Einfluß auf die Geschichte der europäischen Bildung genommen: Sie ist dann die Vorstufe der kanonischen Siebenzahl geworden, da deren Künder, Augustin und Martianus Capella, nur die beiden letzten Disziplinen, Varros Zugeständnis an die Praxis, fortzulassen brauchten.

Die Schrift über die Landwirtschaft, *Res rusticae*, in drei Büchern, ist in die anspruchsvolle Form eines Dialogs gekleidet; es werden drei Gespräche unter je verschiedenen Teilnehmern mit je verschiedener Szenerie wiedergegeben. Das 1. Buch behandelt den Ackerbau, das zweite die Viehzucht und das dritte die *villatica pastio*, d. h. die in Hofnähe betriebene Zucht von allerlei Delikatessen, von Vögeln, Fischen, Schnecken usw. Varro, Anhänger der guten alten Zeit und Ankläger des Luxus in seiner eigenen, empfiehlt gerade die *villatica pastio* als Quelle hoher Einkünfte. Das Werk hat trotz der Dialogform penetranten Lehrbuchcharakter: Der Stoff ist bis zum äußersten in einem ausgeklügelten System von Rubriken untergebracht.

Die im Werkkatalog erwähnte Fachschrift *De iure civili*, 15 Bücher, ist spurlos untergegangen; möglicherweise hat sie dem langen rechtshistorischen Pomponius-Fragment in den Digesten[68] als Quelle gedient.

Varros grammatisches Hauptwerk, *De lingua Latina*, entstanden um das Jahr 44 v. Chr., hatte den Umfang von 25 Büchern; hiervon sind lediglich die Bücher 5–10 erhalten. Dem Einleitungsbuch folgten drei Abteilungen zu 6, 6 und 12 Büchern, in denen die Etymologie, die Flexion und die Syntax erörtert wurden. In den der Etymologie und der Flexion gewidmeten Abteilungen befaßten sich jeweils 3 Bücher mit grundsätzlichen Problemen und 3 Bücher mit Einzelheiten. So enthielten die Bücher 2–4 theoretische Reflexionen über die Etymologie: was man für, gegen und über sie sagen könne; in den erhaltenen Büchern 5–7 folgen die Ableitungen einzelner Wörter, nach Sachgruppen geordnet. Dann setzt der allgemeine Teil der Flexionslehre (Buch 8–10) ein. Ihm liegt eine hellenistische Kontroverse, der Streit der Anomalisten und Analogisten,[69] zugrunde: ob man unregelmäßige Formen dem Sprachgebrauch gemäß beibehalten oder der Regel gemäß beseitigen solle.

Unter den übrigen sprachtheoretischen Schriften verdienen die fünf Bücher *De sermone Latino* Erwähnung: Varro hat sich dort mit der phonetischen und grammatischen Sprachrichtigkeit befaßt. Der Literatur galten die Traktate *De poetis*, mit Biographien römischer Dichter, und *De poematis*, eine wohl auf den Gattungen beruhende Dichtungstheorie. Mehrere Abhandlungen waren literaturgeschichtlichen Einzelfragen gewidmet, u. a. dem Problem der Echtheit der als Plautinisch überlieferten Komödien.[70]

Eines der Hauptwerke Varros waren die *Antiquitates rerum humanarum et divinarum* (»Altertümer des profanen und des religiösen Bereichs«), in 41 Büchern. In dieser nach sachlichen Rubriken geordneten römischen Altertumskunde handelte ein erster Teil von der Kultur, insbesondere von den Staatsaltertümern, und ein zweiter von der staatlichen Götterverehrung und vom Festkalender. Varro hat in das Werk, dessen Inhalt vor allem durch Augustins *Civitas dei* bekannt ist,[71] viel eigene Forschungsarbeit investiert; er benötigte etwa zehn Jahre für die Fertigstellung.

Neben den *Antiquitates* verdienen zwei kleinere Werke mit verwandter Thematik genannt zu werden: die aus je 4 Büchern bestehenden Schriften *De gente populi Romani* und *De vita populi Romani*. Die erstgenannte Monographie befaßte

---

68   1,2,2; vgl. S. 361.
69   Vgl. S. 173.
70   Siehe S. 84.
71   Siehe bes. 6,3.

sich mit der mythischen Herkunft der Römer; die Abhandlung *De vita* galt der
kulturellen Entwicklung Roms – sie suchte einer herabgesunkenen Zeit das Bild
einer in ihrer Schlichtheit großen Vergangenheit vor Augen zu stellen.

Schließlich hat sich Varro auf biographischem Felde verdient gemacht: durch
die *Hebdomades* oder *Imagines* (»Siebenergruppen« bzw. »Porträts«). Dieses 15
Bücher umfassende Werk enthielt 700 Bildnisse berühmter Griechen und Römer,
von denen je sieben zu einer Einheit zusammengeschlossen waren; jedes Bildnis
wurde durch ein metrisches Elogium und Lebensdaten in Prosa erläutert. Derartige Bücher mit schmückenden oder belehrenden Illustrationen hatte es bislang
lediglich bei den Griechen gegeben; Varro leistete mit seinen *Imagines* Pionierarbeit.

Ein eigenartiges Dokument Varronischer Scholastik war der *Liber de philosophia*: Dort wurde den Lesern zunächst vorgerechnet, daß – auf Grund von Unterschieden, die jeweils Vervielfachungen bewirken – nicht weniger als 288 philosophische Lehrmeinungen denkbar seien. Dann aber hieß es, auf die Mehrzahl
dieser Unterschiede komme es gar nicht an – für die entscheidende Frage, die
nach dem Lebensziel des Menschen, blieben schließlich nur drei Lehrmeinungen
übrig.

Die *Logistorici* (Räsonnements, jeweils mit einer Geschichte), 76 Bücher stark,
behandelten in Prosa popularphilosophische Themen verschiedenster Art. Die
Traktate waren allesamt mit einem Doppeltitel versehen, dessen erster Teil meist
einen zum Thema passenden Zeitgenossen Varros nannte: *Catus de liberis educan-
dis*; *Messalla de valetudine*; *Sisenna de historia* (»Catus über die Kindererziehung«;
»Messalla über die Gesundheit«; »Sisenna über die Geschichtsschreibung«).

Mit seinem poetischen Hauptwerk, den *Saturae Menippeae*, in 150 Büchern,
hat Varro eine neue Gattung in der römischen Literatur heimisch gemacht: die
nach dem hellenistischen Schriftsteller Menippos aus Gadara (erste Hälfte des 3.
Jahrhunderts v. Chr.) benannte Sittenkritik kynischer Provenienz, in der Prosa
und Verse einander ablösen. Das Genre, dessen sich in der griechischen Literatur
vor allem Lukian angenommen hat, zeichnete sich durch die Buntheit seiner
Stoffe sowie durch seine witzig-satirische Darstellungsweise aus. Varro hat in seinen jüngeren Jahren nicht weniger als 150 Stücke dieser Art – des σπουδαιογέ-
λοιον, der Darbietung von Ernstem in heiterem Gewande – verfaßt. An die
Nachwelt sind von alledem nur dürftige Reste, etwa 600 Zitate aus 90 Satiren,
gelangt. Schon die teils griechischen, teils lateinischen Titel waren nicht selten
phantasiereich und geeignet, die Aufmerksamkeit des Lesers zu erregen: *Cave
canem*; Εὗρεν ἡ λοπὰς τὸ πῶμα – Περὶ γεγαμηκότων; *Nescis quod vesper serus
vehat* (»Vorsicht, bissiger Hund!«; »Es fand der Topf den Deckel – Über Verhei-

ratete«; »Du kannst nicht wissen, was der späte Abend bringt«). Drastik war beliebt, Phantastik ebenfalls, und gelegentlich, wie in *Marcopolis* (»Markusstadt«), versetzte der Autor auch die eigene Person in die skurrile Szenerie. Nicht wenige Stücke zeichneten mit kräftigen Strichen den Kontrast der guten alten und der verderbten neuen Zeit – Varro leistete auf seine Weise einen Beitrag zum großen Thema der Epoche, zur Dekadenzstimmung. Das von ihm geschaffene Vorbild machte Schule: Seneca und Petron knüpften daran an, und in der Spätantike wurde das Formprinzip, das Prosimetrum, auf ernste Stoffe übertragen, insbesondere von Boethius in der *Consolatio philosophiae*.

Varros *Res rusticae* sind gemeinsam mit Catos Schrift *De agri cultura* überliefert;[72] die erhaltenen Bücher des Werkes *De lingua Latina* gehen auf einen größtenteils noch vorhandenen Florentiner Codex des 11. Jahrhunderts zurück.

72 Siehe S. 104.

IV. Die Klassik: Die Zeit des Augustus

1. Kaiser Augustus und die Literatur

a) Die Monarchie

Oktavians, des achtzehnjährigen Caesar-Erben, Eintritt in die Geschichte war eine große Überraschung. Cicero wähnte, ihn für die Republik einspannen zu können; Oktavian ließ sich einige Monate lang zum Scheine darauf ein, weil er Antonius, den General Caesars, zwingen wollte, ihn, den ›jungen Mann‹, ernst zu nehmen. Als dieser Zweck erreicht war, verbündete er sich mit Antonius und mit dem unbedeutenden Caesarianer Aemilius Lepidus: Man vereinbarte einen *triumviratus rei publicae constituendae* (»Dreimännerherrschaft zur Ordnung des Staates«), wie die Diktatur sich offiziell nannte. Die erste Maßnahme war ein Massaker an politischen Gegnern, mit Cicero als dem prominentesten Opfer, die zweite ein Doppelsieg über die letzte republikanische Streitmacht bei Philippi in Makedonien (42 v. Chr.).

Es folgte ein Jahrzehnt, in dem die beiden Protagonisten recht und schlecht gemeinsam regierten: Antonius im Osten, Oktavian im Westen. Oktavian, zunächst der Schwächere, rüstete mit Erfolg; schließlich hielt er den Zeitpunkt für gekommen, den Rivalen zu beseitigen. Der Kampf wurde zum Nationalkrieg gegen eine fremde Macht deklariert; die Handhabe hierzu gab die Liaison des Antonius mit Kleopatra, der ägyptischen Königin. Schon der erste Sieg in der Seeschlacht bei Actium (an der Westküste Griechenlands, gegenüber der Insel Leukas; 31 v. Chr.) machte Oktavian zum unbestrittenen Alleinherrscher über das Römische Reich.

Das Problem, das sich dem neuen Monarchen (von da an ›Augustus‹, »der Erhabene«, genannt, mit dem Beinamen, den ihm der Senat im Jahre 27 v. Chr. verlieh) stellte, war überaus heikel. Einerseits verbot sich die Rückkehr zum früheren Zustand, zur überkommenen Adelsrepublik; dafür fehlte es, wie die Erfahrungen nach Caesars Tod gezeigt hatten, zuallererst an einer handlungsfähigen Oberschicht, und überdies hatte die alte *res publica* in den ständigen Bürgerkriegen abgewirtschaftet. Andererseits aber war es ebenso unmöglich, die Militärdiktatur dadurch in eine dauerhafte Ordnung zu überführen, daß eine unverhüllte Monarchie an ihre Stelle trat: Gegen diese Lösung sprach das Menetekel der Ermordung Caesars, sprach das Odium, dem jedes monarchische Regime in Rom seit jeher ausgesetzt war.

Augustus schuf etwas Mittleres: Das republikanische Gebäude mit Senat und Jahresämtern blieb in seinem Grundriß bestehen; die kaiserliche Allmacht aber fügte sich so darin ein, daß sie sich nicht durch eine einzige umfassende Position, sondern durch eine Reihe von Zuständigkeiten zur Geltung brachte, die den republikanischen Ämtern nachgebildet waren. Größte Bedeutung hatte die Statthalterschaft über die Randprovinzen: Dort standen die Truppen. Im Inneren durften sich die ›republikanischen‹ Kräfte, die Senatoren, betätigen; der Kaiser überwachte sie, wobei er sich zunächst auf das alljährlich wiederverliehene Konsulat, dann auf die lebenslängliche Gewalt eines Volkstribunen stützte, und überdies besaß er noch eine besondere statthalterliche Kompetenz zur Aufsicht über die inneren, die senatorischen Provinzen.

Die augusteische Ordnung umfaßte mehr als die staatsrechtlichen Formeln, die das Regiment des Monarchen in ein für römische Ohren erträgliches Vokabular kleideten. Ihr Schöpfer war von Anfang an bestrebt, ihr auch eine ideologische Grundlage zu geben, und er bekundete gerade auf diesem Felde ein hohes Maß an Umsicht und Geschick. Den Stoff für die von ihm erfolgreich propagierte Staatsgesinnung entnahm er teils der nationalen Geschichte, teils der Religion. Mit einer bestimmten Interpretation der nationalen Geschichte appellierte er vor allem an die Römer: Seine Herrschaft hatte das Zeitalter der Revolutionen und Bürgerkriege, der inneren Auflösung und des Sittenverfalls beendet; er war der Friedensfürst und zugleich der Wiederhersteller jener *mores*, die Rom einst groß gemacht hatten.

Die religiösen Wurzeln der Kaiserideologie stammten im wesentlichen aus dem Orient und waren den Römern durch die hellenistischen Monarchien vermittelt worden: die Vorstellung vom Gottkönigtum und deren Ausdruck in Zeremoniell und Ornat. Diese Komponente der augusteischen Propaganda sollte vornehmlich Bedürfnissen Genüge tun, die im Osten des Reiches herrschten. In Italien ließ Augustus den Kult seiner Person nicht zu; nur die Provinzen durften ihm göttliche Ehren darbringen, insbesondere in Gemeinschaft mit der Stadtgöttin Roma. Huldigungen hingegen, die seine Majestät auf eine unbestimmtere, verhülltere Weise über irdische Maße hinaushoben, wurden überall geduldet und gefördert.

Augustus verstand sich auf sinnfällige Symbolik und wirkungsvolle Inszenierungen. Das Programm der Restauration kam vor allem in seiner Religionspolitik zur Geltung. Zahlreiche Tempel, Kulte und Rituale wurden erneuert; hierbei war es dem Kaiser offenbar weniger um die Sache selbst zu tun als um sichtbare Zeichen für die Sitte und Gesinnung der Vorfahren. Ein dreitägiges Fest, die sogenannten Säkularspiele, für die Horaz das Lied dichtete, zog weihevoll den Schlußstrich unter das Jahrhundert der Bürgerkriege und pries die Wiederkehr der alten Römerart (17 v. Chr.). Dem modernen Betrachter präsentiert sich diese Staatsgesinnung eindrucksvoll in der teilweise erhaltenen Ara Pacis Augustae (»Altar des Augustus-Friedens«), einer Weihung des Jahres 9 v. Chr. Einen konkreten, sehr fühlbaren Eingriff in das Leben jedes einzelnen brachte die Sitten- und Ehegesetzgebung mit sich. Augustus glaubte, er könne auch in dieser Hinsicht Entwicklungen des Revolutionszeitalters rückgängig machen: die geschlechtliche Ungezwungenheit der Frau, die weitverbreitete Ehelosigkeit des Mannes. Seine Maßnahmen belegten den Ehebruch mit Strafe, verboten unstandesgemäße Ehen von Senatoren und knüpften erbrechtliche Nachteile an Ehe- und Kinderlosigkeit.

b) Die Literatur im Horizont der Monarchie

Protektion von Dichtern durch Adlige war ein Erbstück der Republik, und die Gegenleistung, die von den Dichtern erwartet wurde, konnte, wie das Beispiel des Ennius zeigt, auf die Verherrlichung des Protegierenden und seines Hauses hinauslaufen. Ähnliches gab es in der Annalistik: Ihre jüngeren Repräsentanten suchten die Familie, der sie angehörten, in ein möglichst günstiges Licht zu stellen.[1] Derartige Tendenzen nahmen nunmehr, da *ein* Mann, der Kaiser, die einstigen Pairs so mächtig überragte, eine neue Qualität an. Augustus hat zwar die Protektion von Dichtern, wie er sie durch seinen Freund und ›Minister‹ Maecenas betreiben ließ, nicht als sein Privileg betrachtet: Er duldete, daß auch andere eine Dichter-Klientel um sich sammelten, wie z. B. Messalla Corvinus. Doch die Politik hielt er gewiß für sein Privileg, d. h., er sah es als ein ungeschriebenes Gesetz seines Regiments an, daß nur die Dichter politische Themen behandelten und auf die staatliche Sphäre eingingen, die bereit waren, seine Politik und den von ihm geschaffenen Staat in seinem Sinne zu würdigen.

Wie er sich dieses Herrscherlob vorgestellt haben mag, kann nur gemutmaßt werden. Römische Vorbilder gab es noch nicht; also kamen nur jene hellenisti-

---

1 Siehe S. 166.

schen Epiker in Betracht, die dienstwillig Alexander den Großen oder einen Dia-
dochenfürsten gepriesen hatten. Horaz hat Augustus vor dieser Spezies gewarnt;
er schreibt von einem ihrer Repräsentanten:[2]

> *Gratus Alexandro regi magno fuit ille*
> *Choerilus, incultis qui versibus et male natis*
> *rettulit acceptos, regale nomisma, Philippos.*

»Willkommen dem großen Könige Alexander war jener
Choirilos, der für seine ungepflegten und mißgeschaffenen Verse
Philipper, die königliche Währung, als Einnahme buchte.«

Livius, dem Historiker, hat Augustus nicht einmal eine abweichende politische
Meinung streitig gemacht. Pompeius wurde in dessen Werk mit hohem Lobe bedacht; Augustus habe ihn daraufhin einen ›Pompejaner‹ genannt, heißt es bei Tacitus,[3] doch die Freundschaft der beiden Männer sei dadurch nicht beeinträchtigt
worden. Im Falle des Titus Labienus, eines Redners, dem seine ungezügelte
Zunge den Spitznamen Rabienus (von *rabies* ›Wut‹) einbrachte, ging es nicht so
glimpflich ab: Sein Geschichtswerk wurde wegen oppositioneller Bemerkungen
auf Anordnung des Senats verbrannt.

Schon Catull und seine Freunde hatten – aus Ekel vor dem Treiben der Mächtigen – den Inhalt ihrer Dichtung in Sphären fern der Politik gesucht. Die Dichter der augusteischen Zeit machten sich diese Einstellung zunächst in voller Ra-
dikalität zu eigen, ließen sich jedoch im Laufe der Jahre – unter dem Eindruck
der Leistungen des Augustus – auf das neue Regime ein. Bei Vergil wich die un-
politische Welt der Hirten dem Preis des italischen Bauerntums und der Verkündung der Mission Roms; Horaz und Properz begannen, sich neben den zunächst
allein herrschenden privaten Bereichen auch römischer, durch das Zeitgeschehen
inspirierter Themen anzunehmen. Augustus hat die Freiräume, die privaten Ge-
genwelten, welche die Dichter, zumal die Elegiker, für sich beanspruchten, hingenommen – außer bei Ovid, dessen Verbannung ans Schwarze Meer sicherlich
auch durch seine ›frivole‹ Haltung zumal im sexuellen Bereich verursacht war.

Der Monarch hat indessen nicht nur hingenommen und geduldet und sich ein
einziges Mal, im Falle des Ovid, eine Entgleisung zuschulden kommen lassen: Er
hat auch mit großer Beharrlichkeit geworben, gerade bei den führenden Geistern
seiner Zeit, bei denen, die seines Alters waren und wußten, daß er der republikanischen Freiheit ein Ende bereitet und den Frieden mit Strömen von Blut erkauft
hatte. Daß es ihm und seinem Helfer Maecenas gelang, Vergil und Horaz und et-

---

2 *Epistulae* 2,1,232–234.
3 *Annales* 4,34,3.

was später auch Properz zu Herolden seiner Sache zu machen, stellt sowohl dieser
Sache als auch ihm selbst ein ehrenvolles Zeugnis aus.

Sueton hat in seiner Biographie des Horaz ein Zitat aus einem Brief bewahrt,
in dem sich der Kaiser mit folgenden Worten an den Dichter wendet:

> *Irasci me tibi scito, quod non in plerisque eiusmodi scriptis mecum potissimum lo-*
> *queris. An vereris, ne apud posteros infame tibi sit, quod videaris familiaris nobis*
> *esse?*

> »Nimm zur Kenntnis, daß ich Dir böse bin, weil Du Dich in derartigen
> Schriften nicht vor allem an mich wendest. Fürchtest Du etwa, es könne
> Deinem Rufe bei der Nachwelt schaden, wenn sich zeigt, daß Du mit mir
> befreundet warst?«

Augustus meinte, Horaz geize – trotz manchen Preises, den er in die Oden hatte
einfließen lassen – noch immer allzusehr mit Erwähnungen und Lob seiner kaiserlichen Person, und so wünschte er, der Dichter möge ihm auch einige jener
Versepisteln widmen, von denen damals gerade eine stattliche Anzahl erschienen
war. Horaz hat dem Verlangen des Kaisers entsprochen: Er widmete ihm die
lange Epistel 2,1, worin er ihm Rapport über den Zustand der römischen Dichtung erstattete.

Die Nachwelt ist nicht nur durch die zitierte briefliche Äußerung darüber unterrichtet, mit welchem Ehrgeiz Augustus danach trachtete, Huldigungen von
›seinen‹ – von den durch Maecenas protegierten – Dichtern zu empfangen. Die
kaiserlichen Wünsche riefen als Reflex einen regelrechten Gedichttyp hervor: Die
heikle Situation, die sich daraus ergab, daß man diesen Wünschen nicht genügen
zu können glaubte, wurde mehrfach kunstvoll gestaltet. Die moderne Philologie
hat sich angewöhnt, hier von *recusatio* (›Abwehr, Ablehnung‹) zu sprechen. Horaz
z. B. wendet sich in der Ode 1,6 an Agrippa, den Generalissimus des Augustus;
er argumentiert dort wie folgt: »Varius, ein Dichter, der Epen im Stile Homers
verfaßt, mag deine Siege preisen; ich verstehe mich weder auf mythische noch auf
zeitgeschichtliche Stoffe. Mein Talent ist zu gering, deinen und des Kaisers
Ruhm angemessen zu würdigen: Mir gelingen nur Trinklieder und Liebesgedichte.«

Die Beteuerung des eigenen Unvermögens, verbunden mit Komplimenten für
den, dessen Preis abgelehnt wird, und mit dem Hiweis auf einen Fähigeren – Horaz, Vergil und Properz haben sich so oder ähnlich wiederholt aus der Affäre gezogen. Die Ablehnung war gewiß auch durch künstlerische Überzeugungen bedingt: Für den Herrscherpreis galt nun einmal seit jeher das große Epos in der
Weise Homers als einzig angemessen; ein gutes Epos aber trauten sich die augusteischen Dichter ernsthaft nicht zu, und zu einem schlechten nach Art des Pro-

duktes von Choirilos fanden sie sich nicht bereit. Vergil hat sich schließlich bereit
gefunden, die *Aeneis* mit ihrem indirekten Preis des Augustus zu dichten – und
auf dem Sterbebette verlangt, daß man sie den Flammen überantworte. Die Ablehnung panegyrischer Dichtungen war indes auch durch eine gewisse Distanz zu
Augustus und seinen Erfolgen bedingt: So rasch und so laut, wie es gewünscht
wurde, wollte man sich nicht zum Herold der neuen Ordnung machen; man hielt
sich zurück und pries erst, als man aus eigener Überzeugung preisen zu können
glaubte.

Augustus hat sich im ganzen gut darauf verstanden, ein Äquilibrium zwischen
republikanischer Freiheit des Wortes und den propagandistischen Ansprüchen
der Monarchie zu wahren. Schon unter seinem Nachfolger Tiberius ging dieses ausgewogene Verhältnis verloren. Das Kaiserlob kannte nur noch plumpe
Schmeichelei, und wer Kritik übte, und sei es indirekt durch den Preis eines republikanischen Freiheitshelden, mußte mit dem Leben büßen – die zitierte Nachricht von der ungetrübten Freundschaft des Livius und des Augustus entstammt
der Rede, mit der sich der wegen Hochverrats angeklagte Historiker Cremutius
Cordus (er hatte Brutus gelobt und Cassius den letzten Römer genannt) zu verteidigen suchte.

2. Vergil

a) Die Appendix Vergiliana

Die Bezeichnung Appendix Vergiliana (»Anhang zu Vergil«) hat der große Philologe Joseph Justus Scaliger aufgebracht. Sie faßt einen Inbegriff von Dichtungen
zusammen, die über die unzweifelhaft echten Werke Vergils, die *Eklogen*, die
Georgica und die *Aeneis*, hinaus von der Überlieferung für Vergil beansprucht
wurden. Es sind dies, nach Gattungen geordnet:
1. eine aus 17 Stücken bestehende Sammlung von kleinen Gedichten verschiedener Metren in der Art Catulls, mit dem Titel *Catalepton*;
2. Gedichte idyllisch-elegischen Charakters: *Dirae/Lydia*; *Copa*; *Moretum*; Maecenas-Elegien;
3. drei Epyllien: *Culex*; *Ciris*; *Aetna*.
Alle diese Dichtungen waren einmal zu einem Ganzen vereinigt, wie ein aus ka-

rolingischer Zeit stammender Bibliothekskatalog des Klosters Murbach, der sie als Inhalt eines und desselben Bandes aufführt, bekundet. Die noch vorhandenen Codices bieten Teile davon in verschiedenen Zusammensetzungen; am schlechtesten von allen Werken der Appendix ist die *Ciris* überliefert.

Die Appendix ist ein einmaliges Repertoire für dichterische Individualitäten, für verschiedene Stile und eine erstaunliche Vielfalt von Formen. Abgesehen von einigen Stücken der Sammlung *Catalepton*, die vielleicht Vergil gehören, liegt undurchdringliches Dunkel über den Autoren, von denen jeder – soviel ist sicher – nur eines der größeren Gedichte beigesteuert hat. Dem Ganzen kommt als Sammlung eine über sich hinausweisende Bedeutung zu, und zwar in zweifacher Hinsicht: für die Biographie Vergils und für das Wirken der augusteischen Dichter insgesamt. Vergil erhält durch sie ein Umfeld, das seine künstlerische Herkunft und seine Anfänge illustriert: Er begann als Neoteriker und Catull-Nachfolger. Hierfür ist vor allem die Sammlung *Catalepton* von Nutzen, das einzige Werk, das neben Nicht-Vergilischem auch Vergilisches bewahrt hat.

Für das Verständnis der augusteischen Poesie im ganzen gibt die Appendix einiges her, weil sie gleichsam ein Kontrastprogramm zu ihr vor Augen stellt; sie zeigt, nach welchen formalen Prinzipien und in welcher Kunstgesinnung abseits vom Maecenas-Kreis gedichtet wurde. Die Zusammensetzung der Appendix wiederholt die Dichotomie des Catullschen Œuvres: Kurze Gelegenheitsgedichte stehen neben manieristischen Kleinepen in alexandrinischer Art. Die Autoren der Appendix sind somit nicht anders als die ›großen‹ Augusteer Vergil und Horaz von den Neoterikern ausgegangen. Dann aber gabelten sich die Wege: Die Autoren der Appendix verblieben (abgesehen von dem der Maecenas-Elegien) in dem politikfernen oder politikfeindlichen Raum hellenistischer Formzugewandtheit; Vergil und Horaz hingegen stellten ihr Kunstwollen ganz oder teilweise in den Dienst großer Themen, vor allem Roms und des augusteischen Staates.

Schon der Titel der Sammlung *Catalepton* verweist auf deren hellenistisch-neoterischen Hintergrund; κατὰ λεπτόν (›in zierlicher, feiner Art‹) kündigt kleine Gelegenheitsgedichte an, *lepida* (›Hübsches‹; λεπτός und *lepidus* sind vom selben Stamm), *nugae* (›Spielereien‹), wie Catull sich ausgedrückt hatte. Die insgesamt 17 Stücke – drei Priapeen und vierzehn weitere Gedichte, die beim Zitieren je für sich gezählt werden – sind wohl sämtlich in der Zeit zwischen 44 und 23 v. Chr. entstanden. Ein Schluß-Epigramm aus zwei Distichen erklärt sie für Erzeugnisse der frühen Vergilischen Muse: Ein postumer Editor sucht sie als deren unvollkommene Anfänge zu entschuldigen. Die Personen- und Ortsnamen, die darin vorkommen, verweisen auf das Ambiente Vergils. Die Inhalte sind massiv von Catull beeinflußt: Die Anklänge reichen von der Übernahme einzelner

Wendungen bis zur Parodie eines ganzen Gedichtes (das 10. Stück imitiert das Catull-Gedicht 4). Zwei Stücke, die Nummern Catalepton 5 und 8, haben wohl tatsächlich Vergil zum Verfasser.[4] Die Sammlung wirkt, als sei sie aus den nachgelassenen Papieren eines Freundes des Dichters – vielleicht des in Catalepton 7 angeredeten Varius Rufus – zusammengestellt.

Das unter dem Titel *Dirae* (»Verwünschungen«) als *ein* Werk überlieferte hexametrische Gebilde besteht in Wahrheit aus zwei verschiedenen Gedichten. Nur der erste Teil enthält Verwünschungen, die ein in den Wirren des Bürgerkriegs von seinem Landgut vertriebener Besitzer gegen den Nachfolger ausstößt; der zweite handelt von den Leiden eines Liebhabers, der von seinem Mädchen namens Lydia getrennt ist. Der *Dirae*-Teil macht Anleihen bei den – in der Situation verwandten – Eklogen 1 und 9 Vergils; er ist wohl in derselben Zeit (40/39 v. Chr.) entstanden. Der *Lydia*-Teil mit seiner grotesk-übertreibenden Sentimentalität scheint die Elegien Tibulls vorauszusetzen.

Das Genrebild *Copa* (»Die Schankwirtin«) ist ein farbensattes, realistisches, sinnliche Genüsse bejahendes Gedicht, das auf den modernen Leser ungemein ›südländisch-antik‹ wirkt. In 16 elegischen Distichen lädt die Titelfigur einen in der Mittagshitze vorüberziehenden Wanderer zu allem ein, was sie anzubieten hat; der Schluß zitiert den personifizierten Tod: *'Vivite', ait, 'venio'* (»Lebt‹, spricht er, ›ich komme‹«). Der *Copa*-Dichter hat sich vielleicht in den Versen 27–28 von der 2. Ekloge Vergils (Vers 9 und 13) inspirieren lassen.

Das *Moretum* (»Das Kräuterkäsegericht«), abermals ein Genrebild, wirkt wie ein Gegenstück zur *Copa*: Es beschreibt in 124 Hexametern kühl, distanziert und in minutiösem Realismus, wie ein armer italischer Bauer sich einen Kräuterkäse bereitet, ehe er aufs Feld zur Arbeit geht. Das Gedicht ist ohne Parallele; die römische Literatur hat sonst nirgends in dieser Weise vom Alltag des kleinen Mannes Notiz genommen. Versbehandlung und Sprache sowie Anklänge an Vergil verweisen das Gedicht in die augusteische Zeit.

Durch den Namen Maecenas sind (wie im Falle der *Dirae*) zwei verschiedene Stücke miteinander verbunden. Die erste, längere Elegie enthält einen Preis oder vielmehr eine Rechtfertigung des wegen seiner Weichlichkeit und luxuriösen Lebensführung ungünstig beleumundeten, nunmehr verstorbenen Förderers der Dichter; in der zweiten richtet der Sterbende Abschiedsworte an Kaiser Augustus. Die Gedichte sind nach dem Tode des Maecenas (8 v. Chr.) entstanden.

Der *Culex* (»Die Mücke«), eine Epos-Parodie, erzählt die betrübliche Geschichte von der Titelheldin, die ihr Leben lassen mußte, als sie einen schlafen-

---

4 Siehe S. 201.

den Hirten durch einen Stich vor einem tödlichen Schlangenbiß bewahrte. Sie
erscheint dem Undankbaren im Traume und schildert ihm die Unterwelt; er wiederum errichtet daraufhin der Retterin voll Reue ein Kenotaph. Der Autor geizte
nicht mit Gelehrsamkeit, wie es einem Kleinepos in hellenistischer Manier wohl
ansteht; die bizarre Diktion fordert einen geduldigen Leser. Das Gedicht ist einem Octavius gewidmet, den man mit Oktavian identifiziert haben mag – so gelangte das Erzeugnis unter die angeblichen Werke Vergils. Es ist spätaugusteisch;
die sentimental-psychologisierende, ironisch gebrochene Haltung setzt Ovid voraus.

Die Königstochter Skylla verrät aus Liebe zum Landesfeind den Vater und
muß als Seevogel *Ciris* dafür büßen: Das Epyllion dieses Namens stellt den Mythos in sonderbaren Proportionen dar. Die Handlung ist auf wenige Verse zusam-
mengedrängt; lange Reden, in denen sich Gefühle entfalten, nehmen den größten
Teil des Textes ein. Das Gedicht enthält zahlreiche Vergil-Reminiszenzen; eines
der auffälligsten Zitate ist die Versgruppe 59–61, die fast wortgetreu die Verse
75–77 der 6. Ekloge übernimmt. Der Autor konnte erst an die Arbeit gehen, als
alle Werke Vergils veröffentlicht waren.

Der *Aetna*, ein Lehrgedicht, trägt komplizierte Theorien über einen schwierigen Gegenstand, den Vulkanismus, in dunkler Sprache vor. Die extravagante
Ökonomie des Ganzen wird überboten durch die Extravaganz des Stils; der Autor schwelgt in gesuchten Metaphern und weiß sich nicht genug zu tun in gewalt-
samer Effekthascherei. Das Werk ist ein Produkt aus neronisch-flavischer Zeit; es
muß vor dem Jahre 79 n. Chr. veröffentlicht worden sein, da es vom Vesuv, der
damals ausbrach, noch heißt:[5] *multis iam frigidus annis* – »erkaltet schon seit vielen Jahren«. Vielleicht war Lucilius, Prokurator auf Sizilien, der Verfasser: Sein
Freund Seneca gibt ihm einmal einen einschlägigen Rat.[6]

b) Publius Vergilius Maro

Biographisches
Die beiden Augusteer PUBLIUS VERGILIUS MARO und Quintus Horatius Flaccus
zeigen in Leben und Werk sowohl Gemeinsames als auch Gegensätzliches. Zu
den Gemeinsamkeiten gehört, daß sie beide als Nachfolger Catulls und als Epikureer begannen und ihr weiteres Wirken eine Entwicklung erkennen läßt, die sie

---

5 *Aetna* 432.
6 *Epistolae morales* 79,5.

zu Rom und seiner Überlieferung und zur Staatsidee des Augustus führte. Ein gewichtiger Unterschied besteht darin, daß, während Horaz in allen seinen Werken über seine dichterische Existenz und über sein Leben als Aufgabe und Haltung reflektiert, sein ganzes Œuvre somit als Dokument seiner inneren Biographie erscheint, Vergil sich konsequent von der Beschäftigung mit der eigenen Person fort zur Objektivität der großen Stoffe und Formen hin entwickelt: die Titel *Catalepton – Eklogen – Georgica – Aeneis* bezeichnen Stufen des Rückzugs der Person aus dem Werk.

Man ist also bei Vergil, da die Selbstzeugnisse spärlich sind, vor allem auf Zeugnisse der Mit- und Nachwelt angewiesen. Hieran fehlt es nicht. Vergil war seit dem Erscheinen der *Georgica* (29 v. Chr.) eine Berühmtheit, und man kann wohl, ohne zu übertreiben, behaupten, daß ein so großes und so kontinuierliches Maß des Ruhmes wie ihm kaum einem zweiten Dichter je zuteil geworden ist. Er avancierte wohl schon zu seinen Lebzeiten zum Schulautor schlechthin, und alsbald begann man, sich auf mancherlei Weise philologisch mit ihm zu beschäftigen. So wurden auch verhältnismäßig viele biographische Daten über ihn bewahrt. Denen gab Sueton in seinem Sammelwerk *De viris illustribus* die maßgebliche Form, und hierauf geht die wichtigste der erhaltenen Vergil-Viten zurück, erhalten als Anfang des Kommentars von Aelius Donatus (Mitte des 4. Jahrhunderts n. Chr.). In die übrigen Viten scheint teils selbständig überliefertes, teils ebenfalls durch Sueton vermitteltes Material eingegangen zu sein.

Das Gentile Vergilius hat in der Stammsilbe ein *e*. Die Schreibweise Virgilius kam im 5. Jahrhundert auf; sie hängt wohl damit zusammen, daß man den Namen von *virga* oder *virgo* abzuleiten suchte. Für die Etymologie von *virga* gibt die Biographie Suetons die Erklärung: man habe bei Vergils Geburt ein Pappelreis (*virga populea*) gepflanzt, dessen schnelles Wachstum ein günstiges Vorzeichen für ihn gewesen sei. Die Ableitung von *virgo* kam vor allem den Christen gelegen: Sie deuteten Vergils 4. Ekloge, in der die Geburt eines heilbringenden Kindes prophezeit wird, als Ankündigung Christi, des Sohnes einer Jungfrau. So spiegelt bei Vergil selbst der Name ein Stück antik-mittelalterlicher Kontinuität.

Vergil wurde am 15. Oktober 70 v. Chr. in dem nicht mehr identifizierbaren Dorf Andes bei Mantua in Oberitalien geboren. Er stammte also vom Lande, was sich in allen seinen Dichtungen bemerkbar macht; er hatte ein ursprünglicheres, von sentimentalen Beimischungen weniger berührtes Verhältnis zur bäuerlichen Welt als die anderen Augusteer. Seine Eltern Vergilius Maro und Magia Polla, offensichtlich kleine Leute, scheinen seine Begabung früh erkannt zu haben, und so versuchten sie, etwas Bedeutendes aus ihm zu machen, d. h. ihn auf die politische Laufbahn vorzubereiten. Über die Stationen Cremona und Mailand gelangte der junge Vergil nach Rom, auf daß er über das Sprungbrett des Anwaltsberufes in der Politik Karriere mache.

Nunmehr erfolgte, wie zuvor schon bei Catull, die eigene Entscheidung. Vergil schloß sich den Neoterikern an, denen er in der Hauptstadt begegnete, und fand von dort nach Neapel, zu dem Epikureer Siron und seinem Kreis. Hier verbrachte er einige Jahre abseits von der Politik unter Freunden, zu denen wohl damals schon Horaz gehört hat. Aus dieser Zeit scheinen zwei Gedichte erhalten zu sein, wohl die einzigen aus der Sammlung *Catalepton*, die nicht auf andere, unbekannte Autoren zurückgehen. In dem einen (Nr. 5) nimmt Vergil – zum Scheine, mit sofortigem halben Widerruf – Abschied von den Musen, da er sich ganz der Philosophie ergeben wolle; in dem anderen (Nr. 8) empfiehlt er sich und seine Anverwandten dem Schutze eines Gütchens, das er von Siron erworben hatte – seine Heimat wurde von den Landenteignungen heimgesucht. Vergil ist nicht Philosoph geworden, sondern Dichter, doch so sehr er sich in seinem Werk der politisch-sozialen Öffentlichkeit zuwandte, so unverkennbar blieb seine Lebensführung ›philosophisch‹ im Sinne Epikurs – er barg sich im *secessus*, in der Abgeschiedenheit Süditaliens,[7] um sich dort ganz seinem Schaffen hinzugeben.

Über die beiden Jahrzehnte, in denen das dreigestufte Lebenswerk entstand, weiß auch die biographische Überlieferung nur noch mit schwindender Dichte zu berichten – die Zeit wurde ärmer an äußeren Ereignissen. Die erste Phase, die der *Eklogen*, ist allerdings noch durch einen heftigen Zusammenstoß mit den politischen Mächten charakterisiert; das Stichwort lautet: Landenteignung (42–39 v. Chr.). Die siegreichen Soldaten von Philippi erhielten die damals übliche Form der Altersrente, ein Hofgut; der hierfür erforderliche Grundbesitz wurde den republiktreuen Städten Oberitaliens abgenommen. Auch Vergil verlor sein Gut; dann aber bewilligte man ihm ein Privileg; er wurde restituiert. Hierbei hatte er sich der Protektion dreier Männer zu erfreuen, die damals hohe Stellen im Dienste der Triumvirn innehatten: des Asinius Pollio, des Alfenus Varus und des Cornelius Gallus. Sie spielen alle drei auch in der Literaturgeschichte eine unverächtliche Rolle: Asinius Pollio als Patron von Dichtern und als Historiker, Alfenus Varus als Jurist und Cornelius Gallus als Elegiker. Vergil hat ihrer in den *Eklogen* voll Dankbarkeit gedacht.

In den Jahren 39/38 v. Chr. entstand die Konfiguration, die sich für alle Betei-

---

7 *Vita Donati* 13.

ligten erst mit dem Tode auflöste: der Kreis des Maecenas. Vergil, Varius Rufus und Plotius Tucca gehörten ihm an, sowie Horaz, der von Vergil eingeführt wurde. Horaz hat der Freundschaft, die diese Dichter untereinander und mit ihrem Patron verband, in der Satire 1,5, dem *Iter Brundisinum* (»Reise nach Brindisi«, 37 v. Chr.), ein Denkmal gesetzt.

Vergil arbeitete von etwa 36 bis 29 v. Chr. an den *Georgica* und von da ab die restlichen Jahre seines Lebens an der *Aeneis*. Er habe, heißt es, als er die *Georgica* herstellte, des Morgens zahlreiche Verse diktiert, die er während des übrigen Tages auf wenige zusammenstrich; er bringe, soll er dazu gesagt haben, sein Gedicht nach Art einer Bärin hervor, die den zunächst unförmigen Jungen durch Lecken ihre Gestalt verleihe.[8] Das fertige Werk wurde Augustus an vier aufeinanderfolgenden Tagen vorgelesen, teils vom Dichter selbst, teils von Maecenas. Für die *Aeneis* entwarf Vergil zunächst eine Handlungsskizze, die er in zwölf Bücher einteilte; dann führte er, ohne sich an die Reihenfolge zu halten, jeweils die Teile aus, zu denen er Lust verspürte.

Schließlich gedachte er, in den Osten zu reisen, um dem Epos dort die letzte Feile zu geben. In Athen traf er Augustus; da ließ er seinen Plan fallen und beschloß, gemeinsam mit dem Kaiser nach Italien zurückzukehren. Unterwegs zog er sich eine schwere Krankheit zu; er starb nach der Landung in Brundisium am 21. September 19 v. Chr., im 51. Lebensjahr. Seine Gebeine wurden in Neapel bestattet. Seine Schriften, darunter die noch nicht ganz vollendete *Aeneis*, hatte er seinen Freunden Varius und Plotius Tucca vermacht, mit der Auflage, nichts zu veröffentlichen, was er nicht schon selbst veröffentlicht habe. Varius setzte sich auf Anweisung des Augustus über diese Bestimmung hinweg und publizierte die *Aeneis*.

Werke

Die Eklogen (Bucolica)

Die *Eklogen* (»auserlesene Stücke«), schwierige, eigentümlich zwischen Phantasie und Wirklichkeit schwebende Gebilde, sind als ein Ganzes komponiert, nach hellenistischem Muster, als erstes Beispiel dieser Art in Rom. Die 10. Ekloge ist eigens für die letzte Stelle geschrieben, und der erste Vers der 1. Ekloge wird am Schluß der *Georgica* zitiert: Die *Eklogen* sind so überliefert, wie Vergil sie arrangiert hat. Hierbei hat er darauf geachtet, daß ›dramatische‹ Eklogen (in denen nur die Hirten-Figuren sprechen) mit ›erzählenden‹ (in denen zunächst oder nur der

---

8 *Vita Donati* 22.

Dichter spricht) wechseln: Die Stücke mit ungeraden Nummern sind dramatisch, die übrigen erzählend. Einzelne Eklogen lassen sich absolut datieren, z. B. die berühmte vierte, die das Konsulat des Asinius Pollio im Jahre
40 v. Chr. voraussetzt. Im übrigen kann man eine relative Chronologie aufstel-
len, da sich der Dichter gern in späteren Stücken auf frühere bezieht (diese
Spiegelungen gehören zur raffiniert-preziösen poetischen Technik); derlei Anspielungen reichen vom wortgetreuen Selbstzitat bis zur versteckten Motiv-
übernahme. Bei Berücksichtigung aller hiermit gegebenen Möglichkeiten
ergibt sich als die wahrscheinlichste (zumal hinsichtlich der 7. Ekloge stark
hypothetische) Lösung die Reihenfolge:

$$2 - 3 - 5 - 9 - 1 - 6 - 4 - 8 - 7 - 10$$

Der Eklogendichter Vergil verstand sich als der lateinische Theokrit;[9] er beanspruchte, eine bestimmte Art Poesie, das Hirtengedicht, in Rom heimisch gemacht zu haben. Der hierfür verbreitete Terminus ›Idyll‹ ist neuzeitlich; in der
Antike klassifizierte der Ausdruck εἰδύλλιον lyrische Gattungen (wozu die hexametrische Hirtendichtung nicht gehörte) nach ihrer Tonart. Der Ausdruck ›Bukolik‹ wiederum (von βουκόλος ›Rinderhirt‹) wurde zwar schon von den antiken
Philologen für die Schöpfung Theokrits verwendet; er deutete indes lediglich den
Inhalt an und eignete sich nicht als Terminus für eine bestimmte Form. Diesem
Zwecke diente der Begriff ›Mimos‹. Die Bukolik galt somit als gegenständlich
definierter Bereich jenes dramatischen Genos, das Wirklichkeit (und zwar die des
Volkslebens) nachzuahmen vorgab.[10]

Dialogische Genrebilder in derber Realistik – aus diesem vornehmlich sizilischen Nährboden erwuchs die Poesie Theokrits, die (was im Hinblick auf die
weitere Entwicklung von Belang ist) von Teilnahme und Sentimentalität nichts
weiß: Sie stellt kühl und distanziert die Regungen und Wallungen der auftretenden Personen dar; sie gibt keinerlei Sympathie für eine angebliche Simplizität des
Landvolkes zu erkennen. Die Bukolik machte auch nur einen kleinen Teil der
vermischten Gedichte Theokrits aus; einige Mimen spielten in der Stadt, und außerdem gab es darunter Hymnen, Trauerlieder, erotische Elegien u.a. Erst die romantisierenden Tendenzen der folgenden Jahrhunderte führten zu einer einseiti-
gen Auswahl aus dem Œuvre Theokrits: Man bevorzugte in auffälliger Weise die
unter Hirten spielenden Stücke; von allen nichtbukolischen Gedichtarten blieben
nur einzelne Proben erhalten.

Vergil übernahm von Theokrit alles, was man als äußere Form zu bezeichnen

---

9 *Eclogae* 6,1 f.
10 Vgl. S. 138.

pflegt: das Hirtenmilieu mit seinen typischen Motiven, die gesamte Szenerie mit der bukolischen Landschaft und den Herden, den freundschaftlichen Wechselgesang und den Sangeswettkampf, die Namen der Hirten und einzelne Stoffe wie den der Zauberinnen, ferner den Hexameter mit reichlicher Verwendung der bukolischen Diärese, refrainartig eingeschobene Schaltverse sowie den Wohlklang. Den Schauplatz der Hirtenwelt verlegte er allerdings in den späten Eklogen – vielleicht hellenistischen Anregungen folgend – auf die Peloponnes, ins entrückte Arkadien, das auf diese Weise als poetische, idyllische Landschaft in die europäische Tradition einging. Und innerhalb des von Theokrit vorgegebenen Rahmens zeigte er eine völlig andere Haltung: Die Perspektiven des Dichters und seiner Figuren rückten bei ihm näher zusammen; der Dichter identifizierte sich mit seinen Figuren und nahm Anteil an ihren Geschicken. Vergil hat das subjektive, das pathetisch-sentimentale Element in die Gattung eingeführt.

Er hat ein übriges getan und die Gattung um neue Motive bereichert; er schuf das sogenannte verkleidete Hirtengedicht. Vielleicht hat er hierzu von Theokrits 7. Idylle eine Anregung empfangen; jedenfalls hat er die bukolische Szenerie zum Träger seiner Probleme gemacht. Unter der Maske manches Hirten steckt also kein anderer als Vergil selbst, sei es, daß es um die Landenteignung, sei es, daß es um die dichterische Existenz oder das Schicksal Roms geht. Die politische Misere der Besitzumwälzungen bricht in den Eklogen 1 und 9 schrill in die friedliche Hirtenwelt ein. Im 6. Stück reflektiert Vergil über die Grenzen und die Richtung seines Dichtertalents; das Schlußgedicht, worin die Maskerade so offenkundig ist wie sonst nirgends (der Hirte Vergil singt ein Lied über den in der arkadischen Welt weilenden Freund Gallus), stellt zwei grundverschiedene Auffassungen von der Rolle des Dichters – die des Bukolikers und die des Elegikers – einander gegenüber. Die 5. Ekloge, die vom Tod und von der Apotheose des mythischen Hirten Daphnis handelt, wurde schon in der Antike als politische Allegorie verstanden, die auf die Ermordung und Vergöttlichung Caesars deute, und das 4. Gedicht, ein Stück Orakelpoesie, sagt die Heraufkunft eines neuen, glücklichen Zeitalters voraus, dessen Fortschreiten mit der Geburt und dem Heranwachsen eines göttlichen Kindes verknüpft sei.

Die Georgica

In den *Eklogen*, der Sphäre der Hirtenwelt, kündigen sich bereits zwei fundamentale Gegebenheiten an: das Miteinander der Menschen und die das menschliche Dasein tragende Natur. Beides bleibt dort jedoch reine Fiktion, angedeutet durch den symbolischen Schauplatz Arkadien; die Wirklichkeit kommt, wenn überhaupt, lediglich als feindliche, tödlich bedrohende Gegenwelt vor – die einzige

Ausnahme hiervon ist ein zu Beginn der 1. Ekloge[11] erwähnter rettender *deus*,
d. h., wie sich aus dem Zusammenhang ergibt, Oktavian. Diese Konstellation
verschiebt sich in den *Georgica*, im Lehrgedicht über den Landbau: An die Stelle
der konstruierten Hirtenwelt tritt ein Stück Realität, das Bauernland Italien. Von
der Sinndeutung, die dieser Bereich nunmehr erfährt, ist die staatlich-politische
Welt nach wie vor ausgeschlossen; sie erscheint auch hier in der Rolle der drohen-
den Gegenwelt. Nur Oktavian macht abermals eine Ausnahme; er tritt jetzt deutlicher hervor und wird offen bei seinem Namen – Caesar – genannt: die Götter
möchten ihm gestatten, Rom aus der Not des Bürgerkriegs herauszuhelfen.[12] Mit
der *Aeneis* endlich findet eine zweite Verschiebung innerhalb der von Anfang an
latent vorhandenen Konstellation statt: Die Gegenwelt ist verschwunden, ist von
der Erfüllung, die Augustus der römischen Geschichte gebracht hat, gleichsam
resorbiert.

Die *Georgica* bestehen aus vier Büchern von durchschnittlich etwa 550 Versen
Länge. Das erste Buch gilt dem Ackerbau; das zweite befaßt sich mit Baum- und
Rebpflanzungen; das dritte hat die Viehzucht und das vierte die Imkerei zum Gegenstand. Jeweils zwei Bücher machen ein enger zusammengehöriges Paar aus:
Buch 1 und 2 sind den Pflanzen, Buch 3 und 4 den Tieren der landwirtschaftlichen Sphäre gewidmet. Die Betrachtung schreitet hierbei von den Dingen, die
den Menschen am fernsten stehen, zu immer größerer Menschennähe fort: von
den Pflanzen und Bäumen zu den Tieren im allgemeinen und dem Bienenstaat
– als einem Symbol für die menschliche Gemeinschaft – im besonderen.

Vergil hat die Zusammengehörigkeit der Buchpaare durch kompositorische
Mittel hervorgehoben. Die beiden ersten Bücher sind jeweils dreiteilig angelegt;
die beiden letzten gliedern sich ein jedes in zwei Hauptabschnitte. Überdies gehen in den Büchern 1 und 3 der Behandlung des eigentlichen Gegenstandes längere Proömien voraus, und schließlich kontrastieren die Grundstimmungen: In
den Büchern 1 und 3 herrscht eine herbe, düstere Tonart vor; die Bücher 2 und
4 hingegen zeigen Heiterkeit und Helle.

Das Werk ist von Anfang bis Ende ›zweiplanig‹ konzipiert: Die technischen
Anweisungen, der konkrete Lehrinhalt spielen gleichsam auf der unteren Bühne,
und hieraus gehen immer wieder allgemeine Betrachtungen über das Bauernda-
sein oder die menschliche Existenz schlechthin hervor – diese Reflexionen, das
eigentliche Darstellungsziel, füllen die obere Bühne. Bei den Anweisungen hat
sich Vergil nicht um Vollständigkeit bemüht; er wollte nicht Bauern belehren,

11   Vers 6 ff.
12   1,498 ff.

sondern das Bauerntum schildern und deuten. Er hat das Verfahren, aus konkreten Vorschriften allgemeine Betrachtungen hervorgehen zu lassen, besonders eindrucksvoll im ersten Drittel des 1. Buches[13] vorgeführt, um gleichsam den Leser darin einzuüben: Dort entfaltet sich der Abschnitt über die Schädlingsbekämpfung zu einem Höhepunkt des Werkes, der Deutung der Kultur als eines gottgewollten menschlichen Ringens. Das Ineinander von schlichter Anweisung und anspruchsvoller Verkündung gibt zu mannigfachem Wechsel in der Stilhöhe, teils abrupt, teils in allmählichem Übergang, Anlaß. Dieses Prinzip wird dem Leser bereits im Proömium des 1. Buches vorgestellt: Hier folgt auf eine in trockenstem Lehrbuchton gehaltene Inhaltsangabe von vier Versen Länge eine weitausladende Anrufung ländlicher Gottheiten, die sich allen Prunkes der hohen Epik bedient.

Die Zweiplanigkeit des Werkes mitsamt den stilistischen Konsequenzen ist wohl auch durch die Geschichte der Gattung bedingt: Vergil hat offensichtlich versucht, die Intention des altgriechischen Lehrgedichts, die der Weltdeutung, mit der Artistik der hellenistischen Form, die niedere oder spröde Gegenstände in schlichter Eleganz darzubieten suchte, zu verschmelzen.[14] Die *Georgica* enthalten daher ein Maximum an Intensität, an Konzentration: Erst das Nacheinander der Teile, die Struktur, ergibt, zusammen mit dem planen Wortlaut, den vollen Sinn. In der römischen Literatur wird diese dem Leser ein großes Maß eigener Anstrengung zumutende Verbindung von Text und Komposition nur noch durch die Oden des Horaz überboten. Vergil erweist sich mit diesem äußersten Bemühen um Verdichtung als legitimer Erbe der Neoteriker; so erklärt sich auch die lange Entstehungszeit von etwa sieben Jahren – wenn man nachrechnet, ergibt sich eine durchschnittliche Tagesleistung von nicht einmal einem Vers.

Die *Georgica* sind Maecenas gewidmet, der in allen vier Proömien genannt wird. Außer ihm hat nur noch eine zweite zeitgenössische Person Eingang in das Werk gefunden: Oktavian. Er wird in der düsteren Partie über das Bürgerkriegselend am Schluß des 1. Buches als der einzige denkbare Rettungsanker angerufen; er erscheint ein zweites Mal im Proömium des 3. Buches, in einer überaus dunklen Ankündigung einer künftigen Dichtung.

In der ursprünglichen Fassung der *Georgica* soll auch Vergils Freund, der Elegiker Cornelius Gallus, Adressat der 10. Ekloge, einen Platz gehabt haben. Das 4. Buch befaßt sich nur noch in der ersten Hälfte mit einer landwirtschaftlichen Materie, mit der Bienenzucht; die zweite enthält ein mythologisches Epyllion in hellenistischer Manier, worin die Ursache der Entstehung von Bienen aus einem

---

13 Vers 118–159.
14 Zu den beiden Formen des griechischen Lehrgedichts s. S. 134.

verwesenden Rind geschildert wird. In diesem Teil haben, wie der Vergil-Kommentator Servius behauptet,[15] zunächst auch *laudes Galli*, lobende Äußerungen über Gallus, gestanden. Gallus aber war als erster Präfekt der neuen Provinz Ägypten allzu überheblich aufgetreten; er wurde abberufen, angeklagt und verurteilt und endete durch Selbstmord. Da habe Vergil auf den Wunsch des Kaisers hin, schreibt Servius, die *laudes Galli* beseitigt, sei es, daß der ganze Mythos von der Bienenentstehung, mit Aristaeus als Hauptfigur, als Ersatz eingefügt wurde, sei es, daß nur die darin eingeschachtelte Geschichte von Orpheus[16] neu hinzukam.

Daß diese Angaben nicht aus der Luft gegriffen sind, scheinen Indizien, die dem Text inhärieren, zu bestätigen: Die Schachtelkomposition des Aristäus-Orpheus-Mythos ist nicht frei von Unstimmigkeiten; überdies enthält die Partie Dubletten, d. h. Verse oder Versgruppen, die in ähnlichem Wortlaut auch im 1. oder 6. Buch der *Aeneis* vorkommen und offensichtlich primär für diese Fundorte gedichtet worden sind. Eine überzeugende Rekonstruktion des Vorgangs ist noch nicht gelungen; es bleibt der Verdacht, daß bei den *laudes Galli* Dichtung und Politik auf eine der Dichtung abträgliche Weise miteinander verquickt waren.

Vergil hat, wie erwähnt, versucht, die beiden Typen des griechischen Lehrgedichts miteinander zu verbinden: Er griff sowohl auf die archaischen Werke der Welterklärung als auch auf die didaktische Poesie des Hellenismus zurück. Außerdem diente ihm der römische Vorgänger, Lukrez, als Muster. Der Schluß des 2. Buches, der exkursartige Preis des Landlebens,[17] spielt darauf an: Vergil räumt dem Stoff des Lukrez den Vorrang ein und fordert für den eigenen die zweite Stelle. Während er sich hier nur mittelbar in die Tradition des altgriechischen Lehrepos einordnet, beansprucht er in einem anderen Exkurs des 2. Buches, einem Lobpreis Italiens,[18] die direkte Nachfolge:

Ascraeumque cano Romana per oppida carmen.

»Und ich lasse in römischen Städten ein askräisches Lied ertönen.«
Askra in Böotien war der Heimatort Hesiods, und mit dem »askräischen Lied« zielt Vergil auf dessen bäuerliches Lehrgedicht »Werke und Tage«, das älteste Paradigma der Gattung. Er hat für die *Georgica* auch gründliche Studien getrieben, und so lassen sich für sie nicht nur literarische Vorbilder, sondern auch – soweit erhalten oder erschließbar – Sachquellen namhaft machen. Offenbar wurde Theophrasts »Pflanzenkunde« (*Historia plantarum*) benutzt; von den hellenisti-

---

15 Zu *Eclogae* 10,1 und zu *Georgica* 4,1.
16 4,453–527.
17 Vers 458–540.
18 Vers 136–176.

schen Lehrdichtern standen Vergil vor allem Aratos und Nikander (der für ein verlorenes Werk als erster den Titel *Georgika* verwendet zu haben scheint) zu Gebote, und schließlich dienten ihm auch Varros *Res rusticae* als Mittler für Sachauskünfte.

Die Aeneis

Die *Aeneis*, das Epos von der mythischen Vorgeschichte der Gründung Roms (12 Bücher), enthält alles, was seit Homer Bestandteil der Gattung war: den Götterapparat, eine Unterweltsfahrt, die Gleichnisse usw. Vergil hat zahlreiche Formprinzipien und Motive des Vorbilds übernommen und sie hierbei nicht selten anderen Zwecken dienstbar gemacht. So setzt die Handlung wie in der *Odyssee* nicht zu Beginn, sondern in der Mitte des Geschehenszusammenhangs ein; was vorausging – im Falle der *Aeneis* der Untergang Trojas und die Irrfahrten des Helden bis zur Ankunft in Karthago –, wird dem Leser durch eine eingeschobene Ich-Erzählung (des Odysseus am Phäakenhofe, des Aeneas am Hof der Königin Dido) mitgeteilt. Während jedoch der Bericht des Odysseus keine den weiteren Gang der Handlung modifizierende Wirkung hinterläßt, gewinnt Aeneas durch seine Darlegungen das Herz Didos – das 4. Buch, die Dido-Tragödie, ist somit durch die Bücher 2 und 3 motiviert. Dieses Verhältnis zu Homer ist für die *Aeneis* charakteristisch. Vergil hat die Homerischen Handlungs- und Kompositionselemente auf eine reflektiertere Stufe gehoben: Diese werden nicht nur um ihrer selbst willen nacherzählt; sie dienen vor allem als Substrat für subjektive Prozesse (wie in dem hier gewählten Beispiel) oder für Ideen und Bedeutungen.

Die beiden Werkhälften (die Bücher 1–6 und 7–12) konkurrieren äußerlich mit der *Odyssee* und der *Ilias*. Darüber hinaus haben sie eine je verschiedene Funktion für die Hauptfigur, denn in der ersten Werkhälfte geht es vor allem darum, daß Aeneas seine Bestimmung – nach Italien, an den Unterlauf des Tiber, zu gelangen und dort eine Stadt zu gründen – erkennt und die inneren Hemmnisse, die sich ihr in den Weg stellen, überwindet. Das Symbol für die noch nicht vollendete Selbstfindung und Unterwerfung unter das Fatum ist die Gestalt des Vaters Anchises: Solange der Held noch des Rates und der Weisung des Vaters bedarf (bis zur Unterweltsfahrt im 6. Buch), ist bei ihm der Prozeß der Emanzipation noch im Gange. Die zweite Werkhälfte zeigt sodann den der Leitung durch den Vater nicht mehr bedürftigen Aeneas, der seine Bestimmung erfaßt hat und in völliger Übereinstimmung mit ihr handelt; sie schildert nur noch die äußeren Kämpfe, die der Held bestehen muß, um sein Ziel zu erreichen.

Neben der Zweiteilung in je sechs Bücher ist auch eine Dreiteilung in Tetraden erkennbar – Vergil hat auch bei der *Aeneis* viel Kunst auf die Komposition gewandt.

Die Bücher 1–4 haben Karthago zum gemeinsamen Schauplatz; ihr Thema ist die Folge des Liebesverhältnisses von Dido und Aeneas: die äußerste Gefährdung des Auftrags und deren Überwindung – um den tragischen Preis des Todes der Königin. Das letzte Werkdrittel wiederum hat die kriegerischen Aktionen in Latium zum Inhalt; es empfängt seine Spannung durch die Zuspitzung auf den Zweikampf der beiden Hauptgegner, des Aeneas und des Turnus. Die Bücher 5–8 endlich sind weniger deutlich als kompositorische Einheit profiliert; hier, wo einerseits der Emanzipationsprozeß des Helden zu Ende geführt und andererseits die Exposition für die Kämpfe des letzten Drittels gegeben wird, herrscht das Episodische vor.

Die Idee des Epos, seine Hauptabsicht, ist eine aufs Ganze gerichtete Deutung der römischen Geschichte aus der Perspektive einer bestimmten Situation, der Erneuerung des Staates durch Augustus. Das Werk knüpft einerseits an die Verheißungen an, die schon die *Ilias* für Aeneas und seine Nachkommen bereithält; andererseits sucht es das in der Gegenwart Erreichte, die von Augustus geschaffene Ordnung, als das von Anbeginn an geplante Telos des geschichtlichen Prozesses hinzustellen. Es faßt also mit kühnem spekulativen Griff die gesamte mythische und historische Überlieferung Roms zur Einheit einer zielgerichteten Entwicklung, garantiert durch göttliche Mächte, zusammen – einer Entwicklung, die sich vom Untergang Trojas als düsterer Folie bis zur größten Ausdehnung römischer Herrschaft (über die Zwischenstufen der Gründung von Lavinium und Albalonga) erstreckt.

Dieser spekulative Entwurf schien unvereinbar mit dem traditionellen Postulat der epischen Handlungseinheit, die durch die Person des Helden und die Kohärenz seiner Taten und Leiden gesichert sein muß. Vergil hat die Antinomie gelöst, indem er einerseits Aeneas der epischen Tradition gemäß zum Mittelpunkt eines in sich geschlossenen Ereigniszusammenhangs machte, andererseits aber durch zwei Kunstmittel den über diesen Zusammenhang hinausgehenden Bedeutungsgehalt zu erkennen gab: durch die Transparenz der Aeneas-Figur, die sie als Symbol, als Paradigma für den Römer schlechthin und zumal für Augustus erscheinen ließ sowie durch eine expressis verbis einkomponierte historische Perspektive, durch prophetische, das Ziel enthüllende Antizipationen – so die Verheißung Jupiters im ersten Buch, die sogenannte Heldenschau im sechsten sowie die Schildbeschreibung im achten.[19]

Der erste Ausblick auf die Zukunft, die prophetischen Worte, die Jupiter an Venus, die Mutter des Aeneas, richtet, beschränkt sich im wesentlichen auf die

19 1,257 ff; 6,752 ff; 8,608 ff.

Voraussetzungen Roms bis zur Gründung der Stadt durch Romulus sowie auf das
Ziel, die Friedensherrschaft des Augustus. Hier fallen die vielzitierten Worte:

His ego nec metas rerum nec tempora pono,
imperium sine fine dedi.

»Ihnen – den Römern – setze ich weder räumliche noch zeitliche Grenzen,
ein Reich ohne Ende habe ich ihnen gewährt.«

In der zweiten Vision des Werkes, in der Rede, die Anchises in der Unterwelt an
den Sohn richtet, werden abermals zunächst nur Anfang und Ziel des Ge-
schichtsprozesses umgriffen: Auf die Könige von Alba Longa und Romulus folgt
unmittelbar der Weltherrscher Augustus. Doch nunmehr geht ein zweiter Teil auf
die Zwischenzeit ein, auf die Könige nach Romulus und die großen Männer der
Republik, dereinst die Sieger über den griechischen Osten. Diese Reihe von Namen mündet in eine berühmte Partie, worin Vergil Wesen und Aufgaben der
Griechen und Römer miteinander zu vergleichen sucht:

Excudent alii spirantia mollius aera
(credo equidem), vivos ducent de marmore voltus,
orabunt causas melius caelique meatus
describent radio et surgentia sidera dicent:
tu regere imperio populos, Romane, memento
(haec tibi erunt artes) pacique imponere morem,
parcere subiectis et debellare superbos.

»Es werden andere geschmeidiger atmende Erzbilder treiben
– glaube ich – und lebendige Züge aus Marmor formen;
sie werden besser vor Gericht plädieren und die Himmelsbahnen
mit dem Stabe zeichnen und den Aufgang der Sterne ankündigen:
Du, Römer, gedenke die Völker herrschaftlich zu lenken –
dies werden deine Fähigkeiten sein – und den Frieden durch Gesetze zu
                   ordnen,
die Unterworfenen milde zu behandeln und Aufrührer niederzukämpfen.«

Der dritte prophetische Ausblick der *Aeneis* besteht aus der Beschreibung der Bilder, die Vulkan auf dem für Aeneas bestimmten Schilde angebracht hat. Hier
überwiegt das Kriegerische; die lange Reihe der Ereignisse gipfelt in der ausführlichen Darstellung der Schlacht bei Actium, so daß auch dieses Mal das hellste
Licht auf das Regiment des Augustus fällt.

Die Verbindung von konventioneller Handlungseinheit und übergreifender Ge-
schichtsidee, die Vergil in der *Aeneis* herzustellen suchte, mied gleichermaßen zwei
einander entgegengesetzte Gefahren: die nach Art der *Annalen* des Ennius die
Jahrhunderte durchschreitende Bilderfolge und das nach Art der hellenistischen

Alexander-Panegyrik den Kaiser direkt verherrlichende Enkomion. Diese inge-
niöse Konzeption forderte allerdings auch einen Preis: Die Handlung leidet unter
der Fracht des Gedankens; Aeneas, mehr Projektion stoisch-römischer Wunsch-
vorstellungen als Person, hat etwas Konstruiertes, und sein Gehorsam gegenüber
dem Fatum erscheint bei der Trennung von Dido als Defizit an Menschlichkeit.

Vergil hat sein umfänglichstes Werk nicht mehr vollenden können. Das auffälligste Indiz hierfür sind die unvollständigen Verse, insgesamt 58, die sich über alle
Teile des Epos verstreut finden; es handelt sich hierbei (von einer Ausnahme abgesehen[20]) um metrische Unfertigkeit, nicht um Lücken im Sinnzusammenhang.
Außerdem enthält die *Aeneis* handgreifliche Widersprüche. Die Chronologie von
Handlungsteilen ist unrichtig oder unklar; Aeneas gelangt z. B. im siebten Sommer nach Karthago und hält sich ein Jahr später wieder in Sizilien auf – abermals
im siebten Sommer.[21] Zwei Vorzeichen, das Tisch- und das Sauprodigium, werden in verschiedenen Versionen dargeboten.[22] Außerdem erfährt man nichts vom
Schicksal der Schiffe, die Aeneas von der Stadt Euanders aus zum Lager der Seinen zurückschickt;[23] andererseits soll eine arkadisch-etruskische Reitertruppe, von
der man nichts vernommen hat, die ihr von Aeneas angewiesenen Plätze erreicht
haben[24] usw.

Vergil fand für sein Epos eine vielfältige mythische Überlieferung vor; er
wählte aus und fügte das Zerstreute zu einer Einheit zusammen. Die aus der *Ilias*
bekannte Figur des Aeneas (Aineias) war seit dem 5. Jahrhundert v. Chr. mit Italien, ja mit Rom verbunden, und um die Zeit des Ersten Punischen Krieges begannen römische Geschlechter, insbesondere das julische, ihre Herkunft von Venus und deren Sohn Aeneas abzuleiten. Die Ereignisse, die der ersten Stadtgrün-
dung in Latium vorausgingen, waren wohl vor allem in den *Origines* des älteren
Cato dargestellt worden; die bunte Mischung von Motiven, die er und andere
darboten, läßt vermuten, daß die zweite Hälfte der *Aeneis* in hohem Maße Vergils
eigenes Werk ist. Zwischen der Aeneas- und der Dido-Sage bestand ursprünglich
kein Zusammenhang; nach einer älteren Version suchte sich die Königin durch
ihren Freitod der unerwünschten Ehe mit einem einheimischen Fürsten zu entziehen. Naevius ließ wohl als erster die Trojaner nach Karthago verschlagen werden; ob er auch die Liebestragödie der Dido erfunden hat, ist umstritten.[25] Zu

20   3,340.
21   1,755; 5,46 und 626.
22   3,255–257 und 7,123–129; 3, 385–392 und 8,42 ff.
23   8,548 ff.
24   10,238 f.
25   Siehe S. 75.

den literarischen Vorbildern der *Aeneis* gehört außer Homer der hellenistische Dichter Apollonios Rhodios (1. Hälfte des 3. Jahrhunders v. Chr.): Die Medea seines Argonautenepos diente als Muster für Dido. Die *Annales* des Ennius haben Vergil vor allem in Sprache und Vers beeinflußt.

Quintus Caecilius Epirota, ein Freigelassener des Atticus, eröffnete um 25 v. Chr. in Rom eine Grammatikschule; ihm gebührt der Ruhm, als erster die Werke Vergils in seinen Unterricht einbezogen zu haben. Seither diente der Dichter zu Übungszwecken aller Art, vom Erlernen des Lesens an, und man war schon in den ersten nachchristlichen Jahrhunderten mit Eifer darauf bedacht, für Editionen und Kommentare zu sorgen. Erhalten sind indes von den philologischen Bemühungen um Vergil nur Teile eines jüngeren Stratums aus der Spätantike. Der Dichter war damals für Heiden und Christen gleichermaßen bedeutsam. Die Heiden betrachteten ihn als Fundament ihrer Bildung, als unerschöpflichen Quell der Weisheit – das wichtigste Zeugnis für diese Einschätzung sind die *Saturnalia* des Macrobius. Die Christen wiederum benutzten ihn als Repertoire, als Formelschatz für ihre Bibel-Epik, für ihre Dichtung schlechthin. Es gab also Gründe genug, daß man sich vom 4. bis 6. Jahrhundert derart intensiv mit ihm beschäftigte. Von der damaligen editorischen Tätigkeit sind noch etliche direkte Zeugen vorhanden, und zwar für alle seine Werke – die modernen Herausgeber ziehen bei ihm die mittelalterlichen Handschriften nur hilfsweise zu Rate. Von den Vergilkommentaren ist der des Servius vollständig überliefert, während der wichtigere des Aelius Donatus außer dem Anfang verlorenging; es blieben jedoch noch weitere Reste der spätantiken Vergil-Exegese erhalten, mehr als bei irgendeinem anderen römischen Autor.

Während des Mittelalters stand Vergil – wie schon in der Spätantike – ebensosehr als Weiser wie als Dichter in Ansehen. Der Dichter diente weiterhin als Spender sprachlicher Wendungen, und der Stoff der *Aeneis* fand Eingang in den höfischen Roman. Seine Person wurde Gegenstand einer üppig wuchernden Legende. In Neapel, wo er begraben war, gewann seine Gestalt die Züge eines christlichen Heiligen und Stadtpatrons; außerhalb Neapels konnte sie auch dämonische Züge annehmen, und in der gelehrten Tradition galt Vergil – wegen der 4. Ekloge, des dort angekündigten göttlichen Kindes – als Prophet Christi. Das alles überragende Ereignis der mittelalterlichen Vergil-Wirkung war die Rolle, die Dante ihm für sein Schaffen, insbesondere für die *Divina Commedia*, zuwies. In ihm sah Dante alles verkörpert, was er für erstrebenswert hielt, in den Bereichen der Politik, der Kultur, der Sprache, der Literatur; der antike Dichter par excellence war in seinen Augen geradezu ein Synonym für die Totalität Roms.

In der Neuzeit verblaßte der moralische, quasi religiöse Aspekt; Vergil wurde
nunmehr in erster Linie als poetische Instanz verehrt. Die Dichtungstheorie der
Renaissance und des Barock pflegte ihm, wenn sie ihn mit Homer verglich, die
Palme zuzuerkennen, da er ›kultivierter‹ sei als sein ›primitives‹ griechisches Vorbild. Mit der Geniebewegung im ausgehenden 18. Jahrhundert verkehrte sich
diese Einschätzung ins Gegenteil; seither hatte Vergil, weil es ihm an Originalität
fehle, Homer gegenüber einen schweren Stand.

c) Dichter um Vergil

Zwei Freunde Vergils, angesehene Dichter in ihrer Zeit, auch im Jahrhundert
darauf noch gelesen, sind zu bloßen Namen geworden, da von ihren Werken fast
nichts erhalten blieb: Lucius Varius Rufus und Aemilius Macer. VARIUS RUFUS,
eine Hauptfigur des Kreises um Maecenas, der Herausgeber der *Aeneis* (um 70–
15 v. Chr.), verfaßte ein Lehrgedicht *De morte* (»Über den Tod«), worin er mit
epikureischen Argumenten die Todesfurcht als gegenstandslos zu erweisen
suchte. Einen großen Erfolg errang er mit der Tragödie *Thyestes*, die in Festspie-
len nach der Schlacht bei Actium aufgeführt und von Augustus mit einer hohen
Summe belohnt wurde. Horaz empfiehlt Varius in der Ode 1,6 als möglichen
Panegyriker Agrippas;[26] aus seinem späteren Augustus-Enkomion stammt, wie
ein Scholiast behauptet, das Zitat von Horaz aus Epistel 1,16,27–29.
    AEMILIUS MACER aus Verona (gestorben 16 v. Chr.) hat sich als Lehrdichter in
hellenistischer Manier betätigt. Eine *Ornithogonia* befaßte sich neben anderem
mit der Verwandlung von Menschen in Vögel; ein *Theriaka* betiteltes Werk handelte – nach dem gleichnamigen noch vorhandenen Gedicht des Nikander – vom
Biß giftiger Tiere, zumal der Schlangen. Ein drittes Werk, über Heilkräuter, wird
aus einem Hinweis Ovids erschlossen.[27]
    Nur spärliche, disparate Kunde zeugt von DOMITIUS MARSUS. Martial hat ihn
einiger Erwähnungen gewürdigt, weil er mit Epigrammen hervorgetreten war;
die Sammlung trug den Titel *Cicuta* (»Schierlingstrank«). Auch eine *Amazonis*
hat er geschrieben, wohl ein Epos, sowie einen stilistischen Traktat *De urbanitate*
(»Über Treffsicherheit im Ausdruck«) und einiges andere.

---

26 Siehe S. 195.
27 *Tristia* 4,10,44.

3. Horaz

a) Griechische Jambik und Lyrik in Rom

HORAZ hat sich wiederholt zu dem Lebensgesetz der klassischen römischen Dichtung, der Vermählung von römischem Inhalt und griechischer Form, bekannt: Für die Epoden oder Jamben beanspruchte er die Nachfolge des Archilochos von Paros, für die Oden vor allem die der Lyriker von Lesbos, des Alkaios und der Sappho. Daß er außerdem, insbesondere in seinen erotischen Gedichten, manches hellenistische Epigramm benutzt hat, brauchte er nicht zu verkünden: Von dort übernahm er lediglich Motive, nicht, wie von den genannten altgriechischen Dichtern, die metrische Form. Was er sonst noch schuf, die Satiren und die Episteln, ging einerseits auf den Römer LUCILIUS zurück und war zum anderen sein eigenes Erzeugnis; daraus, daß deren Versform, der Hexameter, letztlich ebenfalls auf die Griechen zurückging, brauchte er nicht Wesens zu machen: Der Hexameter war seit Ennius, seit über einem Jahrhundert, in Rom eingebürgert.

Die Jambik und die Lyrik waren also die beiden Gattungen, für die Horaz Originalität reklamierte, und zwar in dem Sinne, daß er behauptete (was, wenn nicht ganz, so doch zumindest im wesentlichen zutraf), sie als erster in lateinischer Sprache gemeistert zu haben. Die antike Theorie pflegte die Jambik ebenso wie die Elegie von der Lyrik zu unterscheiden: Als lyrisch galten nur die Versmaße mit konstanter Silbenzahl, bei denen nicht, wie im Hexameter, Pentameter oder Jambus, an bestimmten Stellen des Verses sowohl eine Länge als auch eine Doppelkürze zulässig war.

Der Begriff ›Jambus‹ bezeichnet nicht nur ein Versmaß, sondern auch einen Gedichttyp – im Sinne der ursprünglichen Bedeutung von ἴαμβος ›Schmähung, Spott, Scherz‹. Beides geht wohl auf ARCHILOCHOS (Mitte des 7. Jahrhunderts v. Chr.) zurück, einen Dichter, von dessen Kraft und Prägnanz nur noch etwa 100 Zitate und einige Papyrusreste zeugen. Er entdeckte das poetische Ich, die persönliche Dichtung, das Hier und Jetzt mit seinen Leiden und Freuden als Gegenstand künstlerischen Ausdrucks, und er scheint für seine oft aggressiven und heftigen, mitunter auch skeptischen oder zynischen Aussagen als erster jambische und trochäische Versmaße verwendet zu haben, darunter auch die von Horaz übernommene Epodenform. Auf diese Form aber – auf Zweizeiler mit Jamben, deren zweiter Vers kürzer war als der erste – kam es an: Jamben an sich waren, als Horaz zu dichten begann, in Rom nichts Neues mehr. Ein Teil der Lucilischen Satiren bestand aus Jamben, und vor allem gab es bereits die einschlägigen

Gedichte Catulls, in Jamben und Hinkjamben. Epodisch gebaute Gedichte indessen existierten noch nicht, und so konnte Horaz mit Recht von sich behaupten:[28]

> Parios ego primus iambos
> ostendi Latio numeros animosque secutus
> Archilochi.

> »Parische Jamben habe ich als erster
> Latium gezeigt, mich haltend an die Versmaße und Aufwallungen
> des Archilochos.«

In der programmatischen Widmung an Maecenas, der Ode 1,1, stellt sich Horaz dem Leser als *lyricus vates*, als »lyrischer Dichter« vor, der »die lesbische Leier« erklingen lassen wolle, und im Schlußstück der ersten Sammlung (3,30) rühmt er sich, als erster das äolische Lied für italische Weisen gefügig gemacht zu haben. Was Horaz mit ›lyrisch‹ meinte (die latinisierte Form von λυρικός begegnet bei ihm zum ersten Male), läßt sich genau bestimmen. Ursprünglich war ein ›Lyriker‹ jemand, der seine Gedichte sang und sich hierbei mit der Lyra, der ›Leier‹, begleitete; man konnte ihn auch ›Meliker‹ (von μέλος ›Gesang‹) nennen. Zur Zeit des Horaz allerdings pflegte man lyrische Poesie wie Epen und andere Texte zu rezitieren.

Die alexandrinischen Philologen stellten aus der Fülle des Überlieferten einen Kanon von neun Lyrikern zusammen: Sappho, Alkaios, Anakreon, Alkman, Stesichoros, Ibykos, Simonides, Pindar und Bakchylides. Man darf wohl annehmen, daß der Terminus ›Lyrik‹ mit diesem Kanon durchgesetzt wurde und daß sich z. B. Cicero eben hierauf bezieht, wenn er sich der Wendung bedient:[29] *poetae qui* λυρικοί *a Graecis nominantur* (»die Dichter, die von den Griechen als Lyriker bezeichnet werden«). Auch Horaz scheint den alexandrinischen Kanon gekannt zu haben: Die Ode 4,9 nennt sechs der Neun, nämlich Pindar und Simonides, Alkaios und Stesichoros, Anakreon und Sappho.

Mit der »lesbischen Leier« und dem »äolischen Lied« ist dasselbe gemeint: die Gedichte des ALKAIOS und der SAPPHO, bezeichnet durch deren Heimat und den Dialekt, in dem sie schrieben. Die beiden, die um dieselbe Zeit, von etwa 630 bis 570 v. Chr., in Mytilene auf Lesbos lebten, waren Angehörige des Adels. Sie blieben daher von den Turbulenzen nicht verschont, die damals die griechischen Stadtstaaten heimsuchten: Die sozialen Spannungen entluden sich in wechselvollen Kämpfen um die Macht. Nicht selten wurde ein Aisymnet eingesetzt, ein

---

28 *Epistulae* 1,19,23–25.
29 *Orator* 183.

Schiedsrichter, der den Konflikt schlichtete, wie Solon, ein Zeitgenosse der beiden äolischen Dichter; häufiger kam es zur Tyrannis, der unumschränkten Herrschaft eines einzelnen, der sich auf die breite Schicht der kleinen Leute stützte.
Mytilene hatte vollauf Anteil an den Wirren, bis – nach mehreren Tyrannen –
Pittakos als Aisymnet den Frieden brachte.

Alkaios, als Vorkämpfer einer der Adelsparteien dem Auf und Ab der Zeit unmittelbar ausgesetzt und mehrfach aus der Heimat verbannt, dichtete politische
Pamphlete, Trinklieder und Götterhymnen; er verwendete hierbei vielerlei Versmaße, darunter die nach ihm benannte sowie die sapphische und asklepiadeische
Strophe. Bei ihm war alles für die Gegenwart bestimmt, wie bei Archilochos: für
Feste oder für Gelage. Er sprach leidenschaftlich und parteiisch, und sein Publikum waren die politischen Freunde, aber auch die Gegner, die sich ärgern sollten.

Sappho mußte ebenfalls einmal in die Verbannung gehen; im übrigen stand sie
dem politischen Getriebe fern. Sie leitete eine Art Schule, die Mädchen für künf-
tige häusliche und gesellschaftliche Aufgaben vorbereitete – diese Einrichtung
scheint ein Import aus Lydien, dem kleinasiatischen Reiche in der Nachbarschaft,
gewesen zu sein. Anlässe für poetische Produktion waren die musische Erziehung
der Mädchen sowie die Teilnahme an Götterfesten und Hochzeiten. Sappho verwendete ihre Dichtergabe auch für Persönliches; sie suchte insbesondere den
Empfindungen Ausdruck zu geben, die sie für die ihr anvertrauten Mädchen
hegte. Ihre Gedichte, in einer schlichten Sprache von großer Unmittelbarkeit abgefaßt, erwecken leicht den Eindruck, als seien sie wie von selbst, ohne technischen Aufwand und künstlerischen Intellekt, zustande gekommen.

Die Alexandriner ordneten das Überlieferte von Alkaios in zehn, das von Sap-
pho in neun Bücher – all dies ist bis auf Zitate und Papyrusfetzen verloren. Von
Sappho sind immerhin – dank zweier Rhetoren der Kaiserzeit, des Dionysios von
Halikarnaß und des unbekannten Verfassers der Schrift »Vom Erhabenen« – zwei
Gedichte ganz oder fast ganz bewahrt geblieben. Von dem einen hat Catull drei
Strophen übersetzt, in dem gleichen, nach ihr benannten Versmaß, und sodann
in überraschender Wendung eine vierte hinzugedichtet, mit einer Selbstanrede,
durch die er sich von Sapphos Gefühlen distanziert (Carmen 51). Seine Sammlung enthält noch ein zweites Stück in sapphischen Strophen, eine bitterböse Absage an Lesbia (Carmen 11). Horaz war also nicht ganz ohne römische Vorgänger, als er der äolischen Lyrik in Rom eine Heimstatt verschaffte. Es ging ihm indes vor allem um Alkaios, und von ihm gilt uneingeschränkt, was Horaz in dem
zitierten Brief behauptet:[30]

---

30 *Epistulae* 1,19,32 f.

Hunc ego, non alio dictum prius ore, Latinus
volgavi fidicen.
»Den habe ich, da er noch von keinem anderen Mund verkündigt war,
   als lateinischer
Sänger verbreitet.«

b) Quintus Horatius Flaccus

Biographisches

QUINTUS HORATIUS FLACCUS, Roms Lyriker schlechthin, läßt, wie sein um fünf
Jahre älterer Freund Vergil, als Person und als Dichter einen Stufengang der Entwicklung erkennen, ablesbar zuallererst am Wechsel in den Gattungen. Im übrigen aber ist das Verhältnis von Leben und Werk bei den beiden Augusteern
grundverschieden: Während sich Vergils Dichtungen immer weiter von der Person entfernen, bleibt die Distanz zwischen beiden bei Horaz ziemlich gleich –
eine verhältnismäßig geringe Distanz, so daß Horaz stets als er selbst – und oft
auch über sich selbst – zum Leser zu sprechen scheint. In seinem Falle ist neben
der gekürzt erhaltenen Vita des Sueton das eigene Werk die wichtigste biographische Quelle, bei deren Verwendung man sich allerdings bewußt bleiben muß, daß
Horazens Stufengang durch die Gattungen eine Sequenz von Rollen war: Er begann als neuer Lucilius und Archilochos und gelangte über Alkaios, Sappho und
Pindar zum Ideal des Weisen.

   Horaz, geboren am 8. Dezember 65 v. Chr., stammte aus Venusia an der luka-
nisch-apulischen Grenze, aus einem Randgebiet römischen Einflusses. Sein Vater,
ein Freigelassener, betrieb dort eine kleine Landwirtschaft. Er tat für die Ausbildung des offensichtlich begabten – wahrscheinlich einzigen – Kindes, was in seinen
Kräften stand: Er zog nach Rom, wo er als Auktionator seinen Unterhalt verdiente,
um den Sohn dort lernen zu lassen, was gemeinhin nur Angehörigen der Oberschicht zugänglich war. Auf den Grammatik- und Rhetorikunterricht folgten philosophische Studien in Athen. Dort aber griff der Gang der Geschichte in das bis
dahin so wohlgeplante Leben ein: Brutus, der Mörder Caesars, des ›Tyrannen‹, erschien Ende 44 v. Chr. in den Hörsälen und warb unter den zahlreichen dort anwe-
senden Römern für die Sache der Republik, der Freiheit, die von Antonius und
bald darauf auch von Oktavian bedroht schien. Der junge Horaz war dabei; er
nahm an dem letzten Ringen zwischen den republikanischen und den revolutionären, der Monarchie zustrebenden Kräften als Stabsoffizier teil, während der Dop-
pelschlacht bei Philippi wohl gar als Kommandant einer Legion (42 v. Chr.).

Mit gestutzten Schwingen, des väterlichen Gutes beraubt (das hatten die Sieger eingezogen) sei er, berichtet Horaz,[31] nach Rom zurückgekehrt. Dort lebte er von einer Schreiberstelle an der Staatskasse, die er käuflich erworben hatte, und begann zu dichten. Bald darauf hat er im Kreise der Catullianer Vergil und Varius Rufus kennengelernt; seine ersten poetischen Erzeugnisse – Satiren in der Art des Lucilius, Jamben nach dem Beispiel des Archilochos – mögen dabei von Bedeutung gewesen sein. Vergil und Varius wiederum vermittelten im Frühjahr 38 v. Chr. die Bekanntschaft mit Maecenas, und dieser nahm Horaz ein knappes Jahr später unter seine Schützlinge auf. Hieraus erwuchs eine Lebensfreundschaft, deren äußeres Zeichen das Geschenk eines Hofguts im sabinischen Bergland war, für den Dichter Existenzgrundlage und Stätte der Zurückgezogenheit. Die Beziehung zu Oktavian blieb wohl zunächst außerhalb der Sphäre der Politik; der Bericht von der diplomatischen Reise nach Brundisium, auf der der Dichter Maecenas im Jahre 37 v. Chr. begleitete, die Satire 1,5, bezeichnet den Zweck des Unternehmens, Verhandlungen mit Antonius, kühl und gleichgültig als *magnae res*, »wichtige Angelegenheiten«.[32] Zu Oktavian–Augustus und dem von ihm eingerichteten Staat fand Horaz erst nach langem Zögern ein positives, jedoch von inneren Vorbehalten wohl nie ganz freies Verhältnis.

Um das Jahr 30 v. Chr., als Oktavian durch seinen Sieg über Antonius die Alleinherrschaft errungen hatte, ging die erste Schaffensperiode des Horaz zu Ende. Damals erschienen in dichter Folge zwei Bücher *Satiren* und das Buch *Epoden*. Horaz wandte sich mit ihnen von diesen Gattungen ab: Sie entsprachen seinem gereifteren Wesen und seiner milderen Gestimmtheit nicht mehr. Er schuf in den darauffolgenden sieben Jahren das Werk, das er selbst für sein bedeutendstes gehalten und auf das sich sein Ruhm gegründet hat wie auf kein anderes: die ersten drei Bücher der *Oden*. Er griff darin auf die Versmaße der äolischen Lyrik, des Alkaios und Sapphos, und zum Teil auch auf deren Motive zurück – ungefähr um dieselbe Zeit, zu der Vergil als Verfasser der *Aeneis* mit Homer zu konkurrieren suchte. Horaz und Augustus sind sich nunmehr erheblich nähergekommen; das geht unmißverständlich aus den politischen Oden hervor, die damals entstanden sind. Der Kaiser wollte den Dichter sogar zu seinem Privatsekretär machen; doch diesem war nichts so teuer wie seine Unabhängigkeit, und er lehnte das Angebot ab.

Die Wende zum Spätwerk vollzog sich nicht in der Stille wie die zu den Oden: Horaz hat sie im ersten Stück des 1. Buches der *Episteln* als eine Art Bekehrung,

---

31   *Epistulae* 2,2,49 f.
32   Vers 28.

als Abschied vom Tand der Dichtung, als Weg zur Weisheit stilisiert. Hiervon
verdient ernst genommen zu werden, was Horaz im Florus-Brief wie folgt ausdrückt:[33]

> *Singula de nobis anni praedantur euntes:*
> *eripuere iocos, venerem, convivia, ludum.*
> »Stück für Stück machen uns die schwindenden Jahre ärmer:
> Sie raubten den Scherz, die Liebe, den Festschmaus, das Spiel.«

Der alternde Dichter wollte offenbar aus größerer Distanz schreiben, als ihm die
Beibehaltung der lyrischen Formen erlaubt hätte. Bei der neuen Gattung, der
Versepistel, war er ohne Vorgänger; der philosophische Lehrbrief in Prosa, wie
sich z. B. Epikur seiner bedient hatte, gab ihm immerhin inhaltliche Analogien
an die Hand.

Das 20 Stücke umfassende 1. Epistelbuch (veröffentlicht gegen 20 v. Chr.) gehorcht dem Gesetz der Kleinform; sein Reiz beruht großenteils auf der Vielfalt
der Adressaten, Situationen und Themen. Das ebenso umfangreiche 2. Epistelbuch hingegen besteht lediglich aus drei Stücken; das beherrschende Thema ist
die Literatur, insbesondere der zeitgenössische Literaturbetrieb (veröffentlicht
frühestens im Jahre 13 v. Chr.). Ungefähr gleichzeitig mit den Literaturepisteln
hat Horaz – trotz jenes ›Abschieds‹ – noch einmal Oden gedichtet, das 4. Buch;
er mag hierzu durch den Auftrag des Augustus, für die Säkularfeier des Jahres 17
v. Chr. das offizielle Kultlied zu verfassen, angeregt worden sein. Er starb am
27. November 8 v. Chr., elf Jahre nach Vergil und wenige Wochen nach Maecenas, wie er es sich in der Ode 2,17 gewünscht hatte. Er wurde auf dem Esquilin
neben dem Grab seines Gönners bestattet.

Werke

Die vollständig erhaltenen Dichtungen des Horaz gliedern sich in:

1. die *Epoden* oder *Jamben* (ein Buch);
2. die *Satiren* (zwei Bücher);
3. die *Oden* oder *Carmina* (vier Bücher), nebst dem *Carmen saeculare*;
4. die *Episteln* (zwei Bücher).

Sueton wußte noch von Elegien und von einem Prosabrief, die ihm unter dem
Namen des Horaz zu Gesicht gekommen seien; er erklärte beides für unecht, gewiß zu Recht. Anders als von Vergil und Ovid sind von Horaz keine Pseudepigra-
pha überliefert.

---

33 *Epistulae* 2,2,55 f.

Die Epoden

Horaz lernte, als er seine ersten ernsthaften dichterischen Versuche unternahm, von seiner Umgebung, den Neoterikern oder deren Nachahmern, dreierlei: daß man beliebige Sujets aus der eigenen Lebens- und Erlebnissphäre in geistvolle Verse kleiden könne; daß man sich hierbei in zäher Anstrengung um eine möglichst vollkommene sprachliche und metrische Form zu bemühen habe, wofür die hellenistischen Dichter, allen voran Kallimachos, vorbildlich seien, und daß es jenseits des Hellenismus, lange Zeit davor, die üppige Vielfalt der altgriechischen Lyrik und Jambik gebe – als ein schier unerschöpfliches Repertorium für ein Talent, das sich die Romanisierung dieser Gattungen zutraue.

Paupertas impulit audax, / ut versus facerem[34] (»Armut trieb mich, die wagemutige, / daß ich Verse machte«), berichtet Horaz von seinen dichterischen Anfängen – offenbar brachte er nach dem Scheitern seines Engagements für die Republik ein gerütteltes Maß an Aggressivität mit. Sein Bestreben, diesen Impetus Gestalt werden zu lassen, führte ihn auf die Jamben des Archilochos und die Satiren des Lucilius.

Horaz hat die 17 Gedichte des Epodenbuches, von ihm selbst als *iambi* bezeichnet,[35] nach Metren geordnet: An den Block der Nummern 1–10, stets jambische Tri- und Dimeter, schließen sich die komplizierteren daktylisch-jambischen Mischformen an (11–16). Das burleske 17. Stück hat nur jambische Trimeter, so daß es das einzige ist, auf das der Grammatiker-Terminus ›Epode‹ (Zweizeiler mit »nachgesungenem«, d. h. kürzerem zweiten Vers) nicht zutrifft.

Er habe, schreibt Horaz,[36] seinem griechischen Vorbild neben dem Versmaß auch die *animi*, die zornigen Aufwallungen, abgesehen; als Beispiele hierfür können die frühen Stücke 3 (ein Ausfall gegen den Knoblauch), 4 (Entrüstung über einen Emporkömmling) und 6 (Bedrohung eines feigen Kläffers) dienen. Horaz ist außerdem von Anfang an einem Motiv nachgegangen, das ihm von Archilochos nicht nahegelegt wurde: dem politischen Geschehen, an dem er lebhaft Anteil nahm. In dem frühesten Zeugnis dieser Art, der 16. Epode, einem leidenschaftlichen und zugleich gänzlich irrealen Appell, fordert der Dichter die Mitbürger auf, angesichts des Wahnwitzes der Bürgerkriege das Land zu verlassen und glückselige Inseln im Nirgendwo aufzusuchen. Das Gedicht, ein Horazisches

---

34 *Epistulae* 2,2,51 f.
35 *Epode* 14,7.
36 Siehe S. 215.

Gegenstück zu Vergils fiktiver Hirtenwelt, enthält deutliche Anklänge an dessen
4. Ekloge – wer hier wen zitiert hat, ist ungewiß. In einigen späten Epoden entfernt sich Horaz von den *animi Archilochi*: Die erotisch-sympotischen Motive der
Stücke 11 und 13–15 kündigen die Lyrik an.

Die Satiren

Die satirische Haltung ist der jambischen verwandt: Hier wie dort übt der Dichter unter persönlicher Beteiligung Kritik an Menschen oder politisch-gesellschaftlichen Zuständen. Als Unterschied mag gelten, daß die Satire nicht not-
wendig bestimmte Individuen angreift, sondern auch gern allgemein-menschliche
Schwächen aufs Korn nimmt. Überdies hat sie, wie Horaz sich einmal ausdrückt,[37] das *ridentem dicere verum* (»lachend die Wahrheit sagen«) zum Ziel; sie
strebt neben Hohn und Spott auch Witz an. Ferner ist, und zwar seit Horaz, die
lockere Hexameterform, die dem modernen Prosa-Essay nahesteht, für sie charakteristisch. Horaz bezeichnet denn auch seine Satiren, ebenso wie die Episteln,
als *sermones*.[38] Zugleich aber distanziert er sich von seinem Vorbild Lucilius, indem er sich auf das kallimacheisch-neoterische Ideal der Formstrenge beruft: Lucilius habe zu eilig und zu flüchtig produziert.[39] Der Konversationston, den die
Horazische Satire anstrebt, ist eben nur zum Scheine locker hingeworfen; er beruht auf sorgfältig kalkulierter Wahl des Ausdrucks und offenbart bei näherem
Hinsehen eine nicht geringe Kunst der Gedankenführung, mit Haupt- und Ne-
benmotiven und gleitenden Übergängen.

Das 1. Buch besteht aus zehn Stücken, wie die Eklogensammlung Vergils. Es
enthält, neben den literarischen Themen der Satiren 4 und 10, Moralpredigten
gegen Laster, gegen Habgier, Ehebruch oder Schmähsucht (1–3) sowie Erzählungen, darunter den Bericht von der Reise nach Brundisium (5) und vom zu-
dringlichen Schwätzer (9). Im 6. Stück verbindet Horaz autobiographische Reflexionen – zumal über seine niedere Herkunft – mit dem Bekenntnis zu schlichter
Lebensführung.

Das zweite, acht Satiren enthaltende Buch gliedert sich in zwei Hälften. Die
an den entsprechenden Stellen stehenden Stücke sind jeweils verwandten Themen gewidmet. So konsultiert Horaz im ersten Stück den bekannten Juristen
Trebatius, den einstigen Korrespondenten Ciceros, wie er sich der Kritik gegenüber zu verhalten habe, die man an seinen angriffsfreudigen Satiren übe, und im
fünften konsultiert Odysseus während seines Aufenthaltes in der Unterwelt den

---

37 *Saturae* 1,1,24.
38 *Epistulae* 1,4,1.
39 *Saturae* 1,4 und 1,10.

Seher Teiresias, was er tun könne, sein heruntergewirtschaftetes Hauswesen wieder hochzubringen. Im zweiten Stück wird nach den Grundsätzen des Bauern Ofellus Einfachheit in der Ernährung empfohlen. Die hiermit korrespondierende 6. Satire feiert das bescheidene Glück, das dem Dichter durch das Sabinergut zuteil geworden ist; sie endet mit der kunstvollen Erzählung der Fabel von der Stadt- und der Landmaus. In der 3. und 7. Satire machen zweifelhafte Autoritäten – eine gescheiterte Existenz, ein Sklave – dem Dichter allerlei Vorwürfe, wobei sie sein Verhalten an stoischen Maximen messen. Die letzten Stücke der beiden Buchhälften endlich haben die Feinschmeckerei, den Tafelluxus zum Gegenstand. Die satirischen Themen hatten sich offenbar erschöpft, als Horaz um das Jahr 29 v. Chr. das 2. Satirenbuch veröffentlichte.

Die Oden

Cicero soll einmal erklärt haben, er würde, gesetzt, er könne sein Leben nochmals leben, keine Zeit für die Lektüre von Lyrik finden.[40] Ob er wohl diese Bemerkung bereut hätte, wenn ihm die Oden des Horaz bekannt geworden wären? Sie sind das Äußerste, was je in lateinischer Sprache erreicht wurde.

Die Themen sind vielfältig. Der schon in den Epoden mit einigen Stücken bedachte Bereich von Politik und Staat setzt sich fort: mit Klagen über den Frevel der Bürgerkriege und über den Sittenverfall, aber auch mit Zustimmung zu Augustus und zu seinem Erneuerungswerk. Die bedeutendsten Gedichte dieser Art sind die ersten sechs Stücke des 3. Buches, die sogenannten Römeroden, als Zyklus abgehoben von der Umgebung durch das einheitliche Versmaß, die alkäische Strophe: Horaz kündet dort mit großem Ernst und großem Pathos, daß es gelte, von den Fehlern der jüngsten Vergangenheit zu den Eigenschaften zurückzufinden, denen Rom seine Erfolge verdanke. Das *Carmen saeculare*, der offizielle Kultgesang zur religiösen Feier des Jahres 17 v. Chr., bekennt sich abermals, nunmehr gleichsam im Namen des Kaisers selbst, zu den leitenden Ideen der augusteischen Reform. Die Ode 4,15 endlich, das letzte Stück der zweiten Sammlung, preist feierlich die *Pax Augusta* und deren Segnungen.

Weitere Bereiche der Horazischen Lyrik sind der Götterhymnus, das Trink- und das Liebeslied sowie Gedanken über Freundschaft oder über die eigene poetische Welt. Als Hymnus präsentiert sich ein graziöser Preis Merkurs (1,10) ebenso wie die einzigartige, an die Muse Calliope gerichtete Ode 3,4, gleichermaßen bedeutsam für das Dichtertum des Horaz wie für das Herrschertum des Augustus. Daß sich die Form des Hymnus auch für Scherze fernab religiöser Ge-

---

40 Seneca, *Epistulae morales* 49,6.

halte eignete, zeigt die köstliche Parodie 3,21, die Horaz einem alten Weinkrug gewidmet hat.

Unter den Trinkliedern ragt die Ode 1,9 hervor, die von der winterlichen Natur zu dem Gebot des Genusses der glücklichen Stunde findet. Die erotischen Gedichte werden oft für schwächer gehalten: Für Horaz, der auch auf diesem Felde seine innere Unabhängigkeit zu wahren suchte, kam weder Catulls Leidenschaft in Betracht noch die Fiktion der Elegiker, die Liebe, die Bindung an die Geliebte sei der wichtigste Lebensinhalt. Gleichwohl, der Zwiegesang zwischen dem Dichter und seiner einstigen Freundin, mit den drei Phasen des ehemaligen Glücks, der Trennung und der Versöhnung (3,9), gehört zum Schönsten in der antiken Liebespoesie: der Eleganz der Form ebenso wie der Zartheit des Ausdrucks wegen.

Die Freundschaft spielt in der Horazischen Lyrik, als Haupt- wie als Nebenmotiv, eine herausragende Rolle, und der Freund par excellence ist Maecenas, den der Dichter nicht nur in der Ode 1,1 – zum Zeichen, daß er ihm die ganze Sammlung widmet –, sondern darüber hinaus noch in sieben weiteren Stücken anredet. In dem Gedicht 2,7, einem eindrucksvollen Dokument Horazischen Freundschaftssinnes, wird ein erst spät aus dem Bürgerkriegsgeschehen Heimgekehrter willkommen geheißen; das Ende lautet: *recepto / dulce mihi furere est amico* (»der wiedergewonnene / Freund macht süß mir einen Rausch«).

Horaz, der *Musarum sacerdos*, der Musenpriester, wie er sich in der 1. Römerode nennt, verstand sich als Mittler zwischen den Göttern und der Gemeinde, als Künder der alten Sitten und Erzieher der Jugend. Diese herausgehobene Stellung bekundet sich auch auf andere Weise: Einige Gedichte wissen von einer besonderen poetischen Welt, von einer Welt, die nicht ohne Zutun außermenschlicher Mächte zu existieren scheint. Der Dichter glaubt sich, wenn er die Geborgenheit seines Gutes genießt, in der Hut ländlicher Gottheiten: *Di me tuentur, dis pietas mea / et musa cordi est* (»Die Götter schützen mich, den Göttern liegt meine Frömmigkeit / und meine Dichtung am Herzen«), versichert er in der Ode 1,17. Darüber hinaus werden der Tradition gemäß die Musen und Apoll als Urheber der Inspiration namhaft gemacht; überraschenderweise dient auch Bacchus-Dionysos als Chiffre für die dichterische Ekstase (2,19; 3,25).

Schließlich hat die Philosophie, die Lebensweisheit nicht minder als in den Satiren einen wichtigen Part – nur daß sich dies in der Lyrik gedämpfter, zurückhaltender äußert. Das Streben nach Eudämonie verdichtet sich zur Maxime des *Carpe diem* – »Nutze den Tag« (1,11). Es ist eng mit dem Gedanken an die Endlichkeit des menschlichen Daseins verbunden; Oden wie 1,4 oder 2,14 erinnern eindringlich an das *Omnes eodem cogimur* (»Wir müssen alle denselben Weg gehen«). Zu diesen Themen sowie zu den weiteren des Gleichmuts (2,3), des Maß-haltens (2,10) oder der Genügsamkeit (2,16; 3,24) gaben die römische Gegenwart und die eigenen Erfahrungen des Dichters, gaben weiterhin die philosophische, insbesondere epikureische Tradition und nicht zuletzt die altgriechische Lyrik so-wie die hellenistische Epigrammatik reichlichen Stoff.

Die kunstvollen Versmaße, im Gegensatz zu großen Teilen der Chorlyrik auch für moderne Ohren noch vollauf wahrnehmbar, entstammen dem Programm ge-mäß der äolischen Lyrik: Von den 103 Gedichten der vier Bücher sind 37 in der alkäischen und 26 in der sapphischen Strophe verfaßt. Zu diesen beiden Gruppen kann man noch die auf Asklepiadeen beruhenden Strophen schlagen: Bei ihnen verweist nur der Name auf einen hellenistischen Dichter; die Versform selbst fin-det sich bereits bei Alkaios.

Horaz hat, um sein Programm sinnfällig zu machen, ein übriges getan und in seinen Oden mancherlei inhaltliche Reminiszenzen an die altgriechischen Dichter, nicht selten mit wörtlichen Anklängen zu Beginn eines Gedichts, untergebracht. *Nunc est bibendum* (»Jetzt heißt es trinken«), der Anfang des Triumphliedes auf den Sieg über Kleopatra,[41] deutet auf ein ähnliches Gedicht des Alkaios:[42] Νῦν χρὴ μεθύσθην (»Jetzt gilt es, sich zu berauschen«). Die Ode 1,14 übernimmt, wieder von Alkaios,[43] das Motiv des Staatsschiffs; in der Ode 2,7 imitiert Horaz das Archilochische – bereits von Alkaios und vielleicht auch von Anakreon wieder-holte – Motiv vom schändlichen Verlust des Schildes.[44] Auch Pindar kommt vor: Der Anfang des Carmen 1,12 spielt auf die ersten Verse der 2. Olympie an.

Die Oden sind das kultiviert-zurückhaltende Werk eines arrivierten Dichters, zu dessen wichtigsten Merkmalen die leise ironische Distanz und die Leichtigkeit des Tones zählen – wodurch das höchst Artifizielle dieser formal überaus an-spruchsvollen Gebilde verschleiert wird. Die Illusion einer gleichsam kolloquialen Unmittelbarkeit ist mit syntaktischer Konzentration, poetischer Bildhaftigkeit und messerscharfer Prägnanz des Ausdrucks gepaart. Horazens Oden haben so heterogene Elemente wie die altgriechische hohe Lyrik, das hellenistische Prinzip der Formstrenge und den urbanen römischen Gesprächston zur Einheit ver-schmolzen. Sie sind ›persönliche‹ Dichtung, aber kaum noch im biographischen Sinne – Horaz spricht als Persönlichkeit, wobei er voraussetzt, daß gerade seine Art der Weltbetrachtung den Lesern etwas bedeutet.

---

41 *Carmina* 1,37,1.
42 Frg. 39 D, in: Anthologia lyrica Graeca, hrsg. von E. Diehl, Bd. 1, Leipzig ²1936.
43 Frg. 46A D (s. Anm. 42).
44 *Carmina* 2,7,10; vgl. Archilochos, Frg. 6 D (s. Anm. 42); Alkaios bei Herodot 5,95 und Strabo 13,600; Anakreon Frg. 51/60 D (s. Anm 42).

Er hatte indes mit den drei ersten Büchern nicht den erhofften Erfolg: Vielleicht stellten sie, jedenfalls zunächst, allzu hohe Ansprüche. So trat das sogenannte *intervallum lyricum* ein: Horaz kreierte die Form der Versepistel. Doch die Säkularfeier verlieh ihm neuen Schwung; er galt nunmehr, nach dem Tode Vergils, in Literaturdingen als der erste Mann von Rom. Er hat wieder Oden geschrieben, die 15 Stücke des Buches 4. Sie zeigen Züge von Altersdichtung: Sie sind verhaltener, schwieriger, feierlicher. Das Schwebende seiner besten Oden von ehedem hat Horaz nicht mehr erreicht.

Die Episteln
Die Episteln, das eigentliche Alterswerk des Dichters, sind eine Schöpfung sui generis; sie sind daher auch das einzige Werk, in dem der Dichter kein Vorbild namhaft macht. Das Versmaß, der Hexameter, deutet darauf, daß Horaz mit den Episteln an die Satiren anknüpft, allerdings als Gewandelter: Er geht ganz in der Rolle des philosophischen, vom Autarkieprinzip überzeugten Dichters auf, der sein Glück sucht und verteidigt und anderen zu ihrem Glück verhelfen will. Insofern setzen die Episteln eher die Oden fort, mit der Maßgabe, daß von deren vielfältigen Inhalten nur das eine Thema übriggeblieben ist: Die Götter, poetische Symbole, kommen nicht mehr vor; das Politische dient nur noch als Randornament, und der sympotisch-erotische Bereich fehlt fast völlig.

Die 20 Episteln des 1. Buches, jeweils mit Anrede und Grußformel, suchen echte, lebensweltliche Briefe vorzutäuschen: Dem Leser wird die Illusion vermittelt, er belausche ein intimes Gespräch. Auf das zeitgenössische Publikum traf dies um so mehr zu, als Horaz – abgesehen allein vom 14. Stück an den *vilicus*, den »Gutsverwalter« – durchweg reale Personen zu Adressaten gemacht hat, berühmte wie Maecenas, Tibull oder den nachmaligen Kaiser Tiberius, und unberühmte wie den Bullatius des 11. Stücks. Zugleich aber hat der Dichter die Illusion des Privaten wieder aufgehoben, zumindest stark eingeschränkt: durch das Versmaß, durch die kunstvolle Diktion und das Prinzip der thematischen Einheit – ein Prinzip, das manchmal, da sonst der Abstand zum lebensweltlichen Brief zu groß geworden wäre, durch zusätzliche Nachrichten verschleiert wird. Die Inhalte der Episteln legen eine Einteilung in drei Gruppen nahe. Manche Stücke haben konventionelle Themen zum Gegenstand, wie sie auch in lebensweltlichen Briefen vorkommen: Erkundigungen beim Adressaten, eine Einladung, eine Empfehlung. Die Mehrzahl ist indes Fragen der Ethik vorbehalten, wobei manchmal situative, scheinbar lebensweltliche Elemente eingeflochten werden und manchmal nicht; im letzteren Falle liegt ein nahezu reiner Lehrbrief vor.

Das an Umfang etwa gleiche 2. Epistelbuch besteht lediglich aus drei Stücken

und ist schon deshalb von gänzlich anderer Beschaffenheit. Horaz spricht als die
hierfür maßgebliche Instanz über Literatur. Das erste Stück, worin er dem Kaiser
vom zeitgenössischen Stand der Dinge Mitteilung macht, enthält ein Plädoyer
für die Gegenwartsdichtung und eine scharfe Absage an den rückständigen Geschmack des Publikums. Im zweiten Stück sucht Horaz abermals seine Abkehr
von der Lyrik zu rechtfertigen. Das dritte Stück endlich, der Brief an die Pisonen,
die seit Quintilian so genannte *Ars poetica*, ist das repräsentative dichtungstheore-
tische Werk der Epoche. Horaz trägt im Plauderton eine Summe dessen vor, was
er für wesentlich erachtete. Formal eine Kreuzung von Kunstbrief und Lehrgedicht, unterscheidet sich die *Ars poetica* aufs deutlichste von der *Poetik* des Aristoteles: Horaz konzentriert sich auf Fragen des Stils und der Charakterzeichnung
und ist mit seinen Grundsätzen, z. B. dem Gebot der Formstrenge, stark der
Theorie des Hellenismus verpflichtet.

Horaz hat nie zu den Großmächten der Bildung gehört wie Cicero oder Vergil;
er wirkte wohl schon in der Antike weniger durch die Schule als durch den be-
harrlichen Umgang, den einzelne Leser mit ihm pflegten. Seine Oden blieben
ohne Nachfolge; an seine Satiren haben immerhin Persius und Juvenal angeknüpft. Man gab ihn heraus und erläuterte ihn; Sueton verfaßte eine Biographie.
Erhalten sind der Kommentar des Porphyrio (wohl 3. Jahrhundert n. Chr.) und
einige Scholien.

Das Mittelalter wußte Horaz lediglich als Moralphilosophen und Theoretiker
der Dichtkunst zu schätzen; die Oden fanden erst in der Neuzeit Resonanz. Mit
Petrarca begann deren Aufstieg; von der Hochrenaissance an zählten die Gedichte des Horaz zu den wichtigsten Mustern der europäischen Lyrik. Ihren Höhepunkt erreichte die Wirkung in der Aufklärung, im 18. Jahrhundert – Horaz
war dem Bildungsbürgertum oft besser bekannt als die Bibel.

Die Werke des Horaz sind durch zahlreiche frühmittelalterliche Codices im
ganzen nicht schlecht überliefert. Die Hypothese, daß sich dieses Material zwei
auf die Antike zurückgehenden Klassen sowie einer Mischklasse zuweisen lasse,
ist umstritten. Die neuzeitliche Philologie machte den Horaz-Text wiederholt
zum Gegenstand eingreifender Kritik; zweifelhafte Höhepunkte dieser Tätigkeit
waren die Ausgaben von R. Bentley (1711) und P. Hofman Peerlkamp (1834;
Oden und Epoden).

4. Die römische Liebeselegie

a) Die Anfänge

Das elegische Distichon, ein Seitentrieb des epischen Maßes, besteht aus einem Hexameter und einem Pentameter, einem Gebilde, das zweimal die erste Hälfte des Hexameters (bis zur Penthemimeres) enthält; in der zweiten Hälfte des Pentameters dürfen die Daktylen nicht durch Spondeen ersetzt werden:

$$\bar{\smile\smile} \mid \bar{\smile\smile} \mid \bar{\smile\smile} \mid \bar{\smile\smile} \mid \bar{\smile\smile} \mid \bar{\smile}$$
$$\bar{\smile\smile} \mid \bar{\smile\smile} \mid \bar{} \mid\mid \bar{\smile\smile} \mid \bar{\smile\smile} \mid \acute{\smile}$$

Die Ähnlichkeit des Versbaus bedingte, daß auch die Diktion ähnlich war: Die Elegie und deren Kurzform, das Epigramm, die vom 7. Jahrhundert v. Chr. an über die ganze griechische Welt verbreitet waren, übernahmen den Wort- und Formelschatz des Epos. Die Inhalte waren mannigfaltig, so daß sich die Elegie nur durch das Metrum von der Lyrik unterschied; Sympotisches, Erotisches, Politisches und manches andere konnten unter starker Beteiligung des dichterischen Ich in der einen wie der anderen Form dargestellt werden. In hellenistischer Zeit scheinen Erzählungen von Mythen, insbesondere von Aitien, von Ursprungsgeschichten, überwogen zu haben; das ›Persönliche‹ fand seine Stätte im Epigramm, durch geistreiche Intellektualität und die Stereotypizität der Motive weithin entpersönlicht.

Die Neoteriker, die Wegbereiter der gesamten augusteischen Dichtung, haben speziell den Elegikern dadurch die Richtung gewiesen, daß sie die Liebesleidenschaft zu einem ihrer Themen machten: Bei den Elegikern wurde dieser Gegenstand zum Thema der ganzen Gattung. Damit schufen sie gegenüber den griechischen Voraussetzungen etwas Neues: die subjektive Liebeselegie. Die erotische Elegie des Hellenismus war ›objektiv‹ in dem Sinne, daß sie die Liebe im Spiegel des Mythos behandelte. Das hellenistische Epigramm wiederum konnte zwar ›subjektiv‹ sein (in dem oben angedeuteten Sinne), enthielt jedoch keine einigermaßen einläßlichen Schilderungen. Zwei Gedichte Catulls erlangten exemplarische Bedeutung für die Konstitution der Gattung: das 68. Stück, worin sich der Dichter in kunstvoller Ringkomposition unter anderem mit dem Tod seines Bruders und seiner Liebe zu Lesbia befaßt, sowie Nummer 76 – dort unternimmt Catull verzweifelte Anstrengungen, sich von seiner inneren Bindung an die Geliebte zu befreien.

Die römische Liebeselegie war eine kurzlebige Erscheinung. Sie entstand als Reaktion auf die Bürgerkriege, als ein von der öffentlichen Misere abgegrenzter Bereich. Ovid, der letzte, der sich des Genres annahm, selbst bereits zu jung, um noch aus dem ursprünglichen Impuls zu dichten, nennt einmal die kleine Zahl seiner Vorgänger: Cornelius Gallus, Properz, Tibull.[45] Der erstgenannte, dem der Ruhmestitel des Stifters der Gattung zuteil wurde, ist für die Nachwelt eine weithin unbekannte Größe. Der Freund Vergil hat ihm, wie erwähnt,[46] in der 10. Ekloge ein Denkmal gesetzt; die zweite ihm zugedachte Ehrung, die *laudes Galli* im 4. Buch der *Georgica*, wurde nach seinem Sturz getilgt.[47] Cicero berichtet in einem Brief an Paetus,[48] daß er einmal das Vergnügen hatte, gemeinsam mit einer Schauspielerin namens Cytheris zu speisen. Diese Dame der Halbwelt, zunächst die Geliebte des Brutus, dann die des Antonius, wurde schließlich von Gallus verehrt und unter dem Namen Lycoris in nicht weniger als in vier Büchern Elegien besungen. Schon die Lesbia-Gedichte Catulls hatten auf der paradoxen Voraussetzung einer Geliebten beruht, die man nicht zu heiraten gedenke und die gleichwohl zu ewiger Treue verpflichtet sei. Gallus hat diese Voraussetzung übernommen und zum unentbehrlichen Ingrediens der Gattung gemacht – sie war offensichtlich besonders geeignet für eine breite Skala von Stimmungen und leidenschaftlichen Ergüssen. Genaueres ist von dem Elegiker Gallus nicht an die Nachwelt gelangt: Von seinen Gedichten blieb nichts als ein einziges Zitat und einige jüngst entdeckte Papyrusreste, die keine besonderen Qualitäten erkennen lassen.

b) Sextus Propertius

Biographisches

Von Sextus Propertius ist kaum mehr als das wenige bekannt, das er selbst in seinen Gedichten mitzuteilen für gut befunden hat. Er mag um das Jahr 50 v. Chr. geboren sein, und zwar zu Asisium (heute Assisi) in Umbrien. Er verlor früh den Vater; der Familienbesitz wurde zugunsten der Soldaten Oktavians eingezogen (41/40 v. Chr.). Bald darauf kam Properz nach Rom, wo er wohl bis zum Ende seines nicht langen Lebens (er starb um 15 v. Chr.) geblieben ist. Er strebte nicht nach irgendwelcher forensischen oder politischen Tätigkeit; er widmete sich ganz der Dichtung. Der Erfolg seines 1. Elegienbuches verschaffte ihm Zutritt zu Maecenas. Damit setzte er sich allerdings auch dem Ansinnen aus, patriotische Themen zum Gegenstand seiner Poesie zu machen. Er gab diesem Wunsche schließlich nach: im letzten der vier Bücher, die er hinterlassen hat.

---

45 *Tristia* 4,10,51–54.
46 Siehe S. 204.
47 Vgl. S. 206 f.
48 *Ad familiares* 9,26 (vom Jahre 46 v. Chr.).

Das Werk

Properz ist das Opfer einer grausamen Herrin, der Cynthia (d. h. der Hostia, einer Freigelassenen): Mit dieser Fiktion stellt er sich in der 1. Elegie des 1. Buches dem Leser vor. Dieses Buch, die sogenannte *Monobiblos*, um das Jahr 28 v. Chr. separat veröffentlicht, führt die Qual und das seltene Glück, das das Liebesverhältnis dem Dichter verschaffte, in mancherlei Variationen vor. Cynthia solle auf kostspieligen Putz verzichten, heißt es: von ihrer natürlichen Schönheit gehe die stärkste Wirkung aus (1,2). Oder: der Zecher Properz kehrt in später Nacht zur Geliebten zurück; er betrachtet die Schlummernde (1,3). Oder: keine Verlockung durch andere Mädchen vermöge den Dichter zu bewegen, Cynthia untreu zu werden (1,4). Und dann: man beneide den Dichter nicht; neben seltenen Freuden entspringen dem Bunde vielfältige Kümmernisse (1,5). So geht es fort: mit viel Phantasie, in einer ebenso kraftvollen wie anspielungsreichen Sprache, bewegt und leidenschaftlich, so daß auch die ständige Spiegelung der Gegenwart im Mythos nicht gekünstelt oder trocken wirkt. Eine Kostbarkeit ist die 18. Elegie – der Dichter trägt seinen Kummer hinaus in die Natur:[49]

> *Haec certe deserta loca et taciturna querenti,*
> *et vacuum zephyri possidet aura nemus [. . .].*
> »Diese Gegend ist gewiß einsam und verschwiegen dem Klagenden,
> und der Hauch des Zephyrs herrscht im leeren Hain [. . .].«

Das 2. und 3. Buch (wohl zunächst gesondert erschienen, das eine um 25, das andere um 22 v. Chr.) setzen die bisherigen Themen fort, jedoch mit anderen Akzenten: Neben den Preis der Geliebten und das Glück der Liebe treten in zunehmendem Maße Enttäuschung, Klage und Todessehnsucht. Der Gegenstand scheint sich allmählich zu erschöpfen: Allgemeine Betrachtungen über die Habsucht der Mädchen und ähnliches mischen sich ein, auch Trauerelegien und andere nichterotische Inhalte. Überdies soll der Dichter jetzt auf den Staat, auf Macht und Waffengewalt eingehen: Er lehnt noch ab, mit mehreren Varianten von *recusatio*-Gedichten.[50]

In den beiden letzten Stücken des 3. Buches nimmt Properz bitteren Abschied von der ungetreuen, seiner nicht würdigen Geliebten; anders ausgedrückt: Er hat erkannt, daß die Liebesdichtung für ihn abgetan ist. Das 4. Buch (erschienen um 16 v. Chr.) widmet sich daher großenteils anderen Themen. Einige Stücke behandeln nach dem Vorbild der Kallimacheischen *Aitia* (der Darstellung des Ursprungs von Kulten und Festen) römische Altertümer: den Gott Vertumnus, den

---

49 1,18,1 f.
50 2,10; 2,34; 3,3; 3,9. Vgl. S. 195 f.

Verrat der Tarpeia, den Kampf des Hercules gegen den Riesen Cacus; ein Sieges-
lied auf Actium bekennt sich direkt zum Staat des Augustus. Cynthia fehlt nicht
völlig: Sie ist die Protagonistin einer burlesken Eifersuchtsszene (8) und erscheint
dem Dichter nach ihrem Tode im Traum (7). Außerdem aber hat in das 4. Buch
auch die eheliche Liebe, ein von Hause aus unelegisches Thema, Eingang gefunden: Eine junge Römerin namens Arethusa schreibt ihrem im Felde stehenden
Mann (3), und im letzten, vielgerühmten Stück spricht eine Cornelia aus dem
Grabe zu ihrem Gemahl Paullus: Sie legt Rechenschaft über ihr Leben ab und
richtet Mahnungen an ihren Gatten.

Der Leidenschaft und Gelehrsamkeit mischende, nicht leicht verständliche
Elegiker hat in der frühen Kaiserzeit mancherlei Spuren seiner Wirkung hinterlassen, bis hin zu Kritzeleien in Pompeji. Das Mittelalter wußte wenig mit ihm
anzufangen; erst seit der Renaissance fand sein Werk wieder Bewunderer. Goe-
thes *Römische Elegien* sind von ihm inspiriert.

Die Properz-Überlieferung ist durch mancherlei Korruptelen entstellt; als die
wichtigste Textquelle gilt der in Wolfenbüttel bewahrte Codex Gudianus 224 aus
dem 12./13. Jahrhundert.

c) Albius Tibullus und das Corpus Tibullianum

Biographisches

Auch vom Leben des Albius Tibullus ist nur geringe Kunde an die Nachwelt gelangt; man weiß nicht einmal den Ort seiner Herkunft. Um das Jahr 50 v. Chr.
geboren, war er desselben Alters wie Properz; er starb früh, im Jahre 19 v. Chr.
oder wenig später. Römischer Ritter und Gutsherr, wurde wohl auch er durch die
Landzuweisungen an die ausgedienten Soldaten Oktavians geschädigt. Sein Protektor war Marcus Valerius Messalla Corvinus, der dritte unter den Literaturför-
derern der augusteischen Zeit.[51] Horaz hat den jüngeren Dichterkollegen ge-
schätzt, wie die Ode 1,33 und die Epistel 1,9 zeigen.

Das Werk

Unter Tibulls Namen sind drei (oder vier, je nach Einteilung) Bücher mit Gedichten, fast sämtlich im elegischen Maß, überliefert: das sogenannte Corpus Tibullianum. Hiervon gehören dem Autor in Wahrheit nur die beiden ersten Bücher. Der Rest stammt von fremden Händen; er besteht aus:

---

51 Siehe S. 60.

1. 6 Stücken, in denen ein Lygdamus (wohl ein Pseudonym) von seiner Liebe zu Neaera handelt;
2. einem Panegyricus auf Messalla, in Hexametern;
3. 5 Stücken, in denen sich ein Unbekannter mit der Liebe Sulpicias zu Cerinthus befaßt;
4. 6 epigrammatisch kurzen Gedichten der Sulpicia.

Das erste Buch besteht aus zehn Elegien, mit einer Delia als Hauptfigur, das zweite aus sechs Stücken, mit einer Geliebten namens Nemesis. Außerdem spielt Päderastie eine nicht unerhebliche Rolle: In das ›Delia-Buch‹ sind Gedichte eingestreut, worin Tibull seine Zuneigung zu einem Marathus kund tut. Das elegische Ich ist keine konstante Rolle mehr; es ist ein beliebig austauschbares Kostüm. Auch sonst geht Tibull seinen eigenen Weg. Catull, Properz und Ovid manifestieren sich in ihren erotischen Dichtungen als Großstädter par excellence; Tibull hingegen verpflanzt die seinen in ländliche Bezirke – er verbindet die Elegie mit bukolischen Motiven.

Tibull, der sanfte Träumer, der vorzüglich die Reize des friedlichen Daseins im bäuerlichen Milieu zu schildern weiß, bereitet Schwierigkeiten von grundsätzlicher Art: Was hat er gewollt, welche Voraussetzungen muß sich der Leser zu eigen machen, um zu verstehen und zu genießen? Da ist nicht nur das Problem des wechselnden poetischen Ich. Die Delia-Gedichte geben auch, wenn man sie für sich betrachtet, Fragen auf. Während sich die anderen Elegiker jeweils auf einzelne Situationen, Erlebnisse oder Stimmungen beschränken, scheint Tibull im 1. Buch eine rekonstruierbare Geschichte zu umkreisen – von dem Plan, mit Delia, einer verheirateten Frau, eine glückliche Zeit auf dem eigenen Landgut zu verbringen, von erfolgreichen Nebenbuhlern, vom Mißtrauen des Ehemanns usw.: Soll hier erlebte Wirklichkeit gespiegelt werden? Die Nemesis-Gedichte sind schwächer als der Delia-›Roman‹: Das habgierige, auf Putz versessene Wesen nimmt keine deutlichen Konturen an. Das Glanzstück des 2. Buches ist das erste Gedicht, die Schilderung eines ländlichen Festes.

Die Lygdamus-Elegien, die das unechte 3. Buch eröffnen, sind erfreulich frische Erzeugnisse, schlicht, ohne kühne Wendungen, von klarer Gedankenführung. Der Panegyricus wiederum preist mit großen Worten Messallas, des Literaturförderers, Redekunst und Feldherrngabe; das mittelmäßige Stück muß nach Messallas Konsulat (31 v. Chr.) und vor seinem Triumph (27 v. Chr.) entstanden sein. Die fünf Sulpicia-Cerinthus-Gedichte, von einem Dritten verfaßt, zeichnen sich durch Anmut und Feingefühl aus, und die vierte Gruppe endlich, jetzt meist als Produkt einer Nichte Messallas anerkannt, sind unbeholfen im Ausdruck und aufrichtig in der Haltung.

Tibulls Ruhm hat im 1. Jahrhundert n. Chr. vielerlei Spuren hinterlassen, von dem Nachruf Ovids[52] bis zu einem Epigramm Martials.[53] Dann nehmen die Zeugnisse ab, bis zum Beginn der Neuzeit; seither hat man ihn, zumal in Frankreich, wieder stärker beachtet: Ronsard schätzte ihn sehr, und im 18. Jahrhundert z. B. Chénier, der von Robespierre hingerichtete Schöpfer der *Elegies.*

Das Corpus Tibullianum ist dürftig und diffus überliefert: Die vollständigen Handschriften entstammen allesamt dem 15. Jahrhundert, und die älteren warten nur mit Exzerpten auf.

5. Ovid

a) Publius Ovidius Naso

Biographisches

Wer nach Constanţa, ins antike Tomi oder Tomis, am Schwarzen Meer gelangt, hat noch heutzutage das Gefühl, an den Rand Europas verschlagen zu sein. Am Bahnhof gedenkt eine in italienischer und rumänischer Sprache abgefaßte Tafel eines Treffens, das dort stattgefunden habe: Die örtlichen Eisenbahner hatten ihre Kollegen aus Sulmona, dem römischen Sulmo, eingeladen, des zweitausendjährigen Geburtstags von Ovid zu gedenken. Nachfahren am Geburts- und am Sterbeort nehmen Gelegenheit, über die ausgeklügelte Strafe nachzudenken, die der Zorn des Monarchen über Roms größtes poetisches Formtalent verhängt hatte.

Was die Nachwelt von Publius Ovidius Naso weiß, verdankt sie meistenteils ihm selbst, vor allem der autobiographischen Skizze, die das Schlußstück des 4. Buches der *Tristia* füllt.[54] Danach ist der Dichter am 20. März 43 v. Chr. zu Sulmo (etwa 100 km östlich von Rom) als Sohn eines Ritters zur Welt gekommen. Er war also um nahezu eine Generation von Vergil und Horaz getrennt und etwa sieben Jahre jünger als Properz und Tibull; er hat das Zeitalter der Bürgerkriege nicht mehr erlebt, er ist in der *Pax Augusta* aufgewachsen. Der üblichen rhetorischen Schulung folgte eine Bildungsreise nach Griechenland. Bis zu den

---

52 *Amores* 3,9.
53 14,193.
54 *Tristia* 4,10.

kleinen Ämtern unterhalb der Quästur ließ sich der junge Mann auf die Bahn
ein, die ihm vorgezeichnet war; dann aber überredeten ihn die Musen, wie er
schreibt,[55] sicherem Müßiggang, d. h. einer Dichterexistenz, den Vorzug zu geben. Vergil hat er gerade noch gesehen, Horaz hingegen des öfteren aus seinen
Werken vortragen gehört; mit Tibull war er nur kurze Zeit bis zu dessen frühem
Tod, mit Properz einige Jahre länger gut bekannt. Er fand Förderung bei Messalla Corvinus, dem Gönner Tibulls; mit Messallas Sohn Cotta Maximus blieb er
bis zu seinem Tode freundschaftlich verbunden. Er war dreimal verheiratet; zwei
Ehen endeten durch Scheidung.

Die Liebeselegien (*Amores*), die ab 20 v. Chr. buchweise zu erscheinen begann-
nen, waren auf Anhieb erfolgreich, und Ovid stieg, während Werk auf Werk
folgte, nach dem Tode des Horaz zum gefeiertsten Dichter Roms auf. Da traf ihn
im Jahre 8. n. Chr. – er weilte gerade mit Cotta Maximus auf Elba – das Verban-
nungsdekret des Augustus. Nicht mit der *deportatio* wurde er bestraft, die ihm
Bürgerrecht und Vermögen genommen hätte, sondern mit der *relegatio*, und zwar
mit deren schärferer Form: Er mußte nicht nur Rom verlassen, er erhielt vielmehr
auch Tomi als Zwangsdomizil. Die Gründe sind unklar; der Dichter selbst ergeht
sich in dunklen Andeutungen. Das wichtigste Zeugnis spricht von zwei Vorwürfen (*crimina*), von einem *carmen*, das zu schamlosem Ehebruch angeleitet habe,
und von einem nicht näher erläuterten *error*.[56] Mit dem *carmen* ist offensichtlich
die *Ars amatoria* (»Liebeskunst«) gemeint, die allerdings schon acht Jahre zuvor
erschienen war. Die »Verirrung« aber hat wohl darin bestanden (so die plausibel-
ste Vermutung), daß Ovid in den Ehebruch verwickelt war, den Iulia, die Enkelin
des Augustus, damals beging – sie wurde im selben Jahr verbannt wie er. Ein Verfahren hat nicht stattgefunden; der Kaiser erstreckte die Disziplinargewalt, die
ihm nach römischem Herkommen seinen Familienangehörigen gegenüber zustand, auf deren Gehilfen. Alle Versuche, eine Begnadigung zu erwirken, blieben
fruchtlos; der Dichter starb im Jahre 17 oder 18 n. Chr. in Tomi.

Werke

Ovids Werke speisen sich aus zwei Quellen: aus griechischen Mythen und der er-
lebten Wirklichkeit; bald herrscht der eine Bereich vor, bald der andere. Den Anfang machten erotische Dichtungen: die *Amores* (»Liebeselegien«), die *Epistulae
heroidum* (»Briefe mythischer Frauengestalten«) und die *Ars amatoria* (»Liebeskunst«) nebst den kleinen Lehrgedichten *De medicamine faciei* (»Über Gesichts-

---

55 Ebd., Vers 39 f.
56 *Tristia* 2,207 ff.

pflege«) und *Remedia amoris* (»Heilmittel gegen die Liebe«). Es folgten zwei
große Sagenzyklen: die *Metamorphoses* (»Verwandlungssagen«) und die unvollendeten *Fasti* (»Festkalender«). Der Verbannte kehrte zu seiner Erlebniswelt zurück:
mit den *Tristia* (»Lieder der Trauer«) und den *Epistulae ex Ponto* (»Briefe vom
Schwarzen Meer«). Außerhalb des Kreises von elegischer, didaktischer und erzählender Dichtung (diese drei Elemente begegnen in allen Werken Ovids, welcher Gattung sie auch angehören) stand ein dramatischer Versuch, die verlorene
Tragödie *Medea*. Der Dichter gedenkt oft seiner früheren Werke; daher bereitet
jedenfalls deren relative Chronologie keine Schwierigkeiten.

Die Amores

Ovids Ruhm gründet sich hauptsächlich auf zwei Werke: auf die *Amores* und die
Metamorphosen. Die *Amores*, entstanden etwa zwischen 20 und 15 v. Chr., wurden
vom Autor zunächst in fünf, dann in drei Büchern veröffentlicht. Sie unterschei-
den sich durch zwei Merkmale von den Elegien der Vorgänger: Sie verzichten auf
Gelehrsamkeit und distanzieren sich von der bislang strikt durchgehaltenen Voraussetzung leidenschaftlicher Verfallenheit, so daß die Liebe, bisher Thema einer
Konfession, zum Spaß wird, präsentiert mit Leichtigkeit und Witz. Der triumphierende Don Juan tritt an die Stelle des glücklosen Opfers einer grausamen
›Herrin‹. Zweifellos handelt es sich auch hierbei um eine Rolle, eine poetische
Fiktion; das bisherige Repertoire hatte sich verbraucht, so daß Ovid, wenn er an
der Gattung festhalten wollte, sich nach neuen Möglichkeiten umsehen mußte –
er fand sie, indem er die frivolen und zugleich amüsanten Seiten der Liebe her-
auskehrte.

Er hat das Programm des Titels konsequent befolgt, d. h., nur wenige Stücke
behandeln Nicht-Erotisches, wie das Gedicht 3,9 auf den Tod Tibulls. Gegenstand der Elegien sind, wie bei Properz, einzelne Situationen. Die ›Geliebte‹
Ovids heißt Corinna; ob sie mehr war als eine Kunstfigur, hat man schon zu seinen Lebzeiten vergebens gefragt. Neben Situationsgedichten enthalten die *Amores* bereits allgemeine Betrachtungen, ja Lehren, etwa in dem berühmten Stück
1,9: *Militat omnis amans et habet sua castra Cupido* (»Soldat ist jeder, der liebt, und
auch Cupido hält ein Heerlager«). Hier kündigt sich der Didaktiker der Erotik,
der Autor der *Ars amatoria* an.

Die Heroides

Gleichzeitig mit der *Ars amatoria* entstanden die *Heroides*, ein Tema con varia-
zioni über liebende Frauen. Vierzehnmal entschied sich Ovid für mythische Figuren, für Penelope, die an Odysseus, für Phyllis, die an Demophoon, für Briseis,

die an Achilleus schreibt usw. Der 15. Brief beruht auf der Fiktion, daß die Dichterin Sappho den Geliebten Phaon zurückzurufen sucht, und bei den sechs letzten Stücken handelt es sich, wieder im mythischen Bereich, um Briefpaare: der Liebhaber erhält Antwort von der Geliebten. Ovid hat für dieses geistvolle Spiel Paris und Helena, Leander und Hero sowie Akontios und Kydippe ausersehen. Auf die ›realen‹, d. h. die im Mythos überlieferten Voraussetzungen kam es dem Dichter nicht an (Penelope z. B. weiß gar nicht, wo sich Odysseus befindet); er wollte in vielfältiger Brechung psychische Befindlichkeiten vorführen.

Die erotischen Lehrdichtungen
Das am Schluß verstümmelte kleine Lehrgedicht *De medicamine faciei* entstand vor der *Ars amatoria*. Auf allgemeine Betrachtungen über den Wert der Schönheitspflege folgen Mittel für glatte Haut, gegen Flecken u. a.
Das Hauptwerk unter den – durchweg in elegischen Distichen abgefaßten – erotischen Lehrdichtungen, die *Ars amatoria*, entstanden in den Jahren um Christi Geburt, steht in schärfstem Gegensatz zum jüngsten Vorgänger in der Gattung, zu den *Georgica* Vergils. Während dort die Welt des Bauern als die reinere, den Römern besonders gemäße Daseinsform gepriesen wurde, versetzt Ovid den Leser in die elegante Weltstadt, ja, er feiert die Überwindung der bäuerlichen Lebensweise durch städtische Zivilisation als Fortschritt:[57]
    Simplicitas rudis ante fuit; nunc aurea Roma est.
    »Einst herrschte rohe Schlichtheit; jetzt ist Rom golden.«
Die erotische Didaktik setzt Tendenzen der *Amores* fort: Die Liebe ist nicht Leidenschaft, nicht auferlegte wechselseitige Bindung zweier Menschen, sondern galantes Spiel, eine Kunst (*ars*), die erlernbaren Regeln gehorcht, und um diese Kunst zu beherrschen, muß man sich die hierfür erforderlichen Kenntnisse zu eigen machen. Ovid bietet demgemäß eine Phänomenologie der Situationen und Ratschläge für die jeweils zweckentsprechenden Verhaltensweisen dar. Sein Gegenstand ist die Hetärenliebe; eheliche Beziehungen und Päderastie werden nicht behandelt.
Der Dichter geht systematisch zu Werke, wie es sich für einen Lehrmeister gehört. Die beiden ersten Bücher der *Ars* sind für das männliche Geschlecht bestimmt. Zunächst, im 1. Buch, wird vorgeführt, wo man Mädchen finden und wie man sie für sich gewinnen kann; das ganze 2. Buch widmet sich einem dritten Thema: wie man sich die Gunst der Auserwählten erhält. Das 3. Buch bringt sodann Liebeslehren für die Damen; die locker aneinandergereihten Ratschläge las-

sen sich drei Bereichen zuweisen: der Pflege des Äußeren, den erstrebenswerten
Fähigkeiten (wie Singen, Literaturkenntnis) und dem richtigen Verhalten. Das
Werk endet mit einer Folge von Positionen bei der Liebesvereinigung.

Ovid stellt in der *Ars* das Erobern und die Sicherung des Eroberten dar: Die
Liebe wird bei ihm zur Strategie. Im Freiraum der Hetärenliebe haben die Treue
und sonstigen Gebote intimen Umgangs keine Gültigkeit. Schwüre brauchen auf
diesem Felde nicht eingehalten zu werden; es ist erlaubt, Gefühle vorzutäuschen,
und der Mann soll ohne Skrupel auch Gewalt anwenden. Es geht stets nur um
die sinnliche Seite der Liebe, um ›Sex‹; jeder Partner strebt allein nach der Befriedigung seines Triebes. Das Werk ist nicht frei von subversiver, normalen Moral-
begriffen hohnsprechender Frivolität: Hierüber vermag die poetische Zubereitung
mit mythischen Beispielen und brillanten Pointen, vermögen auch die Grazie und
der Charme, die Unterhaltsamkeit und der Abwechslungsreichtum nicht hinweg-
zutäuschen, die Ovid darin investiert hat.

Die Bekämpfung der Affekte, ihre – wenn möglich – völlige Beseitigung war
ein philosophisches Thema, ein Grundproblem zumal der stoischen Ethik. Ovid
nahm sich unter diesem Aspekt die Liebesleidenschaft vor; als ein Gegenstück
zur *Ars amatoria* schrieb er die *Remedia amoris*, einen praktischen Ratgeber, wie
man sich einer unerwünschten Passion erwehren kann, in Bucheslänge. Die Auffassung ist dieselbe wie in der *Ars*: Die Liebe gilt als unverbindliches Spiel, und
die *Remedia* sollen den Mann ebenso wie die Frau von dem unerwünschten Extrem allzu starker innerer Beteiligung befreien.

Die Sagenzyklen

In den Jahren 1–8 n. Chr. verfaßte Ovid sein umfänglichstes Werk, die *Metamorphosen*, in 15 Büchern zu je 700–900 Hexametern. Er habe, berichtet er,[58] das
Manuskript, als der Verbannungsbefehl eintraf, ins Feuer geworfen; allerdings
hätten damals bereits mehrere Abschriften existiert. Als einen der Gründe für den
Vernichtungsversuch führt er den unfertigen Zustand des Werkes an – anders als
bei der *Aeneis* Vergils sind jedoch Spuren mangelnder Vollendung nicht ersichtlich oder jedenfalls umstritten.

Die *Metamorphosen* sind ein Sammel- oder Kollektivgedicht: etwa 250 selbständige Geschichten sind unter dem zusammenfassenden Gesichtspunkt der
Verwandlung an- und ineinandergefügt. Ein zeitlicher Rahmen ist erkennbar, der
von den mythischen Ursprüngen bis zur Vergöttlichung Caesars reicht, und innerhalb dieses Ganzen lassen sich die folgenden vier Blöcke unterscheiden:

---

58 *Tristia* 1,7,13 ff.

1. Die beiden ersten Bücher reichen von der Weltentstehung bis zum Raub der
   Europa (mit der deukalionischen Flut, Phaeton, der Liebe von Göttern zu
   sterblichen Frauen);
2. die Bücher 3–6 reichen von der Erbauung Thebens bis zur Argonautenfahrt
   (mit thebanischen Sagen, Perseus, der Bestrafung überheblicher Sterblicher
   und attischen Sagen);
3. die Bücher 7–11 reichen von der Argonautenzeit bis zum trojanischen Königs-
   haus (mit Jason, Theseus, der kalydonischen Jagd, Herkules und Orpheus);
4. die Bücher 12–15 reichen vom Trojanischen Krieg bis zum Zeitalter des Augustus (mit Odysseus, Aeneas und römischen Sagen).

In dieses Fächerwerk, das die hellenistische Mythenchronologie voraussetzt, sind
Rückwendungen eingeschoben: Der Dichter selbst oder Figuren des Epos berichten von Vorvergangenem. Die Hauptteile sind miteinander verstrebt und die
Buchschlüsse überbrückt – so ist in der Tat auch ohne ein Handlungsganzes und
ohne einen im Mittelpunkt stehenden Helden ein *perpetuum carmen*, ein »unun-
terbrochenes Lied«, entstanden, wie vom Dichter in dem kurzen Vorspruch 1,1–4
angekündigt. Das Repertoire der Stoffe erstreckt sich von kosmischen Katastro-
phen über blutige Tragödien bis hin zu Burlesken und Idyllen – besonders häufig
sind Liebesgeschichten in mannigfacher Tönung. Der Stil paßt sich den jeweiligen Gegebenheiten an: er ist bald pathetisch, bald ironisch, bald sentimental.

Die Mythen, die Ovid unbefangen in seinem kolossalen Werk vereinigt hat,
sind überaus verschiedener Provenienz. Zum Ältesten gehören die Weltschöp-
fungs- und die Flutgeschichte des ersten Hauptteils; die offensichtlichen Ähn-
lichkeiten mit der biblischen Genesis haben zu der Hypothese geführt, daß
beides, die griechische wie die biblische Version, auf vorderasiatische Überliefe-
rungen zurückgehe. Weiterhin sind ätiologische Sagen als besonderer Typus
kenntlich: Die in einen Lorbeerbaum verwandelte Daphne z. B. soll erklären,
warum der Lorbeer dem Apoll heilig ist. Eine Gruppe mit einer spezifischen
Tendenz machen fernerhin die Dionysos-Mythen aus: Es sind Wundergeschich-
ten, die für einen neuen, zur Zeit der Entstehung noch nicht etablierten Gott
werben. Sodann die ›Seitensprünge‹ des Göttervaters Zeus/Jupiter: Sie waren von
Hause aus keine Seitensprünge; die Erzählungen davon stammten aus Zeiten, die
die Monogamie noch nicht kannten, und sollten als genealogische Mythen das
Prestige der Adelshäuser steigern. Die *Metamorphosen* enthalten schließlich mancherlei Sagen, die den Menschen warnen und ihm einschärfen sollen, sich seiner
Grenzen bewußt zu bleiben; diese Erzählungen gehen auf eine verhältnismäßig
junge Traditionsschicht zurück. Ovid hat die Geschichten seines Sagenwerks
wohl allesamt in literarischer Gestalt vorgefunden, und nur selten ist – wie bei der

berühmten Novelle von Pyramus und Thisbe – die Entstehung eines Stoffes in völliges Dunkel gehüllt. Der Dichter entnahm die Mythen z. B. den Homerischen Epen und der *Aeneis* Vergils, und vor allem benutzte er wohl Werke, die ihrerseits schon das Verwandlungsmotiv zugrunde gelegt hatten, etwa die *Heteroiumena* (»Verwandlungen«) des Nikander von Kolophon (2. Jahrhundert v. Chr.).

Man kann die *Metamorphosen* als Replik auf die *Aeneis* lesen. Dort war behauptet worden, mit dem Augustus-Frieden sei ein zielstrebiger Geschichtsprozeß, die Weltherrschaft Roms, zum Abschluß gekommen. Ovid hingegen, der Skeptiker, ja Nihilist, weiß nichts mehr von einem derartigen Glauben. Seinen Mythen läßt sich allenfalls entnehmen, daß der Weltlauf nichts bekunde als den ständigen, mehr oder minder willkürlich sich vollziehenden Wandel aller Dinge, und wie zur Bestätigung dieses Eindrucks tritt im 15. Buch der Philosoph Pythagoras auf, um wortreich und in vielerlei Wendungen darzutun, daß alles sich ändere:[59]

> *Omnia mutantur, nihil interit; errat et illinc*
> *huc venit, hinc illuc et quoslibet occupat artus*
> *spiritus eque feris humana in corpora transit*
> *inque feras noster nec tempore deperti ullo [...].*

> »Alles wandelt sich, nichts geht zugrunde; es schweift und kommt von dort
> hierher unser Geist und von hier dorthin und bemächtigt sich beliebiger
>   Gliedmaßen,
> und er geht aus Tieren in Menschenleiber über
> und wieder in Tiere, und zu keiner Zeit löst er sich auf [...].«

Es ist indes fraglich, ob man diesen zeitkritischen Aspekt – wenn es ihn überhaupt gibt – für wichtig halten muß. Ovid scheint mit den *Metamorphosen* in der Hauptsache literarische Absichten verfolgt zu haben: Es ging ihm um Menschendarstellung, um die Schilderung von Gefühlsbeziehungen zwischen Menschen. Die Handlungsabläufe pflegen sich – von Massenszenen abgesehen – wie in der Tragödie auf zwei bis drei Akteure zu konzentrieren, und die psychischen Antriebe und Reaktionen, die sich dort entfalten, Angst, Neid, Zorn, Hochmut, Eifersucht und vor allem Liebe, die jetzt gar nicht mehr, wie in der *Ars amatoria*, als Amüsement erscheint: Diese Gegebenheiten machen offenbar das eigentliche Thema der *Metamorphosen* aus.

Die von Ovid praktizierte Art der Menschendarstellung erhält dadurch eine besondere Würze, daß die psychischen Abläufe, die als solche durchaus glaubhaft sein sollen, durch mythische, also bereits für Ovid und sein zeitgenössisches Publikum gänzlich unglaubhafte Situationen in Gang gesetzt werden, wobei das Ir-

---

59   15,165 ff.

reale behandelt wird, als ob es real wäre. Der Dichter hat diese Grundspannung seines Werkes noch dadurch gesteigert, daß er für die vielfältigen Variationen des Verwandlungsmotivs eine Art Pseudo-Naturalismus verwendet – jemand will seine Arme bewegen, doch diese sind schon zu Ästen geworden; jemand will reden, er bringt indes nur noch tierische Laute hervor. Die Darstellung der Emotionen soll den Leser engagieren und seine Sympathie wecken; die zugleich phantastische und realistische äußere Handlung wiederum schafft Distanz. Ovid bekennt sich durch diese Art der Darbietung zu seiner Zeit und zu seiner Umgebung, zu einer götterlosen hauptstädtischen Gesellschaft, die auch auf dem Felde der Literatur den raffinierten Genuß sehr zu schätzen wußte.

Die *Fasti* (*dies*), das zweite große Sammelgedicht Ovids, haben ätiologischen Inhalt. Sie schildern die Ursprünge der römischen Feste und Festbräuche am Leitfaden der Fasti, des Kalenders. Der Dichter wollte offenbar flächendeckende Arbeit auf einem Felde leisten, das von Properz im 4. Elegienbuch nur hier und da beackert worden war. Überliefert sind sechs Bücher mit den Monaten Januar bis Juni; Ovid hat das Werk unvollendet hinterlassen. Denn ursprünglich waren, wie Vorausverweise bekunden und die Sache selbst nahelegt, zwölf Bücher mit den Festen aller Monate vorgesehen. Der Abbruch hängt offensichtlich mit dem Exil zusammen; der Dichter sagt selbst, sich an Augustus wendend:[60]

et tibi sacratum sors mea rupit opus.

»und das dir geweihte Werk hat mein Geschick unterbrochen.«

Nun wendet sich Ovid zu Beginn des 1. Buches der *Fasti* an Germanicus, den Adoptivsohn des Tiberius, während Augustus erst im folgenden Buch angeredet wird. Man hat hieraus gefolgert, Ovid habe nach dem Tode des Augustus mit einer Umarbeitung des unfertigen Werkes begonnen; nunmehr sei Germanicus der Adressat geworden. Dann aber habe der Tod den Dichter gehindert, auch die Augustus-Anreden der folgenden Bücher zu ändern. Diese Hypothese ist unnötig kompliziert; die zitierte Aussage des Dichters läßt sich durchaus mit der Tatsache vereinbaren, daß zunächst ein Prinz des kaiserlichen Hauses und dann erst der Kaiser selbst angesprochen wird. Die sechs Bücher der *Fasti* sind somit allesamt in ihrer ursprünglichen Fassung erhalten, und eine Umarbeitung hat nicht stattgefunden. Der Gegenstand des Werkes, die römischen Kultaltertümer ebenso wie die zu Ehren des Augustus neu eingeführten Feiertage, erweckt, äußerlich betrachtet, den Eindruck, es handele sich um einen Ovidischen Beitrag zum Programm des Regimes; in Wahrheit hat der Dichter auch hier seine ›moderne‹, der augusteischen Restauration zuwiderlaufende Einstellung nicht verleugnet.

---

60 *Tristia* 2,552.

Die Werke der Verbannung

Der Schmerz und die Sehnsucht haben dem Dichter die beiden späten Elegien-Zyklen eingegeben: die *Tristia* und die *Epistulae ex Ponto*. Die Gedichte haben durchweg Briefform: Die Distanz von Rom, die Isolation in der Fremde sind das Grundmotiv, das sie allesamt verbindet. Die Klagelieder, 5 Bücher, nennen allerdings in der Regel die Adressaten nicht; Ovid führt als Begründung an, daß er sie nicht habe kompromittieren wollen. Die neun Stücke des 1. *Tristien*-Buches sind noch während der Reise entstanden, die geraume Zeit in Anspruch nahm; berühmt ist das 3. Gedicht, der Abschied von Rom. Das 2. Buch der Klagelieder ist nicht unterteilt: Es enthält einen fast 600 Verse füllenden Rechtfertigungsversuch an die Adresse des Augustus. Innerhalb der übrigen Bücher, die jeweils im Frühling der Jahre 10, 11 und 12 n. Chr. nach Rom gelangten, ragt das erwähnte Selbstporträt des Dichters, das Schlußstück des 4. Buches, hervor.

Von den 4 Büchern der *Epistulae ex Ponto* wurden drei im Jahre 13 n. Chr. als Ganzes herausgegeben, wie der Rahmen zeigt, der Einleitungs- und der Schlußbrief, die sich beide an den Herausgeber Brutus wenden. Die aus 30 Stücken bestehende Sammlung ist nicht chronologisch wie die *Tristia*, sondern nach Rang und Gewicht der Adressaten geordnet. Das 4. Buch scheint von fremder Hand aus dem Nachlaß des Dichters veröffentlicht worden zu sein. Die Empfänger der elegischen Sendschreiben sind teils einflußreiche Persönlichkeiten, allen voran Germanicus, teils Freunde und nicht zuletzt die Gattin. Im Tenor des Klagens und Bittens und der immer wieder aufflackernden Hoffnung auf Gnade unterscheiden sich die *Epistulae ex Ponto* nicht von den *Tristia*, es sei denn dadurch, daß der Dichter hin und wieder, vor allem im 4. Buch, Bereitschaft zeigt, sich mit seinem Schicksal abzufinden.

Ein früherer Freund verbreitete in Rom Übles über Ovid: Er provozierte hierdurch ein Schmähgedicht, eine Kanonade von Verwünschungen, die 322 Distichen umfaßt. Der Dichter gab dem ästhetisch wenig ansprechenden Erzeugnis den Titel *Ibis* und verwies damit auf ein literarisches Vorbild, auf eine verlorene Invektive des Kallimachos, die ebenfalls nach dem als unrein geltenden Vogel geheißen hatte. Keine Quelle gibt Auskunft, wer jener ›Ibis‹ gewesen ist, über den Ovid solche Schalen des Grimms und Hasses geleert hat. Unfertig blieb ein weiteres Werk des Exils: das Lehrgedicht *Halieutica* (»Fischfang«).

Von Ovid sind – außer der Tragödie *Medea* – alle wichtigen Werke bewahrt geblieben; was verlorenging, waren Einzelstücke, aufgesetzt für bestimmte Gelegenheiten. Andererseits fand einiges unter seinem berühmten Namen Zuflucht, was ihm wahrscheinlich oder mit Sicherheit nicht gehört: *Nux*, die parodistische

Klage eines von Wanderern und Bauern schlecht behandelten Nußbaums; die
Consolatio ad Liviam, ein langatmiges Gedicht, das der über den Tod des Drusus
(9 v. Chr.) betrübten Mutter Trost zu spenden sucht.

Ovids Œuvre, auf geistreiche Pointen bedacht, der zeitgenössischen Rhetorik
verwandt, öffnete der Poesie der Nachklassik, der sogenannten Silbernen Latinität, das Tor. Wie die zahlreichen Zitate und Anspielungen bei Autoren des
1. Jahrhunderts zeigen, las und kannte man es und erachtete es als mustergültig
für die eigene Diktion. Die Schule stand ihm ferne; man weiß wenig oder nichts
von Kommentaren zu seinen Werken. In der Spätantike scheint er nur punktuell
gewirkt zu haben, z. B. auf Venantius Fortunatus. Muadwin, Mitglied des Kreises
um Karl den Großen, nannte sich Naso, und überhaupt wurde Ovid von den Poeten der Karolingerzeit eifrig studiert und imitiert. Im hohen Mittelalter war sein
literarischer Einfluß derart stark, daß für diese Zeit der Ausdruck *Aetas Ovidiana*
aufkam. Ovid fand Aufnahme im Lektürekanon der Klosterschule, wo er als
Ethicus galt, und man kommentierte die *Metamorphosen* und die *Fasti*. In der Renaissance und im Barock inspirierte das große Sagenwerk wie kaum eine andere
Quelle die bildenden Künste: Berninis Daphne z. B. zitiert auf dem Sockel die für
die Darstellung maßgeblichen Verse. Doch auch die Literatur wurde auf vielfältige Weise von Ovidischen Stoffen befruchtet; es genügt, auf Shakespeares *Som-
mernachtstraum* zu verweisen oder auf die Übersetzung der *Metamorphosen*, die
Vondel, der größte niederländische Dichter, angefertigt hat. Es mag sein, daß
Ovids Wirkung mit der Romantik etwas zurückging; vom späten 19. Jahrhundert
an jedenfalls ist sie wieder beträchtlich: in der Literatur, der Malerei und Plastik
und selbst in der Musik.

Die Werke Ovids sind durchweg gut überliefert, insbesondere die Liebesdich-
tungen. Aus der Spätantike ist nichts erhalten; die modernen Editionen stützen
sich auf die reichlich vorhandenen früh- und hochmittelalterlichen Codices.

b) Dichter um Ovid

Das Gedicht *Ex Ponto* 4,16, das Schlußstück der Sammlung, enthält einen Katalog von Dichtern, die zur Zeit Ovids schrieben und zum Teil mit ihm befreundet
waren. Die meisten der dreißig, die dort genannt werden, sind für die Nachwelt
nichts als Namen. Doch von einem hat immerhin fast ein ganzes Buch eines
Lehrgedichts die Zeiten überdauert; von zwei weiteren blieben längere Zitate erhalten.

Der Lehrdichter, GRATTIUS, behandelte einen den *Halieutica* Ovids verwandten Gegenstand, die *Cynegetica* (»Jagd«). Überliefert ist hiervon lediglich das 1. Buch (ohne den Schluß), 541 Verse, die sich mit Jagdgeräten sowie mit Hunden und Pferden befassen. Der Autor ist ein stark von Vergils *Georgica* beeinflußter Epigone.

ALBINOVANUS PEDO ist wohl mit jenem Pedo identisch, der nach Tacitus[61] unter Germanicus als Reiterführer diente (15–16 n. Chr.). Von ihm hat Seneca der Rhetor 23 Hexameter bewahrt, welche die Schrecken der Nordsee schildern;[62] sie könnten einem zeitgeschichtlichen Epos entstammen. Ovid hat an Pedo den Brief *Ex Ponto* 4,10 gerichtet; dort wird ihm ein Theseus-Epos zugeschrieben.

CORNELIUS SEVERUS, der zweite Autor des Ovidischen Kataloges, der durch ein längeres Zitat bezeugt ist (und zwar ebenfalls in den *Suasorien* Senecas des Rhetors),[63] hat offenbar den Krieg Oktavians gegen Sextus Pompeius geschildert (38–36 v. Chr.). Welchem seiner Werke das 25 Verse lange Zitat, eine Deklamation über den Tod Ciceros, entstammt, ist unklar.

6. Die Geschichtsschreibung

a) Geschichtsschreibung unter Augustus

AUGUSTUS hat seine Mit- und Nachwelt recht genau davon unterrichtet, wie er die Geschichte seiner Zeit, auf deren Verlauf er in erheblichem Maße Einfluß genommen hatte, betrachtet wissen wollte. Er ließ in Rom vor seinem Mausoleum einen Rechenschaftsbericht anbringen, der zwar selbst verloren ist, aber auf Grund der Überreste von drei Kopien so gut wie vollständig rekonstruiert werden konnte. Man pflegt ihn – nach dem am besten erhaltenen Exemplar, das sich in Ankara befindet – als *Monumentum Ancyranum* zu bezeichnen.

Dort erklärt der Kaiser, er habe in seinem sechsten und siebten Konsulat (28–27 v. Chr.) den Staat aus seinem Machtbereich wieder der freien Entscheidung des Senats und des römischen Volkes überantwortet: Er entäußerte sich damals der diktatorischen Befugnisse, die ihm als Mitglied des Triumvirats übertragen worden waren. Seitdem, so behauptet er in seinem Bericht, sei alles wieder beim

---

61   *Annales* 1,60.
62   *Suasoriae* 1,15.
63   *Suasoriae* 6,26.

alten gewesen, und Rom habe wie zuvor der überkommenen republikanischen Doppelherrschaft von Senat und Volk unterstanden. Die Verhältnisse, die im Jahre 27 v. Chr. eingetreten waren, werden von ihm auf die folgende Formel gebracht:[64]

> *Post id tempus auctoritate omnibus praestiti, potestatis autem nihilo amplius habui quam ceteri, qui mihi quoque in magistratu conlegae fuerunt.*

> »Seitdem überragte ich alle an Einfluß; Macht aber besaß ich nicht in höherem Maße als die anderen, die auch ich als Kollegen in meinem Amt gehabt habe.«

Wenn sich somit nach der offiziellen Auffassung kein Bruch in der Verfassung Roms ereignet hatte, dann mußte es möglich sein, wie eh und je in Freiheit und Aufrichtigkeit Geschichte zu schreiben, selbst wenn es dabei um Ereignisse ging, die erst kurze Zeit zurücklagen. Augustus scheint diese Konsequenz auch wirklich gezogen zu haben. Es ist nicht bekannt, daß er versucht hat, Geschichtsschreiber zu Propagandisten seines Staates zu machen; diese Aufgabe blieb ein Reservat der Dichter. Und die Geschichtsschreiber, jedenfalls die bedeutenden, wahrten unübersehbar Distanz.

GAIUS ASINIUS POLLIO wagte es, in 17 Büchern *Historiae* die Ereignisse von Caesars Aufstieg bis zur Schlacht bei Philippi zu schildern – ein *periculosae plenum opus aleae* (»ein Werk voller gefährlicher Risiken«), meinte Horaz dazu.[65] Diese Zeit war wirklich gefährlich: Sie brachte, wie erwähnt,[66] Livius den Ruf eines Pompejaners ein. POMPEIUS TROGUS schließlich bekundete schon durch seine Konzeption einer außerrömischen Universalgeschichte, daß ihm die Herrschaft des Augustus fernlag. Doch kein Historiker wurde – abgesehen vom dreisten Labienus – je behelligt, so daß Tacitus sich zu dem Kompliment verstand: *temporibus [. . .] Augusti dicendis non defuere decora ingenia*, »der Schilderung des augusteischen Zeitalters haben sich glänzende Talente nicht versagt«.[67] Demgegenüber hat die Überlieferung den damaligen Geschichtsschreibern übel mitgespielt: von Asinius Pollio blieben einzig und allein ein paar Fragmente übrig; von Pompeius Trogus ist nur der Auszug des Iustinus erhalten, und das gigantische Werk des Livius hat lediglich zu einem Viertel die Zeiten überdauert.

---

64 Kap. 34.
65 *Carmina* 2,1,6.
66 Siehe S. 194.
67 *Annales* 1,1,2.

b) Titus Livius

Biographisches

Titus Livius war unter den römischen Historikern eine Ausnahmeerscheinung. Er konnte sich nicht besonderer Herkunft rühmen; er scheint sich jeder öffentlichen Wirksamkeit enthalten zu haben. Daher ist über sein Leben nur wenig bekannt. Er wurde etwa 59 v. Chr. zu Patavium, dem heutigen Padua, geboren und starb ebendort etwa 17 n. Chr. Sicherlich gehörte seine Familie dem begüterten Mittelstand an, und gewiß erhielt er eine sorgfältige rhetorisch-philosophische Bildung. Daß er Rom kannte, verraten bereits die ersten Bücher seines Geschichtswerkes; er bezeugt selbst einen Aufenthalt in Kampanien.[68] Er hat sich auch zu philosophischen Themen geäußert und richtete an seinen Sohn einen Lehrbrief über Stilfragen, worin er Demosthenes und Cicero als Vorbilder empfahl – von alledem ist nichts an die Nachwelt gelangt. Daß er Augustus gekannt hat, wurde bereits erwähnt;[69] gewiß hat ihm die Arbeit am Geschichtswerk den Zugang ermöglicht.

Das Werk

Der Titel dieses gigantischen, 142 Bücher umfassenden Unternehmens lautet in den Handschriften *Ab urbe condita libri*, »Darstellung von der Gründung der Stadt an«. Das Werk, die monumentale Krönung einer zweihundertjährigen Tradition annalistischer Geschichtsschreibung, begann mit den legendären Ursprüngen Roms und endete mit dem Tode des Drusus im Jahre 9 v. Chr. – offenbar ist Livius gestorben, ehe er bis zu einem geeigneteren Abschluß gelangt war. Erhalten sind vom Ganzen nur 35 Bücher: die Bücher 1–10, bis 293 v. Chr., und die Bücher 21–45 (ab Buch 41 lückenhaft), von 218 bis 167 v. Chr. Ein Palimpsest hat ein Fragment aus Buch 91 über Sertorius bewahrt, und der ältere Seneca zitiert aus Buch 120 die Schilderung von Ciceros Tod mitsamt Charakteristik.[70] Über den Inhalt der verlorenen Teile unterrichten Auszüge, insbesondere die sogenannten *Periochae* (zu allen Büchern außer Buch 136 und 137); auf einem Oxyrhynchos-Papyrus fanden sich Reste von Inhaltsangaben über die Bücher 37–40, 48–55 und 87–88.

Livius arbeitete mehr als vierzig Jahre an seinem Werk; er hat es offenbar abschnittweise verfaßt und herausgegeben. Hierbei hat er sich zunächst um eine Gliederung in Pentaden oder Dekaden bemüht. Die ersten fünf Bücher behan-

---

68   38,56,3.
69   Siehe S. 194.
70   *Suasoriae* 6,17 und 22.

deln die Frühzeit bis zur Eroberung Roms durch die Gallier (390 v. Chr.). Das erste Buch ist dem sagenhaften Regiment der Könige vorbehalten, und das zweite beginnt mit den ersten Konsuln als den Repräsentanten der neugegründeten Republik. Im dritten Buch sind die Entstehung des Zwölftafelgesetzes sowie die Kämpfe zwischen Patriziat und Plebs die Höhepunkte; die beiden folgenden Bücher mit der Eroberung der etruskischen Stadt Veji und mit der Gallierkatastrophe erhalten ihr Gepräge vor allem durch die überragende Gestalt des Camillus.

Darauf eröffnet das mit einer besonderen Einleitung versehene sechste Buch einen neuen Abschnitt, der sich bis Buch 15, bis zum Ausbruch des Ersten Punischen Krieges (264 v. Chr.), erstreckt hat. Gegenstand dieses weithin eintönigen Teiles war die Unterwerfung Mittel- und Süditaliens; das Erhaltene bricht im Jahre 293 v. Chr. mitten im Dritten Samnitenkriege ab, und sowohl der Kampf gegen Pyrrhus (280–275 v. Chr.) als auch das erste große Ringen mit Karthago (264–241 v. Chr.) nebst der darauffolgenden Friedenszeit sind der Lücke, die das Fehlen der zweiten Dekade verursacht hat, zum Opfer gefallen.

Die Dekade 21–30, die abermals mit einer neuen Einleitung beginnt, ist dem Zweiten Punischen Krieg, dem Kriege gegen Hannibal, gewidmet. In dieser – neben den Anfangsbüchern – berühmtesten Partie des Werkes verteilen sich die Hauptereignisse wie folgt:

Buch 21	218 v. Chr.	Hannibals Zug über die Alpen, seine Siege am Ticinus und an der Trebia
Buch 22	217–216 v. Chr.	Die römischen Niederlagen am Trasimenischen See und bei Cannae
Buch 23	216–215 v. Chr.	Der Abfall Capuas
Buch 24	215–213 v. Chr.	Der Abfall von Syrakus, Beginn der Belagerung durch Claudius Marcellus
Buch 25	212 v. Chr.	Die Eroberung von Syrakus
Buch 26	211–210 v. Chr.	Hannibals Marsch vor Rom (*Hannibal ad portas*), Römisches Strafgericht über Capua
Buch 27	210–207 v. Chr.	Erfolge Scipios in Spanien, Tod Hasdrubals in der Schlacht am Metaurus
Buch 28	207–205 v. Chr.	Ende des Krieges in Spanien
Buch 29	205–204 v. Chr.	Scipios Landung in Afrika
Buch 30	203–201 v. Chr.	Hannibals Rückkehr nach Afrika, Scipios Sieg bei Zama, Friedensschluß

Das 31. Buch setzt aufs neue mit einem kurzen Proömium ein; aus ihm ist ersichtlich, daß Livius keinen Gesamtplan für das Werk ausgearbeitet hatte. Der erhaltene Teil hat Roms Aufstieg zur Hegemonialmacht im Mittelmeerraum zum

Gegenstand. Die Bücher 31–38 sind dem Zweiten Makedonischen Krieg (200–197 v. Chr.) sowie dem Kriege gegen Antiochos III. von Syrien (192–189 v. Chr.) gewidmet; sie enden mit dem Friedensschluß von Apamea (188 v. Chr.). In den Büchern 39–45 schildert Livius den Untergang des Makedonischen Reiches; die Partie schließt mit dem römischen Sieg bei Pydna und dem Triumph des Aemilius Paullus (168/167 v. Chr.).

Mit dem 108. Buch, der Eroberung Galliens durch Caesar, endete der die Vergangenheit darstellende erste Hauptteil. Die Bücher 109–116, bis zur Ermordung Caesars, wurden als *Civilis belli libri*, »Bürgerkriegsbücher«, gesondert gezählt; sie bildeten den ersten Abschnitt des zweiten, die Zeitgeschichte behandelnden Hauptteils. Die Bücher 117–133 galten den Ereignissen bis Actium, und was noch folgte, war der Regierung des Augustus vorbehalten.

Livius hat den Stoff seines Werkes fast nur älteren literarischen Darstellungen entnommen. Da die jeweils von ihm benutzten Autoren bis auf Polybios fast gänzlich verloren sind, vermochte die moderne Quellenforschung nur wenige wirklich gesicherte Ergebnisse zu erzielen.[71] In der 1. Dekade folgte Livius der jüngeren Annalistik, vornehmlich wohl dem Werk des Licinius Macer. In der 3. Dekade scheint die Schilderung der militärischen Operationen vor allem auf Coelius Antipater zu beruhen (und ab Buch 24 mehr und mehr auf Polybios); die stadtrömischen Ereignisse gibt Livius offenbar hauptsächlich nach Valerius Antias wieder. Für die Zeit ab Buch 31 diente neben Polybios zunächst noch Valerius Antias, dann Claudius Quadrigarius als wichtigster Stofflieferant.

Die in den *Libri ab urbe condita* angewandten historiographischen Methoden sind auch dann bedenklich, wenn man sie nicht nach modernen, sondern, wie billig, nach antiken Maßstäben beurteilt. Livius stand zwar außerhalb des parteipolitischen Getriebes, das zumal in der jüngeren Annalistik erhebliche Verfälschungen der Überlieferung verursacht hatte. Andererseits hat er sich nicht ernsthaft bemüht, seine Quellen kritisch zu sichten; er übernahm, was er vorfand; er fügte lediglich hin und wieder einen Hinweis auf abweichende Meinungen ein oder suchte extreme Behauptungen durch Wahrscheinlichkeitserwägungen zu entkräften. Seine Zuverlässigkeit hängt daher weitgehend von der Zuverlässigkeit des jeweils benutzten Gewährsmannes ab. Sein Werk enthält zudem allerlei technische Versehen, wie Übersetzungsfehler, chronologische Unstimmigkeiten oder durch Quellenwechsel bedingte Doppelfassungen desselben Ereignisses. Eine weitere Kategorie von Verzeichnungen ist durch geographische Unkenntnis sowie durch fehlenden militärischen und politischen Sachverstand verursacht, und schließlich

---

71   Zum folgenden vgl. S. 166 f.

hat sich Livius nicht selten durch seinen Patriotismus zu tendenziös gefärbten
Berichten verleiten lassen.

Sein Werk verdient vor allem als schriftstellerische Leistung gewürdigt zu werden: Die geschichtliche Überlieferung Roms ist dort in ein zeitgemäßes literarisches Gewand gekleidet. Livius griff hierfür auf eine reiche formale Tradition zurück. Äußerlich knüpfte er an die republikanische Annalistik an; von dort stammt
insbesondere das Schema des von Jahr zu Jahr fortschreitenden Berichts. In Stil
und Kompositionsweise zeigt sich Livius jener von Polybios abgelehnten Praxis
hellenistischer Geschichtsschreiber (wie der des Theopompos, des Duris, des
Phylarchos) verwandt, die die Darstellung der Ereignisse durch dramatische
Effekte und rhetorische Pointen zu beleben suchte. Dort wird er das gängige Repertoire künstlerischer Mittel teils direkt, teils über römische Gewährsleute wie
Coelius Antipater kennengelernt haben. Er mied indes die Exzesse manches Vorgängers; er strebte nach klassischem Maß. Die Struktur wird im Großen wie im
Kleinen vom Prinzip der Variation beherrscht; wichtigstes Element der Erzählung ist die dramatisch geschilderte einzelne Aktion, z. B. eine Schlacht oder eine
politische Versammlung.

Der Stil ist vor allem den Schriften Ciceros verpflichtet; an ihnen schulte Livius seine *lactea ubertas*,[72] seine »wie Milch strömende Wortfülle«, und von dort
stammt die klassische Strenge des Wortgebrauchs und der Syntax, die allerdings
schon durch poetische Ausdrücke und Modernismen der beginnenden Kaiserzeit
gelockert ist. Sallustische Kürze lag Livius fern; von Archaismen machte er lediglich in altertümlichen Formeln Gebrauch.

Die Geschichtsauffassung des Livius entzieht sich einer genauen Bestimmung;
in dieser Hinsicht wirkt sich der Verlust der zeitgeschichtlichen Partien besonders
störend aus. Livius pflegt das aristokratische Regiment der frühen und mittleren
Republik zu idealisieren; außerdem ist bezeugt, daß er bei der Darstellung des
caesarischen Bürgerkrieges kein Hehl aus seiner republikanischen Gesinnung gemacht hat. Andererseits war ihm gewiß manche Maßnahme des Augustus sehr
willkommen, z. B. die Erneuerung des staatlichen Götterkultes. Der sich in diesen Gegebenheiten andeutende Konflikt wurde offenbar nicht ausgetragen. Livius
machte sich schon in der Praefatio des Werkes das seit Cicero und Sallust geläufige Schema von Roms Aufstieg zur weltbeherrschenden Macht und dem darauf
folgenden inneren Verfall zu eigen; das Erhaltene läßt jedoch nicht erkennen, wie
er den augusteischen Staat in dieses Geschichtsbild eingeordnet wissen wollte. So
fehlt ein deutlich fixierter Standort; der Romglaube des Livius scheint zwischen

---

72 Quintilian, *Institutio oratoria* 10,1,32.

Republik und Kaisertum, zwischen Dekadenzbewußtsein und der Hoffnung auf sittliche Wiederherstellung zu schweben, und die Vergangenheit dient teils lehrhafter Präsentation, teils einer romantisch verklärenden Schau.

Dem Werk des Livius war sofort großer Erfolg beschieden. Nachfolger blieben aus, und die Vorgänger wurden vergessen: Livius, der letzte Annalist, avancierte zur maßgeblichen Autorität für die Geschichte der römischen Republik. Man benutzte ihn für historische Epen – so Lukan und Silius Italicus; man beutete ihn für Exempelsammlungen aus – so Valerius Maximus, Frontinus und in der Spätantike Iulius Obsequens. Bereits Martial bezeugt ein Kompendium;[73] was die Geschichtsschreiber der Spätantike über die Republik zu berichten wissen, geht meist auf derartige Auszüge aus Livius zurück. Die größten Textverluste traten wahrscheinlich in der Übergangszeit zwischen Spätantike und Mittelalter ein; was erhalten blieb, führte ein ziemlich verborgenes Dasein. Doch mit der Renaissance, mit dem neuen Sinn für die einstige Größe Roms stieg Livius wieder in der Gunst der gebildeten Welt. Die eindrucksvollen Erzählungen von altrömischer Heldenhaftigkeit dienten als Vorlagen für Dramen und Gemälde, und Gestalten wie Lucretia und Brutus, die Horatier und die Curiatier oder Coriolan avancierten zu vielverwendeten Stoffen der Literatur. Schließlich bemächtigte sich das legendäre Rom der ersten Livius-Bücher auch des Lateinunterrichts. Mucius Scaevola und Horatius Cocles, der Raub der Sabinerinnen und die kapitolinischen Gänse versorgten die Übungsbücher mit fesselnden Lesestücken. Die kritische Geschichtswissenschaft des 19. Jahrhunderts führte dann allerdings eine gewisse Ernüchterung herbei: Niebuhr durchschaute, daß die Schilderung der ersten Jahrhunderte Roms ein Gemisch von Legenden und Konstruktionen war. Die Forschung des 20. Jahrhunderts sucht demgegenüber die künstlerische Leistung des Livius zu würdigen; sie hebt außerdem – zu Recht – die staatsethische Komponente seines Werkes hervor.

Im ausgehenden 4. Jahrhundert hat sich der Kreis des Symmachus um eine Revision des Livius-Textes bemüht; die restaurativen Kräfte des spätrömischen Heidentums erblickten in ihm ein wichtiges Dokument ihrer Ideale. Auf diese Revision geht eine Florentiner Handschrift des 10. Jahrhunderts, mit der 1. Dekade, zurück. Für die 3. und die Reste der 5. Dekade stehen spätantike Codices zu Gebote; die Überlieferung der 4. Dekade beruht im wesentlichen auf mittelalterlichen Handschriften.

73 14,190.

c) Pompeius Trogus

POMPEIUS TROGUS lebte zur Zeit des Augustus; er stammte aus der Gallia Narbo-
nensis; seinem Großvater hatte Pompeius das Bürgerrecht verliehen. Er verfaßte
ein zoologisches Werk von mindestens 10 Büchern Umfang: *De animalibus*; hiervon ist außer einigen Fragmenten (vornehmlich in der *Naturalis historia* des älteren Plinius) nichts erhalten.

Auch das Hauptwerk des Trogus, mit dem unpassenden Titel *Historiae Philippicae* (»Philippische Geschichte«), in 44 Büchern hat die Zeiten nicht überdauert;
immerhin existiert hiervon ein Auszug, den ein gewisser Marcus Iunianus Iustinus angefertigt hat, wahrscheinlich zu Beginn des 3. Jahrhunderts. Durch diesen
Auszug, der die Bucheinteilung des Originals übernommen hat, ist etwa ein
Sechstel des Ganzen bewahrt geblieben; außerdem haben sich Prologi, kurze Inhaltsangaben zu sämtlichen Büchern, erhalten.

Die *Historiae Philippicae* waren ein universalgeschichtliches, den gesamten Mittelmeerraum einbeziehendes Werk, das bis zur Gegenwart des Verfassers reichte,
teils in chronologischer, teils in geographischer Anordnung. Am Anfang standen
die orientalischen Reiche Assyrien, Medien und vor allem Persien. Der Hauptteil
des Werkes, die Bücher 7–40, war sodann dem von Philipp gegründeten makedonischen Königtum gewidmet, bis zur Unterwerfung durch die Römer – diese Proportionen erklären den Titel. Die letzten vier Bücher wandten sich einerseits nochmals dem Osten, und zwar nunmehr den Parthern, zu und handelten andererseits
von Italien, Gallien und Spanien. Die Geschichte Roms kam im allgemeinen nur
mittelbar, bei der Eroberung der einzelnen Gebiete, in den Blick. Die in der
Hauptgliederung ausgelassenen Regionen wurden in allerlei Einschüben berücksichtigt, z. B. Kleinasien und Ägypten in Buch 1, Karthago in Buch 18 usw.

Pompeius Trogus war offensichtlich von dem Ehrgeiz beseelt, die erste Universalgeschichte in lateinischer Sprache zu verfassen. Bei dieser Konzeption ließ er
sich zweifellos von dem Gedanken der Translatio imperii, des Übergangs der
Herrschaft von Reich zu Reich, leiten. Hiermit aber schrieb er – wohl ohne es zu
wollen, er scheint prorömisch eingestellt gewesen zu sein – gegen die auf Rom
zentrierte und die römische Geschichte als einmaligen, zielgerichteten Ablauf
deutende augusteische Staatsdoktrin an.

Die *Historiae Philippicae* wurden des öfteren von Exempelsammlern wie Valerius Maximus ausgebeutet; in der Spätantike kursierte Trogus meist nur noch als
gewichtiger Name. Ins Mittelalter gelangte lediglich der Abriß Justins; dieser
aber war, wie die zahlreichen erhaltenen Handschriften beweisen, ein überaus be-
liebtes Schulbuch.

7. Die Rhetorik

Die griechische Rhetorik, ein Kind der souveränen Polis, zumal der attischen Demokratie, überlebte, nachdem König Philipp von Makedonien der griechischen Freiheit für immer ein Ende bereitet hatte (Schlacht bei Chaironeia, 338 v. Chr.): Sie erhielt eine neue Funktion. Sie diente nicht mehr zuallererst dazu, für Auftritte vor politischen Versammlungen und vor den Gerichten tauglich zu machen; sie wurde statt dessen zum Instrument einer formalen Allgemeinbildung, und sie verbürgte hinfort durch ihr Unterrichtsprogramm einen hohen Standard in der mündlichen und schriftlichen Verwendung des Griechischen, einen Standard, der den Zugang zu vielen Berufen und Tätigkeiten sowohl des öffentlichen als auch des privaten Lebens eröffnete.

Als die Rhetorik nach Rom kam, wiederholte sich dort deren zweiphasige Entwicklung. Sie stieß zunächst auf ein freies Staatswesen, das zwar die Form einer Adelsrepublik hatte, jedoch für seine vielköpfigen Organe ebenfalls des Schwungrads öffentlicher Reden bedurfte. Doch wie in Griechenland beraubten veränderte Verhältnisse – in diesem Falle eine innerstaatliche Umwälzung, der Übergang zur Monarchie – die Rhetorik ihrer institutionellen Voraussetzungen, und ebenso wie dort vermochte sie auch in Rom zu überdauern: als Instrument der gehobenen Allgemeinbildung.

Dieser Wandel der Funktion blieb allerdings nicht ohne Folgen für die Inhalte des Unterrichts. Die Theorie erbte sich zwar im wesentlichen unverändert fort, und bei der Lektüre mustergültiger Autoren wurde lediglich die Auswahl modernisiert. Doch in den Übungsreden bekundete sich die neue Epoche, die Kaiserzeit, sofort überdeutlich. Hier entfernte man sich, da man nicht mehr unmittelbar auf eine forensische Praxis vorbereiten mußte, weit von jeder Wirklichkeit. Exerzitien mit fingierten Themen hatte es schon früher gelegentlich gegeben; jetzt wurden sie beherrschend. Sie hießen *declamationes* oder *scholastica*, ›Schulreden‹. Es gab sie in zwei Formen: als Kontroversien und als Suasorien.

Die Kontroversien erörterten einen fingierten Rechtsfall – sie waren das Scheinbild des altüberkommenen Gerichtsplädoyers; die Suasorien rieten oder widerrieten eine bestimmte Handlung in einer angenommenen Situation – sie knüpften als deren Surrogat an die einstige politische Rede an. Die Gegenstände, die dort behandelt wurden, pflegten auf extremen, mitunter geradezu absurden Sachverhalten und Annahmen zu beruhen. Und nicht nur die Schüler suchten anhand von derart künstlichen Themen ihre Erfindungsgabe zu entfalten; auch die Lehrer nahmen sich ihrer an und benützten sie als Leistungsausweis vor der

Öffentlichkeit. So entstand eine Art Konzert-Rhetorik um ihrer selbst willen: zum Vergnügen des Publikums.

Eine umfängliche, allerdings nur zu zwei Dritteln erhaltene Schrift spiegelt getreulich den Rhetorikbetrieb der beginnenden Kaiserzeit: die *Controversiae* und *Suasoriae* des ÄLTEREN SENECA (um 55 v. Chr. – um 40 n. Chr.), angefertigt vom über Neunzigjährigen, zu Nutz und Frommen seiner drei Söhne. In den *Controversiae* (10 Bücher) wurden insgesamt 74 fingierte Rechtsfälle nach einem einheitlichen Schema vorgeführt. Am Anfang steht stets der kurze Sachverhalt. Dann berichtet der Autor, wie die zahlreichen Rhetoren, denen er einst zugehört hatte, mit einem jeden Fall umgegangen waren. Hierbei teilt er sein Material in drei Rubriken ein. Er zählt zunächst die *sententiae*, die ›Urteile‹, auf, welche die Vortragenden dem betreffenden Stoff abgewonnen hatten. An zweiter Stelle führt er vor, nach welcher *divisio* (›Disposition‹) ein jeder Schulredner das Thema erörtert habe, und schließlich teilt er allerlei Gesichtspunkte (*colores* ›Färbungen‹) mit, welche die Deklamatoren benutzt hatten, die Sache in einem weniger günstigen oder auch günstigeren Lichte erscheinen zu lassen.

Senecas Kontroversie 1,6, mit dem Titel *Archipiratae filia* (»Die Tochter des Seeräuberhauptmanns«), beruht auf folgendem Sachverhalt:

Captus a piratis scripsit patri de redemptione; non redimebatur. Archipiratae filia iurare eum coegit, ut duceret se uxorem, si dimissus esset; iuravit. Relicto patre secuta est adulescentem. Rediit ad patrem, duxit illam. Orba incidit; pater imperat, ut archipiratae filiam dimittat et orbam ducat. Nolentem abdicat.

»Ein von Seeräubern Gefangener schrieb dem Vater wegen des Freikaufs; er wurde nicht freigekauft. Die Tochter des Seeräuberhauptmanns nötigte ihn zu schwören, daß er sie heirate, wenn er loskäme; er schwor. Sie verließ ihren Vater und ging mit dem jungen Manne. Dieser kehrte zu seinem Vater zurück und heiratete das Mädchen. Eine Waise bot eine gute Partie; der Vater verlangte vom Sohn, er solle sich von der Räuberhauptmannstochter trennen und die Waise heiraten. Dieser lehnte ab; der Vater verstieß ihn.«

In den konstruierten Fällen der Kontroversien treten auch sonst vorzugsweise Randexistenzen der Gesellschaft auf – neben Räubern z. B. Dirnen oder Tyrannen; pikante Situationen, grelle Konstraste und unsinnige Gesetze sorgen für eine Phantasiewelt, die kraß von der Realität absticht. Der novellistische Charakter dieser Stoffe hat manchem Stück dazu verholfen, in die *Gesta Romanorum*, eine beliebte Geschichtensammlung des Mittelalters, einzugehen.

Die *Suasoriae* des älteren Seneca (ein Buch, der Anfang verstümmelt, mit sieben Themen) befolgen dasselbe Schema, allerdings ohne *colores*. Dieser Typus von Übungen galt als minder schwierig; man sollte z. B. Agamemnon beraten, nachdem ihm der Seher Kalchas erklärt hat, nur die Opferung Iphigeniens, der eigenen Tochter, vermöge Artemis dazu zu bringen, der griechischen Flotte die Überfahrt nach Troja zu gestatten.[74] Wer sich mit der Mythologie auskannte, brauchte gewiß um mancherlei Argumente des Für und Wider nicht verlegen zu sein; andererseits blieb es nicht aus, daß die Themen durch häufigere Behandlung abgenutzt wurden.

Von all den Rhetoren und Deklamatoren der Zeit des Augustus, die der ältere Seneca in seiner Schrift aufreiht (ihre Zahl geht über die hundert hinaus), hat sich sonst kaum eine Spur erhalten. Vier werden von ihm als die besten herausgehoben:[75] Marcus Porcius Latro, Arellius Fuscus, Gaius Albucius Silus und Lucius Iunius Gallio. LATRO, aus Corduba wie Seneca und gleichen Alters mit ihm, war ein vitales Naturtalent, das sich indes nur aufs Deklamieren verstand und vor Gericht kläglich versagte. FUSCUS wiederum stammte aus Kleinasien; er vermochte ebensogut in griechischer wie in lateinischer Sprache vorzutragen. Von ALBUCIUS SILUS berichtet auch eine kleine Biographie Suetons.[76] Er war in Oberitalien beheimatet; er ging nach Rom und gründete dort eine Rhetorenschule. Für Prozesse taugte er fast ebensowenig wie Latro; in Mailand soll er einmal als Verteidiger in einer Mordsache Brutus als Garanten der Freiheit beschworen haben. IUNIUS GALLIO endlich war mit Seneca dem Vater befreundet; er adoptierte dessen Sohn Novatus, den älteren Bruder Senecas des Sohnes. Er kultivierte einen pointierten, figurenreichen Stil; später wurde er als Senator von Kaiser Tiberius drangsaliert.

Nicht nur die beiden letztgenannten wagten sich gelegentlich weit vor: Von dem temperamentvollen Deklamator Labienus, einem überzeugten Pompejaner, wurde bereits berichtet,[77] daß der Senat seine Schriften den Flammen überantwortete; er schied daraufhin freiwillig aus dem Leben. Neben Labienus war auch Cassius Severus wegen seiner scharfen Zunge gefürchtet. Augustus relegierte ihn nach Kreta; Tiberius verschärfte die Strafe. Als Redner stand er zwischen den Zeiten; er schätzte die praktische Eloquenz noch entschieden höher ein als die neue Mode des Deklamierens – *In scholastica quid non supervacuum est, cum ipsa supervacua sit?* (»Was an der Schulrede ist nicht überflüssig, wo sie doch selbst überflüssig ist?«), soll er einmal geäußert haben.[78]

---

74 *Suasoriae* 3.
75 *Controversiae* 10, praef. 13.
76 *De rhetoribus* 6.
77 Siehe S. 194.
78 *Controversiae* 3, praef. 12.

8. Die Fachliteratur

a) Vitruvius Pollio

Biographisches

Die herausragende Leistung, die das Zeitalter des Augustus auf dem Felde der Fachliteratur erbracht hat, ist das vollständig erhaltene Werk des VITRUVIUS POLLIO: *De architectura* (»Über Architektur«) in 10 Büchern. Es ist die einzige antike Schrift ihrer Art, die die Nachwelt erreicht hat; nur für ein kleines Spezialgebiet, für den Geschützbau (10,10–16), stehen griechische Parallelquellen, die Traktate der Poliorketiker, zu Gebote. Nicht zufällig ist das Werk gerade während der Herrschaft des Augustus entstanden. Der Kaiser soll sich gerühmt haben, er hinterlasse eine Stadt aus Marmor, nachdem er eine aus Backsteinen vorgefunden habe.[79] Die bedeutendsten römischen Bauten seiner Regierung entstanden in derselben Zeit, in der Vitruv an den Büchern *De architectura* arbeitete: der Apollo-Tempel auf dem Palatin, der Tempel des Iupiter Tonans auf dem Kapitol und das Forum Augustum mit dem Tempel des Mars Ultor. Der Autor erklärt auch in der Vorrede des dem Kaiser gewidmeten Werkes, durch die großen Bauvorhaben zur Niederschrift angeregt worden zu sein.

Vitruv (um 85–20 v. Chr.) war Heeresingenieur unter Caesar und Augustus; er wurde um das Jahr 33 v. Chr. nach treuen Diensten entlassen und erhielt auf die Fürsprache der Octavia, der Schwester des Augustus, hin eine Pension, die ihm ein sorgloses Alter ermöglichte. Sein Gebiet waren Kriegsmaschinen; als Architekt hat er sich offenbar nur selten betätigt. Er erwähnt nur einen Bau, den er ausgeführt habe: die Basilica von Fanum[80] (an der Adria, etwa 200 km nördlich von Rom).

Das Werk

Die 10 Bücher *De architectura* entstanden wahrscheinlich in den Jahren 34–23 v. Chr. Auf die Widmung an Augustus folgt ein ausführliches Kapitel über die Ausbildung des Architekten. Vitruv verlangt von ihm geradezu enzyklopädische Kenntnisse: »Er muß literarisch gebildet sein, mit dem Zeichenstift umgehen können, sich auf Geometrie verstehen und geschichtliches Wissen haben; er habe fleißig Philosophen gehört, kenne sich mit der Musik aus, sei

---

79 Sueton, *Augustus* 28,3.
80 5,1,6 ff.

nicht ahnungslos in der Medizin und mit den Entscheidungen der Rechtsgelehrten vertraut; er soll sich mit Astronomie und den Gesetzen am Himmel befaßt
haben.«[81]

Nach einem weiteren einleitenden Kapitel, das die ästhetischen Grundbegriffe
der Baukunst erörtert, umschreibt der Autor den aus heutiger Sicht überaus großen Aufgabenkreis des Faches: Die Architektur, heißt es dort,[82] gliedere sich in
die Teilgebiete *aedificatio, gnomonice, machinatio* (»Errichtung von Gebäuden,
Uhren- und Maschinenbau«). Der Rest des 1. Buches behandelt sodann die Anlage von Städten. Im 2. Buch werden die Baumaterialien vorgeführt: Ziegel,
Sand, Kalk, Puteolanerde u. a. Die beiden nächsten Bücher sind den Sakralbau-
ten gewidmet; die Kapitel 3,5 bis 4,3 enthalten eine ausführliche Beschreibung
der drei ›Stile‹, des ionischen, korinthischen und dorischen. Nunmehr folgen die
öffentlichen Gebäude in Buch 5 und die Privathäuser in den Büchern 6 und 7.
Im 8. Buch handelt Vitruv von einem Gebiet, mit dem er durch praktische Tätigkeit vertraut war: vom Wasserleitungsbau. Hiermit ist der Bereich der *aedificatio* erschöpft; die beiden letzten Bücher gelten dem Uhren- und dem Maschinenbau.

Das Werk ist übersichtlich gegliedert; jedes Buch bildet eine Einheit. Als
Quellen dienten dem Autor neben dem Unterricht, den er genossen hatte, und
der eigenen Erfahrung zahlreiche Fachschriften im wesentlichen griechischer
Provenienz; die Vorrede zum 7. Buch enthält eine umfängliche Liste derartiger
Abhandlungen. Vitruv scheint lediglich Monographien über einzelne Gebiete
vorgefunden zu haben, sowie Berichte über die Planung und Ausführung einzelner Monumente. Die Bündelung in einem umfassenden Kompendium geht dann
wohl auf ihn zurück; vielleicht hat ihm Varros kurze Darstellung der Architektur
hierbei vorgearbeitet.

Die Bücher *De architectura* waren von der Renaissance bis zum 19. Jahrhundert
von fundamentaler Bedeutung für die europäische Kulturgeschichte. Schon Al-
bertis Werk *De re aedificatoria* (Editio princeps 1485) machte sich die Kategorien
Vitruvs zu eigen; Palladio erklärte, er habe sich den antiken Architekturschrift-
steller zum Führer und Meister auserkoren (1570). In Frankreich unter Ludwig
XIV. wirkte Vitruv vor allem durch die Übersetzung und den Kommentar von
Claude Perrault (1673). Winckelmann erkannte in dem Werk eine wichtige
Quelle für die neue wissenschaftliche Archäologie.

Ein gewisser MARCUS CETIUS FAVENTINUS fertigte im frühen 3. Jahrhundert

81   1,1,3.
82   1,3,1.

eine Epitome an, die in mehreren Handschriften erhalten ist. Von der originalen
Fassung, allerdings ohne die Zeichnungen, die ihr ursprünglich beigegeben waren, existieren über 50 mittelalterliche Codices, darunter ein in London bewahrter Harleianus aus dem 9. Jahrhundert.

b) Die Philologen: Verrius Flaccus und Hyginus

Der Philologe MARCUS VERRIUS FLACCUS (hochbetagt gestorben unter Tiberius)
zeichnete sich sowohl durch sein didaktisches Geschick als auch durch Gelehrsamkeit aus. Sein Ruf als Schulmeister verhalf ihm zu einem hochdotierten Posten im Kaiserpalast: Augustus betraute ihn mit der Unterweisung seiner Enkel
Gaius und Lucius. Von seinen Schriften – »Über Dunkelheiten bei Cato«,
»Etruskisches« u. a. – ist nur das monumentale Werk *De verborum significatu*
(»Über die Bedeutung der Wörter«) bewahrt geblieben, allerdings in stark ver-
stümmelter Gestalt. Für Praeneste (heute Palestrina, etwa 40 km östlich von
Rom) hat er einen Kalender zusammengestellt, der dort in Stein gehauen wurde;
von diesem hat man Reste gefunden.

Verrius Flaccus richtete wie Varro sein Hauptaugenmerk auf die römische Vergangenheit – er zählte zu den Autoren, die in abschließender Synthese darstellten, was eine über hundertjährige Tradition antiquarischer Forschungen ermittelt
und schriftlich festgehalten hatte.[83] Sein Werk *De verborum significatu*, ein Lexikon zur Erklärung veralteter Wörter, konnte in seiner ursprünglichen Fassung
auch dem äußeren Umfang nach den Vergleich mit Varro oder Livius bestehen:
Es hat mindestens 50 Bücher umfaßt. Wie das Livianische Werk war es der
Nachwelt zu voluminös: Ein POMPEIUS FESTUS (wohl 2. Jahrhundert n. Chr.) fertigte einen Auszug von 20 Büchern an; dieser Auszug wiederum wurde von dem
Langobarden Paulus Diaconus (8. Jahrhundert) abermals erheblich zusammenge-
strichen. Das Original ging gänzlich unter, und von dem Auszug des Festus blieb
nur die – stark ramponierte – zweite Hälfte; lediglich das Konzentrat des Paulus
hat die Zeiten unbeschädigt überdauert. Das Erhaltene ist trotz dieser Einbußen
eine Fundgrube für Sprachliches und Sachliches; ein gut Teil dessen, was die moderne Wissenschaft über die Frühzeit des römischen Staates und Rechts ermittelt
hat, geht auf unscheinbare Glossen des Verrius Flaccus zurück.

Suetons Schrift *De grammaticis*[84] weiß von einem GAIUS IULIUS HYGINUS,

---

83   Vgl. S. 184.
84   Kap. 20.

einem Freigelassenen des Augustus, der Direktor von dessen Palatinischer Bibliothek gewesen sei. Dieser Gelehrte hat als ein wahrer Polyhistor eine Fülle historisch-antiquarischer Schriften verfaßt: über berühmte Persönlichkeiten, über trojanische Familien, über die Penaten u. a.; er hat außerdem Vergil kommentiert. Von alledem blieb außer ein paar Zitaten nichts erhalten; statt dessen sind unter dem Namen des Hyginus zwei Kompendien an die Nachwelt gelangt: die Schriften *De astronomia* (über Gestirne und Sternsagen) und *Fabulae* (Götter- und Heroengenealogien, Mythen). Die unselbständigen, zum Teil auf mangelhaften Griechischkenntnissen beruhenden Handbücher stammen schwerlich von dem Sprach- und Sachkenner der augusteischen Zeit. Die *Fabulae* sind eine wichtige Quelle für die Stoffe verlorener griechischer Tragödien.

c) Die Juristen: Labeo und Ateius Capito

Augustus, in allen Bereichen des öffentlichen Lebens auf Präsenz bedacht, suchte auch die Zunft der Rechtsgelehrten an den neuen Staat zu binden: Er verlieh denen, die ihm genehm waren, das Privileg, ihre Gutachten *ex auctoritate principis* (»im Auftrag des Kaisers«) zu erteilen – *auctoritas*, ›Einfluß, Ansehen‹, war die schwer definierbare Kategorie, die der Monarch auch in seinem Rechenschaftsbericht für sich beanspruchte.[85] Mit ihrer Hilfe steigerte er, ohne formell einen Unterschied zu machen, das Durchsetzungsvermögen der von ihm Ausgezeichneten.

Die Quellen verraten nicht, ob er den beiden juristischen Leuchten seiner Zeit die von ihm erfundene Befugnis zuerkannt hat: Der eine von ihnen, Marcus Antistius Labeo, war, wie Tacitus schreibt,[86] *incorrupta libertate*, »von unbestechlichem Freiheitssinn«, d. h., er lehnte die Monarchie ab. Im Gegensatz zu ihm krümmte sich der andere, Gaius Ateius Capito, in devotem Eifer für das Regime. Labeo war der weitaus bedeutendere, und so tat Augustus gut daran, sein oppositionelles Gebaren hinzunehmen, wie er es bei Livius und anderen hingenommen hat. Labeo repräsentierte einen neuen Typ des Juristen: Nur noch wenig in der Öffentlichkeit wirksam, ging er ganz in der Lehre und der Forschung auf; er soll, indem er jeweils sechs Monate in Rom mit seinen Schülern verbrachte und sechs Monate in der Stille schriftstellerte, 400 Bücher verfaßt haben. Ein Hauptwerk war ein ausführlicher Kommentar zum prätorischen Edikt; die Digesten zitieren außerdem oft aus einer Sammlung von Bescheiden, die unter dem

---

85 Siehe S. 243.
86 *Annales* 3,75,2.

Titel *Pithana* (»Einleuchtendes«) kursierte. Hingegen sind von Capitos privat-rechtlicher Schriftstellerei nur dürftige Spuren geblieben; häufiger wurde aus den öffentlich-rechtlichen *Coniectanea* (»Notizen«) zitiert.

Labeo war in der Jurisprudenz ein kühner Neuerer, Capito hingegen hielt am Überkommenen fest: Aus diesem Gegensatz sollen die beiden Rechtsschulen her-vorgegangen sein, die bis zur Mitte des 2. Jahrhunderts n. Chr. miteinander kon-kurrierten, die Proculianer und die Sabinianer. Die Namen legen indes die An-nahme nahe, daß die Schulen erst später entstanden sind: zur Zeit des Wirkens von Proculus und Masurius Sabinus (Mitte des 1. Jahrhunderts n. Chr.).

Die moderne Rechtsgeschichte läßt mit Labeo und Capito die klassische Epo-che der römischen Jurisprudenz beginnen: die lange schöpferische Zeit der Fort-bildung des Privatrechts, die erst mit der Reichskrise im 3. Jahrhundert zu Ende ging.

V. Die Nachklassik: Die Zeit Senecas

1. Die Pax Romana und die Literatur

Die lange Zeit vom Tode des Augustus bis zur Reichskrise im 3. Jahrhundert
oder, anders ausgedrückt, vom Ende der Klassik bis zum Erlöschen der römischen
Literatur, die Periode der Nachklassik, der Silbernen Latinität, entzieht sich stärker als die vorangehenden Epochen generalisierenden Betrachtungen. Für die
vorklassische und die klassische Zeit ergab sich aus dem Verhältnis zu den griechischen Mustern in je verschiedener Weise ein allgemeiner Gesichtspunkt: Auf
eine Phase der verhältnismäßig unselbständigen Aneignung folgte geradezu programmatisch das Bestreben, den Griechen mit ebenbürtigen Schöpfungen von eigenem Gewicht Konkurrenz zu machen. Und die ganze Klassik von Lukrez und
Catull bis beinahe zu Ovid wurde in starkem Maße von den politischen Ereignissen geprägt, sei es, daß sich die Autoren ihnen zu entziehen suchten, sei es, daß
sie besonders leidenschaftlich daran Anteil nahmen. Man könnte die ciceronische
Zeit als zentrifugal charakterisieren, als von Konflikten und Gegensätzen erfüllt;
demgegenüber waren die darauffolgenden Jahrzehnte der *Pax Augusta* zentripetal:
Es gelang dem Kaiser, in zähem Bemühen, nicht wenige der besten Köpfe Roms
für seine Staatsidee zu gewinnen oder zumindest ihre Zustimmung zu seinem
Versuch einer Heilung der Bürgerkriegsschäden – der physischen wie der moralischen – zu erlangen.

Dieser Energien entbindende Kontrast, der Bürgerkrieg und seine Überwindung, hat die Klassik gesteigert, wenn nicht gar ermöglicht; danach aber, in den
auf die Herrschaft des Augustus folgenden zweieinhalb Jahrhunderten, hat es etwas auch nur entfernt Vergleichbares nicht mehr gegeben. Die griechischen Vorbilder waren kein allgemeines Thema mehr, da sich die römische Literatur nunmehr auf ihren eigenen Grundlagen fortentwickeln konnte, und ebensowenig war
es der Staat.[1] Große Einzelleistungen wurden noch vollbracht, jedenfalls im
1. Jahrhundert n. Chr., im ganzen aber dümpelte man auf stillen Wassern dahin,

---

1   Vgl. hierzu und zum folgenden S. 53 ff.

und nicht nur die Formen, sondern auch die Inhalte waren offenbar mehr als zuvor der Wahl, ja der Willkür des einzelnen Talents anheimgegeben. So scheint dem Panorama, das die kaiserzeitliche Literatur dem Auge des Betrachters darbietet, etwas Zufälliges anzuhaften – ein Eindruck, der wohl auch entstünde, wenn wesentlich mehr Werke erhalten wären, als tatsächlich erhalten sind.

Immerhin gab es noch Stilrichtungen und Modeerscheinungen, die jeweils über längere Zeiträume hin vorherrschten; sie scheinen zu gestatten, daß man die zunächst sanft abwärts geneigte, später jedoch ziemlich abschüssige Strecke von Augustus bis zu den Soldatenkaisern nach literarhistorischen Kriterien (nicht nach aufgepfropften politischen) in drei Phasen gliedert.

Die beiden früheren Phasen sind enger miteinander verwandt – schon wegen der Vielfalt und Bedeutsamkeit der Leistungen, die noch vollbracht wurden. Während der ersten Phase empfand man das in der augusteischen Zeit Geschaffene als etwas, wovon man sich möglichst weit distanzieren zu müssen glaubte, sowohl inhaltlich als auch stilistisch. Die Monumentalisierung der Vergangenheit, wie Varro und Livius sie vollbracht hatten, konnte man nicht überbieten, und so verzichtete man darauf, sich ihrer überhaupt noch anzunehmen: Auf die augusteische Restauration folgte eine Zeit extremer Gleichgültigkeit gegenüber allem Historischen und Antiquarischen. Man wandte sich der Gegenwart zu, schilderte sie satirisch wie Petron oder fragte nach den Ursachen ihrer Übel wie Lukan – von den erhaltenen Schriften setzte lediglich die Exempelsammlung des Valerius Maximus die römische Neigung zur Rückwärtsgewandtheit fort.

Wie bei den Inhalten, so war man auch beim Stil auf Selbständigkeit bedacht: Man suchte nach Mitteln und Wirkungen, die sich deutlich von denen der Klassik unterschieden. Diese früheste Phase der Nachklassik, ihr selbständigster, am entschiedensten ›moderner‹ Abschnitt, endete nicht zufällig mit dem Untergang der ersten Kaiserdynastie, des julisch-claudischen Hauses: Nero, der letzte Repräsentant des von Augustus inthronisierten Geschlechts, ermordete die drei bedeutendsten Schriftsteller seiner Zeit: Seneca, Lukan und Petron.

Die zweite Phase der Nachklassik kann im wesentlichen als die Fortsetzung der ersten gelten. Die Inhalte lassen denselben Geschmack an Gesuchtem, die Stilmittel dieselbe Vorliebe für Pointen und überraschende Effekte erkennen. Ein deutlicher Unterschied besteht indes darin, daß es mit dem Drang nach kompromißloser Modernität vorbei ist: Silius Italicus verfaßt ein großes Epos über den Zweiten Punischen Krieg, und vor allem: Quintilian verwirft den zerhackten Stil Senecas und erhebt die Ciceronische Periode zum Ideal. Er setzt sich hiermit nicht überall und nicht gänzlich durch; es entsteht vielmehr eine Gemengelage, welche hier mit dem Begriffspaar ›Manierismus und Klassizismus‹ umschrieben wird, wobei ›und‹ ein Ineinander, kein Nebeneinander andeuten soll.

Während der dritten Phase der Nachklassik, die sich über die Zeit von Hadrian bis zu den Soldatenkaisern erstreckte, setzte die römische Literatur ihren Krebsgang merklich fort. Nachdem Quintilian den Rückgriff auf Cicero proklamiert hatte, wandte sich Fronto noch älteren Schichten des Lateinischen zu, und das Archaisieren mit einem aus der vorklassischen Literatur herbeigeholten Vokabular wurde zur herrschenden Mode. Hiermit ging, wie Gellius und andere bekunden, die Pflege der antiquarischen Realien Hand in Hand.

Vor allem aber wurde damals die literarische Produktion von einem starken Schwund befallen. Nachdem das Drama schon lange keinen Repräsentanten mehr gefunden hatte, war es jetzt auch mit dem Epos und der Satire vorbei; die Poesie versiegte bis auf ein dünnes Rinnsal lyrischen Spiels, die sogenannten *poetae novelli*. Mit der Prosa stand es nicht viel besser: Mark Aurel und andere bedienten sich des Griechischen, und die Geschichtsschreiber brachten nur noch Kompendien zustande. Die große Ausnahme war Apuleius, der Romanschriftsteller und Sophist. Doch auch er vermochte den Untergang nicht aufzuhalten. Etwa ein Menschenalter nach seinem Tode, im Jahre 238 n. Chr., entstand das letzte exakt datierbare Werk der römischen Literatur, ironischerweise ein Büchlein über den Geburtstag: *De die natali* von Censorinus.

Der nachklassischen Literatur eignete, wie schon angedeutet wurde, weithin etwas Zufälliges, Punktuelles, von der willkürlichen Entscheidung einzelner Abhängiges. Immerhin gab es in ihr auch Kontinuität und durch sachliche Erfordernisse bedingte Sukzessionsverhältnisse, etwa im Bereich der Geschichtsschreibung. Doch ein Zweig der Schriftstellerei überbot in dieser Hinsicht alles andere bei weitem: die Jurisprudenz. Sie brachte von der späten Republik bis zum Ende der Soldatenkaiserzeit eine Kette bedeutsamer Werke hervor, die nie eine Unterbrechung erlitt, und sie hatte ihre höchste Blüte exakt während des im übrigen so dürftigen 2. Jahrhunderts. Hierbei handelte es sich zweifellos nicht um eine beliebige Spezialität, sondern um das für die Epoche des Adoptivkaisertums schlechthin repräsentative Schrifttum, das eine letzte Phase der Polis-Kultur ermöglicht hat, indem es durch die Objektivität seiner Maßstäbe den Rechtsfrieden überzeugend zu wahren und durchzusetzen wußte. Im 2. Jahrhundert fand somit, wenn man die Literatur als ein Ganzes betrachtet und nicht nach modernen Kriterien einen Teil davon ausschließt, weniger ein allgemeiner Niedergang als eine enorme Konzentration der Kräfte statt. Deswegen endete die Jurisprudenz nicht wie die übrige Literatur in langanhaltender Agonie, sondern plötzlich und wie durch einen Kollaps, und zwar zur selben Zeit wie die übrige Literatur, um das Jahr 238 n. Chr.

Damals brach der von Augustus geschaffene Staat, das milde Kaisertum des Prinzipats, zusammen; seine Tradition, seine ideelle Substanz, hatte keine Gültigkeit mehr, und so erlosch auch die römische Literatur, die von dieser Substanz gezehrt hatte. Daß deren Untergang nicht allein und nicht hauptsächlich durch physische Ursachen, durch das Chaos der schweren Krise des Reiches, bedingt war, lehrt ein Blick auf die griechische und zumal auf die christliche Literatur, die um das Jahr 200 n. Chr. begonnen hatte, sich auch des Lateinischen zu bedienen: dort fand keine Unterbrechung der Kontinuität statt, jedenfalls keine, die, wie die auf dem Felde der profanen Schriftstellerei in lateinischer Sprache, ein halbes Jahrhundert angehalten hätte.

2. Lehrdichtung, Epik, Roman

a) Manilius und Germanicus

Tiberius hatte sich während seines Aufenthalts auf Rhodos gründlich mit der Astrologie vertraut gemacht; er blieb zeit seines Lebens von ihr abhängig. Sein Lehrer hieß THRASYLLOS, ein Philosoph, der nicht nur eine Einführung in die Sterndeutung verfaßte, sondern auch eine Ausgabe der Schriften Platons besorgte; Tiberius nahm ihn mit nach Rom und schließlich auch nach Capri. Die Astrologie wurde damals in allen Schichten der Gesellschaft ernst genommen, zumal sie sich der Anerkennung seitens der meisten Stoiker zu erfreuen hatte, insbesondere des bei den Römern überaus einflußreichen Poseidonios.

So mag es kein Zufall sein, daß im Umkreis des zweiten römischen Kaisers zwei Dichtungen entstanden sind, die Belehrung über die Sterne erteilen: das große Werk *Astronomica* des Manilius und die Arat-Übersetzung des Germanicus. Der Erstgenannte hat sein unter Augustus begonnenes und unter Tiberius fortgeführtes Werk einem Caesar gewidmet; Germanicus wiederum war kein anderer als der früh verstorbene kaiserliche Prinz, den Augustus zum Nachfolger des Tiberius ausersehen hatte.

Der Autor MARCUS MANILIUS (oder Manlius) ist gänzlich unbekannt. Sein einziges Werk, das Lehrgedicht *Astronomica* (»Astrologie«) in fünf Büchern,

blieb, wie leerlaufende Vorausverweise zeigen, ein Torso. Als Beispiel für ein Unglück, das ein Komet angezeigt hatte, wird im 1. Buch der Varusschlacht gedacht:[2]

> *Quin et bella canunt subitosque tumultus*
> *et clandestinis surgentia fraudibus arma:*
> *externas modo per gentes, ut foedere rupto*
> *cum fera ductorem rapuit Germania Varum*
> *infecitque trium legionum sanguine campos [...]*

»Ja, auch Kriege verkünden die Kometen, und plötzliche Wirren
und Waffen, die sich in heimlicher Tücke erheben:
wie eben erst bei fremden Völkern, als nach dem Vertragsbruch
das wilde Germanien den Feldherrn Varus dahinraffte
und die Felder mit dem Blut dreier Legionen färbte.«

Diese Partie ist somit nach dem Jahre 9 n. Chr. verfaßt; Erwähnungen eines Kaisers, die sich in nahezu allen Büchern finden, gelten teils dem Augustus, teils dem
Tiberius.

Das 1. Buch führt die astronomischen Grundlagen der Sterndeutung vor. Es
beginnt mit Weltentstehungstheorien und sucht sodann die Sternbilder zu beschreiben, zunächst die des Nord-, darauf die des Südhimmels. Der Autor erklärt
fernerhin, ausgehend vom nördlichen Polarkreis, das astronomische Gradnetz,
mitsamt Tierkreis und Milchstraße; er schließt – nach einem kurzen Hinweis auf
die Planeten – mit Darlegungen über Kometen. Mit dem 2. Buch setzt die astrologische Lehre ein; zunächst werden die Tierkreiszeichen in ihren wechselseitigen
Beziehungen und mit ihren Schutzgottheiten behandelt, sodann das Dodekate-
morion genannte Prinzip der Zwölfteilung sowie die *loca*, die »Häuser«. Das
3. Buch beschreibt daraufhin die zwölf Lose, lehrt, wie man – für die Stellung des
Horoskops – den Aszendenten genau bestimmt, und in Buch 4 geht es um die
Einflüsse, die die Sternbilder des Tierkreises auf die menschlichen Individuen
und auf die Teile der Erde ausüben. Das 5. Buch zählt die Paranatellonten, die
Sternbilder außerhalb des Tierkreises, auf, geordnet nach den Tierkreiszeichen, in
deren Begleitung sie aufgehen. Es fehlen Darlegungen über die Untergänge der
Sternbilder und über die astrologische Bedeutung der Planeten.

Die monistische Weltsicht des Autors, die Überzeugung, daß eine göttliche
Vernunft den ganzen Kosmos durchdringe und nach unverbrüchlichen Gesetzen
regiere, ist stoischen Ursprungs; sie erscheint indes bei ihm in der spezifisch
astrologischen Ausprägung, daß gerade der Wandel der Gestirne die menschli-

---

2 Vers 896 ff.

chen Geschicke auf das genaueste festlege. Die Form verweist auf das hellenistische Lehrgedicht und dessen Bestreben, spröde Stoffe mit Eleganz zu meistern; auf astronomischem Felde hatte sich in dieser Hinsicht Aratos hervorgetan. Zugleich aber möchte der Autor deuten und künden und seinen Lesern existentiell Wesentliches vermitteln – mit diesem Anspruch erzeigt er sich als Nachfolger von Lukrez und Vergil. Er hat viel Mühe aufgewendet, die trockene Materie zu beleben: durch kunstvolle Proömien, durch Exkurse mythologischen und sonstigen Inhalts oder durch Partien wie die über das Verhältnis von Sternbild und Beruf.[3]

Beim 1. Buch diente Arat als Quelle; für die astrologische Doktrin hat sich Manilius wohl vor allem auf ein ägyptisches Kompendium in griechischer Sprache, das Lehrbuch von Nechepso und Petosoris (2. Jahrhundert v. Chr.) gestützt. Wirkungen in die Breite sind dem Autor nie beschieden gewesen; in der Antike wurde er gelegentlich benutzt, jedoch nie erwähnt. Im Mittelalter kaum bekannt, wurde er von Poggio wiederentdeckt (1417). Der berühmte Mathematiker und Astronom Regiomontanus brachte die Editio princeps heraus (wohl 1473/74); Joseph Justus Scaliger und Richard Bentley nahmen sich des Werkes an. Die vorhandenen Handschriften des schlecht überlieferten Textes gehen allesamt auf den verlorenen Codex – wohl aus St. Gallen – zurück, den Poggio ans Licht zog.

Iulius Caesar Germanicus, Neffe und Adoptivsohn des Tiberius, Großneffe des Augustus, eine Lichtgestalt des julisch-claudischen Hauses, berühmt durch seine Feldzüge in Germanien (15 v. Chr. – 19 n. Chr.), hat sich gelegentlich auch als Poet betätigt. Hiermit tat er nur, was viele römische Aristokraten vor ihm getan hatten, insbesondere sein Großonkel, der ein Lehrgedicht *Sicilia* verfaßt und sich an einer Tragödie *Aiax* versucht hatte. Germanicus ist deshalb eine Besonderheit unter den dilettierenden hohen Herren, weil ein Teil seiner dichterischen Bemühungen erhalten blieb: die Übersetzung der *Phainomena* (»Himmelserscheinungen«) des Aratos von Soloi (ohne den prognostischen Teil; die außerdem noch vorhandenen, auf die Planeten und auf Wetterzeichen sich beziehenden Fragmente sind nicht von Arat abhängig).

Dieser hellenistische Dichter, ein Zeitgenosse des Kallimachos, ist der Nachwelt nur noch durch das genannte Werk bekannt, eine Beschreibung der Sternbilder mitsamt deren Auf- und Untergängen und einem Katalog von Wetterzeichen. Der Schrift waren erstaunliche Erfolge beschieden. Von den Zeitgenossen Kallimachos und Leonidas aus Tarent sofort enthusiastisch gefeiert, gehörte sie während der ganzen Antike zum Kanon der Schul- und Bildungslektüre. Man weiß von insgesamt 27 Kommentatoren; der Apostel Paulus zitierte in seiner Areopag-

---

3 4,122 ff.

rede aus dem Proömium,[4] und wiederholt wurde das Lehrgedicht ins Lateinische übersetzt. Auf den nur fragmentarisch erhaltenen Versuch Ciceros[5] folgte die Version des Germanicus, und im 4. Jahrhundert fertigte Avienus eine Paraphrase der *Phainomena* an. Die Arbeit des Germanicus nimmt sich, wie es in der antiken Übersetzungspraxis üblich war, dem Original gegenüber große Freiheiten heraus; sie ist eleganter und – da sie gelegentlich Angaben Arats nach neueren Erkenntnissen korrigiert – in der Sache richtiger als der Versuch des Vorgängers.

b) Marcus Annaeus Lucanus

Biographisches

Marcus Annaeus Lucanus, ein Sohn des Marcus Annaeus Mela, des jüngeren Bruders des Philosophen Seneca, wurde am 3. November 39 n. Chr. zu Corduba geboren. Er hat in Rom eine vorzügliche Bildung erhalten; zu seinen Lehrern zählte der Stoiker Lucius Annaeus Cornutus. Sein Talent erregte Aufsehen; der junge Kaiser Nero nahm ihn unter seine Freunde auf. Er bekleidete vorzeitig die Quästur und wurde Augur. Im Jahre 60 trat er an den Neronia, einem vom Kaiser eingerichteten Agon mit musischen und sportlichen Darbietungen, öffentlich als Dichter auf, und bald darauf erschienen die ersten drei Bücher seines Epos. Wohl wegen seiner Erfolge kam es zum Zerwürfnis mit dem eifersüchtigen Kaiser, der selbst dichtete und mit seinen Produkten Bewunderung zu erregen suchte; er untersagte Lukan die Ausübung der Dichtkunst. Daraufhin beteiligte sich Lukan an der Verschwörung des Gaius Calpurnius Piso. Sein Ende war – im Gegensatz zu dem seines Onkels Seneca – wenig rühmlich. Als Mittäter entlarvt, denunzierte er, vom Versprechen der Straflosigkeit verführt, zahlreiche weitere Verschwörer und selbst seine schuldlose Mutter. Er soll, nachdem er sich auf Neros Befehl hin die Pulsadern aufgeschnitten hatte, mit eigenen Versen auf den Lippen gestorben sein, wahrscheinlich mit der Partie aus dem Epos, die das grausige Ende des Soldaten Lycidas schildert[6] (30. April 65).

Werke

Der Fünfundzwanzigjährige hinterließ ein stattliches literarisches Œuvre. Er hatte sich vor allem an mythischen Stoffen versucht: Als Titel zu vereinzelten Zitaten aus erzählenden Dichtungen werden *Iliaca* (über die Schleifung und den

4 Apostelgeschichte 17,28.
5 Siehe S. 159.
6 *Pharsalia* 3,635 ff.

Loskauf der Leiche Hektors), *Catachthonia* (über die Unterwelt) und *Orpheus* genannt; außerdem weiß die biographische Überlieferung von Begleittexten zu vierzehn pantomimischen Stücken und von einer unvollendeten Tragödie *Medea*.
Ferner waren allerlei Gelegenheitswerke entstanden: ein Preisgedicht auf Nero,
eine aus zehn Büchern bestehende Sammlung *Silvae* (»Vermischte Gedichte«)
u. a. Erhalten blieb einzig das Hauptwerk, das Epos über den pompeianisch-cae-
sarischen Bürgerkrieg. Sein Titel lautet in den Biographien und Handschriften
Bellum civile; Lukan selbst nennt es einmal *Pharsalia*[7] (etwa: »Pharsaliade«). Das
Werk ist unvollendet; die Handlung bricht im 10. Buch mit der ägyptischen Er-
hebung gegen Caesar ab.

Der Aufbau der *Pharsalia* beruht wie deren formales Vorbild, die Vergilische
Aeneis, auf dem Widerspiel von Hexaden und Tetraden. Das 6. Buch schließt mit
einem Gegenstück zum Unterweltsgang des Aeneas: Sextus Pompeius läßt sich
von der Zauberin Erichtho durch Nekromantie die schlimme Zukunft prophe-
zeien; im 7. Buch erreicht die Handlung mit der Schlacht von Pharsalus ihren
Höhepunkt. Deutlicher noch treten Blöcke von je vier Büchern hervor. Die erste
Tetrade enthält die Exposition, die italischen Ereignisse bis zum Aufenthalt Caesars in Rom, und schildert außerdem das wechselnde Kriegsglück der Parteien auf
einigen Nebenschauplätzen. Die Bücher 5–8 bringen sodann die Caesar-Pom-
peius-Handlung, von Caesars Landung in Epirus bis zum Tod des Pompeius;
Griechenland dient als einheitlicher Schauplatz, der sich am Ende nach Afrika
hin öffnet. Diese Struktur legt den Schluß nahe, daß die *Pharsalia* wie die *Aeneis*
auf zwölf Bücher angelegt war. Offenbar sollte der Tod Catos das tragische Finale
bilden. Die dritte Tetrade war somit für die in Afrika lokalisierte Caesar-Cato-
Handlung bestimmt; hiervon wurden nur noch Catos Marsch durch die Wüste
und der ägyptische Aufstand ausgeführt.

Lukan hat sich das übliche formale und motivische Repertoire der Gattung zu
eigen gemacht: Vergleiche, Reden, Vorzeichen, Truppenkataloge, Kampfszenen
u. a. Ungewöhnlich großzügig ist er mit Exkursen umgegangen, die den Leser
über geographisch-ethnographische, mythologische, religiös-kultische oder naturwissenschaftliche Themen belehren. Diese Gattungstreue läßt die einzige
Ausnahme desto krasser hervortreten: Lukans Epos ist götterlos; es verzichtet auf
jegliche Beteiligung des Olymps. Diese Besonderheit erklärt sich aus der extrem
negativen, die politische Wirklichkeit radikal verwerfenden Geschichtsauffassung
des Werkes.

Stil und epische Technik erweisen Lukan als Erben der Entwicklung, die die

---

7 9,985.

römische Dichtung seit Ovid genommen hatte. Als markante Merkmale seiner
Diktion gelten mit Recht die pointierten Sentenzen und Antithesen, die Hyper-
beln und Paradoxien. Die Darstellungseinheiten pflegen nicht in kontinuierli-
chem Fluß ineinander überzugehen; eher stehen sie als isolierte Szenen von ein-
heitlichem, oft hochpathetischem Stimmungsgehalt nebeneinander. Die überaus
manierierte Kunst Lukans sucht die epische Tradition durch Motive, die jeder
Wahrscheinlichkeit spotten, zu überbieten.

Dem entspricht die Behandlung, die der Dichter seiner mutmaßlichen Quelle,
den verlorenen Büchern 109–112 des Livius, angedeihen ließ. Dem Faktischen,
zumal den militärischen Operationen, kommt nur geringe Bedeutung zu; Lukan
strebt nach Reduktion und Konzentration. Unter den Personen ragen Caesar,
Pompeius und Cato hervor, deren Charaktere zu ebenso eindringlichen wie ge-
schichtsfernen Prototypen vereinfacht sind; zumal die Porträts der Antipoden
Caesar und Cato wollen zuallererst als die personifizierten Prinzipien der Tyrannei und der Freiheit verstanden werden.

Das Epos, ein politisches Bekenntnis par excellence, ist eine Gegen-*Aeneis*: Es
setzt konsequent in dem Bereich, der für den Römer schlechthin alles bedeutete,
die Sinnlosigkeit an die Stelle des Sinnes. Es verzichtet in extremer Schärfe auf
jeden Versuch, in der Geschichte einen zielgerichteten, vernünftigen Verlauf zu
erkennen. Götterwalten, Schicksal und Zufall (*fatum, fortuna*) sind gleichbedeu-
tende Ausdrücke für den dämonischen Prozeß, der die Monarchie hervorgebracht
hat. Mit Caesar, dem skrupellosen Günstling alles Bösen, ist das Verbrechen Sieger über das Recht geworden. Es bleibt einzig die von jeder äußeren Bestätigung
unabhängige Selbstbestimmung des Individuums, eine abstrakte, aus der Negation der Wirklichkeit erwachsende Autonomie; sie wird paradigmatisch durch
Cato verkörpert. Dieser Antagonismus bedingte, daß das äußere Geschehen von
Caesar ausgeht, während Cato als der Held, mit dem Lukan sich uneingeschränkt
identifiziert, hierfür den Wertmaßstab abgibt. Für seine Überzeugung, der Bürgerkrieg habe die Weltordnung auf den Kopf gestellt, hat der Dichter einen un-
übertrefflich prägnanten Ausdruck in dem vielzitierten Vers gefunden:[8]

Victrix causa deis placuit, sed victa Catoni.

»Den Göttern gefiel die siegreiche Sache, doch die besiegte dem Cato.«
Lukan hat seine Konzeption folgerichtig durchgeführt. Das Werk ist ohne
inneren Bruch; die ältere These, wonach die *Pharsalia* eine durch die Enttäuschung von Nero bedingte allmähliche Verdüsterung der Auffassung wider-
spiegele, wurde mit Recht aufgegeben. Einzig das Nero-Elogium am An-

8   1,128.

fang[9] läuft auf eine diametral entgegengesetzte Anschauung hinaus; es läßt sich wohl nur als unerläßlicher Tribut an eine zwingende Konvention verstehen.

Lukan fand von Anfang an vielfältige Resonanz. Statius und Martial gedachten seines Geburtstags in Gedichten, die sie an seine Witwe Polla Argentaria richteten; für Tacitus und Juvenal war er eine Berühmtheit ersten Ranges.[10] Mitunter wurden seine kühnen Neuerungen Gegenstand von Kritik: Petron rügte das Fehlen des Götterapparates, und Quintilian hielt den Stil eher für rhetorisch als für poetisch.[11] Gelehrte der Spätantike stellten zwar im Sinne Petrons fest, Lukan habe ein Geschichtswerk verfaßt, keine Dichtung;[12] zugleich aber wurde er viel gelesen und zitiert, und man begann, ihn zu kommentieren. Die erhaltenen Scholien gehen wohl auf den – wahrscheinlich der Spätantike entstammenden – Kommentar des Vacca zurück.

Im Mittelalter gehörte Lukan zu den verbreitetsten antiken Autoren, wie die mehr als 200 Handschriften bezeugen, die von seinem Epos erhalten sind. Arnulf von Orléans verfaßte im 12. Jahrhundert die ausführlichen *Glossulae super Lucanum*, und bei Dante zählt Lukan zu den »vier großen Schatten«, denen er, von Vergil geleitet, zuerst begegnet.[13] Lukans Wirkung in Renaissance und Barock war beträchtlich. Die Pariser Nationalgarde des Jahres 1789 trug Säbel, in die der Vers *ignorantque datos, ne quisquam serviat, enses*[14] (»man beachtet nicht, daß es Schwerter gibt, damit niemand Sklave sei«) eingraviert war, woraus bei Ernst Moritz Arndt *Der Gott, der Eisen wachsen ließ* wurde. Goethe gedachte Lukans durch den ersten Schauplatz der Klassischen Walpurgisnacht im Zweiten Teil des *Faust*, die »Pharsalischen Felder«, mitsamt dem Auftritt der Hexe Erichtho.[15]

c) Titus Petronius

Biographisches

In der langen Reihe derer, die, der Teilnahme an der Pisonischen Verschwörung gegen Nero bezichtigt, sterben mußten, wird von Tacitus neben Mela, dem Vater Lukans, und anderen ein TITUS PETRONIUS genannt. Der Historiker kommt als-

---

9 1,8–66.
10 Statius, *Silvae* 2,7; Martial, *Epigrammata* 7,21–23; Tacitus, *Dialogus* 20,5; Juvenal, *Saturae* 7,79 f.
11 *Satyrica* 118,6; *Institutio oratoria* 10,1,90.
12 Servius, *In Aeneida* 1,382, u. a.
13 *Inferno* 4,88–90.
14 4,579.
15 *Faust* 2, V. 7005 ff.

bald auf ihn zurück: Er gibt ein Porträt seines eigenartigen Wesens und schildert die Umstände und den Verlauf seines Endes.[16]

Danach gab sich Petron ungehemmt den Annehmlichkeiten eines Luxuslebens hin, schlief tagsüber und vergnügte sich nachts, nicht grob wie ein Wüstling, sondern als Bonvivant von Bildung. Er brachte es gleichwohl zum Statthalter der Provinz Bithynien und danach zum Konsulat – da zeigte er sich ganz anders: Er war energisch und erwies sich als den Anforderungen seiner Ämter gewachsen. Dann aber nahm Nero ihn, der sofort zum alten Lasterleben zurückkehrte, unter seine Freunde auf, als *elegantiae arbiter*, als maßgebliche Instanz für seine Vergnügungen. Er fiel indes der Eifersucht des Gardepräfekten Tigellinus zum Opfer. Auf die übliche Weise, durch Aufschneiden der Adern, beendete er sein Leben – langsam, nicht unter Gesprächen über die Unsterblichkeit der Seele, sondern bei leichtfertigen Liedern. Der Kaiser aber erhielt noch eine Liste seiner Ausschweifungen, mit namentlicher Nennung der Lustknaben und Frauen (66 n. Chr.).

Diese exzentrische, zugleich konsequent epikureische Persönlichkeit pflegt mit dem Autor von Romanfragmenten identifiziert zu werden, die die Handschriften einem Petronius Arbiter zuschreiben; vermutlich ist schon der zusätzliche Name Arbiter aus jenem ›Titel‹ hervorgegangen, den Petron am Hofe Neros erhalten haben soll. Unwiderlegliche Gewißheit über die Identität ist nicht erreichbar, andererseits gibt es keine gewichtige Gegeninstanz: Das Erhaltene spiegelt offensichtlich soziale und kulturelle Zustände sowie literarische Ereignisse der neronischen Zeit. Daß Tacitus den Roman in seinem Porträt übergeht, besagt nichts: Er hat auch die Tragödien Senecas, wenn überhaupt, nur als *carmina*[17] einer herablassenden Erwähnung für wert befunden.

Das Werk

Erhalten ist ein Bruchteil – vielleicht ein Zehntel – eines erzählenden, jedoch in die Prosa auch Metrisches einstreuenden, Textes, der wohl den Titel *Satyrica* (»Satirisches« oder »Schelmengeschichten«) getragen hat; die überlieferten Partien im Gesamtumfang von etwa 150 Druckseiten entstammen den Büchern 14–16.

Schauplatz der Bruchstücke ist das ›großgriechische‹ Süditalien. Die Hauptfigur, zugleich Ich-Erzähler des Ganzen, ein junger Mann namens Enkolp, treibt sich mit seinem Gefährten Askyltos und seinem Liebling, dem Knaben Giton, irgendwo in Kampanien herum. Mit einem Gespräch über Rhetorik und Bildung, bestritten von Enkolp und dem Redelehrer Agamemnon, setzt die erhaltene Text-

---

16 *Annales* 16,17,1 und 18–20.
17 Ebd. 14,52,3.

partie ein; es folgen ein ungewollter Bordellbesuch, ein Streit der beiden Gefährten Gitons wegen, eine Marktszene unter Gaunern und allerlei sexuelle Orgien.

Die nächste Partie, das längste zusammenhängende Stück, schildert die *Cena
Trimalchionis*, das Mahl bei dem Parvenu Trimalchio, einem schwerreichen Freigelassenen. Die drei Taugenichtse, die mit Agamemnon daran teilnehmen, erla-
ben sich an den sonderbarsten Gerichten und werden Zeugen pöbelhafter, von
Unbildung strotzender Dialoge. Ein betrunkener Steinmetz mit Gattin findet
sich ein; auch Fortunata, Trimalchios Frau, wirkt jetzt bei dem albernen Treiben
mit. Schließlich liest Trimalchio sein Testament vor und befiehlt, Todesweisen zu
blasen. Die Feuerwehrleute, die daraufhin zur Hilfeleistung herbeieilen, geben
den drei Burschen Gelegenheit zu verschwinden.

Nach erneuten Streitigkeiten wegen Gitons lernt Enkolp in einer Pinakothek
den heruntergekommenen Poeten Eumolp kennen, der alsbald den Part des aus-
scheidenden Askyltos übernimmt. Eine Seereise bringt die drei Abenteurer in
arge Nöte und Gefahren; gerettet und nach Kroton im äußersten Süden Italiens
verschlagen, versuchen sie, die dort lauernden Erbschleicher hereinzulegen. Zwi-
schendurch erhält Eumolp Gelegenheit, ein knapp 300 Verse langes Gedicht über
den Bürgerkrieg zu rezitieren. Mit einigen amourösen Szenen und einem maka-
bren Angebot an die Erbschleicher endet das Erhaltene.

Petrons *Satyrica* sind in der römischen Literatur ein Unikum. Die *Metamorphosen* (»Der goldene Esel«) des Apuleius stehen ihnen nahe, gehen indes auf eine
griechische Vorlage zurück, während es sich bei den Geschehnissen der *Satyrica*
um die eigenen Erfindungen des römischen Autors handelt. Um so mehr sind
Motive und Techniken aus einem stattlichen – allerdings großenteils verlorenen
– Repertoire von Literaturwerken in sie eingegangen. Seit späthellenistischer Zeit
gab es im griechischen Bereich ein Genre unterhaltsamer Prosa, für das sich – in
Ermangelung eines antiken Begriffs – die Bezeichnung ›Roman‹ eingebürgert
hat. Die typischen Ingredienzien dieser Art von Erzählungen waren Liebe, Reisen und Abenteuer mit möglichst extremen Situationen, wobei mancherlei Anleihen aus der älteren epischen oder dramatischen Tradition gemacht wurden: Ver-
folgung durch eine zürnende Gottheit, Irrfahrten mit Piraterie oder Schiffbruch,
Peripetien und Wiedererkennungen. Hierbei verlangte die üblichere Spielart, daß
der Leser an den Leiden der ›edlen‹ Helden, insbesondere des unschuldig immer
wieder Fährnissen ausgesetzten Liebespaares, ernsthaft und mit Sympathie Anteil
nehme – die moderne Philologie bezeichnet diese Spezies als ›idealisierenden Roman‹. Die hier obwaltende, sich gänzlich mit den Schicksalen der Helden identi-
fizierende Perspektive konnte indes auch ironisch-parodisch gebrochen werden,
so daß der Leser sich veranlaßt sah, die Helden und ihre Leiden nicht mehr ernst

zu nehmen: Dieser Fall liegt vor bei Petrons *Satyrica*, die man als ›komisch-realistischen Roman‹ zu bezeichnen pflegt.

Die wichtigsten Voraussetzungen für die parodische Brechung sind die gänzlich unheldische Wesensart des Heldenpaars Enkolp–Giton und ein dementsprechendes soziales Ambiente: Mit dieser Welt der Schelmen und Landstörzer kontrastieren erhabene Motive wie der Zorn eines Gottes, Sturm und Schiffbruch und vieles andere. Der Gott heißt nicht Poseidon wie in der *Odyssee* und nicht Juno wie in der *Aeneis*; Enkolp muß vielmehr büßen, weil er sich Priap, den Fruchtbarkeitsdämon mit gewaltigem Glied, die Zierde antiker Gärten, zum Feinde gemacht hat, und der bestraft ihn mit Impotenz. Ein Selbstmordversuch scheitert am gänzlich ungeeigneten Werkzeug, einem stumpfen Rasiermesser; eine Wiedererkennung führt zu einer als epische Schlacht stilisierten Prügelei, die mit einem feierlichen Vertragsabschluß beendet wird. Das Motiv der Schilderung eines Banketts war schon von Horaz satirisch behandelt worden;[18] Petrons *Cena* verweist sowohl insgesamt als auch durch einige Details unübersehbar auf den erhabensten Prototyp, das *Symposion* Platons.

Die parodischen Elemente sind nicht das einzige Mittel distanzschaffender Illusionsdurchbrechung: Petrons Roman enthält eine Reihe von poetischen Einlagen in verschiedenen Versmaßen – die längste, über den Bürgerkrieg (mit deutlicher Spitze gegen Lukan[19]), wurde bereits erwähnt. Diese Eigentümlichkeit verweist auf Varros »Menippeische Satiren«,[20] die vielleicht auch Vorbilder fürs Parodieren und für das volkstümliche Milieu enthalten haben. Griechische Muster fehlten bislang (von Menippos aus Gadara ist nichts bewahrt geblieben); neuerdings kam ein Papyrusfragment des sogenannten *Iolaos-Romans*[21] zum Vorschein, ein Analogon zu den *Satyrica* nicht nur inhaltlich, wegen der Schelmenszenen, sondern auch formal, als Mischung von Prosa und Versen. Das Werk Petrons ist demnach gleichzeitigen, vielleicht auch älteren griechischen Erscheinungen näher verwandt, als man bislang vermuten konnte. So möchte man denn annehmen, daß auch ein weiteres Merkmal der *Satyrica* (und ebenso des »Goldenen Esels«) griechische Parallelen hatte: die kurzen novellistischen Erzählungen, die hin und wieder den Gang der Handlung suspendieren und von denen die »Witwe von Ephesus«[22] die berühmteste ist.

---

18   *Saturae* 2,8.
19   Siehe S. 267.
20   Siehe S. 189 f.
21   Papyrus Oxyrhynchus XLII 3010; Erstausg.: P. Parsons, in: *Bulletin of the Institute of Classical Studies London* 18 (1971) S. 53–68 und Tafel VII.
22   111 f.

Eine Kostbarkeit ist Petrons Roman nicht zuletzt wegen seiner linguistischen Besonderheiten. Es gibt kein zweites Werk der römischen Literatur, in dem die verschiedenen Sprachebenen derart schroff aufeinanderstoßen, das zumal die Redeweise der kleinen Leute, der Ungebildeten – die ›Fehler‹, die vulgären Ausdrücke, das zum Teil griechische Vokabular für die Gegenstände des täglichen Lebens – derart drastisch abgebildet hätte. Der Autor hat deutlich zwischen der Diktion des Ich-Erzählers und den Reden der übrigen Personen unterschieden: Es sind vor allem die Unterhaltungen der Freigelassenen in der *Cena*, worin sich Vulgärlatein als Ausgangsstufe der späteren romanischen Sprachen bemerkbar macht, worin z. B. *flere* ›weinen‹ bereits durch *plangere* und *plorare* ersetzt ist und für ›essen‹ u. a. *manducare* gebraucht wird. Auch diese Spezialitäten stehen, weit entfernt, nach dokumentarischer Treue zu streben, im Dienste literarischer Mimesis; sie wollen im Verein mit den trivialen oder abgeschmackten Gesprächsthemen, mit dem zerhackten, sprunghaften, Wiederholungen nicht scheuenden Konversationston sowie mit all den Redensarten, Sprichwörtern und bildhaften Ausdrücken, deren sich einfache Leute zu bedienen pflegen, als amüsante Dreingabe zur Sittenschilderung genossen sein. Trimalchio z. B., der protzenhafte Gastgeber der *Cena*, läßt sich, ehe er den Hornisten den Befehl erteilt, wie bei Todesfällen zu blasen, wie folgt vernehmen:[23]

Vos rogo, amici, ut vobis suaviter sit. Nam ego quoque tam fui quam vos estis, sed virtute mea ad hoc perveni. Corcillum est, quod homines facit, cetera quisquilia omnia. 'Bene emo, bene vendo' – alius alia vobis dicet. Felicitate dissilio. Tu autem, sterteia, etiamnum ploras? Iam curabo fatum tuum plores. Sed, ut coeperam dicere, ad hanc me fortunam frugalitas mea perduxit. Tam magnus ex Asia veni quam hic candelabrus est. Ad summam, quotidie me solebam ad illum metiri, et ut celerius rostrum barbatum haberem, labra de lucerna ungebam. Tamen ad delicias ipsimi annos quattuordecim fui. Nec turpe est, quod dominus iubet. Ego tamen et ipsimae satis faciebam. Scitis, quid dicam; taceo, quia non sum de gloriosis.
»Bitte schön, Freunde, laßt's euch wohl sein. Auch ich war ja so einer, wie ihr jetzt seid, aber mit meiner Tüchtigkeit habe ich es so weit gebracht. Die Grütze ist's, die den Menschen macht; alles andere sind Kinkerlitzchen. ›Gut eingekauft, gut abgesetzt‹ – da mag man euch dies und das erzählen. Ich platze vor Reichtum. Aber du Schnarchliese hörst nicht auf zu heulen? Ich werd' schon dafür sorgen, daß du über dein Unglück heulst. Doch wie ich schon sagte, diesen Wohlstand habe ich meiner Anspruchslosigkeit zu danken. So klein kam ich aus Asien, wie der Leuchter dort ist. Kurz und gut,

23 75,8–11.

ich habe mich alle Tage an ihm gemessen und mir, um schneller einen Bart an den Schnabel zu kriegen, aus der Öllampe die Lippen eingerieben. Trotzdem war ich vierzehn Jahre lang die Wonne meines Chefs. Es ist ja keine Schande, was der Herr befiehlt. Ich habe aber auch die Chefin zufriedengestellt. Ihr wißt, was ich meine; ich rede nicht davon, weil ich kein Angeber bin.«

In der Spätantike wird Petron des öfteren erwähnt; im Mittelalter kennt man ihn nur hier und da. Das größte Textstück, die *Cena*, fand sich erst im Jahre 1650. Doch nach wie vor wußte man die *Satyrica* nur dort zu schätzen, wo die Kennerschaft stärker war als die moralischen Hemmungen, die sich an den erotischen Direktheiten stießen. François Nodot füllte die Lücken im überlieferten Text mit phantasievollen Fälschungen aus und legte von dem Ganzen eine französische Übersetzung vor (1692–94); achtzig Jahre später erschien hiervon die kraftvolle deutsche Version Wilhelm Heinses. Die Epoche des Fin de siècle war der Wirkung Petrons förderlich; weiten Kreisen wurde der Autor dadurch bekannt, daß Henryk Sienkiewicz ihn zur Hauptfigur seines Romans *Quo Vadis* (1896) machte. Das große Ereignis in der Petron-Rezeption der Gegenwart war der – den Charakter des Originals stark verändernde – Fellini-Film *Satyricon* (1969).

Der in den modernen Editionen begegnende Textbestand ist aus verschiedenen Zweigen der Überlieferung zusammengesetzt. Die Klasse O mit einem Bernensis des 9. Jahrhunderts an der Spitze enthält kurze Exzerpte aus den Partien vor und nach der *Cena*; die L-Klasse bringt den ganzen Textbestand, von der *Cena* allerdings nur den Anfang, und lediglich durch den einzigen Repräsentanten der dritten Klasse, eine Handschrift aus Trogir in Dalmatien (entdeckt 1650), ist die vollständige *Cena* bewahrt geblieben.

3. Seneca

a) Römische Autoren aus Spanien

Die in Corduba (heute Córdoba) beheimatete Familie SENECA – der Vater, der über die Rhetoren in seiner Jugend schrieb, der berühmtere Sohn sowie dessen Neffe Lukan – ist das glanzvollste, aber bei weitem nicht das einzige Beispiel für Spaniens frühkaiserzeitlichen Anteil am römischen Geistesleben und an der lateinischen Literatur. Von dort stammten auch Pomponius Mela, der Verfasser einer geographischen Schrift, Columella, der ein großes Werk über die Landwirtschaft hinterließ, sowie der einer jüngeren Generation angehörige bedeutende Rhetoriklehrer Quintilian, und schließlich konnte sich auch der Epigrammatiker Martial auf seine spanische Herkunft berufen, als er sich, etwa 25 Jahre alt, um 64 n. Chr. in Rom bei dem Philosophen Seneca vorstellte.

Spaniens Rolle im ersten nachchristlichen Jahrhundert war singulär. In keiner anderen Region des Römischen Reiches hat es damals Vergleichbares gegeben. Der griechische Osten mit seinen alten Schriftkulturen ging ohnehin seine eigenen Wege – dort blieb die Herrschaft der Römer stets auf die Politik und die Verwaltung beschränkt. Aber auch im Westen, wohin die römischen Eroberer alles mitzubringen pflegten – ihre Sprache und Schrift, ihre Religion, ihr Recht und ihre Zivilisation – herrschte außerhalb Spaniens noch lange Zeit Stille. Nordafrika begann sich nicht vor Sueton (geboren um 70 n. Chr.), möglicherweise nicht vor Fronto (geboren um 100 n. Chr.) an der literarischen Produktion, soweit sie erhalten ist, zu beteiligen, und in Gallien setzte ein bemerkenswertes Geistesleben nicht vor der Spätantike ein. Britannien und der Donauraum endlich haben es nie zu einer kulturellen Blüte erheblichen Ausmaßes gebracht.

Das scheinbare Paradox hat politische Gründe. In Spanien stießen die Sphären der beiden Vormächte des westlichen Mittelmeers, Roms und Karthagos, aufeinander; hierüber kam es zum Zweiten Punischen Krieg. Der Sieg (201 v. Chr.) machte die Römer sofort oder bald danach zu Herren der spanischen Ostküste und des Südens, während die konsequent verfolgte Eroberung des Westens und Nordens sich bis zur Zeit des Augustus hinzog. Gerade die Langwierigkeit der Kämpfe, die den ständigen Aufenthalt römischer Truppen von nicht geringer Stärke erforderlich machte, mag beträchtlich zur Verbreitung der römischen Kultur und Sprache beigetragen haben. Spätestens um die Mitte des 1. Jahrhunderts n. Chr. erloschen – mit Ausnahme des Baskischen im Norden – die einheimischen Sprachen keltischen oder iberischen Ursprungs, und das Land war in seiner ganzen Ausdehnung romanisiert, erheblich früher als Nordafrika oder Gallien.

Irgendwelche Besonderheiten lassen die in Spanien beheimateten Autoren des 1. Jahrhunderts n. Chr. nicht erkennen: Ihre Sprache, ihre Formen und ihre Stoffe waren genauso römisch wie alles, was aus Rom selbst und aus Italien stammte. Sie hatten nicht schon deshalb ein Zusammengehörigkeitsgefühl, weil sie auf der Iberischen Halbinsel zur Welt gekommen waren. In jener Zeit gab es noch keinerlei Bedürfnis nach provinzieller oder regionaler Eigenständigkeit: Roms Stern stieg noch, seine Sprache expandierte nach wie vor, und seine zivilisatorische

Kraft begann erst gegen Ende des 2. Jahrhunderts n. Chr. zu erlahmen. Kategorien wie ›spanisch‹ oder ›gallisch‹ spiegeln erst in der Spätantike einen über das rein Geographische hinausgehenden Befund – erst damals begannen die Regionen, sich innerlich vom Zentrum zu distanzieren.

b) Lucius Annaeus Seneca

Biographisches

Wie Cicero ein Jahrhundert zuvor, so war LUCIUS ANNAEUS SENECA in seiner Zeit der maßgebliche Literat. Er hat am gültigsten verwirklicht, wonach Kunstwollen und Stilempfinden der Epoche strebten: nach einer Schreibart jenseits der Klassik, nach einer teils manieristischen, teils pathetischen, stark auf Pointen bedachten Ausdrucksweise. Daß gerade er als Archeget seines Zeitalters gewürdigt zu werden verdient, ergibt sich einmal aus der Sache selbst: Er war, wie schon Quintilian anerkennend feststellte,[24] ungewöhnlich vielseitig. Der Mitwelt präsentierte er sich nämlich auch als Redner; der Nachwelt, für die dieser Zweig seines Schaffens verloren ist, steht immerhin noch ein umfangreiches philosophisches und poetisches Œuvre zu Gebote. Die führende Rolle Senecas wird zum anderen von den Zeitgenossen bestätigt: Er war der erfolgreichste Autor seiner Generation, und seine Werke wurden zumal von den jungen Leuten gierig verschlungen. Und schließlich zeichnete sich Seneca – abermals: wie Cicero – auch dadurch aus, daß sich seine Bedeutung nicht im Literarischen erschöpfte, daß er auch als Handelnder, als Politiker und Staatsmann in die Geschichte eingegangen ist.

Was jedoch die Zugänglichkeit der Biographie angeht, so herrscht größte Gegensätzlichkeit: Die bei Cicero dank der erhaltenen Korrespondenzen mögliche Innensicht fehlt bei Seneca völlig. Es gibt keine privaten, nur für den Empfänger bestimmten Briefe, und in seinen Schriften umgibt Seneca die persönliche Sphäre fast stets mit einer Mauer des Schweigens. Da sich in der nachfolgenden Zeit auch kein Biograph für ihn fand, stünde es schlecht mit Nachrichten über sein Leben, wenn die *Annalen* des Tacitus nicht wären: Sie enthalten für die Jahre von der Rückberufung an eine Reihe von ebenso prägnanten wie glaubwürdigen Zeugnissen.

Senecas Geburtsjahr ist unbekannt; Indizien legen die Annahme nahe, daß er exakt zu Beginn der christlichen Ära auf die Welt kam. Sein Geburtsort Corduba,

---

24 *Institutio oratoria* 10,1,129.

das heutige Córdoba am Guadalquivir, lag weitab von den damaligen Zentren der Zivilisation, was wohl auch durch den Umstand nur wenig gemildert wurde, daß die Stadt Sitz des Gouverneurs der von Augustus neu eingerichteten Provinz Baetica war. Die Familie der Annaei trat erst mit dem Vater – dem ÄLTEREN SENECA, wegen seiner »Kontroversien« und »Suasorien« auch ›Seneca der Rhetor‹ genannt – ins Licht der Überlieferung. Dieser war um das Jahr 55 v. Chr. geboren; er scheint sich als Advokat oder Vermögensverwalter betätigt zu haben. Er durfte sich Ritter nennen – wohl durch eigenes Verdienst, nicht schon auf Grund seiner Herkunft. Seine Frau Helvia (er hatte offenbar erst spät geheiratet) schenkte ihm drei Söhne. Der älteste, Marcus Annaeus Novatus, wurde später, wie erwähnt,[25] von dem Rhetor Iunius Gallio adoptiert; er hat sich – laut Apostelgeschichte[26] – als Statthalter in Korinth um Paulus verdient gemacht. Auf Novatus folgte Seneca der Philosoph, und der jüngste hieß Marcus Annaeus Mela – er wurde der Vater des Dichters Lukan.

Seneca kam als kleines Kind nach Rom – die Heimat hat er, soweit bekannt, nie wiedergesehen. Er erhielt die standesübliche rhetorische Ausbildung und studierte mit großem Eifer Philosophie, vor allem Ethik: bei dem Stoiker Attalos sowie bei Sotion. Dieser wiederum hatte Quintus Sextius gehört, den Gründer der einzigen römischen Philosophenschule, die je existiert hat; ihre Lehre beruhte großenteils auf stoischen Grundsätzen, war jedoch auch pythagoreischen Dogmen zugetan.

Als Seneca die ersten Versuche unternahm, durch Ausübung des Anwaltsberufs eine herausragende Position zu erringen, machte sich eine schwere Erkrankung der Atemwege so störend bemerkbar, daß er seine Tätigkeit unterbrechen mußte. Er weilte um das Jahr 30 n. Chr., durch die Veränderung des Klimas Heilung suchend, bei einer Tante in Alexandrien. Zurückgekehrt, wurde er als Quästor Mitglied des Senats. Er war so unvorsichtig, dortselbst durch ein brillantes Plädoyer die Eifersucht des Kaisers Caligula, eines nichtswürdigen Despoten, zu erregen – allein der Hinweis einer Konkubine, der Mann sei schwindsüchtig und werde ohnehin bald sterben, soll ihn gerettet haben.

Bald nach der Thronbesteigung des Claudius (41 n. Chr.) wurde Seneca das Opfer höfischer Intrigen. Er soll sich auf eine Liebschaft mit Iulia Livilla, einer Nichte des Kaisers, eingelassen haben; er mußte nach Korsika in die Verbannung gehen. Dieses Unglück scheint er – den Lehren seiner Philosophie, der stoischen, gemäß – mit größerer Fassung ertragen zu haben als seine beiden berühmten Vor-

---

25 Siehe S. 252.
26 18,12–16.

gänger Cicero und Ovid. Nach acht Jahren erwirkte die neue Kaiserin, Agrippina die Jüngere, die Nachfolgerin seiner Feindin Messalina, daß er zurückkehren durfte; er wurde alsbald mit dem Amte betraut, den jungen Nero zu erziehen, den einzigen Sohn Agrippinas aus deren erster Ehe.

Die von Skrupeln nicht behinderte, eminent herrschsüchtige Kaiserin wußte ihrem Sprößling auf Kosten des Claudius-Sohnes Britannicus den Weg zur Thronfolge zu ebnen, und als sie dies erreicht hatte, brachte sie ihren Gatten kurzerhand um (54 n. Chr.). Seneca aber, der einerseits die Leichenrede auf Claudius verfaßt und ihn andererseits in der erhaltenen Satire *Apocolocyntosis* (etwa: »Verkürbissung«, statt Apotheose, Vergöttlichung) aufs heftigste verspottet hatte, gewann nun größten Einfluß. Gemeinsam mit dem Gardepräfekten Burrus leitete er, der schon im Jahre 50 Prätor gewesen war und jetzt auch mit dem Konsulat ausgezeichnet wurde, etwa fünf Jahre lang die Geschicke des Römischen Reiches.

Der junge Kaiser indessen ließ sich durch die Lehren, die Seneca ihm in seinen Tragödien, in der staatsphilosophischen Schrift *De clementia* (»Über die Milde«) oder sonstwie nahezubringen suchte, nicht beeindrucken: Er ging seinen Vergnügungen nach und betätigte sich mit Leidenschaft als Sänger, Schauspieler und Rennfahrer. Im Jahre 55 beseitigte er, siebzehnjährig, den Stiefbruder Britannicus, und vier Jahre darauf schreckte er nicht davor zurück, seine nach Einfluß strebende, ihn bedrängende Mutter zu ermorden. Seneca, der diese Tat als Notwehrakt vor der Öffentlichkeit hatte rechtfertigen müssen, verlor danach stark an Macht; im Jahre 62, nach dem Tode des Mitstreiters Burrus, zog er sich gänzlich von der politischen Bühne zurück.

Er bat damals den Kaiser, er möge die Reichtümer wieder an sich nehmen, mit denen er von ihm überhäuft worden war und die ihm mancherlei Anfeindungen eintrugen – Nero lehnte dieses Ansinnen ab. Seneca widmete sich nunmehr ganz der philosophischen Schriftstellerei und vollbrachte, wie einst Cicero unter der Diktatur Caesars, in wenigen Jahren Erstaunliches. Der Größenwahn und die Verbrechen des Kaisers veranlaßten Gaius Calpurnius Piso, einen einflußreichen Mann von höchstem Adel, eine Verschwörung anzuzetteln. Das Unternehmen scheiterte infolge Verrats; Seneca, der Mitwisserschaft geziehen, erhielt von Nero den Befehl, sich selbst zu richten. Er aber schied, indem er sich Sokrates zum Beispiel nahm, mit philosophischer Gelassenheit aus dem Leben (65 n. Chr.).

Werke

Nach der Klassifikation Quintilians[27] hinterließ Seneca *orationes [...] et poemata et epistulae et dialogi*, »Reden, Dichtungen, Briefe und Dialoge«. Von den Reden ist, wie bereits erwähnt, nichts erhalten. Mit den Briefen ist gewiß die umfängliche Sammlung literarischer Episteln an den Freund Lucilius, *Epistulae morales ad Lucilium*, gemeint. Mit dem Ausdruck ›Dialoge‹ zielt Quintilian auf die übrigen, zum Teil verlorenen philosophischen Schriften: wegen der aufgelockerten Darstellungsweise, die ihre Inhalte gern dialogartig – mit Einwürfen eines fiktiven Gegners und deren Widerlegung – vorbringt. Von den *poemata* endlich sind im wesentlichen nur neun Tragödien auf die Nachwelt gekommen; daß Quintilian auch die erhaltene Satire *Apocolocyntosis* darin einbegriffen wissen wollte, ist wenig wahrscheinlich.

Eine naive Fälschung ist der zum ersten Male von Hieronymus erwähnte, wenig bedeutsame Briefwechsel mit dem Apostel Paulus; er hat Seneca einst den Ruhm eingebracht, insgeheim Christ gewesen zu sein. Die unter seinem Namen überlieferte Tragödie *Octavia*, das einzige vollständig erhaltene historische Drama der römischen Literatur, behandelt das Schicksal von Neros erster Gemahlin – das Stück hat wohl einen zeitgenössischen Dichter zum Autor, der Seneca geistig nahestand.

Die philosophischen Schriften

Die handschriftliche Überlieferung hat je für sich bewahrt: *Dialogi – De beneficiis, De clementia – Naturales quaestiones – Epistulae morales ad Lucilium*. Die Sammlung *Dialogi* enthält zwölf Bücher (im antiken Sinne des Wortes), und zwar die Schriften *De providentia, De constantia sapientis, De ira* (3 Bücher), *Consolatio ad Marciam, De vita beata, De otio, De tranquillitate animi, De brevitate vitae, Consolatio ad Polybium, Consolatio ad Helviam matrem*. Hier werden diese Werke in der mutmaßlichen zeitlichen Reihenfolge ihrer Entstehung vorgeführt. Allerdings lassen sie sich, da sie keine stilistische Entwicklung zeigen und nur selten Hinweise auf aktuelle Ereignisse enthalten, nicht immer mit einiger Genauigkeit datieren.

Hiervon machen die drei verhältnismäßig frühen *Consolationes* (»Trostschriften«) eine Ausnahme: Seneca konnte nicht umhin, auf den je gegebenen Fall einzugehen, auf das Leid des Adressaten und sonstige konkrete Umstände. Er hat sich bei diesen Abhandlungen auf eine feste Tradition gestützt: Seit hellenistischer Zeit wetteiferten Philosophen und Rhetoren darin, Trostgründe zusam-

---

27 *Institutio oratoria* 10,1,129.

menzutragen – für den Tod eines Angehörigen, für die Nöte der Verbannung und andere Anlässe. Senecas eigene Leistung beruht daher im wesentlichen auf der Form: auf der Auswahl und Anordnung der Argumente sowie auf der stilistischen Einkleidung.

Die *Consolatio ad Marciam* (»Trostschrift für Marcia«) entstand noch unter Caligula, vor dem Jahre 41 n. Chr. Die Adressatin war eine Tochter des Senators und Geschichtsschreibers Aulus Cremutius Cordus, der unter Tiberius, wegen Hochverrats angeklagt, den Freitod gesucht hatte.[28] Die ihr gewidmete Abhandlung repräsentiert dem Thema nach am reinsten das in der Gattung Übliche: Sie sucht den durch den Verlust eines Sohnes verursachten Schmerz zu beseitigen oder zu lindern. Die beiden anderen *Consolationes* Senecas entfernen sich von diesem Grundtypus. Die Trostschrift für die Mutter Helvia ist nicht durch einen Verstorbenen, sondern durch einen Verbannten, durch Seneca selbst, veranlaßt, so daß dort die Rolle dessen, der den Schmerz verursacht, und die des Trösters zusammenfallen. Die dritte *Consolatio* endlich, die an Polybius, den Freigelassenen des Kaisers Claudius, ist das Erzeugnis einer schwachen Stunde: Der Kummer des Adressaten, der einen Bruder verloren hatte, dient als Vorwand für ein kaum verhülltes Gnadengesuch.

Das umfängliche Werk *De ira* (»Über den Zorn«) und sein Annex, die Abhandlung *De constantia sapientis* (»Über den Gleichmut des Weisen«) sind wohl gleichzeitig mit den Trostschriften, teils unter Caligula, teils im Exil, zustande gekommen. Sie behandeln ein schwieriges, zwischen Peripatos und Stoa strittiges Problem: ob der Zorn genannte Affekt stets etwas Schlechtes oder zumindest unter bestimmten Voraussetzungen auch etwas Gutes sei. Seneca verficht rigoros den Standpunkt seiner Schule, die jede Form und jedes Maß des Zornes ablehnt. Möglicherweise waren die Erfahrungen, die man eben erst mit dem Wüten Caligulas gemacht hatte, derart abstoßend (der Kaiser fungiert in beiden Schriften als böses Beispiel), daß man sich so etwas wie einen ›gerechten Zorn‹ gar nicht mehr vorstellen konnte. Die zweite, kleinere Schrift führt das positive Gegenbild zum Zornigen vor: den Weisen, der sich weder durch ein Unrecht noch durch eine Beleidigung beeindrucken lasse.

Den reizvollen Essay *De brevitate vitae* (»Über die Kürze des Lebens«) hat Seneca wohl bald nach seiner Rückkehr aus dem Exil verfaßt. Der Inhalt widerlegt den Titel: Das menschliche Leben ist gar nicht kurz, wenn man es, statt der Genußsucht, der Habgier, dem Ehrgeiz, dem Machthunger freien Lauf zu lassen, für philosophische Studien, für das Streben nach Weisheit verwendet.

---

28 Siehe hierzu S. 295.

Zu Beginn von Neros Herrschaft entstand der einzige staatsphilosophische Traktat der Kaiserzeit, das monarchische Pendant zu Ciceros Dialog *De re publica*: die sei es unvollendete, sei es unvollständig erhaltene (der Text bricht nach den Anfangskapiteln des 2. Buches ab) Schrift *De clementia*. Sie sollte den jungen Kaiser zum Maßhalten und zur Selbstkontrolle anleiten. Der Titelbegriff, ein Erbstück der Versöhnungspolitik Caesars, ist im wesentlichen mit der Staatstugend schlechthin, der Gerechtigkeit, identisch – nur daß er sich unter den Bedingungen der von außen her nicht kontrollierbaren Monarchie, wenn er seinen Zweck nicht verfehlen soll, manchmal, etwa beim Richten in eigener Sache, der Milde, ja der Gnade annähern muß. Es ist kaum nötig zu bemerken, daß Senecas subtile Darlegungen, die sich zugleich als eine Art Fürstenspiegel lesen lassen, bei dem unreifen, zu irgendwelcher Selbstreflexion nicht fähigen, egozentrischen und ganz seinem bizarren Künstlertum ergebenen Nero nicht auf fruchtbaren Boden fielen.

Die Abhandlung *De vita beata* (»Vom glücklichen Leben«), die wohl auf das Jahr 58 zurückgeht, gilt neben anderem einem für Seneca selbst drängenden Problem: der richtigen Einstellung zum Reichtum. Man hatte ihm vorgeworfen, daß er zu den vermögendsten Männern Roms zähle und somit ein Leben führe, das einem Philosophen schlecht anstehe (er soll 300 Millionen Sesterze besessen haben, das Dreihundertfache dessen, was für einen Senator als Minimum vorgeschrieben war); ein gewisser Suillius, ein rücksichtsloser Denunziant, der nicht aufhörte, Seneca zu schmähen, mußte durch einen Prozeß zum Schweigen gebracht werden. In der Schrift *De vita beata* wird mit hinlänglicher Deutlichkeit zu all diesen Reden und Rügen dargetan, daß auch der Philosoph Reichtümer sein eigen nennen dürfe, vorausgesetzt, daß er sich nicht innerlich davon abhängig mache und jederzeit, ohne ihnen nachzutrauern, wieder darauf verzichten könne.

Auch in die Dialoge *De tranquillitate animi* (»Von der Seelenruhe«) und *De otio* (»Von der Zurückgezogenheit«, nur zum Teil erhalten) scheinen Reaktionen auf Selbsterlebtes eingegangen zu sein: Seneca befaßt sich mit der Frage, bis zu welchen Grenzen ein Philosoph verpflichtet sei, sich politisch zu betätigen. Die beiden Abhandlungen sind also wahrscheinlich in den Jahren von Neros Muttermord und Senecas Rückzug ins Privatleben entstanden (59 und 62 n. Chr.). Aus derselben Zeit könnte auch die einzige bisher noch nicht erwähnte der kleineren Abhandlungen Senecas stammen, obwohl es hierfür keinerlei konkrete Hinweise gibt: die das Theodizeeproblem erörternde Schrift *De providentia* (»Über die Vorsehung«), ein eindrucksvolles Dokument von Senecas Religiosität.

Senecas Spätwerk, die Frucht der Jahre von 62 bis 65, konzentriert sich auf die Ethik, nicht anders als die bisher behandelten Schriften. Immerhin ist aus dieser

Phase auch die einzige naturwissenschaftliche Schrift hervorgegangen, die erhalten blieb, die *Naturales quaestiones* (»Physikalische Probleme«) in acht Büchern. Seneca erörtert dort vornehmlich meteorologische (Wolken, Winde, Regenbogen u. a.) und geographische Themen (terrestrische Wasser, Nil). Dabei ist er wohl – er hatte ja als Römer auf diesem Felde nichts Eigenes zu sagen – hauptsächlich dem Poseidonios gefolgt. Er rechtfertigt seine Schrift teils durch Hinweise auf ihre ethische Förderlichkeit, teils als Selbstzweck: Die Kenntnis der Natur befreit von törichter Furcht und ist zugleich das Erhabenste, dessen der Mensch teilhaftig werden kann. Seneca beruft sich auf den traditionellen Pantheismus der Stoa: Gott, die unpersönliche Vernunft und Vorsehung, ist identisch mit der Natur, dem Kosmos. Dort aber gehorcht nichts dem Zufall, und alles hat bestimmte, im Prinzip erkennbare Ursachen.

Senecas umfangreichste ethische Schrift, die aus sieben Büchern bestehende Abhandlung *De beneficiis* (»Über Wohltaten«), handelt von Hilfeleistungen und Vorteilen, die man einzelnen Personen zukommen läßt; sie befaßt sich also nicht mit dem im antiken Stadtstaat überaus verbreiteten Spendenwesen, den Bauten, die Wohlhabende den Kommunen zu schenken, oder den Stiftungen, die sie für Notleidende einzurichten pflegten. Sie ist – wie schon die Ciceronische Sozialethik in dem Werk *De officiis* – von kalkulierender Verständigkeit geprägt: Der Schenkende frage sich, ob der Beschenkte die Gabe verdient, und er schenke um so bereitwilliger, je mehr er auf eine Gegenleistung hoffen kann. Diese Wohltätigkeitsethik ist gewiß engherziger, zugleich aber wohl auch wirklichkeitsnäher als die christliche Forderung schrankenloser Nächstenliebe – der Kirchenvater Laktanz war der erste, der sie als unzulänglich zu erweisen suchte.

Die *Epistulae morales ad Lucilium* (»Moralische Briefe an Lucilius«), wohl Senecas schönstes Prosawerk, sind unvollständig erhalten: Der Schluß fehlt; nach dem 124. Brief, im 20. Buch, bricht die Überlieferung ab. Es ist, wie ein Zitat des Gellius beweist,[29] ein Verlust von mindestens zwei Büchern eingetreten. Die *Epistulae ad Lucilium* stehen ihrem Wesen und ihrer Bestimmung nach zwischen den reinen Privatbriefen Ciceros und den reinen Kunstbriefen des jüngeren Plinius: Sie wenden sich primär an den Freund Lucilius (der Adressat ist also kein bloßes Ornament, keine pure Höflichkeitsbekundung wie bei Plinius); sie waren indes, im Gegensatz zu den erhaltenen Korrespondenzen Ciceros, von Anfang an zugleich für die Veröffentlichung bestimmt. Seneca hat die schwierige Doppelaufgabe, die ihm daraus erwuchs, zugleich persönlich und doch für eine allgemeine Leserschaft zu schreiben, mit großem Geschick gemeistert, und zwar gerade in

---

29 *Noctes Atticae* 12,2,3.

den früheren Stücken, während sich die späteren nach Umfang und Inhalt nicht selten einem unpersönlichen Traktat nähern.

Der generelle Rahmen für die vielfältigen Gegenstände der Lucilius-Briefe ist die stoische Ethik. Doch deren Maximen werden dort minder streng, dafür stärker an die jeweiligen Umstände angepaßt vermittelt als in den früheren Schriften; Seneca doziert nicht mehr, sondern meditiert und hält Zwiesprache. Bei den Reflexionen über die richtige Lebensführung und die richtige Einschätzung des Todes pflegt er sich selbst einzuschließen: Auch er bedarf noch der Förderung, und sein eigenes Streben ist ebenfalls noch weit von dem Ideal des Stoikers, dem vollkommenen Weisen, entfernt. Als Hauptziel im fortwährenden Prozeß der Selbsterziehung steht ihm die innere Unangreifbarkeit vor Augen, die Fähigkeit zu ertragen, was immer die Umstände mit sich bringen. Die Trübung der Seelenruhe durch Affekte hingegen, nach stoischer Auffassung die zweite große Gefahrenquelle für das Lebensglück, hat in den sanfter getönten Lucilius-Briefen nur noch geringes Gewicht.

Seneca sei zu seinen Lebzeiten nahezu die einzige Lektüre der jungen Leute gewesen, schreibt Quintilian, und Tacitus sekundiert ihm mit der Bemerkung, dieser Mann habe ein gefälliges, zum Geschmack seiner Zeit passendes Talent gehabt.[30] Die beiden Zeugnisse bekunden hinlänglich, daß Seneca dank seiner philosophischen Schriftstellerei als der führende Literat der neronischen Ära gegolten hat. Er verdankte diesen Ruf gewiß auch den Inhalten, dem Gedankenreichtum, der Anschaulichkeit, den treffenden Beispielen, der Intensität des moralischen Appells. Hauptsächlich aber war es sein Stil, mit dem er von Anfang an seine Leser gefesselt hat. Dieser Stil spiegelte, was die zeitgenössische Rhetorik, wie Seneca der Vater sie festgehalten hat, kultivierte: Er war teils pathetisch, teils manieristisch; er verband die Vermittlung der Inhalte mit dem Bestreben, auch durch die Form Wirkungen zu erzielen. Das auffälligste Merkmal der Diktion Senecas sind die *minutissimae sententiae*, die »winzigen Satzglieder«, wie Quintilian sich in der erwähnten Partie ausdrückt, also ein der Ciceronischen Periode, dem breit dahinströmenden Fluß der Rede exakt entgegengesetztes Stilideal. Da heißt es etwa zu Beginn der Schrift *De brevitate vitae*:[31]

> *Ita est: non accipimus brevem vitam, sed facimus, nec inopes eius, sed prodigi sumus. Sicut amplae et regiae opes, ubi ad malum dominum pervenerunt, momento dissipantur, at quamvis modicae, si bono custodi traditae sunt, usu crescunt, ita aetas nostra bene disponenti multum patet.*

30 Quintilian, *Institutio oratoria* 10,1,125; Tacitus, *Annales* 13,3,1.
31 1,4.

»So ist's: wir empfangen kein kurzes Leben, sondern machen es dazu; wir sind nicht seiner bedürftig, sondern verschwenderisch damit. Wie große, königliche Vermögen, wenn sie einem Taugenichts anheimfallen, im Augenblick zerstoben sind, hingegen noch so bescheidene, wenn einem guten Verwalter anvertraut, durch Zinsen wachsen, so gibt auch unsere Lebenszeit dem, der sie gut anlegt, viel Raum.«

In pathetischen Partien, z. B. in einer Schilderung des Zornes,[32] feiert Senecas ›zerhackte‹ Ausdrucksweise manchmal wahre Triumphe; dort pflegen die kurzen Satzglieder durch klangliche Effekte, durch Alliterationen, Reime oder rhythmische Entsprechungen, miteinander verknüpft zu sein.

Das Streben nach Pointen, die sich besonders gern der Form der Antithese bedienen, rückt den Prosaisten Seneca in die Nähe eines Epigrammatikers, und so nimmt es nicht wunder, daß gerade seine Schriften immer wieder nach griffigen Sentenzen durchsucht wurden. Einige dieser Aussprüche sind auch heutzutage noch in Umlauf, wie z. B.:[33]

Itaque quae philosophia fuit, facta philologia est.

»So ist, was Philosophie war, zu Philologie geworden.«

Oder:

Ducunt volentem fata, nolentem trahunt.

»Den Willigen führt das Geschick, den Widerspenstigen schleift es mit.«

Das bekannte Wort *Non scholae, sed vitae discimus* indessen stellt ein bedauerndes Urteil Senecas auf den Kopf; das Original lautet:

Non vitae, sed scholae discimus.

»Wir lernen nicht für das Leben, sondern für die Schule.«

Die Tragödien

Bei den neun Stücken, die das Corpus der Tragödien Senecas ausmachen, handelt es sich durchweg um Bearbeitungen griechischer Mythen. Sie gehen in letzter Instanz auf Werke der drei attischen Klassiker Aischylos, Sophokles und Euripides zurück – auf Werke, die fast alle erhalten sind. Seneca hat diese Prototypen gekannt und sich mehr oder weniger stark an sie angelehnt. Daher entsprechen einander die Stücke:

1. *Hercules furens*   –   Euripides, *Herakles*
   (»Der rasende Herkules«)
2. *Troades* (»Die Troerinnen«)   –   Euripides, *Hekabe/Troerinnen*

---

32 *De ira* 2,35.
33 *Epistulae morales* 108,23; 107,11; 106,12.

3. *Phoenissae* (»Die Phönissen«)	–	Sophokles, *Ödipus auf Kolonos* –
		Euripides, *Die Phönikerinnen*
4. *Medea*	–	Euripides, *Medea*
5. *Phaedra*	–	Euripides, *Hippolytos* I/II
6. *Oedipus*	–	Sophokles, *König Ödipus*
7. *Agamemno*	–	Aischylos, *Agamemnon*
8. *Thyestes*	–	–
9. *Hercules Oetaeus*	–	Sophokles, *Die Trachinierinnen*

(»Herkules auf dem Öta«)

Diese Gegenüberstellung läßt die Zwischenglieder außer acht, die es zwischen dem Höhepunkt der Tragödie im klassischen Athen und dem Ende der Gattung im kaiserlichen Rom gegeben hat: die griechische Produktion in hellenistischer Zeit und die lateinische während der römischen Republik – von alledem ist kein einziges Stück erhalten geblieben. Nun lassen aber die überlieferten Namen, Titel und Zitate erkennen, daß immer wieder – wie schon im 5. Jahrhundert v. Chr. – dieselben Stoffe dramatisiert wurden. Seneca mußte also nicht an den hier genannten klassischen Mustern Genüge finden; er konnte vielmehr für seine Bearbeitungen auf spätere griechische oder auch lateinische Versionen zurückgreifen, und manches spricht dafür, daß er des öfteren von dieser Möglichkeit Gebrauch gemacht hat. Doch für die Nachwelt ist dies infolge des Überlieferungsschwundes unerkennbar geworden, und man riskiert, wenn man seine Stücke mit den attischen Prototypen vergleicht, daß man seinem individuellen Kunstwollen zuschreibt, was er in Wirklichkeit aus einer verlorenen Vorlage übernommen hat.

In einem Punkte hat er sich offensichtlich von einer Tradition leiten lassen, die seit langem bestand: in der Bevorzugung des Euripides. Für fünf, vielleicht sogar für sechs Stücke (wenn der nicht erhaltene Euripideische *Thyestes* benutzt wurde) war der Dichter maßgeblich, der schon das hellenistische Theater und nicht minder die Produktion der römischen Bearbeiter beherrscht hatte. Allerdings gab es in Rom nach dem Tode des Accius, eines überaus fruchtbaren Tragikers, keine Kontinuität der Gattung mehr, nur noch Unbedeutendes und Dilettantisches, auch erratisch Für-sich-Stehendes, wie den *Thyestes* des Varius und die *Medea* Ovids.[34]

Die Kaiserzeit brachte indes einen neuen Impuls: Vor der Folie der julisch-claudischen Dynastie mit ihren hemmungslosen Gelüsten und niederträchtigen Verwandtenmorden gewannen die altersgrauen Mythen unversehens eine geradezu bestürzende Aktualität, und die längst auf Metaphern reduzierten Stoffe

---

34 Siehe S. 213 und 234.

schienen auf einmal wieder im Wortverstande zu gelten. Nicht nur den Gebildeten drängten sich die Analogien auf: Die Mythen waren ja, vor allem dank der pantomimischen Darbietungen, nach wie vor allgegenwärtig. So kursierten denn nach der Ermordung Agrippinas Schmähverse auf Nero, und einer davon lautete:[35]

Νέρων Ὀρέστης Ἀλκμέων μητροκτόνος.

»Nero, Orest, Alkmäon: Muttermörder.«

Für die Tragödie bedeutete dies, daß es gefährlich sein konnte, sich ihrer anzunehmen. Ein erstes Exempel wurde unter Tiberius statuiert. Der Senator Mamercus Aemilius Scaurus, ein bekannter Redner, dichtete einen *Atreus*, womit er sich desselben grauenhaften Stoffes annahm wie Seneca im *Thyestes*. Der Kaiser schöpfte den Verdacht, daß die Titelfigur auf ihn gemünzt sei, und zwang den Autor zum Selbstmord.

Unter Claudius ging es dann liberaler zu: Der Kaiser nahm an den Tragödien des Publius Pomponius Secundus, eines namhaften Politikers, keinerlei Anstoß, ja, er schritt mit strengen Erlassen ein, als sich das Publikum zu herabsetzenden Mißfallensbekundungen hinreißen ließ. Von welcher Art die Stücke des Pomponius waren, ist nicht mehr erkennbar: Obwohl Quintilian ihn für den weitaus besten zeitgenössischen Dramatiker erklärt und Tacitus behauptet, sein literarischer Ruhm übertreffe den militärischen,[36] haben sich von den Titeln und Inhalten seiner Tragödien nur ganz unsichere Spuren erhalten.

Einige Jahrzehnte später hatte die Sache wieder ein anderes Aussehen. Damals wirkte der Redner und Dichter Curiatius Maternus, einer der Gesprächsteilnehmer im *Dialogus de oratoribus* des Tacitus. Er schrieb sowohl historische Dramen, insbesondere einen *Cato*, als auch Mythenstücke, wobei er Stoffe wählte, deren sich schon Seneca angenommen hatte, z. B. den der Medea. Tacitus gibt deutliche Hinweise auf die politische Brisanz beider Arten von Sujets, ohne allerdings den Kaiser – in diesem Falle Vespasian – als den Urheber der Gefahr namhaft zu machen: Maternus habe, heißt es lediglich, durch den Vortrag des *Cato* Anstoß bei den Mächtigen erregt.[37]

Für eine exakte Datierung der Tragödien Senecas fehlt es an äußeren und inneren Indizien. Aller Wahrscheinlichkeit nach sind sie in den Jahren vor und nach Neros Regierungsantritt entstanden: in der Zeit, da Seneca zunächst als dessen Lehrmeister und dann als dessen Reichsverweser fungierte. Damals aber war seine Tragödienproduktion durch seinen pädagogischen Auftrag gedeckt: Er

---

35 Sueton, *Nero* 39.
36 *Institutio oratoria* 10,1,98; *Annales* 12,28,2.
37 *Dialogus* 2,1.

konnte sich gewiß, ohne das Schicksal eines Scaurus befürchten zu müssen, ad usum Delphini seinem poetischen Elan hingeben.

Noch stets zeigt man auf Grund einer aus dem 19. Jahrhundert überkommenen ästhetizistischen Einstellung Scheu, die Tragödien Senecas als das anzuerkennen, als was sie geschaffen wurden: als engagierte lehrhafte Dichtung. Sie waren Teil von Senecas Erziehungsprogramm: Sie sollten den Prinzen durch einprägsame Bilder auf den Weg der Tugend weisen – sie verfolgten ähnliche moralische Zwecke wie die Prosaschriften. Die Querverbindungen zwischen den beiden Corpora sind denn auch offenkundig: Wie in den philosophischen Abhandlungen, so sind in den Tragödien die Leidenschaften die negative Größe par excellence, und man könnte den Zorn und das Rasen der mythischen Helden durch die Schilderungen der Schrift *De ira* erläutern. Ein Grundmotiv der Stücke, der selbstherrliche, alles Recht mit Füßen tretende Tyrann sowie sein Gegenbild, der maßvolle, milde, auf das Wohl seiner Untertanen bedachte König, hat ein unübersehbares Pendant in dem Traktat *De clementia*.

Die Kunstgestalt der Tragödien Senecas erschöpft sich nicht in ihren didaktischen Zielen. Sie beeindruckt vor allem durch grandiose Schilderungen, durch breit ausgemalte Tableaus von schrecklichen Geschehnissen, von rituellen Handlungen oder vom Rasen der Leidenschaften. Diese gleichsam statuarischen Szenen neigen zu isolierter Bildhaftigkeit; über ihrer Präsentation sind die dramatischen Zusammenhänge nicht selten vernachlässigt. Die Schürzung und Lösung des dramatischen Knotens wird eher angedeutet als sorgsam ausgeführt, und auch bei der Zeichnung der Charaktere scheint Seneca gern vorauszusetzen, daß der Leser oder Zuschauer sie bereits aus den griechischen Originalen kennt.

Das hervorstechende inhaltliche Merkmal der Schilderungen Senecas ist ihre Neigung zum Grausigen und Widerlichen. Vielleicht sollte auch hiermit der fürstliche Zögling beeindruckt werden; jedenfalls aber entsprach dergleichen, wie Parallelen in der Epik von Lukan bis Silius Italicus beweisen, dem Zeitgeschmack. Bei Seneca ist diesen Schreckensbildern als Sitz im Handlungsganzen gewöhnlich der die Katastrophe meldende Botenbericht angewiesen. Der *Hercules furens* bringt aus dem Munde des Theseus eine Beschreibung der Unterwelt, die wegen ihrer das Schaurige der Örtlichkeit malenden Töne Bewunderung verdient. Der Botenbericht der *Troades* hat das grausame Ende des Knaben Astyanax und der Priamos-Tochter Polyxena zum Gegenstand: Die Gefaßtheit der Opfer hebt sich scharf ab von dem Schrecken der Prozedur. Mit einem Maximum des Entsetzlichen wartet die *Phaedra* auf: Die Zerreißung Hippolyts durch ein stiergestaltiges Ungeheuer wird quasi naturalistisch in allen Details ausgebreitet. Über derartige fürs Ohr bestimmte Partien hinaus hat Seneca sich nicht gescheut, auch den Augen grelle Effekte darzubieten: Seine Medea tötet ihre Kinder – trotz der Warnung des Horaz[38] – auf offener Bühne, und Atreus wirft dem Bruder die Überbleibsel der schaurigen Mahlzeit hin, die Köpfe und Hände der Kinder.

Das Corpus der Seneca-Tragödien enthält zwei Stücke, bei denen die Auflösung der Form über die Technik für sich stehender Tableaus erheblich hinausgeht: den *Hercules Oetaeus* und die *Phoenissae*. In dem erstgenannten Drama, das sich auch durch seine exorbitante Länge auszeichnet, ist die Einheit des Ortes und der Zeit aufgegeben, und die *Phoenissae* bestehen aus zwei zeitlich voneinander getrennten Szenenfolgen, die nur noch durch ihre Zugehörigkeit zum Ödipus-Mythos lose miteinander verknüpft sind. Der Chor fehlt dort, so daß der Titel gar nicht paßt – er stammt von der für die zweite Hälfte maßgeblichen Vorlage, den *Phönikerinnen* des Euripides.

Die Überlieferung schweigt zu der Frage, ob Senecas Tragödien zu seinen Lebzeiten oder später aufgeführt worden sind, und die moderne Philologie hat hierzu noch keine eindeutige Antwort gefunden. Die Verfechter der Lesedramen-Theorie berufen sich auf angeblich unspielbare Partien der Stücke, insbesondere auf die Greuelszenen. Die Anhänger der entgegengesetzten Position wenden hiergegen zu Recht ein, daß weder technische noch Geschmacksgrenzen der Aufführbarkeit im Wege standen: Das römische Publikum war durch Gladiatorenkämpfe und Tierhetzen an Scheußlichkeiten schlimmster Art gewöhnt, und um täuschende Tricks werden erfahrene Theaterleute auch bei den beschränkten Möglichkeiten antiker Bühnentechnik nicht verlegen gewesen sein. Es wäre eine überaus sonderbare Vorstellung, daß Seneca eine Tragödie nach der anderen verfaßt hätte, ohne darauf zu dringen, daß sie je ihren eigentlichen Bestimmungsort, die Bühne, erreichte. Man mag zugeben, daß die Dialoge auch rezitiert werden konnten, vielleicht sogar mit verteilten Rollen; doch dann fragt sich immer noch, was Seneca mit den Chorpartien, mit deren Aufwand an metrischer Kunst und lyrischer Schönheit, hat bezwecken wollen, wenn die Voraussetzungen für eine Inszenierung fehlten.

Die Apocolocyntosis – Epigramme

Die Satire auf Claudius, ein ebenso giftiges wie geistvolles Pamphlet, ein Gelegenheitsprodukt, ist wohl nur zufällig an die Nachwelt gelangt. Sie heißt in den meisten Handschriften *Ludus Senecae de morte Claudii Neronis* (»Senecas Scherz über den Tod des Claudius Nero«). Der Historiker Cassius Dio hingegen nennt

---

38 *Ars poetica* 185 f.

das Werk Ἀποκολοκύντωσις (Apokolokyntosis),[39] von griechisch κολοκύντη, lateinisch *cucurbita* ›Kürbis‹, so daß der Titel, eine Anspielung auf die bei verstorbenen Kaisern übliche Apotheose, durch »Verkürbissung« wiedergegeben werden kann. Seneca hat der literarischen Hinrichtung, die er dem ihm verhaßten Claudius zuteil werden ließ, die Form einer Menippeischen Satire gegeben: Prosa- und Verspartien lösen einander ab; das Werk ist das einzige vollständig erhaltene Beispiel der Gattung. Es entbehrt auch sonst nicht des literarischen Reizes: Die phantasievolle Szenenfolge ist in ein Potpourri der Stile gekleidet, von salopper Umgangssprache bis zu feierlicher epischer Diktion.

Seneca hat, wie viele prominente Römer, hin und wieder auch Epigramme verfaßt. In der *Anthologia Latina*, einer spätantiken Sammlung lateinischer Gedichte, werden ihm drei Stücke namentlich zugewiesen; ferner wartet ein Teil der Handschriften dieser Sammlung mit etwa siebzig anonymen Epigrammen auf, von denen moderne Forscher auf Grund inhaltlicher Indizien vermuten, daß sie insgesamt oder zum Teil von Seneca stammen.

Fragmente

Eine stattliche Anzahl von Prosawerken Senecas hat in der Überlieferung nur geringe oder gar keine Spuren hinterlassen. Von seinen Reden ist nichts bewahrt geblieben; von einer *Vita patris*, einer Biographie des Vaters, hat sich in einem Palimpsest dürftige Kunde erhalten. Der Vergil-Kommentator Servius erwähnt je einmal die Titel zweier ethnographischer Schriften, die wahrscheinlich in früher Zeit entstanden sind: *De situ et sacris Aegyptiorum* (»Über die geographische Beschaffenheit und die Götterdienste Ägyptens«) und *De situ Indiae* (»Über die Geographie Indiens«). Wie Seneca selbst berichtet, hat er als junger Mann auch eine Monographie über Erdbeben – *De motu terrarum* – verfaßt. Von einem frühen ethischen Werk hat Hieronymus einige Kunde bewahrt: Er benutzte in seinem Traktat *Adversus Iovinianum*, worin es unter anderem um die Frage geht, ob der Jungfernschaft mehr Verdienst zukomme als dem Witwen- und dem Ehestande, eine Senecaschrift *De matrimonio* (»Über die Ehe«).

Während des Exils auf Korsika mögen einige naturwissenschaftliche Abhandlungen entstanden sein, von denen nur noch Zitate der Titel Kunde geben: *De lapidum natura* (»Von der Natur der Steine«), *De piscium natura* (»Von der Natur der Fische«) und *De forma mundi* (»Über die Gestalt der Welt«). Die letztgenannte Schrift hatte gewiß die stoische Kosmologie zum Thema, ein Gebiet, auf das auch Poseidonios eingegangen war.

---

39 60,35,3.

Nicht nur Hieronymus, sondern auch andere christliche Autoren haben eifrig
in der zu ihrer Zeit noch vollständigen Hinterlassenschaft Senecas gelesen. So
blieben durch Laktanz Spuren dreier Werke ethischen Inhalts bewahrt, die sonst
fast völlig untergegangen wären: *Exhortationes* (»Ermahnungen«), *De immatura
morte* (»Über den allzu frühen Tod«) und *Moralis philosophia*. Augustin wiederum
bringt in der *Civitas dei* Auszüge aus der Abhandlung *De superstitione* (»Über den
Aberglauben«), und Martinus von Bracara (6. Jahrhundert) verfertigte eine unter
verschiedenen Titeln, z. B. als *Formula honestae vitae* (»Richtschnur ehrenhaften
Lebens«), überlieferte Schrift, für die wohl vor allem Senecas verlorene Abhandlung *De officiis* (»Vom pflichtgemäßen Verhalten«) als Grundlage gedient hat. Ein
Anonymus endlich hinterließ Exzerpte aus dem Traktat *De remediis fortuitorum*
(»Über Heilmittel gegen Unglücksfälle«).

Seneca, der erfolgreichste Schriftsteller seiner Zeit, diente den Generationen
nach ihm als Antipode, von dem man sich polemisch absetzte, um das eigene
Stilideal zu bestimmen: so Quintilian,[40] und so auch noch der Archaist Fronto.[41]
Die letzten Worte, die das alte Rom für Seneca fand, stammen von Gellius: er sei
ein *ineptus et insubidus homo*, »ein alberner und läppischer Mensch« gewesen.[42]

Die Kirchenväter haben ihn besser einzuschätzen gewußt; sie studierten seine
Werke und bewahrten Kunde von mancher im übrigen verlorenen Schrift. Laktanz meinte bereits, Seneca wäre ein echter Gottesverehrer geworden, wenn jemand ihm den Weg gewiesen hätte,[43] und Hieronymus nahm ihn in seinen Katalog christlicher Schriftsteller, *De viris illustribus*, auf: wegen des damals schon
kursierenden gefälschten Briefwechsels mit Paulus,[44] an dessen Echtheit er nicht
zweifelte. Auch die christlichen Dichter der Spätantike waren sehr von ihm angetan: Die Spuren des Einflusses seiner Tragödien reichen von Prudentius bis zur
Consolatio philosophiae des Boethius.

Das Mittelalter schätzte vor allem den Ethiker Seneca; zumal damals dienten
seine moralischen Schriften als Fundgrube für Sentenzen. Die Tragödien waren
wenig bekannt; der Zugang zu ihnen mußte mühsam zurückgewonnen werden,
wobei Mussatus, ein Zeitgenosse Dantes, mit der *Ecerinis*, dem ersten antikisie-
renden Drama Europas, Pionierarbeit leistete. Nach dem Vorbild Senecas, und
erst sekundär nach dem der attischen Tragiker, haben sich sodann in der frühen

---

40   *Institutio oratoria* 10,1,125–131.
41   Van den Hout 149 f.
42   *Noctes Atticae* 12,2,11.
43   *Institutiones divinae* 6,24,14.
44   Siehe S. 277.

Neuzeit die Anfänge des Theaters herausgebildet; bis zu Corneille und Racine reichte sein beherrschender Einfluß. Als Prosaist hat er durch die Inhalte und die Schreibart zumal seiner Lucilius-Briefe die moderne Essayistik von Montaigne bis Nietzsche befruchtet. Mit dem Neustoizismus und dem Barocktheater war allerdings der Zenith seiner Wirkung erreicht; der Klassizismus der Goethezeit hatte, wie einst unter der Führung Quintilians, eine starke Abwertung Senecas zur Folge.

Seine Werke sind meist gut und durch einen breiten Strom von Handschriften überliefert. Für die Dialoge ist ein Mailänder Codex aus dem 11. Jahrhundert die wichtigste Quelle. Bei den Abhandlungen *De beneficiis – De clementia* liegt der seltene Fall vor, daß der Stammvater der gesamten Überlieferung (fast 300 Handschriften) noch zu Gebote steht: ein jetzt im Vatikan befindlicher Codex aus karolingischer Zeit. Die Lucilius-Briefe sind in zwei Corpora geteilt; für beide gibt es frühmittelalterliche Zeugen. Für die *Naturales quaestiones* setzt die Überlieferung erst im 12. Jahrhundert ein, und bei den Tragödien ist der sogenannte Etruscus, eine Florentiner Handschrift des 11. Jahrhunderts, der wichtigste Zeuge.

4. Die kleinen Gattungen der Dichtung

a) Phaedrus

PHAEDRUS, ein Freigelassener des Augustus oder des Tiberius (um 15 v. Chr. – 45 n. Chr.), stammte aus Thessalien; er war ein romanisierter Grieche. Unter Tiberius und dessen Nachfolgern gab er insgesamt fünf Bücher mit Fabeln heraus; er hat hiermit eine subliterarische Gattung zu literarischer Geltung gebracht. Bis dahin hatte es die Fabel – in der Regel eine kurze Erzählung, die durch Tierfiguren ein Moralgebot oder eine Lehre über den Weltlauf veranschaulicht – nur als unselbständiges Element in größerem, z. B. epischem Kontext oder als prosaische Sammlung, als ›Volksbuch‹, gegeben. Phaedrus war der erste, der Fabeln in Versform – in jambische Senare – kleidete und hierfür mit seinem Namen die Verfasserschaft beanspruchte. Zwar schmückten sich auch schon die griechischen Prosafabeln, die von Phaedrus bearbeitet wurden, mit einem Namen, mit dem des Äsop; hierbei handelte es sich indes um eine legendäre Figur, deren angebliche Geschicke sich schon früh zum sogenannten Äsop-Roman verdichtet hatten.

Die fünf Fabelbücher werden durch Prologe eingeleitet und meist auch durch
Epiloge abgeschlossen; dort äußert sich Phaedrus zu seiner Person und zu der von
ihm gewählten Dichtungsart. Zu Beginn des 1. Buches erklärt er, daß er sich an
Äsop als Quelle des Stoffes halte und nur die Versform beigesteuert habe. Später
beansprucht er auch für einen Teil der Inhalte Selbständigkeit: Im Prolog zum
4. Buch will er seine Gedichte nur noch als ›äsopisch‹, nicht mehr als ›von Äsop‹
gekennzeichnet wissen. Der Prolog zum 3. Buch enthält seinen wichtigsten Beitrag zur Theorie der Fabel: Das Genre sei erfunden worden, damit der sozial
niedriger Stehende, der seine Kritik nicht offen zu äußern wage, ein Medium
habe, seine Meinung geltend zu machen – die Bildlichkeit der Fabel schütze ihn
vor dem Vorwurf der Verleumdung. Damit ist nicht die einzige Verwendungs-
möglichkeit der Fabel umschrieben, wohl aber eine, die es – zumal bei Konflikten
zwischen Macht und Recht – des öfteren gegeben hat.

Der Autor war stolz auf sein Werk; er beanspruchte Ruhm, »solange man für
lateinische Bücher Geld zahle«[45], und gleichen Rang wie Äsop. Diese Erwartun-
gen wären von der Geschichte seiner Wirkung beinahe widerlegt worden. Der
verbannte Seneca erwähnte um das Jahr 43 die Äsopischen Fabeln als eine Gattung, an der sich römische Talente noch nicht versucht hätten,[46] und auch Quintilian überging Phaedrus mit Schweigen.[47] Später wurde er nur selten genannt;
immerhin gedachte Avianus, der zu Beginn des 5. Jahrhunderts eine Fabelsamm-
lung in elegischen Distichen veröffentlichte, in seiner Einleitung des Vorgängers.

Im übrigen fiel Phaedrus tiefem Dunkel anheim; das Mittelalter benutzte eine
Prosasammlung, die unter den Titeln *Romulus* oder *Aesopus* kursierte und sowohl
auf Phaedrus als auch auf einem lateinischen Äsop beruhte. Erst im Jahre 1596
wurde der Inhalt einer Phaedrus-Handschrift von Pithou ediert; die großen Län-
genunterschiede innerhalb dieses Corpus lassen darauf schließen, daß dort zumal
die Bücher 2 und 5 nur in einer Auswahl überliefert sind. Bestätigt wird diese
Vermutung durch 30 zusätzliche Fabeln, die in den modernen Ausgaben als
Appendix zu erscheinen pflegen: Sie entstammen einem im 15. Jahrhundert von
Perotti exzerpierten, jetzt verlorenen Codex, der offensichtlich einen größeren
Bestand enthalten hatte.

---

45 4 epil. 6.
46 *Ad Polybium* 8,3.
47 *Institutio oratoria* 1,9,2.

b) Aules Persius Flaccus

Der Satirendichter zwischen Horaz und Juvenal, Aules Persius Flaccus, geboren am 4. Dezember 34, gestorben am 24. November 62, kurz vor der Vollendung des 28. Lebensjahrs, stammte aus einer vermögenden ritterlichen Familie, die in Volaterrae in Etrurien (heute Volterra, südwestlich von Florenz) lebte. Er verlor mit etwa sechs Jahren den Vater; ihm wurde gleichwohl eine vorzügliche Bildung zuteil. Sein Grammatiklehrer in Rom war Remmius Palaemon, der berühmteste Mann seines Faches, bei dem auch Quintilian in die Schule ging. Als Sechzehnjähriger schloß er sich dem Stoiker Lucius Annaeus Cornutus an, der sein Denken geprägt hat wie kein anderer – seine 5. Satire legt hiervon auf noble Weise Zeugnis ab. Er wurde von Lukan bewundert; das Verhältnis zu Seneca blieb kühl. Als er starb, hatte er noch nichts veröffentlicht. Sein Freund Caesius Bassus – ein Lyriker, der auch ein zum Teil erhaltenes Handbuch über Metrik verfaßt hat – gab postum die sechs Satiren heraus, die seinen Ruhm begründeten.

Das erste Stück übt Literaturkritik: Der Autor lehnt die verweichlichte Dichtkunst seiner Zeit ab und rechtfertigt die eigenen Erzeugnisse, indem er sich in die Tradition der römischen Satire stellt. Die übrigen Stücke sind inhaltlich der stoischen Ethik und formal vor allem der Diatribe, der philosophischen Sittenpredigt verpflichtet. So handelt das zweite vom wahren Gebet; das dritte ist ein Protreptikos, eine Aufforderung, ein Leben gemäß den Maximen der Philosophie zu führen, und das vierte treibt zur Selbsterkenntnis an, dazu, *in sese descendere*[48] (»in sich selber hinabzusteigen«) usw. Horaz hatte sich noch damit begnügt, Außenseiter an den Normen der Gesellschaft zu messen. Die Sittenkritik des Persius ist rigoroser: Sie mißt eine im ganzen für korrupt befundene Gesellschaft an den Grundsätzen der stoischen Ethik. Sie versucht nicht mehr, durch Bloßstellung einzelner die allgemein anerkannten Konventionen zu bestätigen; sie ist vielmehr bestrebt, den Leser als Individuum aus dem heillosen Kollektiv herauszuholen, ihn zur einsamen Existenz konsequent durchgehaltener Sittlichkeit zu bestimmen.

Das Dialogische, Kolloquiale, ein Formelement der Diatribe, kommt bei Persius stärker zur Geltung als bei Horaz. Die gewollten Verkürzungen, die unruhigen Sprünge zwischen den Sprechern, die sich hieraus ergeben, lassen dem modernen Leser die Texte als ungewöhnlich schwierig erscheinen, und diese Erfahrung wird noch verstärkt durch den Stil, durch das Bestreben, nichts so sehr zu vermeiden wie eine schlichte, mit dem Gewöhnlichen sich begnügende Aus-

---

48 4,23.

drucksweise. Die Satiren des Persius enthalten ein Maximum an geschraubten
Wendungen und gesuchten Metaphern; der Manierismus des Zeitgeschmacks ist
dort zu rätselartiger Dunkelheit gesteigert. Hierzu stimmt, daß Persius mühsam
produziert hat: »Er schrieb sowohl selten als auch langsam«, verlautet in der Biographie, die Valerius Probus seiner kommentierten Ausgabe der Satiren beigab.

Dem aus insgesamt weniger als 700 Versen bestehenden Lebenswerk des Persius waren erstaunliche Erfolge beschieden; es fand zu allen Zeiten – bis zum Barock – Leser, Kommentatoren und Nachahmer. Es gehörte in Antike und Mittelalter zum Kanon der Schullektüre, vielleicht gerade deshalb, weil es reichlich Gelegenheit zu Erläuterungen gab. Die Scholien der älteren Handschriften gehen
auf die Antike zurück; seit karolingischer Zeit waren zusammenhängende Erklä-
rungswerke im Umlauf, darunter das sogenannte *Commentum Cornuti*. In der
Neuzeit wurde Persius zu einem bevorzugten Gegenstand literarischer Feinschmecker, und erst im 19. Jahrhundert begannen die kritischen Stimmen, die
sich immer schon hier und da erhoben hatten, die bewundernden zu überwiegen.

Die Gedichte des Persius sind breit und sehr zuverlässig überliefert. Die modernen Editionen stützen sich im wesentlichen auf drei bis vier Codices des frühen Mittelalters; für einen Teil der 1. Satire steht außerdem noch ein Palimpsest
aus dem 5. oder 6. Jahrhundert, das Fragmentum Bobiense, zu Gebote.

c) Titus Calpurnius Siculus

Bis zur Mitte des 19. Jahrhunderts galt Titus Calpurnius Siculus als der Autor
von insgesamt elf Eklogen; erst Moritz Haupt erkannte – wobei er sich Hinweise
in der handschriftlichen Überlieferung zunutze machen konnte –, daß die letzten
vier Stücke einem Dichter der Spätantike, Nemesianus, gehören.

Die sieben Eklogen des Bukolikers Titus Calpurnius Siculus entstammen den
ersten Jahren der Regierung Neros; die ausführliche Beschreibung eines hölzernen Amphitheaters in der 7. Ekloge verweist offensichtlich auf die Errichtung
eines derartigen Gebäudes im Jahre 57. Die Gedichtfolge ist ein sorgfältig arran-
gierter Zyklus. Das 1., 4. und 7. Stück – Anfang, Mitte und Ende der Sammlung
– enthalten in bukolischer Szenerie massiven Preis des Kaisers Nero; die übrigen
Gedichte haben rein pastorales Gepräge. Das 2. und das vorletzte Stück beruhen
auf dem Motiv des Wettgesangs, der in dem einen Falle stattfindet, in dem anderen jedoch scheitert.

Calpurnius, ein armer Poet, der nicht verhehlte, daß er über einen hochgestell-
ten Gönner gern Zutritt zum Kaiser gewönne, betrachtete sich als Nachfolger

Vergils, wobei er sich des Heiklen dieses Anspruchs bewußt war. Er hat nicht
ohne Geschick und Geschmack an sein Vorbild angeknüpft. Zwar läßt seine Panegyrik das Maß, das einst Augustus gegenüber gewahrt worden war, weit hinter
sich: Nero erscheint ohne Umschweife als Gott, und seine Herrschaft hat ein
neues Goldenes Zeitalter herbeigeführt. Doch der Stil des Calpurnius zeichnet
sich, gemessen am damals Üblichen, durch Schlichtheit aus, und mit seinen Motiven hat er die Gattung bereichert, ohne sich allzuweit vom traditionellen Hirtenmilieu zu entfernen.

Überboten wird die Nero-Verherrlichung des Calpurnius durch zwei anonyme
Eklogen, die nach dem Fundort der einzigen Handschrift als ›Carmina Einsid-
lensia‹ bezeichnet zu werden pflegen. Man hat geistreich, aber wenig überzeugend versucht, die beiden Stücke für GAIUS CALPURNIUS PISO, das nachmalige
Haupt der Verschwörung gegen Nero, zu reklamieren.

Eben diesem Piso scheint ein pseudovergilischer Panegyricus in Hexametern
zu gelten, die *Laus Pisonis*: Die Eigenschaften, die der Dichter an seinem Helden
rühmt, stimmen mit der Piso-Charakteristik des Tacitus überein.[49]

Die sanften Idyllen des Calpurnius blieben nicht ohne Einfluß auf die Nachfolger, bis hin zu Salomon Geßner; die Wirkung erlosch, als die Gattung unter-
ging, gegen Ende des 18. Jahrhunderts.

d) Die Carmina Priapea

Der Fruchtbarkeitsgott Priapos, der Schützer der Gärten, erkennbar am übergro-
ßen Phallus, gelangte spätestens zur Zeit Catulls auch nach Rom, und mit ihm
allerlei Epigramme: Weihinschriften, Drohungen gegen Diebe u. a. Dieser Typus
kurzer Gedichte verselbständigte sich, und das Priapeum als Buchepigramm war
geschaffen. In Rom wurde dergleichen besonders beliebt: obszön, lasziv und direkt, zugleich aber auch elegant und spielerisch, als Gelegenheit, einem beschränkten Vorrat von Motiven immer neue Pointen abzugewinnen. Erhalten hat
sich eine anonyme Sammlung von 80 Gedichten, in Hendekasyllaben, elegischen
Distichen oder Hinkjamben. Ob sie auf einen oder mehrere Autoren zurückgeht,
ist umstritten, ebenso die Datierung. Eine gewisse Einheitlichkeit kann durch das
Genre bedingt sein; Sprache und Metrik erlauben keine genaue Bestimmung der
Entstehungszeit, und die Vermutungen schwanken von ›augusteisch‹ bis ›nach
Martial‹.

---

49 *Annales* 15,48.

Die Verbindung von poetischer Perfektion und dreister Frivolität, welche die *Priapea* zeigten, forderte zumal in der Renaissance zu Nachahmungen auf. Das 3. und 4. Stück unter den Gedichten, die Goethe nicht in die gültige Sammlung seiner *Römischen Elegien* aufgenommen hat, sind späte Huldigungen an die Adresse des antiken Gartengottes.

e) Ilias Latina

An Übersetzungen der Homerischen Epen hat man sich in Rom des öfteren gewagt; in neronischer Zeit mokierte sich Persius über die *Ilias*-Version eines gewissen Attius Labeo.[50] Erhalten ist von alledem nur ein anonymes Produkt, das in 1070 Hexametern mit einer das Original sehr ungleichmäßig verkürzenden Wiedergabe aufwartet. Da die Verse 899 ff. auf die julisch-claudische Dynastie zu verweisen scheinen, muß die »Lateinische Ilias« vor dem Jahre 68 entstanden sein. Die ersten und die letzten acht Verse ergeben die Akrosticha *Italicus scripsit* (»Dies hat Italicus verfaßt«), womit schwerlich der Epiker Silius Italicus die Autorschaft beansprucht. Die *Ilias Latina* wurde, wie die beträchtliche Zahl der Handschriften zeigt, im Mittelalter viel gelesen.

5. Geschichte und Geographie

a) Geschichtsschreibung in julisch-claudischer Zeit

Die römische Geschichtsschreibung hatte seit dem alten Cato gern das zensorische Amt wahrgenommen, die jeweilige Gegenwart vor das Tribunal einer angeblich besseren Vergangenheit zu zitieren. Beim Übergang zur Monarchie wurde aus dieser Kritikerrolle unmerklich die einer politischen Opposition. Schon Asinius Pollio, vielleicht sogar Livius hätten als nicht ungefährliche Regimegegner erscheinen können, wäre nicht Augustus liberal und klug genug gewesen, deren republikanische Bekundungen hinzunehmen oder nicht zu beachten.

So kam eine dem Kaisertum grundsätzlich und zutiefst feindlich gesinnte Ge-

---

50 *Saturae* 1,4 und 50.

schichtsschreibung erst zustande, als unter Tiberius die Mechanismen der Unterdrückung einsetzten. Erhalten ist zwar von all den Werken, die die Herrscher des
julisch-claudischen Hauses aus senatorischer Sicht kommentierten, so gut wie
nichts; der wie zufällig bewahrte Abriß des Velleius Paterculus mit seiner Tibe-
rius-Panegyrik entstammt einem gänzlich anderen sozialen Kontext. Doch darüber, wie die Einstellung der Geschichte schreibenden Senatoren beschaffen war,
geben die Quellen hinlänglich Auskunft.

Das Werk des AULUS CREMUTIUS CORDUS eröffnete die Reihe der die Monarchie ablehnenden Darstellungen. Der Autor hatte die Caesar-Mörder gepriesen
und einen von ihnen, Gaius Cassius, als den letzten Römer bezeichnet; er wurde
wegen Hochverrats angeklagt und gab sich selbst den Tod. Sein Werk wurde von
Amts wegen vernichtet, doch seine Tochter rettete einige Exemplare. Der Titel
lautete wohl *Annales*; Gegenstand waren die Bürgerkriege und die Herrschaft des
Augustus.

Die Opposition der Nachfolger war stiller; von einem offenen Konflikt mit
dem Kaiser verlautet bei ihnen nichts. Hieraus muß man nicht folgern, daß sie
milder geurteilt hätten. Sie scheinen im wesentlichen denselben Zeitabschnitt
behandelt zu haben wie Cremutius Cordus, d. h., sie verbanden den Bürgerkrieg,
jedenfalls dessen letzte Phase, mit den Anfängen der Monarchie. Ein Zitat des
ÄLTEREN SENECA belegt, daß die *Historiae* des AUFIDIUS BASSUS den Tod Ciceros
erwähnten,[51] und vom Geschichtswerk des älteren Seneca wiederum berichtet der
Sohn, der Autor habe darin die Zeit vom Anfang des Bürgerkrieges bis beinahe
zum Tage seines eigenen Todes dargestellt.[52]

Erst mit der Katastrophe Neros und den Prätendentenkämpfen, die darauf
folgten, haben sich die Perspektiven verschoben. Die Geschichtsschreiber der flavischen Zeit – CLUVIUS RUFUS, FABIUS RUSTICUS u. a. – stellten die Entwicklung
von Nero bis Vespasian dar; ihren Werken scheint die von Grund auf kritische
Einstellung der Vorgänger gefehlt zu haben.

b) Velleius Paterculus

VELLEIUS PATERCULUS, mit Vornamen vielleicht Gaius, geboren um 20 v. Chr.,
der Verfasser des einzigen erhaltenen lateinischen Geschichtswerks aus der Zeit
des Kaisers Tiberius, entstammte einer capuanischen Offiziersfamilie. Er diente

---

51 *Suasoriae* 6,23.
52 Peter, Bd. 2, S. 98.

u. a. neun Jahre lang zunächst als Reiteroberst, dann als Legat unter Tiberius in Germanien und Pannonien (4–12 n. Chr.). Er wurde Quästor im Jahre 7 und Prätor im Jahre 15 n. Chr. Hiermit scheint seine militärisch-politische Karriere zu Ende gegangen zu sein. Er plante, wie er wiederholt behauptet, ein größeres historisches Werk. Ausgeführt wurde wohl nur der unvollständig erhaltene Abriß in zwei Büchern, den der Autor zu Ehren des Konsulats von Marcus Vinicius (30 n. Chr.), dem Sohn seines ersten Vorgesetzten Publius Vinicius, verfaßt hat.

Der Anfang des Abrisses mit der Widmung und den ersten Sätzen der Darstellung ist verlorengegangen; außerdem fiel der größte Teil des 1. Buches einer Lücke zwischen den Kapiteln 8 und 9 zum Opfer. Die erhaltenen Partien geben einen Überblick über die Zeit vom Untergang Trojas bis zur Gründung Roms (1,1–8) und eine Skizze der Ereignisse von der Schlacht bei Pydna bis zur Zerstörung Karthagos (168–146 v. Chr.). Das 2. Buch, sechsmal so lang wie die Reste des ersten, reicht bis zum Konsulat des Marcus Vinicius; die Darstellung nimmt an Ausführlichkeit ständig zu und mündet in einen Preis des Tiberius.

Der übliche Titel *Historia Romana* ist nicht authentisch; er stammt von Beatus Rhenanus, dem Herausgeber des ersten Druckes (1520). Das 1. Buch berücksichtigt auch Griechenland und den Orient; der Autor hat somit seinem Werk einen universalhistorischen Rahmen geben wollen. Als charakteristisch für kaiserzeitliche Mentalität kann gelten, daß sich das biographische Moment stark bemerkbar macht: Velleius hat in die der Chronologie folgende Darstellung gern Charakteristiken und Anekdotisches eingeflochten. Als die wichtigste Zäsur innerhalb der römischen Geschichte sieht er das Sallustische Epochenjahr 146 v. Chr., eine Wende in Roms sittlicher Verfassung, an; weitere Einschnitte sind für ihn der Ausbruch des caesarisch-pompejanischen Bürgerkriegs sowie die Wiederherstellung des Friedens durch Augustus.[53] Der Übergang von der Republik zur Monarchie wird von ihm nicht wahrgenommen; die Herrschaft des Tiberius erscheint als unüberbietbarer Höhepunkt römischer Staatlichkeit. Die Schmeicheleien und Beschönigungen stempeln Velleius zum einseitig höfisch gesinnten Historiographen; gleichwohl ist sein Werk ein wichtiges Korrektiv gegenüber der sonstigen, Tiberius feindlich gesinnten Überlieferung.

Das Werk enthält nicht nur die üblichen Exkurse über Themen aus dem Bereich von Staat und Politik – über die Kolonien und über die Provinzen Roms –,[54] sondern auch, was durchaus ungewöhnlich ist, mancherlei Betrachtungen zu literarischen Gegenständen: zu Homer und Hesiod, zu Roms Schriftstellern von den

---

53   2,49 und 2,89.
54   1,14 f.; 2,38 f.

Gracchen bis Sulla sowie zu denen von Cicero bis Ovid.[55] Eine eigenartige Abschweifung am Ende des 1. Buches sucht dem Problem des Niedergangs in der Literatur, seines raschen Eintritts nach der Blüte, beizukommen.[56] Velleius beruft sich auf die Philosophie der Griechen, die Geschichtsschreibung der Römer sowie auf die dramatischen Gattungen und die Beredsamkeit beider Völker: die Kürze der Blütezeit sei stets dadurch bedingt, daß vollkommene Leistungen entmutigend wirkten und die nachfolgenden Talente zwängen, ihre Kräfte auf einem anderen Betätigungsfeld zu erproben.

Wie insbesondere chronologische Unstimmigkeiten zeigen, hat Velleius für seine Gesamtschau mancherlei Quellen benutzt: wahrscheinlich die *Chronica* des Cornelius Nepos sowie dessen Biographiensammlung *De viris illustribus*, ferner Sallust und Livius. Für die Zeitgeschichte, insbesondere für die Feldzüge des Tiberius, standen ihm die eigenen Erlebnisse zu Gebote. Sein Stil neigt zu pointierten Formulierungen und zu Pathos, vor allem in den enkomiastischen Partien; der Einfluß der Rhetorenschule ist spürbar; die abgehackte Schreibweise Senecas kündigt sich an.

Auf antike Historiker hat Velleius sporadisch eingewirkt; im Mittelalter war er nahezu unbekannt. Beatus Rhenanus entdeckte im Kloster Murbach die einzige, jetzt verlorene Handschrift aus karolingischer Zeit. Im 16., 17. und 18. Jahrhundert wurde Velleius, wie die stattliche Zahl von Ausgaben beweist, ziemlich viel gelesen. Ein Teil der Partie über die Ursachen der Dekadenz in der Literatur wurde von Goethe in den Skizzen zu einer Schilderung Winckelmanns als »Andeutungen einer möglichen und notwendigen Kunstgeschichte« zitiert.[57]

c) Valerius Maximus

VALERIUS MAXIMUS (sein Vorname ist unbekannt) lebte zur Zeit des Tiberius, dem er sein einziges Werk, die *Facta ac dicta memorabilia* (»Denkwürdige Taten und Aussprüche«), gewidmet hat. Er begleitete seinen Protektor Sextus Pompeius um das Jahr 27 in dessen Provinz Asien. Von dort zurückgekehrt, stellte er die Exempelsammlung her; bald nach dem Sturze Sejans (31 n. Chr.) war die Arbeit abgeschlossen.

Das Werk ist ein Handbuch mit historischen Beispielen, bestimmt, Rednern

---

55 1,5; 1,7,1; 2,9; 2,36.
56 1,16–18.
57 *Gedenkausgabe der Werke, Briefe und Gespräche*, hrsg. von E. Beutler, Bd. 13, Zürich/Stuttgart
    ²1965, S. 430 ff.

Stoff für ihre politische oder moralische Argumentation zu verschaffen. Es ver-
selbständigt eine Kleingattung, die es bislang (von den verlorenen Vorgängern des
Autors abgesehen) nur im größeren Kontext einer Rede gegeben hatte; es ähnelt
insoweit den Fabelbüchern des Phaedrus.

Die überlieferte Fassung der *Facta ac dicta* besteht aus neun Büchern; Indizien
scheinen darauf zu deuten, daß das Werk ursprünglich in zehn Bücher eingeteilt
war. Die neun Bücher bringen ihr Material in insgesamt 95 Rubriken; die Rubriken enthalten meist zwei Abteilungen, eine für römische und eine für ausländische Beispiele. Die Religion macht den Anfang (Buch 1); es folgen staatliche
Einrichtungen (Buch 2) sowie Tugenden (Buch 3–6); die letzten drei Bücher haben in bunter Reihe allerlei rhetorische Gemeinplätze zum Gegenstand. Die erste
Hälfte des 1. Buches ist großenteils einer Lücke zum Opfer gefallen; ihr Inhalt
geht aus den beiden Auszügen hervor, die im 4. Jahrhundert angefertigt wurden.

Als Quellen kommen ältere Exempelsammlungen wie die des Cornelius Nepos
in Betracht; der Autor nennt selbst einen gewissen Pomponius Rufus.[58] Außerdem wurden Cicero, Varro und Livius ausgebeutet; für die ausländischen Beispiele leistete Pompeius Trogus nützliche Dienste. Beim Einpassen in den neuen
Zusammenhang hat sich Valerius mancherlei sachliche Fehler zuschulden kommen lassen; der rhetorische Effekt war ihm wichtiger als historische Genauigkeit.
Sein Stil ist von äußerster Geschraubtheit.

Die Sammlung enthält etwa doppelt so viele römische – über 600 – wie ausländische Exempel, was auf eine für die Entstehungszeit eher untypische Verherrlichung der Vergangenheit Roms hinausläuft. Immerhin läßt sich dies als Spiegelung der traditionalistischen Tendenzen deuten, die auch unter Tiberius, dem
Nachahmer des Augustus, noch herrschten. Außerdem kommen über der Rückwärtsgewandtheit der moralisierenden Betrachtungsweise des Autors das Lob der
Gegenwart und der Preis des Kaisers nicht zu kurz. Ähnlichen Bedürfnissen der
Zeit, sich am Vor- oder Gegenbild der Vergangenheit zu messen, mag das offenbar stark antiquarisch orientierte Annalen-Werk des Fenestella gedient haben. Es
ist verloren, wird jedoch vom älteren Plinius und anderen des öfteren zitiert.

In der Antike hat Valerius nicht viele Spuren hinterlassen. Irgendwann entstand
die Lücke im 1. Buch; die von einem Bearbeiter dem Werk vorausgeschickte In-
haltsübersicht setzt ihre Existenz bereits voraus. Außerdem kam frühestens im
6. Jahrhundert ein ›10. Buch‹ mit dem Titel *De praenominibus* (»Über Vornamen«)
hinzu; es ist unerfindlich, wie sich das dem Valerius fremde Traktat-Fragment
dorthin hat verirren können. Die erwähnten Auszüge (4. Jahrhundert) haben zwei

---

58 4,4 Prooemium.

im übrigen Unbekannte namens IULIUS PARIS und IANUARIUS NEPOTIANUS zu Verfassern; der Erstgenannte hat das ganze Werk gekürzt, der andere das erste Drittel bis zum Kapitel 3,2. Die größten Wirkungen hat Valerius – wie die zahlreichen Handschriften sowie die Kommentare und Übersetzungen zeigen – während des Mittelalters und in humanistischer Zeit entfaltet; seine Sammlung war eine wichtige Grundlage für ein Antikebild, das weithin auf Anekdoten und moralischer Kasuistik beruhte. Die modernen Ausgaben stützen sich hauptsächlich auf zwei Codices des 9. Jahrhunderts, auf einen Bernensis und einen Laurentianus.

d) Pomponius Mela

POMPONIUS MELA, aus Tingentera, einer im übrigen unbekannten spanischen Stadt bei Gibraltar, verfaßte unter Claudius in den Jahren 43/44 die erste lateinische geographische Schrift: *De chorographia* (»Beschreibung von Ländern«), einen Abriß in drei Büchern. Das Werk hat die Form eines Periplus, d. h., der Autor betreibt in der damals üblichen Weise Geographie von den Meeresküsten aus. Zunächst ›umfährt‹ er das Mittelmeer: Er schildert die Südküste von Mauretanien bis Ägypten und kehrt sodann über den Osten, Norden und Westen zum Ausgangspunkt zurück. Nunmehr nimmt er sich der an die Ozeane angrenzenden Außenküsten Europas, Asiens und Afrikas an, und zwar diesmal in der Folge Norden–Osten–Süden–Westen; auch hier ist die Meerenge von Gibraltar Anfang und Ende der Umrundung.

Die Aufzählung der Länder, Städte, Berge und Flüsse ist im allgemeinen knapp und trocken, mitunter jedoch stilistisch anspruchsvoll gehalten. Der Autor hat allerlei Ethnographisches, das bei fernen Völkern stark mit Fabulosem untermischt ist, eingestreut, ferner historische und mythographische Hinweise; Angaben über wirtschaftliche Verhältnisse sind selten. Vielleicht ist Pomponius durch die exponierte Lage seines Heimatortes zu seiner Unternehmung angeregt worden. Manches wird er auf Grund eigener Reisen gekannt haben, doch das meiste entnahm er gewiß der Literatur. Er beruft sich des öfteren auf Quellen, insbesondere auf griechische, nennt jedoch kaum Namen.

Seine Schrift, von Plinius dem Älteren mehrfach zitiert und von Martianus Capella benutzt, war im Mittelalter wenig bekannt; sie verbreitete sich dank Petrarca über Italien und Frankreich und spielte schließlich im Zeitalter der Entdeckungen eine nicht geringe Rolle. Die modernen Editionen beruhen auf einem vatikanischen Codex des 9. Jahrhunderts; er ist die Quelle der übrigen Handschriften.

6. Die Fachliteratur

a) Aulus Cornelius Celsus

AULUS CORNELIUS CELSUS, von dem aus Indizien erschlossen werden kann, daß er zur Zeit des Tiberius gelebt hat, war Verfasser einer für die Lebenspraxis bestimmten Enzyklopädie: Er behandelte dort die Landwirtschaft, die Medizin, die Kriegskunst, die Rhetorik, die Philosophie und wahrscheinlich auch das Zivilrecht. Von alledem ist nur der medizinische Teil erhalten; er stand innerhalb des Ganzen an zweiter Stelle, er folgte auf die Landwirtschaft.

Die *Medicinae libri VII* beginnen mit einer Skizze der Geschichte der Heilkunst. Die Einteilung der Disziplin in drei Fächer, die dort erwähnt wird, ist auch für das Werk des Celsus maßgeblich: Die Bücher 1–4 haben die Diätetik, die Bücher 5–6 die Pharmazeutik und die Bücher 7–8 die Chirurgie zum Gegenstand. Auch innerhalb dieser Abschnitte herrscht Übersichtlichkeit. Buch 1 ist eine Art Ratgeber für Gesunde ebenso wie für Kranke. In Buch 2 folgen allgemeine therapeutische Maßnahmen; in Buch 3 werden Erkrankungen des ganzen Körpers und in Buch 4 die einzelner Körperteile behandelt. Das nächste Buchpaar befaßt sich mit der Therapie durch Medikamente, wieder nach Leiden des ganzen Körpers und denen einzelner Teile. Im letzten Buchpaar schließt sich an die Chirurgie die Knochenbehandlung an.

Der Römer Celsus, wahrscheinlich Laie, hat sich mit der Medizin, einer rein griechischen Wissenschaft, gründlich vertraut gemacht. Den Schulstreitigkeiten gegenüber wahrte er Distanz; jedem Dogmatismus abgeneigt, bemühte er sich um vermittelnde Positionen. Seiner Absicht, einem breiteren Leserkreis medizinisches Wissen nahezubringen, kam neben dem klaren Aufbau die ebenso schlichte wie treffsichere Ausdrucksweise, die ihm den Ruf eines *Cicero medicorum* einbrachte, sehr zustatten.

Im Mittelalter wenig beachtet, hat das Werk des Celsus, das älteste erhaltene Lehrbuch der Medizin in lateinischer Sprache, während der frühen Neuzeit eine breite Wirkung entfaltet. Der berühmte Arzt und Naturforscher Theophrast von Hohenheim gab sich nach Celsus den Beinamen Paracelsus (»Nebencelsus«).

b) Scribonius Largus

Die Heilkunst wurde in Rom meist von Griechen betrieben. Es gab indes auch
römische Ärzte; zu ihnen zählte SCRIBONIUS LARGUS, der Verfasser einer Rezeptsammlung, der *Compositiones*. Er war am Hofe tätig und begleitete Kaiser Claudius nach Britannien (43 n. Chr.). Da der Antike Apotheker unbekannt waren,
mußten sich die Ärzte die für ihre Medikamente erforderlichen Ingredienzien
selbst beschaffen und die Medikamente selbst zubereiten; der Besitz einer guten
Rezeptsammlung war daher von großem Wert. Die *Compositiones* des Scribonius
Largus zeigen, wie derartige Sammlungen ausgesehen haben. Der Autor versichert, daß er die meisten Rezepte selbst erprobt habe. Er flicht bisweilen anprei-
send ein, ein Mittel sei von allerhöchster Seite erfolgreich benutzt worden: eine
Augensalbe von Augustus, ein Zahnpulver von Messalina.[59]
    Für die Konstitution des Textes ist nicht nur die Editio princeps (1528), son-
dern auch ein hiervon unabhängiger, erst neuerdings entdeckter Codex von Belang.

c) Apicius

Unter dem Namen APICIUS kursiert das einzige erhaltene Kochbuch der Römer,
De re coquinaria (»Über die Kochkunst«) in zehn Büchern und mit knapp 500 Re-
zepten. Um das Jahr 100 v. Chr. hatte in Rom ein Feinschmecker gelebt, der Apicius hieß; von ihm wurde der Name auf Marcus Gavius, einen Schlemmer der
tiberianischen Zeit, übertragen. Dieser Mann soll, wie Seneca berichtet,[60] seinem
Leben durch Gift ein Ende gesetzt haben, nachdem er sein stattliches Vermögen
bis auf einen immer noch sehr ansehnlichen Rest von 10 Millionen Sesterzen ver-
praßt hatte. Er ist indes nicht der Verfasser des Kochbuchs, das in der überlieferten Form dem 4. Jahrhundert zu entstammen scheint; doch vielleicht geht ein Teil
der nach Sachgruppen geordneten Rezepte auf ihn zurück. Nach heutigen Begriffen wird in dem Werk eine allzu reichliche Verwendung scharfer Gewürze empfohlen; die Darstellung ist stark von griechischer Terminologie durchsetzt. Die
Humanisten, die die Schrift wiederentdeckten, rekonstruierten den Verfasser-
namen Apicius Caelius.

---

59 Kap. 31 und 60.
60 *Consolatio ad Helviam* 10,8 f.

d) Lucius Iunius Moderatus Columella

Mit Lucius Iunius Moderatos Columella, einem Zeitgenossen Senecas, aus Gades (heute Cádiz) in Spanien, schrieb ein Fachmann über die Landwirtschaft, nicht ein Politiker wie Cato oder ein Gelehrter wie Varro. Er war seinem Beruf mit Liebe zugetan; er besaß Güter in Italien. Sein vollständig erhaltenes Hauptwerk in zwölf Büchern, die *De re rustica libri*, zeigt einen klaren Aufbau. Das erste Buch behandelt allgemeine Fragen, das zweite den Ackerbau. Die Bücher 3–5 widmen sich dem Weinbau und den Baumpflanzungen, die Bücher 6–9 der Viehzucht. Das 10., den Gartenbau darstellende Buch ist in Hexametern abgefaßt; es sollte nach dem ursprünglichen Plan das Werk beschließen. Auf die Bitten eines Freundes hin ließ Columella noch eine Prosadarstellung des Gartenbaus folgen, der er die Erörterung der Pflichten des *villicus* (des »Gutsverwalters«) vorausschickte (Buch 11); schließlich fügte er noch ein Buch über die Pflichten der *villica* hinzu (Buch 12). Von ihm ist außerdem noch das 2. Buch einer kleineren, wahrscheinlich früheren Schrift über die Landwirtschaft erhalten, der sogenannte *Liber de arboribus* (»Über Bäume«), der in der handschriftlichen Überlieferung fälschlich das 3. Buch des großen Werkes ausmacht (den darauffolgenden Büchern wurde entsprechend die nächsthöhere Ziffer zugeteilt).

Für das Hauptwerk benutzte Columella vor allem den (nicht erhaltenen) landwirtschaftlichen Teil der Enzyklopädie des Cornelius Celsus; er wußte sich indes dank seiner reichen Erfahrungen ein selbständiges Urteil zu bewahren. Die hohe Einschätzung der Landwirtschaft als Erwerbsquelle scheint durch die wohl direkt benutzte Schrift Catos inspiriert zu sein. Columella stellt bedauernd fest, daß seine Zeit sich von diesem Ideal losgesagt habe. Er führt den Rückgang der Erträge in Italien, der hauptsächlich durch die extensive Latifundienwirtschaft bedingt war, auf die Verkehrtheit der Menschen zurück und beschwert sich heftig über das Fehlen landwirtschaftlicher Schulen – wo doch fast alles durch Unterricht vermittelt werde: Beredsamkeit, Vermessungskunde, Tanz und Musik, Baukunst usw.[61] Columella schreibt präzise, anschaulich, mit ungesuchter Kunst; sein Werk gehört zu den wertvollsten Hinterlassenschaften der römischen Fachschriftstellerei.

Die Resonanz des Werkes war – außer bei Autoren vom selben Fach – gering; erst die Humanisten sorgten für einige Verbreitung. Die Überlieferung beruht auf zwei Klassen, deren ältere durch zwei frühmittelalterliche Codices repräsentiert wird.

---

61 Siehe die Praefatio des 1. Buches.

e) Quintus Asconius Pedianus

Quintus Asconius Pedianus (wohl 9 v. Chr. – 76 n. Chr.), vielleicht aus Patavium (Padua) wie Livius, ist der Autor des ältesten erhaltenen Kommentars in lateinischer Sprache: Ein Fund Poggios in St. Gallen (1416) hat seine *Enarrationes* zu fünf Cicero-Reden zutage gefördert. Er war offenbar ein Mann von hoher historischer und literarischer Bildung; über seine beruflichen oder sonstigen Tätigkeiten verlautet nichts.

Die *Enarrationes* scheinen Teil eines größeren Ganzen gewesen zu sein: eines Kommentars, der sämtliche Cicero-Reden in chronologischer Folge erläutert hat. Hiervon sind lediglich die Erklärungen zu den Reden *In Pisonem*, *Pro Scauro*, *Pro Milone*, *Pro Cornelio* und *In toga candida* in eben dieser – willkürlichen – Anordnung bewahrt geblieben; ein schwaches Indiz deutet auf ihre Entstehung in den Jahren 54–57. Die Kommentare beschränken sich strikt auf die historischen Gegebenheiten; hierfür aber sind sie wegen ihrer Gründlichkeit und Objektivität von größtem Wert. Asconius hat sich offenbar einem ausgedehnten Quellenstudium hingegeben, das auch vor den *acta populi Romani*, den offiziellen Protokollen, nicht haltmachte. Ein herausragendes Ergebnis seiner Recherchen ist die Widerlegung des Tathergangs, wie ihn Cicero in der Rede *Pro Milone* die Richter glauben machen wollte.

Zu den gänzlich verlorenen Schriften des Asconius zählen ein Buch *Contra obtrectatores Vergilii* (»Gegen die Schmäher Vergils«) und eine Sallust-Vita.

f) Marcus Valerius Probus

Ein römischer Garnisonssoldat im fernen Berytos (heute Beirut) wendet sich, weil er in seiner militärischen Laufbahn nicht wie gewünscht vorankommt, der Philologie zu: Diese und andere Merkwürdigkeiten vom Leben und Wirken des Marcus Valerius Probus berichtet Sueton im 24. und letzten Kapitel seines Buches *De grammaticis*. Probus habe, heißt es dort, auf seiner provinziell verspäteten Elementarschule alte Bücher zu lesen bekommen, die in Rom längst vergessen waren; er hörte nicht auf, sie und andere ähnliche Werke zu studieren, obwohl er damit nur Spott und Verachtung erntete. Er legte sich eine Sammlung republikanischer Autoren zu; er berichtigte und interpungierte sie und versah sie mit textkritischen Zeichen. Er, der Dilettant, der sich ganz auf dieses eine Gebiet der Grammatik konzentrierte, zog andere an sich, die mehr seine Anhänger als seine

Schüler waren; so bereitete er, der in der zweiten Hälfte des 1. Jahrhunderts gelebt haben muß, scheinbar rückständig und in Wahrheit seiner Zeit voraus, der archaistischen Strömung des 2. Jahrhunderts den Weg.

Er hat vor allem die Werke des Lukrez, des Vergil, des Horaz und wohl auch älterer Dichter von fehlerhafter Überlieferung zu befreien versucht. Außerdem veröffentlichte er einige grammatische Abhandlungen, die, in der Spätantike noch benutzt, verlorengegangen sind bis auf eine – *De notis iuris*, »Über Abkürzungen in Urkunden«. Er hinterließ ferner eine reichhaltige Sammlung von Besonderheiten des Altlateins; das Material konnte offenbar von späteren Philologen ausgebeutet werden.

Probus erntete mehr Ruhm, als die Zeugnisse von seinen Leistungen erwarten lassen. Schon Martial nennt ihn als Prototyp des kritischen Philologen;[62] Gellius, der noch einige seiner Anhänger kannte, verleiht ihm das Prädikat eines *grammaticus illustris*,[63] und in der Chronik des Hieronymus ist er zum *eruditissimus grammaticorum*, »dem Gelehrtesten unter den Philologen«, vorgerückt.[64] Sein Ansehen bedingte, daß ihm mancherlei Schriften untergeschoben wurden: Traktate zur lateinischen Formenlehre, ein Vergil-Kommentar und anderes. Die moderne Philologie hat einen römischen Aristarch aus ihm machen und mancherlei ›Ausgaben‹ klassischer Dichter auf ihn zurückführen wollen, die für die spätere Überlieferung maßgeblich geworden seien: Daß der kritische Scharfsinn des Probus so weitreichende Folgen gezeitigt hätte, läßt sich nicht hinlänglich beweisen.

g) Die Juristen: Die Schulen der Proculianer und Sabinianer

Die Jurisprudenz des 1. Jahrhunderts n. Chr. und darüber hinaus war durch den Gegensatz zweier Rechtsschulen geprägt, den der Proculianer und der Sabinianer. Pomponius möchte Labeo und Capito, die Antipoden unter den Juristen der Zeit des Augustus, für die wahren Gründer gehalten wissen;[65] die Namen sprechen indes eher für Proculus und Masurius Sabinus, die unter Tiberius, Caligula und Claudius tätig waren. Die beiden Schulen waren ähnlich wie die berühmten philosophischen Institutionen in Athen organisiert. Sie unterschieden sich jedoch darin von ihnen, daß sie nicht auf fundamentalen Gegensätzen

---

62 3,2,12.
63 *Noctes Atticae* 1,15,18.
64 Zum Jahre 57 oder 56 n. Chr.
65 Digesten 1,2,2,47.

inhaltlicher oder methodischer Art beruhten, sondern auf lauter Einzelkontro-
versen. Der herausragende Autor unter den Rechtsgelehrten der Jahrhundert-
mitte war Sabinus. Er stellte das Zivilrecht im engeren Sinne, d. h. die auf
Gesetzen beruhenden Normen (im Gegensatz zu den Vorschriften des prätorischen Edikts), zu einem Kompendium zusammen, den *Tres libri iuris civilis*,
die von den Späteren, z. B. von Pomponius und Ulpian, ausführlich kommentiert wurden.

VI. Die Nachklassik: Manierismus und Klassizismus

1. Die Epik

a) Tiberius Catius Asconius Silius Italicus

Biographisches

Keine Gattung der Poesie ist in Rom so kontinuierlich gepflegt worden wie das Epos, so daß bei ihm jede Epoche durch mindestens einen Zeugen für das jeweilige Kunstvermögen und Kunstwollen repräsentiert ist – die Vorklassik allerdings nur durch die Fragmente der Ennianischen *Annalen*. Auf den Doppelgipfel der Klassik, die *Aeneis* Vergils und die *Metamorphosen* Ovids, folgte im Zeitalter Senecas die *Pharsalia* Lukans und folgen nunmehr, in der zweiten, sowohl manieristischen als auch klassizistischen Phase der Nachklassik, nicht weniger als drei große erzählende Dichtungen, eine über ein historisches und zwei über mythische Themen: die *Punica* des Silius Italicus sowie die *Argonautica* des Valerius Flaccus und die *Thebais* des Statius.

Ihnen ist gemeinsam, daß sie bei ihren Lesern eine nicht geringe Kenntnis der älteren Poesie, die Tragödien Senecas eingeschlossen, voraussetzen. Doch auf kein Werk verweisen sie so intensiv wie auf die *Aeneis*, an keinem anderen wollen sie in vergleichbarer Weise gemessen sein: durch die Struktur des Ganzen, durch die variierende, zur Überbietung neigende Imitation einzelner Szenen und durch ihren Gehalt, durch ihren Deutungsanspruch im Rahmen der römischen oder der Menschheitsgeschichte. Die Nähe zu Vergil läßt manchen Zug dieser Epik als epigonenhaft erscheinen; am besten ist es Statius gelungen, sich gegenüber dem großen Vorgänger als Dichter eigenen Rechts zu behaupten.

TIBERIUS CATIUS ASCONIUS SILIUS ITALICUS (den vollständigen Namen gab eine Inschrift preis, Zeugnis seiner Statthalterschaft in Kleinasien), geboren um 25 n. Chr., begüterter Grandseigneur, hat sich erst in der Muße des Alters zum Dichter berufen gefühlt. Zuvor war er Neros letzter Konsul gewesen; auch hatte er sich angeblich als Ankläger betätigt und dadurch (so der jüngere Plinius in einem Nachruf auf ihn[1]) seiner Reputation Schaden zugefügt. Er war mit Vitellius befreundet; er verwaltete, wie erwähnt, die Provinz Kleinasien und zog sich sodann in seine kampanischen Villen zurück. Hier oblag er seinen Liebhabereien; er kaufte das Grab Vergils und ein Gut, das Cicero gehört hatte, aus Verehrung für den einen wie den anderen. Die Stunden, die er nicht dem Schreiben widmete, verbrachte er mit gebildeter Konversation; der Stoiker Cornutus eignete ihm ein Werk über Vergil zu, und Epiktet erklärte, er sei der philosophischste Kopf unter den Römern. Über 75 Jahre alt und unheilbar krank, machte er seinem Leben durch Hungern ein Ende.

Das Werk

Die *Punica*, über den Zweiten Punischen Krieg, sind mit 17 Büchern und über 12 000 Versen das längste Epos der lateinischen Literatur. Die Bücher 8–10, die genau die Mitte einnehmen, stellen als den negativen Höhepunkt des Krieges die Schlacht bei Cannae dar. In den vorausgehenden Büchern 1–7 herrschen die römischen Niederlagen vor, in den folgenden Büchern 11–17 die römischen Siege. Zu dieser Symmetrie stehen die zeitlichen Verhältnisse in unverkennbarem Gegensatz: Die Bücher 1–10, etwa zwei Drittel des Werkes, gelten den ersten vier Jahren des Krieges (219–216 v. Chr.); das letzte Drittel schildert die übrigen vierzehn Jahre bis zu Scipios Sieg bei Zama. Offensichtlich hat der Autor die Niederlagen und das Durchhaltevermögen, das die Römer hierbei bewiesen, für wichtiger gehalten als die daran sich anschließenden Erfolge.

Dies wird durch die Deutung bestätigt, die er dem Geschehen gibt; inmitten der Darstellung der Schlacht bei Cannae versteht er sich zu dem Ausruf:[2]

> [. . .] *tempore, Roma,*
> *nullo maior eris; mox sic labere secundis,*
> *ut sola cladum tuearis nomina fama.*

> »[. . .] zu keiner Zeit, Rom,
> wirst du größer sein; bald wirst du im Glück derart abgleiten,
> daß du nur mit dem Ruhm deiner Niederlagen deinen Ruf retten kannst.«

Hier bekundet sich ein Geschichtsbild, wie es schon Livius verkündet hatte: Eine ferne Vergangenheit wird in romantischer Verklärung als Roms beste Zeit beschrieben, als die Zeit, in der die Römer dank ihrer moralischen Überlegenheit, ihrer Tapferkeit, Frömmigkeit und Bündnistreue schließlich doch mit allen Schwierigkeiten fertig wurden, insbesondere mit der Tücke, Wildheit und Grau-

---

1 *Epistulae* 3,7.
2 9,351–353.

samkeit ihres furchtbaren, von dämonischer Kraft angetriebenen Gegners Hannibal. Dieser Idealisierung der Vergangenheit entspricht das Ungenügen an der späteren Entwicklung und zumal an der Gegenwart: Silius teilte offenbar eine damals verbreitete – zur allgemeinen Wohlfahrt in sonderbarem Kontrast stehende – Stimmung, die den moralischen Zustand der eigenen Zeit für dürftig hielt und sich um so lieber den Heroen von einst zuwandte.

Silius wählte einen Stoff aus historisch heller Zeit, und er hielt sich dabei hauptsächlich an eine allgemein bekannte Quelle, an die 3. Dekade des Livianischen Geschichtswerks. Gleichwohl scheute er sich nicht, den mythischen Überbau, den sogenannten Götterapparat, auf den Lukan in seinem Bürgerkriegsepos verzichtet hatte, wiedereinzuführen. Das Werk oszilliert daher sonderbar zwischen einer Paraphrase historischer Ereignisse und willkürlich eingefügten Versatzstücken aus der Tradition des alten, im Mythos wurzelnden Epos – etwa wenn Silius den römischen Gegenspieler Hannibals, Scipio Africanus, die Unterwelt aufsuchen läßt, ehe er seine geschichtlich belegten Taten vollbringt. Auch sonst hat die Überformung des Geschehens im Sinne des heroischen Epos eine gewisse Zwitterhaftigkeit erzeugt, z. B. wenn die Protagonisten, die Feldherren beider Seiten, einander wie zu einem Zweikampf gegenüberstehen, dann aber um der historischen Wahrheit willen auf künstliche Weise getrennt werden müssen. Unabhängig von dieser Problematik wirken die zahlreichen Motiventlehnungen aus der älteren Epik, mit denen Silius seinen Stoff zu überhöhen suchte, aus Homer, Vergil und Lukan, matt und unselbständig: er vermochte allenfalls zu variieren, aber nicht umzugestalten, was er sich lesend angeeignet hatte.

Silius, im Mittelalter nahezu unbekannt, hat auch in der Neuzeit nur sporadisch Resonanz gefunden. Die Überlieferung beruht auf einem jetzt verlorenen Codex, den Poggio während des Konstanzer Konzils entdeckt hat (wahrscheinlich in St. Gallen).

b) Gaius Valerius Flaccus Setinus Balbus

Biographisches

Wie Silius Italicus, so gehörte auch GAIUS VALERIUS FLACCUS SETINUS BALBUS dem Senatorenstande an; er war Mitglied der Priesterschaft *Quindecemviri sacris faciundis* (»Fünfzehnmänner für die Besorgung von Kulthandlungen«). Er ist um das Jahr 90 gestorben. Vielleicht hat er – abermals: wie Silius – erst im Alter zu dichten begonnen; jedenfalls sind die *Argonautica*, soviel man weiß, sein einziges

Werk. Es ist dem Kaiser Vespasian gewidmet. Das Proömium spielt auf die Einnahme Jerusalems durch Titus an (70 n. Chr.); Buch 3 und 4 setzen den Ausbruch des Vesuvs (79 n. Chr.) voraus.

Das Werk

Die *Argonautica* in acht Büchern (der Schluß fehlt) haben die bekannte Sage von Jason und Medea zum Gegenstand: wie Jason, von zahlreichen Helden begleitet, auf dem Schiff Argo nach Kolchis fährt, von dort das Goldene Vlies zu holen, und wie ihm Medea, die Tochter des Königs von Kolchis, bei der Beschaffung des Vlieses hilft und mit ihm nach Griechenland flieht. Das Werk sollte offensichtlich mit dem berühmten gleichnamigen Epos des Apollonios von Rhodos, das Terentius Varro Atacinus (geboren 82 v. Chr.) originalgetreu ins Lateinische übersetzt hatte, in Konkurrenz treten. Die griechische Dichtung hat, wiewohl in nur vier Bücher gegliedert, denselben Umfang, und von ihr übernahm Valerius Flaccus auch die Zweiteilung der Handlung: Die erste Werkhälfte schildert die Fahrt nach Kolchis; die zweite stellt die Ereignisse dortselbst sowie die Rückkehr dar. Der Beginn dieses zweiten, hauptsächlich Kämpfe enthaltenden Teils ist nach dem Vorbild der *Aeneis*, deren zweite Hälfte erst innerhalb des 7. Buches einsetzt,[3] ins 5. Buch hineinverlegt.[4]

Valerius Flaccus hat das hellenistische Vor- und Gegenbild ins Heroische und Dramatische gesteigert. Herkules muß auch während der Expedition nach Kolchis eine große Tat vollbringen, und so wird im 2. Buch eingefügt, wie er Hesione, die Tochter des trojanischen Königs Laomedon, vor dem Meeresungeheuer errettet. Der nächtliche Kampf zwischen den Dolionen und den Argonauten, bei Apollonios nur kurz berichtet, entfaltet sich im 3. Buch der lateinischen Version zu einer Sequenz von Greuelszenen. Im 6. Buch findet eine von Valerius Flaccus ganz und gar hinzuerfundene Schlacht statt, in der die Argonauten und Kolcher einem riesigen Aufgebot von Sarmaten und Skythen gegenüberstehen. Die Belagerung durch die kolchischen Verfolger und die Hochzeit von Jason und Medea, bei Apollonios getrennte Szenen, werden von Valerius Flaccus im 8. Buch effektvoll miteinander verbunden.

Das griechische Epos bringt eine Serie von Abenteuern, ohne Verknüpfung durch ein übergeordnetes Prinzip, einen höheren Auftrag oder Sinn. Hierbei mochte es der Römer, der seine Begriffe vom heroischen Epos vor allem aus der *Aeneis* abgeleitet hatte, nicht belassen, und so bemühte er sich, einen menschheit-

---

3   7,37 ff.
4   5,217 ff.

lichen Aspekt beizusteuern: Die Argonautenfahrt wird als fortschrittliche, völkerverbindende Maßnahme gedeutet, die den Sturz Asiens und die Vorherrschaft Griechenlands einleitet – so Jupiter in einer programmatischen Rede des 1. Buches.[5] Entsprechend erscheint die Durchfahrt durch die Symplegaden am Bosporus nicht als einmaliger Vorgang, sondern als Öffnung der bislang unzugänglichen pontischen Region für immer.[6] Allerdings macht diese ›Mission‹ der Argonauten aus Jason nicht einen zweiten Aeneas: Der göttliche Wille wird unabhängig von menschlicher Anteilnahme vollzogen.

Erzählweise und Stil des Valerius Flaccus sind überaus eigenwillig. Ausführliche Motivierungen, oft durch Gleichnisse illustriert, unterbrechen das Kontinuum der äußeren Abläufe; überhaupt haben, wie schon bei Seneca und Lukan, einzelne Szenen oder Bilder Neigung, sich auf Kosten des übergeordneten Zusammenhangs zu verselbständigen. Der gewollt unebenen Darstellungsweise entspricht die flackernde Diktion: Mehr noch als die Zeitgenossen auf das Ungewöhnliche bedacht, strebt der Autor nach kühnen Bildern und Wendungen von äußerster Verdichtung – die von ihm erschlossenen Möglichkeiten des sprachlichen Ausdrucks scheinen auf Tacitus vorauszuweisen.

Valerius Flaccus, außer von Quintilian[7] in der Antike nie erwähnt, hat als ein eher dunkler und schwieriger Autor nur eine schmale Spur der Wirkung hinterlassen. Die Überlieferung beruht hauptsächlich auf einem karolingischen, in Fulda geschriebenen Codex, ferner auf Humanistenkopien, die u. a. von einer jetzt verlorenen St. Galler Handschrift, einem Fund Poggios, abstammen.

c) Publius Papinius Statius

Biographisches

Publius Papinius Statius, geboren zwischen 40 und 50 n. Chr., war Dichter aus Profession, nicht Liebhaber-Poet wie seine Zeitgenossen Silius Italicus und Valerius Flaccus. Hauptsächlich durch ihn selbst, durch seine Gedichtsammlung *Silvae* (»Wälder«), ist von seinem Leben mancherlei bekannt: von einem geruhsamen Dasein in einer friedlichen Villenlandschaft und im Kreise vornehmer Freunde, von kaiserlicher Gunst und von dem Literaturbetrieb mit seinen Wettbewerben und Prämien. Man blickt auf eine ebenso kultivierte wie saturierte Existenz, in der der Brand des Kapitols während der kurzen Prätendentenkämpfe

---

5   Vers 531–560.
6   4,637 ff.
7   *Institutio oratoria* 10,1,90.

nach dem Ende Neros (69 n. Chr.) und der große Vesuv-Ausbruch (79 n. Chr.) die schlimmsten Ereignisse waren. Ein heiterer Glanz liegt über den Dingen und Personen, deren Statius sich in den *Silvae* annimmt, und er selber gibt sich dort milde und ein wenig melancholisch.

Er brauchte das ihm gemäße Ambiente nicht zu suchen, er wuchs darin auf: Sein Vater wirkte erfolgreich als Lehrer, zunächst in Neapel, später in Rom, und errang mit seinen poetischen Erzeugnissen allerlei Siegespreise. Der Sohn eiferte ihm nach; das erste Mal wurde er an den *Augustalia* seiner Heimatstadt für ein griechisches Gedicht ausgezeichnet, und einige Jahre darauf erhielt er bei den von Domitian gestifteten Wettkämpfen in Alba Longa den begehrten goldenen Olivenkranz – er hatte die germanischen und dakischen Feldzüge des Kaisers gefeiert. Hingegen scheiterte er bei dem bedeutendsten Agon, dem Kapitolinischen; vielleicht hat diese Niederlage dazu beigetragen, daß er sich nach Neapel zurückzog. Arm war er nicht; er besaß bei Alba eine Villa, zu der Domitian ihm eine Wasserleitung hatte bauen lassen. Er erfreute sich zum Teil derselben Gönner wie Martial, darunter des Dichters Arruntius Stella sowie der Witwe Lukans, der Polla Argentaria. Wann er starb, ist unbekannt – wahrscheinlich vor dem Ende Domitians (96 n. Chr.).

Werke

Sein Hauptwerk ist die *Thebais*, ein Epos in zwölf Büchern, an dem er ebensoviele Jahre gearbeitet zu haben behauptet; es wird im Jahre 90 oder bald darauf erschienen sein. Die *Silvae* entstanden nebenbei und kamen buchweise heraus, das 5. und letzte Buch wohl erst postum. Von einer *Achilleis* sind lediglich das erste Buch sowie der Anfang des zweiten überliefert: wohl alles, was der Dichter noch hat ausarbeiten können.

Der Zug der Sieben gegen Theben und der Untergang der Ödipussöhne Eteokles und Polyneikes – das Thema der *Thebais* – waren in der griechischen und römischen Dichtung, im Epos ebenso wie in der Tragödie, schon des öfteren dargestellt worden. Von den epischen Versionen blieb keine erhalten, insbesondere die des Antimachos von Kolophon (um 400 v. Chr.) nicht, und die einschlägigen Dramen, wie die *Phönikerinnen* des Euripides, behandeln nur einen Teil des Geschehens. Ein Vergleich des Ganzen mit einem Vor- oder Gegenbild ist somit – anders als bei den *Argonautica* des Valerius Flaccus – nicht möglich. Auf eine Anlehnung an Vergils *Aeneis* läßt schon die Zwölfzahl der Bücher schließen; wie dort beginnen auch in der *Thebais* die Kämpfe erst im 7. Buch, zu Anfang der zweiten Werkhälfte. Um diese Strukturanalogie zustande zu bringen, mußte der Dichter die handlungsarme erste Werkhälfte, die Vorgeschichte des Konflikts

zwischen Eteokles und Polyneikes, strecken. Er half sich damit, daß er die Bücher
4–6 mit einer langen Episode füllte, mit einer mythischen Erklärung des Ursprungs der Nemeischen Spiele.

Er wählte, wie eine Generation zuvor Lukan, das Thema Bruderkrieg, wozu ihn
offenbar weniger politische als allgemeinmenschliche Motive bestimmten. Das
Geschehen trug hiermit für ihn von vornherein das Stigma des Verbrecherischen,
und so läßt er an ihm lediglich negative Kräfte beteiligt sein, bis zum Höhepunkt
des wechselseitigen Brudermords. Die ersten elf Bücher des Epos sind daher von
grandioser Einseitigkeit: Gewalt, Krieg und Macht entfalten sich in ihrer furchtbaren, zerstörerischen Kraft. Erst das 12. Buch mit dem außerhalb der vorangehenden Handlung stehenden Schluß sucht diese radikal verneinende Tendenz durch
ein Kontrastelement abzuschwächen: Dem entfesselten Wüten von Herrschsucht
und Zwietracht folgt ein Bekenntnis zur haßüberwindenden, die Völker versöh-
nenden humanitären Idee. Das Symbol des Clementia-Altars und das Eingreifen
des Theseus, das dieses Symbol in die Tat umsetzt, sind gewiß der Schlüssel des
Werkes; andererseits ist das versöhnliche Ende schwerlich geeignet aufzuheben,
was die Bücher 1–11 an Düsterem und Grauenhaftem angehäuft haben.

In der *Thebais* kulminiert eine Entwicklung, die sich bei Lukan, ja bereits bei
Ovid angekündigt hatte: die zunehmende Entfremdung von Mensch und Welt.
Statius hat sich am konsequentesten bemüht, die Wirklichkeit zu dämonisieren,
und er bediente sich hierzu vor allem zweier Mittel: der dämonischen Kausalkette
und der Bündelung allegorischer Figuren. Dämonische Kausalreihen werden sogleich im 1. Buch vorgeführt: Der Fluch des Ödipus ruft Tisiphone auf den Plan;
diese wiederum verursacht die Feindschaft zwischen Eteokles und Polyneikes.[8]
Oder: Jupiter sendet Merkur aus, der den Geist des Laius beauftragen soll, Eteokles zum Vertragsbruch zu bestimmen.[9] Und zu Beginn des 7. Buches wirken
aufeinander ein: Jupiter, Merkur sowie Mars nebst allegorischem Gefolge, hier-
unter *Pavor* (»Schrecken«), der bei den Truppen der Argiver Sinnestäuschungen
hervorruft.[10]

Die allegorischen Gestalten pflegen in Gruppen die herkömmlichen Götter zu
umgeben; sie repräsentieren vor allem Elemente des Kampfgeschehens. So hausen z. B. im Palast des Kriegsgottes Angriff, Frevel, Zorn, Furcht, Zwietracht,
Drohungen, Raserei und Tod; auch die *Virtus* (»Tapferkeit«) befindet sich in dieser illustren Gesellschaft.[11] Die dämonisch-allegorischen Figuren wirken nicht

8 1,46–164.
9 1,197–310; 2,1–133.
10 7,1–144.
11 7,47–54.

immer einträchtig zusammen: Sie nehmen Partei und unterstützen je verschiedene Parteien. Die Menschen werden so zu Werkzeugen oder Schauplätzen dämonischer Kräfte, und das Geschehen verteilt sich gleichsam auf eine Ober- und Unterbühne.

Dieser düsteren Welt des Mythos steht unvermittelt die helle Realität gegenüber, die die *Silvae* zu spiegeln suchen. Der Titel, nach dem Vorbild Lukans gewählt, deutet vermischte Gedichte an; es sind im ganzen 32, meist in Hexametern und bisweilen in lyrischen Maßen. Die zunächst einzeln versandten Stücke wurden zu Büchern zusammengestellt; jedem Buch (außer dem fünften und letzten) geht eine kurze prosaische Einleitung voraus. Die Gedichte haben meist konventionelle Anlässe im Leben der Adressaten, der Freunde und Gönner – mit Kaiser Domitian an der Spitze – zum Gegenstand: ein Geburtstag, eine Hochzeit, ein Todesfall wird mit Versen bedacht, ebenso der Antritt einer Reise, die Feier der Saturnalien, ein Empfang bei Hof. Die rhetorische Ekphrasis hat Statius zu einem neuen Gedichttyp angeregt: zur Beschreibung von Bauten und Kunstwerken. Anregungen gaben ihm Horaz und Ovid, selten Catull; alles Grelle ist gemieden, und eine ebenmäßige Sanftheit breitet sich über das Ganze.

Im Gegensatz zu Silius Italicus und Valerius Flaccus fand Statius mit seinem epischen Werk – einschließlich des *Achilleis*-Fragments – großen Anklang: bei den Zeitgenossen ebenso wie in den folgenden Jahrhunderten bis zum Humanismus. Sein eleganter, flüssiger und blühender Stil verschaffte ihm den Rang eines Schulautors. Die Epiker sowohl der Spätantike (Claudian) als auch der Renaissance (Petrarca, Boccaccio) eiferten ihm nach; Dante und Chaucer zollten ihm hohe Anerkennung. Die *Silvae* machten als Prototyp der Gelegenheitsdichtung vor allem in der Spätantike Schule: bei Ausonius, Claudian und Sidonius Apollinaris.

Für die Epen ist unter den zahlreichen Handschriften ein Pariser Codex des 9. Jahrhunderts der wichtigste Zeuge; die *Silvae*, im Mittelalter wenig beachtet, wurden erst – gemeinsam mit Silius Italicus und Manilius – von Poggio wiederentdeckt, wahrscheinlich in St. Gallen.

2. Epigramm und Satire

a) Marcus Valerius Martialis

Biographisches

Das Epigramm – das kurze, auf eine Pointe zustrebende Gedicht – war in Rom fast ebenso alt wie die Literatur überhaupt. Es wurde umstandslos von den Griechen übernommen: in der ursprünglichen Funktion einer Aufschrift, eines Grab- oder Weihepigramms, und als hieran nicht mehr gebundenes, rein literarisches Erzeugnis. Die noch erkennbaren Anfänge führen von Naevius und Ennius über Lucilius zu Catull, dem von Martial wegen seiner Schärfe und Offenheit Bewunderten. Das Epigramm, in elegischen Distichen, oft auch in Elfsilblern oder Hinkjamben abgefaßt, wurde vielfach von dilettierenden Aristokraten gepflegt – Proben von Cicero, von Augustus und von anderen sind erhalten. Domitius Marsus,[12] den Martial wiederholt unter den Vorgängern nennt, scheint eine Sammlung epigrammatischer Gedichte veröffentlicht zu haben. Doch wichtig wurde für den Römer vor allem ein Grieche der Zeit Neros: LUKILLIOS, der Parodist und Spötter, der mit über hundert Stücken in die *Anthologia Palatina* eingegangen ist.

MARCUS VALERIUS MARTIALIS, geboren um 40 n. Chr. in Bilbilis, einer unbedeutenden Stadt Nordspaniens, begab sich im Jahre 64, nach Beendigung seiner grammatischen und rhetorischen Studien, in die Hauptstadt, um es dort zu etwas zu bringen. Seiner Bekanntschaft mit Seneca und Lukan bereitete das Wüten Neros ein baldiges Ende, doch fand er Anschluß bei anderen literarischen und sonstigen Größen jener Zeit, z. B. bei Silius Italicus und bei Canius Rufus, einem Dichter aus Gades, später auch beim jüngeren Plinius. Hilfe blieb dem auf Protektion Angewiesenen nicht versagt: er besaß ein Gut bei Nomentum (etwa 20 km nördlich von Rom); er konnte schließlich auch in der Stadt, auf dem Quirinal, ein Haus sein eigen nennen.

Offenbar hat er erst im Jahre 80 zu publizieren begonnen. Damals weihte Titus das flavische Amphitheater, das Kolosseum, ein; der Dichter beeilte sich, dem Kaiser mit einem Epigrammbuch aufzuwarten. Einige Jahre darauf folgten zwei weitere Sammlungen, und von 85 an erschien alljährlich ein Teil der Epigramme, die Martial hernach zu einem großen Corpus von zwölf Büchern vereinigt hat. Von der ersten Veröffentlichung an in kaiserlicher Gunst stehend, wurde er mit dem *Ius trium liberorum* (»Dreikinderrecht«) ausgezeichnet; die Verleihung des

---

12 Siehe S. 213.

Titels eines Militärtribunen erhob ihn in den Ritterstand. Trotz seiner Erfolge kehrte er um 98 in die Heimat zurück, wo ihm eine reiche Gönnerin ein Landgut schenkte: Er hatte wohl als Lobredner Domitians nach dessen Ermordung nicht mehr die erwartete Anerkennung gefunden. Der jüngere Plinius berichtet in einem Brief, der spätestens im Jahre 104 verfaßt ist, von seinem Tod.

Das Werk

Der Erstling, das den Darbietungen zur Einweihung des Kolosseums gewidmete Buch, ist unvollständig überliefert; das Vorhandene heißt in den Handschriften schlicht *Epigrammaton liber* (»Buch der Epigramme«) und wird in den modernen Ausgaben oft *Liber spectaculorum* (»Buch der Schauspiele«) genannt. Das neue Bauwerk, verlautet dort, übertrifft alle bisherigen Weltwunder. Die Feierlichkeiten zur Eröffnung bestanden im wesentlichen aus Tierkämpfen und grausamen Hinrichtungen von Verbrechern: Jede Nummer erhielt ein Epigramm.

Die beiden folgenden Bücher, die vor dem großen Epigramm-Corpus entstanden sind, ihm jedoch in den Ausgaben als dessen Buch 13 und 14 zu folgen pflegen, knüpfen an einen Brauch beim Fest der Saturnalien an: Es war üblich, Geschenke zu versenden oder beim Gelage zu verlosen, jeweils mit einer Aufschrift dazu. Martial macht Vorschläge für derartige Aufschriften, jeweils vom Umfang eines Distichons. Das erste Buch, mit dem Titel *Xenia* (»Gastgeschenke«), führt im wesentlichen Eß- und Trinkbares vor. Das zweite Buch, *Apophoreta* (»Mitzunehmendes«) geheißen, reiht eine Fülle von Gebrauchsgegenständen aneinander, wobei meist eine billige und eine kostbare Gabe einander ablösen. Man glaubt sich in ein großes Warenhaus versetzt, in dem alles feilgeboten wird, was ein bürgerlicher Haushalt benötigt: Kleidungsstücke, Gefäße, Möbel, Bücher, Sklaven und vieles mehr.

Erst mit dem Hauptwerk, dem etwa 1200 Epigramme enthaltenden großen Corpus, ist Martial ganz in seinem Element: als Beobachter der buntgemischten hauptstädtischen Gesellschaft, als Moralist und Spötter. Hier erhält die Gattung ihre klassische zweigeteilte Form, wie sie Lessing als Folge von »Erwartung« und »Aufschluß« beschrieben hat; hier wird virtuos und mit äußerster sprachlicher Zucht auf das Ziel, die überraschende Pointe, hingearbeitet. Martial blickt nicht in sein Inneres. Er ist extrovertiert; sein realistisch-satirischer Spiegel bildet ab, was die Welt, in der er sich bewegt, ihm darbietet: alle Stände, Berufe und Altersstufen, alle Laster, Schwächen und üblen Gewohnheiten, alle Tätigkeiten und Verhaltensweisen, insbesondere auf dem Felde der leiblichen und sinnlichen Genüsse. Er ist nicht immer nur Kritiker von beißender Schärfe; er weiß, daß es abseits von dem Panoptikum der Skurrilitäten und Frivolitäten das wahre Leben der einfachen Dinge und Werte gibt. So hat er in dem berühmten Gedicht 10,47 schöne und schlichte Verse gefunden, ein derartiges Leben zu schildern:

Vitam quae faciant beatiorem,
iucundissime Martialis, haec sunt:
res non parta labore, sed relicta,
non ingratus ager, focus perennis,
lis numquam, toga rara, mens quieta,
vires ingenuae, salubre corpus,
prudens simplicitas, pares amici,
convictus facilis, sine arte mensa,
nox non ebria, sed soluta curis,
non tristis torus et tamen pudicus,
somnus, qui faciat breves tenebras;
quod sis, esse velis nihilque malis;
summum nec metuas diem nec optes.

»Was das Leben schön macht,
bester Freund Martial, ist dies:
ein Vermögen, nicht mühsam erworben, sondern ererbt,
ein nicht undankbarer Acker, ein immer warmer Herd,
Prozesse nie, kaum feine Kleidung, Ruhe im Gemüt,
gehörige Kräfte, ein gesunder Körper,
gewollte Einfachheit, gleichgesinnte Freunde,
angenehme Gäste, schlichte Mahlzeiten,
die Nacht ohne Trunkenheit, doch frei von Sorgen,
das Bett nicht freudlos und doch sittsam,
Schlaf, der die Dunkelheit kurz macht;
was man ist, das wolle man auch sein und nichts andres;
den letzten Tag soll man nicht fürchten und nicht wünschen.«

Eine spürbare Schranke, welche die Epigramme Martials dem modernen Leser entgegensetzen, ist ihre Obszönität: Ungefähr ein Sechstel des Corpus enthält sexuelle Direktheiten. Gewiß war Martial auch in dieser Hinsicht durch das Vorbild Catulls ausgewiesen – mit dem Unterschied allerdings, daß die Erotik seiner Epigramme sich im Physischen zu erschöpfen pflegt. Die Übersetzungen gehen dem Problem, das sich hier zeigt, manchmal dadurch aus dem Wege, daß sie Termini wie *futuere* oder *fellare* durch dezente Allgemeinheiten wie »Spaß haben« oder »Unzucht treiben« wiedergeben.

Eine zweite, von manchem wohl als noch störender empfundene Barriere ist die Panegyrik, die Schmeichelei. Die Spottepigramme nennen nur fiktive Namen, da Martial die Angegriffenen nicht öffentlich bloßstellen durfte. Die Gedichte hingegen, in denen er zu Gönnern oder gar zum Kaiser spricht, nennen den realen Adressaten, und diese Texte enthalten nichts als Lob oder freundlichen Scherz. Zumal dem Hof gegenüber verhält Martial sich unterwürfig und kriecherisch, und der Preis Domitians, eines autokratischen, ja tyrannischen Herrschers, wurde immer überschwenglicher. Das Argument, daß Martial wie alle römischen Dichter ohne eigenes Vermögen auf Protektion angewiesen war, rechtfertigt diese Haltung nur zum Teil, und so brachte ihn der Machtwechsel des Jahres 96 denn auch in Verlegenheit: Er glaubte, sich von seiner Domitian-Verherrlichung distanzieren zu sollen.[13]

Martials Sprache ist frei von hoher Rhetorik und gesuchter Geistreichelei; sie ist so, wie sie in einem Gedicht charakterisiert wird:[14]

A nostris procul est omnis vesica libellis,
   Musa nec insano syrmate nostra tumet.

»Von meinen Büchern bleibt alle Aufgeblasenheit fern,
   meine Muse prunkt nicht im irrwitzigen Schleppkleid.«

Sie weiß darüber hinaus die spezifischen Möglichkeiten des Lateinischen in einem Maße zu nutzen, wie es sonst nur Horaz in den Oden gelungen ist. Die Kürze, die Klarheit, die Treffsicherheit und die scheinbar mühelose Leichtigkeit, mit der sich ein Wort aus dem anderen ergibt, machen die Epigramme Martials zu Gebilden, die nur in ihrer originalen Fassung vollauf wirken und bei jedem Übersetzungsversuch notwendigerweise erhebliche Einbußen erleiden.

Der Ruhm kam sofort, und er erstreckte sich bis in die entferntesten Gegenden des Reiches. Der Dichter registriert mit Genugtuung, daß Buchhändler seine Erzeugnisse vorrätig haben, und er findet Gelegenheit, Plagiatoren zu attackieren. Er gehört zu den wenigen römischen Schriftstellern, deren Wertschätzung und Wirkung sich zu allen Zeiten gleichblieb, über jeglichen Wandel der Epochen hinweg. Er repräsentiert – neben oder gar vor der *Anthologia Palatina* – die Gattung; er ist geradezu mit ihr identisch. Es gab Jahrhunderte besonders nachhaltiger Resonanz, z. B. die Renaissance: Die Neulateiner, auch sonst eifrige Liebhaber der kleinen Gattungen, widmeten sich mit Nachdruck der Produktion von Epigrammen, und hierdurch wiederum wurden nationalsprachliche Autoren dazu angeregt, in der Weise Martials zu dichten. Lessings *Zerstreute Anmerkungen über das Epigramm und einige der vornehmsten Epigrammatisten* steuerten die Theorie bei. Schiller und Goethe ließen sich durch Martial zu ihren *Xenien* anregen.

13 In einem Epigramm außerhalb der überlieferten Sammlung, dessen Schlußdistichon die Scholien zu Juvenal 4,38 zitieren.
14 4,49,7 f.

Die Überlieferung geht auf drei spätantike Exemplare zurück, die sich in Textbestand und Wortlaut voneinander unterschieden. Der erste Archetyp, nur durch Florilegien bezeugt, zeichnet sich dadurch aus, daß er als einziger die Reste des *Liber spectaculorum* bewahrt hat. Die Vertreter des zweiten Archetyps bekunden durch Subskriptionen, daß im Jahre 401 ein gewisser Torquatus Gennadius eine kritische Durchsicht des Textes vorgenommen hat.

b) Decimus Iunius Iuvenalis

Biographisches

Vom Leben des Decimus Iunius Iuvenalis, des grandiosen letzten römischen Satirikers, ist so gut wie nichts zuverlässig überliefert; eine in der Spätantike zusammengestellte Biographie verdient kaum Glauben. Juvenal mag – als etwas jüngerer Zeitgenosse des Tacitus – von etwa 60 bis 135 n. Chr. gelebt haben. Sein Freund Martial, der ihn in den Jahren 92–102 insgesamt dreimal nennt, bezeichnet ihn einmal als *facundus*:[15] Er war also wohl Deklamator und Redelehrer. Seine 16 Satiren sind in der Zeit von 100 bis 130, in seinen späteren Jahren, entstanden.

Das Werk

Die 16 Satiren Juvenals (von der letzten blieben nur die ersten 60 Verse erhalten) füllen – in chronologischer Anordnung – fünf Bücher. Das erste Stück hat programmatischen Charakter: Angesichts krasser sozialer Mißverhältnisse und allgemeinen Sittenverfalls sei es geradezu schwierig, keine Satire zu schreiben (*difficile est saturam non scribere*); Juvenal wolle alles, was die Menschen trieben, zum Gegenstand seiner Dichtungen machen – wenn das Talent nicht ausreiche, dann bringe Empörung die Verse hervor. Allerdings: Wegen der Gefährlichkeit, Lebende anzugreifen, müsse sich der Autor mit Verstorbenen begnügen.

Jedes Stück ist trotz einiger Freiheit in der Gedankenführung einem bestimmten, klar umrissenen Thema gewidmet: sexuellen Perversionen, der Schwelgerei, dem Elend der intellektuellen Berufe, den falschen Bitten an die Götter usw. Berühmt ist die 3. Satire, eine Invektive auf die Plagen und Schrecken der Großstadt Rom, vorgetragen von jemandem, der in ein stilles Provinznest zieht. Als das längste Gedicht ragt das 6. Stück hervor, eine umfassende Frauensatire: Die Vertreterinnen des weiblichen Geschlechts sind fast allesamt gänzlich sittenlos, und die wenigen, die noch Scham und Anstand kennen, haben gravierende andere

---

15 7,91,1.

Fehler. Juvenals grimmige Attacken richten sich vornehmlich gegen die oberen Stände; die zur Illustration ausersehenen Beispiele sind, wie in der 1. Satire angekündigt, durchweg der Vergangenheit, spätestens der Zeit Domitians, entnommen (bei der einzigen erheblichen Ausnahme, dem in der 15. Satire geschilderten Kannibalismus, handelt es sich um ein exotisches Geschehen). In den letzten Stücken ist das Pathos gedämpft; diese Gedichte gelten weithin als schwächer.

Mit Juvenal hat die römische Satire den Höhepunkt der Realitätsferne erreicht. Vom Horazischen *ridentem dicere verum*[16] ist so gut wie nichts übriggeblieben: Weder läßt sich der angestrebte Effekt hinlänglich als ›Lachen‹ bezeichnen, noch geht es bei den angeprangerten Übelständen um ›Wahres‹. Juvenal begnügt sich nicht mehr damit, zu übertreiben und zu karikieren; er konstruiert eine eigene, eine satirische Welt – wie zuvor auch die Elegiker eine eigene gattungsimmanente, von der sozialen Wirklichkeit abgehobene Welt geschaffen hatten und ebenso die Bukoliker in ihren Eklogen.

Juvenals satirische Gegenwelt ist nicht ganz und gar Fiktion: Beobachtungen und Erfahrungen haben gleichsam auslösende Funktion – sie werden ins Groteske übersteigert, dann verallgemeinert und schließlich gehäuft und aufeinandergestapelt. Der Zerrspiegel verkrümmt nicht nur die dargestellten Verhältnisse, sondern auch den Darsteller, den Satiriker selbst, und dessen vorgetäuschtes Pathos will ebenso genossen sein wie die äußerst pointiert vorgeführten angeblichen Mißstände. Juvenals raffinierte Kunst ist für ein Publikum kalkuliert, das, in einer geordneten Welt der Wohlfahrt und Biederkeit lebend, nach Skandalen und Sensationen giert: Diesem Bedürfnis wird gründlich Genüge getan; es wird unterhaltsamer Stoff für Entrüstung bereitgestellt, wobei der mitgegebene Maßstab, das Idealbild der sittenreinen Römer von einst, die Zustimmung des Lesers unausweichlich macht. Phantasie und Kühnheit im Sprachlichen haben diesen Wirkungsabsichten ein angemessenes Gewand verliehen. Die Sentenzen und der Figurenschmuck, die ihre Abstammung von der zeitgenössischen Rhetorik nicht verleugnen, zeichnen sich durch Unverbrauchtheit, Plastizität und Treffsicherheit aus. Juvenal ist ein Meister des kräftig aufleuchtenden überraschenden Bildes.

Mit ihm brachte das alte Rom seinen letzten bedeutenden Dichter hervor; die Öde, die sich nach seinem Tode auszubreiten begann, macht begreiflich, daß sich Zeugnisse für seine Wirkung erst mit der Erneuerung des geistigen Lebens in der Spätantike einstellen. Damals wurde er ediert und kommentiert; Ausonius und Claudian benutzten ihn. Auch das Mittelalter wußte ihn zu schätzen: Er galt als *poeta ethicus* und gehörte zum obligatorischen Pensum der Schullektüre. In der

16 Siehe S. 221.

Neuzeit trifft man überall auf ihn, wo Satiren gedichtet wurden: man ahmte seine Haltung nach, seine Stoffe und seine Prägnanz im Ausdruck. Im Bildungsbürgertum wurden einige seiner Sentenzen zur Scheidemünze, wie *panem et circenses* oder *mens sana in corpore sano*.

Die zahlreichen Juvenal-Handschriften (über 500) gehören zwei Klassen an, deren eine, die stärker von Fehlern entstellte, sich bis in die Spätantike zurückverfolgen läßt. Das Hauptproblem des im ganzen schlecht überlieferten Textes geben nicht die Varianten, sondern die – ohne Zweifel in erheblicher Zahl eingedrungenen – unechten Verse auf.

3. Geschichtsschreibung und Biographie

a) Quintus Curtius Rufus

Biographisches

Kein römischer ›Klassiker‹ ist so unbekannt wie QUINTUS CURTIUS RUFUS, der Verfasser der *Historiae Alexandri Magni Macedonis* (»Geschichte Alexanders des Großen, des Makedonen«). Von dem Werk, das aus zehn Büchern bestanden hat, fehlen die beiden ersten sowie der Anfang des dritten; außerdem klafft eine größere Lücke zwischen dem fünften und sechsten Buch, und schließlich hat auch das zehnte Buch Einbußen erlitten. Mit der Einleitung ist die in Geschichtswerken übliche Stelle für Selbstzeugnisse verlorengegangen, und da auch kein anderer Schriftsteller Curtius Rufus einer Erwähnung für wert gehalten hat, kann die Nachwelt allenfalls seine Lebenszeit in etwa zu bestimmen suchen. Sie stützt sich hierbei vor allem auf den Anfang des Kapitels 10,9, wo in einem Exkurs eines römischen Kaisers gedacht wird, dessen rettendes Eingreifen einen Bürgerkrieg verhindert habe: Dieser Ausruf wird von vielen auf Claudius, von einigen jedoch mit größerer Wahrscheinlichkeit auf Vespasian bezogen.

Das Werk

Griechische Geschichte in lateinischer Sprache war nichts Neues: Es gab die parallelen Biographien des Cornelius Nepos und die *Historiae Philippicae*, eine Universalgeschichte, des Pompeius Trogus. Die Gestalt Alexanders des Großen überragte indes alles andere: Die Unterwerfung des Perserreichs und der Zug nach Indien beeindruckten auch die Römer derart stark, daß ihre Heerführer und Machthaber es für angezeigt hielten, sich in ihrer Selbstdarstellung dem Makedonen ähnlich zu machen, wenn nicht sogar mit ihm zu identifizieren: von Scipio Africanus Maior über Pompeius und Caesar bis hin zu den Kaisern. Rom, das sonst, wenn es um Vorbilder oder Gegenstände der Bewunderung ging, an der eigenen Geschichte Genüge fand, erlaubte sich bei Alexander eine Ausnahme. Doch wurden nicht Methoden realer Machtausübung nachgeahmt wie zuvor von den Diadochen: Alexander diente den herausragenden Römern vor allem als Staffage, als Draperie, zu repräsentativen Zwecken und für einen charismatischen Nimbus. Daß die faszinierende Gestalt des Makedonen eben deshalb Gefahren barg, war von Anfang an erkannt worden, und so gab es seit jeher auch ein vor allem von den Philosophen propagiertes negatives Alexander-Bild, zu dem auch Seneca eine Beisteuer leistete: der Räuber und Heimsucher der Völker, der wahnwitzige junge Mann habe seine Erfolge nicht seiner Tüchtigkeit, sondern lediglich seinem vom Glück begünstigten Leichtsinn zu danken.[17]

Vor diesem geistigen Hintergrund trat Curtius Rufus mit der ersten und einzigen erhaltenen Alexander-Monographie in lateinischer Sprache auf. Die Bücher 1–5 stellten die Ereignisse bis zum Tod des Dareios dar; der überlieferte Text setzt mit der Zerschneidung des gordischen Knotens ein. Die zweite Hälfte hat hauptsächlich den Zug nach Baktrien und Indien zum Gegenstand; das Werk endet mit dem Tod Alexanders und den Anfängen des Streites um die Nachfolge.

Curtius Rufus ist bei seiner Darstellung vor allem der sogenannten Alexander-Vulgata gefolgt, d. h. einem Strang der Überlieferung, der etwa die Mitte zwischen zuverlässiger Berichterstattung (repräsentiert durch Ptolemaios Lagu, die Hauptquelle Arrians) und dem Alexanderroman hielt, wie er vom 3. Jahrhundert n. Chr. an dokumentiert ist, u. a. durch die lateinische Fassung des Iulius Valerius. Die Vulgata ging im wesentlichen auf Kleitarchos zurück, der seinen Helden von der Thronbesteigung bis zum Ende *rhetorice et tragice* (so Cicero[18]) vorführte und hierbei mit romanhafter Pracht nicht sparte. Diese Merkmale kehren bei Curtius Rufus wieder, sind dort jedoch mit Elementen der sachlicheren Tradition vermischt. Das Alexander-Bild des Curtius trägt im wesentlichen negative Züge, durchaus im Sinne der von den Philosophen geübten Kritik.

Curtius Rufus hat offensichtlich nicht danach gestrebt, seinen Lesern eine historisch korrekte Vorstellung von seinem Gegenstand zu vermitteln. Er bietet eine spannende, unterhaltsame Lektüre an; hierbei weiß er das Instrumentarium

---

17 *De beneficiis* 1,13,3.
18 *Brutus* 43.

pathetischer Darstellung – dramatische Szenen, anschauliche Schilderungen, psychologisierende Deutungsversuche – souverän zu handhaben. Sein ebenso klarer wie plastischer Stil ist an Livius geschult; er zeigt zugleich eine leicht poetische Tönung und verleugnet nicht den Einfluß der frühkaiserzeitlichen Rhetorik.

In der Antike und Spätantike scheint die Alexandergeschichte keinerlei Wirkung hervorgerufen zu haben. Erst im frühen Mittelalter, gleichzeitig mit den ältesten Zeugen der handschriftlichen Überlieferung, setzen zuverlässige Spuren ein; im ganzen aber lief der Alexanderroman in der Version des Iulius Valerius der Darstellung des Curtius den Rang ab. Im Hochmittelalter fand die *Alexandreis* – eine epische Fassung, die der mittellateinische Dichter Walther von Châtillon dem Werk des Curtius gegeben hatte – breiteste Resonanz. Ein weiteres Mal hatten die *Historiae Alexandri* bei den Humanisten viel Erfolg: wegen des korrekten, klaren Lateins, das sie zumal als Schullektüre empfahl.

Die handschriftlichen Textzeugen sind zahlreich. Die modernen Ausgaben stützen sich auf einige frühmittelalterliche Codices, die zwei Familien angehören.

b) Publius Cornelius Tacitus

Biographisches

Über Publius (oder Gaius) Cornelius Tacitus, den einsamen Schlußpunkt einer dreihundertjährigen Tradition römischer Geschichtsschreibung, ist die Nachwelt nicht sonderlich gut unterrichtet. In keinem seiner Werke nahm der Autor Gelegenheit, ausführlich von sich selbst zu sprechen, und daß Jüngere sich seiner Biographie annahmen, scheint die Verödung des geistigen Lebens verhindert zu haben, die sich in der Zeit nach dem Tode des Tacitus bemerkbar zu machen begann. So blieb nur ein dürftiges Skelett von Fakten, im wesentlichen eine Stufenleiter von Ämtern.

Tacitus mag um das Jahr 55 n. Chr. geboren sein – er war somit ein Zeitgenosse des Kaisers Trajan, des letzten römischen Eroberers. Er stammte wohl aus begütertem Hause; vielleicht ist er im südlichen Gallien aufgewachsen. Er genoß die übliche Ausbildung der oberen Stände; er studierte in Rom bei zwei berühmten aus Gallien stammenden Rednern, bei Marcus Aper und Iulius Secundus, Rhetorik. Ungewöhnlich begabt, wurde er schon als junger Mann bewundert, unter anderem von dem um etwa sechs Jahre jüngeren Plinius Minor, mit dem er Freundschaft schloß. 78 n. Chr. heiratete er die einzige Tochter des Gnaeus Iulius Agricola, eines angesehenen Verwaltungsbeamten und Generals.

Noch während der Herrschaft Vespasians trat Tacitus in die Ämterlaufbahn

ein. Fest steht, daß er im Jahre 88, unter Domitian, die Prätur erreichte; er wirkte
bei der Säkularfeier mit, die damals stattfand. Er hat sich dann, man weiß nicht,
wo und in welcher Funktion, einige Jahre fern von Rom aufgehalten; im Jahre 97
wurde ihm von Nerva die Konsulwürde zuerkannt. Bald danach trat er gemeinsam mit seinem Freunde Plinius als Ankläger in einem Prozeß gegen einen erpresserischen Statthalter auf. Um 112/113 verwaltete er als Prokonsul die Provinz
Asien. Er starb wahrscheinlich zu Beginn der Herrschaft Hadrians, um das Jahr
120.

Tacitus hat sicherlich in der Gunst Domitians gestanden, des dritten Kaisers,
der – nach Caligula und Nero – seines tyrannischen Gebarens wegen durch Gewalt Thron und Leben verlor. Andererseits war er offenbar nicht in die Kabalen
des Hofes verwickelt, und so enthalten seine Lebensdaten (im Unterschied zu denen Senecas) nichts Außergewöhnliches. Sie spiegeln jene friedlichen Verhältnisse, die auf dem Wohlstand des von Kaiser und Senat verwalteten Weltreichs,
auf dessen Zivilisation sowie auf dem im allgemeinen gut funktionierenden Be-
amtenapparat beruhten. Die Besonderheit des Tacitus ist ganz und gar durch das
literarische Werk bedingt, und dieses Werk steht gleichsam erratisch neben einem
Leben, zu dem sich aus den massenhaft erhaltenen Inschriften zahlreiche Parallelen ableiten ließen.

Werke

Tacitus kündigte in seinem literarischen Erstling, der Biographie seines Schwiegervaters Agricola, an, er wolle die Tyrannei Domitians und das Glück der Gegenwart darstellen.[19] Die *Historiae*, das erste der beiden großen Geschichtswerke,
führten den ersten Teil dieses Versprechens aus, mit der Modifikation, daß sie,
mit den Wirren des Vierkaiserjahrs (69 n. Chr.) einsetzend, die Geschichte der
gesamten flavischen Dynastie darstellten. Tacitus griff sodann – trotz abermaliger
Ankündigung eines zeitgeschichtlichen Werkes[20] – auf die Geschichte des julisch-claudischen Hauses vom Tode des Augustus an zurück, vielleicht aus der
Einsicht, daß die wahrheitsgetreue Behandlung des trajanischen Regimes unmöglich sei. Schließlich erklärte er noch, auch über die Zeit des Augustus schreiben zu wollen:[21] Seine Historiographie bewegte sich konsequent auf die Ursprünge der Monarchie zu.

Von Tacitus sind drei kleinere Schriften sowie Teile zweier großer historischer
Werke erhalten:

19 *Agricola* 3,3.
20 *Historiae* 1,1,4.
21 *Annales* 3,24,3.

Agricola   (*De vita et moribus Iulii Agricolae* – »Über Leben und Charakter des Iulius Agricola«) – die Biographie des Schwiegervaters, erschienen um 98;

Germania   (*De origine et situ Germanorum* – »Über Ursprung und Wohnsitze der Germanen«) – eine ethnographische Studie, wohl ebenfalls noch 98 erschienen;

Dialogus   (*Dialogus de oratoribus*) – Dialog über die alte und die zeitgenössische Beredsamkeit, vielleicht 102 erschienen;

Historiae   die Geschichte des flavischen Hauses (69–96), erschienen nach 105; von den ursprünglich wohl 14 Büchern sind erhalten: Buch 1–4 und der Anfang von Buch 5;

Annales   (*Ab excessu divi Augusti* – »Vom Tode des göttlichen Augustus an«) – die Geschichte des julisch-claudischen Hauses von Tiberius an, sukzessive erschienen, vermutlich nach 115; von den ursprünglich wohl 16 Büchern sind erhalten: Buch 1–6 (mit großer Lücke von 5,11 bis einschließlich Anfang 6), 11–16 (ohne Anfang 11 und Ende 16).

Die kleineren Schriften

Die Biographie *Agricola* wurde nach dem Regierungsantritt Trajans, wohl noch im Jahre 98, veröffentlicht. Auf das Proömium, ein für die Antriebe der Taciteischen Historiographie wichtiges Dokument (1–3), folgen die Darstellung von Agricolas Karriere bis zur britannischen Statthalterschaft (4–9) sowie ein ›Exkurs‹ über Britannien und die römischen Britannien-Feldzüge vor Agricolas Ankunft (10–17). Das Kernstück schildert, nach Jahren geordnet, Agricolas britannische Statthalterschaft (18–38); Tacitus schließt mit Agricolas ›Ruhestand‹ und Tod in Rom sowie mit feierlichem Preis des Verstorbenen (39–46).

Die Schrift, der Substanz nach Biographie, verbindet Elemente verschiedener Gattungen (Ethnographie, annalistische Geschichtsschreibung, Enkomion / Laudatio funebris) zu einem eigenwilligen Ganzen; sie strebt nach Erhabenheit und meidet – im Gegensatz zu Cornelius Nepos oder Sueton – alles Anekdotische. Sie dient apologetischen Zwecken: Sie lobt Agricola wegen seines Gehorsams gegenüber Domitian und sucht ihn, den von Domitian Geförderten, als dessen Opfer hinzustellen. Diese Tendenz soll die Kritik stoischer, Tacitus nahestehender Kreise abweisen, wonach sich für Agricola – und ebenso für Tacitus selbst – Widerstand gegen das tyrannische Regime geziemt hätte.

Die *Germania* handelt in ihrem ersten Teil (1–27) von den Germanen im allgemeinen: von den Grenzen und der Beschaffenheit des Landes sowie vom öffentlichen und privaten Leben der Bewohner; der zweite Teil (28–46) befaßt sich mit den einzelnen Stämmen. Der Stoff ist hauptsächlich aus literarischen Quellen (Caesar, Livius, *Bella Germaniae* des älteren Plinius) geschöpft; er enthält mancherlei Wandermotive der ethnographischen Literatur. Das Werk ist als Spezialschrift über ein fremdes Volk ein Unikum, was Schwierigkeiten verursacht, seinen Charakter und Zweck zu bestimmen. Am einleuchtendsten scheint die ›Sittenspiegeltheorie‹: Tacitus habe seinem römischen Milieu, einer korrupten, unfreien und kriegerischer Leistungen kaum noch fähigen Umwelt, eine Existenzweise entgegenhalten wollen, die auf Einfachheit, Freiheit, Ehre und Kampfesmut beruhte. Andererseits waren die Germanen in den Augen des Tacitus desto gefährlichere Feinde des gegenwärtigen Rom, je deutlicher ihre Tapferkeit an das einstige Rom erinnerte. Und so bricht der Autor anläßlich einer Schlacht, die germanische Stämme untereinander ausgefochten hatten, in den Ruf aus (33):

> *Super sexaginta milia non armis telisque Romanis, sed quod magnificentius est, oblectationi oculisque ceciderunt. Maneat, quaeso, duretque gentibus, si non amor nostri, at certe odium sui, quando urgentibus imperii fatis nihil iam praestare fortuna maius potest quam hostium discordiam.*

»Über Sechzigtausend sind gefallen, nicht durch römische Wehr und Waffen, sondern, was erhebender ist, ganz zu unserer Augenweide. Es bleibe, flehe ich, und halte an bei diesen Völkern wo nicht Liebe zu uns, so doch wechselseitiger Haß, da das Schicksal bei dem lastenden Verhängnis des Reiches nichts Besseres mehr darbieten kann als die Zwietracht unserer Feinde.«

Der (durch eine größere Lücke entstellte) *Dialogus de oratoribus* ist nicht zweifelsfrei als Werk des Tacitus überliefert, weshalb denn – vor allem mit Berufung auf den untaciteischen, ›Ciceronischen‹ Stil – seine Autorschaft hier und da noch angefochten wird. Ein Brief des Plinius an Tacitus enthält indes ein kaum bestreitbares Zitat:[22] Die Worte *poemata [. . .], quae tu inter nemora et lucos commodissime perfici putas* (»die Gedichte, die deiner Meinung nach in Wäldern und Hainen ganz besonders gut gelingen«) spielen deutlich auf die im *Dialogus* zweimal als die beste Zuflucht des Dichters erwähnten *nemora et luci* an. Als Entstehungszeit kommt das Jahr 102 in Betracht: Damals bekleidete der Adressat der Schrift, Lucius Fabius Iustus, das Konsulat. Tacitus behauptet (einer in Dialogen verbreiteten Konvention gemäß), ein Gespräch wiederzugeben, dem er als junger Mann – wohl um das Jahr 76 – beigewohnt habe: der Redner und Dichter Curiatius Maternus, die Redner Marcus Aper und Iulius Secundus sowie der Offizier Vipstanus Messalla hätten sich zunächst (3–13) darüber unterhalten, ob das Metier

---

22 *Epistulae* 9,10,2 zitiert aus *Dialogus* 9,6; vgl. ebd. 12,1.

des Redners (so Aper) oder das des Dichters (so Maternus) den Vorzug verdiene; sodann habe man die Unterschiede zwischen der ›alten‹ und der zeitgenössischen Beredsamkeit erörtert, die von allen Beteiligten, Aper ausgenommen, als Verfall bewertet worden seien, und nach den Ursachen des Wandels gefragt. Messalla beruft sich auf die Entartung der Kindererziehung und des rhetorischen Unterrichts. Der auf die Lücke folgende Schluß, der wohl Maternus gehört, macht die Veränderung der staatlichen Verhältnisse, den Übergang von der Republik zur Monarchie, für den Verfall verantwortlich. Das Thema wurde, wie Petron,[23] Quintilians verlorene Monographie *De causis corruptae eloquentiae* (»Von den Ursachen des Niedergangs der Beredsamkeit«) und der Schluß des Traktates »Über das Erhabene« von Pseudo-Longinos beweisen, im 1. Jahrhundert n. Chr. oft behandelt. Der gedankenreiche, von feiner Ironie durchzogene »Dialog« des Tacitus übertrifft alle Konkurrenten.[24]

Die großen Geschichtswerke

Die beiden großen Geschichtswerke, die *Historiae* und die *Annales*, werden von Hieronymus[25] als 30 Bücher Kaisergeschichte von der Zeit nach Augustus bis zum Tode Domitians erwähnt, und der Codex Mediceus II zählt das 1. Buch der *Historiae* als Buch 17; hieraus folgt, daß die *Historiae* aus 14 und die *Annales* aus 16 Büchern bestanden haben. Der erhaltene Teil der *Historiae* schildert die Ereignisse vom 1. Januar 69 bis zum Bataveraufstand im Jahre 70, im wesentlichen also das sogenannte Vierkaiserjahr, mit den Höhepunkten der zweiten Schlacht von Bedriacum und der Erstürmung Cremonas[26] sowie der Zerstörung des Kapitols.[27] Als Quellen nennt Tacitus die Memoiren des Messalla, des Mitunterredners im *Dialogus*, sowie ein Geschichtswerk des älteren Plinius, das die Zeit von Nero bis Vespasian behandelt hatte. Vieles mag er nach eigener Kenntnis oder der von Augenzeugen dargestellt haben; ein Beispiel dafür, daß er Erkundigungen einzog, ist in den Briefen erhalten, worin der jüngere Plinius ihm vom Vesuv-Ausbruch und dem Tode seines Onkels berichtet.[28]

In den *Annales* hat die Verstümmelung von Buch 5 und 6 die Jahre 29–31 dahingerafft; Buch 6 endet mit dem Tod und der Charakteristik des Tiberius. Dem großen Textverlust von Buch 7 bis Anfang 11 sind die ganze Regierung Caligulas

---

23 *Satyrica* 1–5.
24 Vgl. S. 333 f.
25 *Commentarii in Zachariam* 3,14.
26 3,22–34.
27 3,69–75.
28 *Epistulae* 6,16 und 20; vgl. S. 338 f.

und die ersten sechs Jahre des Claudius anheimgefallen. Der Rest (Buch 11 bis 16 ohne Anfang und Ende) behandelt die Zeit von 47 bis 66. Es fehlen somit Neros letzte Jahre; dies führt zu der Annahme, daß auch für Nero sechs Bücher vorgesehen waren, Tacitus jedoch die Bücher 17 und 18 nicht mehr hat ausführen können.

In den Tiberius-Büchern wird neben Primärquellen wie den Memoiren Agrippinas nur der ältere Plinius als Gewährsmann namhaft gemacht, diesmal als Verfasser der *Bella Germaniae*. Die Nero-Bücher berufen sich außerdem auf einschlägige Werke des Politikers Cluvius Rufus und des wortgewandten Geschichtsschreibers Fabius Rusticus, ferner auf die Memoiren des bedeutenden Feldherrn Gnaeus Domitius Corbulo. Im ganzen hat Tacitus an die oppositionelle Historiographie der julisch-claudischen Zeit angeknüpft;[29] er ist geradezu deren Vollender gewesen. Da er im übrigen mit seinen Quellen frei geschaltet hat, ist die Suche nach bestimmten Abhängigkeiten über vage Vermutungen nicht hinausgekommen.

Tacitus hat sich offensichtlich um ausgewogene Proportionen bemüht, wobei die Darstellung um weniges ausführlicher wurde, je weiter sie vorrückte: Auf 6 Bücher Tiberius (für 23 Jahre) folgten 6 Bücher Caligula und Claudius (für 17 Jahre) sowie, wenn man den mutmaßlichen Plan zugrunde legt, 6 Bücher Nero (für 14 Jahre). Die erste Hexade gliedert sich deutlich in zwei Triaden: Buch 1–3 behandeln die relativ gute Zeit des Tiberius bis zum Jahre 22, mit der Lichtgestalt des Germanicus als Kontrastfigur; Buch 4–6 sind seiner sich stufenweise verschlimmernden Tyrannis gewidmet, mit der dämonischen Persönlichkeit Sejans als Gegenspieler. Buch 13, das erste Nero-Buch, hat exponierenden Charakter; es schildert das durch die Regentschaft des Seneca und Burrus geprägte, noch einigermaßen ruhige Quinquennium 54–58. Die Bücher 14–16 sind eng miteinander verbunden. Sie enthalten die schauerlichen Höhepunkte der Neronischen Schreckensherrschaft: die Ermordung Agrippinas und Octavias, den Brand von Rom und die Christenverfolgung, die Pisonische Verschwörung und Neros Reaktion, sein Wüten gegen die Senatsaristokratie.

Die Taciteische Geschichtsschreibung ist erhabene Kunstprosa par excellence; sie verhält sich in stilistischer und kompositorischer Hinsicht zu den Werken Sallusts wie die Vollendung zur Wegbereitung. Tacitus hat die auffälligsten Merkmale der Sallustischen Diktion, die Prägnanz und Gesuchtheit, die Antithesen und Inkonzinnitäten, zu einem überaus eigenwillig gehandhabten Instrument fortgebildet, das teils mit erbarmungsloser Präzision enthüllt, teils – durch An-

---

29 Siehe hierzu S. 294 f.

spielungen und Ambivalenzen – das fahle Licht einer unbestimmten Suggestivität erzeugt.

Tacitus hat seinen beiden großen Werken das annalistische Schema zugrunde gelegt, besonders streng in der ersten Hexade der *Annales*, wo zusammengehörige Ereignisse rigoros auf die Jahre verteilt sind und jedes Buch mit einem neuen Jahr beginnt. Die späteren Bücher hingegen verfahren freier: Sie gruppieren den Stoff um die beherrschenden Persönlichkeiten oder ordnen ihn nach Schauplätzen. Das Raffinement des Aufbaus ist bei Tacitus – wie im Epos oder Drama – ein wesentliches Element der ›Aussage‹: Erst die (auf Steigerungen, Kontraste oder Vorwegnahmen der weiteren Entwicklung zielende) Anordnung verleiht einer jeden Materie den Stellenwert, der ihr im historischen Ganzen zukommt. Weder der Stil noch die Komposition der Taciteischen Werke dürfen in ästhetisierender Weise als selbständige künstlerische Größen betrachtet werden: Sie stehen im Dienst des historiographischen Zwecks.

Die Werke des Tacitus bekunden zum letzten Male den Kodex der senatorischen Geschichtsschreibung: die bedeutende, insbesondere militärische Leistung (*virtus*), den rühmenden Preis (*gloria*) sowie die äußere und innere Freiheit (*libertas*) als die Bedingung von beidem. Höchster Maßstab ist jene Römergröße, die in republikanischer Zeit das Weltreich geschaffen hatte, ist der freie Wettbewerb innerhalb der herrschenden Schicht und das hieraus resultierende eigenverantwortliche Handeln. Tacitus weiß jedoch, daß die Monarchie die Möglichkeiten des aristokratischen Wettstreits stark eingeschränkt, wenn nicht aufgehoben hat, und er weiß sogar, daß die neue Staatsform zu den unumkehrbaren Notwendigkeiten der Geschichte gehört.

Hieraus erwächst die Grundantinomie der Taciteischen Geschichtsbetrachtung: die Unvereinbarkeit von Kaiserregiment und Adelskodex. Die Diskrepanz zwischen Wirklichkeit und Sehnsucht hat ein Werk von grandioser Negativität hervorgebracht. Dieser Grundzug wird durch den stets wachen Scharfblick eines bohrenden Menschenkenners verstärkt: Die oft ironische, ja sarkastische Entlarvungskunst des Tacitus hat in den *Historiae* und *Annales* ein Pandämonium menschlicher Schwächen – des Eigennutzes, der Genußsucht, der Kurzsichtigkeit, Feigheit, Heuchelei und Niedertracht – zu vereinigen gewußt. Er, der die Fakten respektierte und ehrlich bestrebt war, *sine ira et studio*[30] (»ohne Gehässigkeit und Begünstigung«) darzustellen, hat, wenn ihn seine politischen und moralischen Prämissen dazu drängten, rigoros schematisiert. Der Gegensatz Domitian – Agricola, die Grundfigur des literarischen Erstlings, setzte sich in den Kontrastpaaren der

---

30 *Annales* 1,1,3.

Annales (Tiberius – Germanicus, Nero – Corbulo) mit auffälliger Gleichförmigkeit fort, und das Taciteische Tiberius-Bild, zumal die vernichtende Schlußcharakteristik, ist ein berüchtigtes Beispiel gewollt-ungewollter Verleumdung. Da
folgt auf einen kurzen Überblick über das Leben des Kaisers eine Skizze von dessen Verhalten, das gnadenlos als ein Stufengang zum Schlechteren geschildert
wird, bis schließlich das wahre Wesen unverstellt zutage getreten sei:[31]

> *Morum quoque tempora illi diversa. Egregium vita famaque, quoad privatus vel*
> *in imperiis sub Augusto fuit; occultum ac subdolum fingendis virtutibus, donec*
> *Germanicus ac Drusus superfuere; idem inter bona malaque mixtus incolumi ma*
> *tre; intestabilis saevitia, sed obtectis libidinibus, dum Seianum dilexit timuitve;*
> *postremo in scelera simul ac dedecora prorupit, postquam remoto pudore et metu*
> *suo tantum ingenio utebatur.*

»Auch sein Charakter war in den einzelnen Zeitabschnitten verschieden.
Hervorragend waren Lebenswandel und Ruf, solange er amtlos oder Befehlshaber unter Augustus war; verschlagen und unaufrichtig gab er sich
durch Vorspiegeln trefflicher Eigenschaften, während Germanicus und Drusus noch lebten; ebenso zeigte er Gutes und Böses vermischt zu Lebzeiten
seiner Mutter; verabscheuenswert durch seine Grausamkeit, verbarg er seine
Ausschweifungen, solange er Sejan liebte oder fürchtete; schließlich stürzte
er sich gleichermaßen in Verbrechen und Schandtaten, als er sich nach Preisgabe aller Scham und Furcht nur noch von seinem wahren Wesen leiten
ließ.«

Über den nach unverrückbaren politisch-moralischen Normen beurteilten Protagonisten, über Rom, dem Kaiserhaus und der Senatsaristokratie kommt das
Reich mit seiner Verwaltung und seiner Zivilisation, kommen die anonymen
Kräfte, die das Zeitalter geprägt haben, die allgemeinen sozialen und geistigen
Entwicklungen entschieden zu kurz; die moderne Geschichtswissenschaft hat das
Bild vom frühen Prinzipat, das die Werke des Tacitus vermitteln, durch eine erheblich davon abweichende Auffassung ersetzt. Gleichwohl geht von der düstergrimmigen Persönlichkeit des römischen Historikers nach wie vor eine starke
Faszination aus. Sie beruht auf dem Widerstreit der Prinzipien, dem der Autor
sich selbst und seine Leser aussetzt (hierzu gehört auch das des öfteren berührte,
nie aufgelöste Verhältnis von Götter- und Menschenwalten, von Schicksal und
freiem Willen), auf einer ungewöhnlichen Sensibilität sowie auf einer künstlerischen Potenz, die sich in jedem Detail ebensosehr durch die Form mitzuteilen
weiß wie durch den Inhalt.

---

31 Ebd. 6,51.

In der geistigen Agonie des 2. und 3. Jahrhunderts war für Tacitus kein Raum. Die *Historia Augusta* erzählt die Mär, Kaiser Tacitus habe sich für einen Nachkommen des Historikers gehalten und für die Verbreitung von dessen Schriften gesorgt.[32] Einige Resonanz wurde Tacitus im 4. und 5. Jahrhundert zuteil: Ammianus Marcellinus setzte ihn fort; Sulpicius Severus und Orosius benutzten ihn. Dann herrschte Stille bis zum 9. Jahrhundert: Rudolf von Fulda kennt die ersten Bücher der *Annales* und zitiert ganze Kapitel der *Germania*. Diesem Boden entstammt ein Teil der handschriftlichen Überlieferung: der Codex Hersfeldensis (9. Jahrhundert) mit den kleinen Schriften (jetzt größtenteils nur noch durch Kopien der Humanisten bezeugt) und der Codex Mediceus I aus Corvey (9. Jahrhundert) mit den ersten sechs Büchern der *Annales*. Die Bücher 11–16 der *Annales* sowie der erhaltene Teil der *Historiae* sind durch eine Handschrift aus Monte Cassino (11. Jahrhundert), den Codex Mediceus II, bewahrt geblieben. Die Neuzeit lernte zuerst den Codex Mediceus II, dann den Hersfeldensis und zu Beginn des 16. Jahrhunderts auch den Codex Mediceus I kennen.

Eine breite Wirkung hatte Tacitus während des Absolutismus: Seine Schriften waren die Hauptpfeiler des sogenannten Tacitismus, einer die Lehren Machiavellis variierenden Theorie von der Staatsräson. Das Zeitalter der Französischen Revolution hingegen sah in Tacitus vor allem den Republikaner und Tyrannenfeind. Die faszinierenden Gestalten der Taciteischen Geschichtswerke, wie Tiberius, Otho, Nero, Agrippina, Britannicus, waren vom 16. bis 19. Jahrhundert ein bevorzugtes Repertorium für Dramenstoffe.

c) Gaius Suetonius Tranquillus

Biographisches

Gaius Suetonius Tranquillus, der Verfasser der Kaiserbiographien, geboren um das Jahr 70 n. Chr. und von ritterlicher Herkunft, stammte wahrscheinlich aus Hippo Regius in Nordafrika. Er genoß – vielleicht in Rom – die standesübliche rhetorische Ausbildung und betätigte sich zunächst als Advokat. Der jüngere Plinius wurde sein Gönner und Freund: Er half ihm, dem *scholasticus* (›Gelehrten‹), beim Kauf eines Gütchens in der Nähe von Rom[33] und erwirkte für ihn bei Trajan das *Ius trium liberorum*, eine Ehrenstellung, die auch Martial zuteil geworden war. Er trat in kaiserliche Dienste ein und erhielt die Ämter *a studiis* und *a*

---

32 *Tacitus* 10,3.
33 Siehe S. 339.

bibliothecis, d. h., er war für wissenschaftliche Angelegenheiten und insbesondere für die öffentlichen Bibliotheken verantwortlich. Hadrian vertraute ihm schließlich den wichtigen Posten *ab epistulis* an: Er hatte den kaiserlichen Briefverkehr zu besorgen. Im Jahre 122 wurde er bereits wieder entlassen, wie sein Freund, der Prätorianerpräfekt Gaius Septicius Clarus, dem er seine Kaiserbiographien gewidmet hatte. Man warf ihm vor, er habe gegenüber der Kaiserin die Etikette nicht gebührend gewahrt. Er hat dann wohl noch längere Zeit als Privatgelehrter gelebt.

Die Werke

Von seinen Schriften sind die Kaiserbiographien (*De vita Caesarum*) nahezu vollständig (nur der Anfang fehlt, die Jugend Caesars bis zu dessen 16. Lebensjahr) und das biographische Sammelwerk *De viris illustribus* fragmentarisch erhalten. Die *Caesares* waren Septicius Clarus gewidmet; sie schildern in acht Büchern das Leben aller zwölf Kaiser von Caesar bis Domitian. Jede Biographie steht für sich, ohne durch Querverweise mit anderen verbunden zu sein. Die Proportionen sind ungleich: Die Biographien der früheren sechs Kaiser (aus der julisch-claudischen Dynastie) nehmen mehr als dreimal so viel Raum ein wie die der späteren (vom Vierkaiserjahr und aus der flavischen Dynastie). Vielleicht hat Sueton die der späteren zuerst verfaßt.

Die längeren Biographien befolgen ein stereotyp wiederkehrendes Schema: Ein erzählender, der Chronologie folgender Rahmen schildert einerseits den Lebenslauf bis zum Beginn der Herrschaft und andererseits das Ende; ein beschreibender, nicht chronologischer Mittelteil führt in einer locker gefügten Serie von Rubriken die Tätigkeitsbereiche, Charakterzüge und Lebensgewohnheiten eines jeden Kaisers vor. Diesem Schema, zumal seinen Hauptbegriffen – wie öffentliche und private Sphäre, Gutes und Böses –, gelten die wenigen ausdrücklichen Gliederungssignale des Autors. Es entstammt schwerlich der hellenistischen Biographie, sondern ist wohl – jedenfalls in der pedantischen Starre, mit der es in den *Caesares* gehandhabt wird – Suetons eigenes Werk.

Sowohl der Stil und die Darstellungsweise – man vergleiche z. B., wie Sueton und Tacitus bei der Schilderung des Endes von Vitellius divergieren[34] – als auch die Komposition und die gesamte Haltung erweisen die Kaiserbiographien als Repräsentanten des *genus tenue*, als fast schon ›subliterarisches‹ Werk. Sueton hat nicht in dem Maße Geschichte bringen wollen, wie oft angenommen wird: Die *Caesares* zielen vor allem auf Unterhaltung. So erklären sich einerseits das Fehlen

---

34 *Vitellius* 16 entspricht Tacitus, *Historiae* 3,84.

jeglicher Tendenz oder Geschichtsauffassung, andererseits die Faktenfreudigkeit und die Vorliebe für Anekdoten, Klatsch und allzu menschliche Züge. Die *Caesares* sind ein kulturhistorisches Dokument von Rang; ihr überhaupt nicht von politischen und wenig von moralischen Absichten bestimmter Realismus ergänzt auf willkommene Weise die Perspektiven, welche die eigentlichen historiographischen Werke, zumal die Schriften des Tacitus, von der frühen Kaiserzeit vermitteln.

Das Sammelwerk *De viris illustribus* enthielt kurze, trockene, nach festen Kategorien geordnete Biographien von Berühmtheiten der römischen Literatur; es gliederte sich wohl in Abteilungen über Dichter, Redner, Geschichtsschreiber, Philosophen und Grammatiker nebst Rhetoren. Hiervon sind erhalten:

1. etwas mehr als die erste Hälfte der Abteilung Grammatiker – Rhetoren;
2. einzelne Dichter-Biographien, die von spätantiken Philologen den Ausgaben oder Kommentaren vorausgeschickt wurden (Terenz, Vergil, Horaz, Persius, Lukan, zum Teil in überarbeiteter Fassung);
3. die Biographie des Redners Gaius Sallustius Crispus Passienus (adoptiert von einem Großneffen des Geschichtsschreibers, verheiratet mit der jüngeren Agrippina und von ihr im Jahre 48 ermordet);
4. die Biographie des älteren Plinius.

Weiterhin entstammen dem Sammelwerk Suetons die literarhistorischen Notizen, die Hieronymus seiner Übersetzung der Chronik des Eusebios beifügte. Auf Sueton geht somit ein erheblicher Teil der biographischen Tatsachen zurück, die über römische Autoren bekannt sind.

Die sogenannte *Suda* schreibt Sueton neun weitere Werke vornehmlich kulturhistorischen Inhalts zu; aus zwei dieser Schriften (Über die Spiele der Griechen, Über Schmähworte) haben sich in griechischer Sprache abgefaßte Exzerpte erhalten. Durch die sonstige Überlieferung sind außerdem noch ein Sammelwerk mit dem Titel *Prata* (»Wiesen«) sowie sieben Monographien bezeugt, die aber wohl großenteils Bestandteile der *Prata* waren.

Suetons *Caesares* haben große Wirkungen gezeigt, einmal durch ihren Inhalt, als Quelle, und zum anderen durch ihre Form, als Muster schlechthin für Lebensbeschreibungen – dies z. B. bei Marius Maximus, Aurelius Victor und der *Historia Augusta*. Auch in christlichen Biographien kehrt Suetons Schema wieder, und im frühen Mittelalter hat sich Einhard bei der Gliederung der *Vita Karoli Magni* davon leiten lassen. Das Sammelwerk *De viris illustribus* wurde ebenfalls zum Paradigma für Schriften ähnlichen Inhalts: Hieronymus knüpfte mit seinem gleichnamigen Katalog christlicher Autoren daran an, und der wiederum war für seine Fortsetzer, für Gennadius u. a., maßgeblich.

Die *Caesares* wurden im Mittelalter eifrig gelesen, so daß die Zahl der Handschriften in die Hunderte geht. Der beste Codex ist ein um 840 in Tours ge-
schriebener, in Paris befindlicher Memmianus. Die Textpartie *De grammaticis et
rhetoribus* ist gemeinsam mit den kleineren Schriften des Tacitus lediglich durch
Kopien des Hersfeldensis bewahrt geblieben.

4. Rhetorik, Beredsamkeit, Epistolographie

a) Praxis und Theorie der Rede im 1. Jahrhundert n. Chr.

Aus der Zeit zwischen dem älteren Seneca und Quintilian sind vielerlei Namen
bewahrt geblieben, sowohl von Rednern als auch von Redelehrern; da indes deren Schriften verloren sind, bleiben sie Schemen, so sehr sich auch die Berichterstatter, vor allem Quintilian und Tacitus (im *Dialogus*), bemüht haben, cha-
rakteristische Züge von ihnen festzuhalten. Der praktischen Beredsamkeit
stand nur noch das Prozeßwesen offen; meist ging es um Strafsachen, oft mit
politischem Hintergrund. Eine besonders abstoßende Erscheinung waren hierbei die *delatores* (›Denunzianten‹): Ankläger, denen es um die Prämien zu tun
war, die die Strafgesetze für ein erfolgreiches Verfahren verhießen. Auch Star-
anwälte wie Gnaeus Domitius Afer, einer der Lehrer Quintilians, ließen sich
von diesem wenig ehrenhaften Motiv leiten. Quintus Vibius Crispus und Titus
Clodius Eprius Marcellus brachten es durch ihre Anklägertätigkeit zu großem
Reichtum; zumal Eprius Marcellus war hierbei in Neros schlimmster Zeit äußerst skrupellos vorgegangen.

Von der rhetorischen Theorie des 1. Jahrhunderts blieb – abgesehen von Quintilians großem Werk – ein Dokument erhalten: die erste Hälfte einer Schrift über
die Figuren, die lateinische Bearbeitung eines griechischen Traktats, angefertigt
von einem Rhetor namens Publius Rutilius Lupus.

Im übrigen reflektierte man, wie schon angedeutet,[35] über die Veränderungen,
die sich nach Cicero in Theorie und Praxis der Rede vollzogen hatten. Man beur-
teilte sie im wesentlichen negativ, berief sich jedoch hierbei nicht auf die konkreten Auswirkungen des Wechsels der Staatsform, auf die Hochverratsprozesse und

---

35 Siehe S. 326.

das Denunziantentum, sondern vor allem auf den Wandel des Geschmacks. So machte Petron die Neigung zu hohltönendem Schwulst für den Niedergang der rhetorischen Bildung verantwortlich, und Quintilian führte in der verlorenen Abhandlung *De causis corruptae eloquentiae*, wie Selbstzitate beweisen, ebenfalls stilistische Gegebenheiten ins Feld: Er klagte über die gekünstelte Schreibart und über die Phantastik der Übungsthemen. Tiefer blickten die beiden anderen Analytiker des kaiserzeitlichen Rhetorikbetriebes, der anonyme Verfasser des Traktats »Über das Erhabene« sowie Tacitus: Sie verwiesen auf den Übergang von der Republik zur Monarchie, der der politischen Beredsamkeit den Boden entzogen habe, und der Anonymus maß darüber hinaus noch den materiellen Bedingungen des Zeitalters und ihren Folgen, dem Frieden, dem Wohlstand, der Genußsucht, die Schuld am Verfall aller Größe bei.

Die neue Staatsform mußte man hinnehmen, den modernen Stil hingegen nicht: Daß man um die Wende vom 1. zum 2. Jahrhundert n. Chr. zur Klassik, zu Cicero zurückkehrte und damit auch römischerseits vollzog, worin die Griechen schon unter Augustus vorangegangen waren, dazu hat wohl kein anderer in solchem Maße beigetragen wie Quintilian und dessen Hauptwerk *Institutio oratoria* (»Ausbildung des Redners«), die ausführlichste erhaltene Darstellung der antiken Theorie der Beredsamkeit.

b) Marcus Fabius Quintilianus

Biographisches

Marcus Fabius Quintilianus, geboren um 35 n. Chr., stammte aus Calagurris am Iberus (Ebro) im nördlichen Spanien. Er lernte in Rom bei dem Grammatiker Remmius Palaemon, vielleicht gemeinsam mit seinem Altersgenossen Persius, und, wie erwähnt,[36] bei dem Redner Gnaeus Domitius Afer. Er scheint dann in seiner Heimat gewirkt zu haben. Im Jahre 68 begleitete er den zum Kaiser ernannten Statthalter Spaniens, Galba, in die Hauptstadt und übte dort sodann den Beruf eines Anwalts und Rhetoriklehrers aus. Vespasian richtete in Rom öffentliche Redeschulen mit staatlich besoldeten Lehrerstellen ein; Quintilian war der erste Inhaber eines der neuen Ämter. Er brachte es zu großem Ansehen; der jüngere Plinius war sein Schüler. Nach zwanzigjähriger Unterrichtstätigkeit trat er in den Ruhestand und verfaßte in etwa zweieinhalbjähriger Arbeit die *Institutio oratoria*. Er wurde unterdessen zum Erzieher der Großneffen und Adoptivsöhne

---

36 Siehe S. 333.

Domitians berufen; deren Vater Titus Flavius Clemens verschaffte ihm die hohe Auszeichnung der *ornamenta consularia*, der konsularischen Ehrenrechte. Er starb im Jahre 96 oder etwas später.

Das Werk

Die aus zwölf Büchern bestehende, vollständig erhaltene *Institutio oratoria* ist nicht als gewöhnliches Rhetorik-Handbuch, sondern als Entwurf der ganzen rednerischen Ausbildung einschließlich des Elementarunterrichts konzipiert; Adressat ist der Redelehrer, nicht der Schüler. Dem Werk liegt folgende Gliederung zugrunde:

Buch 1:   Grammatik, ferner Musik und Geometrie;
Buch 2:   erste rhetorische Übungen; Grundlagen und Grenzen der rhetorischen Theorie;
Buch 3:   Einführung in das rhetorische System;
Buch 4–6:   die *partes orationis* (»Redeteile«): *prooemium* usw. (in Buch 6 Anhänge über das Pathos, das Ethos und den Witz);
Buch 7:   die Statuslehre;
Buch 8–11: der Stil (in Buch 11 außerdem Gedächtnisschulung und Vortrag);
Buch 12:   der Redner, sein Charakter, sein Allgemeinwissen; ferner die Stilarten.

Quintilian wollte hiermit, ohne Originalität anzustreben, eine kritische Darstellung der gesamten rhetorischen Theorie bringen; er ließ die vielfältigen Lehrmeinungen, die in der einschlägigen Literatur beider Sprachen propagiert wurden, ausgiebig zu Wort kommen.

Er übte als herausragender Repräsentant des antiken Klassizismus intensiv Stilkritik, besonders in dem berühmten Literaturkapitel 10,1. Sein Werk zeichnet sich dadurch aus, daß es allenthalben konkrete, der literarischen Tradition entnommene Maßstäbe verwendet. Der Kronzeuge ist Cicero; seine Werke werden am häufigsten zitiert; er genießt als Praktiker wie als Theoretiker der Rede eine schier unumschränkte Autorität. Der Hauptgegner wiederum, der Inbegriff des modernen Unmaßes, ist Seneca; Quintilian verwirft den Manierismus, den Schwulst und den zerhackten Satzbau; er empfiehlt eine schlichte, kraftvolle Natürlichkeit.

Stärker als Cicero war Quintilian bestrebt, der Beredsamkeit ein sittliches Fundament zu geben. Er berief sich auf das Cato-Wort vom *vir bonus dicendi peritus*[37] (»[Ein Redner ist] ein tüchtiger Mann, im Reden erfahren«) und

---

37 *Institutio oratoria* 12,1,1.

übernahm von Cicero das mit Emphase verkündete Ideal des vollkommenen Redners.[38] Doch der Kanon der Bildungsstoffe, den sein Vorgänger hierfür aufgestellt hatte, kehrt bei ihm nur verkürzt wieder: Die Geschichtsschreibung muß sich – wie alle andere Literatur – mit der Rolle des Stilmusters begnügen; das Recht erscheint als notwendiges, aber leicht erlernbares Beiwerk. Der Philosophie wird jedes Eigenrecht abgesprochen: ihre Gegenstände seien von Hause aus Sache der Rhetorik.

Quintilian stand, wie der ältere Plinius und Frontinus, loyal zur flavischen Dynastie. Sein gemäßigter, auch am Stil seines Werkes ablesbarer Klassizismus fügte sich gut in eine Zeit, die die Neronischen Exzesse zu beseitigen suchte. Verehrung für Cicero war damals verbreitet; sie setzte sich bei Plinius dem Jüngeren fort. Von der Politik hielt Quintilians Theorie sich fern; sie ignorierte die durch die Monarchie bedingten Veränderungen.

Von den Verteidigungsreden Quintilians ist nichts erhalten. Auch der theoretische Erstling läßt sich nur aus Hinweisen der *Institutio oratoria* in Umrissen rekonstruieren. Unter Quintilians Namen sind zwei Sammlungen von Deklamationen überliefert. Die eine besteht aus 19 vollständig ausgearbeiteten Schulreden, den *Declamationes maiores*. Die andere, die sogenannten *Declamationes minores*, umfaßte ursprünglich 388 Skizzen; hiervon sind nur die letzten 145 Stücke erhalten. Die beiden Corpora stammen schwerlich von Quintilian; die *Declamationes minores* scheinen auf die Kladde eines Rhetorikschülers zurückzugehen.

Quintilians Rückwendung zu Cicero wurde alsbald durch den Archaismus der Adoptivkaiserzeit überboten, und sein Werk fiel der Vergessenheit anheim. In der Spätantike benutzten ihn Verfasser von Rhetorik-Kompendien wie Chirius Fortunatianus oder Iulius Victor; außerdem machten sich Gelehrte wie Hieronymus und Cassiodor mit ihm bekannt. Auch das Mittelalter, zumal das frühe, verwendete ihn nur sporadisch. In Frankreich mußte man sich damals mit Vertretern einer stark verstümmelten Handschriften-Klasse begnügen; der vollständige Text blieb nur in wenigen Exemplaren einer zweiten, vornehmlich auf deutsches Gebiet beschränkten Familie bewahrt. Quintilians große Zeit begann mit Poggios Fund einer vollständigen Handschrift in St. Gallen (1415/16); die *Institutio oratoria* war – im Original oder in Auszügen – vom 16. bis zum 18. Jahrhundert die Grundlage des durch die Schulen vermittelten Rhetorikunterrichts.

---

38 Siehe S. 154.

c) Gaius Plinius Caecilius Secundus, der ›jüngere Plinius‹

Biographisches

GAIUS PLINIUS CAECILIUS SECUNDUS, der ›jüngere Plinius‹, geboren 61 oder 62 in Comum, dem heutigen Como, wurde nach dem frühen Tode des Vaters von seinem Onkel mütterlicherseits, dem ›älteren Plinius‹, erzogen und schließlich adoptiert, woraufhin er sich auch dessen Namen zueignete. Seine Lebensdaten sind ziemlich gut bekannt, nicht nur durch die Briefe, sondern auch durch Inschriften. Er war vermögend und wohltätig; steinerne Zeugen berichten von den Stiftungen, die er seiner Heimatstadt zukommen ließ, eine Bibliothek und Kapital für den Unterhalt freigeborener Kinder; dort sind auch seine Ämter verzeichnet.

Er studierte in Rom, bei Quintilian und dem griechischen Rhetor Niketes aus Smyrna; er wurde früh als Advokat tätig. Kaum zwanzig Jahre alt, trat er sein erstes Amt an: in einer zehnköpfigen, für Freiheitsprozesse zuständigen Kommission. Er durchmaß nicht nur die altüberkommene Karriere bis zum Höhepunkt eines nachgewählten Konsuls (100 n. Chr.), sondern nahm auch eine Reihe von Verwaltungsposten wahr, die Mühe und Verantwortung mit sich brachten: Er beaufsichtigte die Veteranenkasse und den Staatsschatz, und er kümmerte sich um das Abwassersystem Roms. Von seinem letzten Amt wurde er offenbar durch den Tod abberufen: Er hat in den Jahren 111/112 als kaiserlicher Legat der Provinz Bithynien vorgestanden.

Die Werke

Me [...] nihil aeque ac diuturnitatis amor et cupido sollicitat[39] – »Mich stachelt nichts so sehr an wie Sehnsucht und Verlangen nach Fortdauer«. Der umtriebige Plinius, der ganz in den Tagesaufgaben seiner Ämter und Geschäfte aufzugehen schien, war eifrig darum bemüht, mit seinem literarischen Œuvre Ruhm und Anerkennung über den Tod hinaus zu finden. Die Nachwelt hat seinen Wunsch immerhin teilweise erfüllt: eine seiner Reden, der *Panegyricus* auf Trajan, blieb erhalten, und ebenso die Briefsammlung einschließlich der amtlichen Korrespondenz mit dem Kaiser, während die Mehrzahl der Reden sowie die Gedichte verlorengingen.

Der *Panegyricus* auf Trajan, die offizielle Danksagung für die Ehre des Konsulats, die Plinius im eigenen und zugleich im Namen seines Kollegen vortrug, ist neben der *Apologie* des Apuleius die einzige erhaltene lateinische Rede aus der

---

39 *Epistulae* 5,8,2.

Zeit vom Tode Ciceros bis zu den ersten Enkomien unter Diokletian. Plinius hat seine Festansprache für die Veröffentlichung erheblich erweitert, so daß ein Gebilde von der Länge eines umfänglichen antiken Buches zustande gekommen ist. Der Inhalt läuft auf einen Fürstenspiegel hinaus, so daß man das Werk in die Nähe von Senecas Traktat *De clementia* rücken kann: Trajan erweist sich als *optimus princeps*, als der ideale Herrscher; der Redner preist sein wohltätiges Regiment, indem er es der Tyrannei Domitians gegenüberstellt und Punkt für Punkt die administrativen und sozialen Maßnahmen schildert, die der neue Kaiser seit seinem Einzug in Rom im Herbst 99 getroffen hat. Der pompöse Text ist ein wichtiges Zeugnis für die Anfänge der Adoptivkaiserzeit, nicht nur durch seinen Inhalt, sondern auch durch seine Form.

Das Corpus der Briefe in neun Büchern, von Plinius selbst veröffentlicht, ist als das dritte seiner Art an die Nachwelt gelangt. Doch während es sich im Falle Ciceros um reine Privatkorrespondenzen handelte und Senecas »Moralische Episteln« immerhin primär für Lucilius und erst sekundär für ein breiteres Publikum bestimmt waren, sieht man sich hier reinen Kunstbriefen gegenüber. Der Name des Adressaten ist meist nur noch ein Ornament, eine Auszeichnung, einer Widmung vergleichbar: Stil und Komposition, sorgfältig gefeilt und mit Überlegung arrangiert, zeigen gleichermaßen, daß die Stücke von Anfang an haben veröffentlicht werden sollen. Sie nennen weder Ort noch Datum, und die zeitliche Folge ist für ihre Anordnung im Corpus nicht maßgeblich gewesen. Wahrscheinlich hat Plinius die neun Bücher nicht auf einmal, sondern sukzessive, einzeln oder in kleinen Gruppen, herausgebracht.

Die Briefe sind stets nur einem Gegenstand gewidmet und haben oft den Charakter eines Essays oder eines Genrebildes. Sie vermitteln durch die Vielfalt ihrer Themen einen unvergleichlichen Gesamteindruck von der Kultur und der Gesellschaft der Entstehungszeit. Der Autor spricht viel von sich selbst, von seinen literarischen Bemühungen und von seiner öffentlichen Tätigkeit im Senat oder vor Gericht. Er beschreibt seine Villen als Stätten eines Komforts, dem Schlichtheit über Luxus geht; er schildert einen Tageslauf auf dem Lande.[40] Die auf bunte Vielfalt hin angelegte Sammlung bringt außerdem Anekdoten und wundersame Naturerscheinungen wie den mit einem Knaben spielenden Delphin.[41] Plinius nimmt mannigfach Anteil am geistigen Leben; bedeutende Persönlichkeiten wie die Dichter Silius Italicus und Martial werden durch Nachrufe gewürdigt.[42] Berühmt sind die beiden Stücke, in denen der Autor seinen Freund Tacitus mit Material für

40   9,36.
41   9,33.
42   3,7 und 21.

die *Historiae* versieht: Er berichtet von dem aus der Nähe beobachteten Vesuv-Ausbruch sowie von dem Tod seines Onkels.[43] Wie erwähnt,[44] verhalf er dem Gelehrten Sueton zu einem kleinen Landgut bei Rom. Der Brief, den er an einen Freund des Verkäufers richtete, hat Aufnahme in die Sammlung gefunden; es heißt dort:[45]

> *Tranquillus, contubernalis meus, vult emere agellum, quem venditare amicus tuus dicitur. Rogo cures, quanti aequom est, emat; ita enim delectabit emisse. Nam mala emptio semper ingrata, eo maxime, quod exprobrare domino stultitiam videtur [...].*

»Tranquillus, mein Freund, möchte das Gütchen kaufen, das, wie man sagt, ein Bekannter von dir losschlagen will. Sorge bitte dafür, daß er es zu einem angemessenen Preis bekommt; dann wird er den Kauf nicht bereuen. Denn ein schlechter Kauf ist immer ärgerlich, vor allem deshalb, weil er dem Erwerber seine Dummheit vorzuwerfen scheint.«

Dem Corpus der Plinius-Briefe eignet weder die Ciceronische Offenheit und Lebensnähe noch die Weisheit Senecas. Es zeigt einen Schriftsteller und Menschen, der nicht nur in seinem Stil nach klassischer Ausgewogenheit strebte, sondern auch in seinem Temperament und in seinen Urteilen, und der in dem Bemühen, Extremes zu meiden, bisweilen Mittelmäßigkeit erzielte. Die Briefe des Plinius dokumentieren eine milde, unschöpferische, zugleich aber überaus kultivierte und ihrer Kultiviertheit sich bewußte Spätzeit.

Nun hat ein Zweig der Überlieferung außer den neun Büchern mit Kunstbriefen noch ein zehntes Buch bewahrt, das etwas ganz anderes enthält: eine reale, von Hause aus nicht für die Öffentlichkeit bestimmte Korrespondenz zwischen Plinius und Trajan, größtenteils amtliche Schreiben, in denen Plinius als Statthalter von Bithynien den Kaiser um Entscheidungshilfe bittet, mitsamt dessen Antworten. Zu besonderer Berühmtheit haben es inmitten dieser einmaligen, wohl erst postum publizierten Sammlung die Stücke 96 und 97 gebracht; sie gelten der Frage, wie die Christen zu behandeln seien.

Plinius war zeit seines Lebens als Anwalt in Erbschafts- und in Kriminalprozessen tätig, und er erntete mit seinen Plädoyers großen Ruhm. Er unterzog einige davon einer skrupulösen Überarbeitung und brachte sie als Buch heraus – sie sind trotz der vielen Mühe, die er darauf verwendet hatte, gänzlich untergegangen. Dasselbe Schicksal erlitten seine Dichtungen, insbesondere die *Hende-*

---

43 6,16 und 20.
44 Siehe S. 330.
45 1,21,1 f.

casyllabi (»Elfsilbler«) betitelte Sammlung – von ihr meinte ein Schmeichler, sie brauche den Vergleich mit Catull nicht zu scheuen.[46]

Das Plinianische Œuvre hat vor allem die Spätantike beeindruckt. Der *Panegyricus* wurde zum Prototyp einer Gattung, die unter dem absolutistischen Regime dieser Zeit üppige Pflege fand, und das Brief-Corpus des Symmachus ist mit neun Büchern privater und einem Buch amtlicher Schreiben ein genaues Analogon zur Sammlung des Plinius. Ein zweites Mal hat der Autor in humanistischer Zeit hoch im Kurs gestanden: Damals war kaum eine andere Gattung so verbreitet und beliebt wie der Brief.

Der Trajan-Preis ist an der Spitze der spätantiken Sammlung Panegyrici Latini überliefert. Für die Brief-Bücher 1–9 stehen frühmittelalterliche Codices zu Gebote; für die Korrespondenz mit Trajan muß der Text eines jetzt verlorenen Pariser Codex aus den frühen Ausgaben und einem Exemplar des Budaeus rekonstruiert werden.

5. Die Fachliteratur

a) Gaius Plinius Secundus, der ›ältere Plinius‹

Biographisches

Gaius Plinius Secundus, der ›ältere Plinius‹, geboren 23 oder 24 n. Chr. in Comum, dem heutigen Como, ausgebildet in Rom, diente 47–52 beim Militär in Germanien, erst unter Domitius Corbulo, dann unter Pomponius Secundus. Er wirkte daraufhin als Anwalt. Während der zweiten Hälfte der Herrschaft Neros – den er als *hostem generis humani*[47] (»Feind der Menschheit«) bezeichnete – lebte er zurückgezogen privaten Studien. Unter Vespasian war er ständig als kaiserlicher Finanzbeamter tätig, in Gallien, Nordafrika und Spanien. Als Befehlshaber der Flotte in Misenum kam er bei dem Vesuv-Ausbruch des Jahres 79 ums Leben; der Neffe, Plinius der Jüngere, hat in einem Brief an Tacitus[48] geschildert, wie sein Onkel bei dem Versuch, in Not Geratene zu retten, den Tod fand.

---

46 *Epistulae* 4,27.
47 *Naturalis historia* 7,46.
48 *Epistulae* 6,16.

Die Werke

Der ältere Plinius, Schöpfer der gigantischen *Naturalis historia*, fand trotz seiner mannigfachen Amtspflichten hinlänglich Gelegenheit zu umfänglichen Studien und vielfältiger literarischer Tätigkeit: Der Neffe, sein Erbe, hat in einem Brief[49] eine Liste seiner Werke zusammengestellt und wertvolle Aufschlüsse über seine Arbeitsweise gegeben. Danach war er ein Meister der Zeitausnutzung, der sich auch bei den Mahlzeiten und im Bade vorlesen ließ und stets einen Stenographen mit sich führte.

Die vom Neffen aufgezählten Werke sind, die »Naturgeschichte« ausgenommen, sämtlich verlorengegangen, nämlich:

1. *De iaculatione equestri* – »Über das Speerwerfen zu Pferde«, ein militärisches Fachbuch, das wohl aus Erfahrungen in Germanien hervorgegangen war;
2. *De vita Pomponii Secundi*, eine Biographie des Vorgesetzten und Freundes, der sich auch als Tragödiendichter einen Namen gemacht hatte;[50]
3. *Bellorum Germaniae libri XX*, eine umfassende Darstellung aller römischen Germanenkriege, von Tacitus in den *Annalen* zitiert;
4. *Studiosus*, eine Anleitung zum Studium der Rhetorik;
5. *Dubii sermonis libri VIII*, ein Handbuch strittiger Wortformen, von späteren Grammatikern viel benutzt;
6. *A fine Aufidi Bassi libri XXXI*, ein Geschichtswerk, das dort einsetzte, wo Aufidius Bassus, ein hervorragender Historiker der Zeit Senecas, geendet hatte.[51]

Die *Naturalis historia* in 37 Büchern, ein Thesaurus des Wissens bis zum Beginn der Neuzeit, beruht auf einer riesigen Exzerptensammlung. Plinius war kein Forscher, sondern ein – trotz mancher Irrtümer – gewissenhafter Sammler und Vermittler dessen, was andere erforscht hatten. Er gibt auch reichlich über seine Quellen Auskunft, zumal im 1. Buch, das den Inhalt der folgenden 36 Bücher mitteilt und etwa 470 Autoren namhaft macht, zum geringeren Teil römische, zum größeren griechische.

Salve, parens rerum omnium Natura, teque nobis Quiritium solis celebratam esse numeris omnibus tuis fave – »Heil dir, Natur, du Mutter aller Dinge, und sei mir gewogen, der ich dich als einziger Römer in allen deinen Bereichen gepriesen habe!« Mit diesen Worten schließt Plinius. Sie sind Ausdruck der vulgärstoischen Konzeption, die dem ganzen Werk zugrunde liegt: Die Natur ist um des Menschen willen da; was sie in vielfältiger Weise für ihn getan, wie sie für ihn voraus-

---

49   3,5.
50   Siehe S. 284.
51   Vgl. S. 295.

gesorgt hat, soll darin dargestellt werden – Naturerscheinungen und Naturerzeug-
nisse, bezogen auf den Menschen, also eine Naturkunde, die einer umfassenden
Lebenskunde nicht fernsteht, mit Naturheilkunde, Technik und Kulturgeschichte.

Das 2. Buch behandelt das Weltall, die Meteorologie, die Meeresgeographie,
die Klimalehre und die Geophysik. Die Bücher 3–6 bringen eine Länderkunde
nach Maßgabe des Periplus-Schemas. Zunächst wird Europa, dann werden Asien
und Afrika umkreist, wobei wie in der Schrift des Pomponius Mela die Meerenge
von Gibraltar als Ausgangspunkt dient. Buch 7 führt eine mit vielen Merkwürdigkeiten gespickte Anthropologie vor, und die Bücher 8–11 enthalten die Zoolo-
gie: die Land-, Wasser- und Lufttiere sowie die Insekten. In den Büchern 12–19
folgen die Botanik und die Landwirtschaftskunde; Plinius befaßt sich dort mit
exotischen Gewächsen, mit den Frucht- und Waldbäumen, ferner mit der Kulti-
vation der Nutzbäume, dem Acker- und dem Gartenbau. Die Bücher 20–27 und
28–32 beschreiben Heilmittel aus Pflanzen und aus Tieren, wobei sie sich häufig
des medizinischen Schemas *a capite ad calcem*, »vom Kopf bis zur Ferse«, bedienen. Die Bücher 33–37 endlich enthalten die Metall- und Steinkunde.

Die Darstellung öffnet sich oft auf den Menschen hin, d. h., Plinius flicht ein,
welchen Gebrauch der Mensch von diesem oder jenem Naturding zu machen
weiß. So handelt Buch 13 vom Papyrus, insbesondere von seiner Zubereitung
zum Beschreibstoff[52]; das 16. Buch bringt allerlei über Ehrenkränze und das 18.
einiges über das Bäckerhandwerk in Rom.[53] Im 33. Buch wird der Leser ausführlich über Goldringe (vor allem als Standesabzeichen) und über das römische
Münzwesen belehrt.[54] Die Bücher 34–37 vollends, die wichtigste literarische
Quelle der modernen Archäologie, sind weithin eine Geschichte der griechischen
Kunst: Plinius erörtert dort die Bronze- und die Tonplastik, die Malerei und die
Marmorskulptur, das Mosaik und das Glas sowie Gemmen und Edelsteine.

Die *Naturalis historia* war in der gesamten lateinischen Literatur einmalig und
unersetzlich, solange man auch naturwissenschaftliche Erkenntnisse aus Büchern
zu gewinnen suchte und nicht aus der Natur selbst. Sie hat daher von Anfang an
und bis in die ersten Jahrhunderte der Neuzeit als hohe Autorität auf all den
Gebieten gegolten, die sie behandelt: für die Geographie bei Solinus und Dicuil,
für die Medizin beim Verfasser der *Medicina Plinii*, für die Astronomie in den
Aachener *Libri computi* vom Jahre 809 usw. Große Dienste leisteten die letzten
Bücher, als sich die Renaissance der antiken Kunst zuwandte, und allgemein war

---

52 §§ 68–89.
53 16,7–14; 18,107 f.
54 §§ 17–37; 42–47.

das große Sammelwerk ein Repertorium nicht nur für Sachauskünfte, sondern auch für korrekte Termini technici.

Mehr als 200 Handschriften bekunden die große Verbreitung, deren sich die »Naturgeschichte« im Mittelalter erfreut hat. Die kleine Gruppe der älteren Codices hat das Werk nur zu Teilen bewahrt und kein einziger davon das Ganze. Hauptzeuge für die andere Gruppe ist eine jetzt dreigeteilte und über drei Länder verstreute Handschrift des 11. Jahrhunderts.

b) Sextus Iulius Frontinus

SEXTUS IULIUS FRONTINUS (um 30–104 n. Chr.), ein tüchtiger Offizier, Techniker und Verwaltungsbeamter, hatte im Jahre 70 die Stadtprätur inne, betätigte sich als Vorgänger Agricolas erfolgreich in Britannien und wurde dreimal durch das Konsulat ausgezeichnet, zuletzt im Jahre 100, als auch der jüngere Plinius dieses Amt innehatte. Ein Grabmal lehnte er ab, mit der Begründung, daß der Aufwand überflüssig sei – *memoria nostri durabit, si vita meruimus*[55] (»Das Andenken an uns wird dauern, wenn unser Leben uns ein Anrecht dazu gegeben hat«).

Die Kunst der Agrimensoren, die Vermessungskunde, war eine alte römische Disziplin von erheblicher praktischer Bedeutung. Wenn der trümmerhafte Zustand des Überlieferten nicht trügt, war Frontin der erste, der versucht hat, die bislang nur mündlich tradierten Lehren dieses Faches zu didaktischen Zwecken aufzuzeichnen. Von der einschlägigen Schrift sind lediglich einige Exzerpte erhalten.

Ein theoretisches Werk über Kriegskunde ist gänzlich verlorengegangen; hingegen sind die *Strategemata* (»Kriegslisten«, in 4 Büchern), eine aus historischen Schriften gewonnene Sammlung von Beispielen, vollständig bewahrt geblieben. Die Bücher 1–3 führen ihr Material nach militärischen Gesichtspunkten geordnet vor: Sie enthalten Kriegslisten, die man vor der Schlacht, während der Schlacht oder danach sowie bei der Belagerung anwenden kann. Das 4. Buch ist von anderer Art: Es zählt hervorragende Taten und Aussprüche von Feldherren auf, die nach moralischen Kategorien arrangiert sind – über die Disziplin und ihre Wirkung, über Mäßigung, über Gerechtigkeit usw. Gerade hier ähnelt die Schrift Frontins der Exempelsammlung des Valerius Maximus.

Kaiser Nerva habe ihn mit der Aufsicht über die römischen Wasserleitungen betraut, schreibt Frontin zu Beginn seiner Abhandlung *De aquaeductu urbis Ro-*

---

55 Plinius minor, *Epistulae* 9,19,6.

mae (»Über die Wasserleitungen Roms«); vornehmlich zu seinem eigenen Gebrauch – um nicht von der Meinung seiner eingearbeiteten Untergebenen abhängig zu sein – habe er die Schrift zusammengestellt. Er verbreitet sich darin über die Länge und Kapazität der neun Wasserleitungen, die Rom damals belieferten, ferner über die Wassermengen, die jeweils den öffentlichen Anlagen, den Trinkwasserbrunnen, dem kaiserlichen Haus sowie Privaten zugute kamen. Er prüfte alle Angaben nach, die er in dem Archiv seiner Behörde vorfand, und stellte fest, daß die Stadt Rom damals täglich nahezu eine Million Kubikmeter (und nicht etwa 560 000, wie die Archivunterlagen behaupteten) Wasser verbrauchte. Die Schrift dokumentiert eine energische Reform im römischen Wasserhaushalt: Es geht um Abwehr von Korruption und Nachlässigkeit und um die exakte Erfassung der tatsächlich gelieferten Mengen.

VII. Die Nachklassik: Archaismus

1. Rückzug in den Philhellenismus, Versiegen der Poesie

Das Römische Reich war seit jeher zweisprachig; doch im 2. Jahrhundert n. Chr., während der Adoptivkaiserzeit und noch darüber hinaus, machte sich eine starke Tendenz zur Einsprachigkeit bemerkbar, jedenfalls im geistigen Leben: Die Literatur wurde auch im lateinischen Westen eine überwiegend griechische Angelegenheit. Hierzu trug gewiß der Aufschwung erheblich bei, der unter den Griechen selbst stattfand: PLUTARCH (um 45 – um 120) erzielte als Biograph und Popularphilosoph breiteste Resonanz; sein etwas jüngerer Zeitgenosse EPIKTET (um 50 – 130) war der führende Kopf der Stoa, und in ähnlichem Sinne wirkte der Rhetor und Sophist DION CHRYSOSTOMOS (um 40 – 115). Im 2. Jahrhundert zog der Satiriker und Feuilletonist LUKIAN (um 120 – um 180) viel Bewunderung auf sich, und die Wissenschaften fanden herausragende Repräsentanten: die Astronomie in KLAUDIOS PTOLEMAIOS (um 85 – um 162), die Medizin in GALEN (129 – um 216), die Grammatik in APOLLONIOS DYSKOLOS (um die Mitte des 2. Jahrhunderts). Vor allem aber erlebte im 2. Jahrhundert die sogenannte Zweite Sophistik ihre Blüte, eine Bildungsbewegung von großer Breitenwirkung, getragen durch Virtuosen der Beredsamkeit, mit HERODES ATTICUS (101–177) und AELIUS ARISTIDES (117 – um 189) an der Spitze.

Die Kaiser gingen voran; sie waren die mächtigsten Förderer des um sich greifenden Philhellenismus. Hadrian, der *Graeculus*, widmete den griechischen Städten viel Aufmerksamkeit, zumal der geistigen Metropole Athen, die er mit imposanten Bauten schmückte. Er begünstigte die Bestrebungen seines – sich seinerseits als Mäzen betätigenden – Freundes Herodes Atticus. Auch schriftstellerte er gern und auf mancherlei Weise; einige seiner Verse, sowohl lateinische als auch griechische, sind erhalten geblieben. Wenn er sich mit römischen Autoren beschäftigte, dann gab er dem alten Cato, Ennius und Coelius Antipater den Vorzug vor Cicero, Vergil und Sallust. Er huldigte somit dem Archaismus nicht weniger als dem Philhellenismus; er gab den beiden sein Zeitalter prägenden Strömungen Raum, die der römischen Gegenwartsliteratur die Kraft nahmen: dem Rückzug in eine andere Sprache und dem in eine ferne Vergangenheit. Für MARK AUREL, seinen zweiten, von ihm durch Adoption schon vorbestimmten Nachfolger, verstand es sich bereits von selbst, daß er sich in seinen – von Hause aus wohl nicht für die Veröffentlichung bestimmten – »Betrachtungen« des Griechischen bediente. Auch er wandte Athen seine Gunst zu, und als Schüler des Archaisten Fronto hatte er mit großem Eifer Roms archaische Schriftsteller studiert.

Es gab Vorboten: Der Stoiker GAIUS MUSONIUS RUFUS (um 30 – 108) hatte, wiewohl römischer Ritter aus Etrurien, seine Vorträge in griechischer Sprache gehalten, und so wurden sie auch von seinem Schüler Lucius aufgezeichnet. Gelegentlich versuchten sich römische Autoren in beiden Sprachen – so vielleicht bereits Sueton und jedenfalls Apuleius, unter den Juristen Papinian und unter den Christen Tertullian. FAVORINUS VON ARELATE (erste Hälfte des 2. Jahrhunderts) ging ganz in der Rolle eines Repräsentanten der Zweiten Sophistik auf; von seinen zahlreichen Schriften, die allesamt in griechischer Sprache abgefaßt waren, blieben außer Fragmenten zwei Reden erhalten: als Erzeugnisse des Dion Chrysostomos. Mit APPIANOS, dem Autor einer großen römischen Geschichte, der ebenfalls unter Hadrian und Antoninus Pius lebte, hat es wohl eine andere Bewandtnis: Er wurde zwar römischer Ritter und kaiserlicher Finanzbeamter; er scheint indes in seinem Werk das Griechische deshalb bevorzugt zu haben, weil er, der geborene Alexandriner, in dieser Sprache dachte und fühlte. Mit CLAUDIUS AELIANUS (um 170 – 230) jedoch trat wieder ein Wahlgrieche auf: Dieser Schriftsteller aus Praeneste, ein Vertreter der Zweiten Sophistik, der Italien nie verlassen hat, verwendete für seine Werke, für die Tiergeschichten und anderes, durchweg das reine Attisch, das damals verlangt wurde.

Der Rückzug ins Griechische war eine Erscheinung innerhalb der Prosa. Das Publikum hat in der Adoptivkaiserzeit offenbar vor allem nach Popularphilosophie (oder ›Lebenshilfe‹) und Unterhaltung verlangt, und in beiden Bereichen führten die Griechen. Das stoische Kosmopolitentum mag auch eingewirkt haben, und überhaupt verblaßte der Antagonismus Griechenland–Rom, wie ihn die augusteische Zeit auf gültige Formeln gebracht hatte. Mit alledem läßt sich die teilweise Hellenisierung der Prosa einigermaßen erklären, schwerlich jedoch auch das Erlöschen der Poesie. Auf die Epiker der flavischen Zeit sowie auf Martial und Juvenal folgte so gut wie nichts mehr: Übrig blieb lediglich ein dünnes Rinnsal spielerischer Gedichte, und hiervon geben nur noch spärliche Überreste der Nachwelt Kunde.

Ein ANNIUS FLORUS, von dem man annehmen, jedoch nicht mit Sicherheit behaupten kann, daß er mit dem gleichnamigen Historiker identisch ist,[1] soll mit

1 Siehe S. 357.

Kaiser HADRIAN muntere Verse ausgetauscht haben; außerdem haben sich einige nicht sonderlich geistvolle Gedichte von ihm in die *Anthologia Latina*, die nordafrikanische Gedichtsammlung aus dem frühen 6. Jahrhundert, hinübergerettet. Ferner wissen die Quellen von *poetae novelli* oder *neoterici* zu berichten, von SEPTIMIUS SERENUS und ANNIANUS. Serenus gefiel sich in metrischen Kunststücken; Annianus, der mit Gellius befreundet war, brachte eine Sammlung von Hochzeitsgedichten heraus, die den Titel *Fescennini* trug. TERENTIANUS, ein Grammatiker aus Mauretanien, von dem Lehrgedichte über Metrik erhalten sind, hat wohl erst im 3. Jahrhundert gelebt, und das anonyme *Pervigilium Veneris* (»Venus-Nachtfeier«) ist wahrscheinlich erst im 4. Jahrhundert entstanden.

Der poetische Ertrag des 2. Jahrhunderts war in der griechischen Hälfte des Reiches kaum größer: Außer dem Lyriker MESOMEDES, dem Epigrammatiker STRATON VON SARDES und einem Lehrdichter, DIONYSIOS PERIEGETES, sind keine Autoren von einiger Bedeutung bekannt, deren erhaltene Werke sich mit Sicherheit der Adoptivkaiserzeit zuweisen lassen.

2. Rhetorik, Philosophie, Erzählende Literatur

a) Marcus Cornelius Fronto

Biographisches

Die Rhetorik war im 2. Jahrhundert n. Chr. die Leitwissenschaft, die kulturell maßgebliche Kraft, wie außer ihr nur noch die Jurisprudenz. Während jedoch die Jurisprudenz ein Fach für sich blieb und im wesentlichen nach wie vor eine ›lateinische‹ Angelegenheit, zog die Rhetorik, ihrerseits nahezu sprachindifferent und in der griechischen und der lateinischen Reichshälfte denselben klassizistischen oder archaisierenden Tendenzen unterworfen, anderes zu sich herüber: Sie verfügte über die Philosophie als Bildungsgut oder Lebenshilfe sowie über die unterhaltende Literatur als Roman oder Essayistik, als sogenannte Buntschriftstellerei. Die Jurisprudenz, eine Spezialdisziplin, erhielt dem Reich den Rechtsfrieden; die Rhetorik, die universale Disziplin, die damalige Form der Allgemeinbildung, erschloß einer in ihrem Geistesleben unergiebigen Zeit den Zugang zur kulturellen Tradition. Um dieser Zusammenhänge willen gebührt unter den Literaten der Adoptivkaiserzeit Fronto, dem berühmtesten Redner, der erste Platz, Apuleius, dem vielseitigsten und fähigsten Autor, der zweite und Gellius, dem Essayisten und Liebhaber von Altertümern, der dritte.

Marcus Cornelius Fronto war in Cirta (Numidien) zu Hause; spätestens mit ihm, wenn nicht schon mit Sueton, der wahrscheinlich aus dem benachbarten Hippo Regius stammte, begann der afrikanische Beitrag zur römischen Literatur. Geboren um das Jahr 100, hat er nach seiner Ausbildung in Rhetorik und vielleicht auch in Jurisprudenz ständig in Rom gelebt: als erfolgreicher Sachwalter und berühmter Redelehrer, der es in der Ämterlaufbahn bis zum Konsulat brachte und schließlich mit der Erziehung der kaiserlichen Prinzen Mark Aurel und Lucius Verus betraut wurde. Aus diesem Lehramt erwuchs wechselseitige Zuneigung, der auch die Kaiserwürde der beiden Zöglinge keinen Abbruch tat. Eine vorübergehende Trübung des Verhältnisses trat lediglich ein, als sich der fünfundzwanzigjährige Mark Aurel, hauptsächlich wohl unter dem Einfluß des Stoikers Iunius Rusticus, von dem rhetorischen Bildungsideal seines Lehrers ab- und der Philosophie zuwandte. Fronto war von schwächlicher Gesundheit und litt stark an Gicht; er mußte daher auf die ihm bereits übertragene Statthalterschaft in Asien verzichten. Er überlebte seine Frau, fünf Töchter und einen Enkel; er starb um das Jahr 170.

Werke

Die Überlieferung hat mit Fronto ein eigenwilliges Spiel getrieben. Die Reden, auf die sich einst sein Ruhm gründete, sind gänzlich untergegangen; bewahrt blieben statt dessen – durch denselben Palimpsest, dem die Nachwelt die Überreste der Ciceronischen Staatsschrift verdankt – Teile eines Briefcorpus, das offenbar nicht von Fronto selbst publiziert worden ist und wohl private Korrespondenzen enthielt. Daher verbietet sich ein Schluß von der einen Textgattung auf die andere, und darüber, was Fronto als Redner gekonnt und gewollt hat, sind nur Vermutungen möglich.

Die Überreste des Briefcorpus nebst Beilagen mit rhetorischen Übungen enthalten die folgenden (allerorten durch Lücken unterbrochenen) Teile:[2]
1. die Korrespondenz mit Mark Aurel, bestehend aus 5 Büchern *Ad Caesarem* (»An den Prinzen und Thronfolger«, 1–85) sowie aus 4 Büchern *Ad imperatorem* (»An den Kaiser«, 86–106);
   hierzu noch vier Spezialkorrespondenzen:
   über rhetorische Fragen (133–160),
   über den Partherkrieg (220–226),

---

2 Die Seitenzahlen nach der Ausgabe von van den Hout.

über Ferien in Alusium (Etrurien, 226–234),
über den Verlust des Enkels (235–240)
sowie vier rhetorische Übungsstücke:
Principia historiae (Einleitung zu einer Geschichte des Partherfeldzugs des
Verus, 202–214),
Laudes fumi et pulveris (»Lob des Rauches und des Staubes«, 215–217),
Laudes neglegentiae (»Lob der Nachlässigkeit«, 218–220),
Arion (241–242);

2. die Korrespondenz mit Kaiser Lucius Verus, bestehend aus 2 Büchern (107–132);
3. die Korrespondenz mit Kaiser Antoninus Pius, bestehend aus 1 Buch (161–168);
4. die Briefe *Ad amicos* (ohne deren Antworten), bestehend aus 2 Büchern (169–201).

Der Hof steht im Mittelpunkt des Briefcorpus; die Korrespondenzen mit den
Kaisern sind chronologisch geordnet. Bei den nahezu vollständig erhaltenen Briefen »An die Freunde« beginnt das 1. Buch mit zehn Empfehlungsschreiben; im
übrigen waren für die Reihenfolge die Adressaten maßgeblich. Die Korrespondenzen sind arm an Inhalten. Mit keinem Thema befaßt sich Fronto so hartnäk-
kig wie mit seinem Ideal der rhetorischen Bildung, das – im äußersten Gegensatz
etwa zu den Vorstellungen Ciceros – aller Inhalte beraubt und zu einem reinen
Kult der Form erstarrt ist. Statt die Philosophie für die Rhetorik und deren praktische Zwecke zu reklamieren, als Repertorium für Argumente jedweder Art,
lehnt er sie scharf ab, als eine unnütze, sich in logischen Spitzfindigkeiten er-
schöpfende oder dunkle Kunst. Das Streben nach Originalität im Ausdruck sucht
das Neue weniger in der eigenen Erfindung als im Durchstöbern des vergessenen
Alten: Die Jagd nach ausgefallenen Wörtern und Wendungen ist bei Fronto das
Hauptmotiv für das Archaisieren, und so gehören denn Plautus und Ennius, Cato
Censorius und Sallust zu den am häufigsten zitierten Autoren.

Scis colorem sincerem vetustatis appingere[3] – »Du verstehst Dich darauf, Deine
Reden mit dem echten Kolorit des Altertümlichen zu tönen«, versichert Fronto
seinem kaiserlichen Zögling, wobei er die wenig gebräuchliche Form *sincerem* einfließen läßt. Das Kompliment ist indes nur eines unter mehreren, wie sich überhaupt das formale rhetorische Bildungsideal Frontos nicht im Archaisieren
erschöpft hat. Seine zahlreichen brieflichen Äußerungen berechtigen zu der
Annahme, daß er durchaus nicht auf eine bestimmte Stilart oder Ausdrucksweise

---

3 Van den Hout 145,28.

fixiert war, daß er Schlichtheit ebenso anerkannte wie Pomp und eine gewöhnliche Diktion ebenso wie altertümliche Wendungen. Er hielt sich also an das traditionelle Kriterium der Angemessenheit, fügte ihm allerdings eine eklektizistische Komponente bei: Dem perfekten Redner sollte bei Bedarf auch die ganze sprachliche und stilistische Vergangenheit zu Gebote stehen. Fronto selbst wird sich in der Praxis an seine Maximen gehalten und vor Gericht anders gesprochen haben, als wenn er im Senat einem Kaiser seine Huldigung darbrachte.

Er erfreute sich bei seinen Zeitgenossen und ebenso während der Spätantike höchster Wertschätzung. Er selbst nannte seine Schule eine *secta*[4], und Sidonius Apollinaris (5. Jahrhundert) bezeichnete die Adepten seiner Lehre als *Frontoniani*. Die Rede eines Unbekannten vom Jahre 297 verstand sich zu der Äußerung, Fronto sei als Zierde der römischen Beredsamkeit Cicero ebenbürtig. Aus dem Dialog *Octavius* des Minucius Felix scheint hervorzugehen, daß eine Rede Frontos Polemik gegen die Christen enthalten hat.

b) Apuleius

Biographisches

APULEIUS (der Vorname ist unbekannt), lateinisch schreibender Repräsentant der Zweiten Sophistik, Rhetor, Philosoph und Dichter in einem, kam etwa 125 n. Chr. in Madauros (Numidien) zur Welt – nach Fronto ein weiterer Afrikaner, der im literarischen Leben Roms eine Rolle spielen sollte. Er wuchs in Karthago heran; er studierte in Athen; er unternahm weite Reisen in den Orient und zehrte so das vom Vater ererbte Vermögen auf. Einige Zeit betätigte er sich in Rom als Anwalt. In die Heimat zurückgekehrt, heiratete er eine reiche Witwe, die erheblich älter war als er – die Verwandten brachten ihn vor Gericht: er habe seine Frau durch Zauber an sich gefesselt. Das brillante Plädoyer, mit dem er sich verteidigte – die erhaltene *Apologia* –, hat sicherlich einen Freispruch bewirkt: Grundsätzlich hat damals wohl alle Welt an die Möglichkeit des Schadenszaubers geglaubt, doch zu einer Verurteilung wegen dieses Delikts scheint es im 2. Jahrhundert auch sonst nicht gekommen zu sein. Weiterhin ist von Apuleius nur noch bekannt, daß er in Karthago als Priester des Kaiserkults gewirkt hat. Über sein Todesjahr sind nicht einmal Vermutungen möglich.

---

4 Ebd. 89,27.

Werke

Im 2. Jahrhundert waren für ein und denselben Autor nicht nur vielerlei Prosastile verfügbar, wie Fronto lehrt: Auch Bildungstraditionen und Glaubensrichtungen, die sich früher ausgeschlossen hätten, konnten nunmehr von einer Person in Anspruch genommen werden. Die Zweite Sophistik verstand sich darauf, jedwede Art von Überlieferung für sich zu mobilisieren – das zeigt eindrucksvoll der Grieche Lukian und in der römischen Literatur beinahe noch eindrucksvoller Apuleius. Sein Œuvre ist nur zum Teil bewahrt geblieben; es hat ursprünglich enzyklopädische Ausmaße gehabt. Das Erhaltene dokumentiert durch den Roman *Metamorphosen*, seit Augustin auch »Goldener Esel« genannt, eine reiche Erzähltradition neben dem Mythos, und es dokumentiert durch die übrigen Schriften die philosophische und die rhetorische Bildung, und das Ganze wird durchzogen von einem Signum der Epoche: der Sehnsucht nach dem Göttlichen.

Die Metamorphosen

Die *Metamorphosen*, vollständig erhalten, sind ein komisch-realistischer Roman,[5] trotz des Hauptmotivs, des in einen Esel verwandelten Helden: Zauberei gehörte für die meisten zeitgenössischen Leser des Werkes durchaus zur ›Wirklichkeit‹. Der Held und Ich-Erzähler, ein vornehmer Grieche aus Korinth namens Lucius, berichtet von einer Reise nach Thessalien. Am Ziel, in Hypata, wohnt er bei einem Gastfreund, dessen Frau sich auf Zauberei versteht: Er beobachtet, wie sie sich in einen Uhu verwandelt. Der Versuch, es ihr nachzutun, führt zur Metamorphose in einen Esel. Räuber nehmen ihn alsbald mit sich fort, und nunmehr beginnt eine lange Leidenszeit für Lucius, der öfters den Besitzer wechselt: Es gelingt ihm nicht, durch das Verspeisen von Rosen seine Menschengestalt wiederzuerlangen. Doch eines Morgens begegnet ihm (nicht ohne daß ein Traum ihn darauf vorbereitet hätte) am Meeresgestade eine Prozession zu Ehren der Isis, mit einem Priester unter den Teilnehmern, der einen Kranz von Rosen in der Hand hält: Er frißt davon, und die Tiergestalt fällt von ihm ab. Allgemeines Staunen; Lucius schließt sich der Prozession an und wird ein treuer Diener der Göttin. In diese Haupthandlung sind mancherlei Erzählungen eingestreut, meist von schwankhafter Art; die längste und berühmteste darunter ist das Märchen von »Amor und Psyche«.

Apuleius hat die Haupthandlung und die Einlagen nicht selbst erfunden. Er beruft sich zu Beginn auf »Milesische Geschichten« und kündigt sodann eine *fabula Graecanica*, eine »griechische Erzählung«, an. Unter »Milesischen Geschich-

---

5 Siehe hierzu S. 269 f.

ten« verstand man Novellen erotischen oder lasziven Charakters; der Historiker Sisenna[6] hatte den Römern schon zu Beginn des 1. Jahrhunderts v. Chr. Proben davon vorgestellt. Die »griechische Erzählung« aber, die der Autor wiederzugeben verspricht, ist vorhanden, wenn auch in gekürzter Form: als die Geschichte Λού-κιος ἢ ὄνος (»Lucius oder der Esel«) unter den Werken Lukians. Von der unge-kürzten Fassung, die sowohl Apuleius als auch Pseudo-Lukian benutzt haben, vermittelt noch ein Resümee des Patriarchen Photios (9. Jahrhundert) eine Vor-stellung.[7]

Der Vergleich des lateinischen Romans mit der griechischen Quelle ergibt, daß sowohl sämtliche Einlagen als auch das 11. und letzte Buch mit der ›Erlösung‹ durch die Göttin Isis Zutaten des Apuleius sind. So fragt sich, was der Autor mit dem Ganzen gewollt hat. Erklärtermaßen war es seine Absicht, den Leser zu amüsieren. Dies schließt nicht aus (solche Ambivalenz wäre typisch für das Zeit-alter), daß es Apuleius auch um eine ernstere Botschaft zu tun war. Der Roman-held legt einen Weg zurück: von einer Verfehlung, seiner Neugier, über die Be-strafung zur Erlösung. In dieser Struktur ist möglicherweise ein religiöser Appell oder eine allegorische Autobiographie enthalten, zumal sie in der wichtigsten Einlage, dem Märchen von »Amor und Psyche«, eine genaue Entsprechung hat.

Apuleius erfüllte die theoretischen Forderungen Frontos; er beherrschte alle Stile. In den *Metamorphosen* ist die Diktion von einheitlicher Farbigkeit: durch die Wortwahl mit ihren archaistischen, poetischen und vulgären Elementen, durch die Neologismen, die Diminutiva, die Rhythmen und die Reime. Des wei-teren fällt die Fülle der bildlichen Ausdrücke auf sowie der Umstand, daß in den Wörtern oft ein ironischer oder allegorischer Nebensinn mitzuschwingen scheint. Die *Metamorphosen* sind auch durch ihre Sprache ein Kunstwerk von weltliterari-schem Rang.

Die philosophischen Schriften

Apuleius wollte sich als *philosophus Platonicus*[8] verstanden wissen; in der Tat hat er vor allem (nicht ausschließlich) platonische Lehren sowohl latinisiert als auch popularisiert. Die Hauptschrift *De Platone et eius dogmate* (»Über Platon und seine Lehre«) behandelt im ersten Buch nach einer kurzen Biographie die Physik, im zweiten die Ethik, beides wohl nach einem Mittelplatoniker, nach Gaios oder Albinos. Der Ankündigung nach hätte noch ein drittes Buch mit der Dialektik folgen sollen; statt dessen ist davon getrennt ein Traktat mit dem Titel *Peri her-*

---

6   Siehe S. 54.
7   Codex 129 (Lukios von Patrai).
8   *Apologia* 10 u. ö.

meniae, eine Kompilation aus der aristotelischen und stoischen Logik, überliefert – die Schrift stammt schwerlich von Apuleius und wurde erst in den Drucken (ab 1606) mit den beiden Büchern *De Platone* verbunden. Die Abhandlung *De deo Socratis* (»Über den Gott des Sokrates«) zollt einem damals vielbehandelten Thema einen rhetorischen Tribut: dem Glauben an Dämonen, an Mittelwesen zwischen der göttlichen und der menschlichen Sphäre. Das dritte erhaltene Werk popularphilosophischen Inhalts, *De mundo* (»Über die Welt«), ist lediglich eine freie Übersetzung des pseudoaristotelischen Traktates Περὶ κόσμου. Der Stil ist in allen diesen Schriften ruhig und sachbezogen, wie in wissenschaftlichen Abhandlungen üblich.

Die Reden

Die *Apologia*, die Abwehr einer Anklage wegen Zauberei, treibt siegesgewiß ein überlegenes Spiel mit den Vorwürfen der Gegner. Ein erster Abschnitt weist alles zurück, was man gegen seine Person vorbringen zu können glaubte, gegen sein ansehnliches Äußeres, seine Redegewandtheit, seine Liebesgedichte, seine Armut und anderes (1–24) – dieser Teil ist vor allem für die Biographie des Autors von Belang. Dann wird all der Zauberspuk vorgeführt, den der Angeklagte veranstaltet haben soll, und auf seine wahre Beschaffenheit reduziert (25–65) – hierin ist mancherlei Detail zur Geschichte der antiken Magie enthalten. Im letzten Abschnitt (66–103) legt Apuleius dar, daß er, selbst wenn er zaubern könnte, keinerlei Anlaß hatte, von dieser Kunst seiner jetzigen Frau gegenüber Gebrauch zu machen. Der Stil ist rhetorisch in dem Sinne, daß es dem Redner vor allem auf klares, eindringliches Argumentieren ankommt. Außerdem zeigt er sich sichtlich bemüht, mit seiner umfassenden Bildung Eindruck zu machen.

Die *Florida* (»Blühendes«) sind eine Auswahl ›bedeutender‹ Partien aus den sophistischen Prunk- und Festreden des Apuleius, hergestellt von einem Unbekannten zu unbekannter Zeit. Unter den insgesamt 23 Proben finden sich neben Partien, die den Rede-Charakter erkennen lassen, auch Apophthegmen berühmter Männer, Erzählungen, ethnographische Darlegungen und ähnliches.

Verlorene und untergeschobene Schriften

Apuleius hat gelegentlich auch Gedichte verfaßt, und Äskulap wurde von ihm sowohl lateinisch als auch griechisch besungen. Eine Probe seiner Verskunst, welche die *Apologie* bewahrt hat, verkündet einem Freunde die Übersendung eines Zahnpulvers:[9]

9 Ebd. 6.

Calpurniane, salve properis versibus.
Misi, ut petisti, tibi munditias dentium,
nitelas oris ex Arabicis fructibus,
tenuem, candificum, nobilem pulvisculum,
conplanatorem tumidulae gingivulae,
converritorem pridianae reliquiae,
ne qua visatur taetra labes sordium,
restrictis forte si labellis riseris.

»Calpurnian, sei gegrüßt mit hurtigen Versen.
Ich sende dir, wie du's verlangt hast, ein Reinigungsmittel für die Zähne,
Politur des Mundes aus arabischen Produkten,
ein zartes, glänzendmachendes, erlesenes Pülverchen,
einen Abschweller entzündeten Zahnfleisches,
einen Wegputzer vortägigen Überrests,
damit man nicht einen scheußlichen Schmutzflecken wahrnimmt,
wenn du mal zähnefletschend lächelst.«

Von den verlorenen Reden verdienen die Danksagungen erwähnt zu werden,
die er für die ihm in Karthago gewidmeten Statuen aufgesetzt hat. Der Grammatiker Priscian (6. Jahrhundert) weiß von einem *Hermagoras*, wohl einem Roman,
sowie von historischen *Epitomae*. Geradezu stupend muß die Vielseitigkeit des
Apuleius auf dem Felde der Fachwissenschaften gewesen sein. Teils von ihm
selbst, teils von Späteren wird versichert, daß er die Landwirtschaft, die Medizin,
die Astronomie, die Arithmetik und die Musiktheorie behandelt hat, ferner die
Fische und die Bäume – vielleicht in Monographien, vielleicht im Rahmen des
Sammelwerks *Naturales quaestiones*. Apuleius hat sich mit diesem umfassenden,
wohl durchweg aus griechischen Quellen gespeisten Programm zum Vorboten der
spätantiken Enzyklopädien – derer von Martianus Capella oder Isidor – gemacht.

Weil er so vielseitig war, hat die Tradition ihm mehr zugewiesen, als ihm ge-
bührte – z. B. auch den *Asclepius*, d. h. eine jener einen primitiven Platonismus
verkündenden Schriften, wie sie im *Corpus Hermeticum* als Offenbarungen des
ägyptischen Gottes Hermes Trismegistos vereinigt sind. Auch ein Kräuterbuch
hat man Apuleius zugewiesen sowie einen physiognomischen Traktat.

Die philosophischen Schriften nebst dem *Asclepius* sind in der Überlieferung zu
einer Gruppe vereinigt, für die eine nicht geringe Zahl mittelalterlicher Codices
zu Gebote steht: Apuleius war von der Spätantike bis zum Beginn der Neuzeit als
Mittler der Philosophie Platons anerkannt. Die andere Gruppe hingegen, die
Metamorphosen mitsamt dem rednerischen Nachlaß, ist lediglich durch einen Codex bewahrt geblieben, denselben Mediceus, dem die Nachwelt auch einen Teil

der Werke des Tacitus, die »Annalen«-Bücher 11–16 sowie das erste Drittel der *Historiae*, verdankt. Der Roman hat daher seine Wirkung erst in der Neuzeit entfaltet: Die *Genealogia deorum* und der *Decamerone* Boccaccios leiteten den Wechsel ein, der dem Erzähler Apuleius den Vorrang vor dem Philosophen zuwies. Und von diesem Erzähler hat kein Stück so viel Resonanz erzielt wie das Märchen von »Amor und Psyche«: bei den Dichtern, den Opernkomponisten und den Bildhauern.

3. Die Antiquare

a) Aulus Gellius

AULUS GELLIUS, im Mittelalter irrtümlich Agellius genannt, war ein jüngerer Zeitgenosse, vielleicht ein Schüler Frontos. Genaueres über die Lebensdaten ist nicht bekannt, auch der Ort seiner Herkunft nicht – vielleicht stammte er aus Rom. Er suchte in reiferem Alter, sei es, nachdem er sich als Richter betätigt hatte, sei es zuvor, Athen auf, seine Bildung abzurunden. Dort hatte er Umgang mit dem Sophisten Herodes Atticus sowie mit dem durch Lukian berühmten Kyniker Peregrinus Proteus; außerdem regte ihn sein einjähriger Studienaufenthalt dazu an, seine einzige Schrift in Angriff zu nehmen und ihr den Titel *Noctes Atticae* (»Attische Nächte«) zu geben.

Dieses ziemlich umfängliche, aus 20 Büchern bestehende Werk (das 8. Buch ging verloren) gehört einer Spezies an, die sich damals, als es entstand, größter Beliebtheit erfreute: der Buntschriftstellerei, der Miszellanliteratur. Ähnliche Lesefrüchte-Sammlungen hatte – in griechischer Sprache – der von Gellius hochgeschätzte Favorinus veröffentlicht; auf demselben Felde unterhaltsamer Bildungskost betätigte sich etwas später Aelian. Gellius nahm sich in seiner Exzerpten-Kollektion der verschiedensten Wissensgebiete an: der Etymologie, Grammatik und Literatur, der Lexikographie, der Historiographie und der Philosophie, des Rechts und der Rhetorik, mitunter auch der Medizin, der Geometrie oder der Arithmetik. Antiquitäten wurden bevorzugt, desgleichen vorklassische Autoren wie Ennius und Cato Censorius: Man könnte Gellius – im Unterschied zu Fronto, dem Sprach-Archaisten – als Sach- oder Realien-Archaisten bezeichnen.

Er betätigte sich als Vor-Leser: aus einem damals noch ungeschmälert verfügbaren Fundus von etwa 275 Autoren wählte er für sein Publikum aus, was ihm im Hinblick auf sein Programm des Wissenswert-Unterhaltsamen geeignet schien. Hierbei mied er Gründlichkeit und Breite; ein jedes der etwa 400 Kapitel befaßt sich mit einem anderen Thema. Gellius bemühte sich, seine Essays in eine ansprechende Form zu kleiden; oft setzte er in kleine Szenen mit Dialogen um, was er seinen Büchern entnommen hatte, wobei er vorzugsweise dem ›Philosophen‹ Favorinus oder seinem Grammatiklehrer Gaius Sulpicius Apollinaris zu Auftritten verhalf.

Die *Noctes Atticae* mit ihren Schwerpunkten Sprache, Literatur und Recht spiegeln die Zivilisation ihrer Zeit, insbesondere auch das Nebeneinander von griechischer und römischer Kultur; sie geben Einblick in eine behaglich ihre Bildung genießende bürgerliche Welt. Darauf beruht der Eigenwert der Schrift. Für die Nachwelt ist indes, was einst als Secondhand-Angebot gedacht war, längst zum einzigen und somit primären Zeugnis geworden: etwa bei den zahlreichen Zitaten aus verlorenen Autoren der Republik, angefangen mit Livius Andronicus und Naevius, ferner bei vielen Nachrichten aus ebenfalls verlorenen Werken über Roms Frühzeit, z. B. aus denen Varros. So erklärt sich, daß jetzt der Quellenwert der Schrift größer ist als ihr Eigenwert.

Die Spätantike mit ihrem Hang zum Antiquarischen hat die *Noctes Atticae* eifrig gelesen und benutzt; die *Saturnalia* des Macrobius sind ein im Grundsätzlichen verwandtes Werk. Auch in der gelehrten Welt des Mittelalters und der frühen Neuzeit hat Gellius viele Spuren hinterlassen. Es ist, als habe das in seinem Werk thesaurierte Wissen zum Bildungskanon der geistigen Elite gehört.

Die handschriftliche Überlieferung ist gespalten: für die Bücher 1–7 und 9–20 stehen je verschiedene mittelalterliche Codices zu Gebote.

b) Censorinus

Die Schrift *De die natali* (»Über den Geburtstag«) ist das letzte exakt datierbare Werk der römischen Literatur: Sie wurde im Jahre 238 von dem Grammatiker CENSORINUS zu Ehren eines Gönners namens Quintus Caerellius verfertigt und enthält eine gelehrte Plauderei über den Menschen und die Zeit. Censorinus beginnt mit dem Genius, dem römischen Schutzgeist des Mannes, dem an jedem Geburtstag geopfert wurde; er handelt sodann von dem Ursprung des Menschengeschlechts und den Anfängen des menschlichen Individuums, von der Zeugung und dem Embryo. Dann folgt etwas Astrologie und Zahlenmystik; der Autor verweilt bei den Altersstufen und den kritischen Jahren. Schließlich verbreitet er sich noch über die Zeit und über Zeitbegriffe wie *saeculum* oder *annus*. Die Schrift ist mit Namen älterer Autoren gespickt. Hiervon stammt jedoch das meiste aus zweiter Hand; Censorinus hat wohl vor allem von Varro und Sueton profitiert. Die Überlieferung (der Schluß der Schrift ist verlorengegangen) beruht vor allem auf einem frühmittelalterlichen Kölner Codex.

4. Die Geschichtsschreibung

a) Publius Annius Florus

Der Name Florus ist auf dreifache Weise mit der Literatur der Zeit Hadrians verknüpft. Erstens kennt die Überlieferung einen Dichter Florus: Von ihm hat die *Anthologia Latina* neun kleine Stücke im Stil der *poetae novelli* aufgenommen; außerdem zitiert die *Historia Augusta* Verse, die er an Hadrian gerichtet und dieser mit ähnlichen Versen beantwortet habe. Dieser Florus wird zu Recht mit dem Annius Florus gleichgesetzt, der – nach Charisius – mit Hadrian korrespondiert hat. Zweitens hat eine Brüsseler Handschrift (und nur sie) den Anfang eines Dialogs literarisch-rhetorischen Inhalts bewahrt, mit dem Titel *Vergilius orator an poeta* (»War Vergil ein Redner oder ein Dichter?«); der Verfasser heißt Publius Annius Florus. Drittens und hauptsächlich ist eine *Epitome de Tito Livio* erhalten, ein Überblick über die römische Geschichte bis zur Zeit des Augustus. In der Angabe des Autors divergieren die Handschriften: Im Codex Bambergensis wird er Iulius Florus, in der übrigen Überlieferung Lucius Annaeus Florus genannt.

Das 2. Jahrhundert war eine Epoche des Formalismus und der schier grenzenlosen Verfügbarkeit aller Stile und Gattungen. Das Œuvre des Apuleius bezeugt eindrucksvoll, was in dieser Hinsicht erstrebt und geleistet wurde. Die Verschiedenartigkeit der von der Überlieferung mit dem Namen Florus verbundenen Erzeugnisse hindert demnach nicht, daß man sie allesamt einer Person zuschreibt. Der Name wird wohl vollständig und richtig von dem Brüsseler Fragment angegeben: PUBLIUS ANNIUS FLORUS.

In dieser Quelle verlautet, daß er aus Afrika stammte und in jugendlichem Alter bei einem Dichterwettstreit in Rom gescheitert war: Domitian habe seinen Sieg verhindert. Er hatte diese Niederlage als Schmach empfunden, war auf

Reisen gegangen und hatte sich schließlich zu Anfang der Regierung Trajans in
Tarraco niedergelassen. Später, unter Hadrian, wird er in Rom gelebt haben.

Die *Epitome de Tito Livio*, in zwei Büchern, ist ein Preis der Größe Roms, wie
ihn damals, in einer Zeit der Rückblicke, auch andere anhoben – besonders schön
und facettenreich der Grieche Aelius Aristides. Florus konzentrierte sich auf die
kriegerischen Leistungen; eine Besonderheit seiner Darstellung besteht darin,
daß er die Sequenz der menschlichen Lebensalter auf den Helden des Ganzen,
den *populus Romanus*, übertrug. Hiernach war die Königszeit die *infantia*, die
Kindheit des römischen Volkes, die Republik die Jugend und das Mannesalter,
und mit der *Pax Augusta* begann die *senectus*, das Greisenalter. Diese Periode stellt
Florus nicht mehr dar; die Gegenwart aber wird von ihm mit dem Kompliment
bedacht, daß sie wider alles Erwarten in eine zweite Jugend eingetreten sei.

Die Diktion des Florus ist klar, elegant und frei von Archaismen; sie strebt
nach Kürze. Wohl vor allem um dieser Vorzüge willen wurde die *Epitome* (die in
Wahrheit mehr ist als ein Resümee aus Livius) viel gelesen und benutzt; im Mittelalter und bis zum 18. Jahrhundert hat sie als Schulbuch gedient. Die Überlieferung beruht auf dem erwähnten Codex Bambergensis sowie auf einer durch zahlreiche Handschriften repräsentierten zweiten Klasse.

b) Granius Licinianus

Granius Licinianus, Historiker und Antiquar, hat in hadrianischer Zeit ein an-
nalistisch gegliedertes Werk über die Geschichte der römischen Republik verfaßt.
Hiervon sind lediglich zwölf Palimpsestblätter erhalten, die im Jahre 1853 im
Britischen Museum entdeckt wurden, Reste aus den Büchern 26–36 (mit Ereignissen von etwa 168 bis 67 v. Chr.). Die Darstellung – hauptsächlich nach Livius
– ist trocken und unbeholfen, zeigt aber jene Vorliebe für Anekdoten, die vor allem in der gleichzeitigen Buntschriftstellerei eine Heimstatt gefunden hat. Ihr
wurde wohl auch von Granius ein Tribut entrichtet: in einem *Cena* (»Mahlzeit«)
betitelten Werk, von dem günstigsten Falles noch vier Zitate bei spätantiken
Autoren zeugen.

5. Die Jurisprudenz

a) Überblick

Um die Wende zum 2. Jahrhundert trat die Jurisprudenz in die hochklassische Phase, die Zeit ihrer größten Blüte, ein. Sie wurde – neben der Rhetorik – zur Leitdisziplin der Epoche: von Trajan bis zu den Soldatenkaisern. Angesichts der Leistungen, die sie damals vollbracht hat, erscheint es als problematisch, der Adoptivkaiserzeit schlichtweg Erschöpfung oder Niedergang zu bescheinigen. Eher könnte man wohl behaupten, daß sich die geistigen Kräfte in unerhörtem Maße auf den einen – für die bürgerliche Poliskultur des Imperium Romanum wesentlichen – Bereich konzentriert haben.

Von der reichen Rechtsliteratur der Römer ist in der Hauptsache nur das erhalten geblieben, was Eingang in das auf Befehl von Kaiser Justinian hergestellte Corpus Iuris gefunden hat, insbesondere in dessen umfänglichsten und wichtigsten Teil, in die *Digesten*. Die dort versammelten, nach Sachbereichen geordneten Fragmente sind jeweils mit dem Namen des Autors, dem Titel des exzerpierten Werkes und der einschlägigen Buchzahl versehen. Dieser Umstand hat der modernen Wissenschaft vom römischen Recht die Möglichkeit eröffnet, die Geschichte ihres Gegenstandes nachzuzeichnen. Außerdem ergaben sich hieraus zwei im engeren Sinne literarische Perspektiven: Man lernte anhand von gleichen oder ähnlichen Werktiteln Typen oder Gattungen von Juristenschriften unterscheiden; man konnte, indem man die einzelnen Fragmente eines jeden Werkes ihrer Buchzahl entsprechend anordnete, den Aufbau, das System der einzelnen Werke und der Werktypen rekonstruieren.

Zwei Merkmale sind für die Schriften der römischen Juristen unabhängig von der Gattungszugehörigkeit charakteristisch. Sie pflegen sich erstens in einem für den modernen Betrachter ungewöhnlichen Maße am einzelnen Problem, am Fall, an der Streitfrage zu orientieren. Sie reihen Problem an Problem; der hinter der Kasuistik stehende rechtsdogmatische Zusammenhang wird meist nicht explizit dargelegt. Für die Auffindbarkeit des einzelnen Falles sorgen konventionelle Aufbauschemata, und zwar nicht nur in den Kommentaren, bei denen der kommentierte Text die Reihenfolge vorgab.

Die Schriften der römischen Juristen zeigen zweitens in ihrer Argumentationsweise und ihrem Stil größte Uniformität; es galt ja, eine von der jeweils entscheidenden Person unabhängige Methode der Entscheidungsfindung zu tradieren. Die Juristen strebten nach einer möglichst schlichten und objektiven und von

Emotionen freien Ausdrucksweise; sie mieden jedweden rhetorischen Prunk. Ihr
Stil verweilte durchweg – was eine gewisse Eleganz nicht ausschloß – im *genus te-*
nue. Eine klassizistische Gesinnung kann man ihnen wohl deshalb nicht beimes-
sen, weil sie stets an derselben Schreibweise festgehalten haben, an einer Diktion,
die ihr nächstes Analogon im *Bellum Gallicum* Caesars hat.

Von dem an erster Stelle genannten Merkmal macht die Gattung der Schul-
werke mit Titeln wie *Institutiones, Regulae* oder *Enchiridium* (»Handbuch«) eine
Ausnahme. Diese dienten der Unterweisung von Anfängern; sie bemühten sich
daher – nach dem Vorbild rhetorischer und sonstiger Lehrbücher – um einen sy-
stematischen Aufbau. Die *Institutiones* des Gaius, das einzige Werk der rechtswissenschaftlichen Klassik, das nahezu vollständig erhalten blieb, sind ein anschauliches Beispiel für diesen Typus.

Die für die Praxis wichtigste Gattung waren die Kommentare, die ihrerseits die
für das Privatrecht wichtigsten Sammlungen von Normen erläuterten. Derartige
Sammlungen waren im antiken Rom nur ausnahmsweise Kodifikationen des Ge-
setzgebers, wie das Zwölftafelrecht; sie gingen im übrigen aus der Praxis des Ge-
richtsmagistrats, des Prätors, oder aus der Initiative von Rechtsgelehrten hervor.
Die Jurisdiktion des Prätors schuf in allmählicher Entwicklung das prätorische
Edikt, eine Quasi-Kodifikation des Privatrechts, und die Rechtsgelehrten, die für
bündige Gesamtdarstellungen sorgten, waren QUINTUS MUCIUS SCAEVOLA PON-
TIFEX sowie MASURIUS SABINUS mit ihren *Ius civile* betitelten Werken. Diese Texte
also waren der Hauptgegenstand der üppigen Kommentar-Literatur; gelegentlich
machte man auch Einzelgesetze oder Juristenschriften zum Thema von Erläute-
rungswerken. Der Inhalt erschöpfte sich nicht in der Erklärung des zugrundelie-
genden Textes; es wurden auch alle Probleme der Praxis, die aus ihm hervorgegangen waren, gleichsam daran aufgehängt. Aus diesem Grunde schwollen die Kommentare im Laufe der Zeit immer mehr an; die Spätklassiker Ulpian und Paulus
hinterließen wahre Enzyklopädien des Rechts, im Umfang von etwa 80 Büchern.

Die der Praxis am nächsten stehende Gattung der Rechtsliteratur waren die
Sammlungen von Bescheiden, von *responsa* der Juristen, mit Titeln wie *Epistulae,*
Quaestiones oder *Digesta* (»Briefe«, »Probleme«, »Geordnetes«). Sie folgten meist
dem Aufbau des prätorischen Edikts und ermangelten jeglichen verbindenden
Textes. Manchmal ist der ursprüngliche Wortlaut des Bescheides unverändert bewahrt geblieben; meist bekundet er eine mehr oder minder gründliche wissenschaftliche Aufbereitung.

Die beiden Schulen der Jurisprudenz, die Proculianer und Sabinianer,[10] lassen

---

10 Siehe S. 304 f.

sich bis in hadrianische Zeit verfolgen – von erheblicher Bedeutung für die Entwicklung des Rechts scheint dieser Gegensatz nicht gewesen zu sein. Die bedeutendsten Juristen der ersten Jahrhunderthälfte waren PUBLIUS IUVENTIUS CELSUS und LUCIUS SALVIUS IULIANUS; sie hinterließen beide umfängliche Digestenwerke. Celsus tat sich nicht nur durch begriffliche Schärfe, sondern auch durch ein leicht aufbrausendes Gemüt hervor, wovon neben anderem ein Brief des jüngeren Plinius Kunde gibt.[11] Julian wiederum, ruhig und ausgewogen, hat, wie über 900 Fragmente und Zitate bezeugen, für manches vieldiskutierte Problem die endgültige Lösung gefunden, oft auch der weiteren Entwicklung den Weg gewiesen. Er nahm im Auftrag Hadrians die abschließende Redaktion des prätorischen Edikts vor. Zwei Zeitgenossen, die sich vor allem als Rechtslehrer Verdienste erworben haben, waren SEXTUS POMPONIUS und GAIUS. Pomponius verfaßte außer drei großen Kommentaren ein Elementarwerk mit dem Titel *Enchiridium*; aus ihm stammt – als langes Fragment in den Digesten Justinians[12] – ein schlecht tradierter, gleichwohl unentbehrlicher Überblick über die Entwicklung des römischen Rechts.

Die Zeit der severischen Kaiser (193–235) sah noch einmal große Juristen am Werke, allen voran das Dreigestirn AEMILIUS PAPINIANUS, IULIUS PAULUS und DOMITIUS ULPIANUS. Papinian hinterließ *Quaestiones* und *Responsa* von unvergleichlicher Präzision und Konzentration; Paulus und Ulpian, deren Schriftstellerei manche Ähnlichkeit zeigt, verfaßten vor allem die erwähnten monumentalen Kommentare zum Edikt und zum *Ius civile* des Sabinus. Das Ende der drei kündigt, einem Wetterleuchten gleich, den Zusammenbruch des Prinzipats an: Papinian wurde im Jahre 212 von Caracalla hingerichtet; Elagabal schickte Paulus und wohl auch Ulpian, Papinians einstige Assessoren, in die Verbannung, und Ulpian wurde im Jahre 228 als Prätorianerpräfekt von seinen meuternden Soldaten erschlagen. Der letzte Jurist, dessen Lebenszeit sich ungefähr bestimmen läßt, war HERENNIUS MODESTINUS, ein Schüler Ulpians; er hat sich wohl noch unter Maximinus Thrax, vielleicht bis in die Zeit der Gordiane, betätigt. Das späteste Datum, das sich über ihn, und hiermit über die gesamte Jurisprudenz der Prinzipatszeit, ausmachen läßt, ist das Jahr 239, strenggenommen ein Terminus ante quem. Sowohl die juristische als auch die übrige Literatur der Römer haben somit zur Zeit des Maximinus Thrax und der Gordiane ihre letzten einigermaßen genau datierbaren Spuren hinterlassen.[13]

---

11 *Epistulae* 6,5.
12 Digesten 1,2,2.
13 Siehe S. 356.

b) Gaius

Der einzige Jurist, von dem außerhalb des Corpus Iuris ein Originalwerk nahezu vollständig bewahrt blieb, ist als Person nahezu unbekannt. Sein Name, eigentlich ein Praenomen, gibt Rätsel auf; er wird weder in den Digesten Justinians noch sonstwo anders zitiert denn als Gaius. Man weiß, daß er unter Hadrian, Antoninus Pius und Mark Aurel gewirkt hat; seine *Institutiones* sind um das Jahr 161 entstanden. Er hat bis mindestens 178 gelebt: Die Digesten zitieren aus seinem Kommentar zu einem Senatsbeschluß dieses Jahres. Er bezeichnet sich selbst als zur Schule der Sabinianer gehörig. In der modernen Wissenschaft besteht Neigung, ihn für einen Provinzialjuristen zu halten, vor allem wegen eines Kommentars zum prätorischen Provinzialedikt.

Sein für die Nachwelt wichtigstes Werk sind die *Institutiones* in vier Büchern; von seinen übrigen Schriften blieben lediglich Fragmente erhalten. Die *Institutiones* geben einen Überblick über das römische *ius privatum*, das Zivilprozeßrecht eingeschlossen. Die Darstellung ist streng systematisch; als oberstes Gliederungsprinzip dient die Trichotomie *persona – res – actio*. Unter dem Stichwort *persona* wird im 1. Buch das Personen- und Familienrecht abgehandelt. Der Begriff *res* (»Sache«) umfaßt drei Gebiete: das Sachenrecht im heutigen Sinne, das Erbrecht und das Schuldrecht. Gaius unterscheidet *res corporales* und *res incorporales*; unter letztere Kategorie subsumiert er Erb- und Forderungsrechte. Diese Materien füllen die Bücher 2 und 3; im letzten Buch befaßt sich der Autor mit dem von ihm als *actio* rubrizierten Zivilprozeß. Die *Institutiones* enthalten darüber hinaus eine nicht geringe Anzahl von Einteilungen, die für die europäische Rechtsdogmatik grundlegend geworden sind, wie die Liste der Eigentumserwerbsgründe, die Entstehungsgründe von Obligationen, die Einteilung der Verträge.

Gaius hat außer den *Institutiones* noch weitere Lehrschriften verfaßt. Die *Res cottidianae* (»Rechtsfälle des Alltags«) in sieben Büchern, auch *Aurea* (»Goldene Worte«) genannt, waren wohl eine gründliche Bearbeitung der *Institutiones*; ferner stellte er *Regulae* zusammen. Wie Pomponius beschäftigte er sich gern mit der Geschichte des Rechts; so wurde er der letzte in der Reihe der Kommentatoren der Zwölftafeln. Neben dem erwähnten Erläuterungswerk zum Provinzialedikt erstellte er eines zum Edikt des Stadtprätors; schließlich hat er noch eine Reihe von Monographien zu einzelnen Rechtsmaterien oder Gesetzen geschrieben.

Die späteren Juristen der klassischen Zeit würdigten Gaius keiner Erwähnung. Erst in der Spätantike avancierten seine *Institutiones* zum meistbenutzten Lehrbuch. Man fertigte Kurzfassungen an; das sogenannte Zitiergesetz vom Jahre 426 privilegierte seine Schriften ebenso wie die des Papinian, des Ulpian oder des Paulus. Die *Institutiones* dienten dem gleichnamigen Werk Justinians, das an der Spitze des Corpus Iuris steht, als wichtigste Quelle – auf diesem Wege hat die unvergleichliche Systematik des Gaius die europäische Rechtswissenschaft befruchtet. Der originale Text war verschollen; erst im Jahre 1816 entdeckte ihn der Historiker Barthold Georg Niebuhr auf einem Palimpsest der Stiftsbibliothek zu Verona.

Nachwort

Die beiden ersten Jahrhunderte des Kaiserregiments waren eine Epoche des Friedens, des Wohlstands und des sozialen Ausgleichs zwischen den Römern und der Reichsbevölkerung: Diese, wie es schien, gut und auf Dauer eingerichtete Welt brach kurz vor der Mitte des 3. Jahrhunderts katastrophenartig zusammen. Die Grenzen hielten dem Druck der Germanen im Norden sowie dem der Perser im Osten nicht mehr stand, und so durchzogen Barbarenhorden plündernd und brandschatzend das ganze Reich. Nur Rom selbst blieb damals noch verschont; immerhin sah sich Kaiser Aurelian (270–275) veranlaßt, die seit Jahrhunderten unbefestigte Stadt mit einem gewaltigen Mauerring zu umgeben. Überdies wurden die Truppen je später, desto mehr aus den wenig romanisierten Grenzgebieten rekrutiert: Diese allenfalls noch an die Person des jeweiligen Kaisers gebundenen Söldner entwöhnten sich des Gedankens, sie seien zum Schutz der Zivilbevölkerung bestellt, und so richteten ihre Requisitionen ebensoviel Schaden an wie die Beutezüge der von außen einbrechenden Scharen.

Das Kaisertum regierte von der Mitte des 3. Jahrhunderts an nicht mehr im Einklang mit dem Senat und den führenden Schichten der Reichsbevölkerung; es stützte sich vielmehr auf den einzigen Machtfaktor, der noch zählte, auf die Truppen. Diese aber waren gänzlich ungeeignet, eine stabile Staatsgewalt aufrechtzuerhalten. Die durch weite Räume voneinander getrennten Einheiten ließen sich lediglich von kurzsichtigem Egoismus leiten: Eine jede suchte ihren Befehlshaber als Kaiser durchzusetzen, und so mündeten die zahlreichen Schilderhebungen von seiten des Militärs in Bürgerkriege und Anarchie. In dem halben Jahrhundert von der Ermordung des Severus Alexander (235) bis zur Ermordung des Carinus (285) haben insgesamt siebzig Kaiser regiert oder zu regieren versucht; darunter waren 41 Usurpatoren, die sich nicht durchzusetzen vermochten. Eine zentrale Instanz, die eine dem Wohle aller dienende Politik hätte verfolgen können, kam in dem brodelnden Chaos nicht mehr zustande. Erst gegen Ende der großen Krise gelangen einzelnen Herrschern, die sich mehrere Jahre zu halten wußten, erste Schritte in Richtung auf eine neue, einigermaßen stabile Staatsform, wie sie dann in den letzten Dezennien des 3. Jahrhunderts von Diokletian (284–305) eingerichtet worden ist.

Mit diesen allgemeinen politischen Verhältnissen korrespondierten aufs genaueste die Geschicke der lateinischen Literatur. Die Produktion erlosch zu Beginn der Krise, um das Jahr 240, und lebte erst wieder auf, als ein halbes Jahrhundert später Diokletian den Thron bestiegen hatte. Zwischen der Schrift *De die*

natali des Censorinus und einem fragmentarisch erhaltenen Lehrgedicht über die
Jagd, den *Cynegetica* des Nemesianus, klafft somit eine Lücke von nahezu zwei
Menschenaltern. Kein Werk ist auf die Nachwelt gekommen, das sich dieser
dunklen Epoche mit Sicherheit zuweisen ließe, und nicht einmal Fragmente oder
auch nur exakt datierbare Namen von Autoren blieben bewahrt.

Das literarische Vakuum zwischen den Jahren 238 und 284 bekundet vor allem
einen geistigen und weniger einen physischen Kollaps: Rom als verbindende Idee
war am Ende, jedenfalls einstweilen, und mit ihm seine Geschichte, sein Recht
und sein Staatsethos, und so fehlte es an Antrieben zu literarischen Unternehmungen, die unmittelbar oder mittelbar mit dieser Idee zusammenhingen. Wo es
nicht um Rom ging, sondern um andere Kristallisationszentren, um den christlichen Glauben oder die griechische Philosophie, wirkte sich die politische Krise
des Reiches bei weitem nicht so verheerend aus. Das christliche Schrifttum in
griechischer Sprache erlebte im 3. Jahrhundert mit den theologischen Schulen
von Alexandrien und Antiochien und zumal mit der überragenden Gestalt des
Origenes (gestorben 253) ihren ersten Höhepunkt, und im Westen fand Tertullian, der Begründer der lateinischen Kirchenväterliteratur, einen ebenbürtigen
Nachfolger in dem karthagischen Bischof Cyprian (gestorben 258). Die griechische Philosophie wiederum brachte um dieselbe Zeit, da die nichtchristliche lateinische Literatur in tiefer Agonie verharrte, den Neuplatonismus und damit das
philosophische System hervor, das vom 3. bis zum 6. Jahrhundert in der ganzen
antiken Welt geistig bestimmend war: Plotin, der Gründer der Schule (gestorben
270), und Porphyrios, sein Nachfolger (gestorben um 304), lehrten und wirkten
in eben dem Rom, dem seine eigene Tradition gänzlich abhanden gekommen zu
sein schien.

Mit der Errichtung des spätantiken Staates durch Diokletian und Konstantin
erneuerte sich auch die heidnische lateinische Literatur. Man suchte zu restaurie-
ren und zu regenerieren, was das lange Intervall der Krise verschüttet hatte: Man
schrieb die Werke der Vorzeit ab, und zwar vom ausgehenden 4. Jahrhundert an
in der dauerhaften Form des Kodex, man kommentierte sie und knüpfte durch
eigene Produkte an sie an. So konstituierte sich die lateinische Literatur der Spätantike zu einem nicht geringen Teil als die erste Rezeptionsstufe der Literatur
Alt-Roms.

Anhang

Literaturhinweise

Fragmentsammlungen

Diehl	Poetae Romani veteres. Hrsg. von E. Diehl. Bonn 1911.
Friedrich	Publilius Syrus Mimus. Hrsg. von O. Friedrich. Berlin 1880.
Jordan	Marcus Porcius Cato. Quae exstant. Hrsg. von H. Jordan. Leipzig 1860.
Malcovati	Oratorum Romanorum Fragmenta. Hrsg. von H. Malcovati. Turin ²1955.
Marx	Gaius Lucilius. Carminum Reliquiae. Hrsg. von F. Marx. Leipzig 1904–05. [Text und Komm.]
Morel	Fragmenta poetarum Latinorum epicorum et lyricorum (praeter Ennium et Lucilium). Hrsg. von W. Morel. Leipzig 1927.
Peter	Historicorum Romanorum Reliquiae. 2 Bde. Hrsg. von H. Peter. Leipzig ²1914. 1906.
Ribbeck, TRF	Scaenicae Romanorum Poesis Fragmenta. Hrsg. von O. Ribbeck. Bd. I: Tragicorum Fragmenta. Leipzig 1871.
Ribbeck, CRF	Scaenicae Romanorum Poesis Fragmenta. Hrsg. von O. Ribbeck. Bd. II: Comicorum Romanorum Fragmenta. Leipzig 1873.
Vahlen	Ennianae Poesis Reliquiae. Hrsg. von J. Vahlen. Leipzig ²1903.

Literaturgeschichten

Albrecht, M. v.: Geschichte der römischen Literatur von Andronicus bis Boethius. 2 Bde. München ²1994.

Bickel, E.: Lehrbuch der Geschichte der römischen Literatur. Heidelberg ²1961.

Bieler, L.: Geschichte der römischen Literatur. 2 Bde. Berlin / New York ⁴1980.

Büchner, K.: Römische Literaturgeschichte. Ihre Grundzüge in interpretierender Darstellung. Stuttgart ⁶1994.

Fuhrmann, M. (Hrsg.): Römische Literatur. Frankfurt a. M. 1974. (Neues Handbuch der Literaturwissenschaft. 3.)

Kappelmacher, A. / Schuster, M.: Die Literatur der Römer bis zur Karolingerzeit. Potsdam 1934.

Lefèvre, E. [u. a.]: Geschichte der lateinischen Literatur. In: Einleitung in die lateinische Philologie. Hrsg. von F. Graf. Stuttgart/Leipzig 1997. S. 163–384.

Norden, E.: Die römische Literatur. Leipzig ⁷1997.

Schanz, M. / Hosius, C. [/ Krüger, G.]: Geschichte der römischen Literatur bis zum Gesetzgebungswerk des Kaisers Justinian. 4 Tle. in 5 Bden. München ¹⁻⁴1914–35. – Nachdr. Ebd. 1959 ff.

Teuffel, W. S.: Geschichte der römischen Literatur. 6. Aufl. bearb. von W. Kroll und F. Skutsch. 3 Bde. Leipzig/Berlin 1913–16. Bd. 2. 7. Aufl. Ebd. 1920. – Nachdr. Aalen 1965.

Textausgaben und wissenschaftliche Literatur zu den einzelnen Abschnitten

I. 1.

Fuhrmann, M.: Die lateinische Literatur der Spätantike. In: Antike und Abendland 13 (1967) S. 56–79. [Zeitl. Begrenzung der röm. Lit.]
Schadewaldt, W.: Der Umfang des Begriffs der Literatur in der Antike. In: W. Sch.: Hellas und Hesperien. Bd. 1: Zur Antike. Zürich/Stuttgart ²1970. S. 782–796.

I. 2.

Handbuch der italischen Dialekte. Hrsg. von E. Vetter. Heidelberg 1953.
Manuale dei dialetti italici. Hrsg. von G. Bottiglioni. Bologna 1954.
Testi latini arcaici e volgari. Hrsg. von V. Pisani. Turin ³1975.
Die römische Literatur in Text und Darstellung. Republikanische Zeit I. Hrsg. von H. und A. Petersmann. Stuttgart 1991. [Mit dt. Übers.]

Palmer, L. R.: Die lateinische Sprache. Hamburg 1990.
Pfiffig, A. J.: Einführung in die Etruskologie. Darmstadt ⁴1991.
Pisani, V.: Le lingue dell'Italia antica oltre il latino. Turin ²1964.
Stolz, F. / Debrunner, A. / Schmid, W. P.: Geschichte der lateinischen Sprache. Berlin ⁴1966.

I. 3.

Norden, E.: Aus altrömischen Priesterbüchern. Lund 1939. [Arvallied.]
Das Zwölftafelgesetz. Hrsg. von R. Düll. Zürich ⁷1995. [Mit dt. Übers.]

Lejay, P.: Histoire de la littérature latine des origines à Plaute. Paris 1923.
Leo, F.: Geschichte der römischen Literatur. Bd. 1: Die archaische Literatur. Berlin 1913.
Luiselli, B.: Il verso saturnino. Rom 1967.
Pasquali, G.: Preistoria della poesia romana. Florenz 1936.

I. 4.

Harder, R.: Die Einbürgerung der Philosophie in Rom (1929). In: R. H.: Kleine Schriften. Hrsg. von W. Marg. München 1960. S. 330–353.
Jachmann, G.: Die Originalität der römischen Literatur. Leipzig/Berlin 1926.
Kienast, D.: Cato der Zensor. Heidelberg 1954.
Kroll, W.: Studien zum Verständnis der lateinischen Literatur. Stuttgart 1924. S. 1–23 [Römer und Griechen]. S. 139–184 [Die Nachahmung].
Leo, F.: Die Originalität der römischen Literatur. Göttingen 1904.
Marrou, H. I.: Histoire de l'éducation dans l'antiquité. Paris ⁶1965. – Dt. u. d. T.: Geschichte der Erziehung im klassischen Altertum. Freiburg/München 1957.
Reiff, A.: *Interpretatio, imitatio, aemulatio.* Begriff und Vorstellung literarischer Abhängigkeit bei den Römern. Diss. Köln 1959.
Strasburger, H.: Der ›Scipionenkreis‹. In: Hermes 94 (1966) S. 60–72.

I. 5.

Allgemein

Fuhrmann, M.: Die Epochen der griechischen und römischen Literatur. In: Der Diskurs der Literatur- und Sprachhistorie. Hrsg. von B. Cerquiglini und H. U. Gumbrecht. Frankfurt a. M. 1983. S. 537–555.

Darstellung einzelner Epochen

Dihle, A.: Die griechische und lateinische Literatur der Kaiserzeit. München 1989.

Flores, E.: Letteratura latina e ideologia del III–II A.C. Neapel 1974.

Gruen, S.: Culture and National Identity in Republican Rome. Ithaca (N.Y.) 1992.

Heinze, R.: Die augusteische Kultur. Leipzig ²1933.

Hutchinson, G. O.: Latin Literature from Seneca to Juvenal. Oxford 1993.

Kroll, W.: Die Kultur der ciceronischen Zeit. Leipzig 1933. – Nachdr. Darmstadt 1975.

Leo, F.: Geschichte der römischen Literatur. Bd. 1: Die archaische Literatur. Berlin 1913.

I. 6.

De Ford, M. A.: Latin Literature as Related to Roman Birth. In: Classical Journal 7 (1911/12) S. 147–157.

Frank, T.: Life and Literature in the Roman Republic. Berkeley / Los Angeles ⁵1965.

Reure, C. O.: Les gens de lettres et leur protecteurs à Rome. Paris 1891.

I. 7.

Birt, Th.: Abriß des antiken Buchwesens. In: Th. B.: Kritik und Hermeneutik. München 1913. (Handbuch der Altertumswissenschaft. I,3.) S. 243–366.

Blanck, H.: Das Buch in der Antike. München 1992.

Friedländer, L.: Darstellungen aus der Sittengeschichte Roms. Leipzig ¹⁰1912–23. Bd. 2. S. 191–265.

Funaioli, G.: Recitationes. In: Paulys Realencyclopädie der classischen Altertumswissenschaft. Hrsg. von G. Wissowa [u. a.]. Bd. I A. Stuttgart 1914. Sp. 435–446.

Hunger, H.: Antikes und mittelalterliches Buch- und Schriftwesen. In: H. H. [u. a.]: Geschichte der Textüberlieferung der antiken und mittelalterlichen Literatur. Bd. 1. Zürich 1961. S. 25–147.

Wendel, C.: Bibliothek. In: Reallexikon für Antike und Christentum. Hrsg. von Th. Klauser. Bd. 2. Stuttgart 1954. Sp. 230–274.

II. 1.

Haffter, H.: Untersuchungen zur altlateinischen Dichtersprache. Berlin 1934.

Leumann, M.: Die lateinische Dichtersprache. In: M. L.: Kleine Schriften. Hrsg. von H. Haffter [u. a.]. Zürich/Stuttgart 1959. S. 131–156.

Marouzeau, J.: Quelques aspects de la formation du latin littéraire. Paris 1949.

Neumann, G.: Die Normierung des Lateinischen. In: Gymnasium 84 (1977) S. 199–212.

II. 2.

Textausgaben

Naevius Poeta. Hrsg. von E. V. Marmorale. Florenz 1953.
Gnaeus Naevius. Belli Punici carmen. Hrsg. von W. Strzelecki. Leipzig 1964.

Q. Ennio. I frammenti degli Annali. Hrsg. von L. Valmaggi. Turin 1900.
The Tragedies of Ennius. Hrsg. von H. D. Jocelyn. Cambridge 1967. [Mit Komm.]

Siehe auch: Diehl; Morel; Ribbeck, TRF und CRF; Vahlen (s. S. 369).

Literatur

Allgemein

Cancik, H.: Die republikanische Tragödie. In: Das römische Drama. Hrsg. von E. Lefèvre. Darmstadt 1978. S. 308–347.
Häußler, R.: Das historische Epos der Griechen und Römer bis Vergil. Tl. 1: Von Homer bis Vergil. Heidelberg 1976.
Waszink, J. H.: Zum Anfangsstadium der römischen Literatur. In: Aufstieg und Niedergang der römischen Welt. Hrsg. von H. Temporini und W. Haase. Bd. I,2. Berlin / New York 1972. S. 869–927.

Zu Naevius

Buchheit, V.: Vergil über die Sendung Roms. Untersuchungen zum *Bellum Punicum* und zur *Aeneis*. Heidelberg 1963.
Richter, W.: Das Epos des Gnaeus Naevius. Probleme der dichterischen Form. Göttingen 1960. (Nachrichten der Akademie der Wissenschaften in Göttingen. Phil.-hist. Klasse. 1960,3.) S. 40 ff.

Zu Ennius

Norden, E.: Ennius und Vergilius. Kriegsbilder aus Roms großer Zeit. Leipzig/Berlin 1915.
Skutsch, F.: Ennius. In: Paulys Realencyclopädie der classischen Altertumswissenschaft. Hrsg. von G. Wissowa [u. a.]. Bd. V. Stuttgart 1905. Sp. 2589–2628.
Skutsch, O. [u. a.]: Ennius. Sept exposés suivis de discussions. Vandœuvres/Genf 1972. (Entretiens sur l'antiquité classique. 17.)

II. 3.

Textausgaben

Plautus. Comoediae. Hrsg. von F. Leo. 2 Bde. Berlin 1895–96.
Titus Maccius Plautus. Comoediae. Hrsg. von W. M. Lindsay. Oxford ²1910.
Plaute. Comédies. Hrsg. von A. Ernout. 7 Bde. Paris 1932–40. [Mit frz. Übers.]
Publius Terentius Afer. Comoediae. Hrsg. von R. Kauer [u. a.]. Oxford 1958.
Térence. Comédies. Hrsg. von J. Marouzeau. 3 Bde. Paris 1947–49. [Mit frz. Übers.]

Antike Komödien in 2 Bänden. Plautus – Terenz. Übers. von W. Binder [Plautus] und J. J. C. Donner [Terenz]. Hrsg. von W. Ludwig. München 1966.

Literatur

Allgemein

Beare, W.: The Roman Stage. A Short History of Latin Drama in the Time of the Republic. London ³1964.

Duckworth, G. E.: The Nature of Roman Comedy. A Study in Popular Entertainment. Princeton 1952.

Fuhrmann, M.: Lizenzen und Tabus des Lachens. Zur sozialen Grammatik der hellenistisch-römischen Komödie. In: Das Komische. Hrsg. von W. Preisendanz und R. Warning. München 1976. S. 65–101. – Leicht gekürzt wiederabgedr. in: Der altsprachliche Unterricht 5/1986. S. 20–43.

Gaiser, K.: Zur Eigenart der römischen Komödie. Plautus und Terenz gegenüber ihren griechischen Vorbildern. In: Aufstieg und Niedergang der römischen Welt. Hrsg. von H. Temporini und W. Haase. Bd. I,2. Berlin / New York 1972. S. 1027–1113.

Lefèvre, E. (Hrsg.): Die römische Komödie: Plautus und Terenz. Darmstadt 1973. (Wege der Forschung. 236.)

Zu Plautus

Blänsdorf, J.: Archaische Gedankengänge in den Komödien des Plautus. Wiesbaden 1967. (Hermes Einzelschriften. 20.)

Fraenkel, E.: Plautinisches im Plautus. Berlin 1922. (Philologische Untersuchungen. 28.)

Handley, E. W.: Menander and Plautus. A Study in Comparison. London 1968.

Leo, F.: Plautinische Forschungen. Zur Kritik und Geschichte der Komödie. Berlin ²1912.

Segal, E.: Roman Laughter. The Comedy of Plautus. Cambridge (Mass.) 1968. (Harvard Studies in Comparative Literature. 29.)

Zu Terenz

Büchner, K.: Das Theater des Terenz. Heidelberg 1974.

Goldberg, S. M.: Terence. Princeton 1986.

Haffter, H.: Terenz und seine künstlerische Eigenart. In: Museum Helveticum 10 (1953) S. 1–20 und 73–102. [Sonderausg. Darmstadt 1967.]

Lefèvre, E.: Die Expositionstechnik in den Komödien des Terenz. Darmstadt 1969.

Schmidt, P. L.: Terenz. In: Die Großen der Weltgeschichte. Hrsg. von K. Fassmann. Bd. 1. Zürich 1971. S. 784–797.

II. 4.

Marcus Porcius Cato. De agri cultura. Hrsg. von A. Mazzarino. Leipzig 1962.

Marcus Porcius Cato. De agricultura / Vom Landbau. Fragmente. Lat./Dt. Hrsg. und übers. von O. Schönberger. München 1980.

Marcus Porcius Cato. Orationum reliquiae. Hrsg. von M. T. Sblendorio-Cugusi. Turin 1982.

Siehe auch: Jordan; Malcovati; Peter (s. S. 369).

Fuhrmann, M.: Cato. Die altrömische Tradition im Kampf gegen die Aufklärung. In: Aufklärung und Gegenaufklärung in der europäischen Literatur, Philosophie und Politik von der Antike bis zur Gegenwart. Hrsg. von J. Schmidt. Darmstadt 1989. S. 72–92.

Kienast, D.: Cato der Zensor. Darmstadt 1954.

Klingner, F.: Cato Censorius und die Krisis Roms (1934). In: F. K.: Römische Geisteswelt. München ⁵1965. S. 34–65.

Richter, W.: Gegenständliches Denken – Archaisches Ordnen. Untersuchungen zur Anlage von *Cato de agri cultura*. Heidelberg 1978.

II. 5.

Malcovati; Peter; Ribbeck, TRF und CRF; Marx (s. S. 369).

Bridoux, A.: Le stoicisme et son influence. Paris 1966.
Cancik, H.: Die republikanische Tragödie. In: Das römische Drama. Hrsg. von E. Lefèvre. Darmstadt 1978. S. 308–347.
Christes, J.: Lucilius. In: Die römische Satire. Hrsg. von J. Adamietz. Darmstadt 1986. S. 57–122.
Coffey, M.: Roman Satire. London / New York 1976.
Forsythe, G.: The Historian L. Calpurnius Piso Frugi and the Roman Annalistic Tradition. New York / London 1994.
Harder, R.: Die Einbürgerung der Philosophie in Rom (1929). In: R. H.: Kleine Schriften. Hrsg. von W. Marg. München 1960. S. 330–353.
Knoche, U.: Die römische Satire. Göttingen ²1957.
Leeman, A. D.: Orationis ratio. The Stylistic Theories and Practice of the Roman Orators, Historians and Philosophers. Bd. 1. Amsterdam 1963. S. 43–66 [»Early Oratory«].
Pohlenz, M.: Die Stoa. 2 Bde. Göttingen ⁵1978–80.
Rist, J. M.: Stoic Philosophy. Cambridge 1969.
Rudd, N.: Themes in Roman Satire. London 1986.
Strasburger, H.: Der ›Scipionenkreis‹. In: Hermes 94 (1966) S. 60–72.
Walbank, F. W.: Polybios. Berkeley 1972.
Wieacker, F.: Die römischen Juristen in der politischen Gesellschaft des 2. vorchristlichen Jahrhunderts. In: Sein und Werden im Recht. Festgabe U. v. Lübtow. Berlin 1970. S. 183–214.

III. 1.

C. Valerius Catullus. Carmina. Hrsg. von R. A. B. Mynors. Oxford ³1967.
C. Valerius Catullus. Hrsg. und erkl. von W. Kroll. Leipzig/Berlin 1923. – Stuttgart ⁷1989.
Catull. Sämtliche Gedichte. Lat./Dt. Hrsg. von W. Eisenhut. München ¹⁰1993.
Catull. Sämtliche Gedichte. Lat./Dt. Übers. und hrsg. von M. v. Albrecht. Stuttgart 1995.

Beck, J. W.: ›Lesbia‹ und ›Juventius‹. Zwei *libelli* im Corpus Catullianum. Göttingen 1996.
Ferguson, J.: Catullus. Oxford 1988.
Granarolo, J.: L'œuvre de Catulle. Aspects religieux, éthiques et stilistiques. Paris 1967.
Heine, R. (Hrsg.): Catull. Darmstadt 1975. (Wege der Forschung. 308.)
Quinn, K. Catullus. An Interpretation. London 1972.
Schmidt, E. A.: Catull. Heidelberg 1985.
Syndikus, H. P.: Catull. Eine Interpretation. 3 Bde. Darmstadt 1984–90.
Wheeler, A. L.: Catullus and the Traditions of Ancient Poetry. Berkeley 1934.

III. 2.

Titus Lucretius Carus. De rerum natura libri VI. Hrsg. von H. Diels. 2 Bde. Berlin 1923–24. [Text und dt. Übers.] – Bearb. Neuaufl.: Lukrez. Von der Natur. Einl. von E. G. Schmidt. München 1993.
Titus Lucretius Carus. De rerum natura libri VI. Hrsg. von C. Bailey. 3 Bde. Oxford 1947. [Text mit engl. Übers. und Komm.]

Boyencé, P.: Lucrèce et l'épicureisme. Paris 1963.

Büchner, K.: Studien zur römischen Literatur. Bd. 1: Lukrez und die Vorklassik. Wiesbaden 1964.

Classen, C. J. (Hrsg.): Probleme der Lukrezforschung. Hildesheim 1986.

Gale, M.: Myth and Poetry in Lucretius. Cambridge 1991.

Giancotti, F.: *Religio, Natura, Voluptas*. Studi su Lucrezio. Bologna 1989.

Gigon, O. (Hrsg.): Lucrèce. Vandœuvres/Genf 1978. (Entretiens sur l'antiquité classique. 24.)

Regenbogen, O.: Lukrez. Seine Gestalt in seinem Gedicht. Berlin 1932. – Wiederabgedr. in: O. R.: Kleine Schriften. Hrsg. von F. Dirlmeier. München 1961. S. 296–386.

Schmid, W.: Lukrez und der Wandel seines Bildes. In: Römische Philosophie. Hrsg. von G. Maurach. Darmstadt 1976. (Wege der Forschung. 193.) S. 37–83.

III. 3.

Romani mimi. Hrsg. von M. Bononia. Rom 1965.

Siehe auch: Friedrich (s. S. 369).

Rieks, R.: Mimus und Atellane. In: Das römische Drama. Hrsg. von E. Lefèvre. Darmstadt 1978. S. 348–377.

III. 4.

Textausgaben

Reden

Marcus Tullius Cicero. Orationes. Hrsg. von A. C. Clark und W. Peterson. 6 Bde. Oxford 1905–18.

Cicéron. Discours. Hrsg. von H. de la Ville de Mirmont [u. a.]. 20 Bde. Paris [1-3]1918 ff. [Mit frz. Übers.]

Marcus Tullius Cicero. Die politischen Reden. Lat./Dt. Hrsg. von M. Fuhrmann. 3 Bde. München 1993.

Marcus Tullius Cicero. Die Reden gegen Verres. Lat./Dt. Hrsg. von M. Fuhrmann. 2 Bde. Zürich 1995.

Marcus Tullius Cicero. Die Prozeßreden. Lat./Dt. Hrsg. von M. Fuhrmann. 2 Bde. Zürich/Düsseldorf 1997.

Marcus Tullius Cicero. Vier Reden gegen Catilina. Lat./Dt. Übers. und hrsg. von D. Klose. Mit einem Nachwort von K. Büchner. Stuttgart 1972.

Philosophische Schriften

Marcus Tullius Cicero. De re publica. Hrsg. von K. Ziegler. Leipzig [7]1969.

Cicero. Der Staat. Lat./Dt. Hrsg. von K. Büchner. München/Zürich [5]1993.

Marcus Tullius Cicero. De legibus. Hrsg. von K. Ziegler. Freiburg/Würzburg [3]1979.

Cicero. De legibus – Paradoxa Stoicorum / Über die Gesetze – Stoische Paradoxien. Hrsg. von R. Nickel. Zürich 1994.

Marcus Tullius Cicero. Academicorum reliquiae cum Lucullo. Hrsg. von O. Plasberg. Leipzig 1922.

Cicero. Hortensius – Lucullus – Academici libri. Lat./Dt. Hrsg. von L. Straume-Zimmermann [u. a.]. München/Zürich 1990.

Marcus Tullius Cicero. De finibus bonorum et malorum. Hrsg. von Th. Schiche. Leipzig 1915.

Cicero. Über die Ziele menschlichen Handelns / De finibus bonorum et malorum. Lat./Dt. Hrsg. von O. Gigon und L. Straume-Zimmermann. München/Zürich 1988.

Cicero. De finibus bonorum et malorum / Über das höchste Gut und das größte Übel. Lat./Dt. Hrsg. von H. Merklin. Stuttgart 1989.

Marcus Tullius Cicero. Tusculanae disputationes. Hrsg. von M. Pohlenz. Leipzig 1918.

Cicero. Gespräche in Tusculum. Lat./Dt. Hrsg. von O. Gigon. München/Zürich ⁶1992.

Marcus Tullius Cicero. De natura deorum. Hrsg. von W. Ax. Leipzig 1933.

Cicero. Vom Wesen der Götter. Lat./Dt. Hrsg. von O. Gigon und L. Straume-Zimmermann. Zürich/Düsseldorf 1996.

Marcus Tullius Cicero. De divinatione – De fato – Timaeus. Hrsg. von W. Ax. Leipzig 1938.

Cicero. Über die Wahrsagung / De divinatione. Lat./Dt. Hrsg. von Ch. Schäublin. München/Zürich 1991.

Marcus Tullius Cicero. Cato Maior – Laelius. Hrsg. von R. Simbeck. Leipzig 1917.

Cicero. Cato der Ältere, Über das Alter – Laelius, Über die Freundschaft. Lat./Dt. Hrsg. von M. Faltner. München/Zürich ²1993.

Rhetorische Schriften

Marcus Tullius Cicero. Rhetorica. Hrsg. von A. S. Wilkins. 2 Bde. Oxford 1902–03.

[Pseudo-Cicero.] Rhetorica ad Herennium. Lat./Dt. Hrsg. von Th. Nüsslein. Zürich 1994.

Marcus Tullius Cicero. De inventione. Hrsg. von E. Stroebel. Leipzig 1915.

Cicero. De oratore / Über den Redner. Lat./Dt. Übers. und hrsg. von H. Merklin. Stuttgart 1976.

Cicero. Brutus. Lat./Dt. Hrsg. von B. Kytzler. München/Zürich ⁴1990.

Cicero. Brutus. Erkl. von O. Jahn und W. Kroll. Überarb. von B. Kytzler. Zürich/Berlin ⁷1964.

Cicero. Orator. Lat./Dt. Hrsg. von B. Kytzler. München/Zürich ³1988.

Cicero. Partitiones oratoriae / Rhetorik in Frage und Antwort. Lat./Dt. Hrsg. von K. und G. Bayer. Zürich 1994.

Cicero. Topica / Die Kunst, richtig zu argumentieren. Lat./Dt. Hrsg. von K. Bayer. München 1993.

Briefe

Cicero. Epistulae ad familiares. Hrsg. von D. R. Shackleton Bailey. 2 Bde. Cambridge 1977. [Mit Komm.]

Cicero's Letters to Atticus. Hrsg. von D. R. Shackleton Bailey. 7 Bde. Cambridge 1965–70. [Mit engl. Übers. und Komm.]

Cicero. Epistulae ad Quintum fratrem et M. Brutum. Hrsg. von D. R. Shackleton Bailey. Cambridge 1980. [Mit Komm.]

Marcus Tullius Cicero. An seine Freunde / Ad familiares. Lat./Dt. Hrsg. und übers. von H. Kasten. München/Zürich ⁴1989.

Marcus Tullius Cicero. Atticus-Briefe / Epistulae ad Atticum. Lat./Dt. Hrsg. von H. Kasten. München/Zürich ⁴1990.

Marcus Tullius Cicero. An den Bruder Quintus, An Brutus / Ad Quintum fratrem, Ad Brutum. Lat./Dt. Hrsg. von H. Kasten. München 1965.

Cicero. Epistulae ad Quintum fratrem / Briefe an den Bruder Quintus. Lat./Dt. Übers. und hrsg. von U. Blank-Sangmeister. Stuttgart 1993.

Biographien

Büchner, K.: Cicero. Bestand und Wandel seiner geistigen Welt. Heidelberg 1964.

Fuhrmann, M.: Cicero und die römische Republik. Eine Biographie. Düsseldorf/Zürich ⁴1997.

Gelzer, M. / Kroll, W. / Philippson, R. / Büchner, K.: M. Tullius Cicero. In: Paulys Realencyclopädie der classischen Altertumswissenschaft. Bd. VII A. Stuttgart 1939. Sp. 827–1274.

Gelzer, M.: Cicero. Ein biographischer Versuch. Wiesbaden 1969.

Grimal, P.: Cicéron. Paris 1986. – Dt. u. d. T.: Cicero. Philosoph – Politiker – Rhetor. München 1988.

Habicht, Ch.: Cicero, der Politiker. München 1990.
Mitchell, Th. N.: Cicero. The Ascending Years. New Haven / London 1979.
– Cicero the Senior Statesman. New Haven / London 1991.

Sonstige Literatur

Barwick, K.: Das rednerische Bildungsideal Ciceros. Berlin 1963. (Abhandlungen der Sächsischen Akademie der Wissenschaften. Phil.-hist. Klasse. 54,3.)

Berger, D.: Cicero als Erzähler. Forensische und literarische Strategien in den Gerichtsreden. Frankfurt a. M. 1978.

Bringmann, K.: Untersuchungen zum späten Cicero. Göttingen 1971. (Hypomnemata. 29.)

Classen, C. J.: Recht – Rhetorik – Politik. Untersuchungen zu Ciceros rhetorischer Strategie. Darmstadt 1985.

Görler, W.: Untersuchungen zu Ciceros Philosophie. Heidelberg 1974.

Heilmann, W.: Ethische Reflexion und römische Lebenswirklichkeit in Ciceros Schrift De officiis. Wiesbaden 1982. (Palingenesia. 17.)

Heinze, R.: Ciceros politische Anfänge (1990). In: R. H.: Vom Geist des Römertums. Ausgewählte Aufsätze. Hrsg. von E. Burck. Darmstadt ³1960. S. 87–140.

Michel, A.: Rhétorique et philosophie chez Cicéron. Paris 1960.

Neumeister, Ch.: Grundsätze der forensischen Rhetorik, gezeigt an Gerichtsreden Ciceros. München 1964.

Schulte, K. H.: Orator. Untersuchungen über das ciceronische Bildungsideal. Frankfurt a. M. 1935.

Strasburger, H.: Concordia ordinum. Eine Untersuchung zur Politik Ciceros. Borna 1931.

Stroh, W.: Taxis und Taktik. Die advokatorische Dispositionskunst in Ciceros Gerichtsreden. Stuttgart 1975.

Süß, W.: Cicero. Eine Einführung in seine philosophischen Schriften mit Ausschluß der staatsphilosophischen Werke. Wiesbaden 1966. (Akademie der Wissenschaften und der Literatur in Mainz. Abhandlungen der geistes- und sozialwiss. Klasse. 1965,5.)

Wood, N.: Cicero's Social and Political Thought. Berkeley 1988.

III. 5.

Textausgaben

Gaius Iulius Caesar. Commentarii rerum gestarum. Hrsg. von W. Hering und A. Klotz. 3 Bde. Leipzig/Stuttgart 1992–93.

Gaius Iulius Caesar. Commentarii de bello Gallico. Erkl. von F. Kraner und W. Dittenberger. Nachw. und bibliogr. Nachtr. von H. Oppermann. 18. Aufl. von H. Meusel. 3 Bde. Berlin 1960. Nachdr. Dublin/Zürich ²⁰⁻²¹1966–68.

Gaius Iuilius Caesar. Commentarii de bello civili. Erkl. von F. Kraner und W. Dittenberger. Nachw. und bibliogr. Nachtr. von H. Oppermann. 12., völlig umgearb. Aufl. von H. Meusel. 3 Bde. Berlin 1959. ¹⁵1979.

Gaius Iulius Caesar. Der Gallische Krieg / Bellum Gallicum. Lat./Dt. Hrsg. von O. Schönberger. München/Zürich 1990.

Caesar. De bello Gallico / Der Gallische Krieg. Lat./ Dt. Übers. und hrsg. von M. Deißmann. Stuttgart 1980.

Gaius Iulius Caesar. Bürgerkrieg. Lat./Dt. Hrsg. und neu übers. von O. Schönberger. München/Zürich ²1990.

Cornelius Nepos. Vitae cum fragmentis. Hrsg. von P. K. Marshall. Stuttgart/Leipzig ³1991.

Nepos. De viris illustribus / Biographien berühmter Männer. Lat./Dt. Übers. und hrsg. von P. Krafft und. F. Olef-Krafft. Stuttgart 1993.

Gaius Sallustius Crispus. Catilina, Iugurtha, Fragmenta ampliora. Hrsg. von A. Kurfess. Leipzig ³1957. Nachdr. Ebd. 1981.

Appendix Sallustiana. Epistulae ad Caesarem, Invectivae. 2 Bde. Hrsg. von A. Kurfess. Bd. 1. Leipzig ⁶1958. Bd. 2. Ebd. ⁴1962.

Gaius Sallustius Crispus. Historiarum reliquiae. Hrsg. von B. Maurenbrecher. 2 Bde. Leipzig 1891–1893.

Sallust. Werke. Lat./Dt. Erl. und übertr. von W. Eisenhut und J. Lindauer. Zürich ²1994.

Sallust. De coniuratione Catilinae / Die Verschwörung des Catilina. Lat./Dt. Übers. und hrsg. von K. Büchner. Stuttgart 1972.

Sallust. Bellum Iugurthinum / Der Krieg mit Jugurtha. Lat./Dt. Übers. und hrsg. von K. Büchner. Stuttgart 1971.

Sallust. Zwei politische Briefe an Caesar. Lat./Dt. Übers., komm. und mit einem Nachw. hrsg. von K. Büchner. Stuttgart 1974.

Gaius Sallustius Crispus. De Catilinae coniuratione. Komm. von K. Vretska. 2 Bde. Heidelberg 1976.

Gaius Sallustius Crispus. Bellum Iugurthinum. Erl. und mit einer Einl. vers. von E. Koestermann. Heidelberg 1971.

Siehe auch: Peter (s. S. 369)

Literatur

Zu Caesar

Adcock, F. E.: Caesar als Schriftsteller. Göttingen ²1959.

Barwick, K.: Caesars *Bellum civile*. Tendenz, Abfassungszeit und Stil. Berlin 1951. (Berichte über die Verhandlungen der Sächsischen Akademie der Wissenschaften zu Leipzig. 99,1.)

Cancik, H.: Disziplin und Rationalität; Rationalität und Militär. Caesars Kriege gegen Mensch und Natur. In: H. C.: Antik – Modern. Beiträge zur römischen und deutschen Kulturgeschichte. Hrsg. von R. Faber [u. a.]. Stuttgart 1998. S. 81–101, 103–122.

Mensching, E.: Caesars *Bellum Gallicum*. Eine Einführung. Frankfurt a. M. 1988.

Mutschler, F.-H.: Erzählstil und Propaganda in Caesars *Kommentarien*. Heidelberg 1975.

Oppermann, H.: Caesar. Der Schriftsteller und sein Werk. Leipzig 1933.

Rasmussen, D. (Hrsg.): Caesar. Darmstadt ³1980. (Wege der Forschung. 43.)

Seel, O.: Hirtius. Untersuchungen über die pseudocaesarischen *Bella* und den Balbusbrief. Wiesbaden 1935.

Zu Nepos

Geiger, J.: Cornelius Nepos and Ancient Political Biography. Wiesbaden 1985.

Jenkinson, E. M.: Nepos. An Introduction to Latin Biography. In: Latin Biography. Hrsg. von T. A. Dorey. London 1967. S. 1–15.

Schönberger, O.: Cornelius Nepos. Ein mittelmäßiger Schriftsteller. In: Altertum 16 (1970) S. 153–163.

Zu Sallust

Becker, C.: Sallust. In: Aufstieg und Niedergang der römischen Welt. Hrsg. von H. Temporini und W. Haase. Bd. I,3. Berlin / New York 1973. S. 720–754.

Büchner, K.: Der Aufbau von Sallusts *Bellum Iugurthinum*. Wiesbaden 1953. (Hermes Einzelschriften. 9.)

Büchner, K.: Sallust. Heidelberg ²1982.

Heldmann, K.: Sallust über die römische Weltherrschaft. Stuttgart 1993.

La Penna, A.: Sallustio e la ›rivoluzione‹ romana. Mailand 1968.

Latte, K.: Sallust. Leipzig 1935.

Lebek, W. D.: Verba prisca. Göttingen 1970.

Leeman, A. D.: Aufbau und Absicht von Sallusts *Bellum Iugurthinum*. Amsterdam 1957.

Pasoli, E.: Le *Historie* e le opere minori di Sallustio. Bologna ³1974.

Perrochat, P.: Les modèles grecs de Salluste. Paris 1949.

Pöschl, V. (Hrsg.): Sallust. Darmstadt ²1981. (Wege der Forschung. 94.)

Schur, W.: Sallust als Historiker. Stuttgart 1934.

Steidle, W.: Sallusts historische Monographien. Wiesbaden 1958.

Syme, R.: Sallust. Berkeley 1964. – Dt. u. d. T.: Sallust. Darmstadt 1975.

Wimmel, W.: Die zeitlichen Vorwegnahmen in Sallusts *Catilina* (1967). In: W. W.: Collectanea. Augusteertum und späte Republik. Hrsg. von K. Kubusch. Wiesbaden/Stuttgart 1987. S. 339–368.

III. 6.

Textausgaben

Publius Nigidius Figulus. Operum reliquiae. Hrsg. von A. Swoboda. Prag 1889.

Marcus Terentius Varro. Res rusticae. Hrsg. von G. Götz. Leipzig ²1929.

Marcus Terentius Varro. De lingua Latina. Hrsg. von G. Götz und F. Schoell. Leipzig 1910.

Marcus Terentius Varro. Menippearum reliquiae. In: Petronius. Saturae. Hrsg. von F. Bücheler und W. Heräus. Leipzig ⁶1922. S. 177–250.

Marcus Terentius Varro. Saturarum Menippearum Fragmenta. Hrsg. von R. Astbury. Leipzig 1985.

Marcus Terentius Varro. Gespräche über die Landwirtschaft. Lat./Dt. Erl., hrsg. und übers. von D. Flach. Bd. 1. Darmstadt 1996.

Literatur

Zu Nigidius Figulus

Della Casa, A.: Nigidius Figulus. Rom 1962.

Zu Varro

Baier, Th.: Werk und Wirkung Varros im Spiegel seiner Zeitgenossen. Von Cicero bis Ovid. Stuttgart 1997.

Boissier, G.: La vie et les ouvrages de M. Terentius Varro. Paris 1861.

Collart, J.: Varron grammairien latin. Paris 1954.

Dahlmann, H.: Terentius 84. In: Paulys Realencyclopädie der classischen Altertumswissenschaft. Hrsg. von G. Wissowa [u. a.]. Suppl.-Bd. 6. Stuttgart 1935. Sp. 1172–1277.

Della Corte, F.: Varrone il terzo gran lume romano. Florenz ²1970.

Ritschl, F.: Opuscula. Bd. 3. Leipzig 1877.

Skydsgaard, E.: Varro the Scholar. Kopenhagen 1968.

IV. 1.

Bleicken, J.: Augustus. Eine Biographie. Berlin 1998.
Gardthausen, V.: Augustus und seine Zeit. 2 Bde. in 6 Tlen. Leipzig 1891–1901.
Premerstein, A. v.: Vom Werden und Wesen des Prinzipats. München 1937.
Schmitthenner, W. (Hrsg.): Augustus. Darmstadt 1969. (Wege der Forschung. 128.)
Syme, R.: The Roman Revolution. Oxford 1939. – Dt.: Die römische Revolution. Stuttgart 1957.
Vittinghoff, F.: Kaiser Augustus. Göttingen 1959.
Wimmel, W.: Kallimachos in Rom. Die Nachfolge seines apologetischen Dichtens in der Augusteerzeit. Wiesbaden 1960. (Hermes Einzelschriften. 16.)

IV. 2.

Poetae Latini minores I: Appendix Vergiliana. Hrsg. von F. Vollmer. Leipzig 1910.
Appendix Vergiliana I / II. Hrsg. von A. Salvatore. Turin 1957–60.
Publius Vergilius Maro. Libellus qui inscribitur Catalepton. Hrsg. von R. E. H. Westendorp Boerma. Groningen 1949. [Mit Komm.]
La Ciris. Hrsg. von A. Haury. Bordeaux 1957. [Mit frz. Übers.]
L'Etna. Hrsg. von J. Vessereau. Paris 1961. [Mit frz. Übers.]
Aetna. Lat./Dt. Hrsg. von W. Richter. Berlin 1963.
Publius Vergilius Maro. Opera. Hrsg. von R. Sabbadini. 2 Bde. Rom 1930.
Publius Vergilius Maro. Opera. Hrsg. von R. A. B. Mynors. Oxford 1969.
Vergil. Aeneis. Lat./Dt. Übertr. von J. und M. Götte. Zürich ⁸1994.
Vergil. Aeneis. Lat./Dt. Übers. von E. und G. Binder. Stuttgart 1994 ff. (Bisher erschienen: 3 Bde., Buch 1–6).
Vergil. Landleben, Catalepton, Bucolica, Georgica, Vergil-Viten. Lat./Dt. Hrsg. von J. Götte, M. Götte und K. Bayer. Zürich ⁶1995.
Vergil. Georgica / Vom Landbau. Lat./Dt. Übers. und hrsg. von O. Schönberger. Stuttgart 1994.
Vergil. Georgics. Hrsg. von R. A. B. Mynors. Oxford 1990. [Mit Komm.]
Publius Vergilius Maro. Aeneis Buch VI. Erkl. Von E. Norden. Leipzig ³1926. [Mit Übers. und Komm.]
Die Vitae Vergilianae. Hrsg. von E. Diehl. Bonn 1911.
Servius Grammaticus. In Vergilii carmina commentarii. Hrsg. von G. Thilo und H. Hagen. 3 Bde. Leipzig 1881–87.

Buchheit, V.: Vergil über die Sendung Roms. Heidelberg 1963.
Büchner, K.: P. Vergilius Maro. Der Dichter der Römer. In: Paulys Realencyclopädie der classischen Altertumswissenschaft. Hrsg. von G. Wissowa [u. a.]. Bd. VIII A. Stuttgart 1955. Sp. 1021–1486.
Grimal, P.: Virgile ou la seconde naissance de Rome. Paris 1985. – Dt. u. d. T.: Vergil. Biographie. Zürich/München 1987.
Haecker, Th.: Vergil. Vater des Abendlandes. München 1948.
Hardie, Ph. R.: Virgil's *Aeneid*. Cosmos and Imperium. Oxford 1986.
Heinze, R.: Vergils epische Technik. Leipzig ³1913.
Klingner, F.: Vergil. *Bucolica, Georgica, Aeneis*. Zürich/Stuttgart 1967.
Norden, E.: Die Geburt des Kindes. Geschichte einer religiösen Idee. Leipzig 1924.
Oppermann, H. (Hrsg.): Wege zu Vergil. Darmstadt 1963. (Wege der Forschung. 19.)
Otis, B.: Virgil. A Study in Civilized Poetry. Oxford 1964.
Pöschl, V.: Die Dichtkunst Vergils. Bild und Symbol in der *Aeneis*. Berlin ³1977.
Putnam, M. C. J.: Virgil's *Aeneid*. Interpretation and Influence. Chapel Hill / London 1985.

Quinn, K.: Virgil's *Aeneid*. A Critical Description. London 1968.
Suerbaum, W.: Vergils *Aeneis*. Beiträge zu ihrer Rezeption in Geschichte und Gegenwart. Bamberg 1981.
Wilkinson, L. P.: The *Georgics* of Virgil. A Critical Survey. Cambridge 1969.
Wlosok, A.: Vergil in der neueren Forschung. In: Gymnasium 80 (1973) S. 129–151.

IV. 3.

Quintus Horatius Flaccus. Opera. Hrsg. von F. Klingner. Leipzig ³1959.
Quintus Horatius Flaccus. Opera. Hrsg. von D. R. Shackleton Bailey. Stuttgart 1985.
Horaz. Sämtliche Werke. Lat./Dt. Hrsg. von H. Färber und W. Schöne. München/Zürich ¹⁰1985.
Horaz. Sämtliche Gedichte. Lat./Dt. Hrsg. von B. Kytzler. Stuttgart 1992.
Quintus Horatius Flaccus. Erkl. von A. Kießling und R. Heinze. Bd. 1: Oden und Epoden. Berlin ⁷1930. Nachdr. Zürich ¹⁴1984. – Bd. 2: Satiren. Zürich ¹¹1977. – Bd. 3: Briefe. Berlin ⁴1914. Nachdr. Zürich ¹¹1984.
Syndicus, H. P.: Die Lyrik des Horaz. Bd. 1. Darmstadt ²1989. Bd. 2. Ebd. ²1990. [Komm.]

Becker, C.: Das Spätwerk des Horaz. Göttingen 1963.
Brink, C. O.: Horace on Poetry. Bd. 1: Prolegomena to the Literary Epistles. Cambridge 1963.
Fraenkel, E.: Horace. Oxford 1957. – Dt. u. d. T.: Horaz. Darmstadt 1967. ⁴1974.
Harrison, S. J. (Hrsg.): Homage to Horace. A Bimillenary Celebration. Oxford 1995.
Hommel, H.: Horaz. Der Mensch und das Werk. Heidelberg 1951.
Kytzler, B.: Horaz. Eine Einführung. Stuttgart 1996.
La Penna, A.: Orazio e la morale mondana europea. Florenz 1969.
Lefèvre, E.: Horaz. Dichter im augusteischen Rom. München 1993.
Ludwig, W. (Hrsg): Horace. L'œuvre et les imitations. Un siècle d'interpretation. Vandœuvres/Genf 1993. (Entretiens sur l'antiquité classique. 39.)
Oppermann, H. (Hrsg.): Wege zu Horaz. Darmstadt 1972. (Wege der Forschung. 99.)
Pasquali, G.: Orazio lirico. Florenz ²1966.
Rudd, N.: The Satires of Horace. Cambridge 1966.
Wili, W.: Horaz und die augusteische Kultur. Basel 1948.
Wilkinson, L. P.: Horace and the Lyric Poetry. Cambridge ³1968.

IV. 4.

Textausgaben

Sextus Propertius. Elegies. Hrsg. von G. P. Goold. Cambridge (Mass.) 1990.
Die Elegien des Sextus Propertius. Hrsg. von M. Rothstein. 2 Bde. Berlin ²1920–24. [Text und Komm.]
Properz. Sämtliche Gedichte. Lat./Dt. Übers. und hrsg. von B. Mojsisch [u. a.]. Stuttgart 1993.

Albius Tibullus aliique. Hrsg. von G. Luck. Stuttgart 1988.
Properz – Tibull. Liebeselegien. Lat./Dt. Hrsg. von G. Luck. Zürich 1996.

Literatur

Allgemein

Graf, E.: Die Gallus-Verse von Quasr Ibrîm. In: Gymnasium 89 (1982) S. 21–36.
Holzberg, N.: Die römische Liebeselegie. Eine Einführung. Darmstadt 1990.

Schmid, W.: Elegie. In: Reallexikon für Antike und Christentum. Hrsg. von Th. Klauser. Bd. 4. Stuttgart 1959. Sp. 1026–61.
Stroh, W.: Die römische Liebeselegie als werbende Dichtung. Amsterdam 1971.

Zu Properz
Eisenhut, W. (Hrsg.): Properz. Darmstadt 1975. (Wege der Forschung. 237.)
Hubbard, M.: Propertius. London 1974.
Newman, J. K.: Augustan Propertius. The Recapitulation of a Genre. Hildesheim 1997.
Reitzenstein, E.: Wirklichkeitsbild und Gefühlsentwicklung bei Properz. Leipzig 1936.
Sullivan, J. P.: Propertius. A Critical Introduction. Cambridge 1976.
Tränkle, H.: Die Sprachkunst des Properz und die Tradition der lateinischen Dichtersprache. Wiesbaden 1960.

Zu Tibull
Cairns, F.: Tibullus. A Hellenistic Poet in Rome. Cambridge 1979.
Mutschler, F. H.: Die poetische Kunst Tibulls. Frankfurt a. M. 1975.
Neumeister, Ch.: Tibull. Eine Einführung in sein Werk. Heidelberg 1986.

IV. 5.

Textausgaben

Publius Ovidius Naso. Amores, Medicamina, Ars amatoria, Remedia amoris. Hrsg. von E. J. Kenney. Oxford 1961.
Ovid. Liebesgedichte/Amores. Lat./Dt. Hrsg. von W. Marg und R. Harder. München/Zürich ⁷1992.
Ovid. Amores/Liebesgedichte. Lat./Dt. Übers. und hrsg. von M. v. Albrecht. Stuttgart 1997.
Ovid. Liebeskunst / Ars amatoria. Lat./Dt. Hrsg. von N. Holzberg. München/Zürich ³1992.
Ovid. Ars Amatoria / Liebeskunst. Lat./Dt. Übers. und hrsg. von M. v. Albrecht. Stuttgart 1992.
Publius Ovidius Naso. Epistulae heroidum. Hrsg. von H. Dörrie. Berlin 1971.
Ovid. Liebesbriefe/Heroides. Lat./Dt. Hrsg. von B. W. Häuptli, Zürich 1995.
Publius Ovidius Naso. Metamorphoses. Hrsg. von W. Anderson. Stuttgart/Leipzig ⁶1993.
Ovid. Metamorphosen. Lat./Dt. Hrsg. von E. Rösch. Zürich/Düsseldorf ¹⁴1996.
Ovid. Metamorphosen. Lat./Dt. Hrsg. von M. v. Albrecht. Stuttgart 1994.
Publius Ovidius Naso. Fasti. Hrsg. von E. H. Alton [u. a.]. Leipzig ³1988.
Ovid. Fasti/Festkalender. Lat./Dt. Hrsg. von N. Holzberg. Zürich 1995.
Publius Ovidius Naso. Tristia. Hrsg. von J. B. Hall. Stuttgart/Leipzig 1995.
Publius Ovidius Naso. Ex Ponto. Hrsg. von J. A. Richmond. Leipzig 1990.
Ovid. Briefe aus der Verbannung / Tristia – Epistulae ex Ponto. Lat./Dt. Hrsg. von W. Willige und N. Holzberg. Zürich ²1995.
Publius Ovidius Naso. Ibis. Hrsg. von A. La Penna. Florenz 1957. [Mit Komm.]
Ovid. Ibis – Fragmente – Ovidiana. Lat./Dt. Hrsg. von B. W. Häuptli. Zürich/Düsseldorf 1996.

Grattius. Cynegeticon quae supersunt. Hrsg. von P. J. Enk. Zutphen 1918. [Mit Komm.]
Minor Latin Poets. Hrsg. von J. W. Duff und A. M. Duff. London / Cambridge (Mass.) 1934. [Dortselbst S. 143–205 die *Cynegetica* des Grattius.]

Literatur

Albrecht, M. v. / Zinn, E. (Hrsg.): Ovid. Darmstadt [2]1982. (Wege der Forschung. 92.)

Eller, K. H.: Ovid und der Mythos von der Verwandlung. Frankfurt a. M. 1982.

Fränkel, H.: Ovid. A Poet between Two Worlds. Berkeley / Los Angeles 1945. – Dt. u. d. T.: Ovid. Ein Dichter zwischen zwei Welten. Darmstadt 1970.

Froesch, H.: Ovid als Dichter des Exils. Bonn 1976.

Giebel, M.: Ovid. Reinbek b. Hamburg 1991.

Jacobson, H.: Ovid's *Heroides*. Princeton 1974.

Martini, E.: Einleitung zu Ovid. Brünn 1933.

Munari, F.: Ovid im Mittelalter. Zürich 1960.

Otis, B.: Ovid as an Epic Poet. Cambridge [2]1971.

Rand, E. K.: Ovid and his Influence. New York 1963.

Stroh, W.: Ovid im Urteil der Nachwelt. Eine Testimoniensammlung. Darmstadt 1969.

Wilkinson, L. P.: Ovid Recalled. Cambridge 1955. Nachdr. 1974.

IV. 6.

Textausgaben

Imperator Caesar Augustus. Operum fragmenta. Hrsg. von H. Malcovati. Turin 1962.

Divus Augustus. Res gestae. Hrsg. von H. Volkmann. Berlin 1957.

Augustus. Meine Taten / Res gestae divi Augusti. Nach dem Monumentum Ancyranum, Apolloniense und Antiochenum. Lat./Griech./Dt. Hrsg. und übers. von E. Weber. München/Zürich [5]1989.

Augustus. Res gestae / Tatenbericht (Monumentum Ancyranum). Lat./Griech./Dt. Übers., komm. und hrsg. von M. Giebel. Stuttgart 1975.

Titus Livius. Ab urbe condita. Libri 21–22, 26–45. Hrsg. von T. A. Dorey [u. a.]. 6 Bde. Leipzig/Stuttgart 1971–91.

Titus Livius. Ab urbe condita libri. W. Weissenborns erklärende Ausgabe. Bearb. von H. J. Müller. 10 Bde. Berlin [2–10]1880–1924. [12]1966.

Titus Livius. Römische Geschichte. Buch 1–10 und 21–44. Lat./Dt. Übers. und hrsg. von H. J. Hillen und J. Feix. 10 Bde. München/Zürich [1–4]1988–97.

Iustinus. Epitoma historiarum Philippicarum Pompei Trogi. Hrsg. von O. Seel. Leipzig [2]1972.

Literatur

Zu Livius

Burck, E.: Die Erzählkunst des T. Livius. Berlin [2]1964.

– (Hrsg.): Wege zu Livius. Darmstadt [2]1977. (Wege der Forschung. 132.)

Dorey, T. A. (Hrsg.): Livy. London 1971.

Klotz, A.: Livius und seine Vorgänger. Leipzig 1940.

Lefèvre, E. / Olshausen, E. (Hrsg.): Livius. Werk und Rezeption. Festschrift E. Burck. München 1983.

Walsh, P. G.: Livy. His Historical Aims and Methods. Cambridge 1961.

– Livy. Oxford 1974.

Zu Pompeius Trogus

Seel, O.: Eine römische Weltgeschichte. Studien zum Text der Epitome des Iustinus und zur Historik des Pompeius Trogus. Nürnberg 1972.
Urban, R.: ›Gallisches Bewußtsein‹ und ›Romkritik‹ bei Pompeius Trogus. In: Aufstieg und Niedergang der römischen Welt. Hrsg. von H. Temporini und W. Haase. Bd. II,30,2. Berlin / New York 1982. S. 1424–43.

IV. 7.

Lucius Annaeus Seneca Maior. Oratorum et rhetorum sententiae, divisiones, colores. Hrsg. von L. Håkanson. Leipzig 1989.

Bornecque, H.: Les déclamations et les déclamateurs d'après Sénèque le père. Lille 1902.
Fairweather, J.: Seneca the Elder. Cambridge 1981.
Winterbottom, M.: Roman Declamation. Bristol 1980.

IV. 8.

Textausgaben

Vitruvius. De architectura libri decem / Zehn Bücher über Architektur. Lat./Dt. Übers. und Anm. von C. Fensterbusch. Darmstadt ⁵1991.
Sextus Pompeius Festus. De verborum significatu quae supersunt cum Pauli Epitome. Hrsg. von W. M. Lindsay. Leipzig 1913.

Literatur

Zu Vitruv
Knell, H.: Vitruvs Architekturtheorie. Darmstadt ²1991.
Koch, H.: Vom Nachleben des Vitruv. Baden-Baden 1951.

Zu Verrius Flaccus
Bona, F.: Contributo allo studio della composizione del *De verborum significatu* di Verrio Flacco. Mailand 1964.
Strzelecki, L.: Quaestiones Verrianae. Warschau 1932.

Zu den Juristen
Wieacker, F.: Augustus und die Juristen seiner Zeit. In: Tijdschrift voor Rechtsgeschiedenis 37 (1969) S. 331–349.

V. 1.

Siehe I. 5.

V. 2.

Textausgaben

Marcus Manilius. Astronomicon I–V. Hrsg. von A. E. Housman. 2 Bde. London 1903–30.
Marcus Manilius. Astronomica. Hrsg. von G. P. Goold. Leipzig 1985.
Marcus Manilius. Astronomica/Astrologie. Lat./Dt. Übers. und hrsg. von W. Fels. Stuttgart 1990.

The Aratus ascribed to Germanicus Caesar. Hrsg. von D. B. Gain. London 1976. [Mit engl. Übers. und Komm.]

Marcus Annaeus Lucanus. De bello civili. Hrsg. von D. R. Shackleton Bailey. Stuttgart 1988.
Lucain. La guerre civile. Hrsg. von A. Bourgery und M. Ponchont. 2 Bde. Paris 1926–29. [Mit frz. Übers.]

Petronius. Satyricon reliquiae. Hrsg. von K. Müller. Stuttgart/Leipzig ⁴1994.
Petronius. Satyrica. Lat./Dt. Hrsg. von K. Müller und W. Ehlers. München/Zürich ⁴1995.

Literatur

Zu Manilius
Hübner, W.: Die Eigenschaften der Tierkreiszeichen in der Antike. Ihre Darstellung und Verwendung unter besonderer Berücksichtigung des Manilius. Wiesbaden 1982.
– Manilius als Astrologe und Dichter. In: Aufstieg und Niedergang der römischen Welt. Hrsg. von H. Temporini und W. Haase. Bd. II,32,1. Berlin / New York 1984. S. 126–320.

Zu Arat
Maurach, G.: Germanicus und sein Arat. Eine vergleichende Auslegung von V. 1–327 der *Phaenomena*. Heidelberg 1978.
Steinmetz, P.: Germanicus, der römische Arat. In: Hermes 94 (1966) S. 450–482.

Zu Lukan
Durry, M. (Hrsg.): Lucain. Vandœuvres/Genf 1970. (Entretiens sur l'antiquité classique. 15.)
Fischli, W.: Studien zum Fortleben der *Pharsalia* des M. Annaeus Lucanus. Luzern [o. J.] [1943–44 u. ö.].
Lebek, W. D.: Lucans *Pharsalia*. Göttingen 1976.
Morford, M. P. O.: The Poet Lucan. Oxford 1967.
Rutz, W. (Hrsg.): Lucanus. Darmstadt 1970. (Wege der Forschung. 235.)
Schönberger, O.: Untersuchungen zur Wiederholungstechnik Lucans. Heidelberg ²1968.
Syndicus, H. P.: Lucans Gedicht vom Bürgerkrieg. München 1958.
Wanke, Ch.: Seneca – Lucan – Corneille. Studien zum Manierismus der römischen Kaiserzeit und der französischen Klassik. Heidelberg 1964.

Zu Petronius
Boyce, B.: The Language of the Freedmen in Petronius' *Cena Trimalchionis*. Leiden 1991.
Courtney, E.: The Poems of Petronius. Atlanta 1991.
Hägg, T.: The Novel in Antiquity. Oxford 1983.
Holzberg, N.: Der antike Roman. München/Zürich 1986.
McMahon, J. M.: Paralysing Cave. Impotence, Perception, and Text in the *Satyrica* of Petronius. Leiden / New York / Köln 1998.

Perry, B. E.: The Ancient Romances. A Literary-Historical Account of their Origins. Berkeley / Los Angeles 1967.

Petersmann, H.: Petrons *Satyrica*. In: Die römische Satire. Hrsg. von J. Adamietz. Darmstadt 1986. S. 383–426.

Slater, N. W.: Reading Petronius. Baltimore/London 1990.

Sullivan, J. P.: The *Satyricon* of Petronius. A Literary Study. London 1968.

Walsh, P. G.: The Roman Novel. The *Satyricon* of Petronius and the *Metamorphoses* of Apuleius. Cambridge 1970.

V. 3.

Textausgaben

Lucius Annaeus Seneca. Opera quae supersunt. Bd. 1,1: Dialogi. Hrsg. von E. Hermes. Leipzig ²1917. – Bd. 1,2: De beneficiis, De clementia. Hrsg. von C. Hosius. Leipzig ²1914. – Bd. 2: Naturales quaestiones. Hrsg. von A. Gercke. Leipzig 1907. – Bd. 3: Epistulae morales ad Lucilium. Hrsg. von O. Hense. Leipzig ²1914.

Sénèque. Dialogues. Hrsg. von A. Bourgery und R. Waltz. 4 Bde. Paris 1942. [Mit frz. Übers.]

Sénèque. Des bienfaits. Hrsg. von F. Préchac. 2 Bde. Paris 1921–27. [Mit frz. Übers.]

Sénèque. De la clémence. Hrsg. von F. Préchac. Paris 1925. [Mit frz. Übers.]

Sénèque. Questions naturelles. Hrsg. von P. Oltramare. 2 Bde. Paris 1929. [Mit frz. Übers.]

Sénèque. Lettres à Lucilius. Hrsg. von F. Préchac und H. Noblot. 5 Bde. Paris 1945. [Mit frz. Übers.]

Seneca. Naturales quaestiones / Naturwissenschaftliche Untersuchungen. Lat./Dt. Übers. und hrsg. von O. und E. Schönberger. Stuttgart 1998.

Seneca. Naturales quaestiones. Lat./Dt. Hrsg. und übers. von M. F. A. Brok. Darmstadt 1995.

Seneca. Die kleinen Dialoge. Lat./Dt. Hrsg. und übers. von G. Fink. 2 Bde. München 1992.

Lucius Annaeus Seneca. Tragoediae. Hrsg. von O. Zwierlein. Oxford 1986.

Seneca. Sämtliche Tragödien. Lat./Dt. Hrsg., eingel., übers. und erl. von Th. Thomann. 2 Bde. Zürich/Stuttgart 1961–69.

Seneca. Apocolocyntosis / Die Verkürbissung des Kaisers Claudius. Lat./Dt. Übers. und hrsg. von W. Schöne. München 1957.

Biographien

Fuhrmann, M.: Seneca und Kaiser Nero. Eine Biographie. Berlin 1997.

Giebel, M.: Seneca. Reinbek b. Hamburg 1997.

Maurach, G.: Seneca. Leben und Werk. Darmstadt 1991.

Rozelaar, M.: Seneca. Eine Gesamtdarstellung. Amsterdam 1976.

Sørensen, V.: Seneca. Ein Humanist an Neros Hof. München 1984.

Sonstige Literatur

Cancik, H.: Untersuchungen zu Senecas *Epistulae morales*. Hildesheim 1967.

Fillion-Lahille, J.: Le *De ira* de Sénèque et la philosophie stoicienne des passions. Paris 1984.

Friedrich, W.-H.: Untersuchungen zu Senecas dramatischer Technik. Borna/Leipzig 1933.

Fuhrmann, M.: Die Funktion grausiger und ekelhafter Motive in der lateinischen Dichtung. In: Die nicht mehr schönen Künste. Hrsg. von H. R. Jauß. München 1968. S. 23–66. (Poetik und Hermeneutik. 3.)

Giancotti, F.: Cronologia dei *Dialoghi* di Seneca. Turin 1957.

Gross, N.: Senecas *Naturales quaestiones*. Komposition, naturphilosophische Aussagen und ihre Quellen. Wiesbaden/Stuttgart 1989.

Hadot, I.: Seneca und die griechisch-römische Tradition der Seelenleitung. Berlin 1969.

Leeman, A. D.: Das Todeserlebnis im Denken Senecas (1971). In: A. D. L.: Form und Sinn. Studien zur römischen Literatur (1954–1984). Frankfurt a. M. 1985. S. 257–267. (Studien zur klassischen Philologie. 15.)

Lefèvre, E. (Hrsg.): Senecas Tragödien. Darmstadt 1972. (Wege der Forschung. 310.)

Maurach, G. (Hrsg.): Seneca als Philosoph. Darmstadt ²1987. (Wege der Forschung. 414.)

Münscher, K.: Senecas Werke. Leipzig 1922. (Philologus. Suppl. 16,1.)

Pohlenz, M.: Die Stoa. 2 Bde. Göttingen ⁵1978–80.

Regenbogen, O.: Schmerz und Tod in den Tragödien Senecas (1930). In: O. R.: Kleine Schriften. Hrsg. von F. Dirlmeier. München 1961. S. 409–462.

– Seneca als Denker römischer Willenshaltung (1936). In. O. R.: Kleine Schriften. Hrsg. von F. Dirlmeier. München 1961. S. 387–408.

Zwierlein, O.: Die Rezitationsdramen Senecas. Mit einem kritisch-exegetischen Anhang. Meisenheim 1966.

V. 4.

Textausgaben

Phaedrus. Liber fabularum. Hrsg. von A. Guaglianone. Turin 1969.

Phaedrus. Fabeln. Lat./Dt. Hrsg. und übers. von E. Oberg. Zürich/Düsseldorf 1996.

Phaedrus. Liber Fabularum / Fabelbuch. Lat./Dt. Übers. von F. F. Rückert und O. Schönberger. Hrsg. und erl. von O. Schönberger. Stuttgart 1975.

Aules Persius Flaccus / Decimus Iunius Iuvenalis. Saturae. Hrsg. von W. V. Clausen. Oxford ²1992.

Aules Persius Flaccus. Saturae. Hrsg. von N. Scivoletto. Florenz ²1961. [Mit Komm.]

Aules Persius Flaccus. Satiren. Hrsg., übers. und komm. von W. Kissel. Heidelberg 1990.

Calpurnius et Nemesianus. Bucolica. Hrsg. von C. Giarratano. Turin ³1951.

Hirtengedichte aus neronischer Zeit. Titus Calpurnius Siculus und die Einsiedler Gedichte. Lat./Dt. Hrsg. und übers. von D. Korzeniewski. Darmstadt 1971.

Minor Latin Poets. Hrsg. von J. W. Duff und A. M. Duff. London / Cambridge (Mass.) 1934. [Dortselbst S. 289–315 die *Laus Pisonis*.]

Carmina ludicra Romanorum. Hrsg. von E. Cazzaniga. Turin 1959.

Poetae Latinae Minores. Hrsg. von E. Bährens. 5 Bde. Leipzig 1879–83. [Dortselbst Bd. 3, S. 3–59 die *Ilias Latina*.]

Literatur

Zu Phaedrus

Christes, J.: Reflexe erlebter Unfreiheit in den Sentenzen des Publilius Syrus und den Fabeln des Phaedrus. In: Hermes 107 (1979) S. 199–220.

Holzberg, N.: Die antike Fabel. Darmstadt 1993.

Weinreich, O.: Fabel, Aretalogie, Novelle. Beiträge zu Phädrus, Petron, Martial und Apuleius. Heidelberg 1931.

Zu Persius

Bramble, J. C.: Persius and the Programmatic Satire. A Study in Form and Imagery. Cambridge 1974.

Dessen, C. S.: *Iunctura callidus acri.* A Study of Persius' Satires. Urbana 1968.

Korzeniewski, D.: Die zweite Satire des Persius. In: Gymnasium 77 (1970) S. 199–210.

– Die dritte Satire des Persius. In: Helikon 11/12 (1971/72) S. 289–308.

Kugler, W.: Des Persius Wille zu sprachlicher Gestaltung in seiner Wirkung auf Ausdruck und Komposition. Würzburg 1940.

Pasoli, E.: Attualità di Persio. In: Aufstieg und Niedergang der römischen Welt. Hrsg. von H. Temporini und W. Haase. Bd. II,32,3. Berlin / New York 1985. S. 1813–43.

Zu Calpurnius Siculus

Effe, B. / Binder, G.: Die antike Bukolik. München/Zürich 1989.

Schmidt, W.: Panegyrik und Bukolik in der neronischen Epoche. In: Bonner Jahrbücher 153 (1953) S. 63–96.

Zu den »Priapea«

Buchheit, V.: Studien zum Corpus Priapeorum. München 1962.

Richlin, A.: The Garden of Priapus. Sexuality and Aggression in Roman Humor. New Haven 1983.

V. 5.

Textausgaben

Velleius Paterculus. Historiarum libri duo. Hrsg. von W. S. Watt. Leipzig 1988.

C. Velleius Paterculus. Historia Romana / Römische Geschichte. Lat./Dt. Übers. und hrsg. von M. Giebel. Stuttgart 1989.

Valerius Maximus. Factorum et dictorum memorabilium libri IX. Hrsg. von C. Kempf. Leipzig [2]1888.

Pomponius Mela. De chorographia libri III. Hrsg. von P. Parroni. Rom 1984. [Mit Komm.]

Pomponius Mela. Kreuzfahrt durch die Alte Welt. Lat./Dt. Hrsg. und übers. von K. Brodersen. Darmstadt 1994.

Literatur

Allgemein

Klingner, F.: Tacitus und die Geschichtsschreibung des 1. Jahrhunderts n. Chr. In: F. K.: Römische Geisteswelt. München [5]1965. S. 483–503.

Zu Velleius Paterculus

Kuntze, C.: Zur Darstellung des Kaisers Tiberius und seiner Zeit bei Velleius Paterculus. Frankfurt a. M. 1985.

Lana, I.: Velleio Patercolo o della propaganda. Turin 1952.

Sumner, G. V.: The Truth about Velleius Paterculus: Prolegomena. In: Harvard Studies in Classical Philology 74 (1970) S. 257–297.

Woodman, A. J.: Velleius Paterculus. In: Empire and Aftermath. Silver Latin II. Hrsg. von T. A. Dorey. London/Boston 1975. S. 1–25.

Zu Valerius Maximus

Bloomer, W. M.: Valerius Maximus and the Rhetoric of the New Nobility. Chapel Hill / London 1992.

Bosch, C.: Zwei Hauptquellen des Valerius Maximus. Stuttgart 1929.

Comes, G.: Valerio Massimo. Rom 1950.

Klotz, A.: Studien zu Valerius Maximus und den Exempla. München 1942. (Sitzungsberichte der Bayerischen Akademie der Wissenschaften München. Phil.-hist. Abt. 1942,5.)

Skidmore, C.: Practical Ethics for Roman Gentlemen. The Work of Valerius Maximus. Exeter 1996.

Zu Pomponius Mela

Gisinger, F.: Pomponius Mela. In: Paulys Realencyclopädie der classischen Altertumswissenschaft. Hrsg. von G. Wissowa [u. a.]. Bd. 21. Stuttgart 1952. Sp. 2360–2411.

V. 6.

Textausgaben

A. Cornelius Celsus. Medicinae libri VIII. Hrsg. von F. Marx. Leipzig 1915. (Corpus Medicorum Latinorum. 1.)

Scheller, E. / Friboes, W.: Aulus Cornelius Celsus. Über die Arzneiwissenschaft. Braunschweig ²1906. [Dt. Übers.]

Scribonius Largus. Compositiones. Hrsg. von S. Sconocchia. Leipzig 1983.

Apicius. L'art culinaire. De re coquinaria. Hrsg. von J. André. Paris 1965. [Mit Komm. und frz. Übers.]

Lucius Iunius Moderatus Columella. De re rustica. Hrsg. von H. B. Ash [u. a.]. 3 Bde. Cambridge (Mass.) 1941–55. [Mit engl. Übers.]

Lucius Iunius Moderatus Columella. De re rustica. 12 Bücher über die Landwirtschaft. Lat./Dt. Hrsg., bearb. und übers. von W. Richter. 3 Bde. München/Zürich 1981–83.

Ciceronis orationum scholiastae. Hrsg. von Th. Stangl. Wien 1912. [Dortselbst S. 9–72 die *Enarrationes* des Asconius Pedianus.]

Literatur

Zu Celsus

Ilberg, J.: Celsus und die Medizin in Rom (1907). In: Antike Medizin. Hrsg. von H. Flashar. Darmstadt 1971. (Wege der Forschung. 221.) S. 308–360.

Mudry, P.: Le *De medicina* de Celsus. Rapport bibliographique. In: Aufstieg und Niedergang der römischen Welt. Hrsg. von H. Temporini und W. Haase. Bd. II,37,1. Berlin / New York 1993. S. 787–799.

Zu Scribonius Largus

Deichgräber, K.: *Professio medici*. Zum Vorwort des Scribonius Largus. Mainz 1950. (Akademie der Wissenschaften und der Literatur in Mainz. Abhandlungen der geistes- und sozialwiss. Klasse. 1950,9.)

Zu Apicius
André, J.: L'alimentation et la cuisine à Rome. Paris 1961.

Zu Columella
Martin, R.: Recherches sur les agronomes latins et leurs conceptions économiques et sociales. Paris 1971.
Suaudeau, R.: La doctrine économique de Columelle. Paris 1957.
Weinold, H.: Die dichterischen Quellen des L. Iunius Moderatus Columella. Diss. München 1959.

Zu Asconius
Marshall, B. A.: A Historical Commentary on Asconius. Columbia (Missouri) 1985.

Zu den Rechtsschulen
Liebs, D.: Rechtsschulen und Rechtsunterricht im Prinzipat. In: Aufstieg und Niedergang der römischen Welt. Hrsg. von H. Temporini und W. Haase. Bd. II,15. Berlin / New York 1976. S. 197–286.

VI. 1.

Textausgaben

Silius Italicus. Punica. Hrsg. von J. Delz. Stuttgart 1987.
Silius Italicus. Punica. Hrsg. von J. D. Duff. 2 Bde. London / Cambridge (Mass.) 1927–34. [Mit engl. Übers.]

Gaius Valerius Flaccus. Argonautica. Hrsg. von W.-W. Ehlers. Stuttgart 1980.
Gaius Valerius Flaccus. Argonautica. Hrsg. von J. H. Mozley. London / Cambridge (Mass.) 1934. [Mit engl. Übers.]

Publius Papinius Statius. Thebais et Achilleis. Hrsg. von H. W. Garrod. Oxford 1906.
Publius Papinius Statius. Silvae. Hrsg. von A. Marastoni. Leipzig ²1970.
Statius. Silvae, Thebaid, Achilleid. Hrsg. von J. H. Mozley. 2 Bde. London / Cambridge (Mass.) 1928. [Mit engl. Übers.]

Literatur

Zu Silius Italicus
Albrecht, M. v.: Silius Italicus. Freiheit und Gebundenheit römischer Epik. Amsterdam 1964.
Burck, E.: Historische und epische Tradition bei Silius Italicus. München 1984.
Kissel, W.: Das Geschichtsbild des Silius Italicus. Frankfurt a. M. 1979.
Santini, C.: Silius Italicus and his View of the Past. Amsterdam 1991.

Zu Valerius Flaccus
Adamietz, J.: Zur Komposition der *Argonautica* des Valerius Flaccus. München 1976.
Gärtner, U.: Gehalt und Funktion der Gleichnisse bei Valerius Flaccus. Stuttgart 1994.
Korn, M. / Tschiedel, H. J. (Hrsg.): *Ratis omnia vincet*. Untersuchungen zu den *Argonautica* des Valerius Flaccus. Hildesheim 1991.
Mehmel, F.: Valerius Flaccus. Diss. Hamburg 1934.

Zu Statius
Burck, E.: Vom römischen Manierismus. Von der Dichtung der frühen römischen Kaiserzeit. Darmstadt 1971.
Cancik, H.: Untersuchungen zur lyrischen Kunst des Statius. Hildesheim 1965.
Dominik, W. J.: The Mythic Voice of Statius. Leiden / New York / Köln 1994.
Friedrich, H.: Über die *Silvae* des Statius (insbesondere V 4, *Somnus*) und die Frage des literarischen Manierismus. In: Wort und Text. Festschrift F. Schalk. Hrsg. von H. Meier und H. Sckommodau. Frankfurt a. M. 1963. S. 34–56.
Newmyer, S. T.: The *Silvae* of Statius. Structure and Theme. Leiden 1979.
Schetter, W.: Untersuchungen zur epischen Kunst des Statius. Wiesbaden 1960.
Taisne, A.-M.: L'esthétique de Stace. Paris 1994.
Vessey, D.: Statius and the *Thebaid*. Cambridge 1973.

VI. 2.

Textausgaben

Marcus Valerius Martialis. Epigrammata. Hrsg. von D. R. Shackleton Bailey. Stuttgart 1990.
Martial. Epigramme. Übertr. und hrsg. von W. Hofmann. Frankfurt a. M. / Leipzig 1997.

Aules Persius Flaccus / Decimus Iunius Iuvenalis. Saturae. Hrsg. von W. V. Clausen. Oxford ²1992.
Decimus Iunius Iuvenalis. Saturarum libri V. Hrsg. von L. Friedländer. 2 Bde. Leipzig 1895. [Mit Komm.]
Juvenal. Die Satiren. Lat./Dt. Hrsg. und aus dem Lat. von J. Adamietz. München 1993.

Literatur

Zu Martial
Holzberg, N.: Martial. Heidelberg 1988.
Nauta, R. R.: Poetry for Patrons. Literary Communication in the Age of Domitianus. Leiden 1998.
Sullivan, J. P.: Martial. The Unexpected Classic. Cambridge 1991.

Zu Juvenal
Adamietz, J.: Untersuchungen zu Juvenal. Wiesbaden 1972.
– Juvenal. In: Die römische Satire. Hrsg. von J. A. Darmstadt 1986. S. 231–307.
Gérard, J.: Juvénal et la réalité contemporaine. Paris 1976.
Highet, G.: Juvenal the Satirist. Oxford 1954.
Serafini, A.: Studio sulla satira di Giovenale. Florenz 1957.

VI. 3.

Textausgaben

Quintus Curtius Rufus. Historiae Alexandri Magni Macedonis. Lat./Dt. Hrsg. von K. Müller und H. Schönfeld. München 1954.

Publius Cornelius Tacitus. Libri qui supersunt. 2 Bde. in 5 Tlen. Hrsg. von H. Heubner [u. a.]. Leipzig/Stuttgart 1978–83.
Publius Cornelius Tacitus. Annalen. Lat./Dt. Hrsg. von E. Heller. München/Zürich ²1992.

Publius Cornelius Tacitus. Historien. Lat./Dt. Hrsg. von J. Borst [u. a.]. München/Zürich ⁵1984.
Tacitus. Historien. Lat./Dt. Übers. und hrsg. von H. Vretska. Stuttgart 1984.
Publius Cornelius Tacitus. Agricola, Germania. Lat./Dt. Hrsg. von A. Städele. München/Zürich 1991.
Publius Cornelius Tacitus. Gespräch über die Redner. Hrsg. von H. Volkmer. Düsseldorf/Zürich ⁴1998.
Publius Cornelius Tacitus. Die historischen Versuche. Agricola, Germania, Dialogus de oratoribus. Hrsg. und übers. von K. Büchner. Bearb. von R. Häußler. Stuttgart ³1985.
Publius Cornelius Tacitus. Annalen. Erl. und mit einer Einl. vers. von E. Koestermann. 4 Bde. Heidelberg 1963–68.
Publius Cornelius Tacitus. Die Historien. Komm. von H. Heubner. 5 Bde. Heidelberg 1963–82.
Publius Cornelius Tacitus. Germania. Lat./Dt. Hrsg. von G. Perl. Berlin 1990. [Mit Komm.]

Gaius Suetonius Tranquillus. De vita Caesarum libri VIII. Hrsg. von M. Ihm. Leipzig 1908.
Gaius Suetonius Tranquillus. De grammaticis et rhetoribus. Hrsg. von G. Brugnoli. Leipzig ³1972.
Gaius Suetonius Tranquillus. Die Kaiserviten / De vita Caesarum. Berühmte Männer / De viris illustribus. Lat./Dt. Hrsg. und übers. von H. Martinet. Düsseldorf/Zürich 1997.

Literatur

Zu Curtius Rufus
Dosson, S.: Etude sur Quinte-Curce, sa vie et son œuvre. Paris 1886.
Hammond, N. G. L.: Three Historians of Alexander the Great. The So-called Vulgata Authors Diodorus, Justin, Curtius. Cambridge 1983.
Korzeniewski, D.: Die Zeit des Quintus Curtius Rufus. Diss. Köln 1959.
Rutz, W.: Die Erzählkunst des Q. Curtius Rufus. In: Aufstieg und Niedergang der römischen Welt. Hrsg. von H. Temporini und W. Haase. Bd. II,32,4. Berlin / New York 1986. S. 2329–57.

Zu Tacitus
Bo, D.: Le principali problematiche del *Dialogus de oratoribus*. Hildesheim 1993.
Dorey, T. A. (Hrsg.): Tacitus. London 1969.
Dudley, D. R.: The World of Tacitus. London 1968. – Dt. u. d. T.: Tacitus und die Welt der Römer. Wiesbaden 1969.
Flach, D.: Tacitus in der Tradition der antiken Geschichtsschreibung. Göttingen 1973.
Kornemann, E.: Tacitus. Eine Würdigung im Licht der griechischen und römischen Geschichtsschreibung. Wiesbaden 1947.
Lucas, J.: Les obsessions de Tacite. Leiden 1974.
Martin, R.: Tacitus. Berkeley / Los Angeles 1981.
Norden, E.: Die germanische Urgeschichte in Tacitus' *Germania*. Leipzig/Berlin ³1923.
Pöschl, V. (Hrsg.): Tacitus. Darmstadt ²1986. (Wege der Forschung. 97.)
Syme, R.: Tacitus. 2 Bde. Oxford 1958.
Walker, B.: The *Annals* of Tacitus. A Study in the Writing of History. Manchester ³1968.

Zu Sueton
Baldwin, B.: Suetonius. Amsterdam 1983.
Dihle, A.: Die Entstehung der historischen Biographie. Heidelberg 1987. (Sitzungsberichte der Heidelberger Akademie der Wissenschaften. Phil.-hist. Klasse. 1986,3.)
Gascou, J.: Suétone historien. Paris 1984.
Steidle, W.: Sueton und die antike Biographie. München ²1963.
Wallace-Hadrill, A.: Suetonius. The Scholar and his Caesars. London 1983.

VI. 4.

Textausgaben

Marcus Fabius Quintilianus. Institutio oratoria. Hrsg. von M. Winterbottom. 2 Bde. Oxford 1970.
Marcus Fabius Quintilianus. Ausbildung des Redners / Institutionis oratoriae libri XII. Lat./Dt. Hrsg. und übers. von H. Rahn. 2 Bde. Darmstadt ³1995.
Ps.-Quintilianus. Declamationes maiores. Hrsg. von L. Håkanson. Stuttgart 1982.
Ps.-Quintilianus. Declamationes minores. Hrsg. von D. R. Shackleton Bailey. Stuttgart 1989.

Gaius Plinius Caecilius Secundus. Epistularum libri IX, Epistularum ad Traianum liber. Hrsg. von M. Schuster und R. Hanslik. Leipzig ³1958.
XII Panegyrici Latini. Hrsg. von R. A. B. Mynors. Oxford 1964.
Plinius der Jüngere. Briefe/Epistulae. Lat./Dt. Hrsg. und übers. von H. Kasten. Zürich 1995.
Plinius. Sämtliche Briefe. Lat./Dt. Übers. und hrsg. von H. Philips und M. Giebel. Stuttgart 1998.
XII Panegyrici Latini. Lat./Dt. Hrsg. von W. Kühn. Darmstadt 1985.

Literatur

Zu Quintilian
Heldmann, K.: Antike Theorien über Entwicklung und Verfall der Redekunst. München 1982.
Kennedy, G.: Quintilian. New York 1969.
Leeman, A. D.: Orationis ratio. The Stilistic Theories and Practice of the Roman Orators, Historians and Philosophers. Bd. 1. Amsterdam 1963. S. 287–328 [The Classicist Movement, Classicist Oratory].
Winterbottom, M.: Problems in Quintilian. London 1970.

Zu Plinius dem Jüngeren
Aubrion, E.: Pline le Jeune et la rhétorique de l'affirmation. In: Latomus 34 (1975) S. 90–130.
Bütler, H.-P.: Die geistige Welt des jüngeren Plinius. Heidelberg 1970.
Fell, M.: Optimus Princeps? Anspruch und Wirklichkeit der imperialen Programmatik Trajans. München 1992.
Guillemin, A.-M.: Pline et la vie littéraire de son temps. Paris 1929.
Ludolph, M.: Epistolographie und Selbstdarstellung. Untersuchungen zu den ›Paradebriefen‹ Plinius des Jüngeren. Tübingen 1997.
Vidman, L.: Etude sur la correspondance de Pline le Jeune avec Trajan. Rom 1972.

VI. 5.

Textausgaben

Gaius Plinius Secundus. Naturalis historia. Hrsg. von C. Mayhoff und L. Jan. 6 Bde. Leipzig 1892–1909. Nachdr. Stuttgart 1996.
Gaius Plinius Secundus der Ältere. Naturkunde / Naturalis historia. Lat./Dt. Hrsg. von R. König [u. a.]. 37 Bde. München/Zürich/Düsseldorf 1973–96. [Mit Erl.]

Corpus agrimensorum Romanorum. Bd. 1. Hrsg. von C. Thulin. Leipzig 1913.
Frontin. Kriegslisten. Lat./Dt. Hrsg. von G. Bendz. Berlin 1963.
Sextus Iulius Frontinus. De aquaeductu urbis Romae. Hrsg. von C. Kunderewicz. Leipzig 1973.

Frontin. Les acqueducs de la ville de Rome. Hrsg. von P. Grimal. Paris ²1961. [Mit frz. Übers.]
Sextus Iulius Frontinus. Wasser für Rom. Die Wasserversorgung durch Aquädukte. Übers. und erl.
von M. Heinzelmann. Zürich/München 1979.

Literatur

Zu Plinius dem Älteren

Borst, A.: Das Buch der Naturgeschichte. Plinius und seine Leser im Zeitalter des Pergaments. Heidelberg 1994. (Abhandlungen der Heidelberger Akademie der Wissenschaften. Phil.-hist. Klasse.
1994,2.)
Detlefsen, D.: Untersuchungen über die Zusammensetzung der Naturgeschichte des Plinius. Berlin
1899.
Grüninger, G.: Untersuchungen zur Persönlichkeit des älteren Plinius. Die Bedeutung wissenschaft-
licher Arbeit in seinem Denken. Diss. Freiburg 1976.
König, R.: Plinius der Ältere. Leben und Werk eines antiken Naturforschers. Darmstadt 1979.
Kroll, W.: Die Kosmologie des Plinius. Breslau 1930.
Sallmann, K.: Die Geographie des älteren Plinius in ihrem Verhältnis zu Varro. Berlin 1971.

Zu Frontin

Evens, H. B.: Water Distribution in Ancient Rome. The Evidence of Frontinus. Michigan 1994.
Frontinus-Gesellschaft, München (Hrsg.): Sextus Iulius Frontinus, curator aquarum. München
³1986.

VII. 1.

Bardon, H.: La littérature latine inconnue. 2 Bde. Paris 1952–56. Bd. 2. S. 231–240 [Des Flaviens
aux Sévères: Poètes lyriques].
Beck, J.-W.: Annianus, Septimius Serenus und ein vergessenes Fragment. Mainz 1994. (Akademie
der Wissenschaften und der Literatur in Mainz. Abhandlungen der geistes- und sozialwiss.
Klasse. 1994.)

VII. 2.

Textausgaben

Marcus Cornelius Fronto. Epistulae. Hrsg. von M. P. J. van den Hout. Stuttgart ²1988.

Apuleius. Opera quae supersunt. Hrsg. von R. Helm und C. Moreschini. 3 Bde. in 4 Tlen. Bd. 1.
Leipzig ³1931. – Bd. 2. Ebd. [Tl. 1.] ⁴1963. [Tl. 2.] ²1959. – Bd. 3. Hrsg. von C. Mareschini. Ebd.
1991.
Apuleius. Der goldene Esel. Lat./Dt. Hrsg. von E. Brandt und W. Ehlers. München/Zürich ⁴1989.
Apulée. Opuscules philosophiques. Hrsg. von J. Beaujeu. Paris 1973. [Mit frz. Übers.]

Literatur

Zu Fronto

Champlin, E.: Fronto and Antonine Rome. Cambridge (Mass.) 1980.
Cova, P. V.: Fronto. In: Aufstieg und Niedergang der römischen Welt. Hrsg. von H. Temporini und
W. Haase. Bd. II,34,2. Berlin / New York 1994. S. 873–918.

Marache, R.: La critique littéraire de langue et le développement du goût archaïsant au IIe siècle de notre ère. Rennes 1952.

Portalupi, F.: M. Cornelius Fronto. Turin 1961.

Zu Apuleius

Bernhard, M.: Der Stil des Apuleius von Madaura. Ein Beitrag zur Stilistik des Spätlatein. Stuttgart 1927. (Tübinger Beiträge zur Altertumswissenschaft. 2.)

Binder, G. / Merkelbach, R. (Hrsg.): Amor und Psyche. Darmstadt 1968. (Wege der Forschung. 126.)

Hägg, T.: Eros und Tyche. Der Roman in der antiken Welt. Mainz 1987.

Hijmans, B. L. / van der Paardt, R. Th. (Hrsg.): Aspects of Apuleius' *Golden Ass*. Groningen 1978.

James, P.: Unity in Diversity. A Study of Apuleius' *Metamorphoses*. Hildesheim / Zürich / New York 1986.

Merkelbach, R.: Roman und Mysterium in der Antike. München/Berlin 1962.

Regen, F.: Apuleius philosophus Platonicus. Berlin / New York 1971.

Shumate, N.: Crisis and Conversion in Apuleius' *Metamorphoses*. Ann Arbor 1996.

Sullivan, M. W.: Apuleian Logic. The Nature, Sources and Influence of Apuleius' *Peri Hermeneias*. Amsterdam 1967.

VII. 3.

Textausgaben

Aulus Gellius. Noctes Atticae. Hrsg. von P. K. Marshall. Oxford 1968.

Censorinus. De die natali. Hrsg. von K. Sallmann. Leipzig 1983.

Censorinus. Betrachtungen zum Tag der Geburt / De die natali. Dt./Lat. Hrsg. von K. Sallmann. Leipzig 1988.

Literatur

Zu Aulus Gellius

Astarita, M. L.: La cultura nelle *Noctes Atticae*. Catania 1993.

Berthold, H.: Aulus Gellius. Auswahl und Aufgliederung seiner Themen. Diss. Leipzig 1959.

Holford-Strevens, L.: Aulus Gellius. London 1988.

Zu Censorinus

Sallmann, K.: Censorinus' *De die natali*. Zwischen Rhetorik und Wissenschaft. In: Hermes 111 (1983) S. 233–248.

VII. 4.

Lucius Annaeus Florus (sic). Quae exstant. Hrsg. von H. Malcovati. Rom ²1972.

Alonso-Núñez, J. M.: Die politische und soziale Ideologie des Geschichtsschreibers Florus. Bonn 1983.

Boer, W. den: Florus und die römische Geschichte. In: Mnemosyne 4,18 (1965) S. 366–387.

Häußler, R.: Vom Ursprung und Wandel des Lebensaltervergleichs. In: Hermes 92 (1964) S. 313–341.

VII. 5.

Gaius. Institutiones. Hrsg. von M. David. Leiden ²1964.
Gaius. Institutionen. In: Römisches Recht. Hrsg. von L. Huchthausen. Berlin/Weimar ⁴1991. S. 9–216. [Mit dt. Übers.]

Honoré, A. M.: Gaius. Oxford 1962.
Krüger, P.: Geschichte der Quellen und Literatur des römischen Rechts. München ²1912.
Nelson, H. L. W.: Überlieferung, Aufbau und Stil von Gai *Institutiones*. Leiden 1981.
Schulz, F.: History of Roman Legal Science. Oxford 1946. – Dt. u. d. T.: Geschichte der römischen Rechtswissenschaft. Weimar 1961.

Register
Personen und Sachen

Die Deutsche Bibliothek – CIP-Einheitsaufnahme

Fuhrmann, Manfred:
Geschichte der römischen Literatur / Manfred Fuhrmann. –
Stuttgart : Reclam, 1999

ISBN 3-15-010446-7

Alle Rechte vorbehalten
© 1999 Philipp Reclam jun. GmbH & Co., Stuttgart
Satz: Reclam, Ditzingen
Druck und buchbinderische Verarbeitung: Wilhelm Röck, Weinsberg
Printed in Germany 1999
RECLAM ist eine eingetragene Marke
der Philipp Reclam jun. GmbH & Co., Stuttgart
ISBN 3-15-010446-7

Reclams Lexikon der Antike
Herausgegeben von
M. C. Howatson
Mit 211 Abbildungen
und 6 Karten
719 Seiten

»Reclams Antike-Lexikon nimmt einen an der Hand, man findet sich sofort zurecht, man läßt sich leiten, man stöbert und liest sich fest. Und wo immer man hängenbleibt, findet sich Wissenswertes.«

Die Woche

»Was dieses Nachschlagewerk von allen vergleichbaren unterscheidet, ist nicht nur die Ausführlichkeit, mit der es die antiken Autoren abhandelt, sondern auch die große Zahl von Werken antiker Literatur, denen es eigene Artikel widmet.«

Rhein-Neckar-Zeitung

»Wer sich in Schule oder Studium, Beruf oder aus Liebhaberei mit der klassischen antiken Literatur beschäftigt, findet hier eine handliche, zuverlässige und sehr empfehlenswerte Informationsquelle.«

Damals

»Ein Muß für jeden, der von humanistischer Bildung noch etwas hält.«

Badisches Tagblatt